"十二五"国家重点图书出版规划项目

中国社会科学院创新工程学术出版资助项目

总主编：金　碚

经济管理学科前沿研究报告系列丛书

THE FRONTIER RESEARCH REPORT ON DISCIPLINE OF STRATEGIC MANAGEMENT

周小虎 主编

战略管理学学科前沿研究报告

图书在版编目（CIP）数据

战略管理学学科前沿研究报告 2012/周小虎主编．—北京：经济管理出版社，2016.12
ISBN 978－7－5096－4790－5

Ⅰ．①战…　Ⅱ．①周…　Ⅲ．①企业战略—战略管理—研究报告　Ⅳ．①F272.1
中国版本图书馆 CIP 数据核字（2016）第 308255 号

组稿编辑：张　艳
责任编辑：张　艳　张莉琼
责任印制：黄章平
责任校对：雨　千

出版发行：经济管理出版社
（北京市海淀区北蜂窝 8 号中雅大厦 A 座 11 层　100038）
网　　址：www. E－mp. com. cn
电　　话：（010）51915602
印　　刷：三河市延风印装有限公司
经　　销：新华书店
开　　本：787mm×1092mm/16
印　　张：29
字　　数：630 千字
版　　次：2018 年 8 月第 1 版　　2018 年 8 月第 1 次印刷
书　　号：ISBN 978－7－5096－4790－5
定　　价：98.00 元

·版权所有　翻印必究·
凡购本社图书，如有印装错误，由本社读者服务部负责调换。
联系地址：北京阜外月坛北小街 2 号
电话：（010）68022974　　邮编：100836

《经济管理学科前沿研究报告》专家委员会

主　任： 李京文

副主任： 金　碚　黄群慧　黄速建　吕本富

专家委员会委员（按姓氏笔划排序）：

方开泰　毛程连　王方华　王立彦　王重鸣　王　健　王浦劬　包　政
史　丹　左美云　石　勘　刘　怡　刘戒骄　刘　勇　刘伟强　刘秉链
刘金全　刘曼红　刘湘丽　吕　政　吕　铁　吕本富　孙玉栋　孙建敏
朱　玲　朱立言　何　瑛　宋　常　张　晓　张文杰　张世贤　张占斌
张玉利　张屹山　张晓山　张康之　李　平　李　周　李　晓　李子奈
李小北　李仁君　李兆前　李京文　李国平　李春瑜　李海峥　李海舰
李维安　李　群　杜莹芬　杨　杜　杨开忠　杨世伟　杨冠琼　杨春河
杨瑞龙　汪　平　汪同三　沈志渔　沈满洪　肖慈方　芮明杰　辛　暖
陈　耀　陈传明　陈国权　陈国清　陈　宪　周小虎　周文斌　周治忍
周晓明　林国强　罗仲伟　郑海航　金　碚　洪银兴　胡乃武　荆林波
贺　强　赵顺龙　赵景华　赵曙明　项保华　夏杰长　席酉民　徐二明
徐向艺　徐宏玲　徐晋涛　涂　平　秦荣生　袁　卫　郭国庆　高　闯
符国群　黄泰岩　黄速建　黄群慧　曾湘泉　程　伟　董纪昌　董克用
韩文科　赖德胜　雷　达　廖元和　蔡　昉　潘家华　薛　澜　魏一明
魏后凯

《经济管理学科前沿研究报告》编辑委员会

总主编： 金　碚

副总主编： 徐二明　高　闯　赵景华

编辑委员会委员（按姓氏笔划排序）：

万相昱　于亢亢　王　钦　王伟光　王京安　王国成　王默凡　史　丹
史小红　叶明确　刘　飞　刘文革　刘戒骄　刘兴国　刘建丽　刘　颖
孙久文　孙若梅　朱　彤　朱　晶　许月明　何　瑛　吴冬梅　宋　华
张世贤　张永军　张延群　李　枫　李小北　李俊峰　李禹桥　杨世伟
杨志勇　杨明辉　杨冠琼　杨春河　杨德林　沈志渔　肖　霞　陈宋生
陈　宪　周小虎　周应恒　周晓明　罗少东　金　准　贺　俊　赵占波
赵顺龙　赵景华　钟甫宁　唐　鑛　徐二明　殷　凤　高　闯　康　鹏
操建华

序　言

为了落实中国社会科学院哲学社会科学创新工程的实施，加快建设哲学社会科学创新体系，实现中国社会科学院成为马克思主义的坚强阵地、党中央国务院的思想库和智囊团、哲学社会科学的最高殿堂的定位要求，提升中国社会科学院在国际、国内哲学社会科学领域的话语权和影响力，加快中国社会科学院哲学社会科学学科建设，推进哲学社会科学的繁荣发展具有重大意义。

旨在准确把握经济和管理学科前沿发展状况，评估各学科发展近况，及时跟踪国内外学科发展的最新动态，准确把握学科前沿，引领学科发展方向，积极推进学科建设，特组织中国社会科学院和全国重点大学的专家学者研究撰写《经济管理学科前沿研究报告》。本系列报告的研究和出版得到了国家新闻出版广电总局的支持和肯定，特将本系列报告丛书列为“十二五”国家重点图书出版项目。

《经济管理学科前沿研究报告》包括经济学和管理学两大学科。经济学包括能源经济学、旅游经济学、服务经济学、农业经济学、国际经济合作、世界经济、资源与环境经济学、区域经济学、财政学、金融学、产业经济学、国际贸易学、劳动经济学、数量经济学、统计学。管理学包括工商管理学科、公共管理学科、管理科学与工程三个学科。工商管理学科包括管理学、创新管理、战略管理、技术管理与技术创新、公司治理、会计与审计、财务管理、市场营销、人力资源管理、组织行为学、企业信息管理、物流供应链管理、创业与中小企业管理等学科及研究方向；公共管理学科包括公共行政学、公共政策学、政府绩效管理学、公共部门战略管理学、城市管理学、危机管理学、公共部门经济学、电子政务学、社会保障学、政治学、公共政策与政府管理等学科及研究方向；管理科学与工程包括工程管理、电子商务、管理心理与行为、管理系统工程、信息系统与管理、数据科学、智能制造与运营等学科及研究方向。

《经济管理学科前沿研究报告》依托中国社会科学院独特的学术地位和超前的研究优势，撰写出具有一流水准的哲学社会科学前沿报告，致力于体现以下特点：

（1）前沿性。本系列报告能体现国内外学科发展的最新前沿动态，包括各学术领域内的最新理论观点和方法、热点问题及重大理论创新。

（2）系统性。本系列报告囊括学科发展的所有范畴和领域。一方面，学科覆盖具有全面性，包括本年度不同学科的科研成果、理论发展、科研队伍的建设，以及某学科发展过程中具有的优势和存在的问题；另一方面，就各学科而言，还将涉及该学科下的各个二级学科，既包括学科的传统范畴，也包括新兴领域。

(3) 权威性。本系列报告由各个学科内长期从事理论研究的专家、学者主编和组织本领域内一流的专家、学者进行撰写，无疑将是各学科内的权威学术研究。

(4) 文献性。本系列报告不仅系统总结和评价了每年各个学科的发展历程，还提炼了各学科学术发展进程中的重大问题、重大事件及重要学术成果，因此具有工具书式的资料性，为哲学社会科学研究的进一步发展奠定了新的基础。

《经济管理学科前沿研究报告》全面体现了经济、管理学科及研究方向本年度国内外的发展状况、最新动态、重要理论观点、前沿问题、热点问题等。该系列报告包括经济学、管理学一级学科和二级学科以及一些重要的研究方向，其中经济学科及研究方向15个，管理学科及研究方向45个。该系列丛书按年度撰写出版60部学科前沿报告，成为系统研究的年度连续出版物。这项工作虽然是学术研究的一项基础工作，但意义十分重大。要想做好这项工作，需要大量的组织、协调、研究工作，更需要专家学者付出大量的时间和艰苦的努力，在此，特向参与本研究的院内外专家、学者和参与出版工作的同仁表示由衷的敬意和感谢。相信在大家的齐心努力下，会进一步推动中国对经济学和管理学学科建设的研究，同时，也希望本系列报告的连续出版能提升我国经济和管理学科的研究水平。

金 碚

2014 年 5 月

目 录

第一章　2012 年公司战略研究前沿

第一节　2012 年公司战略理论国内研究前沿

（一）2012 年国内公司战略理论研究现状

关于公司战略理论文章，我们在中国知网数据库中，以“战略联盟”、“并购”、“协同创新”、“政治关联”、“价值链”、“供应链”、“创新生态系统”等为主题词进行检索，以《管理科学》、《管理科学学报》、《管理评论》、《管理世界》、《管理学报》、《会计研究》、《科学学研究》、《科学学与科学技术管理》、《科研管理》、《南开管理评论》、《数量经济技术经济研究》、《中国工业经济》、《中国管理科学》、《中国软科学》为期刊检索范围，将发表时间限定在 2012 年 1 月 1 日至 2012 年 12 月 31 日，共检索到 85 篇相关文章。

我们将这 85 篇文献的文献名、关键词及中文摘要等信息进行了收集和整理，对 85 篇文献进行归类的最终结果是（见图 1－1）：与社会网络相关的文献为 32 篇，占 38%；与战略联盟相关的文献为 16 篇，占 19%；与协同战略相关的文献为 13 篇，占 15%。可以看出，关于社会网络研究的文献占据主导地位，数量占 85 篇文献的 1/3 以上。同时其他的

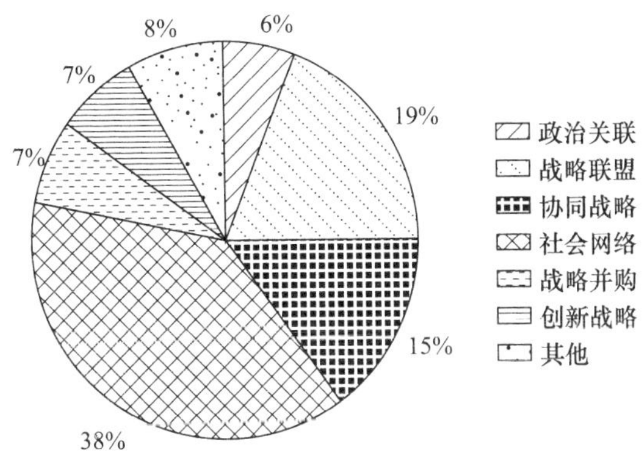

图 1－1　2012 年国内公司战略理论研究主题分布图

研究包括政治关联、协同战略、战略联盟、战略并购等，都强调了企业之间构建生态网络的重要性，可见，公司战略的研究视角越来越强调公司所嵌入的外部网络的重要性。

（二）2012 年国内公司战略理论研究重点文献简评

我们从《管理世界》、《管理评论》、《管理学报》、《南开管理评论》、《中国软科学》、《科学学研究》和《科学学与科学技术管理》等国内经济管理类权威期刊上选取了 14 篇具有代表性的公司战略理论研究重点文献（见表 1－1）进行简要评述。

表 1－1　2012 年国内公司战略理论研究重点文献

作者	文献名	发表刊物信息	文献类型
乐琦，蓝海林	《并购后控制与并购绩效的关系研究：基于合法性的调节效应》	《管理学报》，2012，9（2）：225－232	战略并购
唐兵，田留文，曹锦周	《企业并购如何创造价值——基于东航和上航并购重组案例研究》	《管理世界》，2012（11）：1－8	战略并购
孙轶，武常岐	《企业并购中的风险控制：专业咨询机构的作用》	《南开管理评论》，2012，15（4）：4－14	战略并购
赵岑，张帏，姜彦福	《基于与大企业联盟的技术创业企业成长机制》	《科研管理》，2012，33（2）	战略联盟
徐二明，徐凯	《资源互补对机会主义和战略联盟绩效的影响研究》	《管理世界》，2012（1）：93－103	战略联盟
谢恩，黄缘缘，赵锐	《战略联盟控制机制对于联盟价值创造效率的影响研究》	《科学学与科学技术管理》，2012，30（2）：138－145	战略联盟
葛笑春	《企业协同 NPOs 获取竞争优势的实证研究》	《科研管理》，2012，33（7）：129－136	协同战略
冉龙，陈晓玲	《协同创新与后发企业动态能力的演化——吉利汽车 1997～2011 年纵向案例研究》	《科学学研究》，2012，30（2）：201－206	协同战略
李维安，徐业坤	《政治关联形式、制度环境与民营企业生产率》	《管理科学》，2012，25（2）：1－12	政治关联
李健，陈传明，孙俊华	《企业家政治关联、竞争战略选择与企业价值——基于上市公司动态面板数据的实证研究》	《南开管理评论》，2012，15（6）：147－157	政治关联
邓建平，饶妙，曾勇	《市场化环境、企业家政治特征与企业政治关联》	《管理学报》，2012，9（6）：936－942	政治关联
刘志迎，李芹芹	《产业链上下游链合创新联盟的博弈分析》	《科学学与科学技术管理》，2012，33（6）：36－41	社会网络

续表

作者	文献名	发表刊物信息	文献类型
许德惠，李刚，孙林岩等	《环境不确定性、供应链整合与企业绩效关系的实证研究》	《科研管理》，2012，33（12）：40－49	社会网络
王军，秦学志	《新兴服务业生态网络中骨干企业创新采纳机理——一个探索性案例研究》	《科研管理》，2012（4）：16－27	社会网络

乐琦和蓝海林（2012）[①] 两位学者基于123个样本利用实证分析方法探讨了企业并购后控制与并购绩效的关系，并引入了合法性作为调节变量。两位学者通过划分控制（正式控制和非正式控制）和合法性（内部合法性和外部合法性）的维度，详细分析了并购后控制、合法性和并购后绩效三者的关系，通过实证数据验证了假设，得出了以下结论：①并购后主并企业对被并企业的正式控制程度与主并企业的并购绩效之间没有显著相关性。②并购后主并企业对被并企业的非正式控制程度与主并企业的并购绩效之间存在显著正相关关系。③合法性对于并购后控制与并购绩效之间关系具有显著的调节作用。在本文研究结论的基础上，对未来的研究提出了方向：尽管本研究证实了制度因素（合法性）会影响企业行为和企业绩效，但企业的战略选择以及决策仍然必须基于自身的资源和能力。换言之，必须寻找到企业内部资源有效利用和制度因素合理程度的结合点，才会产生对于企业来说的最优决策和最有效战略。

唐兵、田留文、曹锦周（2012）[②] 关注一个问题：为什么一部分并购能创造价值，而大部分并购未能创造价值，或者说并购价值创造取决于哪些因素？这些因素又是如何影响的？基于这个问题，本文从过程角度，通过考察东方航空和上海航空并购价值创造的复杂过程及其影响因素，揭示并购价值创造的过程机理，构建一个并购价值创造机理模型。研究最终得出以下基本结论：①企业并购价值创造是一个在并购动因增值力、并购环境适应力和并购企业领导力作用下包含着性质不同但紧密联系的并购准备、交易和整合三个阶段的动态过程。并购活动有效性来自这三力作用下的充分准备、合理交易和有效整合及其内在的非线性关系。②并购动因增值力来自协同效应、市场力量和战略动因，并通过并购活动各阶段及各阶段之间非线性关系的传导影响，对并购价值创造产生驱动。③并购环境适应力来自并购与面临机遇、挑战和政策环境的适应程度，并通过并购活动各阶段及各阶段之间非线性关系的传导影响，对并购价值创造产生关键性作用。④并购企业领导力来自高管决策、沟通、激励和影响力，并通过并购活动各阶段及各阶段之间非线性关系的传导影响，对并购价值创造产生主导性作用。

---

① 乐琦，蓝海林．并购后控制与并购绩效的关系研究：基于合法性的调节效应［J］．管理学报，2012，9（2）：225－232.

② 唐兵，田留文，曹锦周．企业并购如何创造价值——基于东航和上航并购重组案例研究［J］．管理世界，2012（11）：1－8.

孙轶、武常岐（2012）[①] 通过 2004 ~ 2010 年中国上市公司 509 例并购交易数据进行分析，研究了企业如何使用投资银行等专业咨询机构在并购的整个过程中的管理不确定性和控制风险的机制。作者从并购企业的角度出发，分析并购交易过程，解释并购前和并购后的不确定性问题；通过引入交易层面因素，建立了一个理论模型以说明何种情况下不确定性问题更容易困扰企业，使企业需要聘用专业咨询机构来辅助并购交易。研究结果显示，在不确定性较高的情况下，并购企业处于更严重的信息劣势地位，为降低交易前后的逆向选择和道德风险问题，并购企业倾向于聘用第三方咨询机构辅助进行并购，提高市场效率。具体来说，市场环境较为恶劣时，并购企业趋向于引入更多的专业咨询机构来获得充分的信息和知识，在交易前对目标企业的资产情况进行评估。同样，当并购规模相对较大以及非全资并购时，并购企业倾向于引入更多的专业咨询机构设计交易安排、降低不确定性，从而保证并购后整合管理的顺利进行。

赵岑、张帏、姜彦福（2012）[②] 三位学者的论文《基于与大企业联盟的技术创业企业成长机制》关注了创业研究中的核心问题：创业企业如何基于创业机会的特征，选择合适的创业战略，从而实现创业企业成长。他们表明资源的匮乏常常是技术创业企业发展中面临的主要困难，而战略联盟为技术创业企业提供了一种以资源互补、风险共担、利益共享为基础的合作和发展模式，成为技术创业企业把握创业机会、实现快速发展的有效途径之一。这篇研究从资源基础观和“战略—结构”的视角，建立了技术创业企业构建战略联盟的“动因—行为—收益”整体分析框架，进而对海兰信公司进行了深入的案例研究，分析了其通过构建战略联盟获取资源、实现成长的内在机制。研究结果发现：①在联盟关系中，技术创业通过贡献自身在某一个或几个领域的独特技术优势，向对方换取其自身急需的优势资源以实现对自身资源与企业能力的补充；②联盟带给企业更全面的能力支撑，使企业可以更专注于自己擅长的技术研发方面，增加了其战略选择的弹性；③通过联盟，技术创业企业可以借助大企业声誉，为自身赢得市场信誉和客户认可，最终实现企业的绩效提升和快速成长。

徐二明、徐凯（2012）[③] 以资源依赖理论和交易成本理论为基础，以中国企业为样本，从资源互补和机会主义的角度分析了合作与竞争对联盟绩效的影响。战略联盟的基本假设是，联盟企业间资源整合后，其所创造的价值大于单个企业的资源创造价值的总和，除了合作以外，在一定条件下，战略联盟企业间也会出现公开或潜在的竞争。互补性资源不仅是企业建立战略联盟的原因，也是防止机会主义、保证战略联盟绩效的重要因素。作者将联盟中企业的竞争（机会主义）及合作（资源互补）置于同一个研究框架中，重点研究资源互补对于联盟绩效的直接作用，以及其通过降低机会主义而提高联盟绩效的间接作用。实证研究的结果表明，联盟中的资源互补能够提高联盟的财务绩效与创新，而机会

① 孙轶，武常岐．企业并购中的风险控制：专业咨询机构的作用［J］. 南开管理评论，2012，15（4）：4 - 14.

② 赵岑，张帏，姜彦福．基于与大企业联盟的技术创业企业成长机制［J］. 科研管理，2012，33（2）.

③ 徐二明，徐凯．资源互补对机会主义和战略联盟绩效的影响研究［J］. 管理世界，2012（1）：93 - 103.

主义则会负向影响财务绩效和创新；适度的资源互补是有效遏制机会主义的手段，过高或过低的资源互补都会使联盟企业处于机会主义的风险之中，即资源互补和机会主义之间的关系呈倒U型的关系。

谢恩、黄缘缘、赵锐（2012）[①] 关注战略联盟的形成原因和潜在优势，他们认为相关研究还未能更加深入地分析联盟控制与价值创造的关系问题，这一缺陷的集中表现人们尚不清楚：①企业通过战略联盟实现价值创造的方式有多种，控制方式对于特定价值创造方式效率的影响是否存在差异；②控制方式对于价值创造效率的影响是否会在联盟过程中发生变化。此研究基于365个中国企业间联盟关系的调研数据，运用结构方程模型重点分析了战略联盟控制方式对于价值创造效率影响的属性，并进一步探索了这些影响是如何在联盟过程中变化的。通过实证分析得出一个重要的结论：缺乏柔性和适应性是导致正式控制创造价值方面效率较低的主要原因。因此，基于正式契约的控制方式从本质上是短期有效的，导致正式控制在长期内损害有效价值创造的主要原因在于依赖正式控制的联盟伙伴很难及时地调整契约的内容去适应环境的变化，而不在于正式控制本身的局限性。同时对管理实践提出了相应建议——从长期来看，企业不能总是依赖正式控制来管理战略联盟，为了实现联盟的持续有效性，必须在联盟的过程中实现从正式控制向社会控制的转变。

葛笑春（2012）[②] 基于218家我国企业的问卷调查数据，借助结构方程建模，对企业协同非营利组织（NPOs）获取竞争优势的作用机制进行了实证分析。作者将研究的视角深入到企业协同NPOs的整体环境和内部运作，从结构维度和关系维度两个特征维度来考察企业与NPOs协同网络的特征，并且考虑到组织学习和资源获取对于企业竞争优势的重要性，构建企业与NPOs协同网络以获取企业竞争优势的理论模型，分析其内在机理。研究结果表明：①企业协同NPOs过程中知识溢出和资源转移具有一定的选择性和不均匀性等特征；②企业在协同网络中组织间学习和资源获取能力的不同是其竞争优势形成的关键；③不同的协同网络结构及关系特征对企业竞争优势的影响存在差异；④协同过程中企业知识创新能力对企业竞争优势有重要意义。

冉龙、陈晓玲（2012）[③] 关注到以往关于技术追赶的文献，过于注重技术能力的构建，而在企业对市场机会的捕获、对多方资源的整合方面关注不够；企业通过机会识别并进行相关的资源部署，逐步提高技术能力，最终实现技术追赶。作者针对追赶情境的特征，将动态能力定义为企业三方面的能力：①识别机会的能力；②资源整合的能力；③技术学习能力。通过对吉利汽车的纵向案例研究，分析了系统创新与后发企业的动态能力的演化过程，揭示了后发企业应对外部不确定的环境，抓住机会，提升动态能力，实现竞争优势，对协同创新、动态能力与技术追赶相关理论和实践做出贡献。

---

① 谢恩，黄缘缘，赵锐．战略联盟控制机制对于联盟价值创造效率的影响研究［J］．科学学与科学技术管理，2012，33（2）：138－145.

② 葛笑春．企业协同NPOs获取竞争优势的实证研究［J］．科研管理，2012，33（7）：129－136.

③ 冉龙，陈晓玲．协同创新与后发企业动态能力的演化——吉利汽车1997～2011年纵向案例研究［J］．科学学研究，2012，30（2）：201－206.

李维安、徐业坤（2012）[①] 以中国制造业民营上市公司数据为样本，采用面板数据和Heckman二阶段回归模型，实证检验政治关联及其形式、制度环境和生产率之间的关系。对于由行政型治理向经济型治理转型背景下的中国民营企业，政治关联已演变成一种重要的非正式机制。转型经济中，政府掌握着重要资源，企业的发展主要依靠非正式机制获取重要资源，相对于具有天然政治依附性的国有企业，民营企业有更强的动机寻求与政府建立联系以获得政治资源。此研究的实证分析结果表明，政治关联有助于生产率的提升，董事长政治关联与生产率之间存在显著的正相关关系；制度环境影响政治关联的效果，政府干预较为严重、法律环境较差的地区，政治关联导致的生产率提升效应更显著；制度环境差的地区，无论是董事长政治关联还是总经理政治关联对于提高企业生产率均具有更强的效果，这些研究结论在考虑政治关联内生性的情形下依然成立。相关研究结论为客观地认识民营企业复杂的政商关系提供了新的视角。

李健、陈传明、孙俊华（2012）[②] 提出了以下观点：第一，他们认为当前对企业家政治关联与企业价值关系研究结论不一致的原因在于，缺乏对企业家政治关联与企业价值内在机制的研究，它们之间的关系仍然是一个“黑箱”；第二，当前研究主要聚焦于政治关联的“资本”视角，即企业家政治关联如何给企业带来资源利益从而影响企业价值。此研究基于社会资本互惠交换理论提出企业家政治关联在作为社会资本给企业带来制度性资源的同时，通过2001～2008年上市公司的动态面板数据对理论假设进行实证检验，发现企业家中央政治关联与地方政治关联均对企业价值有正向显著影响，但是两者对提升企业价值的作用路径存在差异，具有中央政治关联的企业家通过差异化战略提升企业价值的中介效应得到证实，而低成本战略则在企业家地方政治关联与企业价值关系中发挥了中介桥梁作用。最终研究结果表明在中国经济转型过程中，企业家政治关联提升企业价值的作用主要体现在以下两个方面：①企业家政治关联对企业的保护；②企业家政治关联有利于企业获取制度性资源。

邓建平、饶妙、曾勇（2012）[③] 认为现有文献对政治关联的研究主要是考察了政治关联的经济后果，但是缺乏对最基本的问题，即企业建立政治关联动机的系统分析。作者从市场化环境及企业家政治特征的视角，分析我国民营企业建立政治关联的动机，结合民营企业成长的途径和特征指出：民营企业政治关联的建立必然与各地区的政府干预市场和企业的程度、经济结构、金融业的竞争与市场化以及法律保护等制度环境息息相关。研究结果表明，市场化进程越慢、政府干预程度越高、非国有经济越不发达、金融业竞争和市场化程度越低及法律保护程度越弱的地区，民营企业的政治关联程度越高；法律保护环境是影响民营企业建立政治关联最重要的因素；制度环境也深刻影响民营企业家的政治关联程

① 李维安，徐业坤．政治关联形式、制度环境与民营企业生产率［J］．管理科学，2012，25（2）：1－12.

② 李健，陈传明，孙俊华．企业家政治关联、竞争战略选择与企业价值——基于上市公司动态面板数据的实证研究［J］．南开管理评论，2012（6）：147－157.

③ 邓建平，饶妙，曾勇．市场化环境、企业家政治特征与企业政治关联［J］．管理学报，2012，9（6）：936－942.

度，市场化进程越慢、政府干预程度越高、非国有经济越不发达、金融业竞争和市场化程度越低及法律保护程度越弱的地区，民营企业实际控制者的政治关联程度越高。

刘志迎和李芹芹（2012）① 两位学者引入博弈论的方法探讨了企业之间的合作创新模式，他们指出关于合作创新模式的研究主要有生产同质产品的企业之间的竞合创新和纵向上下游企业之间的链合创新两大方向，而链合创新是一种基于产业链的纵向合作创新，是企业降低研发风险和减少研发成本的重要形式。作者指出了由于上下游厂商具有不同的利益动机，因此他们在合作创新中必然表现出不同的倾向，这正是合作创新实践中需要考虑的关键问题。针对纵向合作创新的问题，论文考虑有一个上游供应商和一个下游制造商的两层产业结构情况，通过利用博弈论的方法分析比较在非合作博弈和合作博弈的情况下，上下游企业的利润和整个产业链利润的差异，探讨最优可行帕累托有效合作创新方案的存在问题，得出了以下结论：当两个成员同时进行博弈时，供应商不会承担制造商的创新费用；下游制造商的技术创新具有技术溢出效应；下游制造商的技术创新活动可以增加整个产业链的整体利润；动态博弈下，由于供应商承担一定比例的创新费用，降低了制造商的研发风险，制造商的创新度比静态博弈时的更大；供应商愿意承担的创新费用比例取决于制造商的创新难度系数，并保持在一定的范围之内；与前两种非合作博弈情况相比，在合作博弈模型下，制造商的最优产量最高，且创新度最大；该产业链系统存在有效帕累托最优，制造商和供应商偏好于合作创新，而不采取非合作方式。

许德惠等学者（2012）② 基于176份中国制造企业调研数据的实证分析，深入研究了环境不确定性、供应链整合战略以及企业绩效之间的关系。他们将供应链整合细致划分为供应商整合、内部整合和客户整合三个维度，基于成本交易理论从不确定性角度分析环境不确定性对供应链整合战略实施的影响，从而提出了以下主要假设：供应不确定对企业实施供应链整合（供应商整合，内部整合，客户整合）有正向的促进作用；需求不确定对企业实施供应链整合（供应商整合，内部整合，客户整合）有正向的促进作用；技术不确定对企业实施供应链整合（供应商整合，内部整合，客户整合）有正向的促进作用。最终研究证实，三种环境不确定性对于供应链整合的影响方式不同：需求不确定和技术不确定的存在，会促使企业实施供应链整合战略，获得良好的整合绩效，然而供应不确定对供应链整合的影响检验结果与预期恰恰相反。研究进一步表明，内部整合对于运作绩效和财务绩效均有显著的直接促进作用，客户整合直接促进运作绩效，供应商整合对于企业绩效的作用不显著。

王军、秦学志（2012）③ 在Moore提出的商业生态网络和Iansiti等提出的商业生态网

① 刘志迎，李芹芹．产业链上下游链合创新联盟的博弈分析［J］．科学学与科学技术管理，2012，33（6）：36－41．

② 许德惠，李刚，孙林岩等．环境不确定性、供应链整合与企业绩效关系的实证研究［J］．科研管理，2012，33（12）：40－49．

③ 王军，秦学志．新兴服务业生态网络中骨干企业创新采纳机理——一个探索性案例研究［J］．科研管理，2012（4）：16－27．

络是由一些拥有自己生态位的企业构成的系统的基础上，考虑区别组织生态位的情况下，作为新兴服务业生态网络中关键节点的骨干组织是如何将自己的服务创新设想推向整个网络、获得其他生态位上组织的支持和协同的呢？作者采用探索性案例研究方法，以大连周水子国际机场提出的“东北腹地及环渤海地区相关机场航空市场联盟”为研究样本，从微观视角分析了网络中主宰组织、其他骨干组织、利基组织和坐收渔利组织采纳骨干组织创新设想的机理；进一步从中观视角分析了系统整体的创新采纳机理，归纳出关于组织生态位与资源、生态位提升、展现网络架构和绩效前景关系的四个命题，为后续研究提供了新兴服务业创新采纳的理论框架。同时研究指出为了促进创新采纳，骨干企业提出的创新需具有如下特征：①骨干企业具有的独特资源禀赋是其他生态位组织所缺少的，通过这些资源的共享能够有效促进其他组织的发展；②其他组织拥有创新所需的短期获利资源或是有助于生态位提高的资源，使得创新能够形成对其他组织的利益驱动；③服务创新能够通过资源的共享或互补等形式促进不同组织间形成或加强协同关系；④服务创新还需向各组织展现出良好的绩效前景来吸引这些组织。

（三）2013 年国内公司战略理论研究发展趋势预测

围绕 2012 年国内重点期刊上关于公司战略的文献主题可以发现，公司战略的相关研究中网络理论、战略联盟、协同战略主题占了绝大部分，同时产业链、产业集群、政治关联、战略并购等概念也得到了充分重视。研究方法层面，定量方法依然占据主导地位，但是值得注意的是定性方法的重要性逐渐得到了学者的关注。通过整理筛选相关文献进一步发现国内学者关于公司战略的研究集中在：①关注战略并购与战略联盟对于企业价值创造、绩效的影响以及风险控制，如乐琦和蓝海林（2012）的《并购后控制与并购绩效的关系研究：基于合法性的调节效应》等论文，未来的研究可以关注企业自身资源、不同行业背景以及管理者对于战略并购绩效的作用。②研究了基于资源互补观的战略联盟现象，探讨了战略联盟下企业创新、技术协同发展问题，如徐二明和徐凯（2012）的《资源互补对机会主义和战略联盟绩效的影响研究》、冉龙和陈晓玲（2012）的《协同创新与后发企业动态能力的演化——吉利汽车 1997 ~ 2011 年纵向案例研究》等相关文献，未来研究可能进一步加深对企业联盟中协同效应的机制以及对技术创新等方面的探索。③关注企业产业链、生态网络的构建，如刘志迎和李芹芹（2012）的《产业链上下游链合创新联盟的博弈分析》、王军和秦学志（2012）的《新兴服务业生态网络中骨干企业创新采纳机理——一个探索性案例研究》等相关论文，探讨认为组织生态位与资源、组织架构选择以及企业产业链创新可能是一个有趣的未来方向。④重视中国制度环境，研究政治关联、市场环境对于企业价值的影响，如李维安、徐业坤（2012）的《政治关联形式、制度环境与民营企业生产率》，李健等（2012）的《企业家政治关联、竞争战略选择与企业价值——基于上市公司动态面板数据的实证研究》等论文，未来研究可能关注中国情境，结合中国特色，从制度环境角度探索公司战略的效应。

第二节　2012 年公司战略理论国外研究重点文献简评

（一）2012 年国外公司战略理论研究的现状

对于公司战略理论英文文章的检索，我们主要以谷歌学术搜索为平台，以“战略联盟”（Strategy Alliance）、“并购”（Acquisitions/Merger）、“协同战略”（Coordination/Collaboration）、“社会网络”（Social Networks）、“政治关联”（Politics）、“组织学习”（Organizational Learning）等为主题词进行检索，以《Academy of Management Journal》、《Strategic Management Journal》、《Journal of Management Studies》、《Academy of Management Review》、《Journal of International Business Studies》、《Journal of Management》、《Organization Studies》、《Organization Science》等管理界顶级期刊为检索范围，将发表时间限定在 2012 年 1 月 1 日至 2012 年 12 月 31 日，经过初步整理得到 96 篇相关文章。

接下来，我们将这 96 篇文献的文献名、关键词及中文摘要等信息进行了收集和整理，进一步依据关键词对 96 篇文献进行归类分析得到的结果呈现如下（见图 1－2）：与战略联盟相关的文献为 22 篇，占 23%；与组织创新相关的文献为 16 篇，占 17%；与并购战略相关的文献为 14 篇，占 15%；与竞争战略相关的为 10 篇，占 11%；与组织学习相关的为 9 篇，占 9% 等；其他主题占比 15%。由统计结果可以看出，关于战略联盟、组织创新、并购战略主题的研究处于主导地位，占比达到半数以上。同时 2012 年公司战略的主要研究侧重在战略联盟、协同战略、并购战略、竞争战略、组织创新等与公司实践紧密联系的相关问题上，因此基于经典理论，讨论现实问题可能是这一年度学者的研究热点。

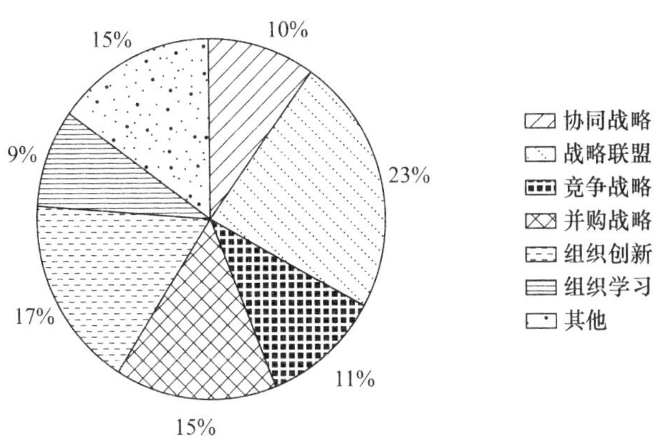

图 1－2　2012 年国外公司战略理论研究主题分布图

（二）2012 年国外公司战略理论研究重点文献简评

结合对于研究主题分布的归纳，我们针对热门的研究主题，从《Academy of Management Journal》、《Strategic Management Journal》、《Journal of Management Studies》、《Academy of Management Review》、《Journal of International Business Studies》、《Journal of Management》、《Organization Studies》、《Organization Science》上选取了 11 篇代表性文章进行简要评述。

表 1-2 2012 年国外公司战略理论研究重点文献

作者	文献名	发表刊物信息
Kapoor R, Adner R	What Firms Make VS. What they Know: How Firms' Production and Knowledge Boundaries Affect Competitive Advantage in the Face of Technological Change	Organization Science, 2012, 23 (5): 1227-1248
Jarzabkowski P A, Lê J K, Feldman M S	Toward a Theory of Coordinating: Creating Coordinating Mechanisms in Practice	Organization Science, 2012, 23 (4): 907-927
Fjeldstad Ø D, Snow C C, Miles R E, et al.	The Architecture of Collaboration	Strategic Management Journal, 2012, 33 (6): 734-750
Lavie D, Haunschild P R, Khanna P	Organizational Differences, Relational Mechanisms, and Alliance Performance	Strategic Management Journal, 2012, 33 (13): 1453-1479
Benner M J, Tripsas M	The Influence of Prior Industry Affiliation on Framing in Nascent Industries: The Evolution of Digital Cameras	Strategic Management Journal, 2012, 33 (3): 277-302
Hsiao R L, Tsai D H, Lee C F	Collaborative Knowing: The Adaptive Nature of Cross-boundary Spanning	Journal of Management Studies, 2012, 49 (3): 463-491
Joseph J, Ocasio W	Architecture, Attention, and Adaptation in the Multibusiness Firm: General Electric from 1951 to 2001	Strategic Management Journal, 2012, 33 (6): 633-660
Wang D J, Soule S A	Social Movement Organizational Collaboration: Networks of Learning and the Diffusion of Protest Tactics, 1960-1995	American Journal of Sociology, 2012, 117 (6): 1674-1722
Reuer J J, Tong T W, Wu C W	A Signaling Theory of Acquisition Premiums: Evidence from IPO Targets	Academy of Management Journal, 2012, 55 (3): 667-683
Walter J, Kellermanns F W, Lechner C	Decision Making within and between Organizations Rationality, Politics, and Alliance Performance	Journal of Management, 2012, 38 (5): 1582-1610
Pacheco-de-Almeida G, Zemsky P B	Some like it Free: Innovators' Strategic Use of Disclosure to Slow down Competition	Strategic Management Journal, 2012, 33 (7): 773-793

Kapoor R 和 Adner R （2012）[①] 认为产品创新往往是通过组件的改变来实现的，但是现有的研究往往集中在创新的特点如何与企业的内部资源在产品开发过程中相互作用影响绩效，往往忽略了与企业外部依赖关系的作用。因此两位学者根据 DRAM 行业 1974 ~ 2005 年技术过渡的数据，研究技术变革条件下的企业绩效如何不仅取决于创新的特点，也取决于它们在生产以及关键组件知识的参与程度。他们认为，垂直整合的公司更有可能从扩展其生产边界获得优势，而非整合公司则可以通过投资组件知识抵消劣势，并提出了相应假设。假设 1：垂直整合高资产专用性的一个组件将提高公司一个新产品技术的绩效；假设 2：在垂直整合的情况下，一个公司的外部组件知识将提高其一个新产品技术的绩效；假设 3：在没有垂直整合的情况下，一个企业在结构式变革过程中会比在一个渐进式变革中更为弱势。最终结论支持以往关于生产边界的研究——企业垂直链的整合活动是由其能力、生产和交易成本共同决定的。同时研究结果表明，在现有的垂直链活动中，组件技术的渐进变化导致组件之间相互作用的变化，同时这些建构式变化似乎造成了非整合企业商业化成果的明显延迟。

Jarzabkowski P A、Lê J K 和 Feldman M S （2012）[②] 响应政府法规变化从而进行价值链中主要重组的企业案例研究，采用实践的角度来研究协调机制。作者的研究产生了四个关键的见解：首先，协调机制不出现在协调活动之前，而是通过协调活动构成。其次，确定了案例主角实施创建一个协调机制的五个交叠环节：①制度破坏；②导向缺失；③创建元素；④形成新模式；⑤稳定新模式。这些循环和它们之间的关系构成了一个协调过程模型。再次，强调了制定破坏和面向缺失作为协调的意义。最后，研究指出未来可以解构从一个现有结构到新的结构变化的转变，了解更多我们已经识别出的周期。

Fjeldstad Ø D、Snow C C 和 Miles R E 等学者 （2012）[③] 认为企业面临着需要快速和连续适应复杂的、动态的、高度互联的全球环境，竞争压力越来越大，紧迫的挑战包括与更短的产品生命周期保持同步，结合多种技术设计新产品，与客户及合作伙伴共创产品和服务，以及在许多领域利用不断发展的科学和技术知识。作者使用实验法来观察从根本上不同于现有组织形式的新组织设计，最后为未来研究提出了四个理论问题：第一是激励和价值观念在大规模、多方协作活动中的作用，行动者需要保持共同的价值观——关注合作伙伴的福利和奖励公平分配，这样可以形成开放、自愿的资源共享，帮助实现目标；第二是基于行动者的组织设计的本质，研究应调查基于行动者控制机制的局限性以及它们与层级控制机制的相互作用；第三是从层级到基于行动者组织设计的演化问题，有研究需要关注演化过程的具体特点、面临的挑战以及其推动者；第四是基于行动者的设计中价值创造和

---

① Kapoor R, Adner R. What Firms Make VS. What they Know: How Firms' Production and Knowledge Boundaries Affect Competitive Advantage in the Face of Technological Change [J]. Organization Science, 2012, 23 (5): 1227 - 1248.

② Jarzabkowski P A, Lê J K, Feldman M S. Toward a Theory of Coordinating: Creating Coordinating Mechanisms in Practice [J]. Organization Science, 2012, 23 (4): 907 - 927.

③ Fjeldstad Ø D, Snow C C, Miles R E, et al. The Architecture of Collaboration [J]. Strategic Management Journal, 2012, 33 (6): 734 - 750.

价值分配问题，还需要进一步研究价值如何应用在基于行动者的组织设计中。

Lavie D、Haunschild P R 和 Khanna P 三位学者（2012）① 关注到在对联盟绩效的影响因素研究过程中，一个流派研究强调了合作伙伴特性之间的联盟，而另一流派则集中在关系机制，如相互信任、关系嵌入性和关系承诺。作者整合这两方面研究，深入探讨合作伙伴文化和组织程序的一致性如何有利于非股权联盟中关系机制的产生。基于信息技术行业420个非股权联盟的实证分析表明，合作伙伴的内部工作程序差异破坏关系机制，反过来影响联盟绩效，进一步通过研究联盟伙伴的组织差异对绩效的影响，并论证这些影响是如何受到关系机制调节来促进联盟的研究。论文最后，作者还指出未来的研究可以考虑在联盟中合作伙伴组织差异、各种环境和组织的突发事件的影响。除此之外，还可以研究组织差异如何影响机会主义行为、共同解决问题和联盟中的知识交流；未来的研究可以探讨合作伙伴如何跨越组织差异及揭示更多跨组织联盟的独特方法。

Benner M J 和 Tripsas M（2012）② 指出了以往关于新兴产业研究的不足。首先，之前的研究仅专注于预测哪个企业进入及进入的时机，缺乏对于许多独特选择的深入理解；其次，虽然企业异质性是战略研究的核心宗旨，但是我们缺乏一个明确的概念模型，包括如何解释这种异质性的出现。因此，作者通过研究 1991～2006 年来自三个先前行业数码相机公司，探索一个公司的背景（先前行业的属性）如何影响其新兴产品市场概念化（具体化的产品功能）。研究结果发现：①先前行业经验形成了一套共享信念，并导致了相似和并发公司行为；②公司注意和模仿相同先前行业的公司行为；③伴随企业获得特定特征经验，先前行业的影响减弱。进一步研究结果表明，无论是描述性的还是定量的，显示了一个公司的先前产业属性对于新兴行业初始阶段架构的重要影响，同时发现，与行业经验相关的管理信念也是企业如何接受新产品市场的一个关键因素，因而评估竞争格局的时候需要同时考虑能力和信念。作者指出未来一个有趣的研究是探讨不同的公司背景如何影响行业架构的偏好和更好地了解以前的行业联系对企业绩效的影响。

Hsiao R L、Tsai D H, Lee C F.（2012）③ 发现一个重要的研究问题——当专家跨越多学科边界合作时，他们如何通过边界对象从事自适应学习？作者旨在详细描述主体和对象之间的互动，主体从事各种形式的学习来完成知识工作。其研究从实证的视角探索了交叉跨越边界的自适应性质，基于实地研究，通过分析工程师在维护复杂的晶片制造机器的故障维修任务过程，研究结果报告了三种组织实践：第一是识别问题边界的做法解释了边界对象如何使工程师组织信息搜索、收集本地资源、从操作模式中识别线索、解释可能的原因，并共享诊断逻辑；第二是设定集体责任，这一实践表明了工程师如何理解边界对象来

---

① Lavie D, Haunschild P R, Khanna P. Organizational Differences, Relational Mechanisms, and Alliance Performance [J]. Strategic Management Journal, 2012, 33 (13): 1453-1479.

② Benner M J, Tripsas M. The Influence of Prior Industry Affiliation on Framing in Nascent Industries: The Evolution of Digital Cameras [J]. Strategic Management Journal, 2012, 33 (3): 277-302.

③ Hsiao R L, Tsai D H, Lee C F. Collaborative Knowing: The Adaptive Nature of Cross-boundary Spanning [J]. Journal of Management Studies, 2012, 49 (3): 463-491.

讨论问题的归属；第三是开发一个系统的理解，这说明了工程师的理解（理解边界对象）怎样发展成行动（支持故障排除任务）。这种组织模式解释了专家如何在互动系统借鉴边界对象促进自适应学习和协作解决复杂问题，这对跨边界、自适应学习和问题解决理论具有贡献作用，并表明实际经验在管理跨边界工作的应用。

Joseph J 和 Ocasio W （2012）① 通过对通用电气公司治理系统 1951 ~2001 年的数据归纳分析，研究企业和业务部门的注意力整合在公司内部和跨公司的管理渠道中如何产生，分析了一个多业务公司的组织架构如何影响其组成业务单元的适应力。两位学者试图回答两个问题：首先，鉴于企业部门和业务单元对战略适应的重要性，组织架构如何帮助企业部门和业务单元实现成功的联盟，以确定竞争的机会和威胁？其次，企业和业务单位如何通过组织架构分化和整合影响威胁和机会应对的一致性？作者的理论确定了 M 型结构的一个未知的方面——企业部门和业务单元之间通过跨层级渠道进行集体垂直互动。总体而言，作者清楚地表达了三种类型的整合途径——跨层级、跨功能和渠道耦合，并检查它们对威胁和机会反应的影响，同时发现，虽然是一个复杂的组织架构，但是通用电气的治理系统存在不允许协调企业和业务单元的时期。

Wang D J 和 Soule S A （2012）② 使用纵向组织和他们在 1960 ~1995 年参与抗议事件收集的网络数据，基于组织学习理论，探讨了抗议策略在社会运动组织间的扩散（SMOS）。作者采用"小说"式的方法技巧在网络分析中进行筛选和测量，得出两个结论：一是一些组织比其他组织更倾向于选择合作的机制；二是策略扩散不是合作的结果，而是具有同质性或某种间接学习形式的结果，从而发现协作是策略扩散的重要渠道。两位学者检验了"组织合作导致战术扩散"的命题。研究发现有力地实证了支持组织协作是 SMOS 之间战术扩散的重要渠道，不同于同质性驱动的扩散。作者进一步还发现，组织的特点和组织之间关系的特征都是解释战术扩散的重要因素，更靠近网络中心的组织比周边组织更可能传递战术到其他组织。最后，作者表明战术扩散更可能发生在战术技能基础水平相似的组织间，但当两组织间太相似会抑制战术创新的流程。

Reuer J J、Tong T W 和 Wu C W （2012）③ 认为有趣的是研究首次公开发行股票的目标公司出售他们的公司可以获得的价值以及确定这些收益的决定因素，因而提出了具体研究问题——关于 IPO 公司的什么特定信号对他们在出售公司的收购价格有影响？作者扩展信号理论研究收购溢价，并探讨了新目标企业在上市后获得的收购价值，完善了以前关于收购溢价的研究，表明目标信号可以通过降低由于信息不对称带来的收购方价格折扣来提高卖家的收益。具体而言，目标公司可以通过参与组织间的关系（例如，与著名的投资

---

① Joseph J, Ocasio W. Architecture, Attention, and Adaptation in the Multibusiness Firm: General Electric from 1951 to 2001 [J]. Strategic Management Journal, 2012, 33 (6): 633 -660.

② Wang D J, Soule S A. Social Movement Organizational Collaboration: Networks of Learning and the Diffusion of Protest Tactics, 1960 -1995 [J]. American Journal of Sociology, 2012, 117 (6): 1674 -1722.

③ Reuer J J, Tong T W, Wu C W. A Signaling Theory of Acquisition Premiums: Evidence from IPO Targets [J]. Academy of Management Journal, 2012, 55 (3): 667 -683.

银行、风险资本家和合作伙伴进行合作）作为信号增强卖方收益。最终实证证据表明，这种信号应用于国内和跨境交易的点一样，同时有益于IPO目标企业出售他们的公司给不同行业的收购者。这项研究做出了两个贡献：首先，补充了以前研究，表明目标公司的可用信号可以提高卖家的收益；其次，通过研究IPO企业的特征对于收购价格的影响，本文把研究收购溢价的注意力从收购方转移到出售方，企业构建的组织间关系不但可以对IPO的结果有影响，而且也可以对公司后续的兼并和收购的价值有影响。

Walter J、Kellermanns F W 和 Lechner C（2012）① 将战略决策的研究延伸到战略联盟，使用从103个高科技联盟获得的第一手横截面数据，研究了程序合理性和政治对决策制定的影响。作者关注合作伙伴之间的内部和边界，联盟决策过程中一方面需要关注单个企业的兴趣，另一方面需要注意集体行动，从而平衡彼此的利益。研究结果证实了程序理性有利于联盟合作伙伴之间的集体行动，但也揭示了企业层面无条件对程序理性依赖的陷阱。进一步研究结果表明，带有政治性的决策过程会损害决策制定者协调个人和联盟伙伴之间利益的能力，并因此危害联盟绩效。几位学者对于未来的研究指出，针对合作伙伴的影响，可以发展企业和企业间水平的决策模型，考虑将合作伙伴之间的相互依存程度作为调节作用。同时，另一个有趣的研究是讨论在决策过程中，个体行动者的力量与联盟绩效的关系。

Pacheco - de - Almeida G 和 Zemsky P B（2012）② 关注到一个现实的问题——竞争战略的传统观点是，企业间知识溢出是有害于创新者而有益于模仿者，那么为什么一些创新者自愿展示他们的知识产权？通过两位学者的研究表明，创新者通过公开知识产权阻止竞争对手投资创新和引导他们等待和模仿，从而缓解竞争压力。这一新奇的结果表明，自主披露可能是一个往往比预期更好的策略。此外，作者重新审视了经典的战略观——企业间知识溢出本质上是有益于模仿者，研究认为模仿者可能想控制他们可以自由地模仿其他创新者的专项技术，否则创新者可能缺乏开发新技术的动机，从而减缓创新，最终采用模仿。同时，研究发现比较同时期的模仿开发者，创新者比市场速度更快，并且具有投资加快创新能力的动力。

最后，两位学者挑战了传统创新理论的中心思想，认为模仿者公司有时较低的吸收能力可能会更好，以便提高领导者公司快速发展新技术的动机，过大的溢出效应可能对追随者的策略产生不利影响，即可能会减缓领导者开发新技术的动力，从而延长追随者的模仿过程。

（三）2013年国外公司战略理论研究发展趋势预测

围绕2012年国外重点期刊上关于公司战略的文献主题可以发现，战略联盟、协同战

① Walter J, Kellermanns F W, Lechner C. Decision Making within and between Organizations Rationality, Politics, and Alliance Performance [J]. Journal of Management, 2012, 38 (5): 1582 - 1610.

② Pacheco - de - Almeida G, Zemsky P B. Some like it Free: Innovators' Strategic Use of Disclosure to Slow down Competition [J]. Strategic Management Journal, 2012, 33 (7): 773 - 793.

略主题成为主导，同时政治关联、战略并购等概念也得到了进一步的发展。进一步，根据筛选的论文整理发现：①国外学者重点关注了跨业务、跨边界的联盟与合作，如 Joseph J 和 Ocasio W（2012）的跨业务公司的架构、注意力和适应能力；Ruey – Lin Hsiao 等（2012）的协同认知、跨边界、跨适应性等研究。未来的研究可以关注多业务企业的联盟建立、维持以及协作问题，采用实践的角度来研究协调机制。②组织内与组织间的横向和纵向的协同作用得到关注，如何在实践中建立协作体系是关键性的问题，如 Jarzabkowski P A 等（2012）的面向协调理论——在实践中建立协调机制；Fjeldstad Ø D 等学者（2012）的协作体系结构等相关论文。未来的研究可以探讨合作伙伴如何跨越组织差异及揭示更多跨组织联盟的独特方法。③国外学者关注的另一个主题是技术创新、创新战略下的竞争战略，如 Rahul Kapoor 和 Ron Adner（2012）的面对技术变革企业生产与知识边界如何影响竞争优势；Pacheco – de – Almeida G 和 Zemsky P B（2012）的创新者使用披露战略以减缓竞争等论文。未来的研究可以进一步关注创新对于维持竞争优势的机理，探讨创新战略在不同行业的实践作用。

第二章　2012年高管团队与战略认知前沿

作为占据企业金字塔顶端的决策者，高层管理者是战略决策的最主要发起者和主导者，并通过层级结构对其组织的经营活动产生巨大的影响（陈传明、陈松涛，2007）①。因此，关于高层管理团队认知与战略决策的研究，一直是战略管理领域的一个重要研究主题。

第一节　2012年高管团队与战略认知研究概况

首先，本研究在梳理国外相关文献时，选取国外部分代表性期刊，主要包括《Academy of Management Journal》、《Academy of Management Review》、《Administrative Science Quarterly》、《Journal of Applied Psychology》、《Journal of International Business Studies》、《Organization Science》、《Journal of Management》、《Strategic Management Journal》、《Human Relations》、《Journal of Management Studies》、《Management and Organization Review》、《Organizational Behavior and Human Decision Processes》、《Organization Studies》等，通过检索这些代表性期刊上公开发表的相关论文，围绕有关高管团队与战略认知的关键词进行初步分析，结果如表2－1和图2－1所示。

表2－1　2012年国外高管团队与战略认知研究关键词的描述性统计结果

类型	关键词	频数
高管背景特征	CEO　Gender　TMT Board of Directors　Upper Echelons	47
团队异质性	Diversity	7
关系网络与政治关联	Social Networking　Relational Demography	11
认知特征和行为倾向	Managerial Discretion　Managerial Incentives	9

① 陈传明，陈松涛．高层管理团队战略调整能力研究——认知的视角［J］．江海学刊，2007（1）：213－219.

续表

类型	关键词	频数
继任特征	Founder CEOs　Executive Succession	8
战略决策与经营绩效	Firm Performance　Innovation Market Expansion　Product Portfolio Complexity	26
权变因素	Family Firms　Firm Heterogeneity	7

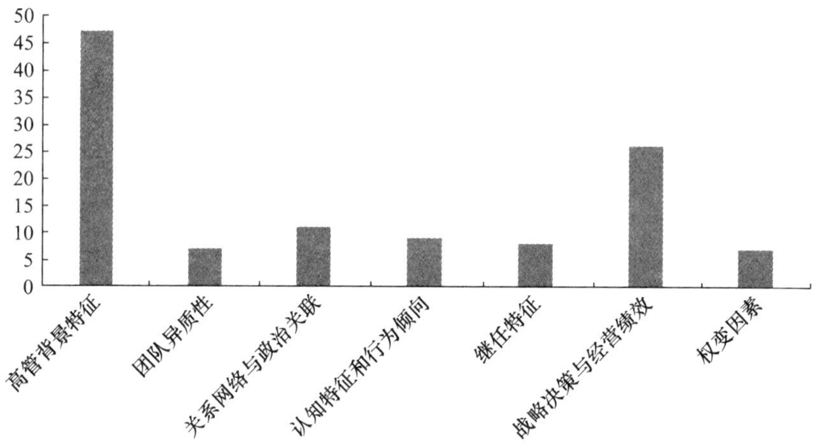

图 2-1　2012 年国外高管团队与战略认知研究关键词的频数分布

其次，本研究在梳理国内相关文献时，选取国内部分代表性期刊，主要包括《管理世界》、《南开管理评论》、《科研管理》、《管理工程学报》、《科学学与科学技术管理》、《管理评论》、《管理科学》、《中国工业经济》、《管理学报》等。通过检索这些代表性期刊上公开发表的相关论文，围绕有关高管团队与战略认知的关键词进行初步分析，结果如表 2-2 和图 2-2 所示。

表 2-2　2012 年国内高管团队与战略认知研究关键词的描述性统计结果

类型	关键词	频数
高管背景特征	TMT 背景特征高层梯队理论 高管团队董事会可观察经历	33
团队异质性	认知异质性	7
关系网络与政治关联	政治关联政治身份 私人关系网络嵌入性	17
认知特征和行为倾向	过度自信行为特征 职业生涯关注损失规避	14

续表

类型	关键词	频数
继任特征	CEO 变更创始人管理	6
战略决策与经营绩效	企业绩效并购知识转移 过度投资创新与研发投入	44
权变因素	产权性质民营企业市场环境	13

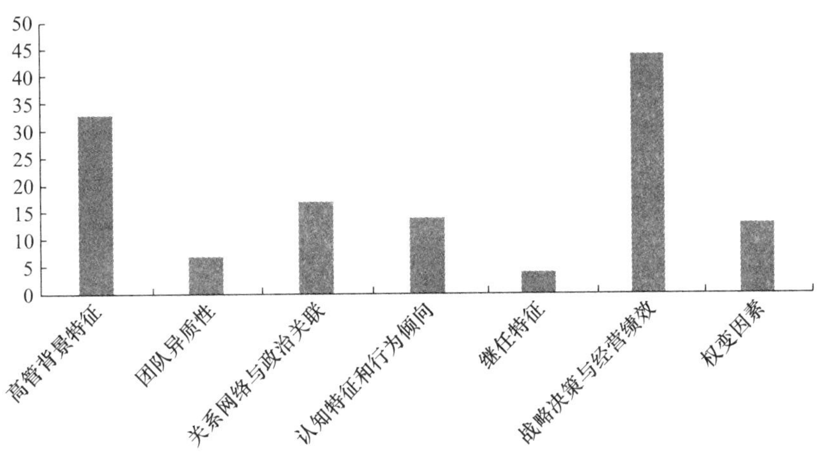

图 2-2　2012 年国内高管团队与战略认知研究关键词的频数分布

第二节　2012 年高管团队与战略认知国外研究前沿

（一）高管背景特征

这类研究关注高层管理者的背景特征，如性别、民族以及任职经历等对战略决策以及绩效的影响。如 Dezsö & Ross（2012）① 认为女性对高层管理的代表性为高层管理团队带来了信息和社会多元化的优势，充实了企业中管理者的行为，激励了中层女性管理者，进而改善了与任务相关的管理绩效以及更好的企业绩效。基于标准普尔（S&P）中 1500 家公司关于高层管理团队的 15 年面板数据，他们对研究假设进行实证分析发现，高层管理者中女性的代表性能够改善企业绩效，但是仅适用于战略聚焦于创新的企业。在此情境

① Dezsö C L, Ross D G. Does Female Representation in Top Management Improve Firm Performance? A Panel Data Investigation [J]. Strategic Management Journal, 2012, 33 (9): 1072-1089.

下，由性别多元化和与女性相关的管理行为所带来的信息和社会优势似乎对与任务相关的管理绩效尤其重要。由于关于小额贷款机构公司治理机制的研究依然不足，Galema、Lensink & Mersland（2012）① 通过选取小额贷款产业的显变量对首席执行官权力对小额贷款机构冒险行为的影响进行了分析。基于 280 个小额贷款机构数据的分析结构表明，相较于其他类型的小额贷款机构，非营利型小额贷款机构中，具有权威的首席执行官具有更强的决策自主权，这将诱使他们做出提高风险的更为极端的决策。进一步，这些在非营利型机构具有更强决策自主权的首席执行官会做出更差劲的决策，因为他们的绩效往往都很差。Tröster & van Knippenberg（2012）② 提出领导者导向（Leader - directed）的声音（如对领导者提出批判性改进建议）是一种关系型现象，它受到跨国团队内在特征，即成员在国家文化上的相似性（差异性）的影响。他们基于在跨国团队中工作的中层管理者的样本来进行假设检验。该研究的结果显示，当跨国团队的领导者乐于接受那些了解当地情况团队成员的建议，与代表性低的团队成员来自同一国家时，他将从中获益。研究还发现，乐于接受员工建议和与员工来自同一国家的影响分别受到情感承诺和心理安全的调节。该研究为未来研究跨国团队中个体异质性经历背后的文化动态变化提供了基础。

（二）高管认知特征和行为倾向

管理者的认知和行为倾向，如自信程度、对环境变化的阐释等，会对战略决策产生重要影响。如 Clark & Maggitti（2012）③ 认为，自信对高层管理团队有效履行职责是非常必要的，但是过度自信或狂傲则会导致很差的绩效。学者们一直努力去解决这样的问题，即自信在多大程度上是有用的以及是否存在不同形式的自信。基于 54 所高科技上市公司的田野调查数据，他们拓展了对一类自信复杂影响的理解，即高层管理团队效能（Potency）如何影响战略决策。具体而言，基于这 54 所高科技上市公司的数据的实证分析发现效能至少在高层管理团队经历、交互过程与战略决策速度关系之间起到了部分的中介作用。对高效能团队的事后分析显示，效能既可能是有用的——带来高绩效，也可能是破坏性的——导致低绩效。越来越多的社会学文献提出，当父亲会对男性的价值观产生深厚的影响。受此影响，Dahl、Dezsö & Ross（2012）④ 基于丹麦 1996 ~ 2006 年小型企业的面板数据，该数据包括关于员工、首席执行官和首席执行官家庭的信息，来研究男性首席执行官成为父亲后员工工资是如何变化的。研究发现，在生育了一个孩子之后，男性首席执行官在支付员工工资时普遍地变得不那么慷慨；生女儿，尤其是所生女孩是首席执行官第一个

① Galema R, Lensink R, Mersland R. Do Powerful CEOs Determine Microfinance Performance?［J］. Journal of Management Studies, 2012, 49（4）: 718 - 742.

② Tröster C, van Knippenberg D L. Leader Openness, Nationality Dissimilarity, and Voice in Multinational Management Teams［J］. Journal of International Business Studies, 2012, 43（6）: 591 - 613.

③ Clark K D, Maggitti P G. TMT Potency and Strategic Decision - Making in High Technology Firms［J］. Journal of Management Studies, 2012, 49（7）: 1168 - 1193.

④ Dahl M S, Dezsö C L, Ross D G. Fatherhood and Managerial Style: How a Male CEO's Children Affect the Wages of his Employees［J］. Administrative Science Quarterly, 2012, 57（4）: 669 - 693.

孩子，对员工工资的负面影响较生男孩要低；相较于男性员工，女性员工工资所受的负面影响更低，无论首席执行官所生的孩子是男还是女。同时，首席执行官在有了第一个孩子，尤其是儿子之后支付给自己更多的工资。基于关于公司创业、管理认知和注意力基础观，Plambeck（2012）① 探讨了管理认知和组织因素对企业创业行为的影响。基于84家企业数据的分析结果显示，企业战略和资源将会影响管理者解释特定事件的负面性程度，而这将影响新产品的推出。同时，管理者对触发事件（Triggering Event）解释的负面性越强，新产品的创新性就会越弱。战略和资源对于新产品的创新性具有影响，这种影响至少会受到管理者对触发事件解释的中介作用。

（三）高层管理者的关系网络

高层管理者所嵌入的关系网络，会影响管理者和企业获取信息、动员资源以及管理者的认知，进而影响战略决策。如 Acquaah（2012）② 研究了社会关系网络、企业特有的管理经验及其对家族企业和非家族企业经营绩效的交互影响。基于加纳106家企业的实证分析表明，相较于非家族企业，家族企业将从与行政机关的网络关系中获益更多。同时，相较于家族企业，非家族企业将从与社区领导者的网络关系和企业独有的管理经验中获益更多。与政客的网络关系妨碍了非家族企业的绩效，非家族企业能够比家族企业更好地利用其企业独有的管理经验，来管理从与社区领导的关系网络中获取的资源和能力。此外，企业独有的管理经验能够削弱与政客的关系网络对于两类企业的负面作用。

（四）高层管理者的继任特征

高层管理者的变动以及继任者的特征，会影响高管团队的价值观乃至战略决策。如 Quigley & Hambrick（2012）③ 发现，之前关于首席执行官继任的研究忽略了一个重要的制度上的事实，有些首席执行官并没有完全离任而是进入了董事会。他们提出，前任的滞留会限制继任者的自由裁量权，通过影响他/她的能力来进行战略决策，并将公司绩效带到上任前的水平。简言之，前任者的持续存在压制了新首席执行官的影响力。基于高科技企业中181位继任者的数据，加上严格的控制（包括与继任者相关的环境、企业对变革的需要和能力以及内生性问题），实证研究结果支持了相关假设。Souder & Simsek（2012）④ 的研究构建并检测了从创建者到代理人过程中首席执行官影响的演化。在任期开始时，由

---

① Plambeck N. The Development of New Products: The Role of Firm Context and Managerial Cognition [J]. Journal of Business Venturing, 2012, 27 (6): 607-621.

② Acquaah M. Social Networking Relationships, Firm-specific Managerial Experience and Firm Performance in a Transition Economy: A Comparative Analysis of Family Owned and Nonfamily Firms [J]. Strategic Management Journal, 2012, 33 (10): 1215-1228.

③ Quigley T J, Hambrick D C. When the Former CEO Stays on as Board Chair: Effects on Successor Discretion, Strategic Change, and Performance [J]. Strategic Management Journal, 2012, 33 (7): 834-859.

④ Souder D, Simsek Z, Johnson S G. The Differing Effects of Agent and Founder CEOs on the Firm's Market Expansion [J]. Strategic Management Journal, 2012, 33 (1): 23-41.

创建者担任的首席执行官能够比由代理人担任的首席执行官更积极地进行市场扩张。因为他们能够比职业经理人更快地整合激励、权利和所需知识。但是后来，在任期中间，由于更少地接触到对维持企业成长很重要的管理基础设施，以及市场复杂性的限制，创立者变得无法像代理人一样持续地进行市场扩张。基于有线电视运营商的时间序列数据的分析显示，代理人担任 CEO 的公司其市场扩张过程是一个倒 U 型曲线，而创立者担任 CEO 的公司其市场扩张过程是一个下降曲线，市场复杂性限制了市场扩张，尤其是对创立者而言。

第三节　2012 年高管团队与战略认知国内研究前沿

（一）高管背景特征

相关研究主要关注最高管理者或高层管理团队的背景特征和个人经历对企业战略决策乃至经营绩效的影响。如秦令华、井润田、王国锋（2012）[①] 认为，私营企业主的个人和职业经历对企业的战略决策和发展至关重要。从高阶理论出发，他们考察了私营企业主的个体可观察经历对企业战略导向的影响作用，基于 2006 年全国私营企业调查数据的实证研究结果显示，在控制组织层变量后，企业主的年龄、教育水平、职能背景对私营企业的战略导向有显著影响，其中有专业技术职能背景的私营企业主倾向于采取探索型战略，有供销职能背景的企业主倾向于采取防御型战略。此外，企业主的教育水平、供销职能背景以及探索型战略导向有利于企业成长，而具有管理或专业技术职能背景的企业主采取探索型战略有利于盈利水平的提高。路江涌、陆毅、余林徽（2012）[②] 基于世界银行的“中国企业调查”数据对在华外方总经理的研究发现，聘用外方总经理对企业盈利能力有显著的正效应，而这种效应在聘用非中国港澳台地区总经理的企业中则表现得更加突出。此外，企业面临的市场竞争环境越激烈，外方总经理对企业盈利能力的提升作用越明显；外方总经理对出口企业盈利能力的提升作用明显强于非出口企业。佟爱琴、邵鑫、杜旦（2012）[③] 和何霞、苏晓华（2012）[④] 分别对高管背景特征、公司绩效和企业研发投入的影响进行了实证研究。

---

① 秦令华，井润田，王国锋．私营企业主可观察经历、战略导向及其匹配对绩效的影响研究［J］．南开管理评论，2012（4）：36－47.

② 路江涌，陆毅，余林徽．外方总经理对企业盈利能力影响的实证研究［J］．南开管理评论，2012，15（5）：64－73.

③ 佟爱琴，邵鑫，杜旦．高管特征与公司绩效相关性研究——基于国有与非国有控股上市公司的对比［J］．科学学与科学技术管理，2012，33（1）：166－172.

④ 何霞，苏晓华．高管团队背景特征、高管激励与企业 R&D 投入——来自 A 股上市高新技术企业的数据分析［J］．科技管理研究，2012，32（6）：100－108.

（二）高管认知特征和行为倾向

这类研究认为，高层管理者的认知习惯如信息筛选的关注点、管理行为的特征会直接影响其战略决策及执行结果。如饶育蕾、王颖、王建新（2012）① 研究了 CEO 在职业生涯初期和末期导致短视投资的内在动机，探讨了经理人市场对 CEO 短视投资动机的影响，并基于 2007～2009 年的上市公司数据，以 CEO 年龄和任期状态代理 CEO 职业生涯关注，研究了 CEO 职业生涯关注对上市公司投资眼界的影响。实证结果表明，职业生涯关注与投资眼界的长短呈倒 U 型关系，即职业生涯关注高和低的 CEO 具有显著短视的投资行为，而处于职业生涯中期的 CEO 则具有更长远的投资眼界，这种倒 U 型关系受 CEO 任职来源的影响，内部晋升加剧了 CEO 的短视倾向。吴粒、袁知柱（2012）② 运用心理学、组织行为学、管理学相关理论，以价值观、态度、动机为行为特征的划分变量，对企业管理控制中管理者不同群体的行为特征进行了实证研究。通过聚类分析将控制对象划分为集体主义倾向型、规则顺从型、自我价值实现型和环境认知型四类人群，研究显示每一类群体都呈现出差异化的人口统计特征。然后，进一步考察了这四类群体的管理业绩与"目标难度适度性"、"信息反馈及时性"及"业绩考核公平性"等控制环节的关系。

（三）高管的关系网络特征

高层管理者所嵌入的社会网络，在为其提供信息、资源和支持的同时，也对其认知和行为产生了影响和限制，进而影响其战略决策。如王福胜、王摄琰（2012）③ 基于社会网络理论，构建了 CEO 网络嵌入性与企业价值关系的概念模型，并提出 CEO 内部网络嵌入性和外部网络嵌入性与企业价值变化正相关的假设，且相关研究假设得到基于 2009 年 A 股非金融保险业上市公司数据的实证分析结果的支持。李京勋、鱼文英、石庆华（2012）④ 基于组织学习理论和社会资本理论，考察了管理者关系特性对海外子公司内外部网络知识获取和企业绩效的影响。研究结果显示，母公司和子公司管理者之间的信任及沟通频率对获取母公司知识有正向影响，海外子公司管理者和本地重要企业管理者之间的信任对获取本地商务知识有正向影响，海外子公司管理者和本地政府主要负责人之间的私人关系对获取本地制度知识有显著影响。

在高管关系网络的研究中，政治关联一直是一个重要的变量。如李健、陈传明、孙俊华（2012）⑤ 基于社会资本互惠交换理论，提出了企业家对不同层级政治关联的回报形成

---

① 饶育蕾，王颖，王建新．CEO 职业生涯关注与短视投资关系的实证研究［J］．管理科学，2012，25（5）：30－40.

② 吴粒，袁知柱．管理控制中管理者的行为特征分类及管理业绩的关系研究［J］．管理学报，2012（1）：64－70.

③ 王福胜，王摄琰．CEO 网络嵌入性与企业价值［J］．南开管理评论，2012，15（1）：75－83.

④ 李京勋，鱼文英，石庆华．管理者关系特性对海外子公司知识获取及公司绩效的影响研究［J］．管理学报，2012，9（1）：115－123.

⑤ 李健，陈传明，孙俊华．企业家政治关联、竞争战略选择与企业价值——基于上市公司动态面板数据的实证研究［J］．南开管理评论，2012，15（6）：147－157.

了企业在竞争战略层面提升企业价值的具体路径差异。基于上市公司动态面板数据的实证结果表明，企业家中央政治关联与地方政治关联都能正向显著影响企业价值，其中差异化战略在企业家中央政治关联与企业价值关系中的中介效应、低成本战略在企业家地方政治关联与企业价值关系中的中介效应得到支持。这表明，在以GDP增长为核心的晋升激励下，地方政府期望的企业发展目标与中央政府可能存在差异，而与之存在政治关联的企业家的战略行为会直接受到影响。贾明、张喆（2012）① 认为具有政治身份的高管受遵循其所在社会群体共有的强调牺牲和奉献精神的价值标准驱动以推动公司对自然灾害做出积极反应，从而获得个人和社会的认同，并且灾害特征又影响到个人认同和社会认同的水平，进而调整高管推动公司对自然灾害做出的反应程度。

（四）高管团队的异质性特征

高管团队背景特征上的异质性高低，会影响其决策的创新性、速度等特征以及战略实施的效果。如杨林、杨倩（2012）② 考察了高管团队结构差异性（包括高管团队背景特征以及高管团队与董事长垂直差异性）是否以及如何影响企业并购发生的概率与模式，基于我国信息技术行业A股上市公司2005~2010年数据的Logistic回归分析结果表明：①高管团队背景特征会对企业并购发生概率和模式产生显著影响效应，其中，高管团队平均年龄和任期会对并购发生概率与模式产生显著负相关影响，而高管团队男性占比会对并购发生概率和模式产生显著正相关影响。②高管团队与董事长的垂直差异性会对并购发生概率产生显著影响效应，即高管团队的年龄差异和性别差异会对并购发生概率产生显著正相关效应。周建、李小青（2012）③ 尝试在基于高阶理论和群体断裂带理论的双重视角，实证考察董事会认知异质性总量和结构对企业创新战略的影响。基于我国261家高科技行业上市公司2007~2009年数据的实证分析结果表明，董事会成员职能背景异质性、教育程度和董事会群体断裂带强度对企业创新战略具有积极的影响，董事会成员行业背景异质性对创新战略没有显著影响。张诚、赵剑波（2012）④ 基于中国沪深两市上市公司2001~2010年的108项海外股权并购的实证结果表明，中国上市公司高管团队的任期、职务、性别和年龄异质性与海外股权并购份额没有显著的相关关系；民营企业所有制能够负向调节任期和职务异质性的影响，正向调节年龄异质性的影响。不同企业的最高决策者和政府的政策制定者应该根据需要调整和影响企业高管团队的构成，从而促进海外并购决策。

---

① 贾明，张喆. 高管的政治身份与公司对自然灾害的反应：灾难特征的影响——来自民营上市公司的证据［J］. 管理评论，2012，24（12）：115-127.

② 杨林，杨倩. 高管团队结构差异性与企业并购关系实证研究［J］. 科研管理，2012，33（11）：57-67.

③ 周建，李小青. 董事会认知异质性对企业创新战略影响的实证研究［J］. 管理科学，2012（6）：1-12.

④ 张诚，赵剑波. 高管团队异质性、企业所有制与海外股权并购——来自中国上市公司的经验证据［J］. 北京工商大学学报（社会科学版），2012，27（2）：55-61.

小 结

对高管团队和战略认知这一战略管理领域重要的研究主题进行梳理，有助于了解其研究前沿和未来趋势，丰富相关专业知识的积累，促进相关领域的理论发展和时间应用。通过梳理 2012 年高管团队与战略认知领域的研究现状，我们发现，除了备受关注的高层管理者的背景特征和高管团队背景异质性等，国内外学者的研究对于高层管理者的认知特征和行为倾向、关系网络（政治关联和网络关系）以及高层管理者的继任特征进行了深入的研究。在高管团队背景特征中，性别因素的影响在 2012 年受到了越来越多的重视。同时，学者比较关注高层管理者对企业战略决策和经营绩效产生影响的情境因素，如企业的所有权，是否家族企业、民营企业、外资企业或国有企业。

精选英文文献摘要

1. When the Former CEO Stays on as Board Chair：Effects on Successor Discretion，Strategic Change，and Performance

中文题目：当前任首席执行官成为董事长：对继任者裁量权、战略变革和绩效的影响

作者：Timothy J Quigley，Donald C Hambrick

来源刊物、卷期页：Strategic Management Journal，2012，Vol. 33 Issue 7，pp. 834 – 859

摘要：之前关于首席执行官继任的研究没有考虑一个重要的制度上的事实，有些首席执行官并没有完全离任而是留在企业担任董事长。我们提出，前任的滞留会限制继任者的自由裁量权，通过影响他/她的能力来进行战略决策，并将公司绩效带到上任前的水平。简言之，前任者的持续存在压制了新首席执行官的影响力。基于高科技企业中 181 位继任者的数据，加上严格的控制（包括与继任者相关的环境、企业对变革的需要以及能力和内生性问题），我们得到了对我们研究假设实质性的支持。在补充性的分析中，我们发现，相比较于阻止巨大的下滑，前任滞留显著地阻止了新首席执行官获得更好的绩效。

关键词：管理者裁量权；管理者继任；董事会；高层阶梯；二元性

2. Does Female Representation in Top Management Improve Firm Performance? A Panel Data Investigation

中文题目：女性对高层管理的代表能改善企业绩效吗？一个面板数据的分析

作者：Cristian L. Dezsö，David Gaddis Ross

来源刊物、卷期页： Strategic Management Journal, 2012, Vol. 33 Issue 9, pp. 1072 – 1089

摘要： 我们认为，女性对高层管理的代表性为高层管理团队带来了信息和社会多样性的优势，充实了企业中管理者的行为，激励了女性中层管理者，进而改善了与任务相关的管理绩效以及更好的企业绩效。基于标准普尔（S&P）中 1500 家公司关于高层管理团队的 15 年面板数据，我们对研究假设进行了实证分析。我们发现，高层管理者中女性的代表性能够改善企业绩效，但是仅适用于战略聚焦于创新的企业。在此情境下，由性别多元化和与女性相关的管理行为所带来的信息和社会优势似乎对与任务相关的管理绩效尤其重要。

关键词： 性别；多样性；高层管理团队；企业绩效；创新

第三章　2012 年制度分析发展与前沿

第一节　战略管理中的制度理论

企业战略管理领域中的“制度”研究主要涉及制度环境、合法性和组织同构化等主题[①]。自 20 世纪 70 年代起，“制度”开始成为组织研究的中心议题之一，社会学、经济学和政治学等学科共同为该领域提供了理论营养。以科斯、威廉姆森、张五常等为代表，以交易成本经济学和代理理论等为主要内容的新制度经济学（New Institutional Economics），是战略管理领域中除资源基础理论以外的另一个重要理论来源[②]；迈耶和罗恩（Meyer 和 Rowan，1977）[③]、迪马久和鲍威尔（DiMaggio 和 Powell，1983）等通过引入合法性（Legitimacy）概念，强调合法性机制在组织内部及在组织与制度环境互动中的重要作用，以解释制度的趋同性（Isomorphism）[④⑤⑥]。这形成战略管理中制度分析的另一个传统。在此基础上，制度基础观自 20 世纪 90 年代开始萌芽，并在 2002 年由彭维刚（Mike W Peng）正式提出[⑦]，使基于制度的战略观构成了一个整合的理论框架，并与基于产业和基于资源的战略观共同形成主流战略观的“三脚架”。

---

① 郭毅．制度环境视野下的中国战略管理研究途径［J］．管理学报，2006（6）：643－646.

② 谭立文，丁靖坤．21 世纪以来战略管理理论的前沿与演进：基于 SMJ（2001～2012）文献的科学计量分析［J］．南开管理评论，2014，17（2）：84－94.

③ W Meyer and Brian Rowan. Institutionalized Organization: Formal Structure as Myth and Ceremony［J］. American Journal of Sociology，1977，83（2）：340－363.

④ 周雪光．组织社会学十讲［M］．北京：社会科学文献出版社，2003：75.

⑤ Martin Ruef and W Richard Scott. A Multidimensional Model of Organizational Legitimacy: Hospital Survival in Changing Institutional Environments［J］. Administrative Science Quarterly，1998，43（4）：877－904.

⑥ 周雪光．序组织社会学的新制度主义学派［C］．载张永宏主编．组织社会学的新制度主义学派．上海：上海人民出版社，2007：1－10.

⑦ ［美］彭维刚．全球企业战略［M］．北京：人民邮电出版社，2007：89－92.

第二节　2012 年制度理论领域国外研究前沿

（一）2012 年制度理论领域国外研究概况

由于企业战略管理中的制度理论来自经济学、社会学、政治学等多个学科，相关分析中涉及不同的学术传统、理论与概念等，在对相关文献的检索中因而也就需要考虑到多个关键词或主题词，如制度、组织、合法性、交易成本等。因此，在本节中，对 2012 年国外战略管理领域涉及“制度”主题的研究成果进行了以下两个方面的检索：①以制度、组织、文化、合法性等作为关键词或主题词对 SCI、EBSCO、JSTOR 等数据库进行检索，筛选出了被引次数超过 1 次的文献，并对其中高被引文献进行了重点解读；②对国外重要的管理学学术期刊中的学术论文进行了逐一筛选和解读，这些期刊主要是《Academy of Management Review》、《Academy of Management Journal》、《Administrative Science Quarterly》、《Strategic Management Journal》、《Journal of International Business Studies》、《Organization Science》、《Management Science》、《Journal of Management》、《Journal of Management Studies》、《Management and Organization Review》等。

高频词往往代表的是研究热点。在 EBSCO 数据库中，制度领域中的主要关键词在相关领域重要期刊文献中出现的频次如下：culture（7 次）、institutional theory（6 次）、agency theory（5 次）、diversity（5 次）、organizational change（5 次）、transaction costs（4 次）、alliance（4 次）、governance（4 次）、organizational architecture（4 次）、strategic alliances（3 次）。

被引频次一般被视为研究价值的体现。以下是 2012 年制度领域的高被引文献（在 EBSCO 数据库统计，被引频次超过 5 次，由低到高排列）。

表 3－1　2012 年制度领域的高被引文献

杂志名	作者	文章名
Journal of Management, 2012, 38 (5): 1582 - 1610	Walter J, Kellermanns F W, Lechner C	Decision Making within and between Organizations Rationality, Politics, and Alliance Performance
Academy of Management Journal 2012, 55 (3): 727 - 748	Shin J, Taylor M S, Seo M G	Resources for Change: The Relationships of Organizational Inducements and Psychological Resilience to Employees' Attitudes and Behaviors toward Organizational Change
Academy of Management Review 2012, 37 (2): 256 - 271	Donaldson T	The Epistemic Fault Line in Corporate Governance

续表

杂志名	作者	文章名
Academy of Management Journal, 2012, 55 (2): 381 - 398	Battilana J, Casciaro T	Change Agents, Networks, and Institutions: A Contingency Theory of Organizational Change
Journal of International Business Studies, 2012, 43 (4): 396 - 423	van Essen M, Heugens P P, Otten J, et al.	An Institution - based View of Executive Compensation: A Multilevel Meta - analytic Test
Journal of Management Studies. 2012, 49 (8): 1484 - 1508	Pentland B T, Feldman M S, Becker M C, et al.	Dynamics of Organizational Routines: A Generative Model
Journal of International Business Studies, 2012, 43 (7): 677 - 692	Zhou K Z, Xu D	How Foreign Firms Curtail Local Supplier Opportunism in China: Detailed Contracts, Centralized Control, and Relational Governance
Journal of Management Studies, 2012, 49 (2): 279 - 305	Bock A J, Opsahl T, George G, et al	The Effects of Culture and Structure on Strategic Flexibility during Business Model Innovation
Journal of Management Studies, 2012, 49 (1): 1 - 27	Vaara E, Sarala R, Stahl G K, et al	The Impact of Organizational and National Cultural Differences on Social Conflict and Knowledge Transfer in International Acquisitions
Strategic Management Journal, 2012, 33 (6): 633 - 660	Joseph J, Ocasio W	Architecture, Attention, and Adaptation in the Multibusiness Firm: General Electric from 1951 to 2001
Journal of International Business Studies, 2012, 43 (4): 343 - 367	Salomon R, Wu Z	Institutional Distance and Local Isomorphism Strategy
Academy of Management Review, 2012, 37 (1): 58 - 81	Voronov M, Vince R	Integrating Emotions into the Analysis of Institutional Work
Academy of Management Journal, 2012, 55 (4): 877 - 904	Smets M, Morris T I M, Greenwood R	From Practice to Field: A Multilevel Model of Practice - driven Institutional Change

(二) 2012 年制度理论领域国外重要研究成果简述

1. 组织的同构化与多元化

组织同构化是制度研究中的传统议题。对跨国公司而言，要经常采取与当地地方缓解矛盾的策略，包括模仿当地公司的管理方法。然而，跨国公司为何在同构策略上有所不同呢？Salomon 和 Wu（2012）① 以在海外经营的上市公司为对象研究了制度距离与地方同构策略问题。他们的研究表明，跨国公司如选择一个更高层次的当地文化同构化，在经济上

① Salomon R, Wu Z. Institutional Distance and Local Isomorphism Strategy [J]. Journal of International Business Studies, 2012, 43 (4): 343 - 367.

就会使其与母国的监管距离增加，而且，由于经验调节距离和当地同构间的关系，这种同构会相对持久。Cui 和 Jiang（2012）[①] 讨论了国有制对中国对外投资企业在组织结构选择方面的影响。通过考察 2000 ~ 2006 年中国对外投资企业进入国外市场的行为，他们提出：由于国有制导致的与本国政府的政治从属关系，这些企业往往会增强对本国政府机构的资源依赖关系，而这又会影响其在东道国的形象。这种资源依赖性和政治认知会增加企业屈从而不是抵抗同构的制度压力。尤其是，在国有股权比例较高的企业来自本国、东道国管制和东道国规范监管的诸多压力下，会更多地倾向于选择同构化。

与同构化对应的是行为的多元化问题。随着劳动力人口结构的不断变化，组织管理的多样性成为一个重要议题。组织使用不同方法进行多样性管理，会导致不同的组织结果。Olsen 和 Martins（2012）[②] 构建了一个根植于社会和跨文化心理学研究的理论性框架来理解组织多样性管理程序问题，促进了该领域内的理论发展和实证测试。此外，通过对印度的 94 家商业银行 1948 ~ 2003 年扩张行为的数据分析，Kozhikode 和 Li（2012）[③] 发现，在印度，银行选择性地利用政治多元化来指导它们的扩张决策。政治多元化可以促进业务扩展、削弱政府权力、限制企业决策，但有时也会导致政体间的恶性竞争，损失在当地的扩张机会。

通过 1951 ~ 2001 年通用电气公司的数据，Joseph 和 Ocasio（2012）[④] 分析了多元化经营公司的组织架构是如何影响其子业务单位适应性的。通过对通用电气公司 1951 ~ 2001 年的治理系统进行归纳分析，作者发现了公司的治理渠道是如何整合公司和子业务单位的注意力的。此外，作者还发现企业办公系统与其子业务公司之间通过跨级渠道进行集体垂直互动。总体来说，存在三种类型的整合渠道——跨级、跨职能和通道耦合。通过检验它们对威胁和机遇反应的影响，可以看到，尽管通用电气公司有很好的组织结构，但有时其治理系统也不能协调公司和其业务单位的事务。这就需要专门的临时耦合，即跨级别渠道创建一个既分化又综合的组织架构，以整合和协调公司与子业务单位的注意力，提高其适应性。

2. 合法性、文化与组织结构

Walter、Kellermanns 和 Lechner（2012）[⑤] 讨论了组织内部和组织间决策制定的合法性问题。为研究企业和联盟层面的决策过程特征对联盟绩效的交互作用，该研究将战略决策

---

① Cui L, Jiang F. State Ownership Effect on Firms' FDI Ownership Decisions Under Institutional Pressure: A Study of Chinese Outward - investing Firms [J]. Journal of International Business Studies, 2012, 43 (3): 264 - 284.

② Olsen J E, Martins L L. Understanding Organizational Diversity Management Programs: A Theoretical Framework and Directions for Future Research [J]. Journal of Organizational Behavior, 2012, 33 (8): 1168 - 1187.

③ Kozhikode R K, Li J. Political Pluralism, Public Policies, and Organizational Choices: Banking Branch Expansion in India, 1948 - 2003 [J]. Academy of Management Journal, 2012, 55 (2): 339 - 359.

④ Joseph J, Ocasio W. Architecture, Attention, and Adaptation in the Multibusiness Firm: General Electric from 1951 to 2001 [J]. Strategic Management Journal, 2012, 33 (6): 633 - 660.

⑤ Walter J, Kellermanns F W, Lechner C. Decision Making within and between Organizations Rationality, Politics, and Alliance Performance [J]. Journal of Management, 2012, 38 (5): 1582 - 1610.

制定研究扩展到了战略联盟领域。无论是在联盟内部、联盟成员的边界上，还是在与联盟相关的决策制定上，一方面，必须平衡每个成员的自身利益；另一方面，又要考虑每个成员对彼此协作活动的依赖。通过从 103 个高科技联盟中获取的原始横截面数据，该文研究了程序合理性和政治对决策制定的影响。结果表明：程序合理性在促进联盟内成员间协作活动方面具有重要性，但公司层面上对程序合理性的无条件依赖又会导致其落入陷阱。同时，政治命令的决策过程会削弱决策制定者在联盟内或联盟成员间协调个人利益的能力，进而损害联盟绩效。

Bock、Opsahl 和 George 等（2012）① 考察了商业模式创新期间文化和结构对战略柔性的影响。通过调研获取了 107 个跨国公司在商业模式创新期间 CEO 对战略柔性驱动力的看法，可以发现，尽管创新型文化的积极作用已得到确认，但商业模式创新期间合作伙伴间的依赖性仍会降低战略柔性。此外，结构转变被分解成将管理注意力集中在核心业务上和已有业务的重新布局。CEO 认为，在保持对非核心功能控制时，为保持结构的灵活性就需要简化结构。

Vaara、Sarala 和 Stahl 等（2012）② 讨论了国际并购中组织和国家层面的文化差异对社会冲突和知识转移的影响。文化差异能促进基于"'我们'还是'他们'"这类思维的社会认同的建立，进而成为社会冲突的潜在动力。当然，文化差异有助于促进知识转移。在实证研究部分，作者以相关的国际并购为样本，利用结构方程模型分析发现，组织层面上的文化差异与社会冲突正相关，而国家层面上的文化差异却能减少社会冲突。此外，组织和国家层面上的文化差异都与知识转移正相关。换言之，文化差异对国际并购产生的影响是有差异的，国家层面的文化差异对国际并购的影响并没有平时所想象的那么重要。

"关系"是中国制度问题研究中一个绕不开的话题。Zhou 和 Xu（2012）③ 通过国外公司如何在中国减少当地供应商机会主义行为的研究指出：在合同指定的地区伙伴机会主义中，法律制度很薄弱，详细的合同是无效的。在这种情况下，关系治理不仅可以确保合同执行，也可以作为一种替代机制确保应急调整。

3. 组织与组织创新

我们处于一个数字技术日益普及的时代。数字技术已渗透到产品、服务和许多组织的运作中，并从根本上改变了产品和服务的创新性质。Yoo、Boland 和 Lyytinen 等（2012）④ 讨论了数字时代的组织创新问题。数字技术的基本属性是可编程性和数据的同质化。这提供了一个开放、灵活且用于创建具有收敛性和生成性的创新环境，并呈现出三个基本特

---

① Bock A J, Opsahl T, George G, et al. The Effects of Culture and Structure on Strategic Flexibility during Business Model Innovation [J]. Journal of Management Studies, 2012, 49 (2): 279 - 305.

② Vaara E, Sarala R, Stahl G K, et al. The Impact of Organizational and National Cultural Differences on Social Conflict and Knowledge Transfer in International Acquisitions [J]. Journal of Management Studies, 2012, 49 (1): 1 - 27.

③ Zhou K Z, Xu D. How Foreign Firms Curtail Local Supplier Opportunism in China: Detailed Contracts, Centralized Control, and Relational Governance [J]. Journal of International Business Studies, 2012, 43 (7): 677 - 692.

④ Yoo Y, Boland Jr R J, Lyytinen K, et al. Organizing for Innovation in the Digitized World [J]. Organization Science, 2012, 23 (5): 1398 - 1408.

征：①数字技术平台的重要性；②分布式创新的出现；③组合创新的普及。这三个特征深刻地影响着组织创新。

Shin、Taylor 和 Seo（2012）[①] 讨论了组织诱发、心理弹性等变革资源对员工关于组织变革的态度和行为的影响。通过测试组织变革过程中确定员工承诺和支持性活动的两种虚拟资源——组织诱发和员工心理弹性，作者对 234 名员工和 45 名经理进行了两波调查，发现组织诱发和心理弹性与两种形式的员工对变革的承诺（规范和情感）正相关，国家积极的影响和社会交换对这种正相关关系有调节作用。此外，这两种对变革的承诺与变革行为和创造性支持有不同程度的正相关，与颠覆性变革负相关。

Battilana 和 Casciaro（2012）[②] 开发了一个关于网络中的结构闭合度如何影响组织变革的开启和采纳的权变理论。其中，结构闭合度被定义为一个参与者与网络其他成员网络相连接的程度。使用纵向调查数据，辅以八个深入的案例研究，作者分析了英国国家卫生服务中所采取的 68 个组织变革举措，发现网络中低层次的结构闭合度（即“结构洞”）有助于偏离制度现状变革的开启和采纳，但是对偏离较少的变革的采纳会有阻碍。

Van Essen、Heugens 和 Otten 等（2012）[③] 从制度视角下运用多层次整合测试来研究公司业绩与高管薪酬之间的关系。尽管高管薪酬在一定程度上与公司绩效呈正相关关系，但这种关系在不同国家有很大的不同。就正式机构而言，法律制度和投资者保护强度起着积极的调节作用。在自我实施的非正式机构中，正式和非正式的机构功能互补方式对制定高管薪酬具有敏感性。当高管得到很好的法律保障和保护股东的相关法律支持非正式规则时，这种关系就会更加紧密。因此，最优合约理论必须考虑国家合约环境的调节作用。

4. 制度、制度变迁与认知

认知已成为制度研究中的热门词语。Voronov 和 Vince（2012）[④] 认为，在未来的制度研究中应重点对情感和无意识过程进行分析，包括生殖和变化、意向性、合理性等问题。为此，作者构建一个整合情感与控制连接的框架，并提供情感与制度维护、破坏及创立认知先例之间的关联作用。Donaldson（2012）[⑤] 提出应在公司治理理论研究中着重强调认知失误的规范概念，以更好地利用现有的认知模型和设计出更多的认识论模型。Pentland、

---

① Shin J, Taylor M S, Seo M G. Resources for Change: The Relationships of Organizational Inducements and Psychological Resilience to Employees' Attitudes and Behaviors Toward Organizational Change [J]. Academy of Management Journal, 2012, 55 (3): 727 - 748.

② Battilana J, Casciaro T. Change Agents, Networks, and Institutions: A Contingency Theory of Organizational Change [J]. Academy of Management Journal, 2012, 55 (2): 381 - 398.

③ Van Essen M, Heugens P P, Otten J, et al. An Institution - based View of Executive Compensation: A Multilevel Meta - analytic Test [J]. Journal of International Business Studies, 2012, 43 (4): 396 - 423.

④ Voronov M, Vince R. Integrating Emotions into the Analysis of Institutional Work [J]. Academy of Management Review, 2012, 37 (1): 58 - 81.

⑤ Donaldson T. The Epistemic Fault Line in Corporate Governance [J]. Academy of Management Review, 2012, 37 (2): 256 - 271.

Feldman 和 Becker 等（2012）① 开发了一个组织惯例产生及其随时间推移而变化的生成模型，直接连接了微观层面的行为和宏观层面惯例的动态性。该模型表明，对解释与组织动态能力最为相关的诸如结构、惯性、内生变化、学习等组织惯例特征而言，行为模式的变化和选择性保留是必要且充分的。Smets、Morris 和 Greenwood（2012）② 通过开发实践导向的制度变迁的多层次模型，演示了个人日常工作中的临时起意如何导致制度变迁的：一开始是工作中的临时创意，之后是字段级的逻辑变化，逐步累积、沉淀，在组织中扩散，以至于形成制度变迁。

第三节 2012 年制度理论领域国内研究前沿

（一）2012 年制度理论领域国内研究概况

在国内，自 20 世纪 90 年代以来，"制度"开始成为学术讨论乃至街谈巷议的热门词汇之一。在中国知网中，以"制度"为主题词进行检索，截止到 2015 年 12 月，在核心刊物中就可检获近 32.4 万条记录，在 CSSCI 刊物中也有超过 18 万条数据。自 2004 年以来，在中国知网中，每年有 8000～10000 条数据是关于"制度"的。在与战略管理最为接近的"企业经济"学科中，约有 2.6 万条数据。然而，具体到企业"战略管理"领域，仅有约 200 条数据，涉及"制度基础观"或以之为基础进行的研究更是不足 50 篇。如果将检索范围限定在国家自然科学基金委管理科学部认定的 30 种重要管理学期刊中，相关文献则不足 20 篇。尽管自 2005 年以来，该领域因理论引入、介绍而受到更多关注及相关的实证研究逐步展开等原因，相关文献逐渐增多，但多数研究成果的水平仍不尽如人意。

对于 2012 年国内的相关研究，由于国内没有专门针对战略管理领域的学术期刊，因此，本书做了以下两个方面的工作：①以制度、组织、文化、合法性等作为主题词，利用 CNKI 数据库，对 CSSCI 及北大核心刊物进行了检索，对被引次数超过 5 次的企业战略管理类文献进行了重点解读和筛选；②对《管理世界》、《南开管理评论》、《中国工业经济》、《管理学报》等重要管理学期刊 2012 年的学术论文进行了逐一筛查，对涉及制度主题的文献进行了解读。

在 CNKI 数据库中，以"制度" + "战略"为主题词进行检索可获得文献 1882 篇，其中涉及企业战略管理领域的约为 800 篇。在这 800 篇中，属于北大核心期刊和 CSSCI 范围的仅有 99 篇。其中，真正属于制度分析的高被引文献（被引 5 次及以上）仅有 17 篇。

① Pentland B T, Feldman M S, Becker M C, et al. Dynamics of Organizational Routines: A Generative Model [J]. Journal of Management Studies, 2012, 49 (8): 1484－1508.

② Smets M, Morris T I M, Greenwood R. From Practice to Field: A Multilevel Model of Practice－driven Institutional Change [J]. Academy of Management Journal, 2012, 55 (4): 877－904.

这17篇论文主要涉及的主题有：理论综述及在此基础上的理论分析框架构建与整合（5篇），基于合法性理论的企业政治行为及相关战略分析（5篇），战略与结构的匹配及组织变革问题（3篇），文化、制度环境与战略（2篇），其他（2篇）。

（二）2012年制度理论领域国内重要研究成果简述

1. 企业政治行为、合法性与公司战略

在制度转型的历史大背景下，加上中国社会在人际关系上的特殊性导向，政治行为对中国企业就有了特殊的重要性。企业政治行为在过去的20多年里是西方学术界关注的热点之一。相对于市场行为，企业政治行为是指企业试图通过运用政府权力来谋取自身利益的行为。在西方，政治行为的总体目标是创造有利于企业生存和持续成功的公共政策结果。但在一些行业，企业从政治行为中获得的好处并不亚于从市场中获得的利润。因此，对企业来说，在整体战略中把政治战略放在一个合适位置，整合市场战略和政治战略就变得非常重要。

对于中国企业的政治行为，张建君①选取了吉利、铁本、万向、TCL、万科、万通、联想、用友、搜狐、海星、托普、蒙牛、娃哈哈、大午等作为样本进行案例分析。相对于中小企业，这些著名民企在政治上更为积极，政治行为更加丰富。在制度转型时期，一方面，官员的寻租行为和政府（尤其是地方政府）的发展动机、发展导向表现得相对明显；另一方面，企业以政治参与、政治关联、信息提供和物质刺激等方式影响政府行为。在该过程中，把握企业与政府关系恰当的“度”是至关重要的。显然，如果关系距离太远，不仅无法获得政府的资源和支持，还可能遇到官员的刁难，甚至成为官员寻租行为的牺牲品；如果太近，又可能影响企业的自主性和独立生存能力，面临司法和道德风险。因此，“嵌入式自主性”（企业在寻求与政府合作的同时保持自主性和经济理性）是最佳状态。

自战略管理领域关注制度问题以来，合法性就一直是相关研究中的核心概念。合法性在企业发展中扮演着不同角色。其中，合法性的“目标”角色是企业依靠协调的群体意识及一致的集体行动，通过群体共有战略追求能够维持产业生存基础的合法性认可，进而获取自身的生存基础；合法性的“工具”角色是在位企业通过协调的群体意识及一致的集体行动延缓乃至阻止新进入者的进入，降低新进入者所能获得的合法性认可，从而维护自身的既得利益。制度环境通过合法性约束企业的战略行为，而企业也在对合法性认知的变化中，通过调整战略行为、改变资源分配等方式有效应对制度压力，巩固生存地位，寻求进一步发展。

在日益复杂的市场环境中，企业间的竞争与合作并存，这已成为企业战略行为的显著特征。然而，已有研究多基于资源基础观，探索企业竞合战略的前因变量、演化发展及结

① 张建君．嵌入的自主性：中国著名民营企业的政治行为［J］．经济管理，2012（5）：35-45.

果绩效，未涉及对竞合战略有重要影响的产业背景和制度因素。对此，宋铁波、钟槟（2012）[①] 将企业竞合战略纳入产业发展周期的分析框架，构建了基于合法性视角的产业发展过程中企业竞合战略理论模型，进而提出：①随着产业成熟度的提高，合法性角色由“目标”向“工具”转变；②合法性扮演“目标”角色时，竞合战略体现为基于“标准之争”的竞争和对产业合法性共同追求的合作；③合法性扮演“工具”角色时，竞合战略体现为直接市场竞争和基于合法性壁垒构建的合作；④企业对产业合法性的认知对合法性的“目标”功能具有反向调节作用；⑤新进入者能力对合法性的“工具”功能具有反向调节作用。

在越来越激烈的市场竞争环境下，制造业企业在国内综合使用市场战略和非市场战略（田志龙等，2005）参与角逐，但应该偏重哪一种战略呢？企业可能就此陷入了战略迷失。刘海建（2012）[②] 通过对我国制造业上市公司 2000 ~ 2010 年的数据，结合地区和制度环境因素，基于我国的制度转型情境，采用战略均衡三角理论，对我国制度转型中的企业战略迷失问题的形成以及作用机制进行了实证研究，加深了人们对我国企业关系型战略、战略与商务模式匹配、政府角色等问题的理解。

2. 组织结构与战略匹配

在总结提炼新兴经济体典型特征的基础上，冯米等[③]探讨了战略与结构匹配的影响因素，提出了由“技术—经济”、“制度环境”及“权利和政治构成”三个视角组成的综合分析框架，解释了集团企业战略与结构匹配程度的差异。其中，“技术—经济”视角侧重企业技术负责性和规模化经营的要求，反映了企业在加速采用新技术和应对企业多元化规模扩张时面临的组织结构调整的挑战；“制度环境”视角从企业组织结构的“合法性”角度分析组织出于得到社会的认可、接受与信任的考虑，采用符合商业规范的、与企业战略相匹配的组织结构，以向利益相关者和潜在投资者传递“合法性”的信息；“权利和政治构成”视角包括内部所有权、机构投资者所有权和政府等其他所有权。

文章围绕研究理论框架，通过相关文献回顾和理论论证，提出：①市场竞争的激烈程度会影响企业的“多元化—控制”匹配。在新兴经济体中，行业集中度越高，企业的“多元化—控制”匹配程度越低。②制度化的约束会影响“多元化—控制”匹配的程度。企业集团的上市子公司数目越多，其“多元化—控制”匹配的程度越高。③内部集团所有权和“多元化—控制”匹配负相关。内部集团所有权所占比例越高，企业“多元化—控制”匹配程度越低。④机构投资者所有权对“多元化—控制”匹配有积极影响。机构投资者所有权所占的比例越高，“多元化—控制”的匹配程度就越高。⑤政府所有权对

---

① 宋铁波，钟槟．合法性作为目标还是工具？产业发展过程中企业竞合战略的制度解释［J］. 科学学与科学技术管理，2012（4）：89 - 95.

② 刘海建．红色战略还是灰色战略：针对我国制度转型中企业战略迷失的实证研究［J］. 中国工业经济，2012（7）：147 - 159.

③ 冯米，路江涌，林道谧．战略与结构匹配的影响因素——以我国台湾地区企业集团为例［J］. 管理世界，2012（2）：73 - 81，147，188.

“多元化—控制”匹配程度有积极的影响。政府所有权所占的比例越高，“多元化—控制”的匹配程度就越高。⑥外国合作者所有权对“多元化—控制”匹配程度有积极的影响。外国合作者所有权所占的比例越高，“多元化—控制”的匹配程度就越高。

通过对 1973 ~1998 年我国台湾地区 100 家最大的企业集团进行实证检验，结果表明：产品市场中的行业集中度、制度环境中的金融市场及权力视角中的所有权结构，都在一定程度上影响企业集团的“多元化—控制”匹配。具体而言，企业的“多元化—控制”匹配受到行业集中度的影响；制度因素对“多元化—控制”匹配程度的影响只得到了部分验证；在权力和政治因素中，只有外国投资者对“多元化—控制”匹配有显著的正向影响；政府投资者对“多元化—控制”匹配的影响只得到了部分验证；家族所有权对匹配度的影响效果不明显；本地机构投资者（如银行、共同基金等）在台湾地区企业集团发展的历史中并没有发挥重要的作用。基于以上结论，文章提出了对中国内地的企业集团发展的三点建议：①企业应重视构建适当的组织结构以配合多元化战略，应对不断增加的市场竞争要求；②完善金融证券市场、保护股东利益，对企业集团提高战略结构匹配度有重要的作用；③维持一个合理的所有权结构，能够让企业集团在效率、合法性等各个方面都达到更优效果。

精先英文文献摘要

1. From Practice to Field：A Multilevel Model of Practice - driven Institutional Change

中文题目：从实践到应用：实践导向制度变迁的多层次模型

作者：Michael Smets，Tim Morris，Royston Greenwood

来源刊物、卷期页：Academy of Management Journal，2012，Vol. 55 Issue 4，pp. 877 - 904

摘要：理解现场层次的制度变迁过程及其机理，是目前制度研究领域的中心议题之一。尤其是，越来越多的研究兴趣集中在“制度逻辑”是如何在组织和现场层次结构行为的。比如，强调现场过程、企业家精神等（Lawrence、Suddaby 和 Leca，2009）。然而，早期研究忽视了制度变迁在微观层次的起源以及源于个人日常行为日积月累引起的变化（Powell 和 Colyvas，2008）。针对此，本文发展了一个实践导向的制度变迁模型——或者说这种变化在现场层次的逻辑上是源于个体每天的日常工作。为说明工作中的即时行为对组织变革的影响，本文在早期模型中增加了企业家精神、竞争行为等因素，从而明确了组织和现场层次的日常工作的累积、即时调整及其传播等有可能成为组织变革或制度变迁的启发机制。

2. Integrating Emotions into the Analysis of Institutional Work

中文题目：制度性工作中的情感融入

作者：Voronov M, Vince R

来源刊物、卷期页：Academy of Management Review, 2012, Vol. 37 Issue 1, pp. 58 –81

摘要：组织理论研究中"制度性工作"概念受到越来越多的关注。制度性工作是指个人或组织有目的的创造、维护和破坏制度的行动。开展这类研究的目的是调解制度研究中两种截然相反的研究传统：一类强调制度对个人和组织施加压力，从而导致协调一致性；另一类关注的是制度企业家如何改变制度。这在很大程度上需要协调个体主义方法论和集体主义方法论之间的矛盾。因此，尽管制度性工作中带有情感融入已被认知，但缺乏系统理论及实证支撑。为此，本文通过整合 Bourdieu 的政治社会学思想与组织心理学知识，构建了一个旨在分析情感与制度工作中控制系统之间联系的模型，整合了受情绪影响的制度性工作中的情感、认知和支配等先行因素，对制度性工作中的情感融入问题进行了理论系统化和实证研究。

第四章　2012 年战略变革研究前沿

第一节　2012 年战略变革研究概况

在当今日益动态复杂的环境下，企业为了获取或者保持持续竞争优势，唯一的选择就是审时度势地调整和改变自身，即进行战略变革。比如，在实践活动层面，2012 年国际经济缓慢复苏，中国经济经历了短期的低谷后增长动力充足，中国市场众多企业掀起新一轮通过产业整合等方式进行“调结构”的战略变革——阿里巴巴为以后战略布局强势私有化退市；优酷收购土豆 100% 股权，保持其品牌和平台独立性；苏宁易购全资收购红孩子挺进母婴电商领域；浙报传媒收购杭州边锋、上海浩方转型发力新媒体。在境外，中海油收购尼克森；万达收购美国第二大院线 AMC；海尔收购新西兰最大家电制造商等。应该说，在战略变革的其他方面也有较多的发展和尝试，具体见表 4－1。

表 4－1　2012 年部分企业战略变革行为概述

战略变革的关键领域	企业战略变革实践活动的描述
1. 技术变革	华为开启自主手机系统研发
2. 产品和服务变革	SOHO 中国告别散售，改为持有出租物业
3. 结构和体系变革	（1）TCL 启动“全云战略” （2）苏宁电器启动十年战略，打造“沃尔玛＋亚马逊” （3）碧桂园开启多元化经营道路，海外及商业的拓展 （4）腾讯升级原有业务系统制为事业群制 （5）美的取消美的二级集团，由集团直接管辖 （6）三一重工完成对德国普茨迈斯特公司 90% 股权的收购 （7）山东重工潍柴集团先后完成对意大利法拉帝有限公司、德国凯傲集团股权的收购 （8）大唐电信成功实现了重组并购，并入联芯科技、优思电子 （9）大连万达并购北美第二大电影院线 AMC （10）联想并购巴西 PC 厂商 CCE
4. 人力与组织文化变革	惠普、索尼等巨头公司掀起全球性“裁员潮”
5. 管理模式变革	碧桂园多方向拓展销售渠道，开展“全民营销”；分公司土地权力下放，提升拿地效率

在理论研究层面，国内外学者分别从多个角度聚焦企业战略变革相关理论问题，并形成了诸多富有成效的研究成果。首先，本研究在梳理国外相关文献时，选取国外部分代表性期刊，主要包括《Academy of Management Journal》、《Academy of Management Review》、《Administrative Science Quarterly》、《Journal of Applied Psychology》、《Journal of International Business Studies》、《Organization Science》、《Strategic Management Journal》、《Human Relations》、《Journal of Management Studies》、《Management and Organization Review》、《Organizational Behavior and Human Decision Processes》、《Organization Studies》等，通过检索这些代表性期刊上公开发表的相关论文，围绕企业战略变革的关键词进行初步分析，结果如表4-2和图4-1所示。

表4-2 2012年国外战略变革研究关键词的描述性统计结果

类型	关键词	频数
技术变革	Technological Innovation、Internal R&D 等	27
产品和服务变革	Firm Capabilities 等	6
结构和体系变革	Diversity、Organizational Structure、Network Evolution 等	60
人力与组织文化变革	Entrepreneurship、Organizational Culture 等	66
管理模式变革	Path Dependence、Organizational Design 等	14
环境因素	Corporate Social Responsibility、Climate Change 等	29

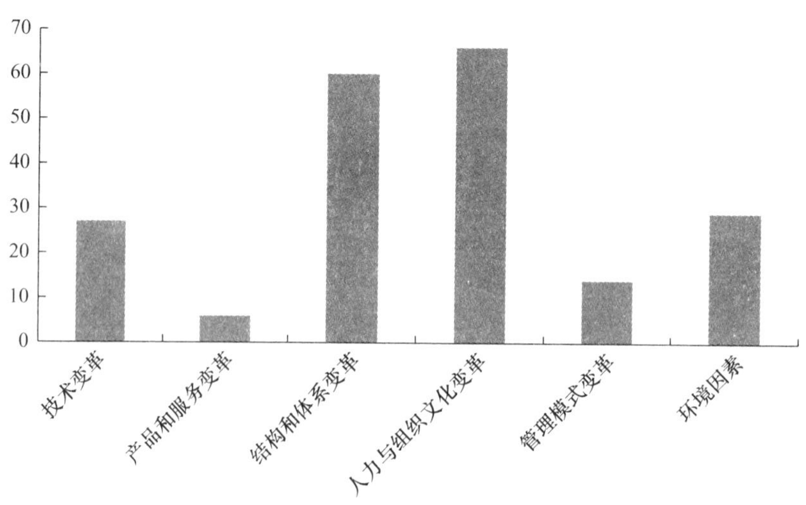

图4-1 2012年国外企业战略变革研究关键领域的频数分布

其次，本研究在梳理国内相关文献时，主要选取国内部分代表性期刊，包括《管理世界》、《南开管理评论》、《科研管理》、《管理工程学报》、《科学学与科学技术管理》、

《管理评论》、《管理科学》、《中国工业经济》、《管理学报》等。通过检索这些代表性期刊上公开发表的相关论文，围绕企业战略变革的关键词进行初步分析，结果如表4-3和图4-2所示。

表4-3 2012年国内战略变革研究关键词的描述性统计结果

类型	关键词	频数
技术变革	技术创新、技术引进等	106
产品和服务变革	产品创新、品牌承诺等	50
结构和体系变革	并购整合管理、产业创新、结构差异性等	130
人力与组织文化变革	高管团队重组、组织变革等	89
管理模式变革	管理创新、发展模式等	72
环境因素	环境动力、环境战略等	11

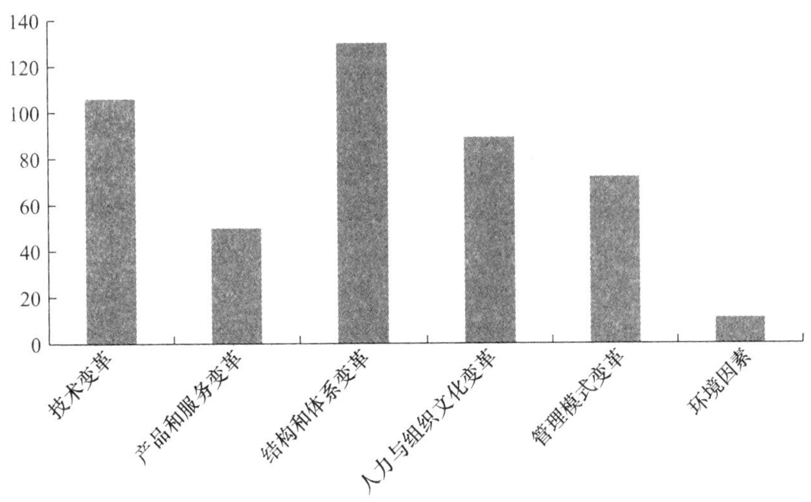

图4-2 2012年国内企业战略变革研究关键领域的频数分布

通过上述的2012年国内外企业战略变革实践活动和相关理论研究概述可知，在整个2012年，无论从企业战略实践还是战略管理理论研究角度而言，企业战略变革以及与其相关的组织变化、战略创新等依然成为国内外战略管理领域学者的热点研究问题。在此基础上，本研究将进一步具体梳理2012年国内外企业战略变革的相关理论文献，以期为后续相关研究提供积极启示。

第二节 2012 年战略变革国外研究前沿

（一）组织结构调整

关于组织结构调整的研究主要涉及网络结构、结构变化及战略同构等方面。例如，Battilana 和 Casciaro（2012）[①] 开发形成了一种权变理论，即网络中结构闭合度（定义为一个参与者网络联系与其他参与者的关联程度）如何影响组织变革的发动和适应，并进一步采用纵向调查数据以及八个深度案例研究作为补充，分析了联邦国家健康服务公司发动的 68 个组织变革。研究结果表明，在变革代理网络中低层次的结构闭合度（即"结构洞"）有助于发动并适应那些偏离制度现状的变革，却不利于采取差异程度大的变革。Smets、Morris 和 Greenwood（2012）构建了一个实践驱动型制度变革模型，一个起源于个体日常工作变化的模型，并概述了变革在日常工作中涌现、合理化以及在整个组织内部扩散的特定机制，同时还阐述了这些机制启动和调节的动力因素[②]。Goldstein、Griskevicius 和 Cialdini（2012）[③] 探讨了一种以互惠为基础、旨在刺激合作的新型影响战略，亦被称为"互惠—代理"战略。研究表明，"互惠—代理"型战略比广泛使用的"刺激—代理"型战略更为有效，因为后者发出了请求的目标，而且如果目标首先符合要求的话，就会承诺为有价值的第三方提供帮助（例如，为每位雇员进行符合请求的慈善事业捐赠）。Salomon 和 Wu（2012）[④] 研究表明，由于企业海外经常面临劣势，为克服这些劣势，国外企业就会采取精简战略，即精简国内企业的行为（即追求一种当地同构战略）。进一步研究发现，随着母国与东道国之间文化、经济及制度距离增大，国外企业就会选取一种更高水平的当地同构战略，而且由于经验并不会系统地调节距离与当地同构之间的关系，因而这种当地同构战略具有相对持久性。Maekelburger、Schwens 和 Kabst（2012）[⑤] 通过引入知识保障（内部经验、东道国网络及模仿）和制度保障（知识产权保护和文化接近性）

---

① Battilana J, and Casciaro T. Change Agents, Networks, and Institutions: A Contingency Theory of Organizational Change [J]. Academy of Management Journal, 2012, 55 (2): 381 - 398.

② Smets M, Morris T I M, and Greenwood R. From Practice to Field: A Multilevel Model of Practice - driven Institutional Change [J]. Academy of Management Journal, 2012, 55 (4): 877 - 904.

③ Goldstein N J, Griskevicius V, and Cialdini R B. Reciprocity by Proxy: A Novel Influence Strategy for Stimulating Co-operation [J]. Administrative Science Quarterly, 2012.

④ Salomon R, Wu Z. Institutional Distance and Local Isomorphism Strategy [J]. Journal of International Business Studies, 2012, 43 (4): 343 - 367.

⑤ Maekelburger B, Schwens C, and Kabst R. Asset Specificity and Foreign Market Entry Mode Choice of Small and Medium - sized Enterprises: The Moderating Influence of Knowledge Safeguards and Institutional Safeguards [J]. Journal of International Business Studies, 2012, 43 (5): 458 - 476.

作为获取企业专有资产的替代性机制，对资产专有性与国外市场进入模式选择关系进行了情境化研究。基于206家中小型企业的实证研究发现，知识保障和制度保障会弱化资产专有性对股权式国外市场进入模式的影响。

(二) 战略领导者 (包括团队)

关于战略团队和领导者的影响研究主要涉及团队成员变化、员工心理弹性、组织变革承诺、领导谦卑性等。例如，Summers、Humphrey 和 Ferris (2012)① 探讨了团队成员变化、协调不稳定性与绩效之间的关系，以及战略核心角色、信息传递和认知能力对这种关系的影响。研究结果表明，当一位成员改变成为一个更具战略性的核心角色时，或者在变化期间信息传递较低时，这种团队成员的变化就会导致较高水平的协调不稳定性。此外，战略的"核心角色担任者"变化与新成员的相对认知能力相耦合，则会带来更高水平的协调不稳定性。Shin、Taylor 和 Seo (2012)② 实证探讨了组织吸引力和员工心理弹性两种虚拟资源的重要性，即这两种资源如何决定雇员对组织变革的承诺与支持性行为。针对234位雇员和45位管理人员的实证研究结果表明，组织吸引力和心理弹性正相关于两种类型的雇员变革承诺（规范和情感），而且这种关系会进一步受到积极情感和社会交换的中介作用。研究还发现，这两种类型的变革承诺会对变革行为和创造性产生显著正向不同的影响作用，而与员工离职率具有负向关系。Owens 和 Hekman (2012)③ 采用归纳法考察了谦卑型领导行为、权变因素与后果之间的关系。根据55位来自不同背景的领导者的深度访谈研究发现，领导者的谦卑主要包括：领导者通过使跟随者相信他们自己的发展历程及对不确定性的感觉在工作场所具有合法性，从而帮助跟随者成长并产出积极的组织结果。同时，研究还表明，这种领导力模型的谦卑有助于解决许多不同的领导力问题，包括组织发展和变革、领导与跟随者关系演变、吸引跟随者的新路径以及自上向下与自下向上组织活动的集成。Baer (2012)④ 探讨了创造力与实现之间关系受到个体将想法付诸实践及其网络驾驭能力调节，或者他们维持强大关系数量的可能性。基于216位雇员及其上司数据的研究结果表明，当个体预期正向结果与他们的实现努力相关联以及他们是熟练的网络工作者或者已经开发形成一套强大的"认同"关系时，他们就有能力改善自己创造性想法中其他方面的负向概率。

---

① Summers J K, Humphrey S E, and Ferris G R. Team Member Change, Flux in Coordination, and Performance: Effects of Strategic Core Roles, Information Transfer, and Cognitive Ability [J]. Academy of Management Journal, 2012, 55 (2): 314 -338.

② Shin J, Taylor M S, and Seo M G. Resources for Change: The Relationships of Organizational Inducements and Psychological Resilience to Employees' Attitudes and Behaviors Toward Organizational Change [J]. Academy of Management Journal, 2012, 55 (3): 727 -748.

③ Owens B P, and Hekman D R. Modeling How to Grow: An Inductive Examination of Humble Leader Behaviors, Contingencies, and Outcomes [J]. Academy of Management Journal, 2012, 55 (4): 787 -818.

④ Baer M. Putting Creativity to Work: The Implementation of Creative Ideas in Organizations [J]. Academy of Management Journal, 2012, 55 (5): 1102 -1119.

（三）战略变革过程

关于战略变革过程的研究，主要涉及市场体系构建、研发投资变化、制度变革以及创业机会识别等方面。例如，Mair、Martí 和 Ventresca（2012）① 采取孟加拉乡村的数据，实证探讨了在孟加拉乡村构建包容性市场时中介组织如何弥补制度空白。该研究发现制度空白是市场排斥的来源，并且识别了作为构建包容性市场的关键之所在的两组活动（包括重新定义市场体系结构和合法化新参与者），从而为市场构建提供了一个新视角。Chrisman 和 Patel（2012）② 综合采用行为代理和短视损失规避观，探讨了家族与非家族企业的研发投资变化情况。基于 1998～2007 年 964 家公开上市的家族和非家族企业作为样本对象，实证研究结果表明，家族企业通常会比非家族企业进行更少的研发投资，但是前者投资的变化性将会更大，因为长期和短期家族目标与企业经济目标的兼容性之间存在差异。然而，当绩效低于预期水平时，家族目标与经济目标之间往往会趋于平均。即相对于非家族企业而言，家族企业的研发投资将会增加，而且那些投资的变化性将会降低。Smets、Morris 和 Greenwood（2012）③ 构建了一个实践驱动的制度变革多层次模型，阐述了从日常工作中涌现变化、变得合法化以及在组织范围内扩散的特定机制，提出引发和适应这些机制的诱发动力因素。Grégoire 和 Shepherd（2012）④ 通过整合创业机会性质的理论成果与认知科学领域对创造性心智飞跃相似性比较运用研究，构建了一个机会识别模型，包括机会想法相似性特性的独立影响以及这些特性与个体知识和动机的交互影响。实证研究结果表明，技术—市场组合的表面和结构相似性会影响机会信念的形成，个体过去的知识和创业意图差异则会对这些关系产生调节作用。除了阐明有些创业机会可能或多或少难以识别的认知原因之外，该研究还从理论上阐述了一些相应的逻辑推理策略，从而有助于促进诸如为新技术、新产品、服务或商业模式等各种不同（且可能更有价值）机会的识别。Mantere、Schildt 和 Sillince（2012）⑤ 采用纵向案例研究，阐述一个组织如何撤销合并工作却又无法重回过去普遍认可的合并前战略，并进一步将这种失败归因于象征性变革的矛盾。这种变革逆转现象将人们的注意力吸引于“意义构建”的历史连续性，并对流行观点提出了警告，即管理人员需要摧毁组织意义以促进战略变革的实现。

---

① Mair J, Martí I, and Ventresca M J. Building Inclusive Markets in Rural Bangladesh: How Intermediaries Work Institutional Voids [J]. Academy of Management Journal, 2012, 55 (4): 819-850.

② Chrisman J J, and Patel P C. Variations in R&D Investments of Family and Nonfamily Firms: Behavioral Agency and Myopic Loss Aversion Perspectives [J]. Academy of Management Journal, 2012, 55 (4): 976-997.

③ Smets M, Morris T, Greenwood R. From Practice to Field: A Multilevel Model of Practice-driven Institutional Change [J]. Academy of Managment Journal, 2012, 55 (4): 877-904.

④ Grégoire D A, and Shepherd D A. Technology-market Combinations and the Identification of Entrepreneurial Opportunities: An Investigation of the Opportunity-individual Nexus [J]. Academy of Management Journal, 2012, 55 (4): 753-785.

⑤ Mantere S, Schildt H A, and Sillince J A A. Reversal of Strategic Change [J]. Academy of Management Journal, 2012, 55 (1): 172-196.

（四）变革治理

在媒体与公司治理变革方面的研究中，Bednar（2012）[①] 通过阐述企业如何制定很大程度上具有象征性的治理变革，即本质上保护管理人员利益的董事会独立性，从而为媒介和公司治理提供了一种行为观。研究结果表明，更有利的媒体报道可能影响 CEO 工作安全性、高管薪酬及董事会构成，因而这种媒体反应对于企业领导人而言十分重要。其他相关领域文献尚不多，有待进一步拓展研究。

第三节　2012 年战略变革国内研究前沿

（一）环境变化与企业战略变革

环境变化和组织适应是战略管理领域关注的基本命题，企业外部环境的变化既可能成为战略变革的动力，又有可能演变成为战略变革的阻力。这样，随着市场不确定性程度的日益增加，企业战略如何随着外部环境的变化而做出适当调整甚至变革就变得越来越突出。对此，现有国内学者进行了积极研究和探讨。例如，陈收、舒晴和杨艳（2012）[②] 运用 2003~2011 年制造业中上市公司面板数据，实证研究了环境不确定性对于企业战略变革与绩效关系的调节作用。研究结果显示：随着变革力度的加大，战略变革与绩效之间由正向关系转为负向关系，即战略变革与绩效之间呈倒 U 型关系；环境动态性、复杂性加强了战略变革与绩效之间的正向关系，缓解了两者之间的负向关系。吕鸿江、刘洪和王士红（2012）[③] 研究发现，当民营企业面临的环境复杂程度较高时，企业倾向于选择前瞻者战略，较少选择防御者战略和反应者战略；当民营企业所处的环境变化较快时，企业较少选择前瞻者战略；民营企业选择分析者战略受环境特征影响不显著。胡笑旋和任明晖（2012）[④] 认为在环境深度不确定的情况下，传统的基于经验的决策方法便因难以应对未来环境的变化而失效，为此提出了面向企业战略制定的鲁棒决策方法，在构建各种未来的可能场景的基础上，协助企业分析找出应对各种情景最为稳健的策略，使企业能够有效适应环境的突变，减少损失。

---

① Bednar M K. Watchdog or Lapdog? A Behavioral View of the Media as a Corporate Governance Mechanism [J]. Academy of Management Journal, 2012, 55 (1): 131-150.

② 陈收，舒晴，杨艳．环境不确定性对企业战略变革与绩效关系的影响 [J]. 系统工程，2012 (9)：1-8.

③ 吕鸿江，刘洪，王士红．转型经济背景下民营企业战略选择的本土化研究 [J]. 科学学与科学技术管理，2012 (6)：107-114.

④ 胡笑旋，任明晖．面向企业战略制定的鲁棒决策方法 [J]. 中国管理科学，2012 (S2)：659-663.

（二）企业变量与企业战略变革

1. 技术变革

目前该领域的相关研究既包括单项技术变革，也涉及多个技术主体之间的有关联盟。例如，吴晓园和丛林（2012）① 研究发现，企业是否进行技术创新，不仅与企业自主创新所获得的收益有关，还取决于企业自身的创新能力和竞争对手的创新策略，政府的 R&D 补贴对企业技术创新的激励作用具有不确定性。在技术的自主研发和合作的选择上，张笑楠和仲秋雁（2012）② 通过运用演化博弈方法对软件外包企业发展过程中技术发展策略选择机制的分析发现，当企业自主研发的技术收益大于技术合作的收益时，企业都会选择自主研发策略；当自主研发的技术收益小于技术合作的收益时，企业策略选择依赖于另一方选择策略的概率。秦剑（2012）③ 的实证结果揭示了高绩效工作系统的三种实践——工作轮换、员工培训和跨部门沟通对突破性产品创新的前置效应以及知识扩散对突破性产品创新与企业绩效的传导机制，同时，本研究还发现突破性创新导向的技术战略可以显著提高在华跨国公司的运营绩效。

建立和加入技术联盟，对于企业的战略变革也多有裨益。例如，赵岑等（2012）④ 的实证研究表明技术创业企业选择联盟战略后，可以通过与伙伴企业进行组织间的合作、沟通和学习，使资源得到互补，战略更加明晰。杨桂菊（2012）⑤ 的研究表明，政府与科研机构发起和参与的研发联盟有助于解决中小代工企业的短期利益导向问题；明确的制度规范以及长期合作的约束有助于解决代工企业研发联盟的信任危机问题；共享人才、资金与信息等相关资源，实现规模经济可以弥补联盟成员之间资源的稀缺性与同质性问题。

2. 产品和服务变革

该领域的相关研究主要包括产业和服务本身的变化，以及产品和服务营销方式或者策略等方面的改变。例如，沈其强（2012）发现在制造企业变革过程中常常会遇到产品——服务项目整合、组织结构、组织要素三方面的阻碍，导致企业陷入销售收入增加但利润却减少的“服务陷阱”，为此提出了诸如员工培训、服务技术、组织沟通等方面的组织变革办法来为制造企业的服务增强变革提供组织保障。谢毅和彭泗清（2012）⑥ 考察了品牌个性对消费者购买意向的主效应，并且比较了品牌个性维度在不同行业中的影响力以及本土品牌和国际品牌在品牌个性评分上的差异，研究结果显示品牌个性对购买意向和品

---

① 吴晓园，丛林．企业技术创新策略与政府 R&D 补贴——基于不完美信息的动态博弈模型［J］. 科学学与科学技术管理，2012（2）：56－62.

② 张笑楠，仲秋雁．有限理性软件外包企业技术发展策略的演化博弈分析［J］. 科学学与科学技术管理，2012（8）：138－143.

③ 秦剑．高绩效工作实践系统、知识扩散与突破性创新［J］. 科研管理，2012（1）：71－78.

④ 赵岑等．基于与大企业联盟的技术创业企业成长机制［J］. 科研管理，2012（2）：97－106.

⑤ 杨桂菊．中小代工企业研发联盟构建与治理的实证研究［J］. 科研管理，2012（4）：155－162.

⑥ 谢毅，彭泗清．品牌个性对品牌态度和购买意向的影响研究：中外品牌的跨行业比较［J］. 管理评论，2012（12）：84－92.

牌态度均具有积极的主效应，同时，品牌个性的不同维度在不同行业（如汽车、运动服装和电子产品等行业）中对购买意向的影响效力存在差异。

关于互联网产品或者平台营销策略的应用研究。例如，严建援、郭海玲和戢妍(2012)① 通过比较分析认为，在 B2C 电子商务交易中，消费者在购买便利品或购买物品时都表现出折中效应；价格策略和促销策略都会弱化消费者选择便利品或购买物品时所表现出的折中效应；相对购买物品，消费者在购买便利品时，两类营销策略对折中效应的影响程度更大；当消费者购买便利品时，与促销策略相比，价格策略会在更大程度上影响折中效应。基于以上分析，B2C 商家应加大对便利品销售采取价格策略的频率和力度；提高提示性、比较性信息的可信度。谭佳音和李波（2012)② 认为在当前网络经济快速发展，网络营销市场迅速拓展，网络销售渠道和传统销售渠道竞争以及品牌竞争日趋激烈的市场环境下，当品牌竞争与渠道竞争同时存在且广告水平存在差异时，品牌竞争激烈程度直接影响销售渠道选择策略和收益水平；渠道竞争激烈程度对销售渠道选择策略产生间接影响，同时对品牌竞争激烈程度不同的制造商的收益产生不同影响。

3. 结构和体系变革

该领域的相关研究文献涉及理论演绎和实证探讨。例如，李海东和林志扬（2012)③ 根据钱德勒所提出的“战略决定结构、结构跟随战略”观点，从组织结构模式演进的角度对组织中的路径依赖形成机制和路径创造机制进行研究，并讨论了组织结构变革中的路径依赖和路径创造对组织运行的双重影响。苏敬勤和刘静（2012)④ 通过研究发现外部环境是企业多元化战略的驱动因素；企业通过外生性手段和内生性手段获取的技术能力是多元化战略的重要支撑条件；企业在研发管理与组织管理等方面具备的管理能力是企业实施多元化战略的必要保障条件；企业通过合作、收购以及重组等资源整合方式能够使企业快速实现多元化结构整合，并有效降低成本。对于并购的整个过程中管理不确定性和风险控制的问题，孙轶和武常岐（2012)⑤ 从交易层面的影响因素出发，指出在并购前信息不对称程度较高，并购企业缺乏用以评价目标企业价值的信息和知识时以及在并购后整合风险较高，并购企业面临各种管理方面的困难时，会更倾向于聘用专业咨询机构，借助其知识与经验控制风险。薛有志和郭勇峰（2012)⑥ 结合从淘宝网收集到的数据对成本领先和信誉领先两种重要战略做了实证分析，实证结果表明，C2C 电子商务卖家实施成本领先战略

---

① 严建援，郭海玲，戢妍．基于 B2C 电子商务平台的营销策略对折中效应的影响研究［J］．管理评论，2012 (11)：28－36.

② 谭佳音，李波．品牌竞争与渠道竞争共存时销售渠道选择策略［J］．管理评论，2012（6）：74－82.

③ 李海东，林志扬．组织结构变革中的路径依赖与路径创造机制研究——以联想集团为例［J］．管理学报，2012 (8)：1135－1146.

④ 苏敬勤，刘静．多元化战略影响因素的三棱锥模型——基于制造企业的多案例研究［J］．科学学与科学技术管理，2012（1）：148－155.

⑤ 孙轶，武常岐．企业并购中的风险控制：专业咨询机构的作用［J］．南开管理评论，2012（4）：4－14，65.

⑥ 薛有志，郭勇峰．C2C 电子商务卖家的竞争战略研究：基于淘宝网的分析［J］．南开管理评论，2012（5）：129－140.

和信誉领先战略的确可以获得竞争优势。刘立、王博和潘雄锋（2012）① 探讨了科技创业企业在不连续技术变化环境中动态能力形成、成长和演化的内在机理，发现以创新成长为目标的动态能力的形成是一个复杂的过程，仅有创业的成功和企业家远见不足以支撑企业的可持续成长；创新领先战略、创新源发现机制以及包括技术能力在内的组织能力的协同演化是科技创业企业实现成长的有效路径。邬爱其和李生校（2012）② 研究发现新创集群企业在创新活动中采取本地搜寻宽度、本地搜寻深度、全球搜寻宽度和全球搜寻深度四种不同的外部创新搜寻战略，不同的搜寻战略对新创集群企业的产品创新绩效产生了不同影响，全球搜寻宽度战略具有促进作用，本地搜寻深度战略呈现倒 U 型的复杂影响，本地搜寻宽度战略和全球搜寻深度战略则都没有影响。龙勇、郑景丽和吴海春（2012）③ 的研究结果表明，交易成本对契约复杂性具有显著的正向影响，对合作范围具有显著的负向影响；联盟能力对契约复杂性具有显著的负向影响，对合作范围具有显著的正向影响。同时，在战略联盟中，交易成本的增加，将使联盟伙伴间合作的深度和紧密程度增加，合作的广度和业务范围降低；当企业的联盟能力较强时，企业之间将倾向于采用较为松散的合作方式，并且业务合作的范围也将更为广泛。龚丽敏和江诗松（2012）④ 从龙头企业角度剖析了产业集群成长的微观机制，发现集群龙头企业在起步、调整和扩张的不同阶段，价值主张、价值创造和价值系统整合三个维度都发生了显著变化，且与集群发展情况相适应。李桦（2012）⑤ 构建了“战略柔性—组织双元性—企业绩效”模型，实证结果表明战略柔性对组织双元性和企业绩效有正面的影响；组织双元性在资源柔性影响企业绩效的过程中起到了部分中介作用；组织双元性在协调柔性影响企业绩效的过程中起到了完全中介作用。冯米、路江涌和林道谧（2012）⑥ 的实证研究表明，行业集中度、金融市场制度以及所有权结构对企业集团的战略—结构匹配有显著影响：市场竞争越激烈、企业集团上市子公司越多、外国投资者所有权和政府投资者所有权所占比例越高，企业集团战略与结构的匹配程度就越高。田莉和张玉利（2012）⑦ 认为新技术企业初始战略来源于创业团队基于先前经验而达成的集体认知决策，技术导向型团队倾向于通过产品或服务的创新进入市场，而市场导向型的团队则会竭力从交易结构的创新入手，兼顾技术和市场导向的团队，虽然拥有多元化的认知模式，却没能迸发出应有的创造力。

---

① 刘立，王博，潘雄锋．能力演化与科技创业企业成长——光洋科技公司案例分析［J］．科研管理，2012，33（6）：16－23.

② 邬爱其，李生校．外部创新搜寻战略与新创集群企业产品创新［J］．科研管理，2012（7）：1－7.

③ 龙勇，郑景丽，吴海春．战略联盟中交易成本、联盟能力对效率边界影响的实证研究［J］．管理评论，2012（12）：107－114.

④ 龚丽敏，江诗松．产业集群龙头企业的成长演化：商业模式视角［J］．科研管理，2012（7）：137－145.

⑤ 李桦．战略柔性与企业绩效：组织双元性的中介作用［J］．科研管理，2012（9）：87－94.

⑥ 冯米，路江涌，林道谧．战略与结构匹配的影响因素——以我国台湾地区企业集团为例［J］．管理世界，2012（2）：73－81.

⑦ 田莉，张玉利．基于创业团队先前经验的新技术企业市场进入战略选择研究［J］．管理科学，2012（1）：1－14.

4. 人力与组织文化变革

战略人力资本创造价值的过程，本质上是通过具有组织协调能力属性的人力资源实践，发挥人力资本价值和保持企业竞争优势的问题。例如，高素英、赵曙明和张艳丽（2012）① 认为战略人力资本对企业竞争优势具有直接显著的正向影响，同时，当加入具有组织协调能力属性的人力资源实践作为中介变量时，人力资源实践在战略人力资本与企业竞争优势的影响关系中起到部分中介的作用。于天远和吴能全（2012）② 通过案例研究，构建“组织文化变革路径模型”，阐释“政商关系的非人格化水平”对组织文化变革路径的影响。余浩和陈劲（2012）③ 以互博意愿为起点，以生物技术企业为研究对象，构建“战略导向—互博意愿—创新绩效”绩效关系模型，采用结构方程建模进行的实证研究发现，互博意愿对于创新绩效作用显著，同时互博意愿是战略导向与创新绩效的部分中介变量。

5. 管理模式变革

关于管理方式变革的文献主要侧重于理论层面的研究和探讨。例如，许海峰和陈国宏（2012）尝试探讨在成本约束条件下资源、能力和竞争优势的作用关系，通过梳理分析，论证了企业提高竞争优势的最佳路径、资金配置及可能的发展趋势。陈建林（2012）④ 的对比研究发现，采用“渐进式”的变革方式有利于家族企业顺利转变管理模式，由家族管理模式转变为专业管理模式需要治理机制和薪酬机制的配合。王永伟等（2012）⑤ 的研究表明，变革型领导行为和组织学习倾向对组织惯例更新具有显著正向影响；组织学习倾向在变革型领导行为与组织惯例更新之间起着中介作用。另外，王永伟等（2012）⑥ 研究认为，组织惯例更新成功，企业就能在新的组织惯例规范下进行行为和模式复制，提升组织效率，提升企业竞争力；组织惯例更新不成功，原组织惯例执行环境发生变化，不能适应新技术带来的变化，组织决策就会丧失市场机会，丧失企业竞争力。

（三）管理层变量与企业战略变革

关于管理方式变革的文献主要侧重于实证层面的研究和探讨。例如，秦令华、井润田和王国锋（2012）⑦ 对 2006 年全国私营企业调查数据的实证研究结果显示，在控制组织

① 高素英，赵曙明，张艳丽．战略人力资本与企业竞争优势关系研究［J］．管理评论，2012（5）：118-126.

② 于天远，吴能全．组织文化变革路径与政商关系——基于珠三角民营高科技企业的多案例研究［J］．管理世界，2012（8）：129-146.

③ 余浩，陈劲．战略导向、互博意愿与产品创新绩效关系研究［J］．科研管理，2012（5）：1-7.

④ 陈建林．“渐进式变革”还是“激进式变革”？——宗申集团与黄河集团管理模式变革的比较研究［J］．科学学与科学技术管理，2012（8）：144-151.

⑤ 王永伟等．变革型领导行为、组织学习倾向与组织惯例更新的关系研究［J］．管理世界，2012（9）：110-119.

⑥ 王永伟等．新技术导入、组织惯例更新、企业竞争力研究——基于诺基亚、苹果案例对比研究［J］．科学学与科学技术管理，2012（11）：150-159.

⑦ 秦令华，井润田，王国锋．私营企业主可观察经历、战略导向及其匹配对绩效的影响研究［J］．南开管理评论，2012（4）：36-47.

层变量后，企业主的年龄、教育水平、职能背景对私营企业的战略导向有显著影响，其中有专业技术职能背景的私营企业主倾向于采取探索型战略，有供销职能背景的企业主倾向于采取防御型战略。夏立军、郭建展和陆铭（2012）① 通过对1997~2007年中国民营IPO公司及其创始人担任公司关键职务对企业业绩的影响，认为对中国现阶段的民营企业而言，创始人亲自管理企业依然是公司治理的一个有效选择，尤其是在那些市场化程度较低的地区，创始人亲自管理企业的正面作用更为突出。周建和李小青（2012）② 从认知角度，研究发现董事会成员职能背景异质性、教育程度和董事会群体断裂带强度对企业创新战略具有积极的影响，董事会成员行业背景异质性对创新战略没有显著影响。杨林和杨倩（2012）③ 实证研究表明，高管团队背景特征会对企业并购发生概率和模式产生显著影响效应，其中，高管团队平均年龄和任期会对并购发生概率与模式产生显著负相关影响，而高管团队男性占比会对并购发生概率和模式产生显著正相关影响，此外，高管团队与董事长的垂直对差异性会对并购发生概率产生显著影响效应，即高管团队的年龄差异和性别差异会对并购发生概率产生显著正相关效应。

全球女性高管的强势崛起引起了社会各界的广泛关注，越来越多的学者开始探索女性参与高管团队对于企业经营管理的影响。然而，女性高管参与对企业技术创新的影响仍然是学术界尚未深入探讨的问题。曾萍和邬绮虹（2012）④ 研究发现，女性高管参与对于企业技术创新具有显著的促进作用，不同行业企业的技术创新存在显著差异；女性高管人力资本强化了女性高管参与对企业技术创新的正面影响；行业差异调节了女性高管参与和企业技术创新的关系。

（四）企业战略变革的影响效应

该领域的相关研究主要考察了企业战略变革对企业绩效和竞争等结果变量的影响效应。例如，张文隆、袁德利和周建（2012）⑤ 以1998~2007年中国台湾面板企业的上市公司为研究样本，采用OLS和固定效应模型，检验了企业战略变革对可持续竞争优势的影响。实证结果表明，战略变革对企业可持续竞争优势具有正向的影响，即战略变革力度越大，企业的可持续竞争优势越明显。赵凤、王铁男和张良（2012）⑥ 以在沪市各行业中随机抽取的191个来自2008~2009年的年度数据为样本，运用SPSS统计分析发现，多元化战略对企业绩效有显著的负影响；动态能力对多元化战略与企业绩效的关系存在负调节作

① 夏立军，郭建展，陆铭．企业家的“政由己出”——民营IPO公司创始人管理、市场环境与公司业绩［J］．管理世界，2012（9）：132-141.

② 周建，李小青．董事会认知异质性对企业创新战略影响的实证研究［J］．管理科学，2012（6）：1-12.

③ 杨林，杨倩．高管团队结构差异性与企业并购关系实证研究［J］．科研管理，2012（11）：57-67.

④ 曾萍，邬绮虹．女性高管参与对企业技术创新的影响——基于创业板企业的实证研究［J］．科学学研究，2012（5）：773-781.

⑤ 张文隆，袁德利，周建．战略变革对可持续竞争优势的影响研究——来自中国台湾面板企业的经验证据［J］．现代管理科学，2012（2）：15-17.

⑥ 赵凤，王铁男，张良．多元化战略对企业绩效影响的实证研究［J］．中国软科学，2012（11）：111-122.

用，动态能力与多元化战略之间存在调制型的匹配关系，多元化战略通过与动态能力的交互作用来影响企业绩效。

小 结

如前文所述，企业战略变革作为战略领域的研究重点和热点，梳理总结相关领域的研究现状和进展情况，了解和把握其发展趋势十分重要，有助于丰富企业战略变革领域的专业知识积累，促进战略变革领域相关理论发展与实践应用。综观 2012 年企业战略变革领域理论与实践的发展，通过对国外和国内相关领域的期刊关键词的梳理，我们发现国内外学者对于人力、组织文化变革和公司结构、组织体系变革都进行了很大程度的研究，而国内学者对于技术变革也进行了很多相关研究与关注，可能性原因是中国快速发展阶段对于技术创新和引进的渴求。在理论层面，国内外在对公司结构与组织体系变革进行研究时，国外偏重于对制度变革和变革计划失败后的及时修正的研究；国内的学者在技术变革、产品和服务变革等领域有较多研究。在实践层面，企业注重企业结构和体系的建设，并多以重组并购等形式实现自身的多样化及跨越式发展，同时注重自身销售渠道的建设。

在以后的研究和实践中，要注重对西方战略变革理论的消化、吸收与引进，结合我国实际对西方战略变革理论进行修正或转型，创建适合我国国情和企业实际的战略理论，并根据我国的实际情况进行应用。

精选英文文献摘要

1. When the Former CEO Stays on as Board Chair: Effects on Successor Discretion, Strategic Change, and Performance

中文题目：前任 CEO 何时继续留任董事会主席：对继任者自由裁量权、战略变革和绩效的影响

作者：Quigley T J, Hambrick D C

来源刊物、卷期页：Strategic Management Journal, 2012, Vol. 33 Issue 7, pp. 834 – 859

摘要：以往关于 CEO 继任的研究没有考虑一个关键性的制度现实，即部分现任 CEO 没有完全离开现职，而是仍然保留董事会主席职位。该文认为，前任保留会限制继任者的自由裁量权，从而会削弱他或她的战略变革制定能力或者导致企业的绩效偏离前任水平。简而言之，一个前任的持续存在会抵制新 CEO 的影响。基于高新技术企业 181 个继任和广泛控制（包括对继任相关的环境、企业对变革和内生性的需求、能力）的分析表明，

研究假设提到了实质性支持。在进一步的补充分析中，该文发现，前任保留对于防止新CEO获取巨大业绩而非巨大损失而言，具有更加明显的影响。

2. What Firms Make VS What they Know：How Firms' Production and Knowledge Boundaries Affect Competitive Advantage in the Face of Technological Change

中文题目：企业能做什么VS企业知道什么：技术变革时代企业的生产和知识边界如何影响竞争优势

作者：Kapoor R，Adner R

来源刊物、卷期页：Organization Science，2012，Vol. 23 Issue 5，pp1227－1248

摘要：产品创新通常取决于内在组件和架构的技术变革，这需要上游组件开发任务与下游产品开发任务之间的大量协调。该文探讨了企业对上游组件开发任务的组织方式差异对其技术变革管理能力的影响，其中组织方式是同时从劳动分工和知识分工两个角度予以考虑的。在研究过程中，该文根据产品组件变化或者产品架构变革对产品创新进行了分类。在此基础上，该文采用1974～2005年全球动态随机存取记忆体产业情境的样本数据对假设进行了检验，因为在这段时期该产业先后经历了12个截然不同的产品时代。研究发现，相对于非垂直一体化企业而言，垂直一体化企业通常对新一代产品市场的反应时间更加快速，而且，当促使新产品换代的因素是架构变化而非组件变化时，垂直一体化企业能够获取更大的绩效利益。此外，研究还发现，尽管许多非一体化企业能够通过开发外包组件知识来扩展它们自己的知识边界。这种知识的绩效利益主要归因于“完全非一体化”企业（即那些没有对任何上游组件进行垂直一体化的企业），而不是“部分一体化”企业（即那些对有些组件而不是其他组件进行垂直一体化的企业）。最后，该文还采用案例法论证了整合知识基础观与治理基础观的价值，从而拓宽了企业如何组织创新的研究，并进一步揭示了绩效异质性的技术和组织来源。

精选中文文献摘要

1. 郑晓明，丁玲，欧阳桃花．双元能力促进企业服务敏捷性——海底捞公司发展历程案例研究［J］. 管理世界，2012（2）：131－147，188

摘要：企业敏捷性作为引领“科技高速发展、全球经济一体化及客户需求不断变化”时代的竞争能力得到了学术界广泛的关注。本文基于双元能力的理论视角，以海底捞公司发展历程为案例研究对象，系统研究促进企业服务敏捷性形成的特征、过程与原因。本文打开了企业获得服务敏捷性的“黑箱”，详细并深入解释了企业层次和企业内部4种形式的双元能力形成服务敏捷性的根本机制，揭示了双元能力促进服务敏捷性的过程模型，说明了促使学习和创新能力从上往下、平级之间、从下往上流动的方法。本文所探讨的海底捞服务敏捷性的形成过程对中国企业提高服务敏捷性、以此获得竞争优势具有重要的参考价值。

2. 王永伟，马洁，吴湘繁，刘胜春．变革型领导行为、组织学习倾向与组织惯例更新的关系研究［J］. 管理世界，2012（9）：110－119

摘要：组织惯例更新研究是组织惯例研究中的一个重要组成部分。组织惯例更新能够实现组织惯例与组织环境之间的相互匹配，发挥组织惯例的积极效能。本文主要探讨了影响组织惯例更新的两个因素：变革型领导行为和组织学习倾向，认为变革型领导行为和组织学习倾向能够显著影响组织惯例更新。本文以上海、新疆、山东 3 个地区 202 家企业高层管理人员为研究对象，对问卷调查所获得的数据进行层级回归分析，研究结果表明：变革型领导行为和组织学习倾向对组织惯例更新具有显著正向影响；组织学习倾向在变革型领导行为与组织惯例更新之间起着中介作用。本文研究丰富了组织惯例实证研究成果，具有一定的理论意义和实践意义。

3. 李海东，林志扬．组织结构变革中的路径依赖与路径创造机制研究——以联想集团为例［J］. 管理学报，2012（8）：1135－1146

摘要：经典的路径依赖理论因具有较强的历史决定论倾向，因而无法解释重大的技术和制度变革以及新路径的产生，这些问题推动着研究者将研究视角转向了路径创造和路径突破。战略行为具有路径依赖的特征，根据“战略决定结构、结构跟随战略”的思想，组织结构系统内生地蕴含着路径依赖特性。从组织结构模式演进的角度对组织中的路径依赖形成机制和路径创造机制进行研究，并讨论了组织结构变革中的路径依赖和路径创造对组织运行的双重影响。以联想集团为例，探讨了联想集团组织结构模式选择演化历程中的路径依赖和路径创造。

第五章　2012 年国际化战略研究前沿

第一节　2012 年国际化战略研究概况

在 CNKI 数据库中，以核心期刊、CSSCI 期刊、SCI 期刊和 EI 来源期刊为对象，以“国际化”为关键词进行搜索，共得到 1771 条结果，其中与企业经济相关的文献有 153 篇。从近五年来与国际化战略主题相关研究文献数量的变化情况来看，前几年的文献数量一直维持在 200 篇左右，2012 年的文献数量出现明显下降，仅为 153 篇（如图 5－1 所示）。这表明学术界对国际化战略主题的关注程度开始降低，相关的研究投入与产出也相应减少。

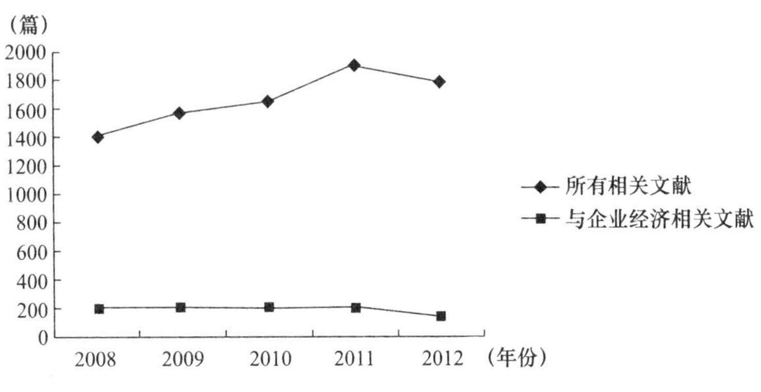

图 5－1　文献数量的变化情况

对于国际化战略理论英文文章的检索，我们主要以谷歌学术搜索为平台，以“国际商务”（International Business）、“跨国并购”（International Acquisitions/Merger）、“国际化”（Internationalization）、“全球社会网络”（Global Social Networks）、“全球化”（Globalization）、“全球竞争力”（Global Competition）等为主题进行检索，以《Academy of Management Journal》、《Strategic Management Journal》、《Journal of Management Studies》、《Academy of Management Review》、《Journal of International Business Studies》、《Journal of

Management》、《Organization Studies》、《Organization Science》等管理界顶级期刊为检索范围，将发表时间限定在2012年1月1日至2012年12月31日，经过初步整理得到以下相关文章（如表5－1所示）。

表5－1 2012年国外国际化战略理论研究重点文献

作者	文献名	发表刊物信息	文献类型
Salomon R, Wu Z	Institutional Distance and Local Isomorphism Strategy	Journal of International Business Studies	制度因素
Prashantham S, Floyd S W	Routine Microprocesses and Capability Learning in International New Ventures	Journal of International Business Studies	国际化管理问题
Pinkse J, Kolk A	Multinational Enterprises and Climate Change: Exploring Institutional Failures and Embeddedness	Journal of International Business Studies	制度因素
Eapen A	Social Structure and Technology Spillovers from Foreign to Domestic Firms	Journal of International Business Studies	国际化管理问题
Tippmann E, Scott P S, Mangematin V	Problem Solving in MNCs: How Local and Global Solutions are (and are not) Created	Journal of International Business Studies	本地化与全球化
Maekelburger B, Schwens C, Kabst R	Asset Specificity and Foreign Market Entry Mode Choice of Small and Medium－sized Enterprises: The Moderating Influence of Knowledge Safeguards and Institutional Safeguards	Journal of International Business Studies	进入模式研究
Bruning N S, Sonpar K, Wang X	Host－country National Networks and Expatriate Effectiveness: A Mixed－methods Study	Journal of International Business Studies	国际化管理问题
Siegel J I, Licht A N, Schwartz S H	Egalitarianism, Cultural Distances, and Foreign Direct Investment: A New Approach	Organization Science	文化因素
Fabrizio K R, Thomas L G	The Impact of Local Demand on Innovation in a Global Industry	Strategic Management Journal	本地化与全球化
Riad S, Vaara E, Zhang N	The Intertextual Production of International Relations in Mergers and Acquisitions	Organization Studies	国际并购
Lim A, Tsutsui K	Globalization and Commitment in Corporate Social Responsibility Cross－national Analyses of Institutional and Political－economy Effects	American Sociological Review	制度因素
Gajendran R S, Joshi A	Innovation in Globally Distributed Teams: The Role of LMX, Communication Frequency, and Member Influence on Team Decisions	Journal of Applied Psychology	国际化管理问题
Peng M W	The Global Strategy of Emerging Multinationals from China	Global Strategy Journal	制度因素

续表

作者	文献名	发表刊物信息	文献类型
Onetti A, Zucchella A, Jones M V, et al.	Internationalization, Innovation and Entrepreneurship: Business Models for New Technology – based Firms	Journal of Management & Governance	国际创业
Sciascia S, Mazzola P, Astrachan J H, et al.	The Role of Family Ownership in International Entrepreneurship: Exploring Nonlinear Effects	Small Business Economics	国际创业
Vaara E, Sarala R, Stahl G K, et al.	The Impact of Organizational and National Cultural Differences on Social Conflict and Knowledge Transfer in International Acquisitions	Journal of Management Studies	文化因素

第二节　2012 年国际化战略国内研究前沿

归纳起来，2012 年国内“国际化战略”的研究主要有以下几个主题：创新与国际化；制度因素与国际化；国际化管理问题研究；天生国际化问题；对外直接投资研究。

（一）创新与国际化

创新是企业发展的关键。很多已有研究发现了国际化程度（Degree of Internationalization，DOI）是影响企业创新收益的重要因素（Mansfield，1971；Kotabe，2002）。有学者从微观角度研究了我国企业国际化水平和创新与绩效的关系。例如，海本禄（2012）首先分析了创新与企业绩效的关系，接着以技术能力理论为基础，探讨了国际化对企业创新收益的影响机理，并建立了相应的理论模型。通过对湖北省 49 家工业企业面板数据进行的实证研究，得出结论：国际化程度是企业创新与绩效关系的重要调节变量，国际化程度的提高可以增强企业通过创新提高绩效的能力；国际化程度不同的企业创新收益显著不同。

产业创新国际化的特征之一，就是要积极主动地参与和融入全球创新网络中，在全球范围内有效地整合、配置和利用国内外创新资源，以提高产业创新体系的运行效率和质量，进而提升产业的核心竞争力。产业创新国际化本身就是一个开放性的系统行为。这种创新一方面突破了产业的边界，另一方面也突破了国家的边界，凡是可以促进创新活动开展、推动产业发展的资源，都是产业创新国际化所需要的创新要素。刘云（2012）研究了如何在开放式的创新模式下，推动产业创新国际化的发展，提升产业创新系统的运行效率。产业创新国际化的实质是突破产业边界和国家边界的限制，利用和整合全球创新资源，集成创新活动所需要的各种要素，吸收和输出技术成果，以实现产业整体的升级乃至新产业的产生。开放式创新理论很好地契合了产业创新国际化的要求，从创新主体交互、创新资源流动、企业创新活动等方面构建一个基于开放创新理论的产业创新国际化模型，分析了产业创新活动的发展和深化问题。

此外，还有学者通过国际比较研究产品创新。冯宗宪（2012）以企业产品创新活动的国际比较研究为目的，在文献研究的基础上，构建了基于“关键因素—优势地位—新产品绩效”观点的企业成功进行产品创新的概念模型，并提出研究假设。通过对中国、美国和日本企业的问卷调查和统计分析，比较研究了各国企业产品创新活动中的影响因素对新产品开发结果的作用过程。研究结果表明，中国企业产品创新活动中的影响因素对新产品绩效的作用过程与美、日发达国家大体相似，但各主要影响因素对于新产品绩效所起作用的强弱程度异于发达国家。

（二）制度因素与国际化

企业国际化行为会受到制度因素的影响。赵振宇（2012）研究了制度因素对我国国际储备的惯性影响。在缓冲储备理论中引入了习惯形成因素，在 BS 模型的基础上构造了一个既包括国际收支波动性和机会成本同时又考虑了习惯形成因素的动态调整模型。利用 1996～2009 年中国国际储备的月度数据进行了实证分析，结果表明：一国国际储备是国际收支不确定性和机会成本的函数，它们三者之间存在长期均衡关系，也就是说 BS 理论预期模型在经过适当的修正后对中国外汇储备规模的实证研究是适用的。习惯形成参数越大，以往的制度因素形成的惯性对后期储备积累的影响就越大，国际收支不确定性以及机会成本对储备的影响也越小，并且这个惯性一旦形成，很难立刻改变。正是由于考虑了习惯形成因素，外汇储备规模关于国际收支不确定性的弹性以及机会成本的弹性更接近于 BS 模型的理论预期值。

除了正式制度，非正式制度也会对国际化产生影响，社会网络作为一种非正式制度，起到了重要作用。周小虎（2012）研究了社会网络、产业集群竞争力与中小企业国际化的影响。国际化是我国中小企业实现转型升级的重要路径，如何在资源与能力短缺下，推进企业国际化进程呢？实践表明，产业集群、社会网络与集群竞争力和企业国际化之间具有内在关联性，即集群社会网络有助于集群竞争力提升，而集群竞争力影响着企业国际化进程，由此提出了中小企业社会网络的国际化模型。本文运用 AHP 方法，利用江苏纺织产业集群数据对社会网络模型进行了检验，社会网络模型的核心观点获取支持。本文结论有助于支持这样一种观点，即成功国际化首先在于提升集群竞争能力，特别是完善产业链内的辅助性服务企业，而集群中基于分工协作的信任、互惠规范等社会网络属性对于国际化有着重要影响。

（三）国际化管理问题研究

国际化业务管理者面临的核心问题是如何管理这些跨国经营活动，即决定管理多国运营活动所需的组织结构和组织体系的问题，所以国际化管理问题一直是该领域的研究热点。杨浩（2012）研究了中国企业国际化进程中人力资源管理的影响因素。随着中国企业国际化的发展，人力资源管理水平高低对于中国企业国际化进程越来越重要。本文首先阐述中国企业国际化进程中人力资源管理的困境，认为影响中国企业国际化过程中人力资源管理问题的因素主要有四个：环境因素、组织因素、工作因素和个人因素，然后基于四个影响因素建立中国企业国际化进程中人力资源管理影响因素的理论模型。进一步结合理论模型，通过因子分析、结构方程模型等实证分析方法研究这些影响因素对于人力资源管理的影响程度，通过实证分析得出工作因素、环境因素等对人力资源管理的影响程度较大，另外，所在国法规、组织文化、工作性质、个人特质等分别在其所在变量组中占的比重较大。

黄烨菁（2012）研究了跨国服务外包中的知识转移。在当代跨国服务外包市场上，以印度为代表的新兴市场国家外包供应商有非常活跃的表现，相关的外包项目也呈现技术含量与管理复杂程度的不断提高，由此引发的理论思考是，服务外包如何作用于接包方的技术发展。本文运用国际化生产的知识管理理论与价值链分析方法，以软件外包为分析对象，通过分解软件外包开发的价值链，研究跨国服务外包内含的知识属性以及知识转移的机制。论文提出：首先，当接包方承接的外包业务沿着软件开发价值链由低端向高端发展，外包活动覆盖的价值链环节呈现知识默会性程度的逐级提高，知识管理方式也从编码化传播为主的管理方式发展为编码化传播与个人沟通两种知识管理方式的组合；其次，发包方外包战略的演进与接包方吸收能力建设是影响知识转移机制最重要的两个因素，跨国企业国际化战略的阶段性演进，推动知识转移形态从单方向的知识学习和信息获得发展转化为合作双方的知识共享与基于双向交流的合作知识管理，引发接包方逐步参与跨国企业的开放式创新体系，实现专业化优势的扩大与综合创新能力的升级。接包方根据项目要求的组织支持和相关措施也确保了项目发包方、接包方现场团队和接包方离岸团队三主体之间充分的沟通，当接包方辅之以自主技术投入，将有力促进知识转移的转化。

何红渠（2012）研究了国际化背景下中国企业双元能力，并对中国国际化企业双元能力效果进行了实证检验。传统的企业国际化理论忽视了对矛盾战略目标的同时满足。作者界定了中国国际化企业双元能力、企业的国际化绩效和环境不确定性及其测度指标，提出了双元能力、企业国际化绩效和环境不确定性之间关系的理论模型，以中国国际化企业为样本对所提出假设进行了实证检验。中国国际化企业的双元能力具有独特性，具有动机双元性、进入模式双元性、战略双元性、竞合双元性四个内容维度。研究结果发现：双元能力是提升企业国际化绩效的关键前因，环境动态性和环境复杂性在双元能力对国际化绩效的影响过程中均起着正向调节作用。中国企业在国际化经营中可以“两条腿走路”——对应不同国际化动机同时采取两种进入模式实施两套战略，以便在有差别的国际化发展中兼收探索和利用的益处；国际化企业应注重培育双元能力，其战略管理决策的重心应从如何“取舍”转变为如何“兼顾”。同时国际化企业也不能迷信，还应注意到双元能力绩效效果的外部条件，根据环境特征权变地选择最适宜的发展路径。

此外，还有学者研究了在国际化管理问题中国际化与本土化的矛盾。高旭东（2012）以中国经济高度国际化对中国本土企业创新实践的影响为出发点，在文献评述的基础上，通过科学的案例研究方法，研究了中国电信设备企业“以弱胜强”的创新战略，并讨论了这一战略对中国本土企业的普遍适用性。探索了“以弱胜强”的创新战略是国际化条件下中国本土企业生存和发展的核心问题。

（四）天生国际化问题研究

理论界长期以来关注自创业开始就进入国际市场的天生国际化中小企业。新企业的天生国际化经常被视作包括创业行为和战略行为的创业战略。

雷善玉（2012）研究了自创业开始就面向国际市场生产经营的天生国际化企业，在国际化进程中，创业者应具备怎样的能力才能影响企业对国际环境的反应力与适应力的提升，企业的反应力和适应力是如何演化的。作者以大连市三家食品加工企业为研究对象，对创业者的个体能力与企业的反应力及适应力之间的关系，以及企业针对国际市场环境变化的战略更新进行案例研究。研究结果表明，刚进入国际化的生存期，创业者个体驱动对未知知识和已知知识的学习和管理提升了企业对国际市场变化的反应力和适应力，后来的成长期和发展期，逐渐演变为由创业者个体带动整个企业组织来关注、获取、阐释、传播、促进和评估新的未知和已知知识，促进企业反应力和适应力之间形成相互提升影响的动态共进的良性循环。

（五）对外直接投资研究

对外直接投资是企业国际化中的主要行为。已有大量文献研究了中国企业的 FDI 行为。近年来，进入中国的 FDI 不断从出口导向型向市场寻求型转变，快速抢占中国市场。张小波（2012）研究了进入中国的 FDI 的行为变迁对国际收支的影响。通过建立差分模型，考察 FDI 这一行为变迁对国际收支的影响。研究表明以占领东道国市场为目的的 FDI 将在长时期内不断削减 FDI 产生的净出口效应，使得东道国国际收支顺差不断减小，且随着寻求市场型 FDI 存量占 FDI 的比重不断增大，极有可能导致 FDI 产生的国际收支净效益转为逆差，甚至引发国际收支危机。

第三节　2012 年国际化战略国外研究前沿

归纳起来，2012 年国外“国际化战略”的研究主要有以下几个主题：本地化与全球化；天生国际化问题；对外直接投资研究；制度因素与国际化；文化因素与国际化；国际创业问题；国际化管理问题。

我们从《Academy of Management Journal》、《Strategic Management Journal》、《Journal of Management Studies》、《Academy of Management Review》、《Journal of International Business Studies》、《Journal of Management》、《Organization Studies》、《Organization Science》上选取

了16篇代表性文章进行简要评述。

Salomon R 和 Wu Z（2012）认为当企业在国外经营时，会面临很多不利因素。为了克服这些不利因素，外国公司往往采取减缓战略。这个战略其中的一个做法是模仿本土企业的做法（即追求一个本地同构战略）。然而，我们对企业如何不同程度的地方同构知之甚少。为了填补这一空白，本文探讨了地方同构决策的驱动机制。研究结果表明，外国公司会选择一个较高水平的地方同构，尤其在东道国和母国的文化、经济和监管之间的距离增长时。此外，有证据表明，这样的地方同构是相对持久的，因为经验并不会系统地协调距离和地方同构的关系。

Prashantham S 和 Floyd S W（2012）认为在组织惯例中，已有研究表明在明示方面（抽象模式）和表演方面（具体行动）存在不同，而本文在国际新创企业方面提供了一个微观层面的学习能力，也就是自成立以来就积极进行国际化的公司。本文认为，在国际化惯例中表演方面的变化与即兴学习和创新能力的发展有关，而在交际方面的变化与试误学习和现有能力的提高有关。此外，低心理距离有利于即兴和试误学习；高心理距离阻碍了这两种类型的学习。适度的心理距离更容易使两种学习形成，但只是在有经验的国际新创企业中。本文还认为，社会资本可以减轻高心理距离的负面影响。本文为现有的文献提供了一个洞察能力如何完成学习和避免浪费学习的研究方向，从微观层面解释了心理距离的调节作用在惯例的微观过程和能力学习两者之间的关系。

Pinkse J 和 Kolk A（2012）探讨了气候变化是如何影响跨国企业的，关注了跨国企业克服它们所面对的挑战和制度缺陷相关的问题。气候变化的特点是制度的失败，因为既没有一个可执行的全球协议，也没有市场道德。气候变化也是一个独特的国际商务问题，因为其在不同国家的制度性的失败是不同的。因为政府仍高度相关，所以跨国企业需要仔细考虑它们的战略应对非市场力量，包括在多个制度设置嵌入。本文使用了一些跨国企业应对气候变化的例子来说明、探讨跨国企业平衡在母国和东道国的制度嵌入性（或缺乏），为今后进一步研究跨国企业活动的动态性与气候变化的关系提供支撑。

Eapen A（2012）提出国内企业是否会受益于外国跨国公司？外国直接投资外溢效应的研究文献指出了这一问题。主要是检查是否存在外国公司在东道国市场的技术外溢和国内企业的升级。一个关键的发现是，外溢效应取决于国内企业的吸收能力。然而，对于吸收能力的概念，学者们大多忽视了社会结构对其的塑造。本文结合社会网络、技术升级和创新文献的研究，指出一个国内企业的吸收外溢的能力取决于其嵌入在社会结构的紧密度。本文认为，与外国公司的关系可以减少限制，而国内企业通常面临的外国技术的搜索和转移的限制。然而，从稀疏的网络结构中搜索可以获益，转移是促进的、有凝聚力的。此外，虽然基于影响的关系可能会促使外国公司充分分享信息，与国内公司在搜索阶段、传输阶段互惠互利，和社会监督所赋予的共同的第三方搞好关系是必要的。任何有益的关系也取决于国内企业的惯例。本文把这些观点放在一起，提供了一个更社会化的溢出过程。

众所周知，在国际商业文学，子公司可以制定战略为跨国公司（MNCs）做出贡献。

Tippmann 等（2012）提出除了共同关注的焦点之外的子公司的作用、环境和组织的跨国因素。本文还探讨了微观层面的管理者的行为和相互作用。通过在四个子公司中的 38 个解决问题的过程，本文进行了深入的定性研究。从非惯例问题解决观视角来看子公司如何战略性地为跨国公司的能力更新做出贡献，本文揭示了四个问题的解决办法：当地模板适应；卓越的技术创新；当地模板创建；全球化原则创作。结果表明问题是如何影响知识搜索和解决方案的活动，以及这些不同的活动可能会导致本地和全球的不同解决方案。本文从跨国公司创新的角度和子公司的经理主动角度详细说明不同解决问题的方法，有助于微观基础和社会层面的跨国公司知识流动，揭示触发距离跨越知识搜索的因素。

Maekelburger 等（2012）根据交易成本经济学（TCE）推理，公司选择股权国外市场进入模式（而非股权）来保障特定资产。本文的研究背景是资产专用性和国外市场进入模式选择的良好研究关系，通过引入知识保障（国际经验、主办国的网络和模仿）和制度保障（产权保护与文化接近）为确保公司特定资产的替代机制。本文检验了 206 家中小企业样本，发现知识保障和制度保障弱化了资产专用性对股权进入模式选择的影响。专用性资产和国外市场进入模式的选择的情境性关系有助于提高我们对以研究 TCE 为基础的范围条件的进入模式的理解和超越。

Bruning N S 等（2012）研究了人格、和谐和社会网络，对东道国（HCNs）的外籍互动与外派效果进行了相关研究。本文用一个混合研究方法研究一个在中国工作的外籍人士，研究表明，外向性与整体绩效正相关。一个悖论也指出：与东道国的同事更高的网络关系与绩效正相关，然而与调整负相关。访谈将调查结果进行扩大，并强调了工作和家庭对东道国网络关系的影响之间的界限不清楚。

Siegel J I 等（2012）的这项研究解决了一个组织对文化距离的回应研究问题。本文认为在平均主义方面不同国家有差异，文化取向表现在对市场和政治权力的容忍和保护较弱的因素影响外国直接投资的目的地选择。本文利用历史性动机来构建变量，作者观察到，平均主义的距离对 FDI 流动有负向影响。这种影响对建立一套广泛的竞争账户具有鲁棒性，包括其他文化层面的影响、现行的法律和监管制度的各种特征、制度环境的其他特征、经济的发展以及未被观测到的起源时特征和东道国特征。通过进一步的分析表明，在一个平均主义相关组织实践与非财务利益相关者之间的相互作用对企业相关的数组概念兼容的方式，使得这些国家的差异平等相关特性会影响企业的国际扩张的决定。

Fabrizio 和 Thomas（2012）提出本地化的知识流已经在创新的文献中广泛研究。然而，几乎所有以前的研究都集中在技术知识领域。本文探讨为什么需求知识也可以是隐性的和本地的。本文提供了一个详细的实证研究，在全球医药行业，研究发现需求知识和技术知识不仅一样重要，而且能够确定这个行业的创新模式，创新是一个本地确定的现象。这些发现有助于研究创新决定因素，并为创新的地理模式提供了一个解释，这是不同于技术知识外溢的。

Riad 等（2012）提出国际管理研究主要集中在不同的国家商业系统中的文化差异和制度的具体情况，然而国际关系的概念研究甚少。本文认为国际关系的首要表现是与国际并购相关的。“互文性”为国际关系特征的研究提供了一种新的检验方法。本文的分析集中在中美关系上，主要是在美国 IBM 的个人电脑部门（PCD）被中国企业联想收购的案例。本文证明了并购是国际关系的影响因素，并分析了生产中互文性的动态。本文的分析由三部分组成：构成互文性，显性互文性和思想意识的互文性。这说明引起国际关系变化的变量是通过描述性主题（安全/和平崛起的威胁），情感修辞（恐惧/欢呼）和意识形态（冷战和全球化）。综上所述，本文阐述了国际并购是如何嵌入在互文性的国际关系中的。

Lim 和 Tsutsui（2012）探讨了为什么全球企业社会责任（CSR）框架在过去的十年中已得到普及，尽管它们不确定成本和效益，以及它们是如何影响人的行为。我们专注于全球最大的全球框架，联合国全球契约和全球报告倡议，研究政府和企业的企业社会责任模式。借鉴制度和政治经济理论，我们开发了一个新的分析框架，重点研究四个关键环境因素——全球机构的压力、地方性、外国经济渗透和国民经济体系。我们提出了关于承诺和随后的行动之间的关系的争论：去耦是由于缺乏能力和缺乏意志。我们的跨国家时间序列分析表明，全球机构的压力，通过非政府间的联系，鼓励企业社会责任的采用，但这种压力导致出现在发达国家的礼仪承诺，在发展中国家的实质性承诺。此外，在发达国家，自由主义的经济政策增加仪式的承诺，这一模式组织伪善，发达国家企业承诺无后续行动的话语。我们也发现，在发展中国家，短期贸易关系对企业社会责任行为产生较大的影响，而不是长期投资交易。

Gajendran 和 Joshi（2012）认为以创新为全球分布的团队，团队成员对团队的贡献是至关重要的。然而，此前的研究表明，在全球分布的团队成员往往觉得孤立和排除他们的团队的活动和决定。这样的团队领导如何培养成员纳入团队决策？在领导成员交换（LMX）理论，提出了分布式团队、领导—成员交换和通信频率共同塑造成员对团队决策的影响。结果，我们假设使用的数据测试从 40 个全球分布的团队表明，LMX 可以提高成员对团队决策的影响。这种共同的效果是团队分散增加。在团队层面上，成员对团队决策的影响对团队创新有积极的影响。

Peng M W（2012）提出，近年来，跨国企业的全球战略（跨国企业）在中国开始出现，而它们的策略和行为相当大的部分与我们所观察到的来自其他国家的跨国企业一致。中国跨国企业的特点是三个相对独特的方面：①以前被低估的跨国公司的母国政府的制度性力量的作用。②在走出国门过程中优越的技术和管理资源的缺失。③快速通过（经常高调）收购来作为一个主要的进入方式。总体而言，本文认为，这三个相对独特的新兴跨国公司对中国理论建设和全球战略研究界的经验将有重大影响。

Onetti 等（2012）提出新技术型公司，它们的业务围绕一个新的技术平台，有可能受到全球化的影响，主要集中在创新和竞争压力的两个方面。对于这些公司，战略决策和增长过程中的国际化，创新和创业的过程中有一个深层次的相互关系，在不同的机构有倾向于独立检查的特点。在实践中，战略决策关注的这些过程和解决问题，如组织边界、业务活动的位置、什么活动的重点和选择的价值伙伴。企业经营需要的商业模式，也已适应全球化所表现的空间维度和全球技术市场。本文通用的业务模型框架来源于商业模式的文献综述，寻找和介绍这些过程的主要因素为公司的重点方式和轨迹。这方面的贡献，明确区分商业模式和战略的概念，并强调了相关的位置决定不考虑现有的商业模式的文献日期。虽然我们讨论的是高科技的新企业，但是商业模式的概念化具有普遍适用性。

Sciascia 等（2012）提出对国际创业的实证研究正在不断发展，但对家族制在这一现象中的作用却不一致。我们相信这些不一致的情况，由于之前的研究人员尚未调查的非线性关系。借鉴对立的观点、管理和停滞，我们探索潜在利益和家庭拥有与国际创业精神，探索这些变量之间的非线性关系。使用美国 1035 个家族企业的样本并进行回归分析，发现家庭拥有和国际创业精神具有倒 U 型关系，即当家族代表所有权在中等水平时，国际创业最大化。

Vaara 等（2012）阐明了组织和国家文化差异对国际并购的影响。本文认为，文化差异促使社会认同的建设，导致我们与他们的思想差异，从而创造了潜在的社会冲突。本文还认为，相同的文化差异可以促进学习的知识转移。本文开发了一个结构方程模型，以测试这些假设的影响，相关的国际收购的样本。通过分析表明，文化差异在组织层面与社会冲突，但国家文化差异可以减少社会冲突。此外，组织和国家文化差异与知识转移呈正相关。这一分析表明，国际并购中解析文化差异具有重要性。

精选英文文献摘要

1. Institutional Distance and Local Isomorphism Strategy

中文题目：制度距离与地方同构战略

作者：Salomon R，Wu Z

来源刊物、卷期页：Journal of International Business Studies，2012，Vol. 43 Issue 4，pp. 343 –367

摘要：当企业在国外经营时，会面临很多不利因素。为了克服这些不利因素，外国公司往往采取减缓战略。这个战略其中的一个做法是模仿国内企业的做法（即追求一个本地同构战略）。然而，我们对企业如何不同程度的地方同构知之甚少。为了填补这一空白，本文探讨了地方同构决策的驱动机制。研究结果表明，外国公司会选择一个较高水平的地方同构，当东道国和母国的文化、经济和监管之间的距离增长的时候。此外，有证据表明，这样的地方同构是相对持久的，因为经验并不会系统地协调距离和地方同构的关系。

2. The Impact of Organizational and National Cultural Differences on Social Conflict and Knowledge Transfer in International Acquisitions

中文题目：组织和国家文化差异对国际并购中的社会冲突和知识转移的影响

作者： E Vaara，Sarala R，Stahl GK，Björkman I

来源刊物、卷期页： Journal of Management Studies，2012，Vol. 49 Issue 1，pp. 1 – 27

摘要： 本文的目的是阐明组织和国家文化差异对国际并购的影响。我们认为，文化差异促使社会认同的建设，导致我们与他们的思想的差异，从而创造了潜在的社会冲突。我们还认为，相同的文化差异可以促进学习的知识转移。我们开发了一个结构方程模型，以测试这些假设的影响。我们的分析表明，文化差异在组织层面与社会冲突，但国家文化差异可以减少社会冲突。此外，组织和国家文化差异与知识转移呈正相关。这一分析表明，国际并购解析有文化差异的各种影响。这也表明，国家文化差异对国际收购的问题有重要影响。

第六章　2012年商业模式研究前沿

第一节　2012年商业模式国内研究前沿

(一) 研究文献基本情况

在CNKI数据库中，以核心期刊、CSSCI期刊、SCI期刊和EI来源期刊为对象，在“经济与管理科学”领域，以“商业模式”为主题对2012年发表的研究文献进行搜索，共得到1516条结果（如图6-1所示）。其中发表在CSSCI期刊上的文章有143篇，而在国家自然科学基金委认定的A类和B类期刊上的文章有12篇（如图6-2所示）。

从研究文献的数量来看，2008~2012年关于商业模式的研究文献一直呈现出稳步增长的态势，这说明国内学术界开始提高对商业模式的关注度，学者在该领域投入的精力增加，相应的产出也随之显著上升，这表明国内外学术界都开始提高对商业模式的关注度。

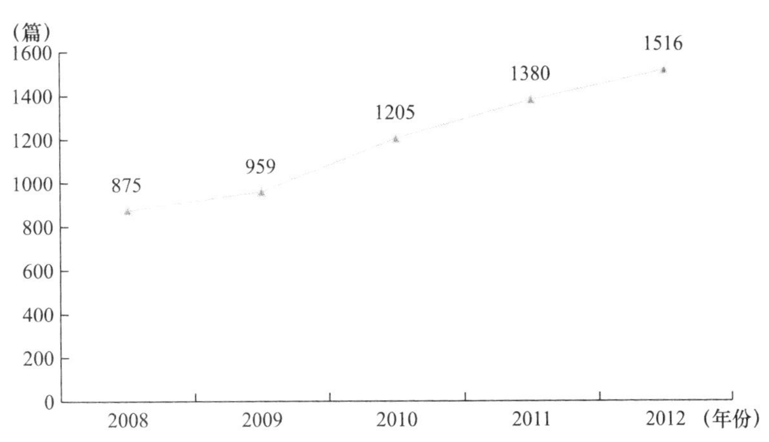

图6-1　2008~2012年以“商业模式”为主题的中文研究文献数量

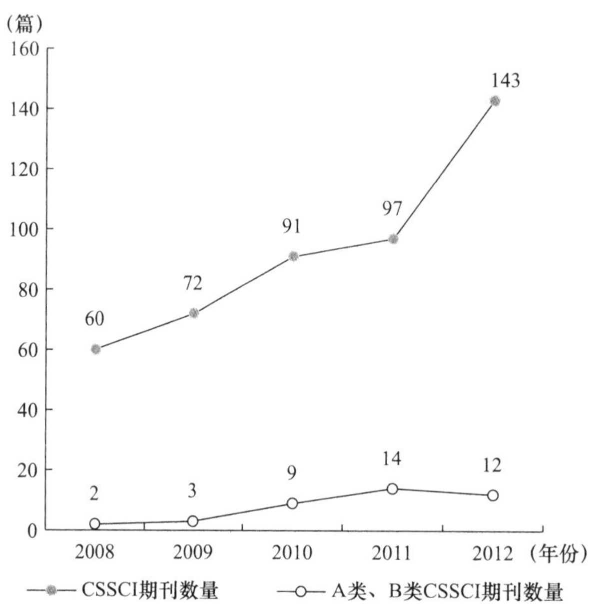

图 6-2 2008~2012 年 CSSCI 和 A 类、B 类 CSSCI 上以"商业模式"为主题的文献数量

(二) 2012 年国内商业模式研究进展

国内对商业模式的研究主要分为四个方面，分别是：①商业模式研究的文献回顾；②商业模式理论、结构和维度的相关研究；③商业模式的相关实证研究；④以商业模式为情境的商业实践研究。以下将对这四个方面的国内研究进行系统的介绍：

1. 对商业模式研究的文献回顾

王雪冬和董大海（2012）① 对商业模式的学科属性和定位问题进行了深入的探讨。他们通过分析商业模式的基本演化趋势和甄别商业模式与各相邻学科的区别与联系，发现商业模式在学科属性上是融合营销、财务等诸多学科而形成的一个新兴、独立的管理学交叉学科，在学科定位上是一门实践导向的应用科学，以认识企业商业创新本质和探索企业商业创新规律为任务，以企业商业创新实践为研究对象，适合采用案例研究方法进行先导性和创新性探索研究。

2. 商业模式理论、结构和维度的相关研究

魏江、刘洋和应瑛（2012）② 从企业"内部过程"、"外部交易"和"系统整合"三个研究视角综述了商业模式的相关研究，梳理了商业模式的内涵特征，并定义商业模式为描述价值主张、价值创造和价值获取等活动连接的架构，该架构涵盖了企业为满足客户价

① 王雪冬，董大海．商业模式的学科属性和定位问题探讨与未来研究展望［J］．外国经济与管理，2012，34（3）：2-9.

② 魏江，刘洋，应瑛．商业模式内涵与研究框架建构［J］．科研管理，2012，33（5）：107-114.

值主张而创造价值，并获取价值的概念化模式。以此为基础，构建了具有动态性和系统性的基于系统范式的商业模式研究框架，回答了商业模式对企业竞争优势获取和保持的作用机制。

吕鸿江、程明和李晋（2012）① 则将研究重点聚焦在了商业模式结构复杂性的维度和测量研究之上。以往研究对商业模式结构缺乏从整体的系统视角进行分析，他们基于复杂适应系统（CAS）理论并借鉴前人观点构建了从整体层面分析商业模式结构特征的构念——商业模式结构复杂性，并通过探索性和验证性因子分析方法开发了一个具有良好的信度和效度的商业模式结构复杂性测量模型。该模型包括交易主体多样性、交易关系多重性和交易规则灵活性三个维度及 14 个测项，这三个维度之间具有显著的相关性。该构念的开发和测量模型的建构为描述商业模式前因及后果的全貌提供理论依据和操作工具，也为企业分析自身商业模式结构以指导其管理实践提供参考和依据。

刁玉柱和白景坤（2012）② 在文献研究的基础上，构建起了一个商业模式创新机理的二维分析框架，认为商业模式创新包括企业战略分析、创新要素利用、收入模式设计三大模块。基于该判断，采用多案例研究方法分析了四种企业商业模式的创新实践。基于系统思考的研究表明，投资模式是保证企业商业模式持续创新的重要因素，是连接收入模式与企业战略、创新要素的重要纽带；内化于创新活动之间的因果联结机制是商业模式创新的内在机理，初始创新活动则是商业模式创新的触发动因。

魏炜、朱武祥和林桂平（2012）③ 评述了现有商业模式定义，指出了这些定义的缺陷，进一步提出了基于利益相关者交易结构的商业模式新定义和构成要素，并通过红星美凯龙、IBM、米其林、A 公司等多个实例对多种类型的利益相关者交易结构进行了分析，为下一步提出商业模式分析、设计框架提供了基础。

3. 商业模式的相关实证研究

郭毅夫（2012）④ 探讨了商业模式转型影响因素的界定及作用路径。通过搜集确定商业模式转型影响因素的项目，包括企业家的机会把握能力、创新精神以及外界的金融支持、消费者需求、产业发展和组织学习因素中的知识共享、组织愿景和开放心智等。基于国内 279 家企业的调查数据，构建结构方程模型进行实证研究发现，来自风险投资、资本市场的支持确实对商业模式转型具有显著的促进作用。消费者需求对商业模式有正向促进作用。组织学习因素对商业模式转型有明显促进作用。

李红、吕本富和申爱华（2012）⑤ 则重点研究了影响 SNS 网站竞争生存和商业模式创新的关键因素。他们提出了互联网 SNS 企业商业模式创新的核心要素模型，建立了互联

---

① 吕鸿江，程明，李晋．商业模式结构复杂性的维度及测量研究［J］. 中国工业经济，2012（11）：110－122.

② 刁玉柱，白景坤．商业模式创新的机理分析：一个系统思考框架［J］. 管理学报，2012，9（1）：71－81.

③ 魏炜，朱武祥，林桂平．基于利益相关者交易结构的商业模式理论［J］. 管理世界，2012（12）：125－131.

④ 郭毅夫．商业模式转型影响因素的实证研究［J］. 中国管理科学，2012，20（Special Issue）：594－599.

⑤ 李红，吕本富，申爱华．SNS 网站竞争生存及商业模式创新的关键因素实证研究［J］. 管理评论，2012，24（8）：79－87.

网SNS企业商业模式创新评价指标体系。实证研究结果发现，用户是影响SNS网站竞争生存最核心的影响因素，而用户规模、市场规模、企业无形资产、现金流等二级指标元素是影响SNS网站竞争生存的关键因素。针对SNS企业运作的基本特点和潜在规律，对SNS企业发展提出了指导性建议。

罗倩、李东和蔡玫（2012）[①] 对 Zott 和 Amit（2008）[②] 的实证模型进行了扩展和补充，将商业模式和竞争战略因素纳入同一模型，构建了一个整合商业模式与竞争战略的匹配模型。研究表明，在高新技术企业样本分析中，两者的匹配性与盈利性业绩指标呈显著性线性正相关关系，与成长性业绩指标则呈非显著性相关关系。扩展了 Chesbrouch 和 Rosebloom（2002）[③] 关于"商业模式在技术变迁的价值获取过程中起到桥梁作用"的研究结论，为进一步的研究提供了新的依据和方向。

程愚等（2012）[④] 对生产技术创新和经营方法创新有效性进行了相关实证研究，探究了商业模式、营运效应与企业绩效之间的关系。研究发现，"营运差异化"和"营运确定化"在以生产技术创新为主题的商业模式影响绩效的过程中无显著作用，而在以经营方法创新为主题的商业模式影响绩效的过程中发挥显著的中介作用。

郭海和沈睿（2012）[⑤] 基于交易成本和动态能力理论，考察了环境包容性与环境不确定性对企业商业模式创新的影响。基于185家企业样本的实证研究发现环境包容性、技术波动和竞争强度促进企业商业模式创新，而需求不确定性阻碍商业模式创新。

4. 以商业模式为情境的商业实践研究

龚丽敏和江诗松（2012）[⑥] 基于商业模式的视角，通过对温州低压电器龙头企业——正泰集团25年成长过程的纵向案例研究，从龙头企业角度剖析了产业集群成长的微观机制。本文发现，集群龙头企业在起步、调整和扩张的不同阶段，价值主张、价值创造和价值系统整合三个维度都发生了显著变化，且与集群发展情况相适应。

周文泳等（2012）[⑦] 则以战略分析和创新理论为依据，论述了低碳约束下制造业商业模式创新的驱动因素、作用机理以及创新要素，设计了理论框架，在此基础上探讨了低碳背景下商业模式创新的难点，提出了三方面的创新策略，并通过对卡特彼勒的案例分析验

---

① 罗倩，李东，蔡玫．商业模式对高新技术企业业绩的影响——对 Zott 模型的改进研究［J］. 科研管理，2012，33（7）：40－47.

② Zott C，Amit R. The Fit between Product Market Strategy and Business Model：Implications for Firm Performance［J］. Strategic Management Journal，2008，29（1）：1－26.

③ Chesbrouch H，Rosebloom R S. The Role of the Business Model in Capture Value from Innovation：Evidence from Xerox Corporation's Technology Spinoff Companies［J］. Industrial and Corporate Change，2002，11（3）：529－555.

④ 程愚，孙建国，宋文文等．商业模式、营运效应与企业绩效——对生产技术创新和经营方法创新有效性的实证研究［J］. 中国工业经济，2012（7）：83－95.

⑤ 郭海，沈睿．环境包容性与不确定性对企业商业模式创新的影响研究［J］. 经济与管理研究，2012（10）：97－104.

⑥ 龚丽敏，江诗松．产业集群龙头企业的成长演化：商业模式视角［J］. 科研管理，2012，33（7）：137－145.

⑦ 周文泳，胡雯，陈康辉等．低碳背景下制造业商业模式创新策略研究——以卡特彼勒公司为例［J］. 管理评论，2012，24（11）：20－27.

证了上述策略。结果表明：制造业可以通过改造价值链以建立逆向供应链、增强服务以及构建低碳技术壁垒的方式实现商业模式创新。

王斌和张俊芳（2012）① 在前人现有研究的基础上总结出商业模式的构成要素，即价值体现、盈利模式、营销模式、市场机会、内部结构、顾客界面/关系、伙伴网络和利润屏障以及商业模式有效性的主要判据，即整体性、动态适应性、他人不可复制性、前瞻性、自我可复制性。本文以赛维太阳能公司为案例，通过此模型分析了企业的商业模式结构以及其与价值链、产业链、市场环境的关系。

李宁、郭毅夫和王岩（2012）② 从商业模式的创新和评估两个维度出发，从商业模式创新的角度分析了云管理给企业管理带来的好处，论证了云管理商业模式下企业的表现会优于行业内其他竞争者，云管理给企业带来利润和领先竞争力的结论，并利用定性分析工具对云管理商业模式进行评估。文章将商业模式与当前云管理热点联系起来，具有非常好的实践指导意义。

罗小鹏和刘莉（2012）③ 运用商业模式"3－4－8"理论，以腾讯公司为目标企业，对该公司在生命周期三个阶段的商业模式创新及演变进行案例研究。研究表明，腾讯在创业期、成长期和成熟期不同发展阶段，商业模式表现出独特的演变路径和鲜明的特征，商业模式的创新提升了公司的价值和竞争力，其成功经验为我国互联网企业提供了启示与借鉴。

第二节　2012 年商业模式国外研究前沿

（一）研究文献基本情况

在 Web of Science 数据库中以"Business Model"为主题对 2012 年发表的研究文献进行搜索，在社会科学领域内搜索到 2992 篇相关文献，其中与商业和管理相关的研究文献共计 881 篇。从近五年来与商业模式主题相关研究文献数量的变化情况来看，该主题的研究成果产出呈现出逐步增长的态势（如图 6－3 所示），这表明近年来商业模式的研究进入增长期，学者们逐步提高了对该主题的关注和投入。

① 王斌，张俊芳．光伏企业商业模式分析：以赛维为例［J］．科学学与科学技术管理，2012，33（8）：130－137.

② 李宁，郭毅夫，王岩．云管理商业模式及评估［J］．中国管理科学，2012，20（Special Issue）：640－646.

③ 罗小鹏，刘莉．互联网企业发展过程中商业模式的演变——基于腾讯的案例研究［J］．经济管理，2012，34（2）：183－192.

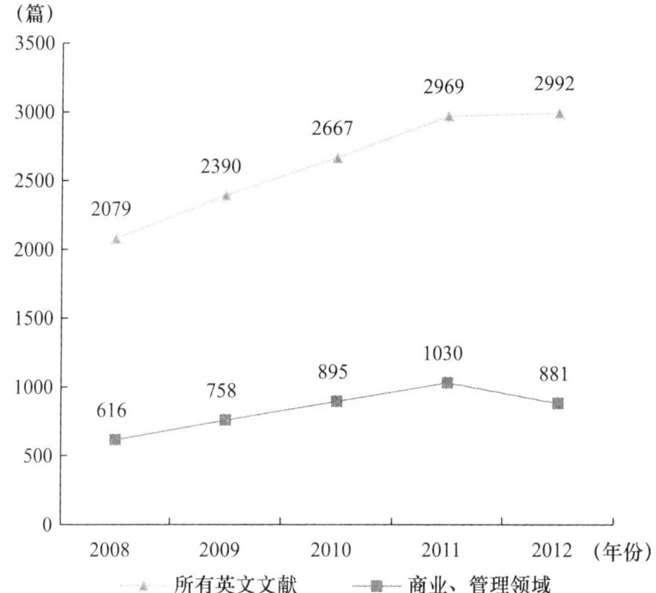

图 6-3　2008~2012 年以"商业模式"为主题的英文研究文献数量

从商业模式研究文献的来源期刊分布情况来看，论文主要集中在《Journal of Business Ethics》（41 篇）、《Industrial Marketing Management》（40 篇）、《Journal of Business Research》（23 篇）、《Journal of Business Industrial Marketing》（19 篇）、《Management Decision》（17 篇）、《Total Quality Management Business Excellence》（16 篇）、《Small Business Economics》（16 篇）和《European Journal of Operational Research》（14 篇）等国际知名期刊。

（二）2012 年国外商业模式研究进展

Amit 和 Zott（2012）① 的文章系统阐释了新的商业模式对企业绩效的影响。他们指出当前企业为了保持边际利润、实现收入的增长往往会花费相当的努力来创新它们的生产过程和产品。然而过程和产品的创新通常会耗费大量的资源和时间，需要相当多的投资来促进研发活动的开展，然而这些投资的未来回报经常是不确定的。因此，越来越多的企业开始转向对现有的商业模式进行创新以期促进绩效的提高。

一个企业如何提高商业模式创新的成功率呢？Amit 和 Zott（2012）识别出四种相互联系的商业模式的价值驱动力：新颖性（Novelty）、锁定（Lock-in）、互补性（Complementarities）和效率（Efficiency）。新颖性是指商业模式创新的程度，是体现商业模式独特性的指标。锁定是指新的商业模式可以产生转移成本或者提高商业模式参与者继续在体系

① Amit R, Zott C. Creating Value Through Business Model Innovation [J]. MIT Sloan Management Review, 2012, 53 (3): 41-49.

内交易的动机。互补性是指新的商业模式体系内的各个活动和行为需要相互联系，以提高新的商业模式的系统性运作。效率是指新的商业模式有助于交易活动成本的降低。

Amit 和 Zott（2012）的研究指出在当前高度相互联系的全球化背景下，金融资源严重匮乏，管理者必须认真对待和创新他们的商业模式。企业要想从新的商业模式中获利，需要考虑六个方面的问题：①哪些可以预测到的市场需求能通过新的商业模式设计来满足？②需要哪些新颖的组织活动来满足可预测的市场需求？（商业模式内容的创新）③必需的组织活动如何以新颖的方式相互联系起来？（商业模式结构的创新）④谁来实施和开展商业模式的组织活动？是企业？合作伙伴？还是顾客？哪些新颖的治理活动可以确保组织结构的有效运行？（商业模式治理的创新）⑤如何通过新颖的商业模式为每个参与者创造价值？⑥什么样的盈利模式可以与企业的商业模式匹配来获取创造的价值？作者然后以 McGraw－Hill 公司书籍出版模式为例阐明了管理者如何针对以上六个问题来创新他们的商业模式。他们分别从 McGraw－Hill 公司书籍出版运营模式包含的所有结构因素、组织架构、治理机制等多个方面进行了案例分析。文章最后指出采用商业模式的视角有助于企业形成系统和全局的视野，提高了在全球化经济下系统运作和创新的能力。

Bock 等（2012）① 探究了在商业模式创新过程中文化和组织结构对战略柔性的影响。他们利用来自 107 家跨国公司被访者的数据反映了在商业模式创新过程中 CEO 对战略柔性驱动力的认知。研究结果发现，在组织进行商业模式变革和创新过程中，创造性文化对战略柔性具有正向促进作用，而合作伙伴的依赖会降低战略柔性。同时，组织结构的改变将分别影响管理注意力对核心活动的聚焦和对现存活动的重构。CEO 认识到结构柔性需要结构简单化并且保持对非核心功能的控制。商业模式创新也会调节组织重构对战略柔性的影响。

Brettel、Strese 和 Flatten（2012）② 将研究重点聚焦在了如何提高商业模式的绩效上面。他们从创业的视角出发，探讨了营销活动对商业模式绩效的影响。研究基于组织生命周期早期阶段创业活动的需求，将关系营销理论与商业模式设计理论整合为新的理论模型，并进行了统计检验。统计结果表明以效率为中心的商业模式的创业投机绩效会随着更大的针对关键客户的关系营销努力活动而提高。相反，以新颖为中心的商业模式的绩效则会由于更低的关系营销活动而提高。文章的一个贡献在于强调了组织生命周期不同阶段商业模式设计绩效的差异，并且关注了关系营销活动对创业活动的调节作用。

---

① Bock A J, Opsahl T, George G, et al. The Effects of Culture and Structure on Strategic Flexibility during Business Model Innovation [J]. Journal of Management Studies, 2012, 49 (2): 279－305.

② Brettel M, Strese S, Flatten T C. Improving the Performance of Business Models with Relationship Marketing Efforts: An Entrepreneurial Perspective [J]. European Management Journal, 2012, 30 (2): 85－98.

精选英文文献摘要

1. The Effects of Culture and Structure on Strategic Flexibility during Business Model Innovation

中文题目：商业模式创新中文化和结构对战略柔性的影响

作者：Adam Jay Bock，Tore Opsahl，Gerard George，David Michael Gann

来源刊物、卷期页：Journal of Management Studies，2012，Vol. 49 Issue 2，pp. 279 – 305

摘要：这项研究采用了来自 107 家跨国公司的问卷，揭示了 CEO 对商业模式创新过程中战略柔性的驱动力的认知。尽管创造性文化的积极作用得到了证实，但合作伙伴的依赖性降低了商业模式创新过程中的战略柔性。此外，结构的变化可以分解成多种努力，既可以将管理的注意力集中在核心业务也可以重新配置现有的活动。CEO 们意识到结构柔性需要结构的简单化，同时保留对非核心功能的控制，我们发现商业模式创新努力的程度将调节重新配置对战略柔性的影响。组织设计和动态能力的理论意义也展开了相关讨论。

2. Improving the Performance of Business Models with Relationship Marketing Efforts：An Entrepreneurial Perspective

中文题目：改进商业模式和关系营销努力的绩效——机遇创业的视角

作者：Malte Brettel，Steffen Strese，Tessa Flatten

来源刊物、卷期页：European Management Journal，2012，Vol. 30 Issue 2，pp. 85 – 98

摘要：商业模式设计是指一个企业与其他商业模式参与者进行跨边界交易的体系结构。本文通过考虑创业企业在组织生命周期早期阶段的需求来回应过去研究对发展和检测一个理论模型将关系营销整合到商业模式设计理论的要求。大型调查数据分析表明以效率为中心的商业模式的创业风险的绩效将随着更强的对企业的关键客户的关系营销努力而增长。相反，以新颖为中心商业模式的绩效却随着更低的关系营销努力而增长。

推荐中文文献

1. 王雪冬，董大海．商业模式的学科属性和定位问题探讨与未来研究展望［J］．外国经济与管理，2012，34（3）：2 – 9.

2. 魏江，刘洋，应瑛．商业模式内涵与研究框架建构［J］．科研管理，2012，33（5）：107 – 114.

第七章　2012 年市场战略研究前沿

市场战略（Marketing Strategy），也称市场营销战略或营销战略，是指企业在复杂的市场环境中，为实现其经营目标，制定的一定时期内的市场营销总体规划。“市场战略”这一概念在得到企业界追捧的同时，也越来越受到理论界的关注，理论研究成果不断涌现。现对 2012 年国内外关于“市场战略”理论研究的相关成果进行梳理和评述。

第一节　2012 年市场战略理论研究概况

（一）2012 年国外市场战略理论研究概况

1. 总体概况分析

2012 年国外市场战略理论研究取得了较为丰富的成果。我们在“Business Source Premier－EBSCO 商业资源文摘及全文数据库”中将“marketing strategy”作为“SU 主题语”设定为检索控制条件，检索范围设定为“学术（同行评审）期刊”，语言设定为英文，发表时间设定为 2012 年 1 月 1 日至 2012 年 12 月 31 日，进行文献检索，共找到 1907 条记录（超过 2011 年的 1372 条近 40%），涉及《Journal of Marketing》、《Journal of Marketing Management》、《Journal of Marketing Research》、《Journal of Business Research》、《Journal of International Business Studies》等管理学国际权威期刊；考虑到期刊档次和论文水平，我们将“Social Sciences Citation Index”（《社会科学引文索引》SSCI）作为目标数据库进行 2012 年国外市场战略文献的检索，SSCI 是由美国科学信息研究所（ISI）创办出版的引文索引数据库，内容覆盖人类学、法律、经济、历史、地理、心理学等 55 个领域。我们同样将“marketing strategy”作为关键词设定为检索控制条件，共找到 306 篇文献（比 2011 年的 237 篇略多）。

2. 高频关键词分析

我们采用可视化分析软件 CiteSpaceⅡ，将这 306 篇文献所输出的关键词信息作为数据源进行知识图谱分析，分析结果如下：

理论文献中高频关键词体现了学者们在研究中普遍关注的焦点问题，也是相关理论研究的热点。借助 CiteSpace Ⅱ 分析软件我们发现，2012 年关于“市场战略”主题的关键词出现频次大于 4 次的共有 20 个，共计出现 285 次，出现最多的是“marketing strategy”，达到 49 次，我们将排名前 20 位的高频关键词列举出来（见表 7－1）。经过计算，20 个高频关键词的平均中介中心度仅为 0.011。可见，2012 年国外关于“marketing strategy”的相关理论研究在主题词方面相对明确但不够集中，而图 7－1“各高频关键词间的共现情况”也表明相关理论研究呈现出较为分散的特点。

表 7－1　2012 年英文核心期刊“市场战略”理论研究高频关键词

关键词	频次	中介中心度	年份	关键词	频次	中介中心度	年份
marketing strategy	49	0.04	2012	communities	7	0.00	2012
strategy	42	0.03	2012	causality	5	0.00	2012
firm performance	37	0.05	2012	comprehensive performance	5	0.00	2012
satisfaction	32	0.02	2012	operation simulation	5	0.00	2012
perceived value	22	0.00	2012	competitiveness	5	0.00	2012
network	17	0.00	2012	comparative logistics	4	0.00	2012
campaign	13	0.00	2012	brand charisma	4	0.00	2012
consumer behavior	10	0.00	2012	consequences	4	0.06	2012
supply chain management	8	0.02	2012	chain business	4	0.00	2012
buyer－seller relationships	8	0.00	2012	aging society	4	0.00	2012

为凸显可视化效果，我们未对高频关键词标示字体大小进行一致化处理，字体的大小及对应圆环大小均与其出现频次成正比，各节点间的连线表示关键词间的共现情况（见图 7－1）。

3. 高频被引文献分析

我们对所提取的 306 篇文献按被引次数由高到低进行排序，综合考虑被引频次、被下载次数（截至 2015 年 7 月 31 日）以及所发表期刊的复合影响因子，确定入选的当年度精选文章（10 篇）（基本信息如表 7－2 所示）。

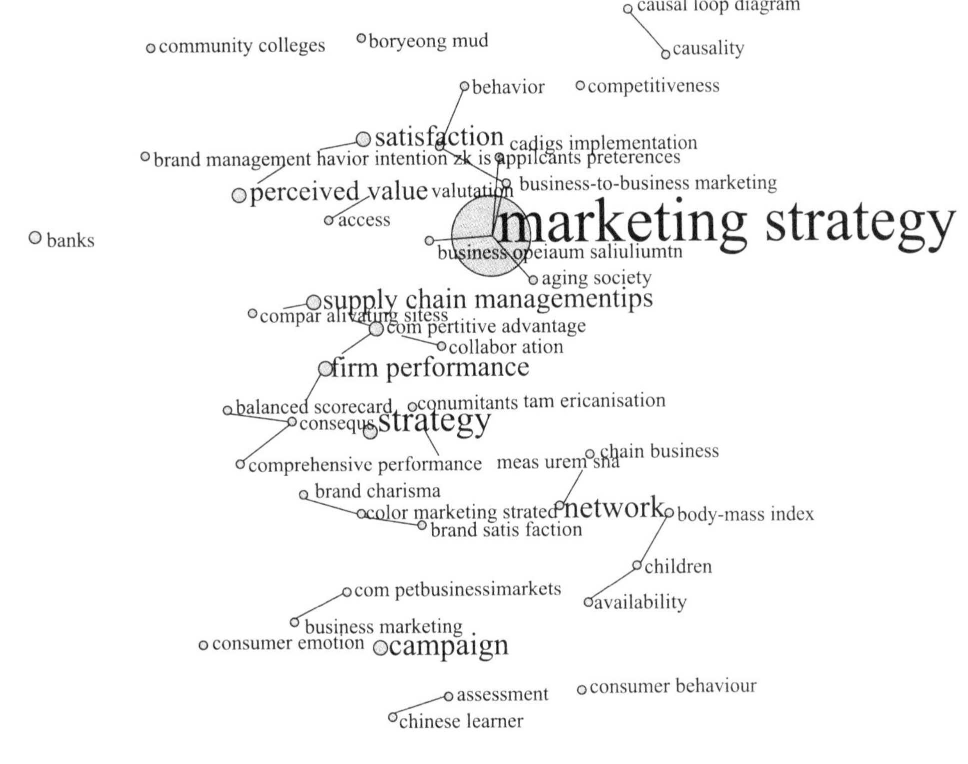

图 7－1　2012 年 SSCI 期刊“marketing strategy”理论研究高频关键词共现图谱

表 7－2　2012 年 SSCI 期刊“marketing strategy”理论研究精选文献

序号	第一作者	发表期刊	发表时间	文献标题	被引次数
1	Kumaraswamy A	Journal of International Business Studies	2012（4）	Catch－up Strategies in the Indian Auto Components Industry	38
2	Glanz K	American Journal of Preventive Medicine	2012（5）	Retail Grocery Store Marketing Strategies and Obesity: An Integrative Review	35
3	Berthon P	Business Horizons	2012（3）	Marketing Meets Web 2.0, Social Media, and Creative Consumers: Implications for International Marketing Strategy	26
4	Yang, Zhilin	Journal of Marketing	2012（3）	Dealing with Institutional Distances in International Marketing Channels: Governance Strategies that Engender Legitimacy and Efficiency	25

续表

序号	第一作者	发表期刊	发表时间	文献标题	被引次数
5	Morgan N	Journal of the Academy of Marketing Science	2012（2）	Export Marketing Strategy Implementation, Export Marketing Capabilities, and Export Venture Performance	24
6	Kim H	Applied Economics Letters	2012（17）	Which Trader's Order - splitting Strategy is Effective? The Case of an Index Options Market	21
7	Gabrielsson P	Journal of International Marketing	2012（2）	Marketing Strategies for Foreign Expansion of Companies Originating in Small and Open Economies	16
8	Kumar V	Journal of the Academy of Marketing Science	2012（1）	Social Coupons as a Marketing Strategy: A Multifaceted Perspective	15
9	Ritala P	British Journal of Management	2012（3）	Coopetition Strategy: Empirical Evidence on Innovation and Market Performance	14
10	Angeles M	International Journal of Electrical Power & Energy Systems	2012（1）	Evaluating Risk - constrained Bidding Strategies in Adjustment Spot Markets for Wind Power Producers	13

（二）2012 年国内市场战略理论研究概况

1. 总体概况分析

2012 年国内关于“市场战略”的理论研究得到了相关专家学者的高度重视，取得了较为丰富的理论研究成果。我们在中国知网 CNKI 数据库中将“市场战略”或“营销战略”作为关键词设定为检索控制条件，发表时间设定为 2012 年 1 月 1 日至 2012 年 12 月 31 日，进行文献检索，共找到 1324 条结果（与 2011 年的 1328 条基本持平），其中包括硕士、博士学位论文 287 条，学术期刊（含特色期刊）文献 798 篇，会议论文 14 篇，另有 2 篇为重要报纸文献。考虑到期刊档次和论文水平，我们将“北大核心期刊”作为附加条件加入到文献检索的条件当中，并将“市场战略”或“营销战略”或“市场策略”或“营销策略”作为主题词，共找到 361 篇文献（为 2011 年 185 篇的近 1 倍）。

2. 高频关键词分析

我们同样采用可视化分析软件 CiteSpace Ⅱ，将这 361 篇文献所输出的关键词信息作为数据源进行知识图谱分析，分析结果发现，2012 年关于“市场战略”主题的关键词出现频次大于 4 次的有 18 个，共计出现 172 次（见表 7 -3），出现最多的是“营销策略”，达到 56 次，而 18 个高频关键词的平均中介中心度仅为 0.012。可以看出，2012 年国内关于“市场战略”的相关理论研究在主题词方面相对明确，但图 7 -2“各高频关键词间的共现情况”则表明相关理论研究呈现出较为分散的特点。

表 7-3　2012 年中文核心期刊"市场战略"理论研究高频关键词

关键词	出现频次	中介中心度	年份	关键词	出现频次	中介中心度	年份
营销策略	56	0.00	2012	网络营销	5	0.00	2012
营销战略	16	0.06	2012	服务营销	5	0.04	2012
营销	16	0.00	2012	微博营销	5	0.00	2012
策略	10	0.01	2012	市场策略	5	0.00	2012
市场战略	8	0.01	2012	品牌	4	0.00	2012
市场营销	8	0.04	2012	数字出版物	4	0.00	2012
创新	7	0.00	2012	战略布局	4	0.00	2012
电子商务	6	0.00	2012	商业模式	4	0.00	2012
微博	5	0.01	2012	营销管理	4	0.05	2012

为凸显可视化效果，我们未对高频关键词标示字体大小进行一致化处理，字体大小以及对应圆环大小均与其出现频次成正比，各节点间的连线表示关键词间的共现情况（见图 7-2）。

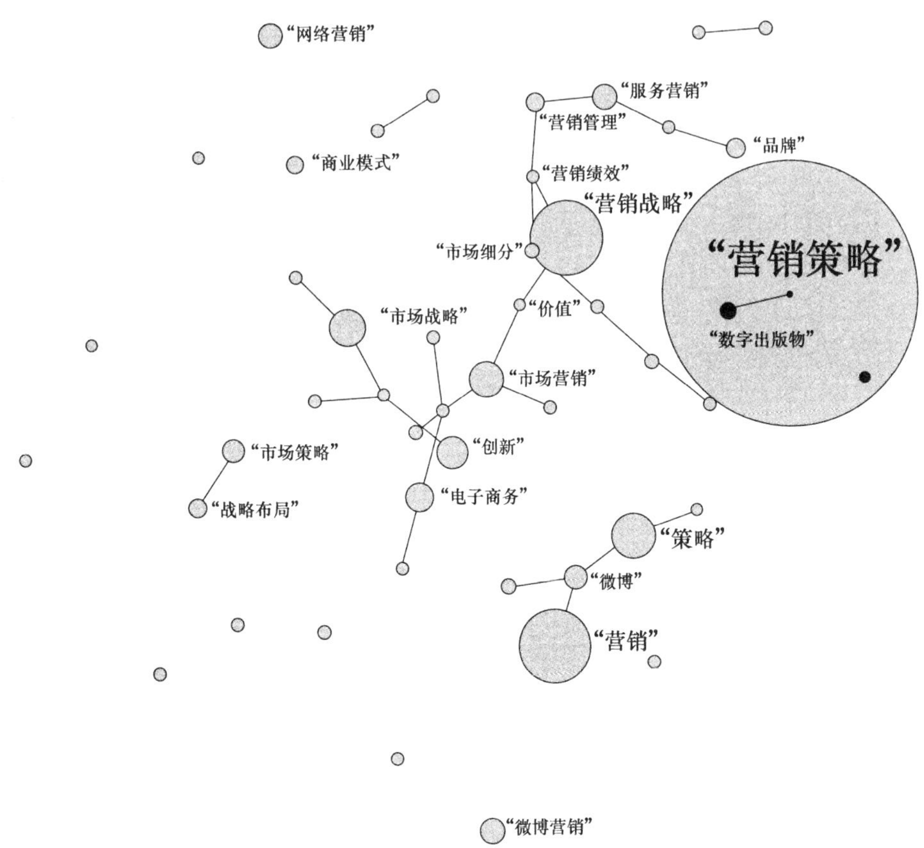

图 7-2　2012 年中文核心期刊"市场战略"理论研究高频关键词共现图谱

3. 高频被引文献分析

我们对所提取的361篇文献按被引次数由高到低进行排序，综合考虑被引频次、被下载次数（截至2015年7月31日）以及所发表期刊的复合影响因子，确定入选的当年度精选文章（10篇）（基本信息如表7－4所示）。

表7－4 2012年中文核心期刊“市场战略”理论研究精选文献

序号	第一作者	发表期刊	发表时间	文献标题	被引次数	下载次数
1	黄升民	现代传播	2012(11)	“大数据”背景下营销体系的解构与重构	78	7451
2	魏江	科研管理	2012(5)	商业模式内涵与研究框架建构	42	2651
3	周凯	图书与情报	2012(5)	基于5T理论视角的企业微博营销策略及应用分析	34	4566
4	唐跃军	管理世界	2012(2)	控股股东卷入、两权偏离与营销战略风格	33	2688
5	胡保亮	科技进步与对策	2012(3)	商业模式创新、技术创新与企业绩效关系	28	2209
6	胡冉迪	农业经济问题	2012(11)	当前我国农民专业合作社创新发展问题与对策研究	25	909
7	朴松爱	旅游学刊	2012(4)	文化空间理论与大遗址旅游资源保护开发	23	853
8	葛进平	当代电影	2012(2)	电影微博立体营销策略探讨	22	1383
9	方志远	中山大学学报（社科版）	2012(3)	我国商业模式构成要素探析	22	1083
10	邓新明	南开管理评论	2012(3)	中国情景下消费者的伦理购买意向研究	21	1365

第二节 2012年市场战略国外研究前沿

（一）国际市场营销战略

Kumaraswamy、Mudambi和Saranga（2012）指出，新兴市场经济体的市场自由化以及跨国公司的进入，显著地刺激并改变了印度国内企业所面临的行业/体制环境。基于内部化理论，以及升级、赶超过程、学习和关系网络等文献，并推测印度国内供货企业需要适应从最初通过技术许可/协作或与跨国公司进行合资发展到与下游企业（尤其是跨国公司）建立强大客户关系的转变。此外，研究还发现，通过这两种策略取得成功的追赶战略，奠定了印度国内同行业在全球价值链整合过程中的知识创造战略的基础①。Yang、Su和Fam（2012）则认为，在国外的制度环境中开展业务的公司面临着获得社会认可（通

① Kumaraswamy A, Mudambi R, and Saranga H. Catch－up Strategies in the Indian Auto Components Industry: Domestic Firms' Responses to Market Liberalization [J]. Journal of International Business Studies, 2012, 43 (4): 368－395

常被称为合法性）和难以评估的市场信息的压力，这两个因素削弱了公司的业绩。为此，企业可以设计相应的治理策略，以应对外国机构并确保双方的社会认可和公司业绩。本文以一家通过将当地分销商的产品出口到国外各种市场的中国厂商为样本，开发并测试制度环境和治理战略对于渠道绩效的影响模型。研究发现，企业可以使用两种治理战略，即合同定制和关系治理，同时处理合法性和效率问题，并维护渠道绩效。因此，国际渠道经理被建议在国外营销渠道的综合管理中保持合法性和效率①。Morgan、Katsikeas 和 Vorhies（2012）发现，由于出口是最流行的企业参与国际市场的机制，因此，了解出口市场表现的驱动因素是解释企业国际市场竞争力的关键。相关文献表明，有效实施计划中的出口市场战略是在国际市场上取得卓越经营业绩的关键。然而，出口市场战略绩效的本质和具体的驱动因素却鲜为人知。本文在相关文献的基础上，提出了一个反映出口市场战略绩效的新概念，借鉴动态能力理论，实证检验出口市场战略绩效与出口营销能力间的前因后果②。Prange（2012）认为，无论是由内而外还是从外到内的国际化战略，必须包括解决各种矛盾的机制，而灵巧的策略可能是解决这个难题首选的方案。迄今为止，大多数的面对国际市场的中国企业都选择了连续柔性和平衡的策略以应对随着时间的推移而变化的国际化挑战③。Bryla（2012）通过邮寄问卷调查了 780 家波兰食品加工企业并走访了其中的 30 家，其目的是识别与欧盟一体化相关的几个变量对于波兰食品加工企业国际市场营销和商业战略的影响。研究结果表明，竞争优势的关键来源根据目标市场的特点而有所不同，质量保证和成功的品牌的重要性要比产品出口量高得多。④

（二）市场战略绩效分析

Ritala（2012）指出，竞合（竞争企业之间的合作），一直被看作一种潜在有利的但却有风险的企业间关系。早期的文献提供了竞合战略双向影响企业创新和市场绩效的决定性证据，竞合战略的这种双面性可以归因于一个事实，即竞合战略必须与某些类型的商业环境相匹配⑤。Kumar 和 Rajan（2012）发现，社会优惠券正在迅速崛起成为一个流行的营销工具，对于企业来说，这是一个有吸引力的购物工具，使用它们，并能为社会优惠券服务商提供盈利的商业模式。但社会优惠券为企业提供短期或长期市场绩效的内在机制却

---

① Yang Z, Su C, and Fam. Dealing with Institutional Distances in International Marketing Channels: Governance Strategies that Engender Legitimacy and Efficiency [J]. Journal of Marketing, 2012, 76 (3): 41 - 55.

② Morgan N A, Katsikeas C S, and Vorhies D W. Export Marketing Strategy Implementation, Export Marketing Capabilities, and Export Venture Performance [J]. Journal of the Academy of Marketing Science, 2012, 40 (2): 271 - 289.

③ Prange C. Ambidextrous Internationalization Strategies: The Case of Chinese Firms Entering the World Market [J]. Organizational Dynamics, 2012, 41 (3): 245 - 253.

④ Bryla P. The Impact of EU Accession on the Marketing Strategies of Polish Food Companies [J]. British Food Journal, 2012, 114 (8 - 9): 1196 - 1209.

⑤ Ritala P. Co - opetition Strategy - When is it Successful? Empirical Evidence on Innovation and Market Performance [J]. British Journal of Management, 2012, 23 (3): 307 - 324.

值得深入研究[①]。Gabrielsson、Gabrielsson 和 Seppala（2012）概述了一个框架，探讨小型开放经济体中的企业进军国际市场的营销战略。本文考察了两个重要战略营销问题：产品线的广度和不同国家市场营销策略的标准化。实证结果表明，对外扩张的道路、国外的业务经验，以及全球化的外部压力对营销策略的选择产生影响，同时，这些环境因素和营销策略的标准化之间的配合对企业绩效有着积极的影响[②]。Green、Whitten 和 Inman（2012）指出，一个营销战略一致性模型应包括营销战略调整、供应链绩效和组织绩效结构。一项调查样本为 117 名经理人的实证研究结果显示，营销策略的调整与供应链绩效呈正相关关系，供应链性能与组织绩效呈正相关关系[③]。

（三）网络营销战略

Berthon、Pitt 和 Plangger（2012）指出，网络环境下无边界的世界给企业带来了机遇和挑战。管理者面临着一个充满活力和相互关联的国际环境。因此，管理人员需要考虑的是在 Web2.0、社会媒体和创造性消费者的环境中存在的机会和威胁，以及权力和价值多方面相应的变化[④]。Xing、Wang 和 Liu（2012）分析了影响 B2B 现货市场战略行为和绩效的因素，最优订货量、零售价格、市场流动性、现货价格波动、需求变化等，研究发现，需求变化显著影响定价和订货策略，现货价格波动则不影响定价决策，而对于一个规避风险的经销商而言，收取较低的零售价格在现货市场流动性增加的情况下是可取的。研究结果进一步表明，B2B 现货市场并不总是能提高分销商的效用[⑤]。

第三节 2012 年市场战略国内研究前沿

（一）网络营销战略

彭建平和张业军（2012）通过某地移动客户的通话数据构建电信社群网络，并对其

① Kumar V, and Rajan B. Social Coupons as a Marketing Strategy: A Multifaceted Perspective [J]. Journal of the Academy of Marketing Science, 2012, 40 (1): 120-136.

② Gabrielsson P, Gabrielsson M, and Seppala T. Marketing Strategies for Foreign Expansion of Companies Originating in Small and Open Economies: The Consequences of Strategic Fit and Performance [J]. Journal of International Marketing, 2012, 20 (2): 22-48.

③ Green K, Whitten D, and Inman R. Aligning Marketing Strategies throughout the Supply Chain to Enhance Performance [J]. Industrial Marketing Management, 2012, 41 (6): 1008-1018.

④ Berthon P, Pitt L, and Plangger K. Marketing Meets Web 2.0, Social Media, and Creative Consumers: Implications for International Marketing Strategy [J]. Business Horizons, 2012, 55 (3): 261-271.

⑤ Xing W, Wang S, and Liu L. Optimal Ordering and Pricing Strategies in the Presence of a B2B Spot Market [J]. European Journal of Operational Research, 2012, 221 (1): 87-98.

网络结构进行分析，发现电信社群网络并不满足小世界特征，而且该网络的演化是以边生长为主导。基于该结构特征，构建了电信社群网的演化模型，发现网络非均匀性与节点的朋友圈数目、连接概率和新增节点边数有关。其研究结论对新运营商通过营销策略的制定，推动电信社群网络快速向小世界网络演化具有积极的现实意义①。严建援、郭海玲和戢妍（2012）以 B2C 电子商务平台为依托，着重针对商家营销策略对消费者选择商品时所表现出的折中效应的影响进行研究。在对消费者网络购物中选择不同类型商品时是否存在折中效应进行检验的基础上，分类探讨了不同类型营销策略对不同类型商品折中效应的影响。研究结果显示，B2C 商家应加大对便利品销售采取价格策略的频率和力度；提高提示性、比较性信息的可信度②。邢丘丹、黄卫和常莹莹（2012）将服务营销中的 7P 策略应用于获取网上银行信息安全产品的目标客户中，并使用层次分析法构建出了获取目标客户的层次模型，试图量化分析出不同的信息安全产品（如动态口令卡）在获取目标客户时的重要程度，以及各种服务营销策略在目标客户获取时的重要性，为网上银行最大限度地集中优势资源，有选择性地采取最有效的营销策略组合获取更多的目标客户提供有价值的参考③。

（二）消费者行为研究

蒋传海和唐丁祥（2012）研究了相互竞争的厂商基于消费者的购买历史实行差别定价的本质特征和形成机制，以及实施这种定价策略能否在竞争中获取竞争优势。分析结果显示了在竞争性差别定价均衡中，消费者寻求多样化购买行为是厂商实施差别定价的内在原因，同时，其研究结果可以很好地解释现实经济中许多厂商的定价竞争策略行为，对于厂商的产品营销战略具有重要的指导意义④。王毅和赵平（2012）在对国内外相关文献探讨的基础上，对各个层次的企业财务绩效指标进行选择并形成了以经济增加值（EVA）、企业盈利能力、企业运营能力为核心的财务绩效评价体系，在统一的框架内使用相同的估计方法对顾客满意与企业财务绩效之间的关系进行了实证检验。研究结果不仅证实了顾客满意对企业财务绩效的巨大推动作用，而且从财务能力的层次对这种关系进行了进一步的阐述⑤。王崇、李一军和吴价宝（2012）以感知效用为视角，围绕商品风险、品牌、企业知名度对消费者感知利益、感知风险的影响，提出了 9 个假设。通过对样本数据的分析，对假设进行了检验，检验结果表明，商品风险对顾客渠道决策有重要影响，当商品风险较大时，顾客的渠道决策主要受企业知名度影响，如果两种渠道下的企业知名度相同，顾客

① 彭建平，张业军．电信社群网络用户行为特征及演化分析［J］．管理工程学报，2012（3）：88－95.

② 严建援，郭海玲，戢妍．基于 B2C 电子商务平台的营销策略对折中效应的影响研究［J］．管理评论，2012（11）：28－37.

③ 邢丘丹，黄卫，常莹莹．基于层次分析法的网上银行信息安全产品的目标客户获取策略选择［J］．中国管理科学，2012（11S）：14－21.

④ 蒋传海，唐丁祥．厂商动态竞争性差别定价和竞争优势实现［J］．管理科学学报，2012（3）：44－53.

⑤ 王毅，赵平．顾客满意对企业财务绩效的影响研究［J］．中国管理科学，2012（1）：185－192.

会选择传统零售企业，否则，倾向选择知名度高的零售企业。当商品风险小时，如果两种渠道下的企业知名度均较高，顾客倾向选择网络零售企业，若知名度均较低，则选择传统零售企业，否则将选择知名度高的零售企业。此外，名牌商品有助于增大顾客感知利益，降低风险①。邓新明（2012）运用大样本问卷调研法，基于 TPB 视角重点分析消费者的伦理购买决策机制，旨在考察中国情景下影响消费者伦理购买意向的深层次因素。结果表明，修正后的计划行为理论对中国情景下消费者的伦理购买意向能够进行有效的解释与预测，说明计划行为理论具有良好的跨文化适应性②。

（三）品牌战略

韩伟云和夏章伟（2012）将利基这一商业模式和品牌营销相结合，对品牌在中小企业市场营销中的价值进行分析，文章构建了利基模式下的品牌营销模型，对中小企业实施利基商品的品牌营销策略做出了一定的指导③。蒋廉雄、冯睿、朱辉煌和周懿瑾（2012）以社会认知理论和现象学访谈方法，发现和定义了消费者通过意义建构而形成的品牌产品知识体系，并从其知识内容、水平、结构、发生条件、性质、隐含价值、前后向变量等方面提出了初步的理论框架。研究结果扩展了对品牌产品认知的理解只限于品牌物理特征联想及品牌功能评价的传统边界，对重新理解、定义品牌产品的营销战略价值和管理体系，促进品牌理论和品牌营销的平衡发展提供了新的依据和启示④。郭锐、陶岚、汪涛和周南（2012）基于认知一致性和顾客品牌资产（CBBE）理论，从弱势品牌视角出发，围绕如何有效减轻“蛇吞象”后消费者的认知失调，运用焦点小组、个人访谈、实验和 LME 模型，最终得到了一些重要的发现：品牌要素战略（名称变化）、营销支持战略（价格维持或降低）以及次级联想杠杆战略（原产地保留或去除）都对并后品牌绩效产生显著影响⑤。

小　结

综合 2012 年国内外关于“市场战略”理论研究的相关情况，我们得出如下结论：

首先，从总量上看，2012 年国内外“市场战略”的理论研究仍旧保持着一个持续增

---

① 王崇，李一军，吴价宝．基于感知效用的消费者购物渠道决策分析与实证研究［J］．管理评论，2012（10）：85－93.

② 邓新明．中国情景下消费者的伦理购买意向研究［J］．南开管理评论，2012（3）：22－32.

③ 韩伟云，夏章伟．利基模式下的品牌营销［J］．中国管理科学，2012（11S）：685－690.

④ 蒋廉雄，冯睿，朱辉煌，周懿瑾．利用产品塑造品牌：品牌的产品意义及其理论发展［J］．管理世界，2012（5）：88－109.

⑤ 郭锐，陶岚，汪涛，周南．民族品牌跨国并购后的品牌战略研究［J］．南开管理评论，2012（3）：42－50.

长的态势，尤其是国内在核心期刊上发表的相关主题文章数量相比于2011年实现了大幅增长。说明市场战略的理论研究得到了相关专家学者的高度重视，并且，相关理论研究成果也受到了实业界欢迎，与此相对应，实业界在市场战略实施过程中取得的经验和体会，将反过来促进“市场战略”理论研究的进一步发展。

其次，在研究主题方面，2012年国外的理论研究更多地关注市场战略实施的效果，于是，公司绩效（Firm Performance）成为出现次数仅次于市场战略（Marketing Strategy）和战略（Strategy）的第三高频关键词，同时，国外的理论研究将消费者满意（Satisfaction）、感知价值（Perceived Value）和消费者行为（Consumer Behavior）等顾客导向型市场战略的作用充分地发挥了出来，与顾客因素相关的上述关键词频繁出现；国内的理论研究则更多地偏向于互联网环境下的企业市场战略行为，如“电子商务”、“微博”、“微博营销”、“网络营销”等成为2012年国内关于“市场战略”理论研究的高频关键词，因此，黄升民等（2012）的文章《“大数据”背景下营销体系的解构与重构》成为当年被引次数和被下载次数最多的文献也就不足为奇了。

最后，在“市场战略”理论研究相关领域的关联性方面，相关研究团队的规模较小，团队间的分布也十分分散且相互之间缺乏相应的合作与联系，研究的内容、理论基础和关注的焦点也不尽相同。图7－1和图7－2可视化分析结果以及表7－1和表7－3中介中心度值均非常小的计算结果表明，目前关于“市场战略”的理论研究，无论是作者（研究团队）还是研究机构，基本处于相对分散、缺乏组织的状态，绝大部分属于个体的“自主性研究”，势必会造成研究视野狭隘、效率低下和资源浪费。因此，要加强“市场战略”理论研究跨个人、跨团队、跨机构的合作与交流，通过资源共享、项目协作与外包、共同研发和设立技术标准等形式，搭建共同研发、联合攻关的合作平台与交流机制。

精选英文文献摘要

1. Catch－up Strategies in the Indian Auto Components Industry：Domestic Firms' Responses to Market Liberalization

中文题目：印度汽车零部件产业的赶超战略：国内企业对市场自由化的反应

作者：Kumaraswamy，Arun，Mudambi，Ram，Saranga，Haritha

来源刊物、卷期页：Journal of International Business Studies，2012，Vol. 43Issue 4，pp. 368－395

摘要：新兴市场经济体的市场自由化以及跨国公司的进入，显著地刺激并改变了国内企业所面临的行业/体制环境。此前的研究描述了这一变化是如何破坏相对落后的国内企业并负向影响其表现和生存前景的。本文将研究，随着市场自由化的推进，国内供货企业如何通过赶超战略并与行业的全球价值链进行整合去适应和继续存续。基于内部化理论，以及升级、赶超过程、学习和关系网络等文献，我们推测，国内供货企业需要适应从最初是通过技术许可/协作或与跨国公司进行合资发展到与下游企业（尤其是跨国公司）建立强大客户关系的转变。此外，我们还发现，通过这两种策略取得成功的追赶战略，奠定了印度国内同行业的全球价值链整合过程中的知识创造战略的基础。印度的市场自由化始于1991年，而1992~2002年印度汽车零部件行业的数据为我们提供了假设的支持。

2. Retail Grocery Store Marketing Strategies and Obesity：An Integrative Review

中文题目：零售商的市场战略与肥胖：一个文献综述

作者：Glanz Karen，Bader Michael D M，Iyer Shally

来源刊物、卷期页：American Journal of Preventive Medicine，2012，Vol. 42 Issue 5，pp. 503-512

摘要：店内的食品营销可以影响食品的购买行为，并引起了更多的对于急剧上升的肥胖的关注。消费者专家、营销研究人员和公共健康专家已就相关食品营销的关键要素进行了描述和实验研究。本文将对实业界和学术界人士的出版物进行综合研究，并提出发展方向和前景，以及评估干预措施。本文采用多学科的搜索索引方式，从发表于1995~2010年的英文文献，如评论文章行业报告等来源中，选择专注于实体杂货店和食品的文章，并进行在线文献来源识别。数据采集发生在2010和2011年。我们对文章在产品、价格、渠道和促销方面进行了分类，并采用受控的实验室实验，观察和现场实验；125篇列入同行评议的文章符合人选标准。使用叙述的合成方法，合成了重点和研究设计类的主要结果。证据合成是在2011年完成的，研究结果表明，通过增加可用性、经济性，突出和促进健康食物消费，和/或限制或取消销售不健康的食物等营销策略，可以促进健康饮食。

推荐中文文献

1. 黄升民．“大数据”背景下营销体系的解构与重构［J］. 现代传播，2012（11）.

2. 魏江．商业模式内涵与研究框架建构［J］. 科研管理，2012（5）.

第八章　2012 年组织学习研究前沿

第一节　2012 年组织学习国外研究进展

（一）研究文献基本情况

在 Web of Science 数据库中以“Organizational Learning”为主题对 2012 年发表的研究文献进行搜索，在社会科学领域内搜索到 1259 篇相关文献，其中与企业经济相关的研究文献共计 574 篇。从近五年来与组织学习主题相关研究文献数量的变化情况来看，该主题的研究成果产出一直比较稳定，尤其是在企业经济研究领域，2008 ~ 2012 年组织学习的研究文献数量一直维持在 500 ~ 600 篇（如图 8 - 1 所示），这表明近年来组织学习的研究进入稳定期，学者们对该主题的关注和投入较为平稳。

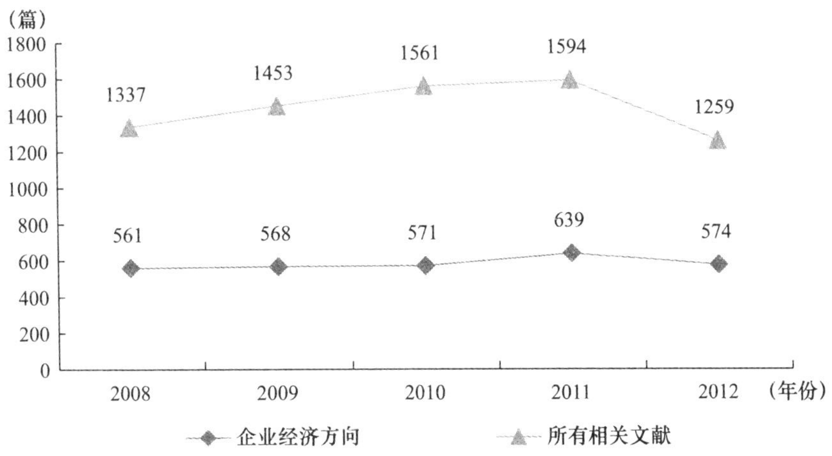

图 8 - 1　2008 ~ 2012 年以“组织学习”为主题的主要英文研究文献数量

从组织学习研究文献的来源期刊分布情况来看，高频被引论文主要集中在《Academy of Management Journal》（AMJ）、《Journal of International Business Studies》（JIBS）、《Journal of Management Studies》（JMS）、《Journal of Management》（JOM）、《Organization Science》（OS）、《Administrative Science Quarterly》（ASQ）等管理学顶级期刊，复合学科结构特点。按照研究文献的数量排序，组织学习的研究文献相对较集中的期刊则主要包括《Journal of Knowledge Management》（10 篇）、《Journal of Business Research》（9 篇）、《Management Learning》（8 篇）等，其中《Management Learning》是管理学习研究的专业期刊，因此文件数量相对较多。值得注意的是，《Journal of Knowledge Management》期刊包含10 篇组织学习主题的研究文献，这也充分反映了组织学习与知识管理的紧密关联。

（二）研究主题

March 和 Simon 早在1958 年就提出组织学习的概念，此后与之相关的研究主题得到了快速发展。在经历了几十年的研究发展后，组织学习的概念、内涵、性质、结构、理论基础、测量等基础性内容已经得到了较为充分的探索。组织学习主题的持续繁荣，很大程度上得益于知识经济时代企业对知识资源的倚重，以及不同时代背景下学习方式、学习渠道、学习情境的持续更新。2012 年组织学习相关研究文献主要围绕如下几个主题展开：

1. 对学习行为本身的深化和拓展研究

尽管组织学习概念本身已经被研究得较为充分，但随着研究情境的不断更新，该主题仍有一定的发展空间。如 Flores、Zheng 和 Rau 等（2012）① 就将学习行为分为四个子过程，并分别研究了文化前因对不同学习子过程的影响。Tosey、Visser 和 Saunders（2012）② 在前人研究基础上对三环学习的发展与概念内涵进行了重点回顾。Ding、Huang 和 Liu（2012）③ 以学习联盟为研究情境，研究了联盟中对开放式学习和隐藏式学习的资源分配模式。Wong、Cheung 和 Yiu（2012）④ 利用不同于常规的角度，研究了组织学习中的非学习维度的内容及影响。因此，当前对组织学习行为本身的研究，较少有系统性、建构性的研究，而大多是基于以前的研究基础进行的局部修补与完善，这也间接表明组织学习本身的研究正逐渐趋于成熟。

2. 组织学习在新情境中的应用研究

作为相对成熟的理论构念，组织学习在新的情境下被得到广泛应用。新情境类型一是制度情境的迁移，如从典型的西方社会情境逐渐迁移至非西方社会情境，Cerna、Jaklic 和

---

① Flores L G, Zheng W, Rau D, et al. Organizational Learning: Subprocess Identification, Construct Validation, and an Empirical Test of Culture Antecedents [J]. Journal of Management, 2012, 38 (2): 640 - 667.

② Tosey P, Visser M, Saunders M N K. The Origins and Conceptualizations of "Triple - loop" Learning: A Critical Review [J]. Management Learning, 2012, 43 (3): 291 - 307.

③ Ding X H, Huang R H, Liu D L. Resource Allocation for Open and Hidden Learning in Learning Alliance [J]. Asia Pacific Journal of Management, 2012, 29 (1): 103 - 127.

④ Wong P S P, Cheung S O, Yiu R L Y. The Unlearning Dimension of Organizational Learning in Construction Projects [J]. International Journal of Project Management, 2012, 30 (1): 94 - 104.

Skerlavaj（2012）[①] 以土耳其公司为背景，研究了创新文化及其构成维度，包括组织学习过程和不同的文化类型等，证实组织学习文化能够提升组织创新绩效和创新文化。Liao、Chang 和 Hu（2012）[②] 以中国台湾银行为样本，研究了组织学习对组织文化、知识获取与组织创新之间的部分中介作用。新情境类型二是组织类型的变化，如随着创业的兴起，研究对象从传统的具有稳定结构的企业转向创业企业和创业活动等，Zahra（2012）[③] 就以家庭创业为对象，研究了组织学习与家庭创业的关系。新情境类型三是从实际情境逐渐转向虚拟情境，如 Wan、Compeau 和 Haggerty（2012）[④] 就以在线学习为对象，研究了 E－Learning 过程中自我调节学习过程的影响。新情境类型四是从传统的企业内部学习转向更广泛对象的学习，如 Yao、Dong 和 Dresner（2012）[⑤] 以供应链为对象，将组织学习扩展到供应链学习层面进行研究，Field、Xue 和 Hitt（2012）[⑥] 则以客户学习为研究对象，分析了与客户合作并从客户身上进行学习的过程，研究了客户特征及学习渠道的影响等。

3. 组织学习在其他主题研究中的工具化

组织学习是知识经济时代企业成长和发展的重要手段，在理论研究层面，组织学习可以被用来解释很多理论过程。因此，在各种相关主题的理论研究中，组织学习经常被当作中介机制来解释变量间的关系。如 Kim（2012）[⑦] 就将组织学习作为组织的控制程度与组织绩效之间的中介变量来解释具体的作用机制。Hao、Kasper 和 Muehlbacher（2012）[⑧] 研究组织结构对组织绩效的影响时，利用组织学习与组织创新为中介机制，并用中澳两国的数据进行实证研究，证实研究假设。Jesus、Magdalena 和 Gutierrez－Gutierrez（2012）[⑨] 在研究变革型领导组织绩效的过程中，也将组织学习和组织创新作为中介机制；Terasa、

---

① Cerna M, Jaklic M, Skerlavaj M. Organizational Learning Culture and Innovativeness in Turkish Firms [J]. Journal of Management & Organization, 2012, 18 (2): 193－219.

② Liao S H, Chang W J, Hu D C. Relationships among Organizational Culture, Knowledge Acquisition, Organization Learning, and Organizational Innovation in Taiwan' s Banking and Insurance Industries [J]. International Journal of Human Resource Management, 2012, 23 (1): 52－70.

③ Zahra S A. Organizational Learning and Entrepreneurship in Family Firms: Exploring the Moderating Effect of Ownership and Cohesion [J]. Small Business Economics, 2012, 38 (1): 51－65.

④ Wan Z, Compeau D, Haggerty N. The Effect of Self－regulated Learning Process on E－Learning Outcomes in Organizational Settings [J]. Journal of Management Information Systems, 2012, 29 (1): 307－339.

⑤ Yao Y O, Dong Y, Dresner M. Supply Chain Learning and Spillovers in Vendor Managed Inventory [J]. Decision Sciences, 2012, 43 (6): 979－1001.

⑥ Field J M, Xue M, Hitt L M. Learning by Customers as Co－producers in Financial Services: An Empirical Study of the Effects of Learning Channels and Customer Characteristics [J]. Operation Management Research, 2012 (5): 43－56.

⑦ Kim S. The Role of Organizational Learning in the Relation between the Levers of Control and Organizational Performance [J]. Korean Accounting Journal, 2012, 21 (5): 209－254.

⑧ Hao Q, Kasper H, Muehlbacher J. How does Organizational Structure Influence Performance through Learning and Innovation in Australian and China [J]. Chinese Management Studies, 2012, 6 (1): 36－52.

⑨ Jesus G V, Magdalena J M, Gutierrez－Gutierrez L. Transformational Leadership Influence on Organizational Performance through Organizational Learning and Innovation [J]. Journal of Business Research, 2012, 65 (7): 1040－1050.

Garcia - Morales 和 Garcia - Sanchez（2012）① 的研究表明高管支持会通过技术差异性和组织学习来影响组织绩效与组织创新。

第二节 2012 年组织学习国内研究进展

（一）研究文献基本情况

在 CNKI 数据库中，以核心期刊、CSSCI 期刊、SCI 期刊和 EI 来源期刊为对象，以"组织学习"为关键词进行搜索，共得到 295 条结果。其中与管理研究相关性较高的主要学科文献分布为：企业经济 176 篇，宏观经济管理与可持续发展 75 篇，管理学 18 篇，工业经济 10 篇，领导学与决策学 6 篇，科学研究管理 5 篇，服务经济 3 篇，心理学 3 篇（部分文献具有多个分类属性），具体如图 8 - 2 所示。

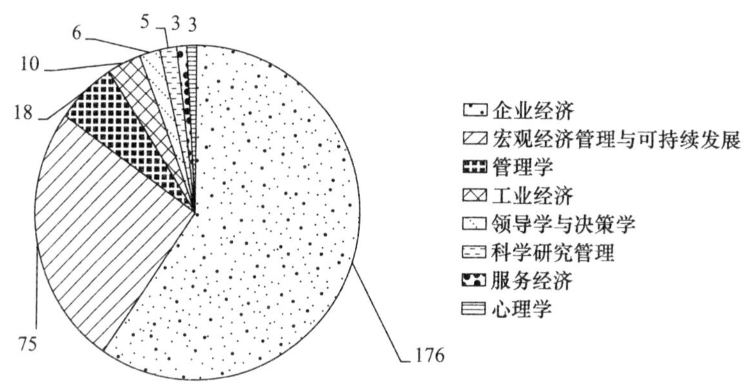

图 8 - 2 2012 年以"组织学习"为主题的中文主要研究文献学科分布

从研究文献的数量来看，2008 ~ 2011 年关于组织学习的研究文献一直保持在 370 篇以上，但 2012 年的文献数量却只有不到以往的 80%，显示出明显的下降，这说明国内学术界对组织学习的关注度开始"降温"，学者们在该领域投入的精力减少，相应的产出也随之开始下降（如图 8 - 3 所示），这一趋势与组织学习的英文文献发展趋势有一定相似性，也间接表明国内外学术界都开始降低对组织学习的关注。

① Terasa B M, Garcia - Morales V J, Garcia - Sanchez E. Technological Distinctive Competencies and Organizational Learning: Effect on Organizational Innovation and Improve Firm Performance [J]. Journal of Engineering and Technology Management, 2012, 29 (3): 331 - 357.

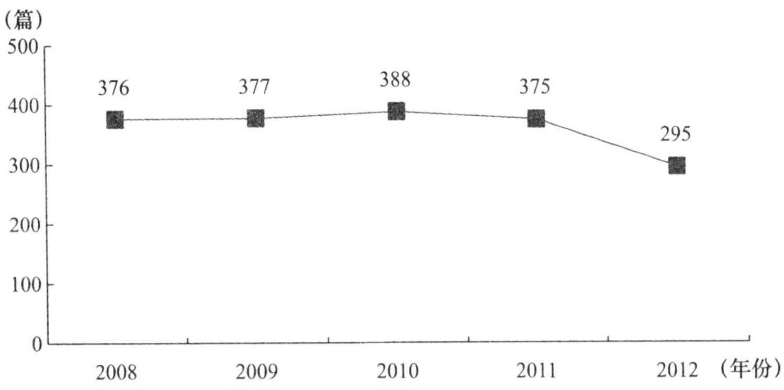

图 8－3　2008～2012 年以"组织学习"为主题的主要中文研究文献数量

将国内"组织学习"主题研究的发展周期扩大到十年，可以进一步发现，2008～2011 年是国内组织学习研究的高峰期。该领域的研究文献从 2003 年（225 篇）开始持续、稳定的增长，2008 年（376 篇）开始进入相对较为稳定的阶段（如图 8－4 所示），文献数量一直保持在较高水平，但从 2012 年开始出现明显下降趋势，可能预示着该主题的研究投入进入衰减阶段。

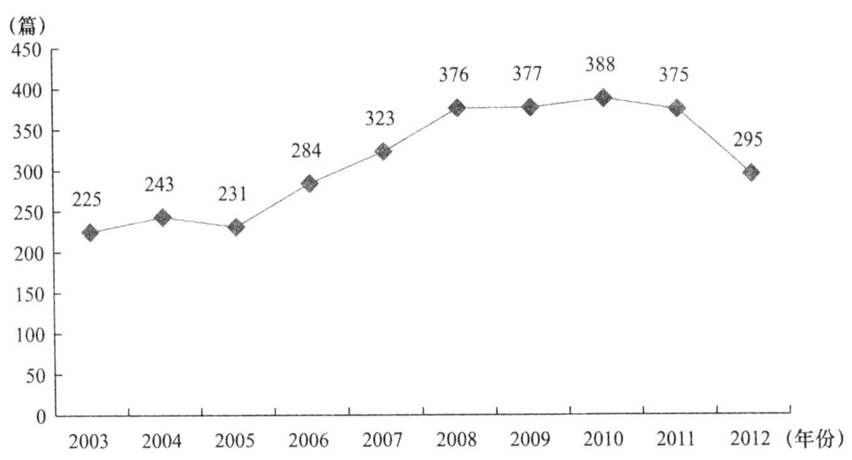

图 8－4　2003～2012 年以"组织学习"为主题的主要中文研究文献数量

（二）研究主题

1. 对学习行为的研究

组织学习的相关研究中，对学习行为本身的探索与分析仍然是一个非常重要的方向，国内学者在这方面仍进行着相关探索。如陈亚丽和黄涛珍（2012）① 将可拓物元理论引入组织学习能力的评价研究，并结合案例进行了组织学习能力的评价。郭涛力和肖冬平（2012）② 从多学科视角对组织学习进行了分析研究。黄国群（2012）③ 以新创企业为对象，分析了组织学习的六种要素并构建了新创企业组织学习要素的整合性框架。于伟（2012）④ 基于组织学习和过程管理的相关理论，以高科技企业为对象，结合过程维度与结构维度，构建了高科技企业组织学习模型。刘志成、陈江和吴能全（2012）⑤ 通过实证研究证实组织内知识市场有效性的五因素结构，表明用市场机制管理知识能够有效提升组织内知识的效能。总体来看，国内学者对组织学习本身研究的文献层次并不高，研究的深度也非常有限，往往是运用新的理论、结合新的对象、应用新的情境等对组织学习理论进行适当延伸和扩展，研究的理论贡献相对有限。

2. 组织学习的中介效应研究

在 2012 年的研究文献中，组织学习的中介效应研究是占比相对较高的一种研究模式，组织学习作为一种组织过程，可以用来解释很多组织行为与组织现象，包括社会资本、信任、跨国投资、领导行为、市场营销、人力资源、企业战略、社会网络等。比较典型的研究如王永伟、马洁和吴湘繁等（2012）⑥ 研究了组织学习对变革型领导行为与组织惯例更新之间的中介效应。姜劲和孙延明（2012）⑦ 研究了组织学习对社会资本与企业升级的中介作用。谢慧娟和王国顺（2012）⑧ 研究了组织学习对社会资本与物流服务企业动态能力之间的中介作用。王飞绒和陈文兵（2012）⑨ 研究了组织学习对领导风格与企业创新绩效之间的中介作用。陈国权、王晓辉和李倩等（2012）研究了组织学习对组织授权与战略柔性关系的中介作用。这些文献通过实证分析无一例外证实了组织学习存在显著的中介效应，为组织现象提供了有力证据，这也表明组织学习是一个非常有解释力的构念，使用的领域范围较宽。

3. 组织学习的理论情境扩展研究

结合时代发展，将组织学习应用到各种新的理论和实践情境，是一种对研究进行扩展

---

① 陈亚丽，黄涛珍．组织学习能力的可拓物元模型及其应用［J］．求索，2012（9）：12－15.

② 郭涛力，肖冬平．组织学习的多学科多视角分析［J］．现代情报，2012，32（8）.

③ 黄国群．新创企业组织学习要素的类别及维度研究［J］．重庆大学学报（社会科学版），2012，18（5）：57－63.

④ 于伟．基于过程观的高科技企业组织学习模型构建［J］．科技管理研究，2012（17）：137－141.

⑤ 刘志成，陈江，吴能全．组织内知识市场有效性的结构与测量［J］．科研管理，2012，33（12）：126－134.

⑥ 王永伟，马洁，吴湘繁，刘胜春．变革型领导行为、组织学习倾向与组织惯例更新的关系研究［J］．管理世界，2012（9）：110－119.

⑦ 姜劲，孙延明．社会资本、组织学习与企业升级的关系研究——基于珠三角代工企业的实证分析［J］．管理学报，2012，9（8）：1162－1169.

⑧ 谢慧娟，王国顺．社会资本、组织学习对物流服务企业动态能力的影响研究［J］．管理评论，2012，24（10）：133－142.

⑨ 王飞绒，陈文兵．领导风格与企业创新绩效关系的实证研究——基于组织学习的中介作用［J］．科学学研究，2012，30（6）：943－950.

的有效方法。如结合当前的创业研究热点，从组织学习视角研究创业行为或创业过程，如乔明哲、陈忠卫和杜运周等（2012）[①] 对国外公司创业投资中组织间学习进行了系统评述，李雪灵和马文杰（2012）[②] 以新创企业为对象，研究了新创企业的组织学习能力与风险应对问题。薛元昊和王重鸣（2012）[③] 基于组织学习理论来研究企业知识产权策略，并分析归纳了企业知识产权策略的三个核心维度与关键特征。周俊和薛求知（2012）[④] 从组织学习视角分析了组织双元性培育机制以及双元性对企业绩效的影响。高景祥（2012）[⑤] 分析了高校图书馆联盟的组织学习的知识转化模式与层次结构模式。李相银和余莉莉（2012）[⑥] 以高新技术企业为研究对象，分析了组织学习与技术创新的关系。

精选英文文献摘要

1. Bernstein E S. The Transparency Paradox: A Role for Privacy in Organizational Learning and Operational Control [J]. Administrative Science Quarterly, 2012, 57 (2): 181 –216.

Abstract: Using data from embedded participant – observers and a field experiment at the second largest mobile phone factory in the world, located in China, I theorize and test the implications of transparent organizational design on workers' productivity and organizational performance. Drawing from theory and research on learning and control, I introduce the notion of a transparency paradox, whereby maintaining observability of workers may counterintuitively reduce their performance by inducing those being observed to conceal their activities through codes and other costly means; conversely, creating zones of privacy may, under certain conditions, increase performance. Empirical evidence from the field shows that even a modest increase in group – level privacy sustainably and significantly improves line performance, while qualitative evidence suggests that privacy is important in supporting productive deviance, localized experimentation, distraction avoidance, and continuous improvement. I discuss implications of these results for theory on learning and control and suggest directions for future research.

该研究的样本来自一个位于中国的世界第二大的手机工厂，利用参与者观察员提供的

① 乔明哲，陈忠卫，杜运周等．国外公司创业投资中组织间学习研究述评［J］．管理学报，2012，9（10）：1554 – 1561.

② 李雪灵，马文杰．新创企业的组织学习能力与风险应对［J］．学习与探索，2012（10）：118 – 121.

③ 薛元昊，王重鸣．基于组织学习理论的企业知识产权策略研究［J］．科学学研究，2012，32（2）：250 – 257.

④ 周俊，薛求知．组织双元性的培育与效应：组织学习视角［J］．科研管理，2012，35（2）：87 – 93.

⑤ 高景祥．高校图书馆联盟组织学习模式研究［J］．图书馆学研究，2012（8）：82 – 85.

⑥ 李相银，余莉莉．高新技术企业中的组织学习与技术创新［J］．科技管理研究，2012（10）：15 – 19.

数据和实地实验的数据进行研究，推理并验证了透明组织——为提升工作效率和组织绩效而设计的作用与意义。基于学习与控制的相关理论和研究，作者提出了透明性悖论观点，即保持员工的可观测性可能会导致与预期相反的结果，那些被观察的员工会通过编码或其他高成本方式故意隐瞒自己的活动而导致绩效下降；反之，在某些特定条件下创造一些私密空间反倒会提升绩效。实地验证结果表明在群体层面适度增加私密性会稳定且显著地改进生产线绩效，定性证据表明隐私对于保持生产性误差、本土化实验、避免混乱以及持续改进有重要作用。作者最后讨论了研究结论对于学习和控制的理论意义，并对未来研究方向给出了建议。

2. Obloj T, Sengul M. Incentive Life – cycles: Learning and the Division of Value in Firms [J]. Administrative Science Quarterly, 2012, 57 (2): 305 –347.

Abstract: In this paper, we study the individual and organizational learning mechanisms leading to the evolution of the division of value between economic actors under a given contractual arrangement. Focusing on the division of value between a firm and its employees, we theorize that following a change in the organizational incentive structure, employees learn, over time and with experience, how to be more productive under the implied objectives of the incentive regime, as well as how to game or exploit it. Results, based on outlet – level data from a Polish commercial bank over a 13 – month period, show that the bank outlet' value creation (sales revenue from primary loans) and value appropriation (the sum of outlet employees' monthly bonus) both increased, at a decreasing rate, over time as outlet employees gained experience under the new incentive regime. In parallel, the bank's share (the percentage of value created by outlets retained by the bank) increased at first, then, after reaching a plateau, decreased continuously, indicating that the ability of the incentive regime to induce the intended results evolved, giving rise to an incentive life cycle. In exploring the underlying micromechanisms, we found strong quantitative and qualitative evidence for the presence and relative paces of productive and adverse learning in bank outlets, as well as for the role of prior experience. This is the first empirical study to show that individual and organizational learning processes can influence the evolution of the division of value between economic actors.

文章研究了在特定的契约安排下，导致经济主体间价值分割发展的个体和组织的学习机制。研究聚焦于公司与员工间的价值分割，通过理论分析认为在组织激励机构发生变化时，员工会随着时间增长和经验发展，学习在激励制度的隐性目标下如何变得更加高效，以及如何钻空子谋利。通过对一个波兰商业银行各网点 13 个月的产出数据的分析结果表明：银行网点的价值创造（初级贷款销售收入）与价值分配（网点员工每月奖金之和）都是增长的，但随着网点员工逐渐对新的激励制度有更深的认知后，增长率是呈下降趋势的。同时，银行的份额（银行留存的各网点创造的价值比例）在开始阶段是上升的，然后在达到一个停滞期后就开始持续下降，这表明激励制度对特定目标的引导能力是在变化发展的，即产生了所谓的激励生命周期。在探索激励生命周期的潜在微观机制的过程中，我们通过强有力的定性和定量证据表明在各银行网点中存在明显的产出性学习和逆向学习，而且既往经验也存在同样的产出性学习和逆向学习。本文是关于个体和组织的学习过程能够影响经济主体间价值分割发展的首次实证研究。

3. Muehlfeld K, Sahib P R, Van Witteloostuijn A. A Contextual Theory of Organizational Learning from Failures and Successes: A Study of Acquisition Completion in the Global Newspaper Industry ［J］. Strategic Management Journal, 2012 （33）: 938 –964.

Abstract: This study develops and tests theory about the context – specificity and outcome – dependence of experiential learning in acquisition processes. First, we investigate whether learning from experience gained in different acquisition contexts is limited to influencing subsequent outcomes of same – context transactions. Second, we analyze whether learning patterns in response to prior successes and failures differ across acquisition contexts, depending on two properties of these contexts—the degree of structural variance and the level of stimulation of deliberate learning. Learning is assessed with respect to an underexplored organizational goal variable in acquisitions: Completion of a publicly announced transaction. An analysis of 4973 acquisition attempts in the newspaper industry in 1981 ~2008 largely supports our theory.

本文发展并验证了在收购过程中经验学习的情境特征和产出依赖的相关理论。首先，我们调查了对不同收购情境的经验学习是否会对随后相同情境的交易产出具有有限影响；其次，我们分析了在不同收购情境下对先验成功和失败经验的学习模式是否具有差异，发现结果取决于情境的两个特征——结构差异程度和对刻意学习的激励程度。学习被认为是收购过程中的一个有待开发的组织目标变量：实现一个公开宣布的交易。对 1981 ~2008 年间报纸行业的 4973 个收购意图的分析极好地支持了我们的理论。

4. Ben –Oz C, Greve H R. Short –and Long –Term Performance Feedback and Absorptive Capacity ［J］. Journal of Management, 2012.

Abstract: Research on organizational learning from performance feedback has produced findings on howorganizational change is influenced by performance relative to aspiration levels, but hasfocused on short – term goal variables. In this article, we examine how short – term and long – term goals are related to short – term and long – term actions, respectively. We do so by predicting changes in absorptive capacity from performance relative to aspiration levels, and by testing whether long – term goals mainly affect potential absorptive capacity, which has long – term effects, while short – term goals mainly affect the realized absorptive capacity, which has short – term effects. Using data from surveys of 252 decision makers representing 129 Israeli early – stage high – tech organizations, our analysis yields supportive empirical findings. The findings imply that performance relative to aspiration levels has effects on long – term strategic actions as well as short – term ones, and thus argue against strict myopia.

关于利用绩效反馈进行组织学习的研究已经发现了期望绩效与实际绩效的差异是如何影响组织变化的，只是这些研究主要关注绩效短期目标变量。在本文中，我们分别检验了短期目标与短期行为的关联以及长期目标与长期行为的关联。具体做法是通过预测预期绩效和实际绩效的差异对吸收能力变化的影响，并验证长期目标是否主要影响潜在吸收能力，即是否具有长期影响，以及短期目标是否主要影响现实销售能力，即是否具有短期影响。来自 129 个以色列初创高科技企业的 252 名决策者的调查数据分析支持了我们的预测。研究表明期望绩效与实际绩效的差异会影响长期战略活动和短期行为，因此企业要杜绝绝对的短视行为。

5. Fang C. Organizational Learning as Credit Assignment：A Model and Two Experiments ［J］. Organization Science，2012，23（6）：1717－1732.

Abstract：We outline a theoretical model of organizational learning curves to account for the empirical regularities observed in the literature. The learning mechanism in our model is the gradual recognition of important stepping stones toachieving the goal. As organizations gain experience, they discover the appropriate actions to take at each stage and reducethe number of the steps it takes to reach the final outcome. Using both simulation and human subject experiments, we show that this model accounts for existing empirical regularities related to the learning curves, variations in learning rates, and organizational adaptation to new environments.

我们描述了一个组织学习曲线的理论模型来解释文献中的实证规律。该模型所描述的学习机制是逐步识别完成目标的重要跳板。当组织获取到相应经验后，会找到每个阶段的适合行动并减少实现最终目标的步骤。利用仿真和人体实验的方法，我们的研究表明该模型与现有的经验规律相吻合，能够用来解释学习曲线、学习速度差异以及组织对新环境的适应性。

推荐中文文献

1. 王永伟，马洁，吴湘繁等．变革型领导行为、组织学习倾向与组织惯例更新的关系研究［J］. 管理世界，2012（9）：110－119.

2. 王雁飞，杨怡．团队学习的理论与相关研究进展述评［J］. 心理科学进展，2012，20（7）：1052－1061.

第九章　2012 年创业创新研究前沿

第一节　2012 年创业与创新管理研究概况

创业与创新是促进经济持续增长的关键引擎，对经济发展具有重要的作用，无论是在发达国家还是发展中国家，创业成为一个国家经济发展中最具活力的部分，是经济发展的原动力。

根据最新的全球创业观察报告（Globe Entrepreneurship Monitor，GEM）统计，在2001～2011年这10年间，中国的早期创业活动指数（TEA）从12.3%上升到24%，2011年，中国的TEA排名在GEM的54个成员国中排名第一，"大众创业、万众创新"的热潮不断涌起，根据新华网统计数据显示，2008～2010年，我国90个创业型城市的创业者人数累计超过了1000万，年均增长率在15%以上。境外，2012年创业热潮也在不断掀起，涌现了一大批互联网创业公司。国内外创业活动的活跃必然导致创业与创新这一主题成为管理学界研究的热点之一。

在理论研究层面，国内外学者分别从多个角度聚焦创业与创新管理相关理论问题，并形成了诸多富有成效的研究成果。首先，本文在梳理国外相关文献时，选取国外部分代表性期刊，主要包括《Academy of Management Journal》、《Academy of Management Review》、《Administrative Science Quarterly》、《Journal of Management Studies》、《Journal of International Business Studies》、《Organization Science》、《Strategic Management Journal》、《Journal of Management》、《Journal of Management Studies》、《Organization Science》等，通过检索这些代表性期刊上公开发表的相关论文，围绕创业与创新管理的关键词进行初步分析，结果如表9－1和图9－1所示。

表9－1　2012年国外创业与创新管理研究关键词的描述性统计结果

类型	关键词	频数
学术创业	Academic Entrepreneurship	202
创业与创新	Entrepreneurship and Innovation	140

续表

类型	关键词	频数
企业家精神	Entrepreneurial Spirit	24
技术创新	Technological Innovation	151
新创企业绩效	New Vnture Performance	447
新创企业战略	Strategy	468
社会创业	Social Entrepreneurship	209

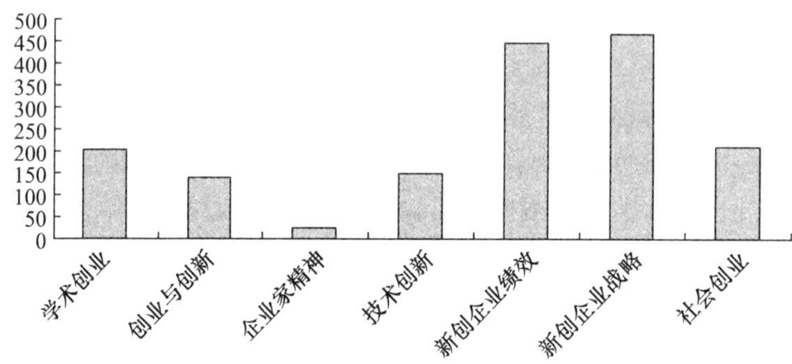

图 9-1　2012 年国外创业与创新研究关键领域的频数分布

其次，本文在梳理国内相关文献时，选取国内部分代表性期刊，主要包括《管理世界》、《南开管理评论》、《科研管理》、《科学学与科学技术管理》、《管理评论》、《管理科学》、《中国工业经济》、《管理学报》、《软科学》等。通过检索这些代表性期刊上公开发表的相关论文，围绕创业与创新管理的关键词进行初步分析，结果如表 9-2 和图 9-2 所示。

表 9-2　2012 年国内创业与创新管理研究关键词的描述性统计结果

类型	关键词	频数
创业环境	创业环境、GEM	80
科技创业	科技创业、能力演化	22
创业与国家发展	创业活动、国家文化	39
创业的承诺升级	承诺升级、创业决策、创业认知	12
创业网络与创业导向	创业网络、社会网络、创业导向	80

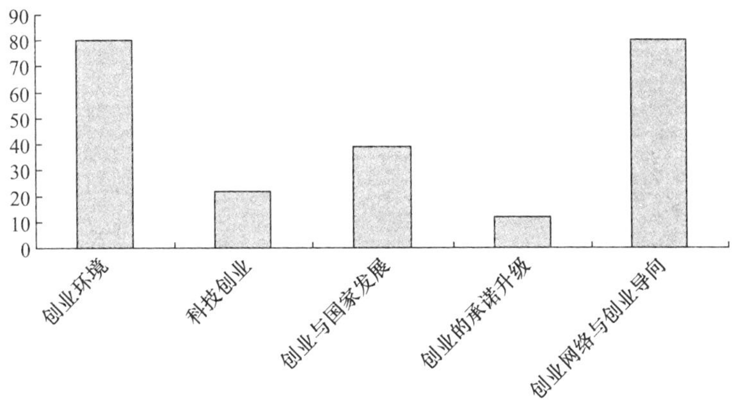

图 9－2　2012 年国内创业与创新研究关键领域的频数分布

通过上述 2012 年国内外创业与创新管理实践活动和相关理论研究概述可知，在整个 2012 年，无论是从实践还是理论研究角度，创业与创新管理这一议题依然是国内外创业相关研究领域的热点研究问题。在此基础上，本文将进一步梳理 2012 年国内外创业与创新管理的相关理论文献，以期为后续相关研究提供积极启示。

第二节　2012 年创业与创新管理国外研究述评

创业与创新管理的研究向来是国际上战略研究领域的热点之一，2012 年国外创业与创新管理理论研究的成果无论是从数量上还是从发表期刊的档次上均较国内的研究成果高出一筹。

（一）学术创业

近年来，世界各国大学组织和学者的专利、授权、衍生企业、联合风险研究等诸多形式的“学术创业”（Academic Entrepreneurship，AE）正在逐步兴起。Shibayama、Walsh 和 Baba（2012）① 的研究使用了一个日本大学科学家在生活中和材料科学上的样本来检验学术创业是如何影响科学家在共享科研资源上的规范和行为的，结果表明科学领域中，高水平的学术创业较少地依赖来自科学社区共享形式的分享（例如，广义的交换），他们更注重直接的贡献者（即直接好处）和更低频率的共享。研究观察了他们在共享行为中发生的变化，甚至是那些个别没有参与创业活动的科学家，这些都表明了科学规范的总体转变

① Shibayama S, Walsh J P, Baba Y. Academic Entrepreneurship and Exchange of Scientific Resources [J]. American Sociological Review, 2012 (77): 804－830.

取决于制度环境，这些结果反映了当前科学政策中的内在矛盾，同时鼓励了像开放商业活动一样开放科学领域的研究成果，他们还认为增加商业性的活动可能会从根本上改变科学的规范结构。

（二）创业和创新

创业热潮在全球的兴起显示了创业对于社会经济增长的关键作用，众多国内外实证研究也表明了创业是经济增长的关键引擎，但也有学者提出了创业对经济发展的作用是要分情境讨论的，它并不是在任何情境下都会发挥积极的作用。例如，Hall J、Matos S、Sheehan L 和 Silvestre（2012）[①] 的研究认为政策决策者往往将创业视为经济欠发达地区（金字塔底部地区）全面增长的灵丹妙药，但是它也可能导致意外的负面影响，如犯罪和社会排斥。作者的目的就是提高对创业政策会导致金字塔底部地区全面增长的理解。它们利用收集到的巴西不同地区创业、创新和社会政策的数据，发现脆弱的机构加上警觉的企业家往往会带来破坏性的结果，尤其是当创业政策完全基于经济指标制定的时候，政策制定应该是基于解决经济和社会问题的角度，这样才有可能促进更有生产力的创业成果，才不会约束经济速度，本项研究进行了金字塔底部地区、创业、全球价值链和可持续旅游方面的研究，以及企业家、地方创新的角色和创业政策如何在贫困地区产生不同的社会影响。

（三）创业成功与失败

企业家个人的认知与决策对整个企业的生存和发展起着举足轻重的作用，甚至决定着企业的成功和失败。Hogarth 和 Karelaia（2012）[②] 的研究认为过度进入或是市场准入决策的高失败率是因为企业家过度自信所导致的。他们假设这些决策都是取决于商业机会评估，构建了企业家有限理性的模型并且解析了过度进入是由不完美的决断所导致的必然结果，它并不一定意味着过度自信。事实上，甚至是潜在的企业家在不够自信的时候，判断失误也常常会导致过度进入。他们进一步证明一个群体中，某个个体决定开始一个新的业务要比其他人表现出更多的自信，且这种成功的进取者比失败的进取者更加没有自信。他们的结论对一般的研究中所表示的过度自信会导致过度进入提出了质疑。他们强调了了解判断失误在产生的经济后果中的角色，并且在风险投资家投资和企业家培训方面给出了一定的建议。

（四）企业家精神

企业家精神是指企业家组织建立和经营管理企业的综合才能，它是一种重要而特殊的

---

① Hall J, Matos S, Sheehan L, et al. Entrepreneurship and Innovation at the Base of the Pyramid: A Recipe for Inclusive Growth or Social Exclusion? [J]. Journal of Management Studies, 2012, 49 (4): 785-812.

② Hogarth R M, Karelaia N. Entrepreneurial Success and Failure: Confidence and Fallible Judgment [J]. Organization Science, 2012, 23 (6): 1733-1747.

无形生产要素，组织氛围对企业家精神有着重要的影响。例如，Kacperczyk（2012）[①] 的研究有个重大发现：大型和成熟的组织会扼杀员工成为一个企业家的能力和动力。他们特别使用了 1979～2005 年美国共同基金的数据，验证了大型和成熟的公司中个人的创业率降低、个人内部的企业家精神也降低了，研究结果表明，虽然在大型和成熟的组织中组织员工不太可能会过渡到创业，但是在较小的公司以及那些年轻的公司员工仍然会表现出很高的追求冒险机会的倾向，他们的结果表明大型的成熟组织里创业所带来的负面影响一定程度上是由于过高的内部企业家精神，在这样的组织里这样的无效过程常常又会被认为是不重要的。

（五）创业率和创新

随着创业经济、知识经济的来临，“创业”与“创新”日益成为学术界及实业界使用频率最高、关注也最多的词汇。但对于两者的关系，至今学术界仍没有达成共识：很多学者的研究指出两者之间的正相关关系，但是也有一些学者提出了不同的观点，例如，Anokhin 和 Wincent（2012）[②] 的研究提出尽管一般的研究都假设创业率和创新之间的正相关关系，这个假设在跨国的实证研究中仍缺乏一定的支持。创业文献的最新进展也提出创业率和创新之间的关系并不一定是正相关关系，而是取决于这个国家的发展阶段，在发达国家里这种关系是正相关关系，但是在国家早期的发展阶段，这种关系是负相关关系，总的来说，创业率和创新是有一定的弱度的负相关关系存在的，他们通过覆盖 35 个国家 1996～2002 年的数据来验证提出的假设。这个关系在他们选择的三个中介变量和两个自变量之间是稳定的。他们的研究结果表明主体政策的制定旨在促进创业精神作为一种提高国家创新的手段可能会误入歧途，所以他们建议一种更为权变的方法。

（六）社会创业

社会创业是 20 世纪 90 年代以来在全球范围内兴起的一种新的创业形式，这一创业形式在公共服务领域被发现，并逐渐超越民间非营利组织的范畴，成长为一种不同于商业创业和非营利组织的创业模式，被认为是一种解决社会问题的社会创新模式。社会创业是指组织或个人（团队）在社会使命的驱动下，借助市场力量解决社会问题或满足某种社会需求，追求社会价值和经济价值的双重价值目标，保持组织的可持续发展，最终实现社会问题朝着人们希望的目标改变。Miller、Grimes、Mcmullen 等[③④]的研究指出社会创业已经

---

① Kacperczyk A J. Opportunity Structures in Established Firms: Entrepreneurship Versus Intrapreneurship in Mutual Funds [J]. Administrative Science Quarterly, 2012, 57 (3): 484－521.

② Anokhin S, Wincent J. Start－up Rates and Innovation: A Cross－Country Examination [J]. Journal of International Business Studies, 2012, 43 (1): 41－60.

③ Miller T L, Grimes M G, Mcmullen J S, et al. Venturing for Others with Heart and Head: How Compassion Encourages Social Entrepreneurship [J]. Academy of Management Review, 2012, 37 (4): 616－640.

④ Grimes M G, Mcmullen J S, Vogus T J, et al. Studying the Origins of Social Entrepreneurship: Compassion and the Role of Embedded Agency [J]. Academy of Management Review, 2013, 38 (3): 460－463.

成为一个复杂而有前途的组织形式，它是用市场为导向的方法来解决棘手的社会问题，但是其动机仍然是基于一些理论的。研究认为在鼓励社会企业家精神方面，同情可以补充传统的以自我为导向的动机。他们将着力研究同情和社会动机而建立一个模型，主要包括三种机制（综合思维、社会成本效益分析和减轻别人同情的承诺），这会将同情转化为社会创业精神，我们认为特别是在一定的制度条件下，他们最有可能这样做。他们的模型和结论对积极组织研究、创业领域的研究和社会创业研究具有一定的贡献和影响。

（七）技术创新、创业精神和战略管理

Priem 等（2012）① 回顾了技术进步创新、创业、战略管理三个最新快速增长的宏观管理文献，发现这些文章都共同使用了一个“需求”的研究视角。下游需求方向的研究聚焦的是公司产品市场的消费者，从而来解释和预测哪些管理决策中会增加价值创造的价值体系。考虑到需求方的宏观管理研究的典型特点包括明确区分价值创造和价值获取，强调产品市场是作为企业价值创造战略的关键来源，认为消费者偏好是动态性的，有时候甚至是潜在的，并且意识到管理者会采取不同的决策以应对消费者的异质性，这也会导致公司的异质性，最终创造价值。作者回顾了最新的基于需求方的研究发现，基于消费者异质性的战略可能会带来竞争优势，即使该公司只有过时或者平凡的资源。这些优势可以在没有资源或者能力的基础上模仿，成功的创新可以是基于消费者驱动的而不是资源或技术驱动的，消费者的知识可以在创业想法的发现中发挥关键作用，从需求方得出的这些看似违反直觉的研究结果表明未来从需求方研究的视角会形成对学者和管理者很多有用的新知识。作者建议未来的研究也要从需求的角度来进行回顾。更重要的是，他们的回顾代表了一个开始，而又不仅仅是一个开始——开始将需求方和生产方价值创造的过程连接起来。

（八）领导和新创企业绩效

长期以来，高管人员作为企业最重要的人力资源备受研究人员的关注。自 Hambrick 和 Mason（1984）提出“高阶理论”后，西方学术界涌现出大量有关高管团队人口特征与组织绩效关系的实证研究文献。2012 年，Hmieleski、Cole 和 Baron（2012）② 进行了进一步的研究，利用情感事件理论（ATE）作为理解共享诚信领导的新创企业高管团队和企业绩效之间关系的框架，以一个国家（美国）新创企业为随机样本，结果显示了共享诚信领导行为对企业绩效有正向作用，说明这是通过高管积极情绪起作用的。这些发现对于创业和战略管理的研究很有意义，也说明了 AET（微观理论）是理解高层管理团队和企业绩效影响间关系的框架（例如高阶理论和相关研究）。关于领导和组织行为方面的研究，作者的结果也表明了在团队成员共享的时候，诚实的领导可能是特别有益的。

---

① Priem R L, Li S, Carr J C. Insights and New Directions from Demand - Side Approaches to Technology Innovation, Entrepreneurship, and Strategic Management Research [J]. Journal of Management, 2012, 38 (1): 346 -374.

② Hmieleski K M, Cole M S, Baron R A. Shared Authentic Leadership and New Venture Performance [J]. Journal of Management, 2012, 38 (5): 1476 -1499.

Fern、Cardinal 和 O' Neill（2012）[①] 的研究表明虽然一个企业家最初的战略选择对新创企业的生存和发展以及公司长远的绩效有着重要的影响，很少有学者研究探讨之前的经验是如何影响这些选择的。如果创始人依靠其之前行业经验基础可能只是复制原公司的战略。反过来，人们很少知道创始人是如何打破这些经验的。他们对 1995～2005 年航空运输业的 120 位潜在进入者进行了实证分析，他们发现创始人过去的经验会强烈约束他们的选择，并且这种影响取决于经验的形式和战略选择的类型。创始人和创业团队经验的多样性水平会减少这些约束，他们的研究结果对战略和创业的研究是有一定价值的。

（九）新创企业战略

在以往的创业研究中，社会网络理论经常被用来解释创业问题，当前创业研究中关于社会网络对创业绩效的影响已经逐渐成熟，学者们也习惯于运用资源基础理论（Resource－Based View，RBV）来阐述和解释社会网络为创业者提供的资源、物质等方面的支持，他们认为社会网络是创业者发现创业机会、获取外部资源和信息的桥梁，并最终产生了创业行为和绩效。Hallen 和 Eisenhardt（2012）[②] 的研究提出尽管网络关系对公司绩效来说是至关重要的，但是高管去开拓关系的战略却是相对未知的，在研究中，他们引入了一个新的概念——关系信息效率，并阐明了其对优越的网络结果的重要性，他们在 9 个互联网安全企业寻求投资关系的田野调查中意外发现高管如何形成有效关系的两条“等效”的路径。一条路径是依赖现有的强大的直接关系，这适用于有特权的公司。另一条依赖于另一个新概念——催化策略，就是通过高管抓住有利的机遇以及引诱形成一定的关系，这适用于一般的公司。总的来说，他们的研究深化了网络和信号方面的研究以及战略行动的新研究，例如，低权力的行动者如创业者，塑造了关键网络结果。

第三节　2012 年创业与创新管理国内研究述评

近年来，国外战略管理理论的研究重点已经有了从理论研究导向转向现实问题导向出发的趋势，由单纯的理论研究转向以现实的创业现状和问题为核心的探索问题，创业与创新管理的研究更加贴近现实问题，在研究视角方面，不仅有从宏观层面研究创业与创新、创业战略、社会创业的议题，也有从微观层面探索创业家精神、创业认知的议题。从宏观议题上可以看出，国外研究创业与创新管理的文献在跨国范围内所做的研究更多，研究也更加全面和深入，不仅考虑到创业与创新为国家和社会带来的积极正面影响，更挖掘了其

---

① Fern M J，Cardinal L B，O' Neill H M. The Genesis of Strategy in New Ventures：Escaping the Constraints of Founder and Team Knowledge［J］. Strategic Management Journal，2012，33（4）：427－447.

② Hallen B L，Eisenhardt K M. Catalyzing Strategies and Efficient Tie Formation：How Entrepreneurial Firms Obtain Investment Ties［J］. Academy of Management Journal，2012，55（1）：35－70.

带来的消极和负面的影响，考虑到了创业与创新管理的两面性。微观议题上，国外研究创业与创新管理的文献比较注重企业家精神、企业家认知等微观议题，意图从个体层面挖掘创业的本质、揭露创业的过程。如今，全球已经掀起了大众创业、万众创新的热潮，相信在2013年会有更多围绕创业与创新管理的议题出现，也会有更多与经济学、哲学、数学、行为学和心理学等交叉学科紧密结合的理论研究成果涌现出来，为国内的创新与创业管理理论研究源源不断地提供新思路和新方法。

（一）董事会、资源约束和创新环境

创业资源对于创业活动的展开有着举足轻重的作用，创业环境在很大程度上对创业活动的开展有很大的影响，刘小元、李永壮（2012）[①] 结合创业企业的特点以及我国创业板2009~2010年的企业数据，实证检验了董事会、资源约束和创新环境对创业企业研发强度的影响。他们认为研发投资代表着创新对于企业在战略上的重要性，是企业在开发无形资产、实施差异化和产品创新的重要投入。通过持续进行研发活动，企业能形成核心自主知识产权等无形资产并提升企业资产组合中各要素的价值。创业企业的发展本身就是资源累积的过程，受到创业过程中企业现金流的约束，对研发活动和技术创新投入更加谨慎。研究哪些因素会影响到创业企业的研发强度很有必要。他们利用SPSS进行了描述性分析、回归分析和稳健性检验，研究表明：董事会规模、董事会持股与创业企业研发强度显著正相关；企业规模、研发人员比例与研发强度显著正相关；好的创新环境有助于促进创业企业研发投入，但区域知识产权保护会在一定程度上抑制创业企业的研发投入。上述结论为促进中国创业企业技术创新和研发活动如何有效嵌入国家创新体系提供参考：①规模较大和异质性较强的董事会有利于推动创业企业的技术创新。创业企业在保持合理董事会规模的前提下，进行董事会资源优化时应考虑异质性配置。②长期激励导向的董事会持股的治理机制有助于推动创业企业的技术创新和研发投入。企业应充分发挥独立董事在企业技术创新决策制定和实施过程中的外部资源供给和监督约束的作用。③规模较大和研发人员多的创业企业的研发强度更大。吸纳先进的科技成果和培养高科技人才，通过大量资金的投入创造出新的技术，将其转化成自主产权和先导技术，最终转成企业市场竞争力和竞争优势。④好的创新环境有助于推动创业企业的技术创新和研发工作，政府在国家创新体系建设的过程中，从硬条件和软环境同时着手，在加快硬件基础建设的同时，还需要制定激励政策、补贴制度、税收优惠等多种措施促进创业企业的技术创新和研发。⑤区域性的知识产权保护在一定程度上抑制了创业企业的研发强度。政府应进行相应的制度安排促进新技术和新知识的良性流动和优化配置。

---

① 刘小元，李永壮. 董事会、资源约束与创新环境影响下的创业企业研发强度——来自创业板企业的证据［J］. 软科学，2012，26（6）：99-104.

（二）科技创业企业的能力演化与成长

随着技术变革时代的来临，创新和变革日益成为竞争的核心要素。企业单纯通过提高技术创新投入来达到降低其面临的不确定性已无法达到目的。为适应环境变化，需要通过持续创新，在技术、产品、产业的不断创新和变革中实现成长和演化。刘立、王博和潘雄锋（2012）① 通过对光洋科技公司成长历程的案例研究，探讨了科技创业企业在不连续技术变化环境中动态能力形成、成长和演化的内在机理。研究首先提出了能力演化与科技创业企业的成长模型，对光洋的案例研究主要采取了内容分析、跟踪研究和深度访谈三种方法。阐述了案例背景和光洋的成长历程，以此提出了三点启示：领先成长战略——创新与能力的共同演进；创新源发现机制——运作集成能力形成；产品、资源协同演进——动态组织能力形成。光洋公司的创业、成长、演化以及动态能力不断升级的案例，对于我国科技创业企业具有典型的借鉴意义。光洋的成长说明科技创业企业的成长历程绝不是技术能力的复制，而是技术能力的迁移、升级、成长的过程。既要在渐进式创新的基础上，沿着企业利基市场中领先用户的需求曲线不断提高已定型产品性能，又要依据环境变化和企业长远发展的需要，整合企业资源和能力，打破惯例，实现向新领域的迁跃升级。研究认为，以创新成长为目标的动态能力的形成是一个复杂的过程，仅有创业的成功和企业家远见不足以支撑企业的可持续成长。创新领先战略、创新源发现机制以及包括技术能力在内的组织能力的协同演化是科技创业企业实现成长的有效路径。科技创业企业成长是在不断地对外部环境和内部产品、资源、能力等进行判断、匹配和整合中实现的，是一代又一代技术升级和能力迁移的周期循环过程，是与用户、竞争者、上下游等创新源网络的交互中寻找创新利基市场空间和技术实现的过程，是产品资源协同演化动态能力形成和提升的过程。

（三）创业活动与国家文化关系

不同国家在创业活动的活跃程度上差异很大，而且这种差异保持相对稳定的模式，前人的研究主要用经济因素或者制度因素来解释这种现象。赵向阳、李海、Andreas Rauch（2012）② 的研究从国家文化的视角来解释不同国家创业活动活跃程度的差异。基于2001~2007年"全球领导力与组织行为有效性"（Global Leadership and Organizational Behavioral Effectiveness，GLOBE研究）和"全球创业观察"（Global Entrepreneurship Monitor，GEM研究）两个国际性数据库的国家（地区）文化和创业活动的数据，进行分层回归分析，发现在解释不同国家创业活动差异的时候，文化与国家经济发展水平（具体来说是人均GDP）之间存在交互作用。与已有的文献相反，研究发现传统主义文化（典型

---

① 刘立，王博，潘雄锋．能力演化与科技创业企业成长——光洋科技公司案例分析［J］．科研管理，2012，33（6）：16-23.

② 赵向阳，李海，Andreas Rauch. 创业活动的国家（地区）差异：文化与国家（地区）经济发展水平的交互作用［J］．管理世界，2012（8）：78-90.

特点是较高的小团体集体主义、较高的人际关系导向和较高的权力差距）在中低 GDP 国家提高了早期创业活动和成熟期创业活动的比例，但是在高 GDP 国家却抑制了早期创业活动和成熟期创业活动的比例。现代主义文化（典型特点是高绩效导向、高未来导向和高不确定性规避）则与高期望创业活动和高创新创业活动有比较显著的正相关关系。该研究是为数很少的几个关于国家文化与创业活动之间关系的研究之一。研究表明，创业研究必须把文化的因素包括进来，而且文化与创业活动之间的关系非常复杂，需要采用权变理论模型，研究其中可能的调节变量的作用。

（四）创业的承诺升级

以往研究主要基于理性决策的假设分析个体特征、创业活动以及创业环境对坚持或者放弃创业的影响。与已有研究不同，牛芳、张玉利和杨俊（2012）① 认为新生创业者的坚持不是完全理性的决策，其中存在承诺升级现象，即在未来结果不确定，而已经投入资源未取得预期效果的情况下，决策者选择继续投入的现象。研究基于前景理论（框架效应和反射效应）分析了坚持创业中的承诺升级，识别了可能的影响因素：前期投入时间、前期投入资金、创业计划的规范性、技术创业和心理预算，并利用面向中国新生创业者的动态跟踪调查数据（Chinese Panel Study of Entrepreneurial Dynamics，CPSED）进行了实证检验。针对两类样本（总的 273 个样本、没有盈利的 182 个样本）的实证研究取得了一致的结论：前期投入的时间越多，新生创业者越倾向于坚持创业；前期是否投入资金以及创业计划的规范性对是否坚持创业的影响不显著；存在心理预算负向影响新生创业者的坚持；与非技术创业者相比，技术创业者更倾向于坚持创业。该研究对于创业实践的指导意义主要包括三个方面：①坚持创业可能不是理性决策的结果。对于新生创业者而言，在决定是否坚持创业时，需要把前期投入成本剔除于决策框架外，避免不必要的非理性坚持。在中国，传统文化推崇“坚持不懈、持之以恒”，“坚持”通常被认为是一种优良品德，放弃创业可能是一件艰难甚至痛苦的抉择。因此，对于中国的新生创业者而言，理性客观比盲目坚持更显重要。②由于技术创业具有高收益和高风险的特点，从事技术创业的新生创业者更容易陷入承诺升级，非理性坚持创业。因此，技术创业者需要尽早收集信息，降低决策的不确定性，客观评估坚持创业的成本和收益。③对于新生创业者而言，在创业开始之前，可以设定心理预算以减少盲目坚持创业的可能性，避免对具有过高风险的创业项目进一步投入资源，从而把创业风险控制在可以接受的范围内。

（五）网络资源、创业导向

近年来，孵化器对提高新创企业成功率的重要作用及其巨大的社会效益得到了社会的重视，孵化器的创新源头作用以及孵化运作机制是创新和创业研究领域的热点问题。不同

① 牛芳，张玉利，杨俊．坚持还是放弃？基于前景理论的新生创业者承诺升级研究［J］．南开管理评论，2012，15（1）：131-141.

于以往研究，李宇、张雁鸣（2012）① 从在孵企业的视角出发，以“机会导向”和“资源导向”两种战略观为依据对在孵企业创业动机进行划分，集中研究了孵化器掌握的网络资源对不同创业导向在孵企业绩效的影响差异性。文章以大连国家级高新技术产业孵化器园区 355 家在孵企业为实证研究样本，研究首先使用探索性因子分析（EFA）和验证性因子分析（CFA）来进行变量的信度和效度检验，以此来判断数据是否可接受以及是否能使用结构方程的方法，并采用结构方程模型验证中介效应。研究验证了网络资源与孵化绩效的关系及不同创业导向发挥的中介作用，并最终得到了不同网络资源条件下两种企业创业导向的绩效差异模型，该模型对分析创新环境与创业导向的匹配性和指导在孵企业创业实践方面具有理论和现实价值。首先，在孵企业通过孵化器获得的网络资源对其绩效具有显著影响。这也证实了在中国情境下，孵化器在培育新创企业方面的作用。该研究还提出评价孵化器提供的网络资源的三个维度：隐性知识、网络渠道和信任。其次，将在孵企业的创业导向分为机会型和资源型，验证了网络资源对两种创业导向的积极影响以及创业导向在网络资源与绩效关系中的中介效应。在不同的网络资源条件下，两种创业导向会带来不同的创业绩效。这要求在孵企业要识别自己所处的环境，适当对自己的发展策略做出修改。最后，该研究在一定程度上弥补了只从在孵企业视角考察孵化绩效研究的不足。孵化器在咨询服务、优惠政策、融资支持以及创业氛围方面提供的各种孵化服务固然重要，但在孵企业的创业导向选择也非常重要，在相同网络资源条件下，不同创业导向类型的在孵企业表现出的绩效差异尤其能够体现该研究的价值，因此这是今后孵化绩效研究的一个新角度。

小　结

近年来，国外战略管理理论的研究重点已经有了从理论研究导向转向现实问题导向出发的趋势，由单纯的理论研究转向以现实的创业现状和问题为核心的探索问题，创业与创新管理的研究更加贴近现实问题，在研究视角方面，不仅有从宏观层面研究创业与创新、创业战略、社会创业的议题，也有从微观层面探索创业家精神、创业认知的议题。从宏观议题上可以看出，国外研究创业与创新管理的文献在跨国范围内所做的研究更多，研究也更加全面和深入，不仅考虑到创业与创新为国家和社会带来的积极正面影响，更挖掘了其带来的消极和负面的影响，考虑到了创业与创新管理的两面性。微观议题上，国外研究创业与创新管理的文献比较注重企业家精神、企业家认知等微观议题，意图从个体层面挖掘创业的本质、揭露创业的过程。如今，全球已经掀起了大众创业、万众创新的热潮，因此

① 李宇，张雁鸣．网络资源、创业导向与在孵企业绩效研究——基于大连国家级创业孵化基地的实证分析［J］．软科学，2012（8）：98－110.

我们相信，在2013年会有更多围绕创业与创新管理的议题出现，也会有更多与经济学、哲学、数学、行为学和心理学等交叉学科紧密结合的理论研究成果涌现出来，为国内的创新与创业管理理论研究源源不断地提供新思路和新方法。

国内创业与创新管理的文献在2012年着重围绕创业导向、创业环境、创业资源等宏观主题展开了探讨，因为创业和创新管理的理论研究和实践离不开宏观环境的影响，宏观环境的现状和变化对创业活动来说意义重大，宏观政治、经济和文化环境等不仅影响创业导向，更是对创业资源禀赋、创业战略等方面有一个宏观的引导和支持。此外，从微观视角对创业与创新管理的理论研究也没有停滞不前，越来越多的学者也更多地从微观的视角来研究创业问题，如从创业认知、创业情绪、创业自我效能感等角度进行探索，可以说创业是一个复杂的过程，宏观和微观的因素是相互融合在一起共同对创业的整个过程产生影响的，忽视其中的任何一个部分都将造成研究结果的偏离，所以注重将微观和宏观因素结合在一起，考虑更多创业过程中所涉及因素的研究将会进一步得到重点关注。

在以后的研究和实践中，要注重对西方创业与创新管理理论的消化、吸收与引进，结合我国实际对西方创业与创新管理理论进行修正或转型，创建适合我国国情和企业实际的创业相关理论，并根据我国的实际情况进行应用。

精选英文文献摘要

1. Entrepreneurship and Innovation at the Base of the Pyramid: A Recipe for Inclusive Growth or Social Exclusion?

中文题目：金字塔底部的创业和创新：是全面增长的秘诀还是社会排斥？

作者：Jeremy Hall，Stelvia Matos，Lorn Sheehan，Bruno Silvestre

来源刊物、卷期页：Journal of Management Studies，2012，Vol. 75，pp. 1－28

摘要：政策决策者往往将创业视为经济欠发达地区（金字塔底部地区）全面增长的灵丹妙药，但是它也可能导致意外的负面影响，如犯罪和社会排斥。作者的目的就是提高对创业政策会导致金字塔底部地区全面增长的理解。他们利用收集到的巴西地区不同的创业、创新和社会政策的数据，发现脆弱的机构加上警觉的企业家往往会带来破坏性的结果，尤其是当创业政策完全基于经济指标制定的时候，政策制定应该是基于解决经济和社会问题的角度，这样才有可能促进更有生产力的创业成果，才不会约束经济速度，本项研究发展了金字塔底部地区、创业、全球价值链和可持续旅游方面的研究，以及企业家、地方创新的角色和创业政策如何在贫困地区产生不同的社会影响。

2. The Genesis of Strategy in New Ventures：Escaping the Constraints of Founder and Team Knowledge

中文题目：新创企业战略的起源：逃避创始人和团队知识的约束

作者：Fern M J，Cardinal L B，O' Neill H M

来源刊物、卷期页：Strategic Management Journal，2012，Vol. 55 Issue 4，pp. 753－785

摘要：虽然一个企业家最初的战略选择对新创企业的生存和发展以及公司长远的绩效有着重要的影响，但是很少有学者研究探讨之前的经验是如何影响这些选择的。如果创始人依靠其之前行业经验可能只是复制原公司的战略。反过来，人们很少知道创始人是如何打破这些经验的。我们对1995～2005年航空运输业的120位潜在进入者进行了实证分析，发现创始人过去的经验会强烈约束他们的选择，并且这种影响取决于经验的形式和战略选择的类型。创始人和创业团队经验的多样性水平会减少这些约束，我们的研究结果对战略和创业的研究是有一定的价值的。

第十章 2012年战略管理期刊论文精选

坚持还是放弃？基于前景理论的新生创业者承诺升级研究*

牛 芳 张玉利 杨 俊

【摘 要】 坚持或者放弃创业是新生创业者面临的重要且艰难的抉择。已有研究主要基于理性决策的假设分析个体特征、创业活动以及创业环境对坚持或者放弃创业的影响。与已有研究不同，本文认为新生创业者的坚持不是完全理性的决策，其中存在承诺升级现象。研究基于前景理论（框架效应和反射效应）分析了坚持创业中的承诺升级，识别了可能的影响因素：前期投入时间、前期投入资金、创业计划的规范性、技术创业和心理预算，并利用面向中国新生创业者的动态跟踪调查数据（Chinese Panel Study of Entrepreneurial Dynamics，CPSED）进行了实证检验。针对两类样本（所有273个样本、没有盈利的182个样本）的实证研究取得了一致的结论：前期投入的时间越多，新生创业者越倾向于坚持创业；前期是否投入资金以及创业计划的规范性对是否坚持创业的影响不显著；存在心理预算负向影响新生创业者的坚持；与非技术创业者相比，技术创业者更倾向于坚持创业。

【关键词】 新生创业者；创业决策；承诺升级；中国创业动态跟踪调查

---

* 本文受国家自然科学基金项目（70732004、71072102）资助。

作者简介：牛芳，南开大学商学院讲师、管理学博士，研究方向为创业者认知、创业学习和技术创业；张玉利，南开大学商学院院长、创业管理研究中心主任，经济学博士、教授、博士生导师，研究方向为中小企业、创业管理和企业成长；杨俊，南开大学商学院副教授、管理学博士，研究方向为转型经济背景下的创业、社会网络与创业。

一、引言

新生创业者（Nascent Entrepreneurs）是指有创业打算并开展行动，但仍然处于创业过程尚未创办新企业（New Ventures）的个体[1,2]。在创业过程中，大多数新生创业者中途放弃了创业，只有少数新生创业者选择了坚持并最终成功创建新企业[1-3]。坚持或者放弃创业对于新生创业者是一个两难选择。放弃意味着停止继续投入资源，前期投入未能获取任何回报而产生损失；坚持则意味着继续投入以期获取回报，由于创业具有高收益和高风险的特点，坚持一方面可能实现成功创业而获取较高回报，另一方面也可能遭受失败而导致前期投入和继续投入资源的较大损失。由此产生了一个有趣的问题：在复杂、充满不确定性和风险的创业过程中，什么原因促使新生创业者选择坚持而不是放弃？

已有研究主要从个体特征、创业活动以及创业环境等角度来识别影响新生创业者坚持创业的因素[4-8]。这些研究的一个基本假设是坚持或者放弃创业是新生创业者的理性决策，即新生创业者能够利用自己的经验和能力，客观地分析环境和创业进程。但是，创业的现实情况对这样的假设提出了质疑。首先，创业过程是高度不确定的动态过程，新生创业者缺乏信息和完备的知识，难以预知可能发生事件的概率分布，对结果和目标也往往无法提前确定[9]。因此，新生创业者难以根据理性分析来进行决策，而较多地借助于直觉（Intuition）、启发式思维（Heuristic）和手段导向（Effectuation）等方式来进行决策分析[9,10]。其次，创业者具有显著的认知偏误，例如过度自信（Overconfidence）、控制幻觉（Illusion of Control）、计划缺失（Planning Fallacy）等，认知偏误的存在导致创业者的风险感知和未来预期存在偏差，在一定程度上阻碍了新生创业者进行理性决策[11-13]。

面对两难决策，个体难以客观地构建独立的决策框，而倾向于把先前的决策和行为也纳入决策框中，并尽可能地保持前后决策和行为的一致，进而表现为对过去决策和行为的承诺升级[14,15]。在面对坚持或者放弃创业的两难决策时，处于创业过程而尚未创建新企业的新生创业者容易出现承诺升级。首先，创业过程投入了大量资源，经常收到负面反馈，新生创业者有自主决策空间（可以选择继续投入或者放弃），满足了承诺升级发生的基本条件[16,17]。其次，新生创业者对自身创业项目的高度认同和自信，促使其决策具有强烈的自我辩护（证明）动机，倾向于证明自己先前行为的正确性而升级承诺，从而选择坚持创业[11]。

目前，承诺升级研究主要局限于组织内部的决策问题（例如投资、营销和产品开发等），没有把新生创业者的创业过程纳入研究情境[18-20]。鉴于此，本文研究聚焦于分析新生创业者坚持创业中的承诺升级现象，基于前景理论（框架效应和反射效应）识别影响新生创业者坚持创业的因素，并利用中国创业动态跟踪调查（Chinese Panel Study of Entrepreneurial Dynamics，CPSED）的数据进行实证检验。研究发现，前期投入的时间越多，新生创业者越倾向于坚持创业；前期是否投入资金以及创业计划的规范性对是否坚持创业的影响不显著；存在心理预算负向影响新生创业者的坚持；与非技术创业者相比，技术创业者更倾向于坚持创业。

本文的研究价值主要体现在三个方面：①研究超越了新生创业者的坚持是理性决策的假设，聚焦于分析其中可能存在的典型非理性决策：承诺升级，加深了对新生创业者坚持创业的认识，有利于激发更多针对创业过程中非理性决策的研究。②研究为客观理解和评价坚持创业提供了新的视角。在充满风险和不确定性的创业过程中，新生创业者的坚持是新企业生成的前提条件，传统观点倾向于正面评价创业者的坚持。尽管已有部分学者开始质疑这种观点，认为坚持未必意味着成功，退出未必意味着失败[21-23]，但是研究缺乏实证证据。本文研究为这种质疑提供了证据支持，实证结果表明新生创业者的坚持不一定是理性决策的结果，而可能是一种承诺升级。基于承诺升级的坚持是一种盲目的坚持。因此，不能笼统地正面或者负面评价坚持创业，而应该根据创业现实情况来评估坚持或放弃创业的价值。③在实践方面，研究为新生创业者更理性的决定是否坚持创业提供了借鉴和指导。研究表明新生创业者坚持创业可能是承诺升级的结果。因此，新生创业者在决定是否坚持创业时，需要独立构建决策框，剔除先前决策和行为（例如沉没成本）的影响。特别是对于受到“坚持不懈、持之以恒”文化熏陶的中国新生创业者而言，理性客观比盲目坚持更显重要。

二、承诺升级与新生创业者的坚持

承诺升级是指在未来结果不确定、而已经投入资源未取得预期效果的情况下，决策者选择继续投入[16,17]。决策者是否继续投入以及继续投入资源的多少反映了承诺升级的程度。承诺升级是典型的非理性决策，在决策过程中，决策者未能有效利用效用（收益）最大化原则来进行客观决策，而是在一定心理和行为机制（例如自我辩护、一致性规范和决策框）的影响下，为了保持与先前决策和行为一致，选择非理性的坚持[14,16,24,25]。

承诺升级是一种普遍存在的现象，在诸如新产品开发[18,19]、投资[26]、创业[27]等领域都存在承诺升级现象。甚至在 NBA 赛场，Straw 和 Hoang 的研究也发现存在承诺升级现象，由于签约的高薪构成了沉没成本，尽管明星球员表现不佳，球队也会给予其比一般球员更多的上场机会[28]。

发生承诺升级的情境一般具有三个典型特征：①已经投入大量的资源（时间、精力和资金等）。②收到负面的反馈，即预期目标（效果）未能实现。③决策者有选择的空间，可以选择继续投入或者放弃[16,17]。研究还发现，当决策环境模糊、未来预期结果不确定，而决策者具有显著认知偏误、个人责任、高自我效能以及冒险倾向等特点时，承诺升级更容易发生[29-31]。

面对坚持还是放弃创业的两难抉择，新生创业者难以避免先前决策和行为的影响，为了保持前后决策和行为的一致性而升级先前创业承诺，进而非理性地坚持创业。在决策情境上，新生创业者坚持创业具备承诺升级发生的三个典型特征。首先，创业过程投入了大量的资源，包括资金、时间和精力等；其次，由于信息缺乏，创业之初的想法并未得到市场的验证，伴随创业过程的进行，预期的目标和计划常常难以实现；最后，在决策选择方面，新生创业者可以自由进行决策，选择继续创业或者退出[20,32]。

同时，受到创业过程和自身特点的影响，新生创业者容易陷入对过去决策和行为的承诺升级，非理性地坚持创业。对于新生创业者而言，创业不仅具有经济意义，还具有心理和情感意义[33]。伴随创业的进程，创业者投入资源、精力和时间以创建新企业，在这个过程中，创业者对创业项目赋予情感，即使在收到负面反馈时，也不会轻易放弃创业，而是选择继续坚持[34,35]。另外，创业是一个复杂、充满不确定的过程，新生创业者难以获取信息从而客观评价创业项目，其决策更多依赖主观判断。受到过度自信、控制幻觉等认知偏误的影响，新生创业者相信自己的能力，对项目评估往往过于乐观，即使已有迹象显示该项目缺乏继续投入的价值，仍然升级创业承诺，坚持创业[12,36]。Mccarthy 等[27]、林舒柔和汤明哲[37]以及 Khavul 等[20]的研究证明了创业决策中的确存在承诺升级现象。任旭林和王重鸣针对中国管理者和创业者的实验研究也发现，在项目完成率较低时（10%），创业者比管理者更容易出现承诺升级[38]。

三、理论与假设

（一）前景理论

前景理论是分析不确定性状况下个体决策的重要理论，为理解个体决策中的非理性行为提供了认知框架[39]。自从 Straw 提出承诺升级的概念以来，前景理论成为解释和分析承诺升级的最重要理论之一[14,40,41]。与另外一个常用的理论——自辨理论（Self - Justification Theory）相比较，前景理论具有更高的普适性和影响力，理论提出者 Kahneman 因而获得 2002 年诺贝尔经济学奖。另外，已有针对承诺升级的研究发现，前景理论具有良好的解释力，甚至可以替代自辨理论[14,42]。

前景理论将不确定状态下的决策分为编辑和评价两个过程[39]。在编辑阶段，个体选择“框架”（Frame）或者“参照点”（Reference Point）作为评价决策收益或者损失的基点，产生“框架效应”，个体对决策结果的评价不取决于结果的绝对值，而是依赖结果与参考点之间的差值。在评价阶段，个体依赖价值函数（Value Function）进行决策，决策者处于利得区或损失区，对风险的偏好不一样。在利得区，价值函数表现为上凸，个体决策表现为风险规避，偏好确定收益，产生“确定效应”（Certainty Effect）；在损失区，价

值函数表现为下凹，个体决策表现为风险偏好，产生“反射效应”（Reflection Effect），即个体不愿意接受确定的损失，而倾向通过冒险来避免确定的损失。

承诺升级是“框架效应”和“反射效应”作用的结果[14]。图1分析了新生创业者坚持创业决策中的“框架效应”和“反射效应”。由于前期的投入，新生创业者在决定是否坚持创业时，把前期投入形成的沉没成本作为参考点，是否坚持创业取决于坚持带来的结果与沉没成本之间的比较（框架效应）。同时，由于沉没成本是既定的损失，新生创业者的决策区域落入损失区，价值函数表现为上凹，新生创业者偏好风险（反射效应）。对于新生创业者而言，放弃创业意味着前期投入的确定损失，坚持意味着不确定的损失（收益），由于偏好风险，新生创业者倾向于接受不确定的损失（收益），非理性地坚持创业，升级先前创业承诺。

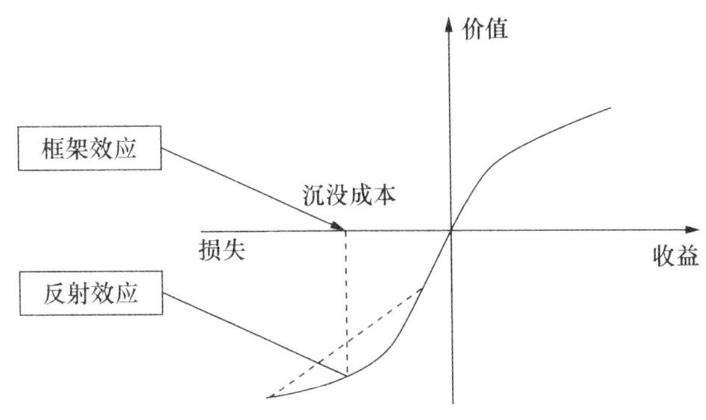

图1 价值函数和坚持创业决策

本研究主要从“框架效应”和“反射效应”来分析新生创业者坚持创业中的承诺升级现象。已有研究中，影响承诺升级的主要因素包括投入资源、目标和计划、心理预算以及情境因素等[16-19]。结合已有研究和创业过程的具体情境，本研究主要分析前期投入、创业计划、心理预算以及技术创业（技术创业的高风险和高收益构成了决策的重要情境）四个因素对新生创业者承诺升级的影响。基于两类效应对影响因素进行分类：一类是与“框架效应”（参考点）相关的因素，包括前期投入和创业计划，前期投入和创业计划为新生创业者的决策提供了决策参考点；另一类是与“反射效应”相关（风险相关）的因素，包括技术创业和心理预算，技术创业的高风险和高收益将诱发处于决策损失区的新生创业者的风险偏好行为，心理预算的设定则可能约束新生创业者对风险的偏好和冒险行为。

（二）研究假设

1. 前期投入与新生创业者的坚持

沉没成本是导致承诺升级的主要原因之一。沉没成本是一种历史成本，指已经投入且无法收回的支出，包括物质资源（例如资金、物资等）和非物质资源（例如精力、时间和情感等）[43]。大量研究（特别是在新产品开发、投资和市场营销等领域的研究）发现，前期投入的沉没成本导致承诺升级，沉没成本越多，承诺升级现象出现的可能性越大[18,19,26]。

在理性决策的模式下，沉没成本应该被排除在决策框架之外。由于决策的“框架效应”，沉没成本往往成为新生创业者的决策参考点。新生创业者将坚持创业的结果与放弃创业导致的沉没成本损失相比较，根据两者之间的差值来进行判断和选择。如果坚持创业的结果优于沉没成本的确定损失，则坚持创业；反之，则放弃创业。对于新生创业者而言，前期投入的资金和时间构成了主要的沉没成本。前期投入资金或者时间越大，沉没成本越大，坚持创业的结果有更大的可能性优于放弃创业所导致的沉没成本损失，新生创业者也因此更倾向于坚持创业以避免较大的沉没成本损失。Khavul 等的研究发现，前期投入资金导致创业者坚持运作不盈利的创业项目[20]。基于以上分析，提出假设 1a 和假设 1b：

假设 1a：前期投入资金正向影响新生创业者的坚持。

假设 1b：前期投入时间正向影响新生创业者的坚持。

2. 创业计划规范性与新生创业者的坚持

创业计划（Business Plan）确定了创业活动的基本框架，制定了阶段目标和行动步骤，为新生创业者判断和决策提供了客观的参考点。[44]根据前景理论，个体选择沉没成本作为决策参考点导致承诺升级，从而引起新生创业者非理性地坚持创业。创业计划的存在为新生创业者提供了客观的决策框架，新生创业者以创业计划设定的目标和任务为参考点，评估当前创业活动是否偏离了阶段目标，并采取相应纠正措施，保证理性决策，避免新生创业者以前期沉没成本为参考点而出现承诺升级。[45,46]

创业计划可以是书面正式的版本，或者内部交流的简要版本，甚至仅仅存在于新生创业者的心里。创业计划的规范性（Business Plan Formalization）反映了创业计划的规范程度，书面正式的版本具有较高的规范性，而仅存于创业者心里的创业计划规范性较低。[47]高规范性的创业计划更完整和更详细，创业目标和行动步骤更明确，为新生创业者的决策和行为提供了更具体的指导和参照，可以帮助新生创业者发现创业决策和行动中偏离既定目标和规范的现象，保证决策和行为的理性，避免由于承诺升级而非理性地坚持创业。Khavul 等的实证研究发现，具体化的目标能够减少创业决策中的承诺升级现象，负向影响创业者的坚持，导致其理性退出创业[20]，基于以上分析，提出假设 2：

假设 2：创业计划的规范性负向影响新生创业者的坚持。

3. 心理预算与新生创业者的坚持

心理预算（Mental Budget）是个体决策中的自我控制机制，主要指个体在进行投资决策时为投资设定一个预算和规则，并追踪投资过程[31,48]。当累计投资或者风险达到预算或者触发规则时，个体将放弃继续投入。Heath 的研究发现，心理预算的存在能够显著削弱承诺升级[48]。

根据前景理论，由于前期投入形成的沉没成本的影响，新生创业者的决策区域位于损失区，其决策和行为表现为风险偏好。同时，受启发式思维和认知偏误的影响，新生创业者也倾向于承担风险[11,49]。由此，新生创业者在评估创业项目时，往往过于乐观，倾向于承担风险坚持创业以挽回前期沉没成本产生的确定损失。新生创业者的心理预算为其是否坚持创业设定了一个“心理底线”，对可以承担的风险和损失进行了限制和约束。当风险超出其预期或者投资成本超过其承受能力时，即使坚持创业带来的价值优于放弃创业，新生创业者由于心理预算的设定，也选择放弃创业，以避免坚持可能带来的高风险。Gimeno 等的研究发现，新生创业者为创业设定的“心理底线”是影响其是否继续创业的关键因素[50]。基于以上分析，提出假设 3：

假设 3：新生创业者的心理预算负向影响新生创业者的坚持。

4. 技术创业与新生创业者的坚持

与非技术创业相比较，技术创业具有高收益和高风险的特点。技术创业是指开发新技术和新知识而进行的创业活动[51,52]。技术创业围绕高潜能和技术密集型机会展开，具有高创新性和高价值的特点。同时，受商业化过程的不确定性、机会窗的短暂性以及技术默会性等多方面因素的影响，技术创业具有高不确定性、高风险和非线性的特点[53-55]。

受前期投入沉没成本的影响，新生创业者的决策区位于损失区，价值函数表现为下凹，决策时偏好风险。对于价值函数下凹、偏好风险的新生创业者而言，高风险和高收益的技术创业项目比低风险和低收益的非技术创业项目具有更大的价值，因此，进行技术创业的新生创业者有更大的可能性坚持创业，在承担高风险的同时争取获得高收益。基于以上分析，提出假设 4：

假设 4：与其他类型新生创业者相比较，进行技术创业的新生创业者更倾向于坚持创业。

四、研究设计

（一）数据来源和描述

本文研究的数据来源于南开大学创业管理研究中心于 2009 年开展的中国创业动态跟踪调查项目（Chinese Panel Study of Entrepreneurial Dynamics，CPSED），该调查项目承接美国创业动态跟踪调查（Panel Study of Entrepreneurial Dynamics，PSED）的方法和逻辑，主要聚焦于微观层次创业活动。项目计划三年内采用三次电话访问追踪新生创业者的创业活动，目前已经完成了两个轮次（2009 年、2010 年）的调查。

CPSED 采取分层抽样（Stratified Sampling）与随机跳号电话访问（Random Digital Dialing，RDD）的方式进行调查。经过三轮预调研，兼顾各个地区（西部、中部、东部和东北部）创业活跃程度的不同，调查最终选取北京、天津、杭州、广州、武汉、沈阳、成都、西安八个城市展开电话调查①。2009 年 7 月至 9 月，首轮调查采用随机的方式电话访问了 22045 人，识别出 974 名新生创业者，并对其中 601 名新生创业者完成第一轮电话访谈②。2010 年 8 月至 9 月，CPSED 针对第一轮的 601 个成功样本开展跟踪电话访谈，成功完成 321 位新生创业者的第二轮电话访谈。

在参与两轮调查的 321 位新生创业者中，本研究剔除了其中信息不完整的样本，得到最终的研究样本，共计 273 位新生创业者。273 名新生创业者与首轮访谈成功的 601 个样本在性别、年龄、学历和创业经验方面没有显著差异，卡方检验的值分别为 0.540、3.696、0.992 和 0.039，显著水平分别为 0.462、0.296、0.803 和 0.847，统计检验不显著。统计检验不显著说明 273 名新生创业者与第一轮的 601 名样本之间无偏，样本具有一定的代表性。

新生创业者中，年龄主要集中在 30 岁以下，占总数的 61.2%。男性构成了新生创业者的主体，占总数的 70.0%。17.9% 的新生创业者没有工作经验，39.9% 的新生创业者具有 1~5 年的工作经验，6~10 年和 10 年以上工作经验的新生创业者的比例分别为 23.8% 和 18.3%。大部分创业者没有创业经验，占总数的 72.5%。合伙创业和单独创业比例差别不大，分别为 41.8% 和 52.4%。在受教育程度方面，大部分新生创业者（64.8%）受过高等教育。在行业分布上，创业主要集中在批发和零售、专业性服务（诊所、律师、会计、教育），餐饮、酒店和宾馆以及制造业，所占比例分别为 37.7%、17.6%、16.1% 和 7.3%。表 1 列示了样本特征的分布情况。

（二）变量测度

为了提升实证研究结论的可信度以及自变量对因变量的预测能力，本文研究的自变量和因变量分别来源于第一轮和第二轮调查。其中，自变量（前期投入的资金和时间、心理预算、创业计划的规范性和技术创业）来自于第一轮 CPSED 调查，因变量新生创业者的坚持来源于第二轮 CPSED 调查。

1. 因变量

借鉴 Liao 和 Gartner 的研究，[56] 本文主要通过第二轮调查数据来测度新生创业者的坚持。测度题项为“在过去一年中，您的项目有没有变化?”如果回答为“没有变化或者有些变化”，则表明新生创业者处于坚持创业状态，新生创业者坚持变量赋值为“1”，回答为“放弃创业了或者换了新项目”则表明已经放弃了原来创业项目，新生创业者坚持变量赋值为“0”。

---

① 样本数量分配上，按照各个城市人口总数的比例，北京、天津、杭州、广州、武汉、沈阳、成都、西安的样本量占总样本的比例分别为 18.6%、13.8%、9.2%、13.6%、11.0%、9.7%、14.8%、9.3%。

② 新生创业者的甄别程序借鉴美国创业动态跟踪调查的流程，严格按照创业打算开展实际行动，但是尚未建立新企业的标准来进行筛选。具体甄别流程详见：杨俊、张玉利：《谁是新生创业者及其如何创业》，《中国社会科学（内部文稿）》，2010 年第 6 期。

表 1 样本特征的分布情况

项目	类型	数量	比例（%）	项目	类型	数量	比例（%）
创业经历	没有	198	72.5	创业团队	合伙创业	114	41.8
	有	75	27.5		独立创业	143	52.4
工作经验	0 年	49	17.9		没有确定	16	5.9
	1~5 年	109	39.9	学历	高中及以下	96	35.2
	6~10 年	65	23.8		专科	74	27.1
	10 年以上	50	18.3		本科	93	34.1
性别	男	191	70		研究生及以上	10	3.7
	女	82	30	行业	批发和零售	103	37.7
年龄	30 岁以下	167	61.2		专业性服务	48	17.6
	31~40 岁	55	20.1		餐饮、酒店和宾馆	44	16.1
	41~50 岁	29	10.6		制造	20	7.3
	50 岁以上	22	8.1		其他	58	21.2

2. 自变量

新生创业者的投入主要包括两个方面：时间和资金。新生创业者可以是兼职创业或者全职创业[57,58]。全职创业由于放弃了其他工作机会，机会成本高，是新生创业者的主要机会成本。本文主要通过测度全身心投入创业的时间作为时间投入，具体测度主要考虑两个方面：一是新生创业者已经为创业投入了时间和精力；二是创业投入是全身心的，不是业余的，投入具有一定的强度。因此，本文主要通过题项“您从哪年哪月开始全身心投入创业的（放弃其他工作专职创业）”来测度，对于回答了具体年月的新生创业者，计算从全身心投入创业到接受访谈的时间间隔为时间投入；对于回答为“目前还没有或者不知道”的新生创业者，通过题项“在过去 1 个月里，您平均每天花几个小时来处理创业方面的事情”进一步验证，如果其时间少于四个小时，说明其尚未全身心投入创业，时间投入赋值为“0”①。资金投入通过题项“您是否把自己的资金投入了创业”来测度，回答“是”，赋值为“1”；回答“否”，赋值为“0”。

Heath 的研究[48]通过投资限制来测度心理预算，本文研究借鉴 Heath 的测度思路，通过题项“如果发现风险超出自己的预期或者投资成本超过自己的承受能力，您会放弃创业吗”来测度，回答“会”则赋值为“1”，表明新生创业者有明确的心理预算；回答“不会”则赋值为“0”，表明新生创业者没有为创业过程设定明确的心理预算。

与 Gartner 和 Liao 的研究[47]一致，本文对创业计划规范性的测度通过题项“您是否准

① 创业者将一半以上的工作时间用于处理创业相关的事情被认为是全身心投入，CPSED 和 PSED 在甄别新生创业者后期是否全身心坚持创业时，也沿用了这个标准。按一天八小时工作时间计算，本文选择四个小时作为分界点来区分新生创业者是否全身心投入创业。

备了创业计划？创业计划的形式是什么”来测度。如果回答“没有准备创业计划”，则赋值为“0”；回答为“有创业计划，形式为自己心中有数的创业计划”，则赋值为“1”；回答为“准备了内部交流的创业计划”，则赋值为“2”；回答为“创业计划为获取外部支持的正式书面版本”，则赋值为“3”。

技术创业通过题项“您创办的是技术型企业还是非技术型企业”来测度。为了保证访谈者正确理解技术型企业，考虑到技术创业的核心是新技术和新知识[51,52,55]，访谈时进行如下解释：具备下列特征的就是技术型企业，有研发活动，有研发人员，提供的是技术产品（服务）。对于非技术创业赋值为“0”，技术创业赋值为“1”。

3. 控制变量

新生创业者的坚持可能受到个体性别、经验、能力、产品/服务以及市场因素的影响[6,32,59,60]。为了避免这些因素的影响，本文选择新生创业者的性别、年龄、受教育程度、先前工作经验、创业经验、产品/服务的类型和行业为控制变量。性别赋值方面，女性赋值为“0”，男性为“1”。年龄取新生创业者的真实年龄。受教育程度方面，初中及以下、高中、专科、本科、研究生及以上分别赋值为“1”、“2”、“3”、“4”和“5”。工作经验用工作年限来测度。创业经验方面，先前没有创业经验赋值为“0”，有创业经验赋值为“1”。产品/服务类型通过题项“所提供产品/服务属于哪一类”来测度，回答为“独创的新产品/服务”，赋值为“4”；回答为“满足被其他企业所忽视需求的产品/服务”，赋值为“3”；回答为“对已有产品/服务的改进”，赋值为“2”；回答为“市场上有同类产品/服务、模仿已有产品/服务、价格更便宜的产品/服务等”，赋值为“1”。行业主要分为两类，生产加工为主的行业赋值为“0”，服务为主的行业赋值为“1”。

五、数据分析和假设检验

（一）数据描述

表2给出了各个变量之间的均值、标准差和相关系数。在表2中，前期投入的时间和技术创业与新生创业者坚持之间显著正相关，系数分别为0.204（$p<0.01$）和0.223（$p<0.01$），心理预算与新生创业者坚持之间显著负相关，相关系数为-0.149（$p<0.05$），前期投入的时间和创业计划规范性与新生创业者坚持之间没有显著相关性。

表2 变量的均值、标准差和相关系数

	均值	标准差	1	2	3	4	5	6
1. 坚持	0.6190	0.48651	1	0.204**	0.099	-0.149*	0.025	0.223**
2. 时间（月）	8.8645	20.41553	0.204**	1	0.169**	-0.059	0.056	0.236**

续表

	均值	标准差	1	2	3	4	5	6
3. 资金	0.5055	0.50089	0.099	0.169**	1	-0.116	0.186**	0.006
4. 心理预算	0.3516	0.47836	-0.149*	-0.059	-0.1161	1	-0.034	-0.036
5. 创业计划	1.0073	0.82690	0.025	0.056	0.186**	-0.034	1	0.075
6. 技术创业	0.3883	0.48825	0.223**	0.236**	0.006	-0.036	0.075	1
7. 性别	0.6996	0.45926	0.210**	0.002	0.071	-0.103	0.151*	0.145*
8. 年龄	31.9890	10.49527	0.117	0.366**	0.061	0.119*	-0.054	0.201**
9. 教育	2.9597	1.07196	-0.114	-0.061	-0.024	-0.022	0.241**	-0.061
10. 工作经验	7.6264	9.09587	0.104	0.288**	0.050	0.013	-0.015	0.165**
11. 创业经验	0.2747	0.44720	-0.007	0.082	0.051	0.028	0.004	0.032
12. 产品、服务	1.8974	1.10001	0.085	0.099	0.114	-0.099	0.130*	0.335**
13. 行业	0.8718	0.33493	-0.120*	-0.325**	-0.094	0.099	0.003	-0.279**

注：*表示显著性水平 $p<0.05$；**表示显著性水平 $p<0.01$。

（二）Logistic 回归和结果讨论

已有研究对承诺升级的界定可以分为两种情形：一种对承诺升级的界定相对宽松，简单地将坚持或者资源的持续投入作为承诺升级[27]，研究对样本没有特定的限制；另一种强调存在负反馈是承诺升级的前提条件，认为个体收到负反馈情况下发生的坚持或者资源持续投入才能称为承诺升级[48]，研究主要针对收到负反馈的样本。

为了保证研究结论具有更高的可信度，本文不仅需要回答一般情境下哪些因素影响新生创业者的坚持，还需要回答存在负反馈的情况下，这个规律是否依然成立。由此，本文研究针对两种情形进行实证检验：①针对所有的新生创业者进行分析，将所有完成两轮 CSPED 调查的具有完整数据的 273 位新生创业者作为统计样本；②聚焦于存在负反馈的情形（即新生创业者未能盈利），统计样本为剔除盈利新生创业者后的 182 位新生创业者。

由于因变量新生创业者的坚持是一个分类变量（取值分别为 0 或者 1），研究采用 Logistic 回归分析。表 3 给出了回归结果。模型 1、模型 2 是针对第一种情形 273 位新生创业者的回归分析，模型 3、模型 4 主要针对存在负反馈情形下 182 位新生创业者的回归分析。

从模型 2 和模型 4 的结果看，模型整体显著（Chi - square = 43.446 和 35.615，$p<0.001$），-2Log likelihood 的值分别为 319.387 和 214.025，Cox&Snell R^2 的值分别为 14.7% 和 17.8%，Nagelkerke R^2 的值分别为 20.0% 和 23.8%，说明模型有很好的拟合度，并对因变量（新生创业者的坚持）有很强的解释能力。同时，与仅有控制变量的模型 1 和模型 3 相比较，模型 2 和模型 4 的拟合度、解释能力以及模型的显著性都有显著提高，说明前期投入的资金和时间、心理预算、创业计划的规范性和技术创业等自变量能够很好地解释和预测新生创业者的坚持。

模型 2 和模型 4 良好的拟合度和解释能力证明了新生创业者的坚持不是完全理性的决策，其中存在承诺升级现象，一些非理性决策的因素（如前期投入时间）对新生创业者的坚持产生了显著影响。同时，模型 2 和模型 4 中显著影响新生创业者坚持的因素表现出一致性，在这两个模型中，前期投入时间、心理预算和技术创业都显著影响新生创业者的坚持，而前期投入资金和创业计划规范性的影响都不显著。模型 2 和模型 4 的一致性表明统计结果具有一定的普适性和可信度。

1. 前期投入与新生创业者的坚持

模型 2 和模型 4 的回归结果显示，是否投入资金与新生创业者坚持之间不存在显著的正相关关系，即假设 1a 不成立；投入时间与新生创业者的坚持之间存在显著正相关关系，相关系数分别为 0.042 和 0.044，显著水平为 0.05，即前期投入时间越长，新生创业者越倾向于坚持创业，假设 1b 成立。

假设 1a 不成立以及假设 1b 成立说明，在创业过程中，时间投入构成了影响新生创业者决策和判断的重要沉没成本，而投入资金对是否坚持创业的决策并没有显著影响。Mccarthy 等[27]、林舒柔和汤明哲[37]以及 Khavul 等[20]的研究都发现，创业者前期投入资金显著影响后期决策，而本文并没有取得同样的结论。投入资金的影响不显著可能由于两方面的原因：一是本文研究对投入资金的测度存在缺陷，先前研究对投入资金的测度都采用了投入资金的数量来进行测度，而本文研究由于缺乏前期投入资金数量的数据，采用了是否投入资金来进行测度，是否投入资金这个变量不足以反映沉没成本的大小，因此，本文研究结论与先前研究结论不一致可能源于测度缺陷。二是本文研究的情境是在创业前期新生创业者能够获取和利用的资金有限，前期投入资金形成的不可收回的沉没成本较少，是否投入资金可能并不构成其决策的重要参数。

表 3 Logistic 回归结果

	新生创业者的坚持（所有新生创业者 N = 273）		新生创业者的坚持（未盈利的新生创业者 N = 182）	
	模型 1	模型 2	模型 3	模型 4
性别	0.848（**）	0.886（**）	0.717（**）	0.679（**）
年龄	0.013	0.004	0.027	0.013
教育	-0.200	-0.155	-0.125	-0.053
工作经验	0.006	0.009	-0.011	-0.007
创业经验	-0.225	-0.262	-0.328	-0.197
产品/服务类型	0.146	-0.019	0.161	0.002
行业	-0.504	0.175	-0.989	-0.184
投入时间	—	0.042（*）	—	0.044（*）
投入资金	—	0.125	—	-0.502
心理预算	—	-0.604（*）	—	-0.741（*）
计划规范性	—	-0.073	—	-0.130

续表

	新生创业者的坚持（所有新生创业者 N = 273）		新生创业者的坚持（未盈利的新生创业者 N = 182）	
	模型 1	模型 2	模型 3	模型 4
技术创业	—	0.730（*）	—	0.859（*）
-2Log likelihood	341.981	319.387	232.463	214.025
Cox & Snell R^2	0.074	0.147	0.090	0.178
Nagelkerke R^2	0.100	0.200	0.121	0.238
Chi - square	20.852（**）	43.446（***）	17.177（**）	35.615（***）
N，df	273，7	273，12	182，7	182，12

注：*** 表示显著性水平 $p < 0.001$；** 表示显著性水平 $p < 0.01$；* 表示显著性水平 $p < 0.05$。

由于投入资金的测度存在缺陷，对于研究结论“前期投入资金对新生创业者是否坚持创业的影响不显著”，研究者需要保持谨慎的态度。在未来研究中，需要进一步验证前期投入资金数量对创业坚持的影响。

2. 创业计划的规范性与新生创业者的坚持

模型 2 和模型 4 的回归结果显示，创业计划规范性与新生创业者坚持之间不存在显著相关关系，即创业计划规范性对新生创业者是否坚持创业没有显著影响，假设 2 不成立。假设 2 不成立的可能原因是创业过程充满不确定性，创业计划难以成为创业的行动指南，而更多地作为融资或者获取合法性的重要工具而存在[61,62]。Honig 和 Karlsson 认为，创业计划可以向市场发出信心信号，获得市场积极评价，提升合法性，帮助其获得金融机构或者天使投资的融资支持[63]。Bartlett 针对“Inc 500”① 入围企业创业者的一项调查也发现，只有 40% 左右的创业者制定了创业计划，而在后来的创业过程中，其中 65% 的创业者并没有遵循其制定的创业计划[64]。

3. 心理预算与新生创业者的坚持

模型 2 和模型 4 的回归结果显示，心理预算与新生创业者坚持之间存在显著负相关关系，相关系数分别为 -0.604 和 -0.741，显著水平为 0.05，即存在心理预算的新生创业者更倾向于放弃创业，假设 3 成立。研究结论与 Gimeno 等的研究[50]基本一致，都证明了新生创业者为创业设定的“底线”影响创业者坚持（放弃）创业的决策。假设 3 成立说明心理预算是约束新生创业者承诺升级的重要心理规则，反映了新生创业者对创业风险的自我控制，当创业过程的投入或者风险大于心理预算时，新生创业者就会放弃创业，避免持续投入可能带来的风险和损失。

4. 技术创业与新生创业者的坚持

模型 2 和模型 4 的回归结果显示，技术创业与新生创业者的坚持之间存在显著正相关

① Inc 500 是美国公司杂志（Inc Magazine）对美国成长速度最快的 500 家私营企业排序的简称，从 1982 年开始至今，每年评比一次，该项排名对于实践界和学术界有巨大的影响。

关系，系数分别为0.730和0.859，显著水平为0.05，即从事技术创业的新生创业者更倾向于坚持创业，假设4成立。技术创业是一个新技术和新知识的商业化过程，高风险和高收益是其典型特征[54,55]。高风险和高收益为处于决策损失区、偏好风险的新生创业者的冒险决策和行为提供了空间。为了追逐高收益，进行技术创业的新生创业者具有强烈的动机坚持创业，以避免放弃创业带来的沉没成本损失。

六、研究结论与启示

本文强调了新生创业者的坚持可能是一种非理性决策，即承诺升级，并基于前景理论探讨了影响新生创业者坚持创业的可能因素。实证研究发现，前期投入时间和技术创业导致新生创业者更有可能出现承诺升级，正向影响新生创业者的坚持；心理预算能够减弱承诺升级的出现，负向影响新生创业者的坚持；前期是否投入资金和创业计划的规范性并不影响新生创业者的坚持。

本文研究的理论贡献主要体现在四个方面：①研究超越了新生创业者的坚持是理性决策的假设，聚焦于典型的非理性决策。承诺升级，为更全面地认识坚持创业提供了新的视角，有利于启发后继研究更多地关注和探讨创业过程中的非理性决策。②研究没有简单的判定坚持（放弃）创业的优劣，而是从决策过程（机理）的角度探讨了坚持（放弃）创业的合理性，有助于更客观地理解和评价新生创业者坚持（放弃）创业的价值。传统研究通常认为，坚持是创业的关键成功要素，并把坚持创业和创建新企业作为创业成功的重要标志[65,66]。目前，已有部分学者开始质疑这个论断，认为坚持未必意味着成功，退出未必意味着失败[21,22]，但是相关研究并没能给出实证证据。本文通过实证研究证明了新生创业者的坚持可能不是理性决策的结果，而是对先前创业决策的承诺升级。因此，在评价坚持（放弃）创业时，不应该简单地肯定或者否定坚持（放弃）创业，需要考虑创业者决策机制是否合理。③研究在一定程度上丰富了承诺升级研究。承诺升级是心理学和管理学研究的一个重要问题。大多数承诺升级研究主要采用实验的方法。在实验情境下，决策者的心理活动有别于现实决策的心理活动，实验环境下决策问题比较简单、信息量少而且决策压力小，而现实决策复杂，充满不确定性，决策者往往需要承担决策的责任和压力[37]。本文针对创业过程的真实活动展开分析，丰富了承诺升级研究的情境，避免了实验情境和真实情境之间差异给研究带来的偏误。④研究具有扎实的理论基础和可靠的实证结论。本文以前景理论为基础来构建研究模型和假设，在实证分析中，研究基于两类样本（全部273个样本、未盈利的182个样本）检验了研究假设，并取得了一致的结论。另外，在数据收集和测度方面，数据来源于随机抽样的动态跟踪调查（CPSED），自变量和因变量分别取值于第一轮和第二轮调查，从而在一定程度上为实证研究结论的可信度提供了保障。

本文对于创业实践的指导意义主要包括三个方面：①研究表明，坚持创业可能不是理性决策的结果。对于新生创业者而言，在决定是否坚持创业时，需要把前期投入成本剔除于决策框架外，避免不必要的非理性坚持。在中国，传统文化推崇“坚持不懈、持之以恒”，“坚持”通常被认为是一种优良品德，放弃创业可能是一件艰难甚至痛苦的抉择。因此，对于中国的新生创业者而言，理性客观比盲目坚持更显重要。②研究发现，由于技术创业具有高收益和高风险的特点，从事技术创业的新生创业者更容易陷入承诺升级，非理性坚持创业。因此，技术创业者需要尽早收集信息，降低决策的不确定性，客观评估坚持创业的成本和收益。③对于新生创业者而言，在创业开始之前，可以设定心理预算以减少盲目坚持创业的可能性，避免对具有过高风险的创业项目进一步投入资源，从而把创业风险控制在可以接受的范围内。

本文的局限首先表现在影响因素的讨论不全面。本文是一个探索性研究，受限于样本数据，研究仅讨论了部分可能影响新生创业者坚持的因素，可能遗漏了部分影响因素。首先，已有研究发现，承诺升级还可能受到人格、个体责任、预期后悔、认知偏差和自我效能等因素的影响，在未来研究中需要把这些因素纳入研究内容并加以检验。其次，本文没有考虑承诺升级发生的权变因素。不同的情境下，影响因素和影响程度可能存在差异，未来研究需要识别重要的情境变量，并针对不同情境展开分析。最后，由于数据的限制，对投入资金的测度存在缺陷，前期投入资金与坚持创业之间的关系需要进一步检验。在样本的随机性和代表性方面，由于难以获取拒绝访问者的基础数据，未能对样本是否有偏进行统计检验。另外，追踪调查的时间跨度较小。数据只追踪了新生创业者一年的活动，一年的时间跨度不足以保证新生创业者做出最终的决定，坚持创业的新生创业者在未来的时间内，仍有可能放弃。

参考文献

[1] Reynolds P D. New Firm Creation in the United States: A PSED Ⅰ Overview [J]. Foundations and Trends in Entrepreneurship, 2007, 3 (1).

[2] 杨俊. 谁是新生创业者及其如何创业 [J]. 中国社会科学（内部文稿），2010 (6).

[3] Gartner, W. B.. Handbook of Entrepreneurial Dynamics: The Process of Business Creation [M]. Thousand Oaks, CA: Sage, 2004.

[4] Lichtenstein, B. B.. Complexity Dynamics of Nascent Entrepreneurship [J]. Journal of Business Venturing, 2007, 22 (2).

[5] Pia, A.. Variation in the Level of Activity across the Stages of the Entrepreneurial Startup Process: Evidence from 35 Countries [J]. Estudios de Economia, 2008, 35 (2).

[6] Chang, E. P. C.. Family Social Capital, Venture Preparedness, and Start - Up Decisions: A Study of Hispanic Entrepreneurs in New England [J]. Family Business Review, 2009, 22 (3).

[7] Patel, P. C.. Systematic Search and Its Relationship to Firm Founding [J]. Entrepreneurship: Theory and Practice, 2009, 33 (2).

[8] Dimo, D.. Nascent Entrepreneurs and Venture Emergence: Opportunity Confidence, Human Capital,

and Early Planning [J]. Journal of Management Studies, 2010, 47 (6).

[9] Sarasvathy, S. D.. Causation and Effectuation: Toward a Theoretical Shift from Economic Inevitability to Entrepreneurial Contingency [J]. Academy of Management Review, 2001, 26 (2).

[10] Sarasvathy, S. D.. Effectuation and Over - trust: Debating Goel and Karri [J]. Entrepreneurship Theory & Practice, 2008, 32 (4).

[11] Lowe, R. A.. Overoptimism and the Performance of Entrepreneurial Firms [J]. Management Science, 2006, 52 (2).

[12] Hayward, M. L. A.. A Hubris Theory of Entrepreneurship [J]. Management Science, 2006, 52 (2).

[13] Trevelyan, R.. Optimism, Overconfidence and Entrepreneurial Activity [J]. Management Decision, 2008, 46 (7).

[14] Whyte, G.. Escalating Commitment to a Course of Action: A Reinterpretation [J]. Academy of Management Review, 1986, 11 (2).

[15] Bowen, M.. Escalation Phenomenon Reconsidered: Decision Dilemmas or Decision Errors? [J]. Academy of Management Review, 1987, 12 (1).

[16] Staw, B. M.. Knee - deep in the Big Muddy: A Study of Escalating Commitment to a Chosen Course of Action [J]. Organizational Behavior and Human Performance, 1976, 16 (1).

[17] Brockner, J.. Escalation of Commitment to a Failing Course of Action: Toward Theoretical Progress [J]. Academy of Management Review, 1992, 17 (1).

[18] Schmidt, J. B.. Escalation of Commitment during New Product Development [J]. Journal of the Academy of Marketing Science, 2002, 30 (2).

[19] Kell, M.. A Cross - cultural Study on Escalation of Commitment Behavior in Software Projects [J]. MIS Quarterly, 2000, 24 (2).

[20] Khavul, S.. Moderating Effect of Goal Specificity on Escalation of Commitment in Entrepreneurial Firm Exit [EB/OL]. http: //cbees. utdallas. edu/papers/Escalation_ Goals - paper - kmcy - n. pdf.

[21] Bates, T.. Analysis of Young, Small Firms that Have Closed: Delineating Successful from Unsuccessful Closures [J]. Journal of Business Venturing, 2005, 20 (3).

[22] McGrath, R. G.. Reconsidering the Mortality Hypothesis [C]. The Academy of Management Conference, Atlanta, 2006.

[23] Wennberg, K.. Reconceptualizing Entrepreneurial Exit: Divergent Exit Routes and their Drivers [J]. Journal of Business Venturing, 2010, 25 (4).

[24] Bobocel, D.. Escalating Commitment to a Failing Course of Action: Separating the Roles of Choice and Justification [J]. Journal of Applied Psychology, 1994, 79 (3).

[25] Moon, H.. Looking Forward and Looking Back: Integrating Completion and Sunk - cost Effects within the Escalation of Commitment Progress Decision [J]. Journal of Applied Psychology, 2001, 86 (11).

[26] Hayward, M. L. A.. De - commitment to Losing Strategic Action: Evidence from the Divestiture of Poorly Performing Acquisitions [J]. Strategic Management Journal, 2006, 27 (6).

[27] Mccarthy, A. M.. Reinvestment Decisions by Entrepreneurs: Rational Decision - making or Escalation on Commitment? [J]. Journal of Business Venturing, 1993, 8 (1).

[28] Staw, B. M.. Sunk Costs in the NBA: A Behavioral Determinant of Playing Time and Survival in Pro-

fessional Basketball [J]. Administrative Science Quarterly, 1995, 40 (3).

[29] Whyte, G.. When Success Breeds Failure: The Role of Self - efficacy in Escalating of Commitment to a Losing Course of Action [J]. Journal of Organizational Behavior, 1997, 18 (5).

[30] He, X.. Effect of Decision Risk and Project Stage on Escalation of Commitment [J]. Organizational Behavior and Human Decision Process, 2007, 103 (2).

[31] 李锐. 承诺续扩现象及其心理机制 [J]. 心理科学进展, 2008, 16 (5).

[32] Townsend, D. M.. To Start or not Start: Outcome and Ability Expectations in the Decision to Start a New Venture [J]. Journal of Business Venturing, 2010, 25 (2).

[33] DeTienne, D.. Entrepreneurial Exit as a Critical Component of the Entrepreneurial Process: Theoretical Development [J]. Journal of Business Venturing, 2010, 25 (2).

[34] Cardon, M. S.. A Tale of Passion: New Insights into Entrepreneurship from a Parenthood Metaphor [J]. Journal of Business Venturing, 2005, 20 (1).

[35] Dodd, S. D.. Metaphors and Meaning: A Grounded Cultural Model of us Entrepreneurship [J]. Journal of Business Venturing, 2002, 17 (5).

[36] Busenitz, L.. Differences between Entrepreneurs and Managers in Large Organizations: Biases and Heuristics in Strategic Decision Making [J]. Journal of Business Venturing, 1997, 12 (1).

[37] 林舒柔. 企业创业投资中的承诺续扩: 认知偏误观点 [J]. 台大管理论坛, 2007, 18 (1).

[38] 任旭林. 基于创业的承诺升级研究 [J]. 人类工效学, 2006, 12 (2).

[39] Kahneman D., Tversky A.. Prospect Theory: An Analysis of Decision Making Under Risk [J]. Econometrica, 1979, 47 (2): 263 - 291.

[40] Sharp, D. J., Salter, S. B.. Project Escalation and Sunk Costs: A Test of the International Generalizability of Agency and Prospect Theories [J]. Journal of International Business Studies, 1997, 28 (1): 101 - 121.

[41] Laing, G. K.. Impact of Cognitive Biases on Decision Making by Financial Planners: Sunk Cost, Framing and Problem Space [J]. International Journal of Economics and Finance, 2010, 2 (1): 11 - 24.

[42] 刘志远, 刘超. 基于实验研究的恶性增资行为解释: 自辩理论还是前景理论? [J]. 中国会计评论, 2004, 2 (2): 249 - 258.

[43] Arkes, H. R., Blumer, C.. The Psychology of Sunk - cost [J]. Organizational Behavior and Human Decision Processes, 1985, 35 (1): 124 - 140.

[44] Delmar, F., Shane, S.. Does Business Planning Facilitate the Development of New Ventures? [J]. Strategic Management Journal, 2003, 24 (12): 165 - 185.

[45] Ford, M. W., Matthews, C. H., Baucus, M. S.. To Plan or not to Plan: Is that Really the Question? [A]. In Bygrave, W. D. Brush, C. G. Davidsson, P. and Fiet, J. (Eds.). Frontiers of Entrepreneurship Research, Wellesley, MA: Babson College, 2003.

[46] 薛红志, 牛芳. 国外创业计划研究前沿探析 [J]. 外国经济与管理, 2009, 31 (2): 1 - 7.

[47] Gartner, W., Liao, J.. The Pre - Venture Planning Report for the U. S. [J]. Small Business Administration, 2007: 213 - 264.

[48] Health, C.. Escalation and De - escalation of Commitment in Response to Sunk Cost: The Role of Budgeting in Mental Accounting [J]. Organizational Behavior and Human Decision Processes, 1995, 62 (1):

38 -54.

[49] Simon, M., Houghton, S. M., Aquino, K.. Cognitive Biases, Risk Perception, and Venture Formation: How Individuals Decide to Start Companies [J]. Journal of Business Venturing, 2000, 15 (2): 113 -134.

[50] Gimeno, J., Folta, T. B., Cooper, A. C., Woo, C. Y.. Survival of the Fittest? Entrepreneurial Human Capital and The Persistence of Underperforming Firms [J]. Administrative Science Quarterly, 1997, 42 (4): 750 -783.

[51] Cooper, A. C.. The Founding of Technologically - based Firms [M]. Milwaukee: *The Center for Venture Management*, WI, 1971.

[52] Dorf, R. C., Byers, T. H.. Technology Ventures: From Idea to Enterprise [M]. *New York*: McGraw - Hill, 2005.

[53] Phan, P. H., Foo, M. D.. Technological Entrepreneurship in Emerging Regions [J]. Journal of Business Venturing, 2004, 19 (1): 1 -5.

[54] Vohora, A. Wright, M., Lockett, A.. Critical Junctures in the Growth in University High Tech Spinout Companies [J]. Research Policy, 2004, 33 (1): 147 -175.

[55] 田莉，池军. 基于过程视角下的技术创业研究：兴起、独特性及最新探索 [J]. 技术经济与管理研究，2009 (6): 31 -36.

[56] Liao, J., Gartner, W.. The Effects of Pre - venture Plan Timing and Perceived Environmental Uncertainty on the Persistence of Emerging Firms [J]. Small Business Economics, 2006, 27 (1): 23 -40.

[57] Carter N. M. Gartner W. B., Reynolds P. D.. Exploring Start - up Event Sequences [J]. Journal of Business Venturing, 1996, 11 (3): 151 -166.

[58] Delmar, F., Davidsson, P.. Where do They Come from? Prevalence and Characteristics of Nascent Entrepreneurs [J]. Entrepreneurship and Regional Development, 2000, 12 (1): 1 -23.

[59] Rotefoss, B., Kolvereid, L.. Aspiring, Nascent and Fledgling Entrepreneurs: An Investigation of the Business Start - up Process [J]. Entrepreneurship and Regional Development, 2005, 17 (2): 109 -127.

[60] Wu, S., Matthews, Grace, K. D.. Need for Achievement, Business Goals, and Entrepreneurial Persistence [J]. Management Research News, 2007, 30 (12): 928 -941.

[61] Castrogiovanni, G.. Pre - startup Planning and the Survival of New Small Businesses: Theoretical Linkages [J]. Journal of Management, 1996, 22 (6): 801 -822.

[62] Bygrave, W. D., Lange, J. Mollov, A., Pearlmutter, M.. Prestartup Formal Business Plans and Post - startup Performance: A Study of 116 New Ventures [J]. Venture Capital Journal, 2007, 9 (4): 1 -20.

[63] Honig, B., Karlsson, T.. Institutional Forces and the Written Business Plan [J]. Journal of Management, 2004, 30 (1): 29 -48.

[64] Bartlett, S.. Seat of the Pants [J]. Inc. Magazine, 2002.

[65] Bruderl, J. Preisendorfer, P., Ziegler, R.. Survival Chances of Newly Founded Business Organizations [J]. American Sociological Review, 1992, 57 (2): 227 -242.

[66] Pennings, J. M., Lee, K., Witteloostuijn, A. V.. Human Capital, Social Capital and Firm Dissolution [J]. Academy of Management Journal, 1998, 41 (4): 425 -440.

Persist or Exit? A Study of the Escalating Commitment of Nascent Entrepreneurs Based on the Prospect Theory

Niu Fang　Zhang Yuli　Yang Jun

Abstract: Persistency or exit is an important and tough choice for Nascent Entrepreneurs (NEs). Previous studies assume that the entrepreneurs' decision is rational and analyze the effect of personal characteristics, entrepreneurial activities and environment on the persistency or exit of Nascent Entrepreneurs. Beyond previous studies, this study assumes that persisting in entrepreneurship is not a totally rational decision, among which escalation of commitment plays an important role. This study bases on the Prospect Theory (Frame Effect and Reflection Effect) to analyze the escalating commitment of persisting in start - up process, identifies the factors influencing the persistency of NEs. The identified factors include input of time, input of money, formalization of business plan, technological venturing, and mental budget. This study proposes four hypotheses to explain relationships between the factors and the persistency or exit of NEs, and employs logistic regression to test the hypotheses by use of data from Chinese Panel Study of Entrepreneurial Dynamics (CPSED). Through testing hypotheses in two sets of data, we get the same results: The input of NEs' time significantly and positively influences the persistency while the formalization of business plan and the input of NEs' money don't, mental budget significantly and negatively influences the persistency and technology entrepreneurship significantly and positively influences the persistency. This study makes three major contributions to entrepreneurship research. Firstly, the study emphasizes the non - rational aspect of the NEs' decision and makes an empirical study to approve it. So this study sheds light on the NEs' decision - making, and contributes to understand NEs more comprehensively. Secondly, the study introduces the classic Prospect Theory into entrepreneurship research and provides a new perspective for entrepreneurship research. Thirdly, the results show that escalation of commitment affects the NEs' persistency or exit, which has the practice implication for entrepreneurs. Sometimes exit instead persistency is a more suitable choice for NEs and they should be more cautious about their decision about persistency or exit.

Key Words: Nascent Entrepreneurs; Entrepreneurial Decision; Escalation of Commitment; Chinese Panel Study of Entrepreneurial Dynamics

创业活动的国家（地区）差异：文化与国家（地区）经济发展水平的交互作用

赵向阳　李海　Andreas Rauch

【摘　要】本文试图从国家文化的视角来解释不同国家创业活动活跃程度的差异。基于“全球领导力与组织行为有效性”（Global Leadership and Organizational Behavioral Effectiveness，GLOBE 研究）和“全球创业观察”（Global Entrepreneurship Monitor，GEM 研究）两个国际性数据库，我们发现在解释不同国家创业活动差异的时候，文化与国家经济发展水平（具体来说是人均 GDP）之间存在交互作用。与已有的文献相反，我们发现传统主义文化（典型特点是较高的小团体集体主义、较高的人际关系导向和较高的权力差距）在中低 GDP 国家提高了早期创业活动和成熟期创业活动的比例，但是在高 GDP 国家却抑制了早期创业活动和成熟期创业活动的比例。现代主义文化（典型特点是高绩效导向、高未来导向和高不确定性规避）则与高期望创业活动和高创新创业活动有比较显著的正相关关系。最后我们讨论了本文对实践的指导意义和存在的局限性。

【关键词】创业活动；国家文化；传统主义文化；现代主义文化；GEM 研究；GLOBE 研究

一、引言

不同国家在创业活动的活跃程度上差异很大，而且这种差异保持相对稳定的模式（Reynolds 等，2003；Minniti 等，2005；Freytag 和 Thurik，2007）。前人的研究主要用经济因素（Acs 等，2004；Bosma 和 Harding，2006）或者制度因素来解释这种现象（Lee 等，2007），而国家文化往往被忽视了（Hayton 等，2002）。

作者简介：赵向阳、李海，北京师范大学经济管理学院；Andreas Rauch，Leuphana University of Lueneburg，Germany。

事实上，关于国家文化是否影响创业活动，以及国家文化如何影响创业活动的理论思考已经存在了将近一个世纪。经济学家熊彼特认为“企业家内心疯狂燃烧的灵魂”（Fiery Soul），即所谓的企业家精神（德语 unternehemergeist），影响一个国家的创业活动（Schumpeter，1934）。社会学家马克斯·韦伯则强调了新教伦理的重要性，认为独立自我、勤奋工作、现世的经济回报和节俭等价值观对近代资本主义国家的兴起发挥了至关重要的作用（Weber，1930）。心理学家麦克利兰则研究了普通民众的成就动机（Achievement Motive）与国家经济发展水平之间的关系（McClelland，1961）。这些理论探讨基本上都假设只有在个体主义文化主导的社会中，在鼓励个人冒险和追求自我实现的社会中，才盛行创业活动。但最近 20 年来，大量集体主义文化下的国家，如亚洲的中国和印度、非洲的津巴布韦、南美洲的智利等，其创业活动的活跃程度远远高于个体主义文化下的诸多西方国家（Reynolds 等，2001；Reynolds 等，2002；Reynolds 等，2003；Acs 等，2004；Minniti 等，2005；Bosma 和 Harding，2006；Freytag 和 Thurik，2007），这不得不令人怀疑先前理论的正确性。

为了检验国家文化与创业活动之间的关系，最近 20 年以来，创业学研究中也出现了一些实证研究（Shane，1992；Morris 等，1993；Shane，1993；Davidsson，1995；Davidsson 和 Wiklund，1997）。然而截至目前，国家文化与创业活动之间的关系依然不很清晰（Hayton 等，2002）。同时，前人的研究也仅限于探讨国家文化与创业活动之间的主要效应，而缺少关于国家文化与其他影响因素之间的交互作用如何影响创业活动的研究（Shane 等，1995；Tung 等，2007）。基于此，本文试图检验国家文化因素及其与国家经济发展水平（简单地说，即人均 GDP）之间的交互作用如何影响创业活动。

除了上述理论方面的困惑与缺陷之外，前人的实证研究还存在如下几点不足：首先，因为国家层面的大样本数据很难获得，所以前人的研究大多只局限在很少的几个发达国家的样本上，甚至采用公司或者地区层面的数据来代替国家层面的数据（Morris 等，1993；Davidsson，1995）。分析方法大多也只采用简单相关或者平均数差异比较。其次，前人的研究严重依赖于霍夫斯泰德的四个文化维度模型（Hofstede，1980），甚至只是探讨其中的一两个文化维度与创业活动之间的关系（Morris 等，1993；Davidsson，1995；Shane，1995），而很多批评意见认为霍夫斯泰德的文化模型缺乏扎实的理论基础，关于文化维度的定义模糊，数据也已经相对过时了（Fang，2003；Triandis，2003）。

幸运的是，近 10 年来，在跨文化研究领域和创业研究领域出现了两个影响力很大的国际性数据库，分别是“全球领导力与组织行为有效性”（Global Leadership and Organizational Behavioral Effectiveness，GLOBE 研究）（House 等，2004）和“全球创业观察”（Global Entrepreneurship Monitor，GEM 研究）（Minniti 等，2005）。这使得我们可以在一个相对较大的样本上，采用更加严谨的统计工具来探讨国家文化和创业活动之间的关系问题。

二、国家文化与创业活动

国家文化（National Culture）是一个国家内的成员共享的价值观和行为习惯（House等，2004）。国家文化具有如下特点：它是由某个群体共同创造的，经过历史检验沉淀下来的，而且可以代代相传，具有相当的稳定性。特别是，GLOBE 研究中第一次清楚地把文化习俗（Cultural Practice）和文化价值观（Cultural Value）区分了开来。在本文中，我们关注的是文化习俗，而非文化价值观。文化价值观反映的是一个社会的理想道德追求，是“应该如何做”（Should Be）的原则，而文化习俗反映的则是社会中大部分人“实际上如何做”（As Is）的社会实情。因为创业活动是由创业者驱动的一系列现实的经济活动，我们认为，文化习俗对创业活动的影响可能比文化价值观更大、更直接、更容易观察。进一步讲，国家文化是一个复杂的整体。虽然各种跨文化比较研究区分出了多个文化维度（Hofstede，1980；Schwartz，1992；House 等，2004），但同时各个维度之间又有一定的关联性。GLOBE 研究在 62 个国家和地区识别出了九个文化维度（House 等，2002）。其中与创业活动紧密相关，同时前人的创业研究中也曾涉及的文化维度有六个，即小团体集体主义（In－group Collectivism）、权力差距（Power Distance）、人际关系导向（Humane Orientation）、未来导向（Future Orientation）、不确定性规避（Uncertainty Avoidance）和绩效导向（Performance Orientation）①。

我们认为，描述一个国家的文化时，需要综合多个维度，从整体上加以考虑，这样才不至于“只见树木，不见森林”。基于社会学中关于传统性（Traditionalism）和现代性（Modernity）的研究（Gusfield，1967；Giddens，1998；Hill，2000；Inglehart 和 Baker，

① 小团体集体主义描述的是“在多大程度上个体对自己所在的组织和家庭感到骄傲、忠诚和有凝聚力”。权力差距描述的是“在多大程度上组织或者社会成员期待或者认可权力可以不平等地在社会成员之间分享”。人际关系导向描述的是“在多大程度上组织或者社会成员鼓励和认可包括公平、利他、友善、慷慨、关心他人等行为”。未来导向描述的是“在多大程度上组织或者社会鼓励成员采用计划、投资未来和延迟满足等行为”。不确定性规避描述的是“在多大程度上组织和社会成员通过社会规范、仪式和规章制度等减少对未来事件的不确定性”。绩效导向描述的是“在多大程度上组织和社会鼓励自己的成员追求更卓越的业绩”（House 等，2002）。

2000；Baker，2005；Delanty，2007）[①]，我们发现，这六个 GLOBE 文化维度可以归为两类：传统主义文化和现代主义文化。传统主义文化脱胎于农业社会，强调传统的大家庭观念和父母与子女之间的亲密联结，强调合作与团队工作，流行家族企业（小团体集体主义）。处于传统主义文化中的人们更容易从自己的家族和朋友中获得社会支持和情感支持，个人关系也是建立在一对一的信任基础上的（人际关系导向）。此外，传统主义文化强调对权威的服从（权力差距），鼓励成员遵守社会规范和宗教信仰，而不是独立与自我奋斗。相反，现代主义文化与工业社会有着紧密的关系，强调个人自由、个人成就、自我表达和个人主观幸福感（Inglehart 和 Baker，2000），强调经济活动的大规模运作和利润最大化，鼓励成员持续改进并取得杰出绩效（绩效导向），强调精确的时间观念和效率，鼓励采用更多的计划手段、投资未来等行为（未来导向）（Hill，2000）。此外，现代主义文化鼓励劳动分工，强调对规则和程序的遵守，鼓励对技术和机器的持续改进以减少未来的不确定性和模糊性（不确定性规避）。总而言之，传统主义文化的典型特点体现在小团体集体主义、人际关系导向和权力差距这三个文化维度上，而现代主义文化的典型特点则体现在绩效导向、未来导向和不确定性规避等文化维度上。与 Gusfield（1967）关于传统性和现代性的理论一致，我们认为，在任何一个社会中都同时存在这两种不同的文化要素，既有传统主义的文化要素，也有现代主义的文化要素。传统主义和现代主义不是一个维度的两端，而是两个独立的文化维度。这一分类使得我们可以在一个更简洁的理论框架下，采用更加整体性的视角来研究国家文化和创业活动之间的关系。

相似地，创业活动也是一个多维度多层面的复杂现象，而采用多个指标来研究创业活动比采用单个指标要更好一些（Davidsson 和 Wiklund，2000）。在 GEM 研究中采用多个指标来分别衡量一个国家创业活动的数量和质量。数量指标主要包括早期创业活动（Early - stage Entrepreneurship）和成熟期创业活动（Established Entrepreneurship），质量指标主要包括高期望创业活动（High - expectation Entrepreneurship）和高创新创业活动（High - innovative Firm Entrepreneurship）（Reynolds 等，2003；Minniti 等，2005）。所谓早期创业活动指的是一个国家中打算创业的人群，或者已经创业但是所创立的公司短于 42 个月的人群占整个社会 18 ~65 岁的工作人群的比例。所谓成熟期创业活动，指的是已经

① 传统性（Traditionalism）和现代性（Modernity）是社会学、政治学、哲学、宗教，乃至艺术中两个非常基础性的概念。从马克思、韦伯、弗洛伊德等开始，学术界争论了上百年，不同的学者对其有不同的定义和理解。本文对这两个概念的理解主要是建立在社会学的相关文献基础之上，并且试图从管理学和心理学的视角出发，建立一种关于传统性和现代性的跨文化解释。传统性或者传统主义文化指的是在一个社会中，那些一代一代传承下去的信念、道德规范和生活方式等。传统性经常与农业社会、大家庭或者家族、正统的宗教传统等紧密联系。现代性则代表着从封建制（或者农业文明）向资本主义、工业化、世俗化、理性主义和民族国家等的转型（Baker，2005）。Giddens 认为现代性“可以说是现代社会或者工业文明的缩略语。更详细地说，现代性与如下特点紧密相连：一系列关于世界的态度和观念，例如：认为通过人类的主动干预可以改变世界；一系列复杂的经济制度，特别是工业产品和市场经济；一系列政治制度，例如民族国家、民主制度等。正是因为上述的特点，现代社会比以前的社会更加动荡。现代社会与以前的文化非常不同，它活在未来之中，而不是过去之中”（Giddens，1998）。不过，现代性也面临着一些自身造就的深刻挑战，特别是“确定性的丧失”（Loss of Certainty）。人们意识到对所有的人来说，确定性永远再也不会回来了（Delanty，2007）。

创业，而且公司存在超过42个月的创业人群在整个工作人群中的比例。虽然相比早期创业活动，能进入成熟期创业活动的公司已经闯过了生存的第一关，但是，成熟期创业活动本质上描述的仍然是创业的数量。早期创业活动比例高的国家，成熟期创业活动的比例也比较高。所谓高期望创业活动指的是在所有的早期创业活动中，预期5年内公司雇用员工数超过20人的公司比例。所谓高创新创业活动指的是创新性公司在所有的创业公司中的比例，该创新性公司推出的产品或者服务相对于自己所在的市场来说必须是创新性的，而且有一定的市场影响。因为高成长性和高创新性是创业活动的核心理念，很显然，这两个概念描述的都是创业活动的质量。最后，GEM历年的研究报告一致性地表明，在发展中国家，创业活动的数量很高，但是创业活动的质量较低（更多生存驱动型创业、低期望创业和低创新创业）。在发达国家里，创业活动的数量比较低，但是创业活动的质量比较高（更多机遇驱动型创业、高期望创业和高创新创业）。所以，在研究国家文化与创业活动的关系时，区分创业活动的质量和创业活动的数量非常必要，而且国家文化影响创业活动的数量和质量的方式可能很不一样。

三、国家文化对创业活动的影响：主效应和权变模型

国家文化影响创业活动的主效应。迄今为止，关于国家文化影响创业活动的理论解释主要有两种。第一种理论解释从心理学的视角出发，认为文化对其社会成员的个人行为有直接影响（Hofstede，1980）。这种“国家文化—个人行为”假说认为，不同类型的国家文化对创业相关行为，如冒险、变革、创新、对商机的识别与开发等持不同的态度。这使得在某些类型的国家文化中更盛行创业行为，有更活跃的创业活动；反之，另一些类型的国家文化则抑制了创业行为和创业活动。第二种理论解释基于制度理论，认为文化作为一种非正式制度（Informal Institution），是正式制度的基础，而且在很大程度上造就了正式制度（North，2005）。这使得在某些国家有更适合创业的制度环境，如自由竞争的市场、清晰的产权制度、有利于创业的教育体系和扶持创业的银行体系等，进一步，在更合适创业的制度环境下会产生更多的创业活动。

不管是“国家文化—个人行为”假说，还是“文化—制度”假说，都只聚焦在文化影响创业活动的主效应上，同时绝大多数实证研究也主要是对主效应的检验（Morris等，1993；Davidsson和Wiklund，1997；Levie和Hunt，2004）。已有文献经常提及的与创业活动有关的文化维度包括个人主义、权力差距和不确定性规避等（Hayton等，2002）。然而，这方面的实证结果很弱，而且经常是相互矛盾的。例如，Shane（1992）发现权力差距与创新之间存在正相关关系，但是随后其本人的另外一个研究却又发现两者之间的关系是负相关的（Shane，1993），这说明了可能存在调节变量。

国家文化影响创业活动的权变模型。我们认为，除了厘清国家文化影响创业活动的主

效应外，还应该采用权变理论模型来考察国家文化如何与其他经济变量或者制度变量交互而影响创业活动（Tung 等，2007）。Shane、Venkataraman 和 MacMillan（1995）关于创新战略的研究可以说是"国家文化—创业活动"权变模型的最早基础之一。该研究发现创新战略必须与国家文化相适应。换句话说，创新可能发生在任何文化下，但是在不同文化环境中进行创新的时候遇到的挑战和困难是不同的，因此需要采用不同的创新战略。

本文在考察国家文化对创业活动影响的基础上，进一步聚焦国家文化和国家经济发展水平（具体说是人均 GDP）之间的交互作用对创业活动的影响。我们的基本理论假设是：国家文化的不同维度（传统主义文化与现代主义文化）与创业活动的不同类型（数量和质量）的关系存在差异，同时，国家文化与创业活动的关系依赖于国家的经济发展水平。本文的理论框架如图 1 所示。

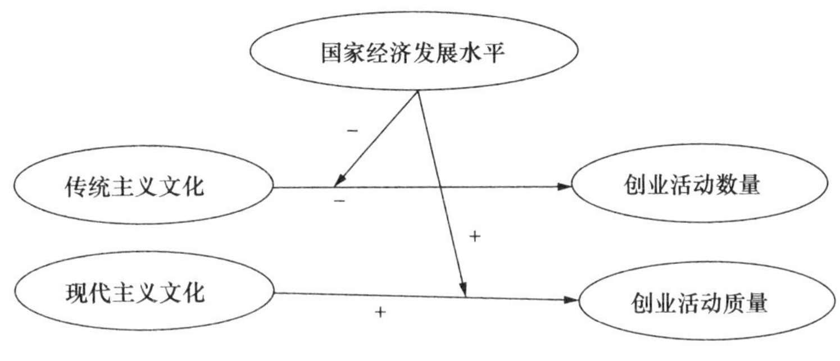

图 1　理论框架

四、研究假设

类似于"激励—保健"双因素理论（Herzberg，1968），我们认为，为了解释不同类型的创业活动（即创业活动的数量和创业活动的质量），需要借助于不同的文化维度（即传统主义文化与现代主义文化）。传统主义文化在解释创业活动时扮演着类似于"保健因素"的作用，它可以促使一个国家产生更多数量的创业活动，但是无法将创业活动带向更高水平，而现代主义文化则可以"激励"一个社会产生更多高质量的创业活动。

我们认为，传统主义文化会促进创业活动的数量。同时，这种促进作用受到国家经济发展水平的负向调节。具体而言，在人均 GDP 越低的国家（发展中国家），这种促进作用越显著；在人均 GDP 越高的国家（发达国家），这种促进作用越弱。

该假设主要基于以下两点理由：第一，基于制度理论视角的研究表明，发展中国家一般缺乏完备的与创业有关的制度要素，作为替代，创业者不得不依赖广泛的人际关系网络（"拉关系"）来获得各种与创业有关的社会支持和社会资源（Xin 和 Pearce，1996）。传统主义文化（尤其是小团体集体主义和人际关系导向）下相对丰富的基于血缘关系、老乡关系、同学关系、战友关系等的同质性社会资本有助于减少对创业失败的恐惧，应对创业中的不安全感和不确定性，以及提高创业活动的比例（Jansson 等，2007；Zhao 等，2010）。在发达国家，因为各种与创业有关的制度比较完善，并不特别依赖传统主义文化来提供特殊的社会资源和社会支持。第二，在发展中国家，普遍存在着较高的权力差距，较少的向上流动的社会通道，这使得很多社会成员将创业作为摆脱原有社会阶层、改变自身命运最主要的手段之一，由此产生了大量生存驱动型的创业活动，提高了整个社会创业活动的数量。这一点非常明显地体现在中国的户籍制度和印度的种姓制度所催生的生存驱动型创业活动上。在发达国家，社会成员享受着相对完善的社会保障制度，可以通过在本职岗位上的努力工作或者接受更高水平的教育实现向上的社会流动。所以，在发达国家，创业只是改变社会地位的手段之一，而远不是最主要的甚至唯一的手段。因此，在发达国家，高权力差距不会提高创业活动的数量。

目前还没有检索到直接针对传统主义文化与创业活动之间关系的实证研究，所以我们分别考察构成传统主义文化的三个要素与创业活动之间关系的研究。需要说明的是，GLOBE 研究中的人际关系导向是一个全新的文化维度，截至目前，还没有单独的实证研究检验过人际关系导向与创业活动之间的关系。不过 Stephan 和 Uhlaner（2010）把人际关系导向作为一个综合性的概念“社会支持性文化”（Socially Supportive Culture）中的一个维度，发现社会支持性文化与早期创业活动之间呈正相关。从逻辑上来说，人际关系导向与小团体集体主义紧密相关，都强调来自家人和朋友的社会支持。但是，人际关系导向还强调对错误和失败的容忍（Schloesser 等，2010），这有助于鼓励创业者不用过度担心创业失败的打击，即使失败了还可以继续尝试，直到成功，而这对于提高一个国家创业活动的数量会起积极作用。

关于集体主义，前期的文献一般假设它与创业活动是负相关关系，因为集体主义文化不鼓励创新，不鼓励冒险行为，不奖励个人成就（Bhawuk 和 Udas，1996；Hayton 等，2002），而这些行为特点都与创业紧密相关。但 Shane、Venkataraman 和 MacMillan（1995）的实证研究发现，个体主义只能影响一个国家中人们采用的创新战略的类型，而非创新的绝对水平。换句话说，在集体主义导向的国家里，只要采用合适的策略，例如集体主义所擅长的跨部门合作与支持，同样可以促进创新，增加创业活动的数量。Morris、Avila 和 Allen（1993）也发现个体主义与公司内创业活动（Corporate Entrepreneurship）呈倒 U 型曲线关系，过高或过低的个体主义与创业活动都是负相关的，只有中等程度的个体主义与公司内创业活动正相关。上述实证结果挑战了个体主义与创业关系正相关的传统观点，也使我们有理由相信，集体主义与创业活动并不总是负相关的，它们的关系依赖于所在的情境。

类似地，早期的文献假设权力差距和创业活动负相关，因为过高的权力差距倾向于维护社会现状、减少社会向上流动的可能性（Gelekanycz，1997）。同时过高的权力差距会导致社会底层的成员缺乏创业所必需的资源和信息，而资源和信息的不足又进一步导致无法识别和开发有利可图的商机（Kirzner，1997）。不过，实证研究却报告出了相互矛盾的结果。例如，Shane（1992）的研究，Dwyer、Mesak 和 Hsu（2005）的研究都发现权力差距和创新正相关，而 Shane（1993）的研究则发现两者负相关。此外，Gelekanycz（1997）的研究发现权力差距与抗拒变革（Resistance to Change）之间存在正相关关系。创新、变革均属于创业相关行为，创新意味着增加创业活动，抗拒变革意味着减少创业活动。上述实证研究意味着权力差距与创业活动数量的关系也存在情境可变性。

基于以上文献和推论，我们提出如下研究假设：

假设 1：传统主义文化与创业活动的数量（包括早期创业活动和成熟期创业活动）正相关。

假设 2：在传统主义文化与创业活动数量的关系中，国家经济发展水平起负向调节作用，经济发展水平越低，传统主义文化与创业活动数量的关系越强。

与传统主义文化对创业活动的“保健”作用不同，现代主义文化对创业活动可以起到“激励”作用：“激励”一个社会产生更多高质量的创业活动。同时，这种“激励”作用还会受到国家经济发展水平的正向调节。具体而言，在人均 GDP 越高的国家（发达国家），这种促进作用越强；在人均 GDP 越低的国家（发展中国家），这种促进作用越弱。

我们的假设基于如下理由：第一，从“国家文化—个人行为”假说来推论，现代主义文化鼓励社会成员保持自信和个人独特性，采用积极进取的态度追求更高的业绩目标（绩效导向）；重视未来，而非过去；鼓励采取长远的而非短期的投资策略（未来导向）；强调采用更多的计划和规则对产品、服务和管理体系进行持续改进（不确定性规避），这些文化特点都鼓励出现更多的高期望创业和高创新创业。第二，从“文化—制度”假说来推论，现代主义文化作为非正式制度，有助于发展和培育出相对完善的正式制度环境（如自由市场经济中的游戏规则、清晰的产权保护、扶持创业的公共政策等）和丰富的创业资源（如充沛的风险投资和高端人才优势等）（Reynolds 等，2003；Minniti 等，2005），也使得追求创新和高成长的创业活动成为可能。在上述制度环境和创业资源的条件下，现代主义文化要素（绩效导向、未来导向和不确定性规避）对高期望和高创新创业活动的影响会更强。发展中国家缺乏这些制度和资源禀赋，所以，现代主义文化与高质量创业活动之间的正相关关系，在发展中国家较弱。

类似地，已有的文献中缺乏关于现代主义文化与创业活动关系的实证研究，但的确存在一些关于现代主义文化的构成要素（绩效导向、未来导向和不确定性规避）与创业活动之间关系的实证研究。绩效导向事实上是基于麦克利兰的成就动机的概念（McClelland，1961）。高绩效导向的社会鼓励创业者追求更高的目标、更大的经营规模，为顾客提供更具创新的产品和服务。因此，高绩效导向不仅仅鼓励创业活动，而且鼓励高质量的创业活动。未来导向与 Hofstede（2001）中的长期导向文化维度（Confucian Work Dynamism）有一定的关系，但是不完全相同。高未来导向的文化鼓励创业者尽情想象多种多样的可能性，鼓励制定长期目标，通过采用精细化的策略达到预期的目标（Shane 和 Venkataraman，2000）。当面临挫折和失败的时候，高未来导向的文化鼓励耐心和长久的坚持。因此，未来导向也有助于提高创业活动的质量。最后，不确定性是创业学理论的基石之一，它是一种风险概率分布不明确的情境（Knight，1921；McMullan 和 Shepherd，2006）。创业者必须在不确定性中寻找商机（Knight，1921），而且不得不在对不确定性的忍受中开发商机（Schumpeter，1934）。从理论上来说，高不确定性规避的文化可能会抑制创业活动的数量，因为它鼓励社会成员回避风险和模糊性，提高了对创业失败的恐惧，但是高不确定性规避的文化也同时鼓励创业者通过建立规则、计划和程序来减少创业活动中的不确定性，通过技术创新和持续改进来提高产品和服务的质量。德国和日本是典型的高不确定性规避的文化，这两个国家的共同特点都是创业活动的数量很低，但是创业活动的质量很高（Autio，2007）。有两个实证研究发现，不确定性规避与创业活动之间存在负相关（Shane，1995；Muller 和 Thomas，2000），但是另外一个实证研究却报告了正相关关系（Wennekers 等，2007）。这提示了它们的关系之间可能存在调节变量。

基于以上的理论推理和实证研究结果，我们做出如下假设：

假设 3：现代主义文化与创业活动的质量（包括高期望创业活动和高创新创业活动）正相关。

假设 4：在现代主义文化与创业活动质量的关系中，国家的经济发展水平起到了正向调节作用，经济发展水平越高，现代主义文化与创业活动质量的关系越强。

五、研究方法

（一）样本和数据

本文的数据来自于 GLOBE 数据库（House 等，2004）和 2001～2007 年的 GEM 系列研究报告（Reynolds 等，2003；Acs 等，2004；Minniti 等，2005；Bosma 和 Harding，2006；Freytag 和 Thurik，2007）。经过仔细地配对分析，有 42 个国家和地区同时具有国家（地区）文化和创业活动的数据，可以作为本文的样本（请参考附录 1）。其中包含 24 个人均 GDP 高于 20000 美元的高 GDP 国家（地区）和 18 个人均 GDP 低于 20000 美元的中低 GDP 国家。

（二）测量

国家文化：我们使用 GLOBE 数据来测量国家的文化习俗。我们把小团体集体主义、权力差距和人际关系导向三个文化维度的平均值作为传统主义文化的替代值，把绩效导向、未来导向和不确定性规避三个文化维度的平均值作为现代主义文化的替代值（请参考附录 1 中各个国家或地区的传统主义文化和现代主义文化分数）。从表 1 可以看出，传统主义文化与小团体集体主义（$r = 0.93$，$p < 0.001$）、人际关系导向（$r = 0.47$，$p <$

0.01）和权力差距（$r=0.73$，$p<0.001$）之间均存在显著的正相关关系。现代主义文化与绩效导向（$r=0.83$，$p<0.001$）、未来导向（$r=0.92$，$p<0.001$）和不确定性规避之间（$r=0.92$，$p<0.001$）也都呈显著的正相关关系，而传统主义文化和现代主义文化（$r=-0.44$，$p<0.01$）呈显著的负相关关系。最后，传统主义文化（$r=-0.76$，$p<0.001$）与人均 GDP 呈负相关关系，而现代主义文化（$r=0.38$，$p<0.01$）与人均 GDP 之间呈正相关关系。

创业活动：我们采用早期创业活动和成熟期创业活动衡量一个国家创业的数量水平，采用高期望创业活动和高创新创业活动衡量一个国家的创业活动的质量高低。因为参加 GEM 项目的国家经常变化，并不是所有的国家每年都参加该调查，所以我们将多年创业活动的数据进行了平均化处理。这样做是因为国家文化相当稳定，不会在短时间内发生急剧的变化（布罗代尔，2003），通过对创业活动数据的平均化处理，可以剔除一些随机波动，使得对国家文化的测量和对创业活动的测量达到同样水平的信度和稳定性。具体来说，为了测量早期创业活动，我们采用 2001～2007 年 GEM 的数据（Reynolds 等，2001；Reynolds 等，2002；Reynolds 等，2003；Acs 等，2004；Minniti 等，2005；Bosma 和 Harding，2006；Bosma 等，2007）。为了测量成熟期创业活动，我们采用了 2005～2007 年 GEM 的数据（Minniti 等，2005；Bosma 和 Harding，2006；Bosma 等，2007）。为了测量高期望创业活动，我们采用了 2000～2006 年 GEM 的数据（Autio，2007）。为了测量高创新创业活动，我们采用了 2003 年 GEM 的数据（Reynolds 等，2003）。

经济发展水平：我们采用了国际货币基金组织提供的 2005 年人均 GDP 来衡量一个国家的经济发展水平，该数据是根据购买力平价校正后的人均 GDP（IMF，2007）。此外，因为人均 GDP 的分布偏离正态分布，为了减小极端值的影响和异方差性问题，我们对人均 GDP 进行了对数变换处理。

创业框架条件：为了排除其他因素的影响，提高本文结论的有效性，我们在回归方程中加入了一个控制变量，也就是 GEM 报告中衡量创业环境的指标“创业框架条件”（Entrepreneurship Framework Condition，EFC）。创业框架条件包括 10 个分量表，涵盖了金融支持、政府政策、政府项目、教育与培训、研究开发转移、商务环境、市场开放程度、知识产权保护、有形基础设施等与创业有关的许多因素。GEM 调查小组通过对各个国家研究创业的专家进行访谈和问卷调查得到一个综合的关于创业环境的指标（Bosma 等，2007）。

（三）分析方法

我们遵循 Aiken、West 和 Reno（1991）的建议采用分层回归的方法进行分析。在第一步中，控制变量“创业框架条件”首先进入回归方程。在第二步中，人均 GDP、传统主义文化和现代主义文化进入回归方程。在第三步中，为了减小多重共线性的问题，我们对经济变量和文化变量都做了中心化处理。经过中心化处理的两个交互作用项同时进入回归方程。此外，我们还采用 Dawson 和 Richter（2006）所介绍的方法对显著的交互作用进行了图示化处理（如图 2、图 3 所示）。

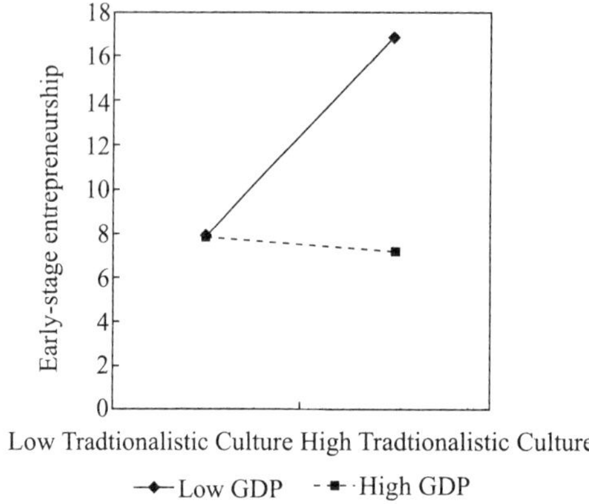

图 2　传统主义文化与早期创业活动之间的关系：人均 GDP 作为调节变量

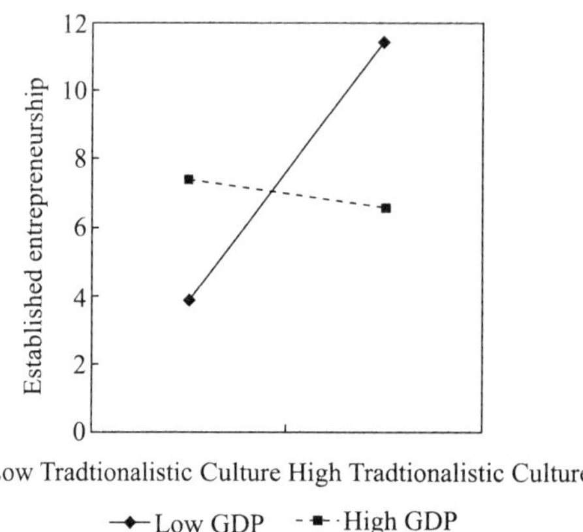

图 3　传统主义文化与成熟期创业活动之间的关系：人均 GDP 作为调节变量

六、研究结果

表 1 报告了本文中涉及的所有变量的描述性统计和相关系数。由表 1 可知，传统主义文化与早期创业活动（r = 0.61，p < 0.001）和成熟期创业活动（r = 0.47，p < 0.01）正相关，与高期望创业活动（r = -0.29，n. s.）和高创新创业活动（r = 0.01，n. s.）均无显著相关；现代主义文化则相反，与早期创业活动（r = -0.20，n. s.）和成熟期创业活动（r = -0.06，n. s.）均无显著相关，但与高期望创业活动（r = 0.46，p < 0.05）和高创新创业活动（r = 0.31，p < 0.10）正相关。这一结果为假设 1 和假设 3 提供了初步支持。

表 1 描述性统计和相关系数

	均值	方差	N	1	2	3	4	5	6	7	8	9	10	11	12	13
1. Log 人均 GDP	4.20	0.32	42													
2. 创业框架	28.04	16.51	42	-0.39**												
3. 传统主义文化	4.74	0.40	42	-0.76***	0.26											
4. 现代主义文化	4.07	0.47	42	0.38**	-0.72***	-0.44**										
5. 小团体集体主义	5.03	0.75	42	0.72***	0.28	0.93***	-0.48**									
6. 人际关系导向	4.03	0.47	42	-0.40**	-0.16	0.47**	0.17	0.17								
7. 权力差距	5.16	0.39	42	-0.49**	0.45**	0.73***	-0.64***	0.72***	-0.10							
8. 绩效导向	4.11	0.43	42	0.18	-0.68***	-0.16	0.83***	-0.21	0.26	-0.42**						
9. 未来导向	3.90	0.50	42	0.34*	-0.60***	-0.39*	0.92***	-0.41**	0.17	-0.60***	0.68***					
10. 不确定性规避	4.21	0.65	42	0.44**	-0.68***	-0.56**	0.92***	0.60***	0.06	-0.65**	0.62***	0.79***				
11. 早期创业活动	10.22	6.99	42	-0.65***	0.2	0.61***	-0.20	0.45**	0.53***	0.37*	0.06	-0.25	-0.30			
12. 成熟期创业活动	6.98	-3.96	42	-0.42**	0.06	0.47**	-0.06	0.30	0.51**	0.22	0.12	-0.11	-0.12	0.71**		
13. 高期望创业活动	8.99	3.58	31	0.45**	-0.32	-0.29	0.46*	-0.29	0.16	-0.41*	0.37	0.39*	0.45*	-0.03	0.05	
14. 高创新创业活动	11.46	6.36	38	0.03	-0.27	0.01	0.31+	-0.02	0.14	-0.08	0.41*	0.28	0.19	0.29	-0.05	0.39*

注：*** 表示显著性水平 $p<0.001$；** 表示显著性水平 $p<0.01$；* 表示显著性水平 $p<0.05$；+ 表示 $p<0.10$。

表 2 报告了运用层次回归分析检验传统主义文化、现代主义文化及其与人均 GDP 的交互项在解释四种不同类型的创业活动时的结果。研究发现，传统主义文化与早期创业活动（$\beta = 0.37$，$p < 0.10$）和成熟期创业活动（$\beta = 0.44$，$p < 0.05$）正相关。更进一步，传统主义文化和 GDP 的交互项与早期创业活动（$\beta = -0.34$，$p < 0.05$）和成熟期创业活动（$\beta = -0.42$，$p < 0.05$）负相关。这个发现支持了研究假设 1 和研究假设 2。从图 2、图 3 来看，在中低 GDP 国家，传统主义文化有助于提高早期创业活动和成熟期创业活动，而在高 GDP 国家，传统主义文化对创业活动的数量没有显著的影响。

表 2 显示现代主义文化与衡量创业活动数量的两个指标早期创业活动（$\beta = 0.14$，n. s.）和成熟期创业活动之间的关系都不显著（$\beta = 0.10$，n. s.），但是，现代主义文化与衡量高质量创业活动的两个指标高期望创业活动（$\beta = 0.60$，$p < 0.05$）和高创新创业活动（$\beta = 0.48$，$p < 0.10$）之间都存在正相关。不过对于高创新创业活动而言，模型 2 中回归方程 ΔR^2 不显著，所以，只能说假设 3 得到了部分支持。同时，现代主义文化与 GDP 的交互项在解释高水平创业活动的时候并不显著（与高期望创业活动之间的 $\beta = 0.06$，n. s.；与高创新创业活动之间的 $\beta = 0.13$，n. s.），即假设 4 没有得到支持。

表 2　分层回归结果：基于 GLOBE 项目的数据分析

	早期创业活动			成熟期创业活动			高期望创业活动			高创新创业活动		
	模型 1	模型 2	模型 3	模型 1	模型 2	模型 3	模型 1	模型 2	模型 3	模型 1	模型 2	模型 3
创业框架条件	0.13	-0.07	-0.01	-0.07	-0.14	-0.06	-0.32+	0.23	0.21	-0.29	0.06	0.03
Log 人均 GDP		-0.41+	-0.21		-0.08	0.18		0.62*	0.59+		0.31	0.23
传统主义文化		0.37+	0.49*		0.44*	0.58*		0.33	0.33		0.40	0.43
现代主义文化		0.14	0.02		0.10	-0.01		0.60*	0.56		0.48+	0.43
Log 人均 GDP × 传统主义文化			-0.34*			-0.42*			0.01			0.10
Log 人均 GDP × 现代主义文化			0.08			-0.08			0.06			0.13
ΔR^2		0.40***	0.11*		0.21	0.13		0.32*	0		0.11	0.02
R^2	0.02	0.42	0.52	0.01	0.21	0.34	0.10	0.42	0.42	0.08	0.19	0.21
调整 R^2	0	0.35	0.43	-0.02	0.11	0.21	0.07	0.31	0.25	0.05	0.07	0.02
F	0.66	6.09***	5.84*	0.15	2.16+	2.58*	2.88+	3.97*	2.42+	2.70	1.59	1.08

注：*** 表示显著性水平 $p < 0.001$；** 表示显著性水平 $p < 0.01$；* 表示显著性水平 $p < 0.05$；+ 表示 $p < 0.10$。

七、讨论

（一）结论与贡献

各个国家创业活动的活跃程度差异很大，而且这种模式在相当长的时间内保持相对稳定（Freytag 和 Thurik，2007），这种现象吸引了不同领域的研究者从不同的理论视角来寻找解释。本文试图从国家文化的角度来解释这一现象，因为国家文化的因素经常被忽视，没有得到很好的研究（Hayton 等，2002）。特别是，跨文化研究表明，国家文化在创业活动中扮演的角色很复杂，我们应该超越简单的主效应研究范式，进入交互作用的研究范式中。总体来说，我们的研究表明，各个国家创业活动的差异可以用国家文化与经济发展水平之间的匹配关系来解释。

已有的文献认为传统主义文化对创业活动有抑制作用，因为传统主义文化所代表的集体主义、权力差距和人际关系导向与追求冒险、创新、竞争和个人回报的创业精神很不一致。我们的研究发现，在发达国家，这种理论假设也许是正确的，传统主义文化在经济发达国家与早期创业活动和成熟期创业活动之间呈微弱的负相关。但是，在发展中国家，传统主义文化事实上可以促进早期创业活动和成熟期创业活动。我们推测，可能是因为前人的研究样本主要局限在发达国家，所以才产生这种刻板印象，而这是需要纠正的。

此外，已有的文献认为现代主义文化（典型的特点是绩效导向、未来导向和不确定性导向）应该与一个国家的创业活动紧密相关，但是我们的研究发现，现代主义文化与创业活动的数量（早期创业活动和成熟期创业活动）没有显著性关系，只是与创业活动的质量有显著的正相关关系。这一令人困惑的发现可以借助于文化“激励—保健”类比假说得到解释。在任何一个社会中，都存在着继承来自农业社会的传统主义文化和来自于工业社会及信息社会的现代主义文化，这两种文化相互冲突，又相互协调。传统主义文化扮演了“保健因素”的作用，产生了更多数量的创业活动，而现代主义文化则扮演了“激励因素”的作用，将创业活动带向一个更高的水平。

不过，我们关于国家经济发展水平增强现代主义文化与创业活动质量之间正相关关系的假设并未得到实证支持。这说明现代主义文化与高创新创业活动和高期望创业活动之间的正相关关系不受国家经济发展水平的影响，而是普适性的。我们认为，可能的解释至少有两种。第一，本文的样本量太小，降低了统计功效（Statistical Power），使得交互效应事实上存在，但是比较弱小的时候无法被敏锐地识别出来（Aguinis，1995）。第二，可能有其他更合适的理论观点。仔细分析数据（请参考附录 1），我们发现，现代主义文化比较弱的国家既包括欧洲的法国、意大利、希腊、葡萄牙和西班牙，也包括拉丁美洲的墨西哥、巴西、阿根廷、哥伦比亚、厄瓜多尔等，还包括俄罗斯、哈萨克斯坦、波兰、斯洛文尼亚等，以及亚洲的泰国、韩国、文莱和土耳其等。这些国家的经济发展水平（人均GDP）有高有低，但就文化特点而言，这些国家要么是天主教或者东正教占主导地位的国家，要么是受佛教、儒教和伊斯兰教影响深远的国家，没有一个是基督教新教伦理占主导地位的国家。相反，很多现代主义文化比较强的国家都信奉新教伦理，这在某种程度上又一次印证了马克斯·韦伯关于新教伦理对资本主义兴起和发展影响显著的观点（Weber，1930）。

最后，我们要说，本文的部分发现与 Stephan 和 Uhlaner（2010）的研究也有异曲同工之处。这两位学者同样基于 GEM 的数据，发现"社会支持性文化"（其典型特点是高人际关系导向和低恃强性）在解释 40 个国家的早期创业活动的时候扮演了重要的角色，而"基于绩效的文化"（Performance-based Culture），典型特点是高绩效导向、高未来导向、高不确定性规避、低小团体集体主义和低权力差距）对创业活动没有多大的解释能力，而只与商机的存在和创业的制度环境之间存在正相关关系。

（二）研究的局限性和未来的研究方向

本文是为数很少的几个关于国家文化与创业活动之间关系的研究之一。我们的研究表明，创业研究必须把文化的因素包括进来，而且文化与创业活动之间的关系非常复杂，需要采用权变理论模型，研究其中可能的调节变量的作用。

本文存在一定的不足之处。第一，虽然本文的样本量相比前人的研究已经有了显著的提高（N=42），但还是比较有限。有限的样本量不但限制了研究结论的普适性，而且也使得统计检验的效力下降，很难发现显著的交互作用（Aguinis，1995）。不过，因为本文的数据来自于两个完全独立的数据库，所以，不存在同源偏差的问题。

第二，本文中的自变量和因变量的测量都是基于国家层面上效度和信度都很好的测量工具，两者之间的关系匹配得很恰当。但是，文化是一个多层次的现象（Erez 和 Gati，2004），包括国家文化、区域文化、组织文化以及个体层面的文化导向（Individual Cultural Orientation）等，国家层面上的文化如何直接或者间接影响个体层面上的创业者的决策和行为？目前还缺乏实证和理论的研究，未来的研究可以关注这一点。特别是，我们需要提醒读者不应该把国家层面上的研究结论推广到个体层面上去。

第三，对于中国和印度这样的大国来说，区域文化差异很大，同时各个区域的创业活跃程度和创业类型差异也很大（高建、颜振军、秦兰等，2007；张玉利、杨俊、戴燕丽，2012），这恰好提供了一个完美的样本，有可能让我们在区域文化的层次上进一步来检验本文所提出的"文化影响创业活动"的权变理论模型。

第四，虽然本文只关注文化习俗对创业活动的影响，认为文化习俗对创业活动的影响更大、更直接、更容易观察，但是，我们也不否认文化价值观对创业活动的影响作用。未来的研究者可以比较文化价值观和文化习俗对创业活动的影响结果和机制，甚至可以研究文化价值观和文化习俗之间的冲突和差异的"张力"如何影响创业活动。

第五，基于社会学里对传统性和现代性的研究，我们提出了传统主义文化和现代主义文化，试图从管理学和心理学的视角对这两个概念进行跨文化比较研究。我们将这两个概念与 GLOBE 研究中的六个单独的文化维度联系了起来，采用综合的方法来描述国家文化。这种研究方法非常具有创新性，也与近期的其他一些研究进展非常一致（Hofstede，2001；Stephan 和 Uhlaner，2010）。同时，研究结果也令人鼓舞，其中一个最明显的例证是，采用综合性的文化概念比采用单独的文化维度对创业活动的解释和预测能力更强，理论更简洁（请参考表 1 中的相关系数；此外，基于单独文化维度的事后分析虽然也显示出一致性的模式，但有的文化维度的回归系数并不是很显著）。但是，我们可能需要在概念上对传统主义文化和现代主义文化做进一步精练和完善，未来的研究可以在这个方向上继续努力。

（三）实践应用

我们的研究发现有重要的实践意义和应用价值。截至目前，关于创业的理论主要都是在西方发达国家发展起来的，没有考虑到文化环境和经济发展水平的影响，认为目前的理论在全世界范围内是普适的。而我们的研究表明，文化影响创业活动的方式与一个国家的经济发展水平有关系。在一个国家被认为是功能正常的政策、文化和行为方式等，在另外一个国家可能完全是功能失调的。因此，我们不能错误地建议，只有培育西方类型的文化（如崇尚个体主义和不确定性的规避）才能促进创业活动。相反，在不同的国家可以有不同的促进创业活动的政策措施，我们需要考虑国家文化的特殊性和国家的经济发展水平。也许这可以算是“有中国特色的社会主义道路”的一个文化解释吧。

此外，我们的研究结论，即传统主义文化与创业活动的数量紧密相关，而现代主义文化与创业活动的质量紧密相关，有重要的现实意义。众所周知，中国和印度等发展中国家创业活动的活跃程度远远超过欧美国家，但是创业活动的质量却很低，充满了大量的生存驱动型创业和低水平的“山寨”产品等。如果我们的研究结论能经得起时间和实践的考验，那么，这个发现透露出一种令人沮丧的信息，即传统主义文化占主导地位的发展中国家，很容易产生数量众多的创业活动，但却很难提高自己的创业活动的质量。发展中国家要想能培育出一大批高质量创新型的创业活动，在很大的程度上取决于整个社会是否能从高传统主义文化、低现代主义文化向低传统主义文化、高现代主义文化进行转型，或者过渡到一个高传统主义文化、高现代主义文化的国家。虽然这不是不可能的，但也是非常艰难而漫长的。因为一个国家的文化是非常稳定的，就像大海中的洋流，可能需要几个世纪才能有显著的变化（布罗代尔，2003）。为了加速这一个过程，政府、企业和学校在建设和培育创新型社会、创新型企业和创新型人才的时候，应该特别强调关于未来导向、业绩导向和对不确定性的规避等文化价值观和文化习俗的培养。

附录1：本文中所涉及的国家（地区）以及相应的传统主义文化和现代主义文化分数

附表1　本文中所涉及的国家（地区）以及相应的传统主义文化和现代主义文化分数

国家（地区）	传统主义文化	现代主义文化
奥地利	4.51	4.69
澳大利亚	4.40	4.28
加拿大	4.52	4.50
丹麦	3.95	4.63
芬兰	4.31	4.36
法国	4.35	4.04
德国	4.32	4.49
希腊	4.67	3.33
中国香港	4.73	4.40
爱尔兰	5.08	4.21
以色列	4.51	3.98
意大利	4.67	3.54
日本	4.68	4.19
新西兰	4.29	4.31
荷兰	3.89	4.54
葡萄牙	4.95	3.74
新加坡	4.71	5.09
斯洛文尼亚	4.85	3.68
西班牙	4.76	3.83
瑞典	4.20	4.48
瑞士	4.16	5.01
英国	4.32	4.34
美国	4.43	4.26
中国	5.07	4.38
匈牙利	4.72	3.25
印度	5.32	4.20
哈萨克斯坦	4.85	3.60
波兰	4.74	3.54
俄罗斯	5.03	3.05
泰国	5.38	3.76

续表

国家（地区）	传统主义文化	现代主义文化
土耳其	5. 13	3. 73
阿根廷	5. 05	3. 46
巴西	4. 72	3. 82
哥伦比亚	5. 00	3. 59
厄瓜多尔	5. 35	3. 88
文莱	5. 06	3. 37
墨西哥	4. 97	4. 05
南非	4. 47	4. 45
印度尼西亚	5. 18	4. 15
韩国	4. 99	4. 02
马来西亚	5. 18	4. 57
菲律宾	5. 61	4. 17

附录2：基于“世界价值观调查”（World Values Survey）的重复性验证研究

为了进一步检验本文的理论和结果，我们又采用了另外一项著名的跨文化研究“世界价值观调查”（World Values Survey，WVS）（Inglehart 和 Welzel，2005）中的数据，检验本文的结论是否可以得到重复验证。WVS 研究是一项研究价值观变迁，以及价值观对社会生活、经济生活和政治生活影响的长期跟踪研究。1981 ~ 2007 年，每五年左右收集一次数据，目前已经收集了 5 轮数据，总共有 97 个国家参与，覆盖了全世界 90% 的人口。WVS 尤其在社会学和政治学领域影响显著。

WVS 研究发现，两个基本文化价值观维度主宰着世界文化地图，可以解释超过 70% 的，由具体的、单个的文化维度所产生的方差变异。它们分别是：①传统价值观—世俗理性价值观（Traditional VS. Secular-rational Values）；②生存价值观—自我表达价值观（Survival VS. Self-expression Values）。传统价值观—世俗理性价值观反映的是两种对立的价值取向。传统价值观强调宗教的重要性、父亲—孩子之间的关系联结、传统的家庭观念、对权威的服从等。传统价值观反对离婚、堕胎、安乐死和自杀等。传统主义价值观盛行的社会有较强的国家自豪感和民族主义前景，而世俗理性主义价值观盛行的社会刚好在上面所有的主题上都与之相反。至于自我表达价值观，反映了社会从工业社会向后工业社会的转型。在过去的几十年里，许多发达国家积累了前所未有的社会财富，个人生存在发达国家里变成了一个理所当然的事情，因此，社会关注的焦点已经从关注经济安全和人身安全转向了强调主观幸福感、自我表达和生活质量。

很显然，WVS 研究中的“传统价值观—世俗理性价值观”和本文中所提出的传统主义文化在概念上非常一致（但是在计分方法上相反，即得分越高，表示传统价值观越低。相关分析显示传统价值观—世俗理性价值观与传统主义文化高度负相关），而 WVS 研究中的“生存价值观—自我表达价值观”和本文中的现代主义文化却没有什么概念上的对应关系。因此，我们采用了 2006 年 WVS 研究的数据，运用同样的方法，分析了 WVS 中的“传统价值观—世俗理性价值观”与 GLOBE 研究中早期创业活动和成熟期创业活动之间的关系。

数据分析结果（请参见附表 2）表明，传统价值观—世俗理性价值观与早期创业活动之间负相关（$\beta = -0.33$，$p < 0.01$）。在控制了创业框架条件和主效应以后，传统价值观—世俗理性价值观与人均 GDP 之间的交互作用项与早期创业活动之间正相关（$\beta = 0.33$，$p < 0.01$）。此外，虽然传统价值观—世俗理性价值观与成熟期创业之间没有显著性的关系（$\beta = -0.08$，n. s.），但是传统价值观—世俗理性价值观和人均 GDP 之间的交互作用与成熟期创业活动之间正相关（$\beta = 0.31$，$p < 0.05$）。由此表明，至少在传统主义文化这个文化维度上，本文的理论和实证结果都是可以重复的。

附表 2　回归分析结果：基于“世界价值观调查”的重复性验证研究

	早期创业活动			成熟期创业活动		
	模型 1	模型 2	模型 3	模型 1	模型 2	模型 3
创业框架条件	0.15	-0.03	-0.09	0.05	-0.08	-0.18
Log 人均 GDP		-0.42**	-0.31*		-0.33	-0.25
WVS 传统价值观		-0.33**	-0.43**		-0.08	-0.18
Log 人均 GDP × WVS 传统价值观			0.33**			0.31*
ΔR^2		0.40***	0.09**		0.12	0.07*
R^2	0.02	0.43	0.51	0.00	0.12	0.19
调整 R^2	0.00	0.39	0.47	-0.02	0.06	0.12
F	1.12	11.34***	11.83***	0.12	1.99	2.58*

注：* 表示 p<0.5，** 表示 p<0.1，*** 表示 p<0.001。

参考文献

[1] 布罗代尔．文明史纲 [M]．桂林：广西师范大学出版社，2003.

[2] 高建，颜振军，秦兰，程源．中国城市创业观察报告 [M]．北京：清华大学出版社，2007.

[3] 张玉利，杨俊，戴燕丽．中国情境下的创业研究现状探析与未来研究建议 [J]．外国经济与管理，2012 (1).

[4] Acs Z. J., Arenius P., Hay M. and Minniti M. Global Entrepreneurship Monitor: 2004 Executive Report [C]. Babson College, Babson Park, MA, USA/London Business School, London, UK, 2004.

[5] Aiken L. S., West S. G. and Reno R. R. Multiple Regression: Testing and Interpreting Interactions

[M]. SAGE Publications, Newbury Park, Calif, 1991.

[6] Aguinis H. Statistical Power Problems with Moderated Multiple Regression in Management Research [J]. Journal of Management, 1995 (21): 1141 - 1158.

[7] Autio E. Global Entrepreneurship Monitor: 2007 Global Report on High - Growth Entrepreneurship [R]. Babson College, Babson Park, MA, USA/London Business School, London, UK, 2007.

[8] Baker C. Cultural Studies: Theory and Practice [M]. SAGE Publications, London, 2005.

[9] Bhawuk D. and Udas A. Entrepreneurship and Collectivism: A Study of Nepalese Entrepreneurs [M]. In J. Pandey, D. Sinha and D. Bhawuk (Eds.). Asian Contributions to Cross - Culture Psychology, New Delhi, SAGE Publications, 1996: 307 - 317.

[10] Bosma N. and Harding R. Global Entrepreneurship Monitor: GEM 2006 Summary Results [R]. Babson College, Babson Park, MA, USA/London Business School, London, UK, 2006.

[11] Bosma N., Jones K., Autio E. and Levie J. Global Entrepreneurship Monitor: 2007 Executive Report [R]. Babson College, Babson Park, MA, USA/London Business School, London, UK, 2007.

[12] Davidsson P. Culture, Structure and Regional Levels of Entrepreneurship [J]. Entrepreneurship & Regional Development, 1995, 7 (1): 41 - 62.

[13] Davidsson P. and Wiklund J. Values, Beliefs and Regional Variations in New Firm Formation Rates [J]. Journal of Economic Psychology, 1997, 18 (2 - 3): 179 - 199.

[14] Davidsson P. and Wiklund J. Conceptual and Empirical Challenges in the Study of Firm Growth [M]. In D. L. Sexton (Eds.). Handbook of Entrepreneurship, Hans landstroem, Blackwell, 2000: 26 - 44.

[15] Dawson J. F. and Richter A. W. Probing Three - Way Interactions in Moderated Multiple Regression: Development and Application of a Slope Difference Test [J]. Journal of Applied Psychology, 2006 (91): 917 - 926.

[16] Delanty G. Modernity [M]. In G. Ritzer (Eds.), Blackwell Encyclopedia of Sociology, Blackwell Publishing, Malden, 2007.

[17] Dwyer S., Mesak H. and Hsu M. An Exploratory Examination of the Influence of National Culture on Cross - National Product Diffusion [J]. Journal of International Marketing, 2005, 13 (2): 1 - 27.

[18] Erez M. and Gati E. A Dynamic, Multilevel Model of Culture: From the Micro Level of the Individual to the Macro Level of a Global Culture [J]. Applied Psychology, 2004, 53 (4): 583 - 598.

[19] Fang T. A Critique of Hofstede's Fifth National Culture Dimension [J]. International Journal of Cross - Cultural Management, 2003, 3 (3): 347 - 368.

[20] Freytag A. and Thurik R. Entrepreneurship and its Determinants in a Cross - Country Setting [J]. Journal of Evolutionary Economics, 2007, 17 (2): 117 - 131.

[21] Gelekanycz M. A. The Salience of "Culture Consequences": The Effect of Cultural Values on Top Executive Commitment to the Status Quo [J]. Strategic Management Journal, 1997 (18): 615 - 634.

[22] Giddens A. Conversations with Anthony Giddens: Making Sense of Modernity [M]. California: Stanford University Press, 1998.

[23] Gusfield J. R. California: Tradition and Modernity: Misplaced Polarities in the Study of Social Change [J]. The American Journal of Sociology, 1998, 72 (4): 351 - 362.

[24] Hayton J. C., George G. and Zahra S. A. National Culture and Entrepreneurship: A Review of Be-

havior Research [J]. Entrepreneurship Theory and Practice [summer], 2002: 33 - 52.

[25] Herzberg F. One More Time: How Do You Motivate Employees [J]. Harvard Business Review, 1968, 46 (1): 53 - 62.

[26] Hill J. S. Modern - Traditional Behaviors [J]. Journal of Transnational Management Development, 2000, 5 (3): 3 - 21.

[27] Hofstede G. Culture's Consequences, 1st ed. [M]. SAGE Publications, Beverly Hills, 1980.

[28] Hofstede G. Culture's Consequences, 2nded. [M]. SAGE Publications, Thousand Oaks, Calif, 2001.

[29] House R., Hanges P., Javidan M., Dorfman P. and Gupta V. Culture, Leadership and Organizations: The GLOBE Study of 62 Societies [M]. SAGE Publications, International Educational and Professional Publisher, London, 2004.

[30] House R., Javidan M., Hanges P. and Dorfman P. Understanding Cultures and Implicit Leadership Theories across the GLOBE: An Introduction to Project of GLOBE [J]. Journal of World Business, 2002 (37): 3 - 10.

[31] IMF. World Economic Outlook Database, April 2007, International Monetary Fund, 2007.

[32] Inglehart R. and Baker W. E. Modernization, Cultural Change and the Persistence of Traditional Values [J]. American Sociological Review, 2000 (65): 19 - 51.

[33] Jansson H., Johanson M. and Ramstroem J. Institutions and Business Networks: A Comparative Analysis of the Chinese, Russian, and West European Markets [J]. Industrial Marketing Management, 2007 (36): 955 - 967.

[34] Kirzner I. M. Entrepreneurial Discovery and the Competitive Market Process: An Austrian Approach [J]. Journal of Economic Literature, 1997, 35 (1): 60 - 85.

[35] Knight F. Risk, Uncertainty and Profit [M]. Hougthon Mifflin, New York, 1921.

[36] Lee S. H., Peng M. W. and Barney J. B. Bankruptcy Law and Entrepreneurship Development: A Real Options Perspective [J]. The Academy of Management Review, 2007, 32 (1): 257 - 272.

[37] Levie J. and Hunt S. Culture, Institutions and New Business Activity: Evidence from Global Entrepreneurship Monitor, In: Frontiers of Entrepreneurship Research 2004: Proceedings of the Twenty - fourth Annual Entrepreneurship Research Conference [R]. Babson College, Babson Park, USA, 2004: 519 - 533.

[38] McClelland D. C. The Achieving Society, Princeton [M]. NJ: Van Norstrand, 1961.

[39] McMullan J. S. and Shepherd D. A. Entrepreneurial Action and the Role of Uncertainty in the Theory of the Entrepreneur [J]. Academy of Management Review, 2006, 31 (1): 132 - 152.

[40] Minniti M., Bygrave W. D. and Autio E. Global Entrepreneurship Monitor: 2005 Executive Report [R]. Babson College, Babson Park, MA, USA/London Business School, London, UK, 2005.

[41] Morris M. H., Avila R. A. and Allen J. Individualism and the Modern Corporation: Implications for Innovation and Entrepreneurship [J]. Journal of Management, 1993, 19 (3): 595 - 612.

[42] Muller S. L. and Thomas A. S. Culture and Entrepreneurial Potential: A Nine Country Study of Locus of Control and Innovativeness [J]. Journal of Business Venturing, 2000 (16): 51 - 75.

[43] North D. C. Understanding the Process of Economic Change, Princeton [M]. NJ: Princeton University Press, 2005.

[44] Reynolds P. D. , Bygrave W. D. , Autio E. and Hay M. Global Entrepreneurship Monitor: 2002 Summary Report [R]. Babson College, Ewing Marion Kauffman Foundation, London Business School, 2002.

[45] Reynolds P. D. , Bygrave W. D. , Autio E. and Others A. Global Entrepreneurship Monitor 2003 Executive Report [R]. London Business School, 2003.

[46] Reynolds P. D. , Camp S. M. , Bygrave W. D. , Autio E. and Hay M. Global Entrepreneurship Monitor: 2001 Summary Report [R]. London Business School and Babson College, 2001.

[47] Schloesser O. , Frese M. and Al. E. Humane Orientation as a New Cultural Dimension: A Validation Study on the GLOBE Scale in 25 Countries [M]. Manuscript, 2010.

[48] Schumpeter J. The Theory of Economics Development [M]. Harvard University Press, Cambridge, MA, 1934.

[49] Schwartz S. H. Universals in the Content and Structure of Values: Theoretical Advances and Empirical Tests in 20 Countries [M]. In M. P. Zanna (Ed.), Advances in Experimental Social Psychology, New York: Academic Press, 1992 (25): 1 -66.

[50] Shane S. Why Do some Societies Invent More than Others? [J]. Journal of Business Venturing, 1992, 7 (1): 29 -46.

[51] Shane S. Cultural Influences on National Rates of Innovation [J]. Journal of Business Venturing, 1993, 8 (1): 59 -73.

[52] Shane S. Uncertainty Avoidance and the Preference for Innovation Championing Roles [J]. Journal of International Business Studies, 1995: 47 -68.

[53] Shane S. and Venkataraman S. The Promise of Entrepreneurship as a Field of Research [J]. Academy of Management Review, 2000, 25 (1): 217 -226.

[54] Shane S. , Venkataraman S. and MacMillan I. C. Cultural Differences in Innovation Championing Strategy [J]. Journal of Management, 1995 (21): 931 -952.

[55] Stephan U. and Uhlaner L. M. Performance - Based VS. Socially Supportive Culture: A Cross - National Study of Descriptive Norms and Entrepreneurship [J]. Journal of International Business Studies, 2010, 41 (8): 1347 - 1364.

[56] Triandis H. C. Dimensions of Culture beyond Hofstede [M]. In H. S. Vinken & P. Ester (Eds.), Comparing Cultures: Dimensions of Culture in a Comparative Perspective, Leiden, The Netherlands: Brill Publishers, 2003.

[57] Tung R. L. , Walls J. and Frese M. Cross - Cultural Entrepreneurship: The Case of China [M]. In J. R. Baum, M. Frese & R. A. Baron (Eds.), The Psychology of Entrepreneurship, Mahwah, NJ: Lawrence Erlbaum Associates, 2007.

[58] Weber M. The Protestant Ethic and the Spirit of Capitalism [M]. Scribners, New York, 1930.

[59] Wennekers S. , Thurik R. , Van Stel A. and Noorder Haven N. Uncertainty Avoidance and the Rate of Business Ownership across 21 OECD Countries: 1976 - 2004 [J]. Journal of Evolutionary Economic, 2007 (17): 133 - 160.

[60] Xin K. and Pearce J. Guanxi: Connections as Substitutes for Formal Institutional Support [J]. Academy of Management Journal, 1996, 39 (6): 1641 - 1658.

[61] Zhao X. Y. , Frese M. and Giardini A. Business Owners' Network Size and Business Growth in Chi-

na: The Role of Comprehensive Social Competency [J]. Entrepreneurship & Regional Development, 2010, 22 (7-8): 675-705.

[62] Inglehart R. and Welzel C. Modernization, Cultural Change and Democracy: The Human Development Sequence [M]. Cambridge University Press, NY, 2005.

The Differences among Countries (Regions) in Entrepreneurial Activity: The Interaction Effect between Culture and the Level of a Country (Regions)'s Economic Growth

Zhao Xiangyang Li Hai Andreas Rauch

Abstract: In this paper, we try to interpret cross - country differences in entrepreneurial activities from the perspective of national culture. Datasets from Global Leadership and Organizational Behavior Effectiveness (GLOBE) project and Global Entrepreneurship Monitor (GEM) study were analyzed. We find that there are interaction effects between several cultural dimensions and GDP on entrepreneurial activities. Contrary to the previous findings, we find that more traditional cultures (high in - group collectivism, high humane orientation and high power distance) enhance early - stage entrepreneurship and established entrepreneurship in low - and - medium GDP countries, but hinder early - stage entrepreneurship and established entrepreneurship in high GDP countries. More modernistic cultures (highperformance orientation, high future orientation and high uncertainty avoidance) are marginally significantly related to high - expectation entrepreneurship and high - innovation entrepreneurship. Implications and limitations are discussed.

Key Words: Entrepreneurial Activity; National Culture; Traditional Culture; Modernist Culture; GEM Research; GLOBE Research

商业模式内涵与研究框架建构*

魏 江 刘 洋 应 瑛

【摘 要】本文从企业"内部过程"、"外部交易"和"系统整合"三个视角综述了商业模式的相关研究，梳理商业模式的内涵特征，并定义商业模式为描述价值主张、价值创造和价值获取等活动连接的架构，该架构涵盖了企业为满足客户价值主张而创造价值，并获取价值的概念化模式，以此为基础，文章最后构建了基于系统范式的商业模式研究框架，试图回答商业模式对企业竞争优势获取和保持的作用机制。

【关键词】商业模式；定义；一般框架

一、引言

随着IT技术与电子商务的迅猛发展，商业模式创新成为理论和实践界的热门话题。2005年Economist Intelligence Unit的一项调查显示，超过50%的高管认为，对于企业的成功而言，商业模式创新比产品和服务创新显得更为重要[1]。相对于商业实践，对商业模式的理论研究相对滞后，从概念演化的视角来看，早期多集中于电子商务领域[2]。而后，随着互联网泡沫破灭，大量电子商务企业倒闭，以及一大批非互联网公司（例如Dell）依靠其独特的商业模式而崛起，有关商业模式的理论研究对象才逐渐扩展到一般企业领域。综观现有研究成果，或基于创业型企业（Doganova，2009）[3]，或基于成熟企业

---

* 基金项目：国家社会科学基金重大项目《二次创新—组合创新—全面创新：中国特色自主创新道路研究》（编号：07&ZD022）；国家自然科学基金项目《文化根植性与产业集群演变轨迹的关联机理研究》（编号：70773099）。

作者简介：魏江（1970～），男，浙江诸暨人，浙江大学管理学院教授，博士研究生导师，研究方向为服务创新、技术创新。

刘洋（1987～），男，陕西神木人，浙江大学管理学院博士研究生，研究方向为商业模式创新、服务创新。

应瑛（1987～），女，浙江诸暨人，浙江大学管理学院博士研究生，研究方向为商业模式创新、技术创新。

(Johnson 等，2008)[1]，或基于电子商务企业（Timmers，1998；Weill 和 Vitale，2001)[4,5]，研究者们都试图探究“商业模式是什么”，以及“商业模式如何为企业获取和保持竞争优势做出贡献”等问题。

随着研究深入，有文献开始聚焦于商业模式作为一个影响绩效的权变因子，试图去探究商业模式与其他因子之间的匹配关系对绩效的影响（如 Zottand Amit[6] 以及 Patzelt 等[7]）。特别地，商业模式创新与企业战略的匹配、商业模式创新与技术创新的匹配等已成为现有研究的热点。如图 1 所示，商业模式与环境的各个变量、组织结构、技术以及市场战略选择等权变因子一样，对企业绩效有重大影响[6]。同时，为了保持竞争性，企业需要不断开发和调整其商业模式以适应发展，由此，衍生出商业模式的另一研究焦点，即商业模式的动态演化过程[9-12]。

那么，商业模式能否成为企业可持续竞争优势的来源？即商业模式能否作为企业有价值、稀缺的、不可模仿和不可替代的资源[13]，创造出可持续的竞争优势？本文聚焦商业模式这一核心概念，试图通过回答“什么是商业模式”、“商业模式如何为企业获取和保持竞争优势做出贡献”这两个问题深化现有理论。本文安排如下：首先，通过企业“内部过程”、“外部交易”、“系统整合”三个视角，分别对商业模式相关研究进行综述；其次，梳理商业模式的内涵特征，给出一个相对聚焦的操作定义；再次，以此为基础，深入剖析企业如何通过商业模式创新获取和保持竞争优势，从而建构基于系统范式的商业模式研究框架以明晰商业模式的外延；最后，指出商业模式的未来研究方向及趋势。

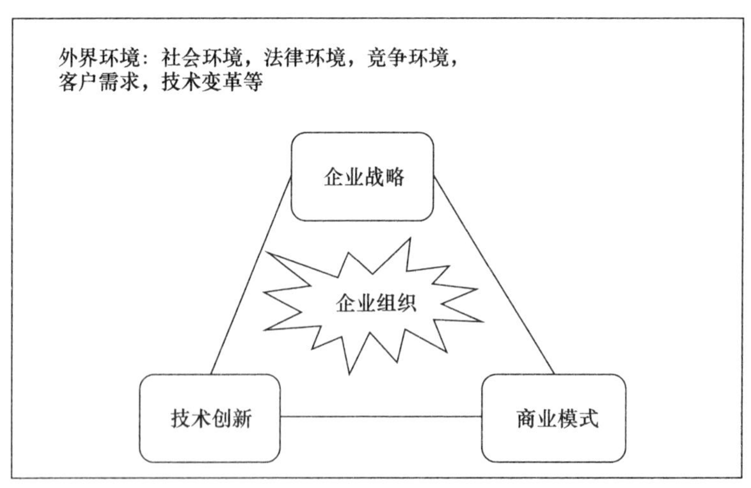

图 1 企业三角模型

资料来源：根据 Osterwalder（2004）修改整理。

二、商业模式的研究视角

商业模式的概念扩展了价值系统和战略定位的概念[2]，涉及资源观、战略网络、企业边界和交易成本经济学等理论[14]。下面分别从内部过程、外部交易以及系统整合等视角对商业模式现有研究进行梳理。

从内部过程视角看，研究者认为企业应该从内部过程出发，以盈利为目的来考虑企业的商业模式，同时，为实现这样的商业模式，企业需要进行内部活动和资源的整合。Morris[2]将商业模式定义梳理后，分为三个层次：①基本层，商业模式被定义为企业的经济模式，需要考虑盈利的逻辑，包括利润来源、成本结构等，例如，Stewart 和 Zhao 认为商业模式解决企业如何创造利润并持续获得利润流[15]。②运作层，商业模式代表了一个能使公司创造价值的架构，聚焦在内部程序和架构的设计上（如 Mayo 和 Brown[16]）。③市场战略层，Slywotzky[17]等强调企业可通过市场定位，增长机会以获得可持续竞争优势。总之，在内部过程视角下，重点强调价值提供、经济模式、内部基础设施或关联活动、目标市场等变量，而商业模式内涵也逐渐由经济层次、运营层次向战略层次延伸，即由初期从企业自身出发关注产品、营销、利润和流程，逐渐转向关注价值提供乃至市场细分、市场目标、价值主张等。

外部交易视角主要从与外部利益相关者交易角度出发定义商业模式。Weill 和 Vitale[5]提出商业模式是对公司的消费者、客户、同盟以及供应商角色与关系的描述，认为商业模式定义了公司的主要产品流、信息流、现金流以及参与者的主要利益关系。Amit 和 Zott[6,18-21,15]早期的系列理论和实证研究是外部交易视角的代表之作，他们基于电子商务企业，把商业模式定义为焦点公司和其合作伙伴间交易的结构、内容和治理，它代表了企业和合作伙伴间交易连接模式的概念化。

系统整合视角认为商业模式的各组成要素之间需要相互匹配以构成一个整体。有些学者从活动系统角度出发，寻找构成商业模式的核心活动，强调活动间的关系。例如 Morris 对以往研究中商业模式定义的构成要素进行了整合和梳理，发现“价值提供、经济模型、客户交互/关系、关系网络、内部结构、目标市场”等要素出现频率较高，并以此为基础，将商业模式定义为：企业如何在战略、结构、经济等领域做出相互关联的一系列抉择，以在一个特定的市场中创造可持续的竞争优势[2,22]。Amit 和 Zott 在最近的研究[18,20]中，跳出了外部交易视角，而逐渐演变为系统整合视角，认为商业模式是一些相互依赖的活动组成的一个系统，这个系统超越了企业本身，拓宽了企业的边界，使得企业以及它的合作伙伴创造价值并获取其中的一部分价值。另外一些学者（Chesbrough 等，2007）则从功能协同角度来定义商业模式[8,23]。他们认为商业模式应该包含价值主张、目标市场、价值链、盈利机制、价值网或者价值系统、竞争战略六项功能，企业可以从这些方面逐步改进商业模式。还有些学者从设计角度出发，认为商业模式是由基础层、专有层和规则层组成，并用三层次模型来描述创业企业商业模式的框架[2]。总之，从活动角度、功能角度、设计角度，系统整合视角下的理论强调商业模式是由许多要素组成的，这些要素之间协调与匹配从而构成的整体是商业模式的核心内容。

三、商业模式的内涵与外延

（一）商业模式的内涵界定

通过对以上三个视角的梳理，商业模式所涉及的内容更加清晰化，涌现出三个关键的特征，本文试图通过三个关键的特征分析，给出商业模式的操作性定义。

第一，商业模式涉及一系列运营活动。基于现有文献[24]对 1998~2003 年 12 个商业模式的定义进行亲和图法分析，删除其供应链管理、技术、信息系统领域的三个定义，加入 2003~2008 年的两个商业模式的定义，做进一步分析，以期找出商业模式所涉及的更准确的运营活动。结果显示（见图 2）商业模式的五大构成要素：价值主张、价值创造、价值获取、价值网、战略抉择。

第二，商业模式核心内容是客户价值主张、价值创造、价值获取。一个成功的公司能够找到一种为客户创造价值的方法，即帮助客户完成一件重要的工作[1]。客户价值主张有独特的、可测量的、可持续的特征，正确地建构和传递客户价值主张能够为企业绩效做出重要贡献[25]。价值创造的水平取决于目标客户对新任务、新产品或者新服务的新颖性和专有性的主观评价，即价值创造以客户价值主张为基础[26]。同时，对于企业来说，价值创造过程和价值获取过程是不同的[26]，企业创造的价值不一定能够被企业获取，价值获取过程也是企业商业模式的重要组成部分。因此，企业的主要目的是创造和获取价值[21]，而客户是价值的决断者[27]，客户价值主张、价值创造、价值获取构成了企业商业模式的核心内容。

第三，商业模式描述的是构成要素之间的一个架构（Architectural Configuration）。架构是对一个经济系统中经济代理和这些代理之间关系、连接方式和治理的抽象描述[28]。从企业内部过程视角看，学者们把商业模式看作利润架构、运作架构或者是战略市场架构，而从企业外部视角看，学者们更倾向于把商业模式看成是与客户、合作者、卖方之间交易的架构。商业模式作为一个架构系统，其可持续性要求商业模式组成要素之间具有一致性：内部一致性指企业内部主要活动的一致配置，外部一致性则指在给定外界环境条件下该架构的合理性[2]。如 Morris 等用案例说明了商业模式构成要素中提供物相关因素、市场因素、内部能力因素、竞争战略因素、经济因素和增长/退出因素之间的相互增强和一致性[2]。总之，成功的商业模式是一个比较稳定的系统，系统中的要素以一致和互补

的方式联合在一起。

如图 2 所示，在价值网关系中，企业通过客户价值需求分析，发现目标客户以及所需产出物，在此基础上整合企业资源和能力以创造价值、获取价值，而在整个过程中，企业需要做出不同的战略抉择。因此，本文把商业模式定义为一个描述客户价值主张、价值创造和价值获取等活动连接的架构，该架构涵盖了企业为满足客户价值主张而创造价值，最终获取价值的概念化模式。

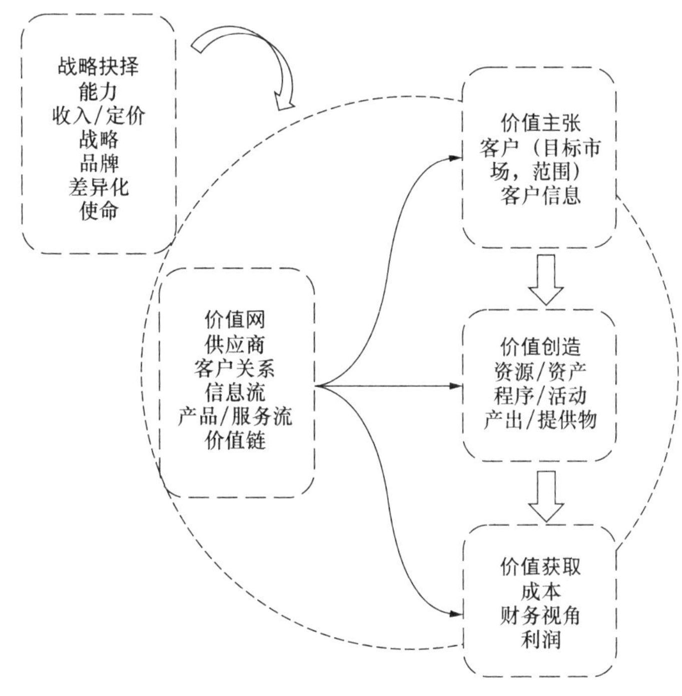

图 2　商业模式的构成要素

（二）商业模式与相近构念的区别

商业模式、市场战略、战略网络三者构念非常相近，均是影响企业绩效的重要权变因子[6,29]，为进一步明晰商业模式的概念，以下将其与市场战略、战略网络作对比分析。

首先，商业模式、市场战略和战略网络这三个构念的分析单位不同。商业模式描述了客户价值主张、价值创造和价值获取等活动连接的架构，其分析单位为客户、公司以及合作伙伴之间连接的架构[6,18]。市场战略是用来解释企业如何通过产品市场定位来实现和保持竞争优势的管理模式，其分析单位重点为公司行为[30-33]。战略网络则描述的是包括战略联盟、合资、长期的买卖合作关系等组成的对企业有着战略性重要意义的跨组织关系，其分析单位为企业网络[29]。

其次，商业模式、市场战略和战略网络三者回答的主要问题不同[1,2,23]。商业模式回答的问题是企业如何通过创造价值来满足客户价值主张，最终获取价值。具体地，商业模式回答的是如何连接产品和要素市场，采用哪种交易机制，调动哪些资源和能力，如何控制交易以获取价值等问题[18-21]。市场战略则主要回答企业应该采取何种定位，采用哪些战略，什么时候进入市场，卖什么产品给谁等[30]。战略网络则试图回答产业网络结构，网络关系，网络成员对企业如何影响，企业如何从自身战略网络中获取资源和能力，竞合战略如何选择以及战略网络如何动态演化等问题[29]。

最后，商业模式、市场战略和战略网络三者关注点不同。商业模式和市场战略都关注企业的内外部，但商业模式侧重于关注交易的连接架构，而市场战略侧重于企业在竞争中的活动和行为[6,30]。战略网络则是关注于企业外部网络，重点强调对企业合作关系的管理[29]。

表 1　商业模式与市场战略以及战略网络的对比

	商业模式	市场战略	战略网络
定义	描述客户价值主张、价值创造和价值获取等活动连接的架构，该架构涵盖了企业为满足客户价值主张而创造价值，最终获取价值的概念化模式	用来解释一个企业怎么通过在产品市场定位来实现和保持竞争优势的管理行为的模式	战略网络是由持久的跨组织的关系组成的，这些关系对于企业有着战略性的重要意义，包括战略联盟、合资、长期的供需合作关系，以及其他类似的关系
主要回答的问题	* 如何连接产品和要素市场 * 哪些团体应该被连接起来一起去开发商业机会，以及怎么和焦点公司连接起来进行交易（比如，采用哪种交易机制） * 哪些信息或者商品发生交换，哪些资源和能力应该调动起来使得交易能够发生 * 怎么控制团体间的交易，什么可以用来激励这些团体	* 比起竞争对手，应该采取什么样的定位 * 哪些一般战略应该采用（比如，成本领先或者差异化） * 什么时候进入市场 * 卖什么产品 * 客户是谁 * 什么地域的市场	* 产业网络结构、网络关系、网络成员对企业的影响 * 企业如何从自身战略网络中获取资源和能力 * 竞合战略如何选择以及成本分析 * 战略网络如何动态演化
分析单位	客户、公司、合作伙伴的架构	公司	网络
关注点	内/外部为主：关注交易连接架构	内/外部为主：关注企业在竞争中的活动和行为	外部为主：关注企业合作关系的管理

四、基于系统范式的商业模式研究框架构建

在梳理清楚商业模式的定义内涵与特征后，解析其对竞争优势的贡献就显得特别重要。本文将基于系统范式，试图通过回答“商业模式如何为企业获取和保持竞争优势做出贡献”来构建基于系统范式的商业模式研究框架。企业的主要目的是创造和获取价值[21]，而客户是价值的决断者[27]。资源观认为企业通过竞争优势的构建，由异质性的资源来驱动价值创造[32,33]，即有价值和稀缺的资源为价值创造提供基础，这些资源是难以模仿、不可替代以及难以价值可持续化的[13]。然而，仅仅持有这些资源不能保障竞争优势的构建以及价值的创造[32,33]。为了实现价值创造，企业必须积聚、整合并开发资源[34]。但是很少有理论解释企业或管理者为什么需要特定的资源，如何转换资源以创造价值[32]，价值应如何分配[26]这些问题。本文认为，描述客户价值主张、价值创造和价值获取架构的商业模式可作为一个合适的分析单元来回答这些问题，从而进一步深化资源观理论。

企业是一个复杂的具有多重信息反馈的非线性系统[35]，相对应的，企业商业模式创新过程涉及企业内部与外部诸多因素的交互作用，因此，企业商业模式对企业竞争优势的影响也是一个复杂的过程，这就要求我们在研究模型时充分考虑企业系统的复杂性、非线性和动态性。如图 3 所示，商业模式的一般性研究框架包括客户价值主张、价值创造、价值获取等子过程，具有系统性和动态性。所谓“系统性”是指商业模式是构成要素之间的一个架构，企业需要系统地考虑商业模式构成要素之间的关系，充分认识这一架构的复杂性、非线性和动态性。“动态性”则指企业需要更新其商业模式构成要素之间的连接关系以适应变迁的商业环境，做出创新性的反应[36]。

客户价值主张。战略管理理论中客户受到较少的注意，而事实上，客户必须作为一个重要的因素纳入考虑，因为让客户体验到价值对公司成功至关重要，通过提供利益吸引意愿客户购买的价值创造是价值获取的先决条件[28]。价值主张是提供给顾客的特定利益组合37]，即公司通过其产品和服务所能向消费者提供的价值，决定公司对消费者的实用意义[38]。

价值创造。在 Bowman 等的基础上[37]，David 认为价值创造的水平取决于目标客户对新任务、新产品、新服务的新颖性及合适性的主观评价，即价值创造以客户价值主张为基础[26]。基于竞争力观，Porter 认为当企业开发/发明新方法、新技术或者原材料的新形式时，企业能够创造价值[30]。从动态能力视角出发，Teece 等主张企业通过有特色的组织程序、资源位以及演化路径，“整合、构建、重构内部和外部能力”以构建竞争优势[36]。资源观视角下，较为经典的是 David 构建了一个动态环境中创造价值的过程模型[34]。事实上，在环境不确定性条件下，可以通过结构化资源组合、整合资源构建能力、杠杆能力来开发市

场机会等动态资源管理过程为客户创造价值，构筑竞争优势，最终使企业创造较高价值。

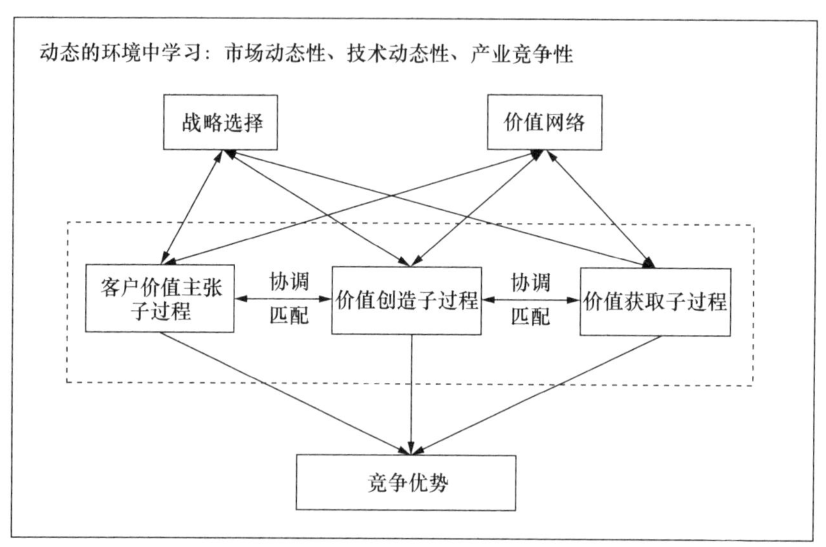

图3　商业模式的一般性研究框架

价值获取。价值创造过程经常和价值获取、价值保留混淆[26]。价值创造和价值获取应该被视作独立的过程，因为从长期看，一种来源创造的价值增量可能不会被企业完全获取或者保留，同时，一个层面创造的价值，可能会被另一层面的参与者所获取。事实上，价值获取，即交换价值的实现，是由卖方和买方的议价关系所决定的[26]。

架构。根据前面对架构的定义[28]，本文认为客户价值主张、价值创造和价值获取三个活动之间的关系，以及如何治理它们之间的连接，对于企业竞争优势的获取与保持有着重要的影响。根据组合创新理论，企业竞争优势的获取和保持可以通过企业组合创新过程得以实现[39]，商业模式内部各过程的组合创新能够帮助企业获得和保持竞争优势。首先从客户价值主张出发，设计一种提供物以完美地满足客户的需求，在设计过程中需要重点考虑的是客户支付意愿、获得路径、技能以及时间[1]。在设计出完美的提供物后，企业需要整合内外部有价值的资源（Amit 和 Schoemaker[40]等）进行技术创新、工艺创新、营销等价值创造过程以满足客户的价值主张，这个过程需要战略的宏观调控[41]以及价值网络中各要素的支撑。整个系统是处在具有市场动态性[42]、技术动态性[39]和产业竞争动态性[39]的环境中的，需要不断学习，并且系统内各要素相互配合才能逐步改进商业模式，最终帮助企业获得和保持竞争优势。

商业模式作为竞争优势的一种来源，发展了现有竞争优势理论的分析框架[43]。第一，现有竞争优势理论主要从行业结构、组织间关系、组织内部能力三个层次进行分析，认为行业壁垒、关系壁垒和外部规模经济、资源壁垒等是竞争优势的主要来源[44]；商业模式描述的是客户组织间关系以及组织内部之间关系的架构，这个架构形成隔离机制，可以作为竞争优势的来源，从而发展了现有竞争优势理论。第二，作为影响竞争优势的权变因子，现有研究已经证明商业模式与战略的不同，而两者相互匹配能够帮助企业获得竞争优势[6,44]，同时学者们已经试图开始研究商业模式与其他权变因子的关系，这些都进一步发展了竞争优势理论。

五、结论与展望

本文强调了商业模式这一概念的重要作用，并从企业内部过程、外部交易和系统整合三个视角综述了商业模式相关研究。在此基础上，梳理商业模式的内涵特征，定义商业模式为描述价值主张、价值创造和价值获取等活动连接的一个架构，该架构涵盖了企业为满足客户价值主张而创造价值，最终获取价值的概念化模式。进一步，本文强调商业模式可以作为竞争优势的一种来源，构建了一个具有动态性和系统性的商业模式研究框架，以探寻商业模式对企业竞争优势获取和保持的作用机制。

本文的理论贡献主要有两点。第一，提出商业模式描述的是价值主张、价值创造、价值获取的架构。资源观的主要贡献是异质性资源能力的开发以及这些资源能力如何成为企业竞争优势的源泉[30,32]。客户价值主张、价值创造、价值获取之间的架构，即商业模式，可以作为企业的一种异质性资源成为企业竞争优势的源泉。第二，本文构建了基于系统范式的商业模式研究框架。本文指出基于客户价值主张，企业或管理者会选择特定的资源，并转换这些资源以创造价值，进一步通过合适的方式与合作者分配价值。该框架有助于理解商业模式对企业竞争优势获取和保持的作用机制。

未来的研究需要更进一步的理论工作来巩固这一商业模式研究框架，其中客户价值主张、价值创造、价值获取之间的匹配对绩效的影响研究，以及市场动态、技术动态和产业竞争动态对商业模式创新的影响尤其值得重点关注。同时，基于本文的商业模式的操作定义及基于系统范式的商业模式研究框架，充分的实证研究还有待在未来展开，以拓展商业模式的研究内容。此外，考虑到服务业商业模式创新的高操作性和强需求性，未来研究可更多的聚焦服务企业商业模式创新。

参考文献

[1] Johnson, M. W.. Reinventing your Business Model [J]. Harvard Business Review, 2008, 86 (12).

[2] Morris, M. Entrepreneur's Business Model: Toward a Unified Perspective [J]. Journal of Business Research, 2005, 58 (6).

[3] Doganova, L.. What do Business Models do? Innovation Devices in Technology Entrepreneurship [J]. Research Policy, 2009, 38 (10).

[4] Timmers, P.. Business Models for Electronic Markets [J]. Electronic Markets, 1998, 8 (2).

[5] Weill, P.. Place to Space: Migrating to E – Business Models [M]. Harvard Business School Press, 2001, 4 (3).

[6] Zott, C.. Fit between Product Market Strategy and Business Model: Implications for Firm Performance [J]. Strategic Management Journal, 2008, 29 (1).

[7] Patzelt, H.. Top Management Teams, Business Models, and Performance of Biotechnology Ventures: An Upper Echelon Perspective [J]. British Journal of Management, 2008, 19 (3).

[8] Chesbrough, H.. Role of the Business Model in Capturing Value from Innovation: Evidence from Xerox Corporation's Technology Spin – off Companies [J]. Industrial and Corporate Change, 2002, 11 (3).

[9] Wirtz, B. W.. Strategic Development of Business Models Implications of the Web 2. 0 for Creating Value on the Internet [J]. Long Range Planning, 2010, 43 (2 – 3).

[10] McGrath, R. G.. Business Models: A Discovery Driven Approach [J]. Long Range Planning, 2010, 43 (247 – 261).

[11] Demil, B.. Business Model Evolution: In Search of Dynamic Consistency [J]. Long Range Planning, 2010, 43 (227 – 246).

[12] Sosna, M.. Business Model Innovation through Trial – and – Error Learning the Naturhouse Case [J]. Long Range Planning, 2010, 43 (383 – 407).

[13] Barney, J.. Firm Resources and Sustained Competitive Advantage [J]. Journal of Management, 1991, 17 (1).

[14] Conner, K.. A Historical Comparison of Resource – based Logic and Five Schools of thought within Industrial Organization Economics: Do we have a New Theory of the Firm? [J]. Journal of Management, 1991, 17 (1).

[15] Stewart, D.. Internet Marketing, Business Models, and Public Policy [J]. Journal of Public Policy & Marketing, 2000, 19 (2).

[16] Mayo, M. C.. Building a Competitive Business Model [J]. Ivey Bus J., 1999, 63 (3).

[17] Slywotzky, A. J.. Value Migration: How to Think Several Moves Ahead of the Competition [J]. Journal of Product Innovation Management, 1996, 13 (6).

[18] Zott, C.. Business Model Design: An Activity System Perspective [J]. Long Range Planning, 2010, 43 (2).

[19] Zott, C.. Business Model Design and the Performance of Entrepreneurial Firms [J]. Organization Science, 2007, 18 (2).

[20] Zott, C.. Business Model Innovation: Creating Value in Times of Change [J]. Universia Business Review, 2009 (23).

[21] Amit, R.. Value Creation in E – business [J]. Strategic Management Journal, 2001, 22 (6).

[22] Hamel, G.. Leading the Revolution [M]. Harvard Business School Press, 2000.

[23] Chesbrough, H.. Business Model Innovation: It's not Just about Technology Anymore [J]. Strategy & Leadership, 2007, 35 (6).

[24] Shafer, S. M.. Power of Business Models [J]. Business Horizons, 2005, 48 (3).

[25] Anderson, J. C.. Customer Value Propositions in Business Markets [J]. Harvard Business Review, 2006, 84 (3).

[26] Lepak, D. P.. Value Creation and Value Capture: A Multilevel Perspective [J]. Academy of Management Review, 2007, 32 (1).

[27] Priem, R. L.. A Consumer Perspective on Value Creation [J]. Academy of Management Review, 2007, 32 (1).

[28] Jacobide, Michael G.. Benefiting from Innovation: Value Creation, Value Appropriation and the Role of Industry Architectures [J]. Research Policy, 2006, 35 (8).

[29] Gulati, R.. Strategic Networks [J]. Strategic Management Journal, 2000, 21 (3).

[30] Porter, M. E.. Competitive Advantage: Creating and Sustaining Superior Performance [M]. Free Press, 2004.

[31] Ireland, R. D.. A Model of Strategic Entrepreneurship: The Construct and its Dimensions [J]. Journal of Management, 2003, 29 (6).

[32] Barney, J. B.. Resource - based View: Origins and Implications [J]. Blackwell Handbook of Strategic Management, 2001.

[33] Priem, R. L.. Is the Resource - based View a Useful Perspective for Strategic Management Research? [J]. Academy of Management Review, 2001, 26 (1).

[34] Sirmon, D. G.. Managing Firm Resources in Dynamic Environments to Create Value: Looking inside the Black Box [J]. Academy of Management Review, 2007, 32 (1).

[35] Roberts, E.. Dynamics of Research and Development [J]. Food Additives & Contaminants Part A, 1962, 32 (11).

[36] Teece, D.. Dynamic Capabilities and Strategic Management [J]. Strategic Management Journal, 1997, 18 (7).

[37] Bowman, C.. Value Creation Versus Value Capture: Towards a Coherent Definition of Value in Strategy [J]. British Journal of Management, 2000, 11 (1).

[38] Brief, A. P.. Editor's Comments: Bringing in Consumers [J]. Academy of Management Review, 2003, 28 (1).

[39] 郭斌. 基于核心能力的企业组合创新理论与实证研究 [D]. 浙江大学博士学位论文, 1998.

[40] Amit, R.. Strategic Assets and Organizational Rent [J]. Strategic Management Journal, 1993, 14 (1).

[41] Vanhaverbeke, W.. Open Innovation in Value Networks [M] //Henry Chesbrough, Wim Vanhauerbeke and Jael West. Open Innovation: Researching a New Paradigm. Oxford University Press, 2006.

[42] Osterwalder, A.. Clarifying Business Models: Origins, Present, and Future of the Concept [J]. Communications of the Association for Information Systems, 2005, 16 (1).

[43] Casadesus - Masanell, R.. From Strategy to Business Models and onto Tactics [J]. Long Range Planning, 2010, 43 (2-3).

[44] 项保华. 企业竞争优势理论的演变和构建——基于创新视角的整合与拓展 [J]. 外国经济与管理, 2005, 27 (3).

双元能力促进企业服务敏捷性
——海底捞公司发展历程案例研究*

郑晓明　丁　玲　欧阳桃花

【摘　要】企业敏捷性作为引领"科技高速发展、全球经济一体化及客户需求不断变化"时代的竞争能力得到了学术界广泛的关注。本文基于双元能力的理论视角，以海底捞公司发展历程为案例研究对象，系统研究促进企业服务敏捷性形成的特征、过程与原因。本文打开了企业获得服务敏捷性的"黑箱"，详细并深入解释了企业层次和企业内部四种形式的双元能力形成服务敏捷性的根本机制，揭示了双元能力促进服务敏捷性的过程模型，说明了促使学习和创新能力从上往下、平级之间、从下往上流动的方法。本文所探讨的海底捞服务敏捷性的形成过程对中国企业提高服务敏捷性，以此获得竞争优势具有重要的参考价值。

【关键词】服务敏捷性；双元能力；战略管理；案例研究

一、引言

企业敏捷性作为引领"科技高速发展、全球经济一体化及客户需求不断变化"时代的竞争能力得到了学术界广泛的关注（Mathiassen 和 Pries - Heje，2006；Overbyetal，2006）。国外学者的敏捷性研究侧重于制造敏捷性、软件开发敏捷性的理论和方法，对供应链敏捷性、敏捷性的度量与评价方法等也有涉及，尽管这些研究为本文提供了有益的启示与借鉴，但现有的研究也存在着两方面的不足：①缺乏企业服务敏捷性的理论和实证研

---

* 本文为"中国企业管理案例与理论构建研究论坛（2011）"暨"第五届中国人民大学管理论坛"的会议论文。本文得到国家自然科学基金面上项目（70772092，71072021，71172176，70572010）、教育部人文社科规划资助项目（11YJA630212，08JA630084）、北京市哲学社会科学规划项目（10BaJG358）、北京航空航天大学基本业务费专项基金资助项目（YMF - 10 - 06 - 0003）的资助。

究；②对企业如何实现服务敏捷性的过程和机理也缺乏研究。因此，本文将通过案例研究来探索服务类企业实现服务敏捷性的过程和机理。但是服务敏捷性如何形成？成功企业的普遍变化是已从二选一转变为二元悖论的思考（March，1991；Eisenhardt，2000），如效率与柔性、渐进与突变、开发与探索、协同与适应、大规模与小规模、低成本与差异化、全球化与本土化、集权与分权。在这样的环境压力下，组织越来越需要具备一种双元能力——既在今天的事业管理中拥有协同能力和效率，又对未来的环境变化有足够的适应能力。因此，双元能力理论能深入剖析促进服务敏捷性的过程和机理。

在中国，越来越多的企业较好地实现了企业的服务敏捷性，比如海底捞公司就是一家以服务至上、宾至如归著称的公司。面对十分激烈的外部商业竞争环境，海底捞作为一家餐饮服务企业，它不仅快速、准确地抓住了消费者的心理与行为，而且面对市场变化，它还能做出及时反应，生存并发展壮大，这说明海底捞具备敏捷的服务组织能力，特别是它内部解决二元冲突的能力和企业层面形成的充分授权与控制（规范化）的能力给笔者团队留下了深刻的印象。但是对于何谓企业服务敏捷性，何谓双元能力，双元能力如何促进服务敏捷性，国内学者还鲜有深入的研究。因此，本文基于双元能力的理论视角，以海底捞公司发展历程为案例研究对象，试图探讨以下问题：①服务敏捷性的诱因，即海底捞在发展过程中所处的内外部环境压力；②双元能力过程与特征；③双元能力的结果，即聚焦于海底捞服务敏捷性。本文所探讨的海底捞公司服务敏捷性的形成过程对中国企业提高服务敏捷性并以此获得竞争优势具有重要的参考价值。

二、文献研究与分析框架

（一）敏捷性文献综述与服务敏捷性定义

1. 敏捷性的起源

敏捷性源于 Nagel 等（1991）提出的“制造敏捷性”（Manufacturing Agility），它包括三个层次：在企业内部具有在持续变化、不可预测的竞争环境中蓬勃发展的能力；在响应外部市场上，能快速响应瞬息万变的、分割的和全球化的市场，而这些市场是由高质量、高性能、低成本地、以顾客为导向的产品和服务需求驱动；在具体措施上，通过集成所有可用的资源（包括技术、员工和组织）到一个自然协调的独立系统，以缩短产品开发周期并快速响应任何突然到来的市场机会。这三个层次为企业敏捷性概念的发展提供了基础和借鉴。

2. 企业敏捷性的概念

关于企业敏捷性的概念主要包含下面四种观点：①由内而外的视角。企业敏捷性是在短时间内生产和成功地推销分布广泛、高质量、低成本产品的能力，这通过为个人客户定制而提供附加价值（Vokura 和 Fliedner，1998）。企业采用市场知识和虚拟组织在一个多变的市场中挖掘获利机会，包含企业的组织结构、信息系统、物流管理和思维集合等（Flowle，2004）。②由外而内的视角。企业敏捷性是它感知外部环境变化和迅速有效响应（McGaughey，1999；Overby 等，2006），以满足顾客需求变化的能力（Holmqvist 和 Pessi，2006）。外部环境变化可能包括规则或法律的变化、经济的波动、消费者需求的变化、技术的进步和商业对手竞争性行动结果的变化（Overby 等，2006）。③由内外而内的视角。Seo 和 Lapaz（2008）认为企业敏捷性由两部分组成：感知或预测组织内部和外部环境变化的能力；以一种及时的、具有成本—效益的方式高效响应的能力。内部环境变化可能包括新信息系统（IS）的执行、组织 IT 功能的重构、合并和购置资产的实施（Van Oosterhout 等，2006）。④具体措施的系统属性。Huang 等（2000）提出，企业敏捷性的具体措施使系统自行调整，并从系统中其他企业获得帮助。

3. 国内外敏捷性研究

国外对敏捷性的研究主要侧重于四个方面：一是关于提高企业制造敏捷性（Moore 等，2003；Elkins 等，2004；Holmqvist 和 Pessi，2006）；二是关于软件开发敏捷性的方法（Abrahamsson 等，2002；Fitzgerald 等，2006；Dyba 和 Dingsøyr，2008）；三是关于对供应链敏捷性应用与实践（Christopher，2000；Christopher 和 Towill，2001；Yusuf 等，2004；Christopher 等，2004；Agarwal 等，2006）；四是关于敏捷性的分析与评估的研究（Gunasekaran 和 Yusuf，2002；Hoogervorst，2004；Xing 等，2007；Qumer 和 Henderson－Sellers，2007）。

国内对企业敏捷性的研究侧重点：一是企业敏捷性的度量与评价方法，如模糊评价方法（贡文伟，2004；赵湘莲，2006）、信息熵和模糊评价结合的方法（彭本红等，2004）；二是提高企业敏捷性的方法或途径，如基于 BPM 和 SOA 互补所产生的柔性优势及业务敏捷性为导向（尹裴等，2010），信息技术或者系统的使用对企业敏捷性有显著的直接影响（吴红玲等，2008）；三是比较研究，如中国比美国制造企业面临的市场环境的动态性更大（仉福江等，2006），技术敏捷性对合作伙伴和客户敏捷性的影响要强于其对运营敏捷性的影响（Quan J. 等，2010）；四是国外相关文献的研究（于锦华、霍春辉，2009）。

以上研究为本文提供了有益的启示与借鉴，但现有研究侧重于制造敏捷性、软件开发敏捷性的理论和方法，对服务敏捷性的关注不够，缺乏服务敏捷性的相关理论与实证研究。服务业作为第三产业已经在国民经济的发展中占据了重要的地位。服务企业的核心竞争力在于服务能力的提升，而服务能力提升的重要标志是企业能快速应对内外环境的变化，敏捷地响应顾客需求的多样性。因此，探索企业实现服务敏捷性的过程和机理将有助于服务企业增强竞争力。

4. 服务敏捷性的概念

服务是一种以把事情做得更好、更完美为目标，设身处地从顾客的立场思考，主动了解顾客的想法和需求并能及时、专业、热情地满足顾客的一种无形无价的商品。为提供案例企业服务敏捷性结果的分析框架，借鉴前文制造敏捷性和企业敏捷性的概念，本文将服务敏捷性概括为企业三方面的能力：①在企业内部具有在内外部持续变化、不可预测的环境中蓬勃发展的能力；②在外部市场上具有快速感知、预测和响应瞬息万变、分割以及全球化的市场能力，而这些市场是由高质量、高附加价值、低成本地、以顾客为导向的服务需求驱动；③在具体措施上，企业具有集成所有可用的内外部资源（包括技术、员工和组织）到一个自然协调的独立系统，以缩短满足服务需求并快速响应任何突然到来的市场机会的能力。

但企业如何实现服务敏捷性？我们将基于双元能力理论，来深入剖析促进企业服务敏捷性的过程和机理。

（二）双元能力理论

Duncan 早在 1976 年就提出了双元组织的概念（Ambidextrous Organization），但双元组织真正引起学术界的关注只在近几年，这与外部环境的变化越来越动荡和复杂，从而对企业的动态能力提出了更高的要求不无关系，在这样的环境压力下，组织越来越需要具备一种双元能力——既在今天的事业管理中拥有协同能力和效率，又对未来的环境变化有足够的适应能力，组织长期发展的根本在于既赞同稳定性和渐进变革同时又支持试验和突变式变革（Duncan，1976；Tushman 和 O’Reilly，1996）。

双元能力（Ambidextrous Competence）是指企业在权衡复杂情景时，同时具备并应用两种相互冲突行为的能力（Rothaermel 和 Alexandre，2009），如效率与柔性、渐进与突变、开发与探索、协同与适应、大规模与小规模、低成本与差异化、全球化与本土化、集权与分权、短期与长期等。它是企业在长期创新发展实践中练就的平衡能力，也是领导者个体适应变化环境的决策能力和灵活应对能力，它直接影响着企业的创新能力。最早对双元能力理论的研究认为：企业拥有双重结构，不仅能够校准和有效管理当前的商业需求，而且也具有充分应对未来环境变化的能力（Duncan，1976）。成功企业的普遍变化是已从选择性思考转变为二元悖论的思考（March，1991；Eisenhardt，2000）。从技术变化到组织设计的大量研究已讨论了企业需要获得应用与探索的平衡（Gupta、Smith 和 Shalley，2006；Burgelman，1991）。应用是指与细化、效率、选择和实施等有关的行动，而探索是指与搜索、变异、实验与发现等有关的概念（March，1991）。Simsek（2009）认为双元能力体现在下面三方面：①在组织结构、流程、行为等方面具有探索（Exploration）和应用（Exploitation）的两种能力；②在企业价值链各环节，具备探索（新知识）和应用（旧知识）两类必要的学习能力；③强调企业同时具备通过探索和应用获取高层次的企业绩效，而不是低层次“平衡”。

也有学者研究了提升企业双元能力层次的方法。Rothaermel 和 Alexandre（2009）就认为吸收能力的层次越高，越有助于技术的探索（新知识）或应用（旧知识）。知识来源于组织内部或外部这两个维度的双元能力，而且这两个维度双元能力与财务和创新绩效呈倒 U 型关系。从高于经理层的流向经理层的自上而下的知识流动与应用关联显著，从同一层级和低于经理层流向经理层的自下而上的知识流动与探索关联显著，而且经理获得的这些知识流动越多，则他探索与应用的层次越高（Mom 等，2007）。Gibson 和 Birkinshaw（2004）指出，当业务部门的伸展、纪律、支持和信任的特征相互作用时，双元能力的层次越高。Ghoshal 和 Bartlett（1994）定义了这四种特性：①伸展是导致成员自发地致力于雄心勃勃的目标的特性。共享的雄心壮志的建立、集体认同的发展、为个人贡献给组织的整体目标提供方法的能力有助于建立伸展特性。②纪律导致成员自发致力于满足产生于他们明确或隐含承诺的所有期望。绩效和行为清晰标准的建立，开放、公正和快速反馈的系统，以及法令应用的一致性促成纪律的建立。③支持导致成员向他人提供援助。允许行动者访问其他行动者的资源的机制，底层主动权的自由，以及资深工作人员优先提供指导和帮助而不是行使权力促成支持的建立。④信任是导致成员依赖各自的承诺的属性。业务部门决策过程的公平与平等，影响他们的决策和行动的参与，以及拥有和被认为拥有职位的人具有能力有助于信任的建立。

双元能力有助于企业的生存与发展。Duncan（1976）指出组织需要两种结构：机械结构用于实施和配置；有机结构导致创新。整个业务部门可以同时呈现校准和适应性的行为能力，即情景的双元能力（Gibson 和 Birkinshaw，2004）。校准指业务部门的所有行动模式保持一致；适应性指业务部门在任务环境中重新配置价值链各环节以快速满足变化的需求（Gibson 和 Birkinshaw，2004）。双元能力的企业拥有同时从事渐进性和颠覆性创新的能力，并从公司的结构、流程、文化的多重矛盾中，局部性或全局性地改变结果（Tushman 和 O’Reilly，1996）。双元能力是伸展、纪律、支持和信任四个特征与业务部门绩效的媒介（Gibson 和 Birkinshaw，2004）。两种战略流程的结合对企业最有益（Burgelman，2002）：引导战略流程与应用有关，它处于当前战略范围内，基于现有知识构建，自治战略流程与探索有关，它超出当前战略范围，涉及创造新能力。动态能力植根于企业应用性与探索性的创新能力（Ancona 等，2001）。创造竞争优势的关键战略挑战是应用现有能力和寻找新能力（Hamel 和 Prahalad，1993），即能力利用与能力构筑（Sanchez 等，1996）。通过联合机械的和有机的结构企业可以解决二元悖论（Jansen 等，2005）。机械结构支持效率，它依赖于标准化、集权化和阶层化；有机结构支持柔性，它具有高层权力下放和自治的特性（Burns 和 Stalker，1961）。

（三）理论分析框架

现有文献为本文提供了有意义的启示和基础。但是，对双元能力促进服务敏捷性的文献，至今研究不足。本文尝试运用双元能力理论打开海底捞获得服务敏捷性的“黑箱”，从双元能力的层次差异揭示服务敏捷性演化的原因、特征与过程。因此本文的核心在于基于对海底捞公司发展历程中一系列事件的分析，推导出利用双元能力获得企业服务敏捷性的过程模型。本文认为企业内外部环境变化促使企业重视发展授权与控制双元能力，在此过程中企业整合能力变化，而且企业内部不同层级人员解决企业二元矛盾、冲突与困境的双元能力提升，促进了服务敏捷性的演化。基于现有文献和海底捞案例，本文推导出如下

分析框架（见图1）。对企业层次的双元能力促进服务敏捷性设定两个维度：①授权与控制。授权（Empower－ment）是指领导者为员工和下属提供更多的自主权和柔性，以达到组织目标的过程。这里的控制（Control）是与授权相对立的概念，指为达到某种目标所采取的一系列方法与措施，以消除管理各环节引起不合格或不满意效果的因素。②整合能力（Integration Capability），指一个组织所具有的将其内部和外部不同能力整合起来的能力（Iansiti 和 Levien，2006）。如果企业在这两个维度同时进化，即达到服务敏捷性的最佳状态。图1四种层次的特征是：第Ⅰ象限权力集中在高层，运营不规范，整合能力强；第Ⅱ象限高层授权给中层，运营不规范，整合能力弱；第Ⅲ象限企业授权程度高，运营较规范，整合能力初步提升；第Ⅳ象限建立各种精英引导的沟通平台，企业高度授权，运营更规范，整合能力强。

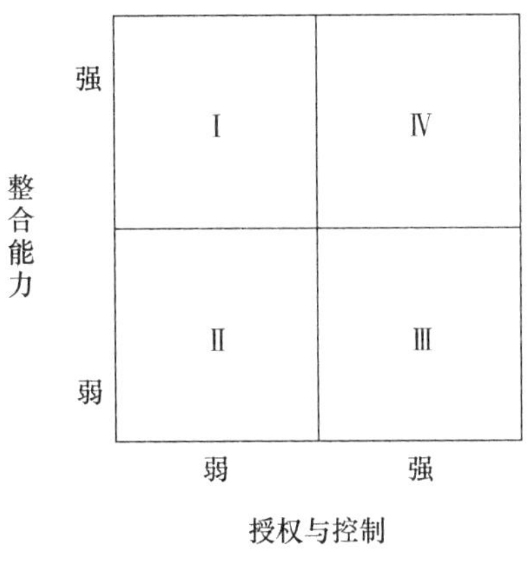

图1　双元能力促进服务敏捷性的四种层次

三、案例研究方法与数据来源

针对文献不足和拟解决的关键问题，本文采用案例研究方法。第一，探讨企业服务敏捷性“是什么”，企业各阶段“怎样”通过双元能力达到企业服务敏捷性。第二，由于海底捞发展历程是复杂的，相关因素还未完全找到。本文的研究目的在于揭示组织内部能力、控制等相关因素的关联性，如用定量的方法进行研究这些因素的关联性可能是较为困难的，所以从案例到理论的“分析性归纳”的原理（Yin，2003）可能更适合检测这一现象。需要说明的是，本文以海底捞公司为案例研究对象有三个原因：第一，从1994年至今，海底捞及其服务敏捷性在国内餐饮行业一直处于领先地位，具有行业代表性。第二，海底捞扩张过程从1994年至今已经历了四个不同阶段，各阶段的特征、问题及其解决方式都很有趣，历史数据较完整。第三，海底捞的快速发展很大程度上得益于它的双元能力，笔者调研过程中对双元能力如何促进服务敏捷性的印象尤为深刻。本文案例数据主要来源于三方面：第一，自 2010 年 7 月至 2011 年 8 月，笔者团队对海底捞各部门人员进行了全面的实地访谈与问卷调研，整理了近 30 万字的文字记录。第二，自 2010 年 5 月至今，本文主要笔者长期跟踪海底捞，参加海底捞公司经营会议，并与公司创始人张勇的接触较多，对海底捞的管理有着深刻的认识。第三，笔者还进行了大量中高层访谈并取到了一手的数据，同时收集了大量海底捞公司的内刊、资料及公司的管理制度等资料。

四、案例描述

（一）组织背景

四川海底捞餐饮股份有限公司是一家以经营川味火锅为主，融汇各地火锅特色于一体的餐饮民营企业。海底捞成立于 1994 年，由四川简阳的单店发展为至 2010 年在北京、上海、西安、郑州、天津、南京、沈阳、杭州、青岛等城市共 50 多家直营店，拥有 4 个大型现代化物流配送基地和 1 个原料生产基地，并且拓店速度还在加快。2010 年，海底捞营业额近 15 亿元，拥有员工 1 万多人，全年客流量约 2000 万人，一家店的日翻台率一般在 4~5 次，一家旗舰店的年营业额可以达到 5000 万元左右，一家新店从开店到回本盈利的周期为 6 个月。海底捞的服务员每月流动率约 10%，店经理以上干部基本不流动。

通过对文献的回顾，本文将调查研究的焦点缩小为双元能力服务敏捷性的过程和机理。根据调查结果，海底捞发展过程中双元能力促进服务敏捷性共经历了四个不同阶段。

（二）单店创生阶段：CEO 关注顾客和员工的规范化（1994~1998 年）

1994 年 3 月，四川简阳海底捞①火锅店正式开业。这家火锅店由张勇的女友、张勇的同学施永宏及其女友李海燕共同出资 8000 元，加上张勇共 4 人各占 1/4 的股份。他们采取家族企业的管理方式：张勇负责端盘子、做底料，施永宏负责收钱、采购，店里每月结一次账；4 个人几乎整天都在店里，吃喝都在一起，自娱自乐。这期间，张勇经常开会分析问题、总结经验教训，主要是分析怎么抓客户，如果没有按照张勇的要求做也要开会检讨问题。

开业初的一天，张勇好不容易招揽了一桌顾客，他们对口味连声称赞。等顾客走后，张勇品尝后发现味道很苦，原来是底料的中药放太多了。张勇从中悟出：自己热情周到的服务让顾客不忍埋怨口味，所以优质服务是海底捞的生存之道。此后，张勇一直想办法提

① 在四川，“海底捞”即在麻将中自摸最后一张牌和牌的情形。

供各种热情周到的服务，尽量满足顾客需求。在如何发动员工提供优质的服务方面，张勇懂得了“把员工当成家人”的道理。某一年春节前，张勇看到员工在窃窃私语，便突然意识到他们可能是在讨论春节后不回来上班了。张勇便买了一批年货给他们。他们很感动，春节后9名员工有8名回来上班了。凭借着能够让顾客感受到家人般的服务、消除顾客的不满意，海底捞的口味和服务不断改善，口味甚至得到了顾客的指点。海底捞开张不到3个月开始排队，而且越做越好。同一个楼的竞争对手都把店卖给海底捞，全县闻名的四知街火锅城逐渐变成了海底捞独家火锅城。1998年，海底捞还在简阳开了第二家分店，定位于更高档饭店，便于有经济实力的单位与个人的消费，老店则定位于老百姓的消费。这两家店在当地颇有名气，连市长都认识张勇。

（三）连锁直营阶段：高层授权经理与规范化其行为（1999~2005年）

四川火锅在口感上讲究麻和辣，各家店的口味差异不大，并且火锅经营相对粗放、门槛不高、竞争异常激烈，所以海底捞直到1999年才走出简阳，在西安市雁塔区开出了第一家分店。西安第一家分店经营成功后，海底捞开始陆续在西安、郑州、北京、成都、上海等地复制西安雁塔分店的模式。1999~2005年，海底捞还建立了师带徒的员工培养模式、轮岗式的员工晋升通道，在薪酬、福利等各方面尊重与善待员工，建立了真正公平公正的过程和结果考核体系。

1. 授权西安雁塔分店经理

简阳第二家分店开业时，来了一位在西安做医疗器械的朋友，他和张勇商议后都认为西安餐饮水平不高，火锅店有利润空间，于是，1999年4月两人合资的西安分店开张。起初海底捞的火锅并没引起西安人的太多注意。海底捞经营4个月持续亏损。已跟随张勇3年多的杨小丽当时21岁，在张勇看来她很泼辣能干。杨小丽在张勇的全权委托下放手一搏，不时送些小礼品给顾客，把当初张勇用过的特色服务全部用上，两个月后西安分店扭亏为盈，生意越来越火。杨小丽还提议海底捞要建立自己的物流配送基地。2003年，西安物流配送基地开始建立。

2. 规范化直营模式：全面内生增长的直营店

火锅企业连锁经营分为加盟和直营两种。加盟经营方式虽然能让企业的品牌迅速扩张和资金积累，但加盟店的管理水平不一，菜品质量良莠不齐，加上总部对加盟店的管理控制跟不上，将导致品牌形象大打折扣①。因此，海底捞一直采用直营模式进行扩张，严格限制加盟店的要求。海底捞对开分店一直很谨慎，一定是把人力资源做好后，才考虑开店的问题。例如，新店开张时一定要配备1/3的老员工。这维护了海底捞品牌形象和自身利益。

① 加盟经营一直是火锅企业发展的重要方法，内蒙古小肥羊、秦妈妈等企业2005年之前加盟店的比例均为95%以上，而呷哺呷哺、海底捞、一尊皇牛等火锅企业吸取了同行的经验和教训。目前，呷哺呷哺全国116家店全部为直营店，海底捞全国50多家店全部为直营店，一尊皇牛全国72家店，40家为直营店。

3. 规范员工培养模式：师带徒与轮岗制度相结合

海底捞采取各种各样的措施，帮助新员工迅速融入群体，了解企业文化。如新员工入职后首先参加三天简单的培训，主要讲基本的生活常识和火锅服务常识，这使他们很快地融入到十几到二十几人的小集体中，每个新员工都有一个师傅传帮带。其次保持员工工作新鲜感和流动性，海底捞营运部门大部分岗位的性质是比较单调的重复劳动，比如传菜、洗菜、接车等岗位。每个岗位都被拆分成了一个个小的工作任务，工作内容都可以在操作手册中看到，定义非常精细。但是，这样细琐的工作时间长了，难免让人产生厌倦感。海底捞的员工可以在一个工作组内，比如传菜组内的水果房、油碟房、洗毛巾、洗杯子、传菜等自由调换，还可以经过店经理（店长）的同意跨组调换。员工可以获得新鲜感和更多的技能，工作内容被扩大，员工会更有成就感。

同时，轮岗和晋升相匹配。从很多岗位的晋升条件中可以看到，通过轮岗掌握多方面的技能是必要条件。海底捞所有员工（除工程师等个别岗位员工外）要想得到晋升，就必须在其他岗位轮岗，得到各岗位的"合格证"。"我在轮岗时曾经做过小吃师傅，当时其他小吃师傅都不认识我，把我当作小妹妹看待，他们对我很好，突然有一天上司宣布我成为店长，他们都惊呆了。"一位年轻的店长说。

4. 授权与规范化的薪酬与福利制度

海底捞在扩张过程中，始终把尊重与善待员工放在首位，主要做法有三个：

第一，提供具有竞争力的薪酬和福利来吸引、留住员工，建立长久的劳工关系。海底捞的员工 90% 以上来自农村，打工的最初目的是为了养家糊口，让家人过上好生活。为此，海底捞的薪酬属于宽带薪酬，员工大致可以通过三条晋升路线升职①，从而使得基本工资升高。如果不升职，也可以通过在自己的岗位上努力工作，获得较高的级别，使得基本工资升高。只有普通员工才可以参加先进、标兵、劳模、功勋员工的评比，领班以上的则不允许参加。这样就可以实现做得好，同样可以拿到低岗高薪，做到了宽带薪酬。比如一位从事收银员工作的员工，如果表现出色，可以得到功勋员工的工资级别，其基本工资可能比客户经理还要高。而且，所有岗位除了基本工资，还有浮动工资与奖金，作为对员工良好工作表现的鼓励。

第二，实行"员工奖励计划"。从 2003 年 7 月起，给优秀员工配股，以西安东五路店作为第一个试点分店，规定一级以上员工享受纯利润为 3.5% 的红利。2005 年 3 月，又推出第二期"员工奖励计划"，以郑州三店作为员工奖励店给优秀员工配股，并经公司董事会全体董事一致同意，从郑州三店开始计算，公司每开办的第三家分店均作为员工奖励计划店。

第三，员工宿舍家庭式管理。管理人员与员工都住在统一的员工宿舍，并且规定，必

---

① 一是管理晋升途径：新员工—合格员工—一级员工—优秀员工—领班—大堂经理—店经理—区域经理—大区经理—副总经理；二是技术晋升途径：新员工—合格员工—一级员工—先进员工—标兵员工—劳模员工—功勋员工；三是后勤晋升途径：新员工—合格员工—一级员工—先进员工—文员、出纳、会计、采购、物流、技术部、开发部—业务经理（海底捞内部资料，2010）。

须给所有员工租正式小区或公寓中的两居或三居室，不能是地下室，所有房间配备空调、电视、电脑，步行20分钟能够到达工作地点。宿舍有专人管理、保洁。员工的工作服、被罩等也统一清洗。若是某位员工生病，宿舍管理员会陪同他看病、照顾他的饮食起居。

5. 绩效考核规范化

海底捞的绩效考核是行为导向的考核。如在对小区经理的考核中，其中一项指标是激励下级执行例行工作制度、流程的能力，即能否使下属加速行动起来，承担看似不能完成的任务，对制度、流程执行情况是否有拖延推诿现象的检查。这种过程化的考核，有利于促进上级和下属之间的互动、“公平公正”文化的传播。上级会经常到基层，给予下属员工更多指导、一对一的培训，改进流程制度上的缺陷，而不是坐在办公室。

海底捞的考核指标设计符合海底捞的内生式培养人才的需要，它驱使现任干部有意识地关注和培养后备干部。比如对店经理的考核指标中，不仅包括业务方面量化的考核指标，如“翻台率”，还包括“所辖区的员工成长情况”，具体来说，对于任职满3个月以上的一级店经理考核的指标为：其所辖区二级以上员工标准达到80%，一级以上员工占30%，先进员工占10%，一级领班人数不低于领班总数的20%，培养一名有潜力的后备店经理。对大堂经理的考核亦如此。

（四）精细化运营阶段：授权与规范化员工服务与企业软硬件投资（2006~2009年）

2006~2009年，海底捞不断复制优秀店面的扩张过程中，形成了一整套超五星级顾客服务流程，通过拓店制度改革解决人力资源匮乏的问题，完善了物流配送体系实施品质控制，并运用IT改善管理流程。

1. 员工超五星级顾客服务流程的授权与规范化

海底捞员工对顾客以照顾和关怀的目的服务，已不仅仅体现于某一个细小的环节，而是形成了顾客从泊车、进门到就餐结束离开的一套完整的服务流程。这被社会各界誉为“超五星级服务”。

当顾客的车刚开到门口，就有服务员过来带泊车，并且马上有迎宾员来询问是否有预订。当顾客没有预订而排队顾客较多时，海底捞会在顾客等候就餐期间提供一些让人感觉很温馨的免费餐饮和服务，如为顾客送上西瓜、苹果、花生、炸虾片等各式小吃，还有豆浆、柠檬水、薄荷水等饮料，同时，顾客还可以上网、打牌、下棋，甚至为顾客擦皮鞋、为女士修理指甲等。因此，很多顾客甚至很乐意在海底捞排队等位置。

在就餐期间，海底捞也会提供细致周到的服务。如多次为顾客更换热毛巾，为女士提供发夹防止头发掉落，为顾客提供手机套防止手机进水，为顾客提供就餐围裙，等等。如果客人点了面条便会有拉面表演。多达几十种口味的调料免费取食，水果和饮料无限量供应。另外，海底捞在店内建立了专供儿童娱乐的场所，这样带儿童就餐的父母就能专心用餐，不用担心小孩破坏就餐氛围，甚至海底捞的服务员还可以带儿童娱乐，给儿童喂饭，充当起了儿童的临时“保姆”。在卫生间海底捞设有专人，顾客洗手后会立刻递上纸巾，让顾客感觉仿佛到了星级酒店。顾客与很多火锅店一比较，感受自然不同。

在就餐后，海底捞和其他餐饮店的做法一样，会送上一个果盘，但如果顾客提出要求说再要一个，海底捞的服务员也会热情送上。当顾客不满意时，服务员有免费送小吃、菜品甚至免一桌单的权力（每个员工都有卡，免单需要刷卡和向店长解释原因，便于员工学习和管理层监控免单权滥用行为）。

总之，这些小细节组合起来就形成了一整套超五星级服务流程。看起来十分小的事情，却让顾客无形中感觉到海底捞的不同之处，从而有效地留住了客源，同时还形成了海底捞的一个服务招牌，进而有效地提升了海底捞的营业额。

2. 规范化拓店制度

以往拓店机制是由总部安排的，比如在人手方面，以往总部下达人员安排指令，由新店附近的几家门店各自派人到新店，再招募新员工进入老门店作补充。2007 年出台的新拓店机制是，在门店评级考核中只要达到 A 级的门店都有拓店资格，一个门店如果培养出两套班子，很常见的情况是大部分老员工去新门店工作，而新班子接手老门店。如果新门店的评级达到 B 级，那么原先的老门店的店长就会得到奖励。拓店数越多，店长的奖励就越多。这是基于店长奖金和晋升机会，鼓励店长培养后备班子拓店。A 级门店都可以在周边寻访合适的商业餐饮场地，但最终开店计划由总部确定。拓店机制改革后店长培养员工的主动性大大提升。

3. IT 系统实施与典型应用有助于授权与规范化

随着公司不断壮大，分支机构快速拓展，各种管理瓶颈也制约着企业的高速发展，如海底捞分店扩张迅速，不同地区人员调动频繁，造成 HR 手工方式集中管理上存在较大困难；各个片区配送中心资料不统一，业务流程不一致，管理层需要的报表和数据经常无法完整和及时获取……海底捞原先的手工管理方式和 2003 年开始运行万商简单的进销存记账系统已经不能满足现代化管理的要求。为了有效提升管理水平，促进顾客满意度和员工满意度的提升，海底捞急需构建一个高效的信息化平台来支撑企业的高速发展。海底捞结合实际，从 2006 年开始分步实施金蝶 ERP 系统，经过 3 年时间，建立并完善了涵盖企业“人、财、物、产、供、销”的管理体系。金蝶 ERP 系统典型应用有三个方面：

（1）统一配送降低门店运营成本。海底捞在北京、上海、西安和郑州的配送中心，分别为各地的门店服务，负责片区门店的“区域要货、区域配送、区域库存”的管理。为了尽可能降低库存，配送中心每天的原料进货量及生产量，经各门店报送订单需求后，由计划部通过供应链管理系统查询到实时库存，据此确定和下达合理的采购及生产计划。门店第一天下单，配送中心第二天生产。这样，配送中心便能以最快的速度将所需物品送到门店，有效降低了门店的运营成本。配送车辆中的温度计每天收回，由品控部门将其中芯片记录的每个时间段的实时数据导入电脑，并检测信息的日常例行工作项，如果发现数据异常则会启动应急方案。

与各个门店分别采购食品相比，实现集中采购和统一配送管理，既满足了各门店的合理采购需要，又降低了公司整体运营成本。

（2）动态盘点，有效规范库存管理。海底捞菜品品种繁多、规格多样、保存条件特殊，所以库存管理较烦琐。应用金蝶 ERP 系统后，海底捞逐步规范库存管理并采用灵活的盘点方式，月底针对仓储部和生产部进行大盘点，月中由仓储部对任意仓库进行动态盘点。盘点前，盘点计划表作为盘点通知的附件一并报相关领导批准，批准后发布给物流站、片区办公室、财务以及各门店等相关部门。盘点过程中，通过系统提供的备份盘点数据、打印盘点表、输入盘点数据、编制盘点报告表等业务处理功能，实现对盘点数据的备份、打印、输出、录入，自动生成盘盈、盘亏单据，并快速生成盘点汇总数据，以便管理人员实时核对，保证企业账实相符。

通过规范和统一物料等基础资料，并引入动态盘点等灵活的管理手段，有效规范了进、销、存等业务流程，实现物流、资金流和信息流一体化管理。

（3）人员轮换，推进能力快速复制。海底捞火锅分店遍及全国多个城市，由于知识传递、技术传授等方面要求前后堂各部门人员经常轮岗，并支持新店开业等业务活动，因此海底捞人事调动频繁。但如何高效完成业务，及时掌握人员轮换的状况，是推进人力资源管理的基础。

通过金蝶 HR 系统的实施，设计出了符合“海底捞”管理模式的“人事异动”工作流，总部管理人员通过 HR 系统人力规划和报表查询，在全国范围内找到合适的人选，由各个分店人事主管发起异动申请，通过总部人事经理、业务主管经理的审批，完成人员轮换工作。海底捞总部不再具体操作各分店的人事业务，由熟悉分店人员的分店主管进行操作。既减轻了总部人事事务的工作量，还便于分店对所属人员的日常管理。

海底捞人事管理采用集中管理、分散操作的方式，很好地解决了各地区之间人员调动的问题，也便于总部对人力资源状况进行统一调配、统一规划。通过高效的人事管理，海底捞实现了对全公司人力资源统一管理和控制，有效推进公司人员能力快速复制策略的落实，全面提高了企业人力资源的管理水平和效率。

4. 西河原料生产基地和四大物流配送中心的规范化

海底捞投入巨资和人力搭建了大食品体系，陆续建立了四个集采购、加工、仓储、配送于一体的大型现代化物流配送基地和一个原料生产基地，并成立了专门的管理部门对整个食品安全体系进行监管。从建立食品安全管理体系到用基地化管理控制原材料搭建了一条从种植、采购、仓储、加工、运输到销售的全产业链模式。

在原料采购上，海底捞的所有蔬菜类菜品直接来源于农户，农户将菜从地里采摘之后直接送往公司，没有中间商的参与，这样就减少了菜品的市场滞留期，保证了新鲜度。同时，品控人员会对每一样蔬菜进行农药残留检测，只有合格的菜才允许收货，在源头上保证了菜品质量。另外，海底捞尝试自建蔬菜基地，如北京有三个种植基地，供应量约占总需求量的 20%。

在菜品清洗加工上，海底捞物流配送中心清洗蔬菜的水温控制在 4℃，蔬菜加工车间控制在 6~8℃，每天有专门的品控人员对食品的验货标准及各车间和库房的温度、湿度进行严格控制，并对生产现场的卫生环境进行检查监督。海底捞还建立了菜品安全的追溯制度，从原材料生产的地头开始，到加工、配送、上桌的全过程都建立了严密把关检验、记录。

“海底捞”牌各种火锅底料均由成都西河原料生产基地采用先进的工艺流程和科学的生产方式规模化生产，主要为海底捞餐厅供应大包装的底料（约占总产量的85%），为市场供应零售小包装的底料，此外还生产鸡精和其他产品。生产过程中，海底捞调味品基地把关产品检测，从源头上保证火锅底料的品质。

（五）管理转型阶段：精英能力复制与规范化转型（2010年至今）

目前餐饮行业的竞争越发激烈，同行对海底捞特色服务的模仿也越来越多。海底捞要想在这种竞争的环境中成长壮大，只有时刻准备着迎接挑战，才能保持并发展自己的竞争优势。2010年至今，海底捞已完成了组织结构由层级向扁平化的变革，组建教练组、海底捞大学和自发的学习型组织等帮助店经理和员工快速提升能力，形成学习与创新快速集成与扩散机制，业务也在向外卖经营扩展，并思考企业未来的发展方向。

1. 组织结构变革与教练组的诞生

在改革前，海底捞是大小区的传统的金字塔的科层组织结构，它存在着三个弊端：第一，大区、小区经理基于“职位权力”，可对店长进行权威的领导和管理，他们总是担心店长工作存在疏忽，什么事情都要插手，这就导致店长没有独立思考的空间和能力，只是不断地在考虑如何满足大区、小区经理的检查、要求。这与海底捞的充分授权文化相冲突，而且不利于后备干部的培养。第二，文化更多要靠人的传递，但是大区、小区的组织架构会导致文化在传播的过程中出现偏差，政策在落实的过程中存在人为的因素，而且大区、小区经理各自都有一套独特的风格和管理方式，不利于统一化管理。第三，大区、小区的模式不利于复制。

基于以上的问题，海底捞做出取消大区、小区经理，使组织结构扁平化的决定。但扁平化的组织结构也压缩了每一个人的晋升空间。尽管充分的授权有利于培养店长这样的中层管理者独立思考和办事的能力，但是当他们真正成长起来，寻求下一步的职业晋升时，该走向何方？如果不能晋升的话，他们是否还有足够的动力去培养实习店长？

为此，海底捞成立了教练组，当店长有足够的经验和能力时，可以选择不同的发展道路：如果适合拓店，可以通过你的能力去拓店、拿分红，收入并不低于以前的小区级别；如果适合管理，就去做召集人、进教练组，充当“指导＋考核”式的咨询角色，把他们丰富的经验用于指导当前的各个店面。目前教练组的20多人大部分来自改革时的大区、小区经理。教练组模式的推出，解决了以往的弊端，如果将来门面扩张，无外乎是增加教练组的成员，而组织结构不用变更。同时，教练组只是咨询的角色，但是对店经理没有基于官僚制度的绝对权威，这样就可以给予店经理充分的授权。

2. 海底捞学习型组织与创新扩散机制的规范化

海底捞为破除旧的官僚体制，通过建立两个层面的学习型组织来培养新型领导者。一是店经理层面，是自发的学习组织。学习小组组成后由组长来负责学习计划的制定，他们有的要向同行学习，有的要学习日志、“三思”（即张勇提倡的从难点出发思危、思退、思进），有的要学习具体操作业务流程。学习的内容不限，公司对学习预算也没有控制，目的是培养自发的学习氛围，只要有计划、有收获就可以。二是店面里的“充电器”学习组织，也是自发的组织。服务员聚集在一起，随便讨论什么内容都可以，公司也给予经费的支持。目的是为了在新员工中营造一种学习的氛围。如果一开始就要员工学习与工作内容、业务相关的东西，肯定会产生厌烦情绪。

2010 年 6 月，海底捞正式创办了海底捞大学，用于内部员工的培训。海底捞大学还定期举办金讲台活动，即每个门店派三四名员工开展业务教学竞赛，内容是管理沟通、会计成本核算等基本管理职能。海底捞大学的老师主要是海底捞内部人员和从外部聘请的几个大学老师。高层干部也有直接送到北大光华管理学院、长江商学院等学校攻读 EMBA 的。

海底捞经过多年的经验积累，目前形成了定期引导员工创新并在企业扩散的机制。在海底捞内部有一个金点子排行榜，张勇要求每个员工每月都要提出好的服务点子。这些点子一旦被全公司采用，就会给提点子的员工 200～2000 元的奖励。这让海底捞涌现出了几百项让人耳目一新的金点子服务。如吃火锅的筷子被加长，有了专门的火锅用具，洗手间被摆上了牙膏、牙刷、护肤霜。

3. 外卖经营的规范化

海底捞早在 2003 年就做过火锅外卖。当时由于“非典”，顾客都不愿意去餐馆，但外卖业务随着“非典”的结束不了了之。2010 年 5 月，随着北京、天津、郑州业务的稳定，海底捞董事袁华强就开始了火锅外卖的行动。

海底捞外卖借鉴了肯德基的经验。消费者只需拨打一个电话到海底捞的呼叫中心，将需求告知接线员，呼叫中心系统会快速地记录、存储、生成订单、统一派发，菜品、炊具、餐具就会全部送到家里，并且整个订单派发过程还能够实时跟单。这是合力金桥软件（HOLLYCRM）公司推出的一款免搭建的“7×24 租用型呼叫中心系统”，有了这款呼叫中心系统的支持，在随时增减座席、增加业务功能、减少前期资金占用方面为海底捞节省了呼叫中心高昂的软硬件投入、维护的人员和精力的投入，帮助海底捞轻松实现了传统餐饮向电子商务的转型。

4. 海底捞的困惑与未来方向

企业初创期很多信息、流程都不完善，但随着企业的发展壮大，海底捞的管理层也意识到单纯凭个人直觉、个人的领导，缺少科学的管理体系，是一个非常大的问题。为此，海底捞在 2010 年请来 IBM 咨询公司来建立标准的管理体系，包括岗位评估、ERP 的建立、审批流程、职能部门的量化考核等。但是，西化的咨询结果能否与中国民营企业的实践相融合？上百页的咨询报告如何落地？这是高层管理者们比较困惑的问题。IBM 的方案对企业内部人的素质、能力要求就很高。IBM 设计的量化的考核是否与海底捞的充分授权文化相冲突，海底捞的员工如何才能接受标准化的管理，这对张勇来说都是不得不思考的问题。

海底捞的三大目标正在实现：在海底捞创造一个公平公正的工作环境，致力于双手改变命运的价值观以及将海底捞开遍全国。目前，海底捞正在思考国际化战略和进行企业

IT 系统升级。国际化上，海底捞派遣几位管理人员去美国考察选址，并且 2013 年在洛杉矶开店。IT 系统升级上，最重要的是打造体验式餐厅，体验式餐厅需要实施大量信息化技术。体验式餐厅完成后，顾客可以全程手机订餐、结账等；就餐时可以了解茶品营养成分、羊肉来自哪个牧场。餐厅环境可以是虚拟的沙漠、热带雨林等。

五、案例讨论

（一）企业内部双元能力促进服务敏捷性的演化与特征

在海底捞内部，解决二元矛盾、冲突、困境的“双元能力”经历了四个不同阶段，呈现不同的特征，从而促进了服务敏捷性的不断演化。

1. 阶段一：CEO 的双元能力促进服务敏捷性

1994 ~ 1998 年的第一阶段，企业内部双元能力促进服务敏捷性模式概括（如图 2 所示）。在企业求生存的内外部环境压力下，隐含的矛盾是在创业初期企业为了盈利（成本控制），有限的资源就有向顾客和员工分配方面的冲突，CEO 化解了同时关注顾客与员工需求的矛盾，并具有这方面的“双元能力”（Rothaermel 和 Alexandre，2009）。为满足顾客需求，致力于提供优质的服务和提高产品品质。比如，开业之初，他们并不懂火锅，生意每天冷冷清清，但张勇很快就懂得了“顾客需要一桌一桌抓”的道理。张勇很清楚地回忆，“当时有一家十几人住在海底捞楼上，他们每天走到楼下往里一看，‘哦，还是没人’，然后就走到边上的另一家火锅店”。于是，张勇设法打听到这家男主人的名字，每天都在楼梯口等他，并重复“魏大哥好”，“终于有一天他进来了。我很激动，但是吃完了他说我的味道不好。他说别的一家有一种香辣酱，要我们研究出来。我说火锅没有祖传香辣酱，肯定是买到了味道好的香辣酱。最后我终于买到并让我太太送上去，让他鉴定是

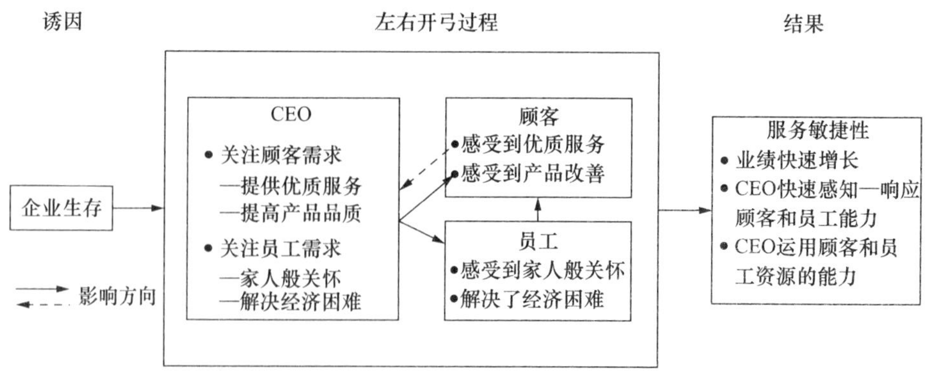

图 2 CEO 的双元能力促进服务敏捷性模式

不是他说的香辣酱，当时他非常感动。这桌顾客在以后非常长一段时间都是我的忠实顾客”。

为满足员工需求，CEO 也尽力提供家人般关怀并尽力解决员工的经济困难。比如，张勇曾经在年关帮助新员工杨小丽还了家里 800 元的债务。从此，杨小丽就把海底捞当家了：“谁要损害公司利益，我敢跟谁拼命！”张勇因此多了一名虎将。对待员工，张勇有自己的看法：“我不心疼钱，因为你的心胸决定了你对金钱的态度，对同事的关系。有了很高的心胸，我就会把它看成一种资源，投下去。当时我有一个理想，一定要到北京，一定要走远。”因为 CEO 张勇在经营中逐渐悟出，为了取得财务绩效，需要为每一个顾客提供优质的服务。

在这种模式下，企业服务敏捷性体现在：财务业绩快速增长；CEO 形成了“快速感知—响应”（Seo 和 Lapaz，2008）顾客和员工需求的能力，并且 CEO 还从顾客和员工的建议中改善服务和产品品质，具有了运用顾客和员工资源的能力。

2. 阶段二：高层、经理的双元能力促进服务敏捷性

1999～2005 年的第二阶段，企业内部高层、经理的双元能力促进服务敏捷性模式概括（如图 3 所示）。在企业裂变的环境压力下，高层、经理同时具有解决企业内部矛盾的“双元能力”（Rothaermel 和 Alexandre，2009），促进了员工“快速感知—响应”顾客（Seo 和 Lapaz，2008）。

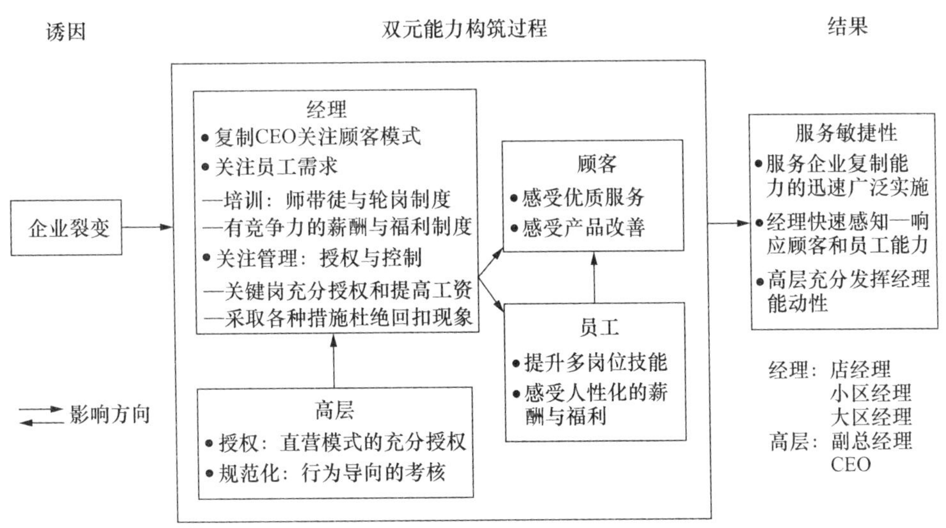

图 3 高层、经理的双元能力促进服务敏捷性模式

高层（包括副总经理、CEO）采取直营模式复制企业，形成了对经理充分授权与规范化的双元能力。授权主要体现在充分授权经理经营权。规范化主要体现在行为导向的考核，即建立了真正公平公正的过程考核体系。“优秀店长的产生不与他所管理店的命运如

营业额成正比（营业额与选址有很大关系），而是关注员工激情、顾客满意度、后备干部的培养。店长经营即便利润始终是公司最高，也很可能由于在以上三方面出了漏洞而被免职。”张勇说。

而经理（包括店经理、小区经理、大区经理）也在高层的充分授权下，复制了前期CEO关注顾客和员工模式。经理还从师带徒、轮岗培训以及人性化的薪酬、福利制度等各方面的完善上满足员工需求，尊重与善待了员工。经理提升了同时关注顾客与员工的双元能力。经理还在采购这一关键岗位有着授权与控制员工行为的双元能力，主要是充分授权和大幅提高工资，并采取各种措施杜绝回扣现象。比如，经理杨小丽就懂得如何授权与控制采购。海底捞的原材料采购极为复杂，蔬菜、海鲜、肉类、副食不仅种类繁多、价格多变，而且都是个体供货。如何买到质量好、价格适中的原材料是杨小丽最难解决的问题。杨小丽将优秀服务员晋升为采购员时，大幅提高他们的工资，并明确告诉他们："公司会用各种方法经常调查你是否吃回扣，一旦发现，无论回扣多少，立即辞退，没有任何补偿。"

在这种模式下，企业服务敏捷性体现在：企业陆续在西安、郑州、北京、成都、上海等地的经营均取得了成功；企业复制能力迅速广泛实施，经理具有了快速感知—响应顾客和员工的能力，高层授权与规范化充分发挥了经理的能动性。

3. 阶段三：高层、经理、员工的双元能力促进服务敏捷性

2006~2009年的第三阶段，企业内部高层、经理、员工的双元能力促进服务敏捷性模式概括（如图4所示）。在企业规范化运营与发展的环境压力下，高层、经理、员工同时具有化解企业内部二元矛盾的“双元能力”（Rothaermel和Alexandre，2009），促进企业“快速感知—响应”（Seo和Lapaz，2008）顾客需求。高层有着对经理、员工充分授权与规范化的双元能力。授权与规范化主要体现在：软硬件投资建立集成平台——规范企业管理、控制产品品质与成本；企业复制的授权与规范化——调动A级门店拓店积极性。软硬件投资方面的具体做法是：一是完善了物流配送体系，实现了标准化和程序化，制定了完善的食品安全监管体系，对原材料的采购源头进行控制，对整个加工环节进行监控把关并引进了一整套现代化的清洗、加工、检验和冷冻设备，以保障原料和底料的品质安全。比如，门店还专设至少48小时各类菜品留存制度，以保证一旦发生食品安全问题，能迅速反应。物流中心和门店的留样柜根据国家安全法设定，目的是保留可追溯性。门店要等到产品完全消耗完，样品才可以撤柜。物流箱上贴有标明品名、保质期、生产日期、温度控制的标签，门店严格按照标签执行。二是运用ERP系统改善管理流程，统一配送信息降低了门店运营成本，动态盘点信息有效规范了库存管理，规范的人员轮换工作流程推进了能力快速复制。

经理也在高层的充分授权下，复制着前期同时关注顾客与员工方面的双元能力，这促进了企业拓店，并对所有员工授权与规范化。授权主要体现在普通员工都有为顾客免一份单的权力。规范化主要体现在IC卡的使用，即员工免单后需要记录免单信息，并向店经理说明原因，以杜绝免单权力滥用行为。

同时，员工需要同时提升服务与产品品质，隐含的矛盾是员工有限的精力需要同时向提升服务与产品品质分配，员工具有了解决这两方面的冲突的双元能力。海底捞的主要做法是高层和经理给员工充分授权，这使员工的主动性和积极性得到充分发挥，完善了服务流程，并被顾客誉为“超五星级服务流程”，菜品品质也不断提升。虽然有些服务和菜品品质改善会增加海底捞的运营成本，但这种付出与稳定的顾客源、不断扩大的忠实消费群及品牌的美誉度相比较，这种投入产出十分合算，这也正是海底捞的聪明之处。从顾客进门等候到就餐完毕，海底捞的服务贯穿其中。虽然很多的餐饮店在其中的某一个环节上也做到了如海底捞一样的服务，但是没有形成系统性、制度化。因此，海底捞的服务才会显得更加突出，而这也是餐饮企业在服务上所需要借鉴与学习的。海底捞优质的服务成为其核心竞争力之一，成为海底捞的特色招牌之一。更为重要的是，海底捞的服务建立起了一整套完善的体系，给顾客留下了深刻的印象，说到海底捞，很多人都会说，服务不错。此外，海底捞产品品质也是努力做到业内最好，给人印象深刻的是海底捞还为顾客提供免费到物流基地参观的机会，菜品品质努力让顾客放心。海底捞品牌赢得了顾客的认可，并且形成了口碑效应，很好地为品牌加分。张勇说：“海底捞的固定成本是房租、水电、员工薪酬等固定开销，前面一桌顾客承担固定开销，后面的顾客如果愿意等，他们的毛利就接近于纯利润了，翻台率提高了，利润就来了。这五花八门的服务换来了大回报。顾客口口相传，翻台率比其他火锅店提高了一倍。”

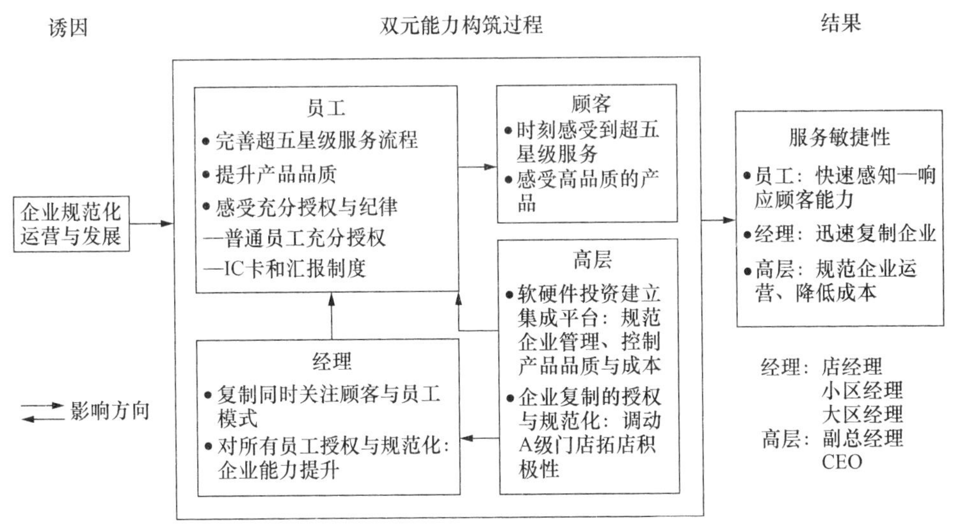

图4　高层、经理、员工的双元能力促进服务敏捷性模式

在这种模式下，企业服务敏捷性体现在：企业不断复制优秀店面的能力，在全国各大中城市的经营均取得了成功；企业员工具有了“快速感知—响应”顾客的能力，经理迅速复制企业，高层能够规范企业运营、降低成本。

4. 阶段四：双元能力精英平台促进服务敏捷性

2010 年至今的第四阶段，企业内部双元能力精英平台促进服务敏捷性模式概括（如图 5 所示）。在同行模仿与扩张导致人力资源匮乏的内外部环境压力下，企业高层、店经理、员工充分利用精英平台的集成与扩散机制，同时具有化解企业内部二元矛盾的“双元能力”（Rothaermel 和 Alexandre，2009），并促进企业服务敏捷性发展。目前餐饮行业的竞争越发激烈，同行对海底捞特色服务的模仿也越来越多。海底捞在这种竞争的环境中成长，因此时刻准备着利用企业精英平台的“整合能力”（Iansiti 和 Levien，2006）迎接挑战，以此保持并发展自身的竞争优势。

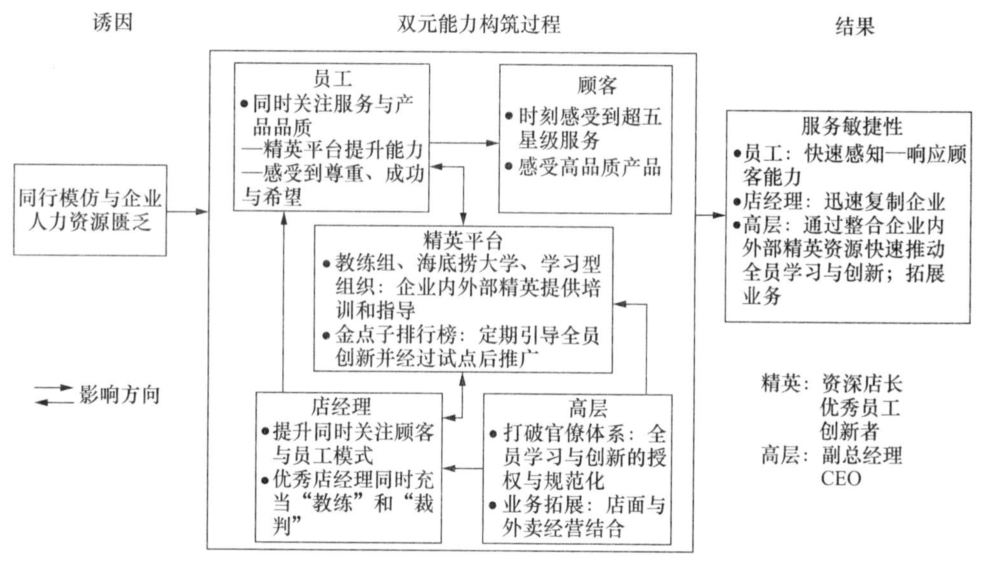

图 5　双元能力精英平台促进服务敏捷性模式

高层从两方面提升双元能力。一是使全员学习和创新方面授权与规范化，进一步加强高层推动组织结构由层级向扁平化的变革，并推动企业构筑精英平台，如教练组、海底捞大学和自发的学习型组织由企业内外部精英提供培训和指导，金点子排行榜定期引导全员创新并经过试点后推广；二是业务拓展上，高层具有了同时关注店面与外卖经营的双元能力，化解了企业资源的二元矛盾。在外卖经营中的呼叫中心软硬件系统投资完全采用租用模式，免去了软硬件的资金投入和维护的人员精力投入，可以把更多的资金和精力放在经营自身的业务上。北方区总经理袁华强在《第一财经周刊》称：“海底捞外卖的定位是针对中高端用户，希望给顾客带来更好的生活享受。就像农家乐一样，一边享受自然一边享受食物。”

同时，店经理在店面经营上利用精英平台获得帮助、解决难题，不断学习和创新，复制了优秀店经理同时关注顾客与员工的双元能力，店经理提升了自身的双元能力。此外，有能力的资深店经理不仅积极参与到教练组、学习型组织等精英平台，还为其他店经理解决难题，充当“指导+考核”式的咨询角色，使他们获得了同时充当“教练”和“裁判”的双元能力。

员工提升了同时关注服务与产品品质的双元能力。员工利用精英平台提升自身能力，如参与店面里“充电器”学习组织，向有经验的员工学习。有能力的员工还向精英平台提供创新和专业服务，如为金点子排行榜提供创新，为海底捞大学学员培训专业知识。此外，在充分授权下和双手改变命运的过程中，员工感受到了尊重、成功与希望，为顾客提供了优质的服务和高品质产品，实现了自身价值。

还有，海底捞设有创意委员会，将收集的创意进行筛选，好的创意经过试点后在全国推广，而且，张勇还在他的办公室设置黄、黑、红三种颜色的板。如果某部门没有创新，张勇会看到负责人名字放在黑板上；如果部门有新点子，但不能在全公司推广，只能在一个区推广，张勇会看到负责人的名字放在黄板上；如果创意被全公司推广，负责人的名字就会在红板上。张勇每天都注意观察三块板上的名字。企业还定期举行员工创意大赛，如顾客熟悉的拉面表演即是员工宋晓东在创意大赛上模仿功夫表演后得到推广的。

在此模式下，企业服务敏捷性体现在：组织结构由层级向扁平化的变革，形成员工学习与创新快速集成与扩散机制；另外，业务也在向外卖经营扩展，并思考企业未来的发展方向；企业员工具有了“快速感知—响应”顾客的能力，店经理迅速复制企业，高层通过整合企业内外部精英资源，快速推动全员学习与创新，并推动业务模式扩展。

（二）企业层次双元能力促进服务敏捷性演化的过程模型

集成海底捞在四个不同阶段双元能力促进服务敏捷性的模式，能够推导出企业层次双元能力促进服务敏捷性的一个过程模型（见图6），即外部环境变化促使企业在授权与控制以及整合能力两个维度演化（演化路径如图6箭头所示），在此过程中企业不同层级人员解决内部二元矛盾的双元能力提升，从而促进了服务敏捷性的演化。各阶段的过程特征与结果如图6所示。

企业层次双元能力促进服务敏捷性四阶段的特征是：第一阶段权力集中在CEO，授权与控制的双元能力弱，整合能力强。第二阶段高层授权给经理（中层），规范化较弱，整合能力减弱，高层、经理具有解决二元矛盾的双元能力。第三阶段企业对经理、员工（底层）授权和规范化，软硬件投资使企业整合能力和规范化增强，高层、经理、员工均具有了解决企业二元悖论的能力。第四阶段企业建立的各种精英平台使整合能力和规范化增强，企业进一步对经理、员工授权和规范化，高层、经理、员工均提升了解决二元悖论的双元能力。可见，企业授权与控制是一个逐步强化的过程。授权的路径是高层—经理—员工—精英平台。控制是通过规范化加以实现。这里的规范化（Standardization）是与授权相对立的概念，指企业为形成统一、规范和稳定的管理体系，制定和实施的组织规程和基本制度以及各类管理事务的作业流程。

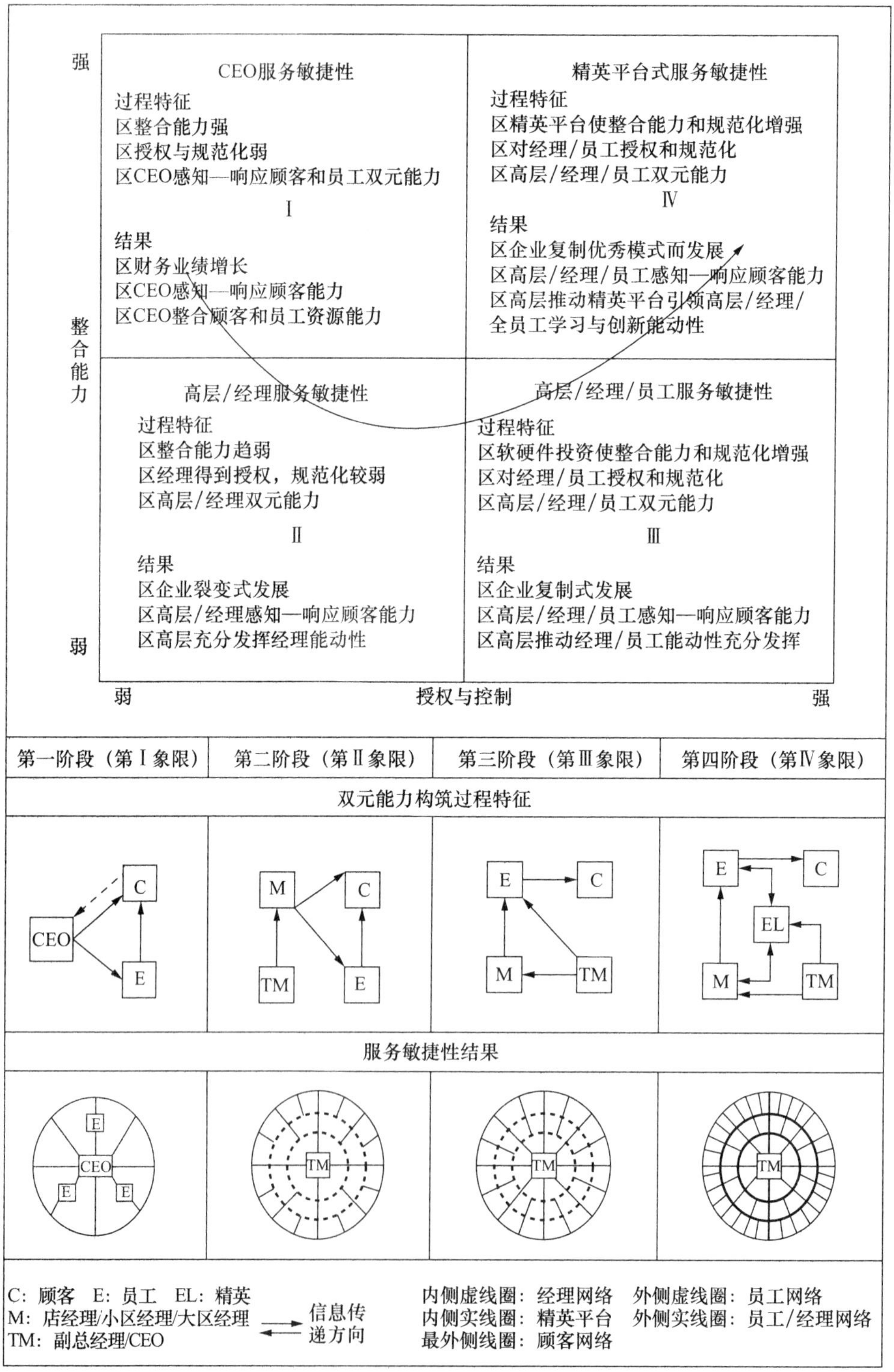

	弱	强
强	CEO服务敏捷性 过程特征 区整合能力强 区授权与规范化弱 区CEO感知—响应顾客和员工双元能力 Ⅰ 结果 区财务业绩增长 区CEO感知—响应顾客能力 区CEO整合顾客和员工资源能力	精英平台式服务敏捷性 过程特征 区精英平台使整合能力和规范化增强 区对经理/员工授权和规范化 区高层/经理/员工双元能力 Ⅳ 结果 区企业复制优秀模式而发展 区高层/经理/员工感知—响应顾客能力 区高层推动精英平台引领高层/经理/全员工学习与创新能动性
弱	高层/经理服务敏捷性 过程特征 区整合能力趋弱 区经理得到授权，规范化较弱 区高层/经理双元能力 Ⅱ 结果 区企业裂变式发展 区高层/经理感知—响应顾客能力 区高层充分发挥经理能动性	高层/经理/员工服务敏捷性 过程特征 区软硬件投资使整合能力和规范化增强 区对经理/员工授权和规范化 区高层/经理/员工双元能力 Ⅲ 结果 区企业复制式发展 区高层/经理/员工感知—响应顾客能力 区高层推动经理/员工能动性充分发挥

纵轴：整合能力；横轴：授权与控制

第一阶段（第Ⅰ象限）	第二阶段（第Ⅱ象限）	第三阶段（第Ⅲ象限）	第四阶段（第Ⅳ象限）
双元能力构筑过程特征			
C, CEO, E	M, C, TM, E	E, C, M, TM	E, C, EL, M, TM
服务敏捷性结果			
E, CEO, E, E	TM	TM	TM

C：顾客 E：员工 EL：精英
M：店经理/小区经理/大区经理
TM：副总经理/CEO
⇄ 信息传递方向
内侧虚线圈：经理网络 外侧虚线圈：员工网络
内侧实线圈：精英平台 外侧实线圈：员工/经理网络
最外侧线圈：顾客网络

图6 双元能力促进服务敏捷性的过程模型

企业层次双元能力促进服务敏捷性四阶段的结果是：第一阶段企业财务业绩增长，CEO 具有感知—响应顾客能力，CEO 具有整合顾客和员工资源能力。第二阶段企业裂变式发展，高层、经理具有感知—响应顾客能力，高层能够充分发挥经理能动性。第三阶段企业复制式发展，高层、经理、员工均具有感知—响应顾客能力，高层推动经理、员工能动性充分发挥。第四阶段企业通过精英平台复制优秀模式而发展，高层、经理、员工感知—响应顾客能力进一步增强，企业具有通过精英平台引领高层、经理、员工全员学习与创新的能动性。可见，在前文提出服务敏捷性三个方面的能力上，海底捞已经具备了：①在企业内部具有在内外部持续变化、不可预测的环境中蓬勃发展的能力；②高质量、高附加价值感知—响应国内市场能力，降低成本主要通过信息系统、基地建设等软硬件投入、提供翻台率（这加强了员工的劳动强度）等（国际化的市场能力还有待今后对海底捞实践的观察）；③在具体措施上，企业具有集成可用的内外部资源（包括技术、员工和组织）到一个自然协调的独立系统，以缩短满足服务需求并快速响应突然到来的市场机会的能力。

六、结论

（一）理论和实践意义

海底捞通过企业层次和企业内部双元能力的演化，实现企业准确感知市场信息，并把这一信息传递到各组织部门，以提高服务响应市场的能力，实现服务敏捷性的进化。这对中国企业参与全球化、超级竞争环境下的企业竞争与发展提供了重要的理论借鉴和实际指导意义。本文的理论贡献有三点：

第一，揭示了双元能力促进服务敏捷性的过程和机理，有利于指导实践。通过探索服务敏捷性的前因变量，即海底捞在发展过程中所处的内外部环境压力促进了企业双元能力提升过程，本文打开了企业获得服务敏捷性的“黑箱”。企业内部解决二元矛盾、冲突、困境的双元能力的形成路径是：CEO 双元能力—高层、经理双元能力—高层、经理、员工的双元能力—精英平台式双元能力，而企业层次授权与控制的双元能力是一个持续改善的过程。海底捞的核心竞争力其他企业较难模仿的根本原因在于企业具有这两个层次的双元能力且不断进化。充分授权与控制，同时关注顾客与员工需求等二元悖论的解决，不是每个企业都能做到的。本文结论有利于企业开发并积蓄多种形式的双元能力，以及如何实现服务敏捷性，从而获得竞争优势。

第二，补充了双元能力促进服务敏捷性的理论与实证研究。过去的研究侧重于制造敏捷性（Moore 等，2003；Elkins 等，2004；Holmqvist 和 Pessi，2006）、软件开发敏捷性（Abrahamsson 等，2002；Fitzgerald 等，2006；Dyba 和 Dingsøyr，2008），而在服务行业缺乏企业敏捷性的实证研究，更缺少服务敏捷性的命题及其验证。本文推导的过程模型具有重要的理论贡献，因为它不仅描述了成功的企业扩张的必要条件，也按逻辑顺序描述“结果发生时故事怎样发生”（Mohr，1982）。

第三，高层通过授权与控制的双元能力，使学习和创新能力从上往下、平级之间、从下往上流动，知识不断从隐性转化为显性（Explicit）。这补充了先前“强调企业内部隐性知识”（Reed 和 Defilippi，1990）的视角，并为深处于复杂商业网络的公司运营提供了指导。而且，本文通过不同扩张阶段区分了企业双元能力的知识形态，补充和完善了达到企业敏捷性的方法。

关于实践意义，本文的重要性在于提供了一个综合的、支持经验的过程模型，用于指导服务企业扩张。本文开发的过程模型识别了企业扩张的关键驱动因素（即内外部环境压力及如何解决），也对不同扩张阶段的企业怎样实现不同层次的服务敏捷性提供了重要的指导。而且，在追踪服务企业扩张从初始阶段到成熟阶段的实践者、特性和意义中，本文有助于今后的实践者在不同阶段管理企业扩张。尤其是，实践者在扩张中遇到困难时，能用本文的过程模型作为一个详细的路标，以识别适当的矫正措施，这样，他们就能够尽最大努力和使用最大资源和能力投资于服务企业的管理，从而发挥他们最大的潜能。

（二）局限性和未来的研究

本文的局限性是访谈作为首要的数据收集方法的回顾特性。回顾性回答的缺点是它们容易引起回忆的错误。但是，我们已经试着约束了这个问题，即在 2010 年的专门采访中仅仅采访那些“在重要期间亲自参与企业实践过程的相关被调查人”。而且，我们采用了一个系统的数据确认程序，即海底捞支持笔者团队进行全方位的调研和访谈，这有利于反复校准数据，以确保我们使用的所有信息“可以三角化为至少具有两个数据来源”（Pan 和 Tan，2011）。

本文属于探索性研究，目的在于关键要素的识别，是从案例到理论的“分析性归纳”的原理（Yin，2003）。未来的一个研究方向是直接统计确认本文的命题，从而能够更好地定义我们过程模型的限制条件。另一个有趣的研究方向是海底捞管理转型中如何解决遇到的问题，如 IBM 制定的量化考核方案与海底捞的充分授权文化相冲突。

参考文献

[1] 贡文伟．中小企业敏捷性指标体系的建立及其评价［J］. 经济管理，2002（6）.

[2] Iansiti M.，Levien R. 共赢：商业生态系统对企业战略、创新和可持续性的影响［M］. 王凤彬等译．北京：商务印书馆，2006.

[3] M. Flowle. 企业应用架构的模式［M］. 王怀民译．北京：机械工业出版社，2004.

[4] 彭本红，吴晓伟，孙绍荣．基于熵和模糊技术的动态联盟企业的敏捷性评价［J］. 科学管理研究，2004（3）.

[5] Quan J.，霍春辉，Parente，Ronaldo C. 组织敏捷性的形成机理模型与实证研究［J］. 管理学报，2010（7）.

[6] 吴红玲，黄国青，王常松．信息技术接受和企业组织敏捷性的关系 [J]. 科技进步与对策，2008 (2)．

[7] 尹裴，王洪伟，周曼．SOA 架构下面向业务敏捷性的信息系统柔性设计[J]. 情报杂志，2010(7).

[8] 于锦华，霍春辉．国外组织敏捷性理论研究综述 [J]. 经济管理，2009 (5).

[9] 仉福江，田也壮，孙林岩，张莉．中美制造企业敏捷性改进差异的实证研究[J]. 预测，2006(4).

[10] 赵湘莲．高新技术企业敏捷性评价研究 [J]. 科技管理研究，2006 (10).

[11] Abrahamsson P., O. Salo, J. Ronkainen and J. Warsta. Agile Software Development Methods: Review and Analysis [M]. Espoo, Finland: Technical Research Centre of Finland, VTT Publications, 2002.

[12] Agarwal A., R. Shankar, M. K. and Tiwari. Modeling the Metrics of Lean, Agile and Leagile Supply Chain: An Anp - based Approach [J]. European Journal of Operational Research, 2006 (173): 211 - 225.

[13] Ancona D. G., Goodman P. S., Lawrence B. S. and Tushman M. L. Time: A New Research Lens [J]. Academy of Management Review, 2001 (26): 645 - 663.

[14] Burgelman, R. A. Intraorganizational Ecology of Strategy Making and Organizational Adaptation: Theory and Field Research [J]. Organization Science, 1991 (2): 239 - 262.

[15] Burns, T. and Stalker, G. M. The Management of Innovation [M]. London: Tavistock, 1961.

[16] Christopher, M. and Towill, D. An Integrated Model for the Design of Agile Supply Chains [J]. International Journal of Physical Distribution and Logistics Management, 2001, 31 (4): 235 - 246.

[17] Christopher M., R. Lowson and H. Peck. Creating Agile Supply Chains in the Fashion Industry [J]. International Journal of Retail and Distribution Management, 2004, 32 (8): 367 - 376.

[18] Christopher M. The Agile Supply Chain : Competing in Volatile Markets [J]. Industrial Marketing Management, 2000, 29 (1): 37 - 44.

[19] Duncan, R. B. The Ambidextrous Organization: Designing Dual Structures for Innovation [M]. Kilmann, R. H. Pondy, L. R. and D. Selvin, eds. The Management of Organization, North - Holland, New York, 1976 (1): 167 - 188.

[20] Dyba, T. and T. Dingsøyr. Empirical Studies of Agile Software Development: A Systematic Review [J]. Information and Software Technology, 2008.

[21] Eisenhardt, K. M. Paradox, Spirals, Ambivalence: The New Language of Change and Pluralism [J]. Academy of Management Review, 2000 (25): 703 - 705.

[22] Elkins D. A., Huang N. and Jeffrey M. Alden. Agile Manufacturing Systems in the Automotive Industry [J]. Int. J. Production Economics, 2004 (91): 201 - 214.

[23] Fitzgerald, B., Hartnett, G. and K. Conboy. Customising Agile Methods to Software Practices at Intel Shannon [J]. European Journal of Information Systems, 2006 (15): 200 - 213.

[24] Ghoshal, S. and Bartlett, C. Linking Organizational Context and Managerial Action: The Dimensions of Quality of Management [J]. Strategic Management Journal, 1994 (15): 91 - 112.

[25] Gibson, C. B. and Birkinshaw, J. The Antecedents, Consequences and Mediating Role of Organizational Ambidexterity [J]. Academy of Management Journal, 2004 (47): 209 - 226.

[26] Gunasekaran, A. and Y. Y. Yusuf. Agile Manufacturing: A Taxonomy of Strategic and Technological Imperatives [J]. International Journal of Production Research, 2002, 40 (6): 357 - 1385.

[27] Gupta A. K., Smith K. G. and Shalley C. E. The Interplay between Exploration and Exploitation

[J]. Academy of Management Journal, 2006 (4): 693 -706.

[28] Hamel G. and Prahalad C. K. Strategy as Stretch and Leverage [J]. Harvard Business Review, 1993 (71): 75 -84.

[29] Holmqvist, M. and Pessi, K. Agility Through Scenario Development and Continuous Implementation: A Global Aftermarket Logistics Case [J]. European Journal of Information Systems, 2006, 15 (2): 146 - 158.

[30] Huang C. - Y., Ceroni J. A. and Nof S. Y. Agility of Networked Enterprises - parallelism Error Recovery and Confl Ict Resolution [J]. Computers in Industry, 2000, 42 (2 -3): 275 -287.

[31] Hoogervorst, J. Enterprise Architecture: Enabling Integration, Agility and Change [J]. International Journal of Cooperative Information, 2004.

[32] Jansen J. J. P., van den Bosch F. A. J. and Volberda H. W. Exploratory Innovation, Exploitative Innovation and Ambidexterity: The Impact of Environmental and Organizational Antecedents [J]. Schmalenbach Business Review, 2005 (57): 351 -363.

[33] Holmqvist, M. and K. Pessi. Agility Through Scenario Development and Continuous Implementation : A Global Aftermarket Logistics Case [J]. European Journal of Information Systems, 2006 (15): 146 - 158.

[34] March, J. G. Exploration and Exploitation in Organizational Learning [J]. Organization Science, 1991 (2): 71 -87.

[35] Mathiassen, L. and Pries - Heje, J. Business Agility and Diffusion of Information Technology [J]. European Journal of Information Systems, 2006, 15 (2): 116 - 119.

[36] McGaughey, R. E. Internet Technology: Contributing to Agility in the Twenty - first Century [J]. International Journal of Agile Management Systems, 1999, 1 (1): 7 - 13.

[37] Mohr, L. B. Explaining Organizational Behavior [M]. Jossey - Bass, San Francisco, CA, 1982.

[38] Mom T. J. M., van den Bosch F. A. J. and Volberda H. W. Investigating Managers' Exploration and Exploitation Activities: The Influence of Top - down, Bottom - up and Horizontal Knowledge Inflows [J]. Journal of Management Studies, 2007, 44 (6): 910 -931.

[39] Moore P. R., J. Pu, H. C. Ng, C. B. Wong, S. K. Chong, X. Chen, J. Adolfsson, P. Olofsgard, J. - O. Lundgren. Virtual Engineering: An Integrated Approach to Agile Manufacturing Machinery Design and Control [J]. Mechatronics, 2003 (13): 1105 - 1121.

[40] Nagel R. N., Dove R., Goldman S. and Preiss K. 21st Century Manufacturing Enterprise Strategy: An Industryled View [C]. Iacocca Institute, Lehigh University, Bethlehem, PA, USA, 1991.

[41] Overby E., Bharadwaj A. and Sambamurthy V. Enterprise Agility and the Enabling Role of Information Technology [J]. European Journal of Information Systems, 2006 (15): 120 - 131.

[42] Pan S. L. and B. Tan. Demystifying Case Research: A Structured - pragmatic - situational (Sps) Approach to Conducting Case Studies [J]. Information and Organization, 2011 (21): 161 - 176.

[43] Qumer, A. and Henderson - Sellers, B. An Evaluation of the Degree of Agility in Six Agile Methods and its Applicability for Method Engineering [J]. Information and Software Technology, 2008 (50): 280 -295.

[44] Burgelman R. A. Strategy as Vector and the Inertia of Coevolutionary Lock - in [J]. Administrative Science Quarterly, 2002 (47): 325 -357.

[45] Reed, R. and R. J. DeFillippi. Causal Ambiguity, Barriers to Imitation and Sustainable Competitive Advan - tage [J]. Academy of Management Review, 1990 (15): 88 - 102.

[46] Rothaermel, F. T. and M. T. Alexandre. Ambidexterity in Technology Sourcing: The Moderating Role of Absorptive Capacity [J]. Organization Science, 2009, 20 (4): 759 - 780.

[47] Sanchez R., Heene A. and Thomas H. Dynamics of Competence - based Competition, New York: Wiley & Sons., 1996.

[48] Seo, D. and La Paz, A. I., 2008, Exploring the Dark Side of is in Achieving Organizational Agility [J]. Communications of the ACM, 1996, 15 (11): 136 - 139.

[49] Simsek, Z. Organizational Ambidexterity: Towards a Multilevel Understanding [J]. Journal of Management Studies, 2009, 46 (4).

[50] Tushman M. L. and O' Reilly, C. A. Ambidextrous Organizations: Managing Evolutionary and Revolutionary Change [J]. California Management Review, 1996 (38): 8 - 30.

[51] van Oosterhout M., Waarts E. and van Hillegersberg J. Change Factors Requiring Agility and Implications for IT [J]. European Journal of Information Systems, 2006, 15 (2): 132 - 145.

[52] Vokura, R. J. and Fliedner, G. The Journey Toward Agility [J]. Industrial Management & Data Systems, 1998, 98 (4): 165 - 171.

[53] Xing Y., Chandramouli R. and C. Cordeiro. Price Dynamics in Competitive Agile Spectrum Access Mar kets [J]. IEEE Journal on Selected Areas in Communications, 2007, 25 (3).

[54] Yusuf Y. Y., A. Gunasekaran, E. O. Adeleye and K. Sivayoganathan. Agile Supply Chain Capabilities: Determinants of Competitive Objectives [J]. European Journal of Operational Research, 2004 (159): 379 - 392.

[55] Yin R. K. Case Study Research: Design and Methods [M]. (3rd ed.) SAGE Publications, Thousand Oaks, CA, 2003.

The Ambidextrous Competence can Increase the Agility in Firms' Service—A Case Study on the Development History of the Haidilao Company

Zheng Xiaoming　Ding Ling　Ouyang Taohua

Abstract: Enterprise's agility, as the most important ability of enterprises in competitiveness in this era of "rapid technology advances, integrated global economy and the continuous change of customers' needs", has drawn wide attention in the academic circle. Based on the theory of ambidexterity, and taking the process of the development the Haidilao Company as a case to study, we have systematically researched the characteristics of the formation of promoting enterprises' service agility (SA), the process and the causes. This study has opened the "black box" in which enterprises have obtained the SA; this study has elaborated the fundamental mechanism of four kinds of ambidexterity on the enterprise level and its internal level in forming the SA, revealed the models of the process of the ambidexterity promoting the SA, and illustrated the method, in promoting learning and innovative abilities, of flowing, from the top to the bottom, among the same level of employees, from the bottom to the top. The process, which we have probed in this article, of the shaping of the SA in the Haidilao Company is an important reference for the increase of the SA of China's enterprises for the obtainment of new competitive advantages.

Key Words: Service Agility; Ambide xtrous Competence; Strategic Management; Case Study

资源互补对机会主义和战略联盟绩效的影响研究*

徐二明　徐　凯

【摘　要】20世纪80年代以来，全球战略联盟的数量激增，逐步成为企业的快速成长方式，但其失败率也非常高。本文以资源依赖理论和交易成本理论为基础，以中国企业为样本，从资源互补和机会主义的角度分析了合作与竞争对联盟绩效的影响。实证研究的结果表明，联盟中的资源互补能够提高联盟的财务绩效与创新，而机会主义则会负向影响财务绩效和创新。同时，适度的资源互补是有效遏制机会主义的手段，过高或过低的资源互补都会使联盟企业处于机会主义的风险之中，即资源互补和机会主义之间的关系呈倒U型的关系。

【关键词】资源互补；机会主义；战略联盟

一、引言

战略联盟在全球企业发展中一直起着重要的作用。随着中国市场化程度的不断提高，战略联盟也逐步成为中国企业获得竞争优势的主要手段之一。但是，从战略联盟的实践来看，合伙企业间的合作与竞争共存，有其优势，也存在问题（见表1）。

表1说明合作与竞争所需的条件与问题。战略联盟的基本假设是联盟企业间资源整合后，其所创造的价值大于单个企业的资源创造价值的总和（Oliver，1997）。“总体大于单个之和”，主要来源于联盟中获取的互补性资源（Das和Teng，2000）。战略联盟企业间的资源互补，不仅有利于企业间形成相互依赖关系，还可以促进联盟的“形成、发展和有效的合作”（Parkhe，1991），有利于实现联盟企业间的协同作用，提高企业的竞争优势

* 本文受国家自然科学基金课题70972127项目资助。本文在收集数据时，曾得到西安交通大学管理学院师生的帮助，特此感谢。

（Harrison、Hitt、Hoskinsson 和 Ireland，2001）。

表 1　战略联盟中合作和竞争的收益和成本

	合作	竞争
收益	共同收益（Messick 和 Brewer，1983；Messick，1991）	高生产率（Weber，1978；Blau，1955）
	战略柔性和控制（Sutton 和 D' Aunno，1989）	提升或保持竞争地位（Grimm 和 Smith，1997）
成本	信息交流（Rao 等，2000）	保持竞争的警惕性（Ahaja，2000）
	共同利益和单个企业利益间的冲突（Hamel，1991）	高信息成本（Salancik 和 Pfeffer，1977）
	协调成本（Harrigan，1985）	高不确定性（Das 和 Teng，2000）

除了合作以外，在一定条件下，战略联盟企业间也会出现公开或潜在的竞争。尽管竞争和机会主义是两个不同的概念，但已有的文献表明，当企业之间存在竞争关系时，合作双方更可能实施机会主义行为；当企业之间强调合作关系时，合作双方实施机会主义的可能性则很小（Park 和 Russo，1996）。在合作的过程中，一方企业为了更好地合作，有可能要将自己的核心能力（即专用性资产）公开给合作伙伴。如果合作伙伴间存在竞争关系，就很容易在联盟内产生机会主义的行为。研究指出，机会主义会使联盟中组织关系的协调产生困难（Gulati 和 Singh，1998），甚至会出现窃取联盟伙伴的技术、降低投资水平，或不履行联盟承诺等许多内部竞争问题。

合作伙伴如果实施机会主义行为，联盟就会面临风险（Hamel，1991）。Shuen（1994）称这种机会主义为利益的机会主义（Interest Opportunism），即联盟中的共同利益与个体利益发生冲突。联盟间的互补性资源的投入是解决这类冲突的可行方法之一。资源依赖理论认为，企业应尽量建立或维持资源互补的联盟关系，以获得合作伙伴间所需的资源，从而降低企业间实施机会主义行为的可能性（Arora 和 Gambardella，1990；Teece，1992；Rothaermel，2001）。因此，互补性资源不仅是企业建立战略联盟的原因，也是防止机会主义、保证战略联盟绩效的重要因素。

但是，深入的战略联盟研究表明，战略联盟伙伴间的合作和竞争关系在价值链不同阶段的表现不同。在价值创造阶段，企业与供应商、顾客以及同行竞争者建立战略联盟，以获取互补的资源和能力，从而实现价值增值过程。但是，在价值分配阶段，企业又会在产品市场上为了价值分配而展开竞争。本文从价值创造和价值增值两个阶段研究了企业在战略联盟活动中的合作和竞争关系。为了区分这两个阶段的差异，我们对创新产出和财务绩效这两个不同的绩效指标进行了研究。实证研究结果表明，价值创造过程中的冲突主要产生于知识和技术共享的矛盾中，并对创新活动产生影响，而联盟伙伴在价值分配过程中的冲突，则主要体现在各项财务指标上。

综上所述，为了探讨战略联盟中的合作（资源互补被视为促进企业间合作的主要原因）和竞争（机会主义是合作伙伴间竞争关系的主要表现）的问题，本文重点研究资源互补对于联盟绩效的直接作用，以及其通过降低机会主义而提高联盟绩效的间接作用。同时，考虑到资源互补和机会主义对联盟绩效所产生的不同影响，本文进一步将联盟绩效分为财务绩效和创新两个方面，并对这两个方面进行比较研究，以便更全面地理解资源互补与机会主义对联盟绩效的作用机理。

二、研究假设及其理论依据

（一）资源互补和联盟财务绩效

资源依赖理论和战略行为理论均指出，战略联盟是企业获得所需资源的一种手段。联盟的经典文献都假设在不确定的市场中，战略联盟能够确保企业获得稳定的资源供给，并有利于企业利用新的市场机会（Das 和 Teng，2000）。从企业建立战略联盟的动机来看，战略联盟有助于降低风险、形成规模经济、获取市场进入机会，实现产品多样化以及获得技术协同作用，从而促进产品或过程创新、合作研发活动与信息交换等。因此，联盟企业间的资源互补对于联盟的建立及稳定非常重要。

在联盟形成的过程中，企业的资源禀赋起到关键的作用（Stuart，2000）。企业通常会寻求拥有自己所需资源的企业，作为它们的合作伙伴（Gulati、Nohria 和 Zaheer，2000）。企业也会与拥有特殊资产（其他企业不具备的资产）的企业建立联盟关系。这种特殊资产，一般包括具有特殊经验的管理团队（Mc Gee、Dowling 和 Megginson，1995），或是独特的技术诀窍（Nagarajan 和 Mitchell，1998）。Stuart（2000）的研究发现，拥有领先技术的大企业一般被看作首选的联盟伙伴。一般来说，新创企业或小企业格外看重这类企业，希望通过联盟形式获得它们所不具备的技术。特别是在新兴市场中，企业由于缺乏获得技术的途径，便会将技术能力作为它们选择联盟伙伴的首要标准（Hitt、Dacin、Levitas、Arregle 和 Borza，2000）。

Harrison、Hitt、Hoskisson 和 Ireland（1991）也认为，两个具有高度一致性资源的企业，远不如两个资源有差异但又互补的企业的绩效好。企业的资源高度相似，或许能够扩大其规模经济，进一步开发现有的竞争优势，但很难进行创造性的积累（Ireland 和 Miller，2001）。企业间不同且又互补的资源，不但能够使企业获得范围经济，而且能够开发出新的资源和技能（Hitt、Harrison 和 Ireland，2001）。Madhok 和 Tallman（1998）进一步证实，当联盟企业间能够整合具有互补性的资源并达到协同作用的时候，这种联盟最有可能创造新的价值。

同时，对于处于高度不确定环境中的联盟来说，资源互补尤其重要。研究表明，企业通常与资源互补的企业建立战略联盟，以降低环境的波动（Gulati、Nohria 和 Zaheer，2000）并稳定其价值创造过程（Thompson，1967）。因此，资源互补是促进联盟绩效的关键因素。

假设1：资源互补与战略联盟的财务绩效正相关。

（二）资源互补与联盟中的创新

企业建立战略联盟的动机，不仅考虑联盟企业间有形资源的互补，同时也看重知识的互补。联盟所带来的研发风险共担和互补性知识共享，是促进联盟中创新的关键因素。例如，研发新一代的芯片、飞机或计算机的开支可能要达到十几亿美元。全球只有极少数企业能够支付起这样的研发费用（Deman 和 Duysters，2005）。基于知识互补的联盟比基于规模经济的联盟更能促进企业的学习。资源互补的企业是很少有知识交叠的企业，因此就有可能学习彼此的新知识（Dussauge、Garrette 和 Mitchell，2000）。同时，有效的联盟为新创企业提供了学习机会，使它们获取巨大的收益（Baum、Calabrese 和 Silverman，2000）。

March（1991，1995）将组织间的学习分为探索型学习和应用型学习。探索型学习，主要指发现价值创造的新机会，如创新、发明、构建新能力的基础研究、进入新的商业领域或者提高吸收能力（Cohen 和 Levinthal，1990；Lane 和 Lubatkin，1998）。应用型学习，是指通过提高现有的能力或降低成本，来提高生产能力。在应用型学习的情况下，企业通常会寻求合作，以提高规模经济，达到降低成本、提高分销渠道效率的目的。由此可见，探索型学习与应用型学习有着不同的时间范围。Levinthal 和 March（1993）认为，应用型学习主要着眼于当前的效率，而探索型学习追求的是未来的发展。不过，无论是探索型学习还是应用型学习，企业都需要花费大量的成本和稀缺的资源（March，1991）。因此，企业通常利用联盟的方式，整合联盟企业间的互补性知识，降低知识的获取成本，促进联盟中企业的创新（Powell、Koput 和 Smith－Doerr，1996）。Lavie 和 Rosenkopf（2006）提出，具有互补性资源的联盟伙伴有助于联盟中的学习和创新（见表2）。

此外，从知识的构成来看，Polanyi（1966）最早将知识划分为显性知识和隐性知识。联盟企业中互补的显性知识，具有易获得性和易学习性的特点，可以提高联盟企业间的知识交流和创新。当企业充分了解其顾客、竞争者、供应商时，通常能够形成更具有持续性的竞争优势（Grant，1996）。因此，企业的知识对于竞争的成功具有至关重要的作用。同时，知识能够在联盟伙伴之间流动（Empson，1999；Tsai，2001）。研究表明，具有高水平知识的企业能够比其竞争对手表现得更好（Hitt、Bierman、Shimizu 和 Hochhar，2001）。因此，知识获取和管理非常重要（Hitt、Ireland 和 Lee，2000）。特别是在复杂的竞争环境中，企业的知识就是其竞争优势最持久的来源（Birkinshaw，2001）。

知识转移，是战略联盟中最典型的现象，常发生在相互依赖的联盟企业之间。通过知识转移，企业可获得更多的机会或解决已有的问题（Inkpen，2001）。因此，联盟企业间探索和利用互补的显性知识与隐性知识，有利于提高联盟中的创新。更进一步地讲，一些联盟建立的目的就是创造新知识，而不是仅仅转移现有的知识。企业通过创造知识，可以在全球市场上获得竞争优势（Inkpen 和 Dinur，1998）。Lorenzoni 和 Lipparini（1999）的研究指出，将企业内外部知识加以整合并形成创新的能力，是企业重要的能力。

表 2 互补性资源与相似性资源对联盟创新的作用

	作用	结构	特征
所回答的问题	联盟在价值链中的作用是什么？	企业选择什么样的联盟伙伴？	联盟伙伴与企业在知识上的差异
关注的问题	联盟类型	网络结构	联盟伙伴的能力
探索型（March，1991）（搜寻、变动、承担风险、实验、灵活性、发现、创新）	建立创造新知识的联盟	选择从未与企业有过联系的企业建立联盟	与知识互补的企业建立联盟
应用型（March，1991）（技术改良、选择、生产、效率、应用、执行）	建立从知识的整合中获益的联盟	选择已经与企业有过联系的企业建立联盟	与知识相似的企业建立联盟
所学习到的知识的内容	价值链知识，如新技术、新的市场信息以及现有技术的专业技能	关于联盟伙伴的身份及能否建立联盟的信息，或者特定联盟伙伴的直接认识和深入了解	由特定的联盟伙伴的资源特性所决定的联盟的多样化或专业化
相关的参考文献	Koza 和 Lewin（1998）；Rothaermel（2001）；Rothaermel（2004）	Baum、Rowley、Shipilov 和 Chuang（2005）；Beckman、Haunschild 和 Phillips（2004）	Gulati、Lavie 和 Singh（2003）；McGrath（2001）；Darr 和 Kurtzberg（2000）

假设 2：资源互补与战略联盟中的创新正相关。

（三）资源互补和机会主义

战略联盟的基本假设是联盟企业间的合作，但竞争性的机会主义行为却屡见不鲜（Hamel、Doz 和 Prahalad，1989）。联盟中的机会主义，主要包括欺骗（Cheating）、逃避责任（Shirking）、歪曲信息内容（Distorting Information）、误导合作伙伴（Misleading Partners）、提供次品（Providing Substandard Products/Services）及占用合作伙伴的关键资源（Appropriating Partners Critical Resources）等（Das 和 Teng，1998）。前面已经说明，资源互补的联盟有利于遏制联盟中竞争性的机会主义行为。

从本质上来说，战略联盟是一种不完全的协议。在联盟建立之初，不可能完全界定联盟的产出和利润的分配。在企业间资源互补性高的时候，联盟实现了资源的整合，一个企业的产出就会成为另一个企业的投入。Thompson（1967）在其 *Organizations in Action* 一书中把这种现象称为“互惠型相互依赖”（Reciprocal Interdependece）。就是说，当单个企业获取某一资源的成本很高的时候，企业会通过战略联盟的方式，将它们的资源加以整合，形成协同合作以创造价值。在这种情况下，联盟企业间更易形成合作与协调，实施机会主义行为的动机就会降低。同时，联盟企业间由于资源和能力的差异所造成的分工的不同和功能的互补，也会降低联盟企业间实施机会主义行为的可能性（Hawley，1986；Rowley、Greve、Rao、Baum 和 Shipilov，2005；徐二明、张欣，2008）。具体来说，不同职责的企业会使用不同的资源，制定不同的战略与规划。这样，联盟企业间的关系表现为相互互补，而不是相互竞争（Baum 和 Oliver，1996）。

但是，另外一些联盟研究认为，当资源的互补性低的时候，企业之间在组织文化、管理方法、战略导向和技术体系上都非常相似。因此，企业能够协调生产（Harrigan，1988；Park 和 Ungson，1997）。这些研究认为，资源高度相似的企业更容易获得相似的市场信息、采用相似的战略，也会对外部环境条件做出类似的反应，更能够理解彼此的情况和行为（Davis 和 Greve，1997；Haveman，1993；刘益、李垣、杜旖丁，2003）。资源与信息的相似性能够有效降低信息不对称的问题，以及由此产生的监督联盟企业行为的成本（Wang 和 Zajac，2007），从而降低实施机会主义行为的可能性（Phan 和 Peridis，2000）。他们还认为，如果联盟企业之间的资源相似性过低，处理那些由于管理和组织上的复杂性与差异性所引起的冲突，将是一个耗时耗力的工作，并且，信息的不对称也会在企业中产生实施机会主义行为的动机。

总之，资源依赖理论认为，资源互补能够降低机会主义，但资源的高度不相关也会因为监督与控制的困难而引起机会主义。因此，联盟企业的资源互补与机会主义之间的关系是一种非线性的关系，而呈倒 U 型的关系。

假设 3：战略联盟中的资源互补与机会主义呈倒 U 型关系。

（四）机会主义和联盟的财务绩效

战略联盟的财务绩效，不是两个企业单独取得的绩效的总和，而是双方共同的努力和投资所获得的经济产出。无论联盟的财务绩效是来自于成本的节约，还是利润的增加，都会成为联盟双方继续长期合作的动力（Oliver，1990）。但是，联盟中的机会主义无疑会成为提高联盟绩效的阻碍。

战略联盟中的企业，在公开核心技术和核心能力时，一般给自己带来风险。特别是当合作企业具有实施机会主义动机的时候更是如此（Hamel，1991）。以往的研究认为，这种机会主义主要起因于战略联盟企业间的利益冲突，包括共同利益的冲突与单个企业利益的冲突（Shuen，1994）。联盟企业间的机会主义行为会损害联盟的绩效。

当联盟企业间抱着不同甚至是相互竞争的利益目标时，企业共同工作的动力和意愿就会降低，双方就会为它们自身的目标工作，而不惜损害合作方的利益。在这种利益冲突的情况下，联盟企业会利用信息不对称或权力不对称来获取更多的利益，导致联盟绩效较差或合作失败。尽管有些研究表明，解决联盟中的冲突会提高联盟企业间的相互理解。但无论如何，这一过程代价较大，均会降低联盟的绩效。

有时，联盟的共同绩效有可能好于单个企业的绩效，但机会主义行为所带来的企业间高额的交易成本会抵消其所带来的利益。特别是，当联盟企业间缺乏相互承诺的时候，机会主义和对自身利益的追求，就会演变成为一方企业的优先选择。从投资的角度来看，一方企业察觉到它的联盟伙伴在实施机会主义行为时，就不愿再在联盟中投资有价值的资源与信息，甚至有可能撤出投资。这样就降低了联盟的绩效。从联盟目标的角度来看，一旦联盟中的一方企业达到了其自身的目的，它在续约的过程中就会具有优势地位（Goodman 和 Lawless，1994），其单个企业的绩效就取代了联盟的共同绩效。其结果就像 Coase（1937）指出的那样，机会主义会降低企业的绩效水平。

为此，综合来看，机会主义会给联盟的财务绩效带来负向的效果。

假设 4：战略联盟中的机会主义与联盟的财务绩效负相关。

（五）机会主义和联盟中的创新

如果企业为追求共同利益而共享资源，并由此形成战略的相互依赖和企业间的协同，就不会发生机会主义（Luo、Oded 和 Haresh，2008）。在这种情况下，联盟企业更愿意共享知识。知识共享、知识整合的过程也为知识探索与利用创造了更多的机会（Rothaermel，2001）。但是，如果联盟企业具有机会主义动机，企业就不愿意共享知识，很难相互学习与创新（Inkpen 和 Beamish，1997）。Hamel（1991）研究了国际战略联盟中企业间相互学习的问题，提出了学习竞赛的概念，指出以往关于联盟中学习的文献忽略了共同学习中的分配问题。他发现，当一个企业试图表现为高透明度（Transparency）和合作意愿的“好的合作伙伴”（Good Partner）的时候，往往容易被透明度低和具有自私的合作意愿的企业所利用。竞争性的企业更有可能牺牲“好的合作伙伴”，而取得学习竞赛的胜利。Hamel 在研究中描述了联盟中的企业试图获得尽可能多的知识，同时，又尽可能保护自己知识的机会主义行为（Inkpen 和 Beamish，1997；Khanna、Gulati 和 Nohria，1994）。这样，“好的合作伙伴”就会成为联盟企业实施机会主义的对象，并由此损害了战略联盟中的创新行为（Williamson，1985）。为此，Hamel（1991）建议，联盟企业应该降低其在联盟中的透明度，避免发生学习竞赛的现象。

Hamel 的研究，对于以前过于天真（Naive）的合作研究来说，是一个重要的更正。他提出了一个新的研究假设，即在联盟中从竞争性学习中获得机会主义的利益。企业的竞争行为，可以被看作是独立经济活动中一种富有成效的协调方式。但是，竞争性的学习无疑会降低联盟中的创新产出。

相对于其他更透明的企业，竞争性的学习可能会为企业获得更多的知识和权力，但这一行为很可能将其他的合作企业也变成了竞争性的学习者。如果联盟中所有企业都降低它们的透明度，彼此就会缺乏信息交流与相互学习，从而降低联盟中的创新。

从知识转移的过程来看，其他企业要获得企业的隐性知识，只有通过“干中学”的方式。联盟企业间只有共享隐性知识，才能够真正创新性地解决已出现的问题，从而形成创新。不过，联盟企业为了预防机会主义，即使它们之间可以转移隐性知识，也需要耗费大量的成本去监督和管理知识的使用。为此，企业常常采用折中的方法，尽可能少地进行知识转移。总之，机会主义不利于信息和知识的交流，更有害于隐性知识的共享，从而降低联盟企业的创新。

假设 5：战略联盟中的机会主义与联盟中的创新负相关。

（六）本文的概念模型

根据上述五个假设，形成了本文研究的概念框架（见图 1）。

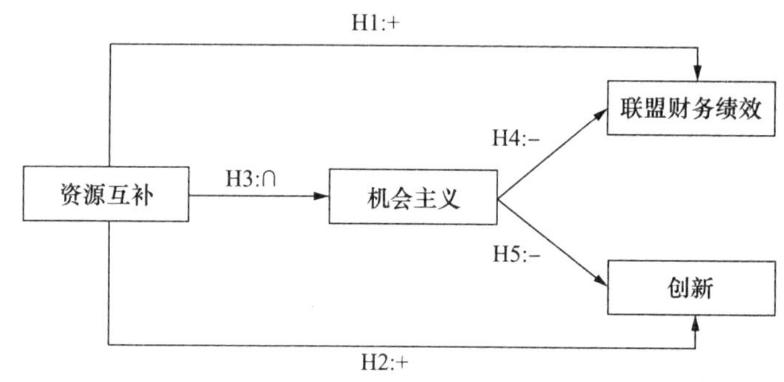

图 1　概念框架

三、数据描述

（一）数据收集和研究设计

本次被调查的企业所处行业较广，涵盖了新兴的电子行业、传统制造业、能源行业以及化工行业，调研城市大部分处于经济技术较为发达的省、市、地区，例如天津、青岛、苏州、南京、深圳、广州、西安等。在展开全面调研之前，我们选取西安高新开发区的四家企业进行预调研，这些调研的结果从最终的调研问卷中剔除。根据这四份调研问卷反馈的结果，我们对问卷进行了修改和完善。

问卷的收集采用三种形式，主要形式为上门访问，指导被调查者进行问卷的填写并及时回收。同时，我们也走访了部分企业，将问卷交付被调查者，经其填写后在规定时间内寄回；此外，我们通过发送 E-mail 的方式，对全国几个大城市的企业进行了问卷调查。整个调研过程共发出问卷650 份，共回收问卷270 份，反馈率为41.5%。被调研者主要是企业的 CEO 或者其指定的其他企业高层管理人员，Gaedeke 和 Tooltelian 认为高层管理者的回应达到 20%就是可以接受的。为此，问卷的回收率达到了较高的水平。在有效的问卷中，264 家企业有或者曾经有过建立战略联盟的经历，我们的研究就是以这 264 家企业作为样本。

（二）因变量

（1）联盟的财务绩效。联盟财务绩效的评价指标，主要根据理性目标模式进行测量（Quinn 和 Rohrbaugh，1983），即将企业看作是一个追求效率和生产率的组织（Kumar、Stern 和 Achrol，1992）。本文选择了资产回报率（ROA）、销售增长率、市场份额变化率和总利润率四项指标来测量企业的效率和生产率。被调查者要求填写其主要的联盟在以上四个方面的绩效。考虑到产业间商业模式和所有权的巨大差异，研究没有采用联盟的客观的财务绩效。因为客观的财务指标上的差异，有可能是由产业和环境的差异产生，而不是因为真实的联盟绩效的不同而不同。这一测量指标是基于 Lusch 和 Brown（1996）的类似研究。Cronbach 的 alpha 值为 0.81。

（2）创新。与联盟的财务绩效相似，研究使用主观的量表来测量联盟中创新的情况。具体来说，专利的申请量、R&D 支出及新产品开发数相对于其他联盟的变化情况用于测量被测企业联盟中的创新。Cronbach 的 alpha 值为 0.71。

（三）自变量

资源互补。资源互补描述了联盟企业为联盟所提供的资源互补性。本文采用了由 Harrigan（1988）及 Lunnan 和 Hauglan（2008）开发的 5 个问题来测量联盟伙伴间的资源互补。Lunnan 和 Hauglan（2008）用这一量表测量了联盟中的资源互补。Cronbach 的 alpha 值为 0.84。

（四）中介变量

机会主义。机会主义揭示了一个企业想尽可能多地从联盟中获益，而尽可能少地为联盟做出贡献的情形（Khanna、Gulati 和 Nohria，1994）。本文使用了由 John（1984）最早开发并在 Carson、Madhok 和 Wu（2006）以及 Lado、Dante 和 Tekleab（2008）的研究中使用的量表，来测量联盟企业是更愿意贡献还是更倾向于索取。4 个 7 点 Likert 量表被用来测量这一变量。Cronbach 的 Alpha 值为 0.85。

（五）控制变量

（1）联盟经验。如果联盟企业在之前已经具备联盟的经验，企业间通常已经建立起了成熟的合作过程和合作规则，这有助于降低机会主义并提高联盟绩效（Kale、Singh 和

Perlmutter，2000）。相反，合作企业之前没有任何的联盟经验，就不太可能拥有成型的联盟规范。本文用一个虚拟变量，来测量企业是否具有联盟经验（1 表示以前有联盟经验，0 表示以前没有联盟经验）。

（2）其他联盟。本文控制了调研企业在这一主要的联盟之外，是否还有其他的联盟。以前的研究表明，还有其他联盟的企业和只有一个联盟的企业在联盟绩效和创新上都有所差异（Sampson，2007）。本文用一个分类变量来测量企业其他的联盟数（1 表示只有一个联盟，2 表示有 2 个联盟……5 表示有 5 个以上的联盟）。

（3）企业规模。一般来说，大的企业对联盟中资源的依赖性弱于小的企业（Ettlie 和 Rubenstein，1987），本文采用取对数以后的企业员工数，控制企业规模对资源依赖、机会主义及联盟绩效可能产生的影响。

（4）联盟伙伴的企业规模。同时，本文采用一个分类变量，控制联盟伙伴的企业规模（1 表示 1 ~50 个员工；2 表示 51 ~200 个员工；3 表示 201 ~500 个员工；4 表示 501 ~1000 个员工；5 表示 1000 个以上员工）。控制联盟伙伴的企业规模主要有两个目的：第一，联盟伙伴的企业规模如与被调研企业的规模一样，则能够反映企业对资源的依赖程度；第二，将联盟伙伴的企业规模和被调研的企业规模同时置于一个回归方程中，有利于排除联盟企业间因企业规模差异而带来的权利差异对本文的可能影响。

（5）联盟的持续时间。正如 Williamson（1985）的研究所指出的，联盟的持续时间能够有效制约联盟伙伴的机会主义行为。联盟的持续时间同样由一个分类变量来测量（1 表示不超过 1 年；2 表示 2 ~5 年；3 表示 5 ~10 年；4 表示超过 10 年）。联盟持续的时间越长，企业就越不可能实施机会主义行为。

（6）联盟约定的时间。Axelrod（1984）在计算机上分析了两个人情况下的囚徒困境后指出，企业间的合作能够通过延长合同约定的期限而实现。其他的研究也表明，当合作期限短的时候，企业通常比合作期限长的时候更容易实施欺诈行为（Andreoni 和 Miller，1993；Luce 和 Raiffa，1957）。因此，本文控制了联盟约定的时间对机会主义及联盟合作所可能产生的影响。联盟约定的时间同样由一个分类变量来测量［1 表示短期（小于 5 年）；2 表示中期（5 ~20 年）；3 表示长期（大于 20 年）；4 表示合同中没有提及］。

（六）分析方法

结构方程模型（Structural Equation Modeling，SEM）是一种能控制大量的外生变量、内生变量以及潜变量（又称为隐变量或不可观察变量）、观察变量并描述成线性组合（加权平均）的建模技术，也是一种非常灵活的参数为线性的多变量统计建模技巧。它最大的优点就是没有很严格的假定限制条件，同时允许变量存在测量误差，可用于分析各个变量之间的结构关系（Hair、Black、Babin、Anderson 和 Tatham，2009）。因此，本文使用结构方程模型的统计方法来验证假设所提出的变量间关系是否成立。

四、假设检验的结果

（一）信度与效度检验

本文的数据分析采用 SPSS15.0 和 AMOS7.0 软件。如表 3 所示，所有变量都显示出良好的信度和效度。聚合效度用于测度变量的同一性，可以用因子载荷加以判别。资源互补、机会主义和联盟的财务绩效和创新这四个因子的因子载荷都远远高于 0.60，所以这四个因子都通过了聚合效度的检验。

表 3　信度和效度

构念/指标	Cronbach Alpha	因子载荷	Variance Extracted
战略联盟财务绩效	0.81		0.64
1. 资产回报率		0.82	
2. 销售额		0.87	
3. 利润率		0.82	
战略联盟中的创新	0.71		0.63
1. 专利申请量		0.78	
2. R&D 支出		0.79	
3. 新产品开发		0.81	
资源互补性	0.84		0.61
1. 合作企业的资源、知识及能力对该项目的成功是必不可少的		0.84	
2. 如果我们更换合作企业，我们的代价是巨大的		0.82	
3. 更换联盟伙伴投资难以收回		0.81	
4. 如果我们更换合作企业，我们所实施的投资将很难收回		0.74	
5. 我们相信我们的合作伙伴		0.68	
机会主义	0.85		0.69
1. 我们与合作企业经常进行交流		0.80	
2. 我们与合作企业共享一些机密信息		0.79	
3. 合作企业会向我们提供我们需要的信息		0.85	
4. 我们和合作企业的关系是不协调和不一致的		0.89	

我们用 AMOS7.0 进行了确定性因子分析（CFA），以检验变量的结构效度。结果显示

模型具有良好的结构效度（$\chi^2=305.1$，180 degree of freedom，GFI = 0.90，CFI = 0.94，IFI = 0.94，RMSEA = 0.051）。

（二）均值、方差和相关系数

表4是对变量的描述性统计。从变量之间的相关系数来看，模型中不存在多重共线性的问题。方差膨胀因子（Variance Inflation Factors，VIF）的检验结果进一步证明变量没有多重共线性的问题，所有的VIF值均不大于10（Neter、Wasserman和Kunter，1990）。

表4　均值、方差和相关系数

		均值	方差	1	2	3	4	5	6	7	8	9
1	以前的联盟经验	0.58	0.51									
2	联盟持续时间	2.56	0.97	0.14								
3	联盟的约定时间	2.01	1.15	0.00	0.26							
4	联盟伙伴的规模	3.15	1.48	0.12	0.36	0.18						
5	企业规模	6.46	2.09	0.16	0.02	-0.01	0.45					
6	其他的联盟数量	1.67	1.02	0.13	0.10	0.06	0.15	0.25				
7	资源互补性	4.27	1.26	0.13	0.25	0.16	0.20	0.18	0.03			
8	机会主义	4.76	1.05	-0.18	-0.16	0.1	-0.18	-0.16	0.09	-0.51		
9	创新	4.17	1.18	0.22	0.24	0.02	0.18	0.13	0.15	0.31	-0.31	
10	财务绩效	4.54	1.02	0.08	0.22	0.06	0.15	0.02	0.16	0.41	-0.43	0.57

注：Correlations greater than 0.13 are significant at the $p<0.05$, and those greater than 0.19 are significant at $p<0.01$。

（三）假设的验证

从表5的结构方程模型的结果来看，资源互补和联盟的财务绩效及联盟中的创新都有显著的正向关系，这也与以前的研究结果相吻合（Harrison等，2001；Hitt、Keats和DeMarie，1998；Hoskisson和Busenitz，2001；Kogut，1991）。根据Aiken和West（1991）的建议，我们对资源互补性变量实施了中心平均值的处理（即对数据进行差分处理），以防止多重共线性的问题。并且，资源互补与机会主义之间有显著的倒U型关系（$\beta=-0.08$，$p<0.01$）。机会主义和联盟的财务绩效之间有显著的负相关关系（$\beta=-0.41$，$p<0.001$）。同样，机会主义与联盟中的创新之间也显著地存在着这一负向关系（$\beta=-0.29$，$p<0.01$）。因此，理论模型中提出的5个假设都得到了数据的支持。

表 5 结构方程模型结果

	路径描述	方向	回归系数	Z - statistic
控制变量	以前的联盟经验		0.01	0.07
	其他的联盟数量		0.21**	2.98
	企业规模		-0.05	-1.72
	联盟伙伴的规模		0.02	0.42
	联盟的约定时间		-0.01	-0.17
	联盟持续时间		0.13*	2.06
因变量	资源互补性→财务绩效	+	0.25**	2.79
	资源互补性→创新	+	0.15+	1.69
	资源互补性→机会主义	+	-0.61***	-7.29
	资源互补性2→机会主义	∩	-0.08**	-3.01
	机会主义→财务绩效	-	-0.41***	-4.46
	机会主义→创新	-	-0.29**	-3.08

注：***表示 $p<0.001$；**表示 $p<0.01$；*表示 $p<0.05$；+表示 $p<0.10$（Two - tailed Test）。

五、讨论与结论

本文主要研究了资源互补、机会主义和联盟绩效之间的关系，从理论和实证两个方面对现有的战略联盟的文献做出了贡献。

首先，从研究的整体框架来看，国内外战略管理文献中对于联盟中的竞争问题和合作的条件已有大量的讨论，建立了一定的理论基础。但这些研究多集中于讨论联盟企业之间的竞争或维持联盟伙伴合作关系的条件中的某一个方面，没有将这两者结合加以分析的研究。为此，本文将联盟中企业的竞争（机会主义）及合作（资源互补）置于同一个研究框架中，深入地讨论了合作的条件对联盟伙伴间竞争的作用，补充了现有联盟的文献上的不足。

其次，在现有的文献中，从没有研究过在资源互补中通过降低机会主义，而促进联盟绩效这一问题。本文研究了资源互补对于联盟绩效的直接作用，以及其通过降低机会主义而提高联盟绩效的间接作用。因此，这一研究有助于我们进一步理解资源互补对联盟绩效的作用机理。具体来说，当资源互补性低的时候，联盟企业间对彼此的运作模式相对熟悉，非常容易发现机会主义行为（即联盟企业间不能实施机会主义），从而有效地降低了机会主义。而在资源互补性高的情况下，联盟企业可以采用资源整合的方式，实现协同工作，克服企业的资源限制（Lunnan 和 Haugland，2008）。联盟企业间相互依赖，会降低实施机会主义的动力（即联盟企业间不愿实施机会主义）。这一倒U型的关系，能够帮助我们更好地理解资源互补对机会主义和联盟绩效之间的关系。

再次，现有的研究都认为机会主义会降低联盟绩效，但很少就这一关系的内在机理进行深入研究。本文从价值链活动，即价值创造和价值分配两个方面对这一关系进行深入探讨，指出价值链的不同活动会对联盟的财务绩效和创新产生不同的影响。考虑到机会主义会对联盟绩效的不同衡量指标产生不同的影响，我们将联盟绩效分为财务绩效和创新两个方面，比较了机会主义对这两个因变量的不同作用方式。

最后，中国是一个处于转型经济期的国家，法律及制度还在不断完善的过程中。为了避免联盟的协议流于形式，制裁联盟企业中的机会主义行为，十分有必要进行此类问题的研究，以使中国企业在战略联盟中更好地防止机会主义的问题。目前，国内外在这一问题上的专门研究很少。本文是以中国企业的样本，分析了中国企业战略联盟中资源互补性对机会主义的影响，以及其对联盟绩效的间接影响。这对中国企业建立战略联盟以及保持联盟的稳定性，具有一定的理论价值和实践意义。

总之，本文不仅揭示了联盟中资源互补性对机会主义可能产生的正向和负向影响，并且从价值链的角度比较了机会主义对联盟的财务绩效和创新的负向关系，具有一定的理论价值和实践的指导意义。对于企业的管理者来说，资源互补是稳定联盟关系的有效手段，同时也应防范其所带来的“不经济性”。权衡与比较资源互补和监督成本所带来的正负相影响，对于战略联盟来说既是一个挑战，也是获得满意的联盟绩效的关键。

参考文献

[1] Ahuja, G. The Duality of Collaboration: Inducements and Opportunities in the Formation of Interfirm Linkages [J]. Strategic Management Journal, 2000 (21): 317 -343.

[2] Aiken, L. S. and S. G. West. Multiple Regression: Testing and Interpreting Interactions [M]. Newhury Park, CA: Sage, 1991.

[3] Andreoni, J. and J. Miller. Rational Cooperation in the Finitely Repeated Prisoners' Dilemma: Experimental Evidence [J]. Economic Journal, 1993 (103): 570 -585.

[4] Arora, A. and A. Gambardella. Complementary and External Linkages: The Strategies of Large Firms In Biotechnology [J]. Journal of Industrial Economics, 1990 (38): 361 -379.

[5] Axelrod, R. The Evolution of Cooperation [M]. Basic Books, 1984.

[6] Baum, J. A. C. and C. Oliver. Toward an Institutional Ecology of Organizational Founding [J]. Academy of Management Journal, 1996 (39): 1378 -1427.

[7] Baum J. A. C., T. Rowley, A. V. Shipilov and Y -T. Chuang. Dancing with Strangers: Aspiration Performance and the Search for Underwriting Syndicate Partners [J]. Administrative Science Quarterly, 2005 (50): 536 -575.

[8] Baum J. A. C., T. Calabrese and B. S. Silverman. Don't Go It Alone: Alliance Network Composition and Startups' Performance in Canadian Biotechnology [J]. Strategic Management Journal, 2000 (21): 267 -294.

[9] Beckman C. M., P. R. Haunschild and D. J. Phillips. Friends or Strangers? Firm - Specific Uncertainty, Market Uncertainty, and Network Partner Selection [J]. Organization Science, 2004 (15): 259 - 275.

[10] Birkinshaw J. Making Sense of Knowledge Management [J]. Ivey Business Journal, 2001 (65): 32 - 36.

[11] Blau, P. M. The Dynamics of Bureaucracy: A Study of Interpersonal Relationships in Two Government Agencies [M]. University of Chicago Press, 1955.

[12] Brouthers K. D., L. E. Brouthers and T. J. Wilkinson. Strategic Alliances: Choose Your Partners [J]. Long Range Planning, 1995 (28): 18 - 25.

[13] Carson, S. J., A. Madhok and T. Wu. Uncertainty, Opportunism and Governance: The Effects of Volatility and Ambiguity on Formal and Relational Contracting [J]. Academy of Management Journal, 2006 (49): 1058 - 1077.

[14] Coase R. H. The Nature of the Firm [J]. Econometrica, 1937 (4): 386 - 405.

[15] Cohen, W. M. and D. A. Levinthal Absorptive Capacity: A New Perspective on Learning and Innovation [J]. Administrative Science Quarterly, 1990 (35): 128 - 152.

[16] Darr, E. D. and T. R. Kurtzberg. An Investigation of Partner Similarity Dimensions on Knowledge Transfer [J]. Organizational Behavior and Human Decision Processes, 2000 (82): 28 - 44.

[17] Das T. K. and B. S. Teng. A Resource - Based Theory of Strategic Alliance [J]. Journal of Management, 2000 (26): 31 - 61.

[18] Das, T. K. and B. Teng. Resource and Risk Management in the Strategic Alliance Making Process [J]. Journal of Management, 1998 (24): 21 - 42.

[19] Davis, G. F. and H. R. Greve. Corporate Elite Networks and Governance Changes in the 1980s [J]. American Journal of Sociology, 1997 (103): 1 - 37.

[20] De Man, A. P. and G. Duysters. Collaboration and Innovation: A Review of the Effects of Mergers, Acquisitions and Alliances on Innovation [J]. Technovation, 2005 (25): 1377 - 1387.

[21] Dussauge P., B. Garrette and W. Mitchell. Learning from Competing Partners: Outcomes and Durations of Scale and Link Alliances in Europe, North America and Asia [J]. Strategic Management Journal, 2000 (21): 99 - 126.

[22] Empson, L. The Challenge of Managing Knowledge [J]. Mastering Strategy, 1999: 8 - 10.

[23] Ettlie, J. E. and A. H. Rubenstein. Firm Size and Product Innovation [J]. Journal of Product Innovation Management, 1987 (4): 89 - 108.

[24] Goodman, R. A. and M. W. Lawless. Technology and Strategy: Conceptual Models and Diagnostics [M]. Oxford University Press, 1994.

[25] Grant, R. Prospering in Dynamically Competitive Environments: Organizational Capability as Knowledge Integration [J]. Organization Science, 1996 (7): 375 - 387.

[26] Grimm, C. M. and K. A. Smith. Strategy as Action [M]. South - Western Publishing, 1997.

[27] Gulati, R. and H. Singh. The Architecture of Cooperation: Managing Coordination Costs and Appropriation Concerns in Alliances [J]. Administrative Science Quarterly, 1998 (43): 781 - 814.

[28] Gulati R., D. Lavie and H. Singh. The Nature of Partnering Experience and the Gains from Alliances [J]. Paper Presented at the 62nd Annual Meeting of the Academy of Management, Seattle, 2003.

[29] Gulati R. , N. Nohria and A. Zaheer. Strategic Networks [J]. Strategic Management Journal, 2000 (21): 203 -215.

[30] Hair J. F. , W. C. Black B. J. Babin, R. E. Anderson and R. L. Tatham. Multivariate Data Analysis [M]. Prentice Hall, 2009.

[31] Hamel G. Competition for Competence and Inter - Partner Learning within International Strategic Alliances [J]. Strategic Management Journal, 1991 (12): 83 - 103.

[32] Hamel, G. , Y. L. Doz and C. K. Prahalad. Collaborate with Your Competitors - And Win [J]. Harvard Business Review, 1989 (67): 133 - 139.

[33] Harrigan, K. R. An Application of Clustering for Strategic Group Analysis [J]. Strategic Management Journal, 1985 (6): 55 -73.

[34] Harrigan, K. R. Strategic Alliances and Partner Asymmetries [J]. Management International Review, 1988 (28): 53 -72.

[35] Harrison J. S. , Hitt M. A. , Hoskisson R. E. and Ireland R. D. Synergies and Post-acquisition Performance: Differences Versus Similarities in Resource Allocations [J] . Long Range Planning, 1991 (17): 173 - 190.

[36] Harrison J. S. , Hitt M. A. , Hoskisson R. E. and Ierland R. D. Ireland. Resource Complementarity in Business Combinations: Extending the Logic to Organizational Alliances [J]. Journal of Management, 2001 (27): 679 -690.

[37] Haveman, H. A. Organizational Size and Change: Diversification in the Savings and Loan Industry After Deregulation [J]. Administrative Science Quarterly, 1993 (38): 20 -50.

[38] Hawley, A. H. Human Ecology: A Theoretical Essay [M]. University of Chicago Press, 1986.

[39] Hitt M. A. , L. Bierman, K. Shimizu and R. Kochhar. Direct and Moderating Effects of Human Capital on Strategy and Performance in Professional Service Firms: A Resource - Based Perspective [J]. Academy of Management Journal, 2001 (44): 13 -28.

[40] Hitt M. A. , M. T. Dacin, E. Levitas, J. L. Arregle and A. Borza Partner Selection in Emerging and Developed Market Contexts: Resource - Based and Organizational Learning Perspectives [J]. Academy of Management Journal, 2000 (43): 449 -467.

[41] Hitt M. A. , J. S. Harrison and R. D. Ireland. Mergers and Acquisitions: A Guide to Creating Value for Stakeholders [M]. Oxford University Press, 2001.

[42] Hitt M. A. , R. D. Ireland and H. Lee. Technological Learning, Knowledge Management, Firm Growth and Performance [J]. Journal of Engineering and Technology Management, 2000 (17): 231 -246.

[43] Hitt M. A. , B. W. Keats and S. De Marie. Navigating in the New Competitive Landscape: Building Strategic Flexibility and Competitive Advantage In the 21st Century [J]. Academy of Management Executive, 1998 (12): 22 -42.

[44] Hoskisson, R. E. and L. W. Busenitz. Market Uncertainty and Learning Distance in Corporate Entrepreneurship Entry Mode Choice [M]. Blackwell Publishers, 2001.

[45] Inkpen, A. C. Strategic Alliances [M]. Blackwell Publishers, 2001.

[46] Inkpen, A. C. and A. Dinur. Knowledge Management Processes and International Joint Ventures [J]. Organization Science, 1998 (9): 454 -468.

[47] Inkpen, A. C. and P. W. Beamish. Knowledge, Bargaining Power and the Instability of International Joint Ventures [J]. Academy of Management Review, 1997 (22): 177 -202.

[48] Ireland, R. D. and C. C. Miller. Intuition in Strategic Decision Making [J]. Working Paper, University of Richmond, 2001.

[49] John, G. An Empirical Examination of Some Antecedents of Opportunism in a Marketing Channel [J]. Journal of Marketing Research, 1984 (21): 278 -289.

[50] Kale, P., H. Singh and H. Perlmutter. Learning and Protection of Proprietary Assets in Strategic Alliances: Building Relational Capital [J]. Strategic Management Journal, 2000 (21): 217 -237.

[51] Khanna T., R. Gulati and N. Nohria. Alliances as Learning Races [J]. Academy of Management Best Papers Proceedings, 1994: 42 -46.

[52] Kogut, B. Joint Ventures and the Option to Expand and Acquire [J]. Management Science, 1991 (37): 18 -33.

[53] Koza, M. P. and A. Y. Lewin. The Co - Evolution of Strategic Alliances [J]. Organization Science, 1998 (9): 255 -264.

[54] Kumar N., L. W. Stern and R. S. Achrol. Assessing Reseller Performance from the Perspective of the Supplier [J]. Journal of Marketing Research, 1992 (29): 238 -253.

[55] Lado A. A., R. R. Dant and A. G. Tekleab. Trust - Opportunism Paradox, Relationalism, and Performance in Interfirm Relationships: Evidence from the Retail Industry [J]. Strategic Management Journal, 2008 (29): 401 -423.

[56] Lane, P. J. and M. Lubatkin. Relative Absorptive Capacity and Inter - organizational Learning [J]. Strategic Management Journal, 1998 (19): 461 -477.

[57] Lavie, D. and L. Rosenkopf. Balancing Exploration and Exploitation in Alliance Formation [J]. Academy of Management Journal, 2006 (49): 797 -818.

[58] Lei, D. Offensive and Defensive Uses of Alliances [J]. Long Range Planning, 1993 (26): 32 -41.

[59] Levinthal, D. and J. G. March. The Myopia of Learning [J]. Strategic Management Journal, 1993 (14): 95 -112.

[60] Lorenzoni, G. and A. Lipparini. The Leveraging of Interfirm Relationships as a Distinctive Organizational Capability: A Longitudinal Study [J]. Strategic Management Journal, 1999 (20): 317 -338.

[61] Luce, R. D. and H. Raiffa. Games and Decisions: Introduction and Critical Survey, Wiley, 1957.

[62] Lunnan, R. and S. A. Haugland. Predicting and Measuring Alliance Performance: A Multidimensional Analysis [J]. Strategic Management Journal, 2008 (29): 545 -556.

[63] Luo Y., S. Oded and G. Haresh. Control - Cooperation Interfaces in Global Strategic Alliances: A Situational Typology and Strategic Responses [J]. Journal of International Business Studies, 2008 (39): 428 -453.

[64] Lusch, R. E. and J. R. Brown. Interdependency, Contracting and Relational Behavior in Marketing Channels [J]. Journal of Marketing, 1996 (60): 19 -39.

[65] Madhok, A. and S. B. Tallman. Resources, Transactions and Rents: Managing Value Through Interfirm Collaborative Relationships [J]. Organization Science, 1998 (9): 326 -339.

[66] March, J. G. Exploration and Exploitation in Organizational Learning [J]. Organization Science,

1991 (2): 71 - 87.

[67] March, J. G. The Future, Disposable Organizations and the Rigidities of Imagination [J]. Organization, 1995 (2): 427 - 440.

[68] McGee J. E., M. J. Dowling and W. L. Megginson. Cooperative Strategy and New Venture Performance: The Role of Business Strategy and Management Experience [J]. Strategic Management Journal, 1995 (16): 565 - 580.

[69] McGrath, R. G. Exploratory Learning, Innovative Capacity and Managerial Oversight [J]. Academy of Management Journal, 2001 (44): 118 - 131.

[70] Medcof, J. W. Why Too Many Alliances end in Divorce [J]. Long Range Planning, 1997 (30): 718 - 732.

[71] Messick, D. M. Equality as Decision Heuristic [M]. Cambridge University Press, 1991.

[72] Messick, D. M. and M. B. Brewer. Solving Social Dilemmas: A Review [M]. Sage, 1983.

[73] Nagarajan, A. and W. Mitchell. Evolutionary Diffusion: Internal and External Methods Used To Acquire Encompassing, Complementary and Incremental Technological Changes in the Lithotripsy Industry [J]. Strategic Management Journal, 1998 (19): 1063 - 1077.

[74] Neter J., W. Wasserman and M. Kunter. Applied Linear Statistical Models [M]. Homewood, 1990.

[75] Oliver, C. Determinants of Inter - organizational Relationships: Integration and Future Directions [J]. Academy of Management Review, 1990 (15): 241 - 265.

[76] Oliver, C. Sustainable Competitive Advantage: Combining Institutional and Resource - based Views [J]. Strategic Management Journal, 1997 (1): 697 - 713.

[77] Park, S. H. and G. R. Ungson. The Effect of National Culture, Organizational Complementarity and Economic Motivation on Joint Venture Dissolution [J]. Academy of Management Journal, 1997 (40): 279 - 307.

[78] Parkhe, A. Interfirm Diversity, Organizational Learning and Longevity in Global Strategic Alliances [J]. Journal of International Business Studies, 1991 (22): 579 - 601.

[79] Pfeffer, J. and G. Salancik. The External Control of Organizations: A Resource Dependence Perspective [M]. Harper & Row, 1978.

[80] Phan, P. H. and T. Peridis. Knowledge Creation in Strategic Alliances: Another Look at Organizational Learning [J]. Asia Pacific Journal of Management, 2000 (17): 201 - 222.

[81] Polanyi, M. The Tacit Dimension [M]. Doubleday, 1966.

[82] Powell W. W., K. W. Koput and L. Smith Doerr. Interorganizaitonal Collaboration and the Locus of Innovation: Networks of Learning in Biotechnology [J]. Administrative Science Quarterly, 1996 (41): 116 - 145.

[83] Quinn, R. and K. Cameron. Organizational Life Cycles and Shifting Criteria of Effectiveness [J]. Management Science, 1983 (29): 33 - 51.

[84] Rao H., G. F. Davis and A. Ward. Embeddedness, Social Identity and Mobility: Why Firms Leave the NASDAQ and Join the New York Stock Exchange [J]. Administrative Science Quarterly, 2000 (45): 268 - 292.

[85] Rothaermel, F. T. and D. L. Deeds. Exploration and Exploitation Alliances in Biothechnology: A

System of New Product Development [J]. Strategic Management Journal, 2004 (25): 201 -222.

[86] Rothaermel, F. T. Incumbent' s Advantage through Exploiting Complementary Assets via Interfirm Cooperation [J]. Strategic Management Journal, 2001 (22): 687 -699.

[87] Rowley T. J., H. R. Greve, H. Rao, J. Baum and A. V. Shipilov. Time to Break Up: Social and Instrumental Antecedents of Firm Exits from Exchange Cliques [J]. Academy of Management Journal, 2005 (48): 499 -520.

[88] Salancik, G. R. and J. Pfeffer. Who Gets Power and How They Hold on to It: A Strategic Contingency Model of Power [J]. Organizational Dynamics, 1977 (5): 3 -21.

[89] Sampson, R. C. R&D Alliances and Firm Performance: The Impact of Technological Diversity and Alliance Organization on Innovation [J]. Academy of Management Journal, 2007 (50): 364 -386.

[90] Shuen, A. A. Technology Sourcing and Learning Strategies in the Semiconductor Industry [M]. Unpublished Doctoral Dissertation, University of California, Berkley, 1994.

[91] Stafford, E. R. Using Cooperative Strategies to Make Alliances Work [J]. Long Range Planning, 1994 (27): 64 -74.

[92] Stuart, T. E. Interorganizational Alliances and the Performance of Firms: A Study of Growth and Innovation Rates in A HighTechnology Industry [J]. Strategic Management Journal, 2000 (21): 791 -811.

[93] Sutton, R. I. and T. D' Aunno. Decreasing Organizational Size: Untangling the Effects of Money and People [J]. Academy of Management Review, 1989 (14): 194 -212.

[94] Teece, D. Competition, Cooperation, and Innovation: Organizational Arrangements for Regimes of Rapid Technological Progress [J]. Journal of Economic Behavior and Organization, 1992 (18): 1 -25.

[95] Thompson, J. D. Organizations in Action [M]. McGrawHill, 1967.

[96] Tsai, W. Knowledge Transfer in Intraorganizational Networks: Effects of Network Position and Absorptive Capacity on Business Innovation and Performance [J]. Academy of Management Journal, 2001 (44): 996 -1004.

[97] Verspagen, B. and G. Duysters. The Small World of Strategic Technology Alliances [J]. Technovation, 2004 (24): 563 -571.

[98] Wang, L. and E. J. Zajac. Alliance or Acquisition? A Dyadic Perspective on Interfirm Resource Combinations [J]. Strategic Management Journal, 2007 (28): 1291 -1317.

[99] Weber, M. Economy and Society [M]. University of California Press, 1978.

[100] Williamson, O. E. The Economic Institution of Capitalism [M]. Free Press, 1985.

[101] 刘益，李垣，杜旖丁. 基于资源风险的战略联盟结构模式选择 [J]. 管理科学学报，2003 (4).

[102] 徐二明，张欣. 战略联盟中的机会主义行为抑制因素研究 [J]. 兰州学刊，2008 (4).

高管团队结构差异性与企业并购关系实证研究

杨　林　杨　倩

【摘　要】本文选取我国信息技术行业 2005～2010 年沪、深 A 股上市公司作为研究样本，实证考察了高管团队结构差异性（包括高管团队背景特征以及高管团队与董事长垂直对差异性）是否以及如何影响企业并购发生的概率与模式。Logistic 回归模型分析结果表明：其一，高管团队背景特征会对企业的并购发生概率和模式产生显著影响效应，其中，高管团队平均年龄和任期会对并购发生概率与模式产生显著负相关影响，而高管团队男性占比会对并购发生概率和模式产生显著正相关影响。其二，高管团队与董事长的垂直对差异性会对并购发生概率产生显著影响效应，即高管团队的年龄差异和性别差异会对并购发生概率产生显著正相关效应。本文的研究结论对于高管团队结构优化、公司内部治理环境完善及企业发展战略设计等均具有积极的理论和现实启示作用。

【关键词】高管团队；结构差异性；企业并购；Logistic 回归模型；信息技术行业

一、引言

市场进入模式选择是企业新业务发展战略的重要考量因素。企业在决策进入模式时，不仅需要考虑进入哪些市场，还需要考虑如何进入。尽管企业最初往往会通过内部发展模式来进入新的市场，但另一种普遍的替代选择则是并购业已存在的企业或者业务，即外部并购进入模式。外部并购已经成为企业实现快速规模扩张和跳跃式发展的一种重要战略选择（Lee 和 Lieberman，2010）[1]。不过，一项针对企业并购后价值创造研究的多元分析结果表明，企业并购没有显著的价值创造效应（King 等，2004）[2]。一项知名咨询公司的研

作者简介：杨林，南京财经大学工商管理学院；杨倩，青岛经济技术开发区港澳台投资促进局。

究结果显示，2/3 以上的并购没有实现预期的成本节约、收入增长及增加股东财富所必需的协同效应（Ellis、Taco 和 Lamont，2009）[3]。因而，企业在持续经营发展过程中，面对并购战略可能带来的错觉或者迷思，一方面应该谨慎思考是否需要采取并购战略，另一方面如果确定实施并购战略来进行业务扩张，则需要进一步考虑采取何种并购战略模式（如相关并购还是非相关并购）。

随着知识经济与信息时代的到来，多元化趋势的组织业务以及密切协作的部门工作都对企业的高层领导提出新的挑战，高管人员过去那种“单兵作战”的方式已经难以适应日益激烈的市场竞争，他们更多地需要以团队方式进行战略决策与经营管理。如通用电气前首席执行官韦尔奇所言，他最大的成功之处不仅是在短短 20 年间把利润提高了 6 倍，更重要的是培养了一支优秀的高层管理队伍（马彩凤，2006）[4]。这样，在企业并购战略决策过程中，企业高管团队特质对于决策的科学性和有效性至关重要。无论是高管团队成员的背景特征还是高管团队内部成员间的差异性，均会对企业并购战略决策后果产生重要影响。在现有文献中，Tusi 和 O’Reilly（1989）[5]、Tsui 和 Gutek（1999）[6]、Tsui、Porter 和 Egan（2002）[7]考察了在一般意义的工作群体或者单位中，上级与下级之间的人口统计特征差异性对于上级的绩效评价以及下级的工作态度和行为的影响后果。张龙和刘洪（2009）[8]探讨了高管团队中垂直对人口特征差异与高管离职的影响，何威风和刘启亮（2010）[9]考察了高管团队垂直对差异与公司财务重述的影响。然而，在现有国内外文献中，针对企业高管团队结构差异性是否以及如何对并购战略决策产生影响的研究鲜有论及。鉴于此，本文运用高层梯队理论、代理理论及新制度经济学等研究成果，选择我国信息技术行业 2005 ~ 2010 年上市公司作为研究样本，构建 Logistic 回归分析模型，实证考察高管团队结构差异性（包括高管团队成员的背景特征及高管团队与董事长垂直对差异性）是否以及如何影响企业并购战略的发生概率与模式，并且提出相应的管理建议。

二、文献分析与研究假设

（一）高管团队的背景特征与企业并购发生概率和模式

根据高层梯队理论，高管团队背景特征会直接影响企业的并购活动结果。由于管理者的判断力、态度和兴趣等特征难以直接量化，同时考虑到研究数据的可获得性，本文设计高管团队的平均年龄、男性占比、平均任期及平均教育程度四项人口统计学特征指标，分别讨论它们对于企业并购发生概率和模式的影响效应。

1. 年龄

年龄作为高管人员的一个重要特征，既可以反映他们自己过去职业活动经验的程度，也能够体现他们对于风险承担及企业并购的态度。Hambrick 和 Mason（1984）[10]认为，一群年轻的管理人员容易尝试新奇的、未曾经历过的事物，且愿意承担风险；而年纪大的高管人员更加可能采取一个相对保守的观点。Wiersema 和 Bantel（1992）[11]指出，年长的管理人员更趋保守，因为他们可以从早期的工作业绩中获得优势，所以把具有风险的行为和战略视作对安全的威胁，奉行低增长战略，倾向于回避风险。Prendergast 和 Stole（1996）[12]认为，年轻的管理者急于展示自身能力，容易过高评价私有信息而忽视公共信息，在创业决策中表现出过度自信；而年长的管理者倾向于附和行业标准或历史经验，不愿意离经叛道而毁坏以往积累的声誉和名望，决策行为比较保守。不仅如此，随着年龄的增加，管理者的部分认知能力将会下降，知识结构老化，变通能力降低。年龄更大的管理人员形成新构思的能力更低，处理具有挑战情境的能力有限，从而可能采取一种更加保守的立场（Herrmann 和 Datta，2006）[13]。通常，相对于其他的市场进入战略模式（如内部发展），外部并购需要进行更加复杂的业务和管理整合，存在更大的整合成本和潜在风险。进一步地，如果企业确定采取外部并购模式，则需要对相关和非相关并购模式进行权衡。其中，非相关并购的目标企业处于与自己互不相关的产业领域，产品和生产技术之间都没有特别的关联，这种非相关性并购虽然可能分散或者降低企业单一经营的风险，却由于企业对被并购方的业务不熟悉，在并购整合和持续经营上都存在更大的风险。这样，年长的高管不仅做出并购战略决策的可能性更小，即便采取外部并购，也会选择风险相对更小的相关并购模式。因此，本文提出如下假设：

H1a：高管团队的平均年龄越大，企业发生并购的可能性越小；

H1b：高管团队的平均年龄越大，相对于相关并购而言，企业发生非相关并购的可能性越小。

2. 性别

现有研究表明（例如，Croson 和 Gneezy，2009；Yordanova 和 Alexandrova - Boshnakova，2011）[14,15]，男性与女性之间存在不同的风险感知和偏好，相对于男性企业家而言，女性企业家的风险倾向更低，同时男性与女性高管风险行为之间的任何差异都会对他们所处企业战略行为产生重要影响。进一步地，Watson 和 Robinson（2003）[16]发现，相较于男性高管控制的企业而言，女性高管控制的企业利润（风险）变化程度明显更小。郭敏华等（2005）[17]指出，不论是投资交易行为还是个人内在投资的心理倾向，男女之间均存在显著差异。在投资中男性比女性表现得更为积极主动，具有更大的风险偏好，因而在面对风险时，男女在感知上存在较大的差别。Jurkus、Park 和 Woodard（2011）[18]认为，高管团队的性别差异影响着企业的代理成本，高管中男性所占的比例越大，代理成本越高，这种正相关关系在市场竞争激烈、外部治理缺失时会更加显著。由代理理论可知，代理成本与企业并购活动密切相关，所以高管团队的性别特征对企业是否发生并购以及通过何种方式并购起到一定的影响，同时导致不同的绩效后果。由于男性与女性对风险的认知不同，面对风险时的决策自然也存在差异，男性倾向于冒险，即发动并购的可能性更大，而女性面对风险决策时更加保守，即发动并购的可能性更小。同时，不同的并购方式为企业所带来的风险和绩效不相同，其中，相关并购是企业进行同类业务或产业链上有协作关系业务的扩张，相对风险较低，这样的风险差异可能导致不同性别的高管成员做出不同的并购决策，男性管理人员更倾向于非相关并购，而女性管理人员更倾向于相关并购。因此，本文提出如下假设：

H2a：高管团队的男性占比越高，企业发生并购的可能性越大；

H2b：高管团队的男性占比越高，相对于相关并购而言，企业发生非相关并购的可能性越大。

3. 任期

团队内成员的组织任期是团队运作过程中的一个重要决定因素。通常，管理者在任期开始时往往致力于某种范式以获取前期基础，同时虚心进行探索，选择最有效的方式；随着任期的增加，管理者越来越沉醉于自身范式并形成对世界和管理的独特价值判断。由此可能导致管理者的任期与权力、思考范式正相关，与职业任务兴趣、知识增加速度、改变意愿负相关。例如，Miller（1991）[19]指出，高管人员任期长的企业更加不愿意调整战略和组织结构来适应环境变化的需求。这样，随着时间的推移，企业就会更加难以打破旧有行为和认知模式，尤其是企业战略不易发生改变。Wiersema 和 Bantel（1992）[11]认为，尽管任期长的高管团队可能更了解企业背景和对企业做出更大程度的承诺，他们却可能会更加依赖惯例来收集信息，更加厌恶风险，不愿意接受变化。Hambrick、Geletkanycz 和 Fredrickson（1993）[20]明确指出，任期长的高管人员更加明显地愿意保持现状，而任期短的高管人员更加愿意进行战略变革。Boeker（1997）[21]指出，高管人员的组织任期会对他们的认知产生影响。高管人员的组织任期越长，他/她的认知结构刚性越明显，从而促进或者支持战略变革发生的可能性就越小。Elenkov、Judge 和 Wright（2005）[22]指出，企业战略行为与高管人员对产品/市场及管理创新影响之间的关系，会受到企业高管团队任期的调节作用。较长任期的高管团队会更加注意企业战略的稳定性和效率性，而容易规避战略的变化性和创新性，从而在进行战略决策时，更加倾向于选择保守、稳定型的战略模式。我们知道，相较于内部发展，外部并购需要面临更加复杂的业务管理和整合需求，存在更大程度的潜在风险；同时，非相关并购相对于相关并购又存在更大程度的管理风险和产业风险来源。这样，任期长的高管团队做出外部并购决策的概率相对较低，即便实施并购决策，也往往会选择风险和管理复杂性相对更低的相关并购战略模式。因此，本文提出如下假设：

H3a：高管团队的平均任职年限越长，企业发生并购的可能性越小；

H3b：高管团队的平均任职年限越长，相对于相关并购而言，企业发生非相关并购的可能性越小。

4. 学历

高管团队成员的学历水平能够反映他们自己的格式化属性（如认知方式、价值观等）以及不同程度的知识和技能水平，进而会对他们的思维方式和决策行为方式产生影响，包括战略决策的制定过程（Hitt 和 Tyler，1991）[23]和解决复杂问题的创造性方案（Bantel 和 Jackson，1989）[24]。高层梯队理论认为（例如，Tihanyi 等，2000）[25]，高管成员的认知复杂度与受教育水平正相关，如果高管人员拥有较高的学历水平和深厚的理论功底，那么他们在管理工作中就会更加容易形成较高的威望，也更倾向于对新产品的创新以及新技术、新方法的模仿，更加偏好于内部研发战略来谋求企业的扩张。Goll、Johnson 和 Rasheed（2008）[26]发现，受过更多教育的个体更加可能考虑外部环境、宽容模糊性以及更具能力应对复杂情境，而且在动态不确定性环境下，高管团队的教育背景还会对差异化战略产生更加积极的影响，有助于企业拓宽战略边界，进入新的业务领域。通常，高管团队的平均学历水平越高，意味着他们具有更大的自信心、更强的学习和适应变化的能力，越能够在复杂的环境中保持清晰的思路，做出相对更具变化性或者创新性的战略决策。换言之，高管团队的平均受教育程度有助于拓宽企业业务活动的地理范围，进入环境不确定性更大和管理复杂性更高的市场领域，从而诱发或者促进企业采取更具进攻性和风险性的发展战略模式。因此，本文提出如下假设：

H4a：高管团队的学历水平越高，企业发生并购的可能性越小；

H4b：高管团队的学历水平越高，相对于相关并购而言，企业发生非相关并购的可能性越大。

（二）高管团队内部垂直对差异性与企业并购发生概率

根据组织结构理论，组织内部的正式职位决定了个体在组织中的角色地位，会对组织中的个体互动起着关键影响。从人口统计学特征而言，即便大小相同，对于职位层级相同与不同的个体也可能具有不同的意义，这种差异性影响在中国背景下会显得尤为突出，这是因为职位层级差异的作用会受到特定社会中权力距离的影响（Hofstede，2001）[27]。垂直对差异性（Vertical Dyads）能够反映团队内部结构的不同特征及其运作状态（Tsui 和 O’ Reilly，1989）[5]。在高管团队内部，首席执行官与其他高管在职位层级上存在的差异性，是典型的垂直对差异。因此，在中国背景下研究高管团队特征时，有必要进一步考察高管职位高低，以增强高管团队内部结构差异性对于组织结果变量的解释力。

迄今为止，国内外已有一些学者针对团队的垂直对进行了研究。其中，Tsui 和 O’Reilly（1989）[5]是这一领域的开拓者。他们发现，在一般意义上工作群体的垂直对中，不但相似会产生积极效果，符合某种条件的差异也可能产生积极效果。Tsui（1999）[6]、Tsui、Porter 和 Egan（2002）[7]进一步研究发现，上级相对于下级年龄越大、教育程度越高以及工作任期越长，下级的基本任务和额外角色活动评价就会越高。张龙和刘洪（2009）[8]研究发现，中国上市公司高管团队中“垂直对”人口特征差异会对公司高管离职产生影响。应该说，现有的垂直对研究文献，分析对象主要聚焦于企业内部其他性质和层次的工作团队（群体），却鲜有专门针对高管团队垂直对差异性及其对企业并购的影响。Wong、Opper 和 Hu（2004）[28]调查发现，在我国上市公司权力配置中，董事会的决策权最大，而董事长又是董事会决策权的最高代表者。因而企业高管团队与董事长的垂直对差异性会对企业并购战略决策的制定和实施产生重要影响。为此，本文具体设计高管团队与董事长年龄、性别、任职年限及学历四项垂直对差异性测量指标，探讨这些指标如何影响企业并购发生的概率。在不同的制度环境和管理情景下，高管团队与董事长垂直对差异性的影响效应并不会完全相同。其中，在相对平等环境中，人与人之间的互动较少受到地位高低的影响；而在华人社会中，人们对等级和权威人物非常敏感（Brew 和 David，2004）[29]。我国目前仍然处于经济转型时期，上市公司高管选拔并没有完全市场化。其中，在国有控股上市公司中，基于行政渠道选拔任命高管的传统方法尚未根本改变，相当大比例国有控股上市公司高管仍具有行政级别；在非国有控股上市公司中，上市公司高管的任命取决于实际控制人的意愿，而非市场化选拔的结果。因此，高管职位差异的影响在中国制度背景中可能更为突出，即高管团队与董事长的垂直对差异性越大，就越有可能形成董事长在制定决策时的专断行为和冒险倾向。因此，本文提出如下假设：

H5：高管团队与董事长年龄的垂直对差异越大，企业发生并购的可能性越大；

H6：高管团队与董事长性别的垂直对差异越大，企业发生并购的可能性越大；

H7：高管团队与董事长任职年限的垂直对差异越大，企业发生并购的可能性越大；

H8：高管团队与董事长学历的垂直对差异越大，企业发生并购的可能性越大。

三、研究设计

（一）样本选取

本文选取市场竞争开放、并购活动频繁的我国信息技术行业 2005 ~ 2010 年沪深 A 股上市公司作为研究样本，数据来源于国泰安 CSMAR 数据库、色诺芬 CCER 数据库及上市公司年报。由于本文采用的财务数据和治理数据均为并购事件公告前一年的数据，因此本文选取的并购样本是主并公司首次公告日在 2006 ~ 2010 年的并购交易，原始数据 524 个。在最终样本数据的获取过程中，为保证数据和结论的科学性、可靠性，设计如下筛选原则：①剔除高管团队信息不完整的样本；②剔除并购金额不足 100 万元人民币的样本；③合并同一主并公司在同一公告日上的多次并购交易；④根据 2001 年 4 月中国证监会颁布的《上市公司行业分类指引》，借鉴 Lamont 和 Anderson（1985）的做法，依据并购业务与被并购业务所属的标准产业分类代码（SIC）的对应情况，来判断确定并购模式为相关或者非相关并购。最终符合条件的总样本数 312 个，其中并购样本数为 190 个，非并购样本数为 122 个。在 190 个并购样本中，相关并购方式的样本数为 121 个，非相关并购方式的样本数为 69 个，具备了大样本统计分析的条件。

（二）变量测量

1. 自变量：高管团队结构差异性

关于企业高管团队的界定，现有研究尚不存在完全统一的标准。例如，Hambrick、

Cho 和 Chen（1996）[30]认为，高层管理团队由具有副总裁头衔以上的人员组成；Elron（1997）[31]界定的高层管理团队只包括从首席执行官到高级副总裁层次的高级管理人员。本文借鉴 Hambrick 和 Mason（1984）[10]、魏立群和王智慧（2002）[32]、焦长勇和项保华（2003）[33]等的研究成果，同时考虑样本企业特性，将高管团队界定为：董事长、总经理、副总经理、副总裁、总会计师/财务总监等公司最高的两个层次高管人员。根据前文所述，从高管团队背景特征及高管团队与董事长垂直对差异性两个维度来反映和测量高管团队结构差异性，具体测量指标的含义和计算公式如下：

（1）高管团队背景特征。①高管平均年龄（Mage）：高管团队所有成员年龄的平均值。高管平均年龄 = 高管年龄总和/高管总人数；②高管男性占比（Mgend）：高管团队中男性人数占总人数的比例。高管男性占比 = 高管男性人数/高管总人数；③高管平均任期（Mtime）：高管团队所有成员自任职开始到统计期年限的平均值。高管平均任期 = 高管任期总和/高管总人数；④高管平均学历水平（Medu）：高管团队所有成员学历的平均得分。本文对学历水平赋值如下：中专及以下 = 1；大专 = 2；本科 = 3；硕士 = 4；博士及以上 = 5。高管平均学历水平 = 高管学历总分/高管总人数。

（2）高管团队与董事长的垂直对差异性。①高管与董事长年龄差异（MageDif）：如果高管团队平均年龄比董事长更加年长，则年龄差异取值为 1；否则为 0；②高管与董事长性别差异（MgendDif）：如果高管团队与董事长性别不同，则性别差异取值为 1，否则为 0；③高管与董事长任职年限差异（MtimeDif）：如果高管团队的平均任职年限比董事长任职年限更长，则任职年限差异取值为 1，否则为 0；④高管与董事长学历差异（MeduDif）：采用高管团队的平均学历水平减去董事长的学历水平来测量，如果前者数值大于后者，则赋值为 1，否则为 0。

2. 因变量：企业并购概率和模式

本文从并购发生概率和并购发生模式两个维度来反映与测量企业并购。其中，并购概率代表公司是否发生并购，用符号 MA 表示，定义为 0 - 1 变量，发生并购活动就取值为 1，未发生并购活动就取值为 0。并购模式用符号 CMA 表示，定义为 0 - 1 变量，发生非相关并购取值为 1；反之，发生相关并购则取值为 0。

3. 控制变量

（1）企业规模（Size）：企业规模会对企业战略行为（包括企业并购）产生影响，因而本文选取企业规模作为控制变量，具体采用公司总资产的自然对数来测量。计算公式如下：Size = LN（总资产）。

（2）控股股东性质（Stock）：样本公司按最终控制人类型分为国有控股企业与非国有控股企业两大类，若为前者赋值为 1，否则为 0。

（3）高管人员持股比例（MR）：以高管持股总和与公司总股数的比值来测量高管人员的持股比例。

（4）在控制了上述三个变量的基础上，设置了 Y2005、Y2006、Y2007、Y2008 和 Y2009 五个虚拟变量控制年份的影响。如果为 2005 年度，则 Y2005 = 1，否则 Y2005 = 0；

如果为 2006 年度，则 Y2006 = 1，否则 Y2006 = 0，以此类推。

（三）模型构建

为检验高管团队背景特征及其与董事长垂直对差异性如何影响企业并购发生的概率，本文采用 Binary Logistic 回归方法对研究假设进行检验。在 Binary Logistic 回归模型中，因变量（MA）为公司并购发生概率，自变量（Z）为高管团队特征及其与董事长垂直对差异性各维度的测量指标，其表达式为：

$$P(MA_{it-1}) = \frac{1}{1-e^{-Z}} \tag{1}$$

其中，$Z = \alpha_0 + \beta_1 Mage_{it} + \beta_2 Mgend_{it} + \beta_3 Mtime_{it} + \beta_4 Medu_{it} + \beta_5 MageDif_{it} + \beta_6 MgendDif_{it} + \beta_7 MtimeDif_{it} + \beta_8 MeduDif_{it} + \beta_9 Size_{it} + \beta_{10} Stock_{it} + \beta_{11} MR_{it} + \sum YR_t + \varepsilon_{it}$

在模型(1)中，因变量是虚拟变量 $P(MA_{it-1})$，代表当年上市公司是否有并购事件公告，数据均比自变量及控制变量滞后一年；自变量是高管团队背景特征及高管团队与董事长的垂直对差异性，各测量指标的符号含义见前文所述，各变量的下标(it)代表面板数据对应的公司与年度。

同样地，为检验高管团队背景特征如何影响企业并购发生模式，采用 Binary Logistic 回归方法对研究假设进行检验，其中，并购公司是否采取非相关并购(CMA)定义为因变量，高管团队特征背景特征各维度的测量指标定义为自变量 Z，建立 Binary Logistic 回归模型，其表达式为：

$$P(CMA_{it-1}) = \frac{1}{1-e^{-Z}} \tag{2}$$

其中，$Z = \alpha_0 + \beta_1 Mage_{it} + \beta_2 Mgend_{it} + \beta_3 Mtime_{it} + \beta_4 Medu_{it} + \beta_5 Size_{it} + \beta_6 Stock_{it} + \beta_7 MR_{it} + \sum YR_t + \varepsilon_{it}$

在模型(2)中，因变量是并购虚拟变量 $P(CMA_{it-1})$，代表当年发生并购的上市公司是否实施非相关并购，数据均比自变量及控制变量滞后一年；自变量是高管团队特征，各测量指标的符号含义见前文所述，各变量的下标(it)代表面板数据对应的公司与年度。

四、实证结果分析

（一）高管团队背景特征及其与董事长垂直对差异性与企业并购发生概率

1. 描述性统计和相关分析

表 1 列示了高管团队结构差异性、企业并购概率及主要控制变量的平均值、标准差和 Pearson 相关系数。可以看出，高管团队性别和任期均正相关于企业并购发生概率，同时，

高管团队与董事长的年龄、性别、任期垂直对差异性也正相关于企业并购发生概率，而高管团队年龄和学历水平以及高管团队与董事长的学历水平垂直对差异性，则均负相关于企业并购概率。另外，表中自变量之间的相关系数绝大部分均低于0.40，而且自变量的特征根（Eigenvalue）均不等于0，条件指数（Condition Index）数值均小于30，膨胀因子（VIF）均小于10。这表明本文的自变量之间不存在多重共线性问题。上述结果初步说明高管团队结构差异性会影响企业并购发生概率，更为准确的结论还有待后文进一步实证检验。

表1　变量描述性统计和 Pearson 相关系数

变量	均值	标准差	MA	Mage	Mgend	Mtime	Medu	MageDif	MgendDif	MtimeDif	MeduDif	Size	MR
MA	0.609	0.489											
Mage	45.913	3.411	-0.099										
Mgend	0.843	0.104	0.205**	0.176**									
Mtime	2.066	0.999	0.139*	0.032	0.139*								
Medu	3.597	0.468	-0.102	0.060	-0.066	-0.041							
MageDif	0.340	0.474	0.145*	0.024	0.051	-0.073	-0.040						
MgendDif	0.192	0.395	0.208**	-0.099	0.478**	0.169**	-0.066	0.011					
MtimeDif	0.333	0.472	0.065	0.147**	0.713**	0.102	-0.062	-0.005	0.483**				
MeduDif	0.696	0.461	-0.045	0.056	-0.022	0.011	0.637**	-0.025	0.040	-0.005			
Size	20.885	1.139	0.088	0.054	0.056	0.201**	0.279**	-0.050	0.102	0.071	0.206**		
MR	0.194	0.473	-0.084	-0.203**	-0.158**	0.042	-0.030	-0.039	-0.085	-0.158**	0.037	-0.212**	
Stock	0.612	0.488	0.009	-0.207**	-0.093	-0.093	-0.026	0.029	-0.046	-0.260**	0.017	-0.331**	0.225**

注：①*、**分别代表在0.05和0.01水平上显著相关（双尾检验）；②N=312。

2. Logistic 回归分析

在 Logistic 回归分析之前，先对模型进行 Hosmer-Lemeshow 拟合优度检验。结果显示，对应于非并购即“MA=0”，期望值逐渐减少到2.278，与观测值2趋于接近；对应于并购即“MA=1”，期望值逐渐增加到30.722，与观测值31也趋于接近。表明模型检验结果比较理想，整体拟合效果较好。同时，取显著性水平0.05，考虑到自由度数目df=8，得出卡方临界值15.507。本模型的卡方值5.024<15.507，Sig. 值0.755>0.05，且越大越好，Hosmer-Lemeshow 检验显著通过，表明模型的预测值与观测值不存在显著的差异，模型拟合良好，适合进行 Logistic 回归分析。

表2列示了检验模型的 Logistic 回归分析结果。其中，高管团队背景特征对企业并购的影响有三点：①高管平均年龄与企业并购显著负相关，即高管平均年龄越大，发生并购的可能性越小，假设 H1a 通过显著性检验。②高管男性占比与企业并购显著正相关，即高管团队中男性占比越大，公司并购的可能性越大，假设 H2a 通过显著性检验。③高管平均学历水平与公司是否发动并购显著负相关，假设 H4a 通过显著性检验。不过，高管

平均任期对样本企业并购行为没有产生显著性影响，假设 H3a 未通过显著性检验。其次，高管团队与董事长差异性对企业并购的影响有四点：①年龄差异与公司并购显著正相关，说明高管团队与董事长之间的年龄差异越大，公司并购的可能性越大，假设 H5 通过显著性检验。②性别差异与公司并购显著正相关，说明高管团队与董事长的性别差异会导致公司发生并购的可能性增大，即假设 H6 通过显著性检验。③任职年限差异和学历差异与企业并购之间没有显著的相关关系，即假设 7 和假设 8 未通过显著性检验。④四个控制变量的影响，公司规模的 P 值为 0.007，在 99% 水平以上显著；控股股东性质的显著性为 0.028 <0.05；五个年度虚拟变量中有三个（Y2006、Y2008、Y2009）的显著性都在 0.01 以下，其余两个在 0.05 的水平上显著。不过，高管人员持股比例这一控制变量没有通过显著性检验。

表 2　Logistic 回归分析结果

		B	S. E	Walds	df	Sig.	Exp（B）
步骤 1	Mage	-0.097*	0.044	4.815	1	0.028	0.907
	Mgend	4.387*	1.986	4.881	1	0.027	80.406
	Mtime	0.226	0.140	2.617	1	0.106	1.254
	Medu	-0.798*	0.381	4.376	1	0.036	0.450
	MageDif	0.698*	0.289	5.829	1	0.016	2.010
	MgendDif	0.930*	0.454	4.191	1	0.041	2.535
	MtimeDif	-0.799	0.430	3.450	1	0.063	0.450
	MeduDif	0.095	0.378	0.063	1	0.802	1.100
	Size	0.420**	0.157	7.184	1	0.007	1.522
	MR	-1.048	0.692	2.291	1	0.130	0.351
	Stock	0.507	0.333	2.316	1	0.028	1.660
	Y2005	1.026*	0.501	4.198	1	0.040	2.789
	Y2006	1.422**	0.480	8.781	1	0.003	4.144
	Y2007	1.053*	0.457	5.309	1	0.021	2.866
	Y2008	1.611**	0.445	13.110	1	0.000	5.006
	Y2009	1.572**	0.409	14.807	1	0.000	4.818
	constant	-6.270	4.009	2.446	1	0.118	0.002

注：①*、** 分别代表在 0.05 和 0.01 水平上显著相关（双尾检验）；②N = 312。

（二）高管团队背景特征与企业并购发生模式

1. 描述性统计和相关分析

表 3 列示了高管团队背景特征、企业并购模式及主要控制变量的平均值、标准差和

Pearson 相关系数。可以看出，高管团队性别正相关于企业并购发生模式，高管团队年龄、任期及学历水平则负相关于企业并购模式。另外，表中自变量之间的相关系数均低于 0. 40，而且自变量的特征根（Eigenvalue）均不等于 0，条件指数（Condition Index）数值均小于 30，膨胀因子（VIF）均小于 10。这表明本文的自变量之间不存在多重共线性问题。上述结果初步说明高管团队特质会影响企业并购发生概率，更为准确的结论还有待后文进一步实证检验。

2. Logistic 回归分析

在 Logistic 回归分析之前，先对模型进行 Hosmer - Lemeshow 拟合优度检验。结果显示，取显著性水平 0. 05，自由度数目 df = 8，得出卡方临界值 15. 507。Hosmer - Lemeshow 检验的卡方值 8. 292 < 15. 507，且相应的 Sig. 值 0. 405 大于 0. 05，因而 Hosmer - Lemeshow 检验通过，表明模型的预测值与观测值不存在显著的差异，模型拟合良好。同时，对应于相关并购即"CMA = 0"，期望值逐渐减少到 6. 653，与观测值 6 趋于接近；对应于非相关并购即"CMA = 1"，期望值逐渐增加到 12. 347，与观测值 12 也趋于接近。因而检验结果比较理想，模型整体拟合效果较好，适合进行 Logistic 回归分析。

表 3　变量描述性统计和 Pearson 相关系数

变量	均值	标准差	CMA	Mage	Mgend	Mtime	Medu	Size	MR
CMA	0. 363	0. 482							
Mage	46. 418	3. 631	-0. 207 **						
Mgend	0. 854	0. 094	0. 162 *	0. 163 *					
Mtime	2. 261	1. 127	-0. 176 *	0. 168 *	-0. 003				
Medu	3. 586	0. 460	-0. 082	0. 045	0. 040	0. 002			
Size	20. 965	1. 138	-0. 105	0. 384 **	0. 039	0. 149 *	0. 259 **		
MR	16. 252	22. 683	0. 032	-0. 330 **	-0. 145 *	0. 019	-0. 086	-0. 324 **	
Stock	0. 595	0. 503	0. 152 *	-0. 271 **	-0. 105	-0. 030	-0. 184 *	-0. 381 **	0. 459 **

注：①* 、** 分别代表在 0. 05 和 0. 01 水平上显著相关（双尾检验）；②N = 190。

表 4 列示了检验模型的 Logistic 回归分析结果。由此可知，高管平均年龄和高管平均任期均与企业非相关并购概率显著负相关，假设 1b 和假设 3b 通过显著性检验；高管男性占比与企业非相关并购概率显著正相关，假设 2b 通过显著性检验。不过，高管平均学历水平回归系数的显著性水平没有低于 0. 05，说明这个变量与非相关并购概率不存在显著相关性，即假设 4b 没有通过显著性检验。具体原因可参见前文解释。在控制变量部分，公司规模的 P 值为 0. 039 通过了显著性检验，而五个年度虚拟变量中有三个（Y2006、Y2007、Y2008）显著性检验获得通过。

表 4　Logistic 回归分析结果

		B	S. E	Walds	df	Sig.	Exp (B)
步骤 1	Mage	-0.154*	0.066	5.403	1	0.020	0.857
	Mgend	4.463*	2.119	4.434	1	0.035	86.740
	Mtime	-0.415*	0.200	4.275	1	0.039	0.661
	Medu	-0.467	0.403	1.341	1	0.247	0.627
	Size	0.360*	0.174	4.255	1	0.039	1.433
	MR	-0.012	0.009	1.647	1	0.199	0.988
	Stock	0.673	0.460	2.135	1	0.144	1.960
	Y2005	-0.767	0.705	1.185	1	0.276	0.464
	Y2006	-2.345**	0.863	7.374	1	0.007	0.096
	Y2007	1.331**	0.474	7.864	1	0.005	3.783
	Y2008	-1.168*	0.514	5.165	1	0.023	0.311
	Y2009	0.181	0.484	0.140	1	0.708	1.199
	常量	-2.255	4.931	0.209	1	0.647	0.105

注：①*、**分别代表在 0.05 和 0.01 水平上显著相关（双尾检验）；②N = 190。

五、结论、建议及展望

（一）主要结论

并购战略已经成为企业实现规模快速扩张的一种重要战略选择。本文立足于高管团队视角，选取我国信息技术业 2005~2011 年上市公司并购数据作为研究样本，通过构建 Binary Logistic 回归模型，实证分析了高管团队特质（团队成员背景特征及其与董事长的垂直对差异性）如何影响企业并购概率和并购模式，得出了如下一些主要研究结论：其一，从高管团队背景特征来看，高管团队背景特征会对企业并购发生概率和模式产生显著影响效应，其中，高管团队平均年龄和任期会对并购发生概率与模式产生显著负相关影响，而高管团队男性占比会对并购发生概率和模式产生显著正相关影响；其二，从高管团队与董事长的垂直对差异性来看，高管团队与董事长的垂直对差异性会对并购发生概率产生显著影响效应，即高管团队的年龄差异和性别差异会对并购发生概率产生显著正相关效应。由此可知，本文研究假设大部分通过了实证检验，仅仅少数假设未得到完全验证。首先，高管平均任期未对企业并购概率产生显著性影响，但与企业非相关并购模式显著负相关。原因可能在于：一方面信息技术行业属于新兴产业，技术和产品生命周期更新速度快，高管团队成员的变动频率高，平均任期对并购概率的影响效果尚没有足够时间反映出来；另一方面，高管平均任期越长，其战略决策行为会趋于保守，倾向于采取风险规避行为，而且大量现有实证研究显示高管任期与组织战略改变呈负相关，与组织战略的行业趋同呈正相关，这说明在并购方式的选择上，随着平均任期的增加，管理者更加注重稳定和效率，同时减少对产品和市场创新的关注，更倾向于稳定和具有效率的相关并购方式，从而采取非相关并购模式的可能性更小。此外，高管团队任职年限差异和学历差异这两个指标对企业并购概率的影响不显著，未能通过显著性检验。可能原因在于：①信息技术行业属于新兴产业，技术和产品生命周期更新速度快，高管变动频率相对更大，因而尚没有足够的时间让任期年限差异对并购概率的影响效果彰显出来。②高管教育背景和持股比例的作用发挥，离不开良好的内外部治理环境。在我国经济转型时期，特殊的政治、经济、法治与历史文化背景下，大股东主导或内部人控制的上市公司治理结构还不完善，公司内部的监督、协调等制度还有待加强（何威风和刘启亮，2010）[9]。③受中国传统文化影响，人们对等级和权威人物非常敏感（Brew 和 David，2004）[29]，上市公司尚未形成一个民主的公司治理文化。

（二）管理建议

基于前文的实证研究结论，我们提出如下一些管理建议。其一，优化高管团队内部结构，提高并购战略决策质量。由于高管团队背景特征以及高管团队与董事长的垂直对差异，均会对企业并购战略产生差异性影响效应，因而企业必须重视高管团队结构建设，科学合理地配置高管团队成员。例如，在构建和优化高管团队时，考虑到女性高管的独特性，可以适度增加管理层的性别多元化，大胆起用女性高管，以平衡企业并购战略决策的风险，提高战略决策质量；在构建高管团队时，考虑公司董事长职能和背景的特殊性，从年龄、性别、任期和教育程度等多方面综合考量董事长与高管团队其他成员的差异性，以增强高管团队的整体协调性和战斗力；在设计高管团队时，还需要与企业中层管理者相协调（包括年龄、性别、任期和教育程度等），因为中层管理者是企业战略执行的关键性力量，会直接影响到战略决策执行效果。其二，完善公司内部治理环境，夯实高管团队功效发挥的制度平台。作为战略决策的关键性力量，高管团队功效的发挥离不开公司内部治理结构和机制的配套支撑。这样，需要平衡董事长与高管团队其他成员之间的权力结构，既要防止“一股独大”，也要避免“内部人控制”，形塑健康的治理结构、机制和文化。其三，辩证看待并购战略模式，平衡企业发展战略结构。企业在持续经营发展过程中，不同阶段会面临不同的战略问题和决策情景，可能需要适时采取不同的发展战略模式，其中并购战略仅仅是重要战略之一。企业还需要考虑其他发展战略模式，比如内部发展战略。内部发展与外部并购是两种不同的扩张模式，两者在成本、风险及扩张速度等方面存在相对不同的优缺点（Lee 和 Lieberman，2010）[1]，这样，在进行战略问题决策时，企业究竟采取外部并购还是内部发展模式，以及选择相关并购还是非相关并购模式，需要结合战略目标和扩张业务的具体情景来进行权衡，以优化企业发展战略结构。

（三）本文的不足与未来展望

当然，本文也可能会存在一些不足之处。其一，本文在考察高管团队特征对企业并购的影响时，主要聚焦于我国信息技术行业。该行业市场竞争性比较激烈，企业并购行为比较活跃，并购决策能够较大程度上反映决策者的主观意愿，而且选择单一行业企业作为样本有助于排除产业结构的干扰影响。不过，由于不同行业结构特性存在比较大的差异，因而未来研究有必要拓宽样本选取范围，进一步比较分析不同行业结构特性对该命题的差异性影响效应，拓宽研究结论的应用范围。其二，本文在测量高管团队特征时，设计人口统计学指标来指代和测量。未来研究还可以拓宽样本获取方式，设计问卷调查表，通过问卷调查、实地访谈及实验等方式，获取第一手的研究数据资料，这样可能会得出一些新的、有价值的研究结论。其三，考虑若干其他变量的影响效应。比如，企业绩效是一个重要的战略决策和选择效果评价指标，未来研究有必要进一步考察高管团队特质对企业并购的绩效影响后果，这样有助于为高管团队设计和战略模式选择提供绩效评价标准。由于不同国家的正式和非正式制度因素对企业高管人员决断权的影响存在显著差异（Crossland 和 Hambrick，2011）[34]，未来研究可进行比较制度分析，考虑选取制度环境不同的企业作为样本，这样可能会得出一些独特的研究结论。

参考文献

[1] Lee，G. K.. Acquisition VS. Internal Development as Modes of Market Entry [J]. Strategic Management Journal，2010，31 (2).

[2] King，D. R.. Meta-analysis of Post-acquisition Performance：Indications of Unidentified Moderators [J]. Strategic Management Journal，2004，25 (2).

[3] Ellis，K. M.. Effects of Procedural and Informational Justice in the Integration of Related Acquistions [J]. Strategic Management Journal，2009，30 (2).

[4] 马彩凤. 高层管理团队是组织绩效提升的关键 [J]. 管理科学文摘，2006 (2).

[5] Tusi，A. S.. Beyond Simple Demographic Effects：The Importance of Relational Demography in Superior - Subordinate Dyads [J]. Academy of Management Journal，1989，32 (2).

[6] Tsui，A. S.. Demographic Differences in Organizations：Current Research and Future Directions [J]. Lanham M. D.：Lexington Books，1999.

[7] Tsui，A. S.. When Both Similarities and Dissimilarities Matter：Extending the Concept of Relational Demography [J]. Human Relations，2002，55 (8).

[8] 张龙. 高管团队中垂直对人口特征差异对高管离职的影响 [J]. 管理世界，2009 (4).

[9] 何威风. 我国上市公司高管背景特征与财务重述行为研究 [J]. 管理世界，2010 (7).

[10] Hambrick，D. C.. Upper Echelons：The Organization as a Reflection of its Top Managers [J]. Academy of Management Review，1984，9 (2).

[11] Wiersema，M. F.. Top Management Team Demography and Corporate Strategic Change [J]. Academy of Management Journal，1992，35 (1).

[12] Prendergast，C.. Impetuous Youngsters and Jaded old - timers：Acquiring a Reputation for Learning

[J]. Journal of Political Economy, 1996, 104 (6) .

[13] Herrmann, P.. CEO Experiences: Effects on the Choice of FDI Entry Mode [J]. Journal of Management Studies, 2006, 43 (4) .

[14] Croson, R.. Gender Differences in Preferences [J]. Journal of Economic Literature, 2009, 47 (2) .

[15] Yordanova, D. I.. Gender Effects on Risk – taking of Entrepreneurs: Evidence from Bulgaria [J]. International Journal of Entrepreneurial Behaviour & Research, 2011, 17 (3) .

[16] Watson, J.. Adjusting for Risk in Comparing the Performance of Male – and Female – controlled SMEs [J]. Journal of Business Venturing, 2003, 18 (6) .

[17] 郭敏华. 性别与投资行为：以台湾股票市场为例 [J]. Journal of Financial Studies, 2005, 13 (2) .

[18] Jurkus, A. F.. Women in Top Management and Agency Costs [J]. Journal of Business Research, 2011.

[19] Miller, D.. Stale in the Saddle: CEO Tenure and the Match between Organization and Environment [J]. Management Science, 1991, 37 (1) .

[20] Hambrick, D. C.. Top Executive Commitment to the Status Quo: Some test of its Determinants [J]. Strategic Management Journal, 1993, 14 (6) .

[21] Boeker, W.. Strategic Change: The Influence of Managerial Characteristics and Organizational Growth [J]. Academy of Management Journal, 1997, 40 (1) .

[22] Elenkov, D. S.. Strategic Leadership and Rxecutive Innovation Influence: An International Multi – cluster Comparative Study [J]. Strategic Management Journal, 2005, 26 (7) .

[23] Hitt, M. A.. Strategic Decision Models: Integrating Different Perspectives [J]. Strategic Management Journal, 1991, 12 (5) .

[24] Bantel, K. A.. Top Management and Innovation in Banking: Does the Composition of Top Team Make a Difference? [J]. Strategic Management Journal, 1989, 10 (1) .

[25] Tihanyi, L.. Composition of the Top Management Team and Firm International Diversification [J]. Journal of Management, 2000, 26 (6) .

[26] Goll, I.. Top Management Team Demographic Characteristics, Business Strategy, and Firm Performance in the US Airline Industry: The Role of Managerial Discretion [J]. Management Decision, 2008, 46 (2) .

[27] Hofstede, G.. Culture's Consequences: Comparing Values, Behaviors, Institutions, and Organizations across nations (2nd ed.) [M]. Thousand Oaks, California: SAGE Publications, Inc, 2001.

[28] Wong, S. M. L.. Shareholding Structure, Depoliticization and firm Performance: Lessons from China's Listed Firms [J]. Economics of Transition, 2004, 12 (1) .

[29] Brew, F. P.. Style of Managing Iinterpersonal Workplace Conflict in Relation to Status and Face Concern: A Study with Anglos and Chinese [J]. International Journal of Conflict Management, 2004, 15 (1) .

[30] Hambrick, D. C.. Influence of Top Management Team Heterogeneity on Firm's Competitive Moves [J]. Administrative Science Quarterly, 1996, 41 (4) .

[31] Elron, E.. Top Management Teams within Multinational Corporations: Effects of Worker Heterogeneity [J]. Leadership Quarterly, 1997, 8 (4) .

[32] 魏立群．我国上市公司高管特征与企业绩效的实证研究［J］．南开管理评论，2002（4）．

[33] 焦长勇．企业高层管理团队特性及构建研究［J］．自然辩证法通讯，2003（2）．

[34] Crossland，C．．Differences in Managerial Discretion Across Countries：How National – level Institutions Affect the Degree to Which CEOs Matter［J］．Strategic Management Journal，2011，32（8）．

The Relationship Between Top Management Team's Structural Differences and Corporate Acquisitions

Yang Lin Yang Qian

Abstract：By taking the listed companies of Chinese information technology industry during the period from 2005 to 2010 as a re – search sample，the relationship between Top Management Team（TMT）structural differences，including background characteristics of TMT and vertical differences between TMT and president of the board，and corporate acquisitions is empirically examined. The results of Logistic regression analysis indicate that firstly，the background characteristics of TMT will significantly influence the occurrence probability and pattern of corporate acquisitions，among them，average age and tenure of TMT are significantly negatively correlated with corporate acquisitions occurrence probability and pattern，but the male ratio of TMT has a positive effect on the corporate acquisitions occurrence probability and pattern. Secondly，the vertical differences between TMT and president of the board will positively influence the corporate acquisition occurrence probability；among them，the differences between age and gender of TMT have a significantly positive effect on corporate acquisition occurrence probability. The results have theoretical and practical implications for optimizing TMT structure，improving company's internal governance environment，and designing enterprise development strategies.

Key Words：TMT；Structural Difference；Corporate Acquisition；Logistic Regression Model；Information Technology Industry

政治关联形式、制度环境与民营企业生产率

李维安　徐业坤

【摘　要】政治关联效果存在争议，从生产率角度考察政治关联的效果能够提供最直接的经验证据。以中国制造业民营上市公司数据为样本，采用面板数据和 Heckman 二阶段回归模型，实证检验政治关联及其形式、制度环境和生产率之间的关系。研究结果表明，政治关联有助于生产率的提升，董事长政治关联与生产率之间存在显著的正相关关系；制度环境影响政治关联的效果，政府干预较为严重、法律环境较差的地区，政治关联导致的生产率提升效应更为显著；制度环境差的地区，无论是董事长政治关联还是总经理政治关联对于提高企业生产率均具有更强的效果，这些研究结论在考虑政治关联内生性的情形下依然成立。相关研究结论为客观地认识民营企业复杂的政商关系提供了新的视角。

【关键词】政治关联形式；制度环境；生产率；治理转型

一、引言

Krugman[1]认为，从长远看，生产率几乎就是一国经济社会发展的全部内容。政治关联作为世界范围内的普遍现象，其效果存在争议，生产率为检验政治关联的效果提供了新的视角，Faccio[2]和 Desai 等[3]分别利用 47 个国家和 40 个国家样本进行的跨国研究均表明，政治关联影响企业的生产率。然而，现有对中国民营企业政治关联与生产率关系的研究相对较少，已有研究主要关注在制度环境的影响下中国民营企业政治关联及其形式与生产率之间的关系。

对于行政型治理向经济型治理转型[4]背景下的中国民营企业，政治关联已演变成一种重要的非正式机制。转型经济中，政府掌握着重要资源，企业的发展主要依靠非正式机制获取重要资源[5-6]，相对于具有天然政治依附性的国有企业，民营企业有更强的动机寻

作者简介：李维安，东北财经大学，南开大学公司治理研究中心；徐业坤，南开大学公司治理研究中心。

求与政府建立联系以获得政治资源[7]。当前，民营企业的政治关联是一种有价值的资源，可以成为法律保护不足的一种替代机制[8-11]，可以降低行业进入壁垒[12]，获得更多的财政补贴、税收优惠、政府合约和信贷资源[13-15]，为企业提供比较优势，从而有助于提升企业业绩。然而，为了建立和维持与政府的联系，企业需要花费一定的成本寻租[16]，可能会被要求承担更多的政治和社会目标[17]；同时，政治关联还容易沦为高管获得职业安全的“保护伞”，加剧代理问题[18]，导致交易成本的增加[3]，不利于企业生产率的改进和业绩的提升。因此，政治关联的效果需要更多的直接经验证据，本文将实证检验民营上市企业政治关联及其形式、制度环境和生产率之间的关系。

二、相关研究评述和假设

新古典经济学将企业视为一个将投入转化为产出的生产函数，而新制度经济学认为制度和制度变迁是影响绩效的决定性因素。企业效率的实现依赖于有效的制度安排，作为一种重要的非正式治理机制，政治关联影响企业生产过程中的资源配置和投入成本，直接影响的是企业的生产率。当然，这里只是简要勾勒了政治关联影响生产率的大致途径，现实要复杂得多，本文不致力于揭开这个黑箱，而是探讨中国独特的制度环境对政治关联及其形式与生产率关系的影响。

（一）政治关联、政治关联形式与企业生产率

高管的政治关联可以为企业的发展获得重要的政治资源和来自政府的支持，扮演着“帮助之手”的角色[14,19]。Li 等[9]、Francis 等[20]对中国企业（尤其是民营企业）政治关联现象的研究表明，政治关联对企业产生积极影响。然而，政治关联的积极影响的直接来源应是由政治关联获得的优势资源的投入而导致的生产率改进。资源依赖理论认为，企业的竞争优势来源于其拥有的其他企业难以获得的有形资源和无形资源，与非政治关联企业相比，政治关联企业从政府手中获得的关键性和异质性资源直接影响生产率[21]，进而帮助企业获得竞争优势、提升业绩。从另一个角度看，对于民营企业，政治关联可以成为法律保护不足和资源配置扭曲的一种替代机制，不仅可以帮助企业获得政治资源的支持，而且可以保护企业免受政府的随意侵害，减少政府的随意摊派[11,22-23]，在一定程度上降低生产的投入成本，提高企业的生产效率。

然而，政治成本假说认为，政治关系的建立和维持需要花费成本[3]，政府层面表现为，政府可能要求政治关联企业雇用更多的员工，承担更多的社会责任；企业层面表现为，政治关联企业的高管可能会追求有损企业效率的其他目标，从企业攫取租金，从而增加企业负担，导致企业生产率降低[19]。当政治关联的边际成本高于边际收益时，企业的效率就会降低[24]。Desai 等[3]利用 40 个国家近 8000 家公司样本进行的研究表明，政治关

联为企业带来收益的同时，政府会增加政治关联企业的雇员和税收，而且政治关联企业不会增加新的生产设备、开辟新的生产线或者关闭陈旧的设备，导致产出相对较低，因而与非政治关联的企业相比，政治关联企业生产率更低；梁莱歆等[25]对中国政治关联民营企业的研究也表明，政治关联的民营企业受到政府为实现扩大就业、促进社会稳定目标而进行的政治干预，企业雇用更多的劳动力并支付更高的薪酬成本，增加了企业产出的边际成本；Hsieh 等[26]提供的简单案例表明，尽管政治关联企业能够获得信贷资源优势，但当企业在相同的利率水平下资本的边际产出相同时，具有信贷资源优势的政治关联企业资本的边际产出就会低于不具有政治关联企业资本（融资市场以较高利率获得）的边际产出。

从已有政治关联效果的研究看，政治关联在帮助企业获得资源优势和政府保护的同时，也会造成企业投入成本的增加，损害企业的业绩。然而，现有研究对于政治关联效果的考量大多采用财务绩效之类的间接性指标，随着对政治关联研究的深入，探讨政治关联作用的途径成为研究的热点，如融资便利、政府补贴、税收优惠等。本文认为政治关联引起的这些变化造成的直接效果应是由于投入和产出的变化引起的企业生产率的变化，生产率的变化才会影响最终的财务绩效，而对于中国这样拥有独特制度环境的国家，检验政治关联与生产率之间关系的研究尚不多见。

中国民营企业的发展经历了夹缝中生存、缓慢推进到跨越式发展等阶段，据国家统计局公布的年度数据显示，2009 年中国私营企业有 256031 家，工业总产值为 162026.18 亿元，占当年工业总产值的 29.55%。与国有企业相比，民营企业避免了由于政府干预对企业目标的扭曲和管理层激励的缺失，能够保持相对较高的资本配置效率和生产率[27-28]。然而，生产率的增长需要外部融资的支持[29]，而资本一直是制约中国民营企业发展的瓶颈，那么民营企业如何获得企业发展所需的信贷资源，政治关联无疑为其提供了重要的途径。转型经济中，政府掌握着经济发展所需的重要资源，通过与政府建立联系有助于企业获得银行信贷的支持，从而缓解不发达的金融制度对民营企业发展的阻碍[30]。因此，政治关联有助于民营企业生产率的提高，反映政治关联的“效率观”。此外，政府可能更愿意让政治关联的民营企业承担更多的社会目标和政治目标，增加企业的负担[25]，但在当前背景下，政治关联为民营企业带来的收益比成本高，因而与政府建立联系成为众多民营企业的现实选择。基于以上分析，本文提出假设：

H1：政治关联与企业生产率呈正相关关系。

如果政治关联有助于提高企业的生产率，那么不同形式的政治关联在效果上是否存在差异。董事长和总经理作为企业的关键人士，是政治关联的主要载体，然而现有研究对董事长政治关联和总经理政治关联各自效果的关注还相对较少。董事会是公司治理的核心，在传统的股东会—董事会—管理层结构中，董事会受股东的委托监督管理层，按照股东的利益行动。中国绝大多数企业中，董事长在董事会中占有重要的地位，存在实际意义上的“一把手”现象，董事长往往是公司管理的实际控制人[31]，相对于副董事长或其他董事，其权力和责任更大。中国民营企业的董事长大多由实际控制人或其亲属担任，在日常的经营决策中，这些关键人决定了公司的发展战略和发展方向，决定了资源的分配，其行为取向与股东的利益基本一致，因而董事长政治关联应有助于企业生产率的提高和企业价值的提升。基于此，本文提出假设：

H2：董事长政治关联与企业生产率呈正相关关系。

社会网络理论认为，人与人之间的关系网络嵌入到经济活动中能够影响资源的分配、约束交易双方的行为，在正式制度约束相对较弱、存在漏洞的国家，包括关系在内的非正式制度能够发挥更大的作用。转型经济中，总经理与政府的联系代表一种特殊的资源，总经理政治关联同样可以成为获得政治资本的一种重要的非正式机制，能够帮助企业获得发展所需的关键资源，一定程度上也能够帮助民营企业规避政府的随意侵害，因而这种政治关联有可能表现出积极的一面。Li 等[9]对中国新创企业的实证研究证实经理层（CEO、总经理、营销经理和研发经理等）的政治资本与企业绩效之间存在正相关关系。在中国这样的关系型社会中，通过与政府建立联系能够为总经理提供职业安全的保护伞，进而方便其利用这种政治联系构筑职位壕沟的资本，形成职位壕沟效应。游家兴等[18]利用中国 ST 公司样本进行研究，证实了这种壕沟效应的存在。依据代理理论的解释，经理层存在机会主义和败德行为，会采取背离股东利益最大化的行为，转而追逐自身的私有收益最大化，如构建属于自己的“帝国”、投资 NPV 为负的项目、过度的在职消费等[18]，增加了代理成本和企业运行成本，不利于提高生产率。Fan 等[17]对中国民营企业的实证研究也表明，存在政治关联 CEO 的企业更有可能在董事会中引入政府官员董事，而不是有相关专业背景的董事，存在政治关联 CEO 的企业在股市回报、企业成长、盈利能力等方面的表现明显落后于没有政治关联 CEO 的企业。因而，总经理政治关联可能是其出于自身利益做出的选择，这种政治联系容易引致职位壕沟效应和代理问题，加剧“在其位不谋其职”的消极影响[18]，而企业为维持与政府的联系不会随意解雇政治关联的总经理，职位壕沟效应和代理问题的加剧使总经理政治关联可能大大增加企业维持政治关联的成本。基于此，本文提出假设：

H3：总经理政治关联与企业生产率呈负相关关系。

（二）政治关联、制度环境与企业生产率

行政型治理向经济型治理转型过程中，由于缺乏有效的投资者保护机制，政府对企业的发展拥有较强的控制权，企业不得不通过寻求关系等非正式机制来降低交易成本[32]。在政府配置经济资源具有较大随意性或者市场化程度较低的地区，作为一种重要的非正式机制，政治关联成为企业（尤其是民营企业）发展的现实选择[13,16,24]，政治关联与企业生产率之间的关系必然受到正式制度环境的影响。在正式法律制度对私有产权保护不足、政府干预严重的地区，政府对企业活动的干预具有更大的随意性[24]，政治关联更有助于企业获得发展所需的关键资源和优惠政策[13]，此时政治关联对企业更有价值，能够促进企业业绩的改善[33]。余明桂等[30]针对中国民营上市公司的研究表明，在法治水平低、政府侵害产权严重的地区，政治关联民营企业的贷款效应更显著，获得的银行信贷资源更多；Li 等[5]的实证研究表明，在市场机制不健全和法律保护较弱的地区，民营企业的政

治关联对企业业绩有着更为重要的意义；邓建平等[34]对中国民营上市公司的研究表明，制度环境影响政治关联与企业经营业绩之间的关系，随着政府干预程度的减弱和法律保护程度的提高，企业政治关联对经营业绩的负向影响也在减轻；余明桂等[16]利用2002～2007年中国民营上市公司数据进行的研究表明，在制度环境越差即市场化程度越低、政府支配资源越多、产权保护越差和法治水平越低的地区，政治关联为民营企业带来的财政补贴获取效应越强。现有研究基本证实了正式制度环境影响政治关联的效果，制度环境差的地区，政治关联民营企业获得的资源性收益（信贷、财政补贴等）更大；同时，这些研究主要关注制度环境对政治关联与企业绩效之间关系的影响，而制度环境对政治关联与企业生产率关系的影响较少，涉及中国的私有产权保护依然较弱，产品市场和资本市场依然不够自由[17]，一些正式制度得不到有效的实施，导致民营企业在发展过程中面临着诸多障碍，造成的直接影响是企业生产率的降低。当前的转型经济背景下，政府在资源配置中发挥了主导作用[6]。政府干预较为严重、法律环境较差的地区，政府对资源的配置以及政治、社会目标的分配存在更大的随意性，与政府之间建立紧密的联系有助于民营企业克服发展过程中面临的这些障碍，获得更多的银行信贷资源和财政补贴、替代法律保护不足以减少政府的随意侵害等，降低企业的成本投入。在那些制度环境较差的地区，政治关联对于民营企业的投入和产出影响更大。基于以上分析，本文提出假设：

H4：制度环境差的地区，民营企业的政治关联对提高生产率的作用更为显著。

三、研究设计

（一）变量定义

1. 被解释变量

生产率（Productivity）。生产率衡量的是企业将投入转化为产出的能力，在实证研究中主要采用全要素生产率（TFP）来衡量。近年来，部分学者在公司治理研究中开始采用全要素生产率衡量企业的生产率[35-37]，主要是因为全要素生产率避免了财务数据的失真，能够更为准确地衡量企业的效率。因此，本文借鉴Faccio[2]和李小平等[38]的做法，采用Cobb-Douglas生产函数计算企业的全要素生产率，并用其衡量生产率。

假设企业的生产函数为三要素Cobb-Douglas函数，即：

$$Y_i = P_i K_i^{\alpha} L_i^{\beta} M_i^{\gamma} \tag{1}$$

其中，Y_i为企业i的产出，用营业收入衡量；P_i为企业i的全要素生产率；K_i为资本投入，用企业i拥有的总资产衡量；L_i为劳动力投入，用企业i拥有的员工人数衡量；M_i为中间投入，对中间投入的计算没有现成的指标[38]，Faccio[2]计算全要素生产率时使用产品销售成本，本文采用营业成本衡量；α为资本的产出弹性；β为劳动力的产出弹性；γ

为中间投入的产出弹性。为了估计全要素生产率 P_i，首先对（1）式两边取自然对数，得：

$$y_i = p_i + \alpha k_i + \beta l_i + \gamma m_i + \varepsilon_i \quad (2)$$

其中，y_i 为企业 i 营业收入的自然对数，p_i 为全要素生产率的自然对数，k_i 为资本投入的自然对数，l_i 为劳动力投入的自然对数，m_i 为中间投入的自然对数，ε_i 为随机误差项。利用 OLS 回归估计方程（2）式，得到估计的全要素生产率 $\widehat{p}_i$，即：

$$\widehat{p}_i = y_i - \widehat{\alpha} k_i - \widehat{\beta} l_i - \widehat{\gamma} m_i \quad (3)$$

2. 主要解释变量

政治关联（PC）。借鉴余明桂等[30]和吴文锋等[11]的做法，当企业董事长或者总经理满足以下条件之一时，该企业即为政治关联企业，记为 PC = 1，①现任或前任的政府官员，②现任或前任的人大代表，③现任或前任的政协委员。Faccio[2]认为，不同类型的政治关联对企业生产率的影响不同。因此，为了验证 H2 和 H3，本文进一步定义董事长政治关联和总经理政治关联，即当董事长满足上述条件之一时，记为 $PC_{BOD} = 1$；当总经理满足上述条件之一时，记为 $PC_{CEO} = 1$。对于董事长和总经理由同一人担任的样本，分别计算董事长和总经理是否存在政治关联，在进一步讨论部分，剔除两职合一样本，并对政治关联进一步划分。董事长和总经理的任职情况通过逐条阅读上市公司年报中的“现任董事、监事、高级管理人员的主要工作经历以及在除股东单位外的其他单位的任职或兼职情况”信息，按照本文的政治关联判断条件手工收集和整理获得；董事长和总经理工作经历信息缺失的，通过 Wind 数据库中股票深度资料披露的董事会和管理层信息补充获得。

制度环境变量（Ine）。本文主要考察政府干预和法律环境两个制度环境变量对政治关联与生产率之间关系的影响，变量的相关原始数据采用樊纲等[39]编制的《中国市场化指数——各地区市场化相对进程 2009 年报告》中的“政府与市场的关系”分指数和“市场中介组织的发育和法律制度环境”分指数数据。参考余明桂等[16]的做法，对政府干预和法律环境原始数据进行如下处理。政府干预变量（Gin）取自市场化指数体系中的“政府与市场的关系”分指数，该指数越大，表明政府干预程度越小，当企业所在省份的这个指数低于样本中位数时，将虚拟变量 Gin 定义为 1，否则定义为 0；法律环境变量（Legal）取自“市场中介组织的发育和法律制度环境”分指数，该指数越小，法律环境越差，当企业所在省份的这个指数低于样本中位数时，将虚拟变量 Legal 定义为 1，否则定义为 0。由于樊纲等[39]的报告中未披露 2008 年各地区市场化指数，考虑到制度环境的相对稳定性，本文对 2004 ~ 2007 年各地“政府与市场的关系”分指数和“市场中介组织的发育和法律制度环境”分指数取平均值，作为 2008 年样本上市公司注册地所在省份制度环境数据，并且在稳健性检验部分剔除 2008 年样本进行检验。

3. 其他变量

参考 Faccio[2]、余明桂等[16]、邓建平等[34]和邹怿等[37]的研究，主要控制变量如表 1 所示。

表 1 控制变量定义

变量名称	变量代码	变量定义
大股东控制力	Z	第一大股东持股比例与第二大股东持股比例之比
公司规模	Size	总资产的自然对数
资产负债率	Leverage	负债/总资产
行业竞争程度	Indcomp	主营业务收入/当年所在行业所有上市公司主营业务收入之和
公司年龄	Age	企业成立年份到样本年份之间年数的自然对数
年度	Year	虚拟变量，属于该年度记为1，否则为0

（二）计量模型

为了检验政治关联与企业生产率之间的关系，设定的回归方程为：

$$\text{Productivity} = \zeta_0 + \zeta_1 \text{PC} + \zeta_2 \text{Z} + \zeta_3 \text{Size} + \zeta_4 \text{Leverage} + \zeta_5 \text{Indcomp} + \zeta_6 \text{Age} + \zeta_j \text{Year} + \varepsilon \quad (4)$$

其中，ζ_0 为常数项，$\zeta_1 \sim \zeta_6$ 为各变量的系数，ζ_j 为年度虚拟变量的回归系数，ε 为残差项。

为了检验不同形式的政治关联对企业生产率的影响（即 H2 和 H3），设计的回归方程为：

$$\text{Productivity} = \eta_0 + \eta_1 \text{PC}_{\text{BOD}} + \eta_2 \text{Z} + \eta_3 \text{Size} + \eta_4 \text{Leverage} + \eta_5 \text{Indcomp} + \eta_6 \text{Age} + \eta_j \text{Year} + \varepsilon \quad (5)$$

$$\text{Productivity} = \phi_0 + \phi_1 \text{PC}_{\text{CEO}} + \phi_2 \text{Z} + \phi_3 \text{Size} + \phi_4 \text{Leverage} + \phi_5 \text{Indcomp} + \phi_6 \text{Age} + \phi_j \text{Year} + \varepsilon \quad (6)$$

其中，η_0 和 ϕ_0 为常数项，$\eta_1 \sim \eta_6$ 和 $\phi_1 \sim \phi_6$ 为各变量的系数，η_j 和 ϕ_j 为年度虚拟变量的回归系数，ε 为残差项。

为了检验制度环境对政治关联与企业生产率关系的影响（即 H4），参考邓建平等[34]的做法，引入交叉项 PC · Ine，设定的回归方程为：

$$\text{Productivity} = \theta_0 + \theta_1 \text{PC} + \theta_2 \text{PC} \cdot \text{Ine} + \theta_3 \text{Z} + \theta_4 \text{Size} + \theta_5 \text{Leverage} + \theta_6 \text{Indcomp} + \theta_7 \text{Age} + \theta_j \text{Year} + \varepsilon \quad (7)$$

其中，θ_0 为常数项，$\theta_1 \sim \theta_7$ 为各变量的系数，θ_j 为年度虚拟变量的回归系数，ε 为残差项。交叉项 PC · Ine 中的 Ine 分别使用制度环境变量 Gin 和 Legal 替代。同样地，在分析不同形式的政治关联对企业生产率的影响时，使用 PC_{BOD}、PC_{CEO} 替代 PC 分别与两个制度环境变量交叉相乘进行相关的检验。

（三）样本选择和数据说明

本文以 2004 ~ 2008 年深圳、上海证券交易所持续经营的 A 股民营上市企业为样本，按照如下步骤进行筛选。获取 2004 ~ 2008 年持续经营的民营上市企业原始样本，剔除被 ST 和 * ST 的企业，剔除非制造业上市企业，剔除数据不全的上市企业，最终获得 143 家包含715个观测值的制造业民营上市企业平衡面板数据。

政治关联数据通过上市公司年报和Wind数据库提供的高管深度资料进行手工收集和整理获得。首先，董事长和总经理的任职情况通过阅读上市公司年报相关信息手工收集和整理获得；其次，缺失的董事长和总经理工作经历信息通过Wind数据库中股票深度资料披露的董事会和管理层信息补充获得。“政府与市场的关系”分指数和“市场中介组织的发育和法律制度环境”分指数数据从樊纲等[39]编制的《中国市场化指数——各地区市场化相对进程2009年报告》获得，经过处理形成本文的政府干预和法律环境变量数据。股东持股比例、总资产、总负债、主营业务收入和成立时间等数据均来源于CCER数据库。

四、实证结果和分析

（一）描述性统计

表2和表3给出主要变量的描述性统计结果。

表2　政治关联频数分布

变量		频数	百分比（%）	累计百分比（%）
PC	无政治关联	329	46.014	46.014
	有政治关联	386	53.986	100.000
PC_{BOD}	无政治关联	360	50.350	50.350
	有政治关联	355	49.650	100.000
PC_{CEO}	无政治关联	568	79.441	79.441
	有政治关联	147	20.559	100.000

表2政治关联分布结果显示，53.986%的样本民营上市企业存在政治关联，与政府建立联系成为民营企业的一种普遍现象。从政治关联的形式看，董事长与政府有联系的样本数量占样本总数的49.650%，而总经理与政府有联系的样本数量仅占样本总数的20.559%，说明中国民营上市企业政治关联的主要形式为董事长政治关联，从侧面反映出董事长对于民营企业的重要性更大，可能是实际意义上的“一把手”[31]，当民营企业经营业绩优秀时，企业的领导人特别是董事长会被赋予人大代表、政协委员之类的头衔，从而形成与政府之间的联系，这一结果基本符合上市企业的现实状况。

表3的描述性统计结果显示，按照Cobb－Douglas函数估计的样本生产率平均值为0.302，样本之间存在的差异相对较小。其他变量方面，第一大股东持股比例与第二大股东持股比例之比平均值为13.017，第一大股东控制能力较强，对企业的发展能够产生重

大影响；资产负债率平均值为0.468，平均资产规模为161808（即$10^{9.209}$）万元，公司寿命约为9年。

表3　其他变量描述性统计

变量	平均值	标准差	最小值	最大值
Productivity	0.302	0.093	0.001	0.844
Z	13.017	32.908	1	381.863
Size	9.209	0.375	8.346	10.548
Leverage	0.468	0.168	0.018	0.851
Indcomp	0.016	0.050	0.0001	0.456
Age	0.957	0.191	0.477	1.362

（二）政治关联、政治关联形式与生产率关系

在进行面板数据回归之前，利用Hausman检验确定选择固定效应（FE）模型还是随机效应（RE）模型，表4给出政治关联及其形式与企业生产率的回归结果。

表4中FE_2的回归结果表明，政治关联与生产率之间存在显著的正相关关系，验证了H1，表明与政府之间的政治关联能够促进民营企业生产率的提高，换句话说，政治关联并不会导致企业效率的降低。对处于转型经济中的中国民营上市企业，政府在影响民营企业的投入方面依然扮演了重要角色，一方面，通过政府的“帮助之手”能够获得企业发展所需的更多资源[5,15]，从而有助于建立企业的竞争优势，促进其生产率的提高；另一方面，与政府建立联系也能够在一定程度上规避政府对企业的随意摊派，降低企业的成本支出，减少由于制度不健全对企业发展造成的可能阻碍[23,30]。FE_3对董事长政治关联与企业生产率之间关系的验证表明，董事长政治关联与生产率之间存在显著的正相关关系，验证了H2，原因可能是在中国民营上市企业中，董事长与股东的利益基本一致，通过董事长建立与政府的联系能够帮助企业获得更多的资源、规避政府的随意侵害，从而有助于提高企业生产率和企业价值。FE_4的回归结果表明，总经理政治关联与企业生产率之间存在微弱的正相关关系，但没有通过显著性检验，由于这里的讨论并没有考虑制度环境的影响，因而尚无法明确判断这种政治关联是否真正有助于生产率的提高，两者之间的关系还需要进一步的验证。

回归结果还显示，第一大股东控制能力强的上市、规模大的企业可能将更多的资源投入到维持与政府的关系而不是价值创造中去[17]，导致企业的生产率下降；资产负债率高的民营企业生产率相对较低；行业竞争程度的增强在一定程度上有助于企业生产率的提升。

表 4　政治关联形式与企业生产率回归结果

变量	FE_1	FE_2	FE_3	FE_4
	Productivity	Productivity	Productivity	Productivity
PC		0.021*** (0.007)		
PC_{BOD}			0.013** (0.007)	
PC_{CEO}				0.001 (0.006)
Z	-0.0002*** (0.0001)	-0.0002*** (0.0004)	-0.0002*** (0.0001)	-0.0002*** (0.0001)
Size	-0.028 (0.018)	-0.027 (0.017)	-0.028 (0.018)	-0.027 (0.018)
Leverage	-0.050** (0.022)	-0.051** (0.021)	-0.050** (0.021)	-0.050** (0.022)
Indcomp	0.275 (0.171)	0.308* (0.177)	0.291* (0.173)	0.274 (0.172)
Age	-0.001 (0.051)	-0.004 (0.051)	0.001 (0.051)	-0.001 (0.052)
Year	yes	yes	yes	yes
常数项	0.573*** (0.158)	0.552*** (0.155)	0.569*** (0.158)	0.571*** (0.158)
样本数量	715	715	715	715
R - sq	0.061	0.076	0.066	0.061
Prob > F	0.000	0.000	0.000	0.000

注：*表示 $p<0.100$，**表示 $p<0.050$，***表示 $p<0.010$；括号中数据为经 Robust 调整后的标准差。下同。

（三）制度环境、政治关联与生产率关系

1. 普通面板回归

为了进一步考察制度环境对政治关联与企业生产率关系的影响，本文在回归模型中纳入计量模型（7）式中的交叉项 PC · Gin 和 PC · Legal，并考察 PC_{BOD} · Gin、PC_{BOD} · Legal、PC_{CEO} · Gin 和 PC_{CEO} · Legal 对生产率的影响，以进一步理清制度环境约束下不同形式的政治关联对企业生产率的影响。

同样地，在回归前通过 Hausman 检验确定选择固定效应模型还是随机效应模型，回归的结果见表 5，受篇幅的限制，仅列示主要变量的回归结果。$FE_⑤$ 和 $FE_⑥$ 的结果表明，

在引入交叉项 PC · Gin 和 PC · Legal 之后，PC 对生产率的回归系数显著为正，交叉项 PC · Gin 和 PC · Legal 回归系数均为正，且通过显著性检验，支持 H4，说明政府干预和法律环境显著影响政治关联与企业生产率之间的关系。表示较强政府干预的虚拟变量 Gin 与政治关联 PC 的交叉项回归系数显著为正，说明在政府干预比较严重的地区，政治关联对于促进民营企业生产率提高的重要性更为突出。在政府干预比较严重的地区，政府控制银行信贷等关键资源的配置，在正式制度不完善的情况下，作为一种重要的关系形式，民营企业的政治关联可以成为其获得重要资源的一种非正式机制[5,6]，体现政府的“帮助之手”角色，如帮助民营企业获得更多的银行信贷资源[30]，关键资源的获得及投入有助于提高企业的生产率。表示较差法律环境的虚拟变量 Legal 与政治关联 PC 交叉项的回归系数显著为正，说明行政型治理背景下，民营企业的政治关联可以成为法律保护不足的一种替代机制[9-11]，在法律环境较差的地区，与政府建立联系能够保护民营企业免受政府的随意侵害，减少政府的随意摊派[22]，降低企业的生产投入成本，因而在法律保护不足的地区，政治关联对于企业生产率的提升效应更为显著，这种非正式机制的重要性也更大。

表 5 制度环境、政治关联与企业生产率回归结果

变量	FE_5	FE_6	FE_7	FE_8	FE_9	FE_{10}
	Productivity	Productivity	Productivity	Productivity	Productivity	Productivity
PC	0.013** (0.006)	0.015** (0.006)				
PC_{BOD}			0.010 (0.007)	0.011* (0.007)		
PC_{CEO}					-0.011** (0.005)	-0.006 (0.005)
PC · Gin	0.029*** (0.010)					
PC · Legal		0.019* (0.010)				
PC_{BOD} · Gin			0.025** (0.012)			
PC_{BOD} · Legal				0.011 (0.011)		
PC_{CEO} · Gin					0.033*** (0.012)	

续表

变量	FE_5	FE_6	FE_7	FE_8	FE_9	FE_{10}
	Productivity	Productivity	Productivity	Productivity	Productivity	Productivity
PC_{CEO} · Legal						0.021* (0.011)
样本数量	715	715	715	715	715	715
R^2	0.089	0.081	0.075	0.068	0.074	0.064
Prob > F	0.000	0.000	0.000	0.000	0.000	
Prob > chi2						0.000

在考虑制度环境的情形下，对不同形式政治关联与生产率关系进行检验的结果显示，与法治水平相比，董事长和总经理政治关联在政府干预比较严重的地区对于提高生产率的作用更为明显，因为在这些地区政府在资源配置中扮演了更为重要的角色，与政府建立联系有助于获得企业发展的关键资源，对于民营企业尤其如此。FE_7 和 FE_8 的结果表明，在政府干预较为严重的地区，董事长政治关联对于企业生产率的提升更为重要，而在法律环境较差的地区，这种形式的政治关联对于生产率的影响并不显著，因为对于提升民营企业的生产率而言，获得企业发展所需的关键资源相对于增强法律保护更为重要。FE_9 和 FE_{10} 的结果表明，总经理政治关联与生产率之间呈负相关关系，且这种负向关系在 FE_9 中通过了显著性检验，检验结果基本支持 H3。这种负相关关系的原因可能是，机会主义、对自身私利的追求以及职位壕沟效应使民营企业总经理的政治关联极易沦为其职业安全的保护伞，而不具备实质上的“帮助之手”角色[18]；换言之，政治关联更多地增加了企业维护政治关联的成本，不利于提高企业生产率。然而，在政府干预较为严重和法律环境较差的地区，这种负相关关系发生了反转，即政府干预越严重、法律环境越差的地区，总经理政治关联对于企业生产率的提升效应越明显。与 Li 等[9]关于经理层政治关联与企业绩效关系的研究结论基本一致，说明在这些地区，总经理政治关联可能造成的由职位壕沟效应和机会主义行为等导致的交易成本增加与这种政治关联所带来的收益相比相对要低，这些地区的民营企业通过总经理建立与政府的联系同样具有积极的意义。

2. Heckman 二阶段检验

政治关联可能存在内生性[25,40]，为了探讨研究结论是否稳健，本文借鉴 Heckman 二阶段检验模型处理内生性问题。构建影响政治关联的 Probit 模型，通过回归预测逆米尔斯比率（Inverse Mill's Ratio，IMR），将该比率作为控制变量纳入第二阶段的模型（即方程（4）式～（7）式）进行检验，以控制样本选择偏差。借鉴梁莱歆等[25]的做法，设置第一阶段有关政治关联影响因素的 Probit 模型，模型构建如下：

$$PC = \omega_0 + \omega_1 Size + \omega_2 Leverage + \omega_3 Marketindex + \omega_4 Tax + \omega_5 Firstsh + \omega_6 ROA + \omega_7 Bigcity + \omega_j Year + \varepsilon \quad (8)$$

其中，Marketindex 为上市公司注册地市场化指数，该数据从樊纲等[39]编制的《中国市场化指数——各地区市场化相对进程 2009 年报告》获得；Tax 为公司当年缴纳的各项税费总额的自然对数，数据从 CCER 数据库获得，其中 2006 年荣华实业（600311）当年数据为 0，为不损失样本数量，使用样本的平均值替代；Firstsh 为第一大股东持股比例，ROA 为资产收益率，此两项数据均由 CCER 数据库获得；Bigcity 为哑变量，当上市公司注册地所在城市为副省级以上城市时取值为 1，否则为 0；ω_0 为常数项，$\omega_1 \sim \omega_7$ 为各变量的系数，ω_j 为年度虚拟变量的回归系数；ε 为残差项。其余变量定义见表 1。需要说明的是，由于这些因素在影响政治关联时无法区分具体影响何种类型的政治关联，因此本文也利用方程（8）式对 PC_{BOD} 和 PC_{CEO} 进行回归，以计算相应的 IMR。Heckman 二阶段回归检验结果如表 6 所示，主要变量的回归结果表明，在控制内生性的情况下，主要结论依然成立，即政治关联与生产率显著正相关，董事长政治关联与生产率存在显著的正相关关系；制度环境影响政治关联的效果，制度环境相对较差的地区，政治关联对于民营企业生产率的提升效应更为显著；在政府干预较为严重和法律环境较差的地区，董事长政治关联对提高民营企业生产率的重要性更大，而总经理政治关联与生产率之间的负向关系被制度环境弱化，这种形式的政治关联对处于制度环境差的地区的民营企业同样具有积极影响。

表 6　Heckman 二阶段回归结果

变量	FE_{11}	FE_{12}	FE_{13}	FE_{14}	FE_{15}	FE_{16}	FE_{17}	FE_{18}	FE_{19}
	Productivity	Productivity	Productivity	Productivity	Productivity	Productivity	Productivity	Productivity	Productivity
PC	0.019*** (0.006)			0.012** (0.006)	0.014** (0.006)				
PC_{BOD}		0.014** (0.006)				0.011* (0.006)	0.011* (0.007)		
PC_{CEO}			0.0005 (0.005)					-0.010* (0.006)	-0.008 (0.006)
PC · Gin				0.024*** (0.009)					
PC · Legal					0.018** (0.009)				
PC_{BOD} · Gin						0.025** (0.010)			
PC_{BOD} · Legal							0.015 (0.010)		

续表

变量	FE_{11}	FE_{12}	FE_{13}	FE_{14}	FE_{15}	FE_{16}	FE_{17}	FE_{18}	FE_{19}
	Productivity	Productivity	Productivity	Productivity	Productivity	Productivity	Productivity	Productivity	Productivity
PC_{CEO} · Gin								0.033*** (0.011)	
PC_{CEO} · Legal									0.028** (0.014)
IMR	0.314*** (0.077)	0.521*** (0.135)	0.102 (0.077)	0.311*** (0.078)	0.314*** (0.078)	0.521*** (0.135)	0.523*** (0.135)	0.162** (0.081)	0.172** (0.079)
样本数量	715	715	715	715	715	715	715	715	715
R^2	0.208	0.205	0.079	0.218	0.213	0.213	0.207	0.099	0.096
Prob > F	0.000	0.000		0.000	0.000	0.000	0.000	0.000	0.000
Prob > chi2			0.000						

五、进一步讨论

（一）政治关联形式、强度与生产率

在研究政治关联效果时，不能简单地刻画企业是否存在政治关联，还要考虑政治关联的强度[15,41]。正如前文所言，中国民营上市企业大多存在董事长是实际上的“一把手”现象，可以认为在民营上市企业中董事长政治关联比总经理政治关联强度更大。现实中这两种形式的政治关联可能存在三种情况，即董事长和总经理只有一人存在政治关联以及董事长和总经理均存在政治关联。为了更准确地考察政治关联对民营企业生产率的影响，剔除董事长和总经理为同一人的样本，余下600个样本观测值；按照强度（PC_d）对政治关联进一步划分，将不存在政治关联的样本企业记为 $PC_d=0$，将存在总经理政治关联、不存在董事长政治关联的样本企业记为 $PC_d=1$，将存在董事长政治关联、不存在总经理政治关联的样本企业记为 $PC_d=2$，将总经理和董事长同时存在政治关联的样本企业记为 $PC_d=3$，PC_d 值越大，表明政治关联强度越大。将强度变量纳入方程（7）式重新进行回归，结果见表7。表7中 FE_{20} 和 FE_{21} 回归结果表明，政治关联强度与生产率之间呈显著的正向关系，政府干预严重的地区，政治关联对企业生产率的积极作用更为明显，在这些地区提高政治关联强度有助于改进企业生产率。与此同时，将 PC_d 按照强度是否为0定义为虚拟变量，强度为0时记为0，否则记为1，纳入方程（7）式进行回归。为了进一步考察制度环境对政治关联与生产率关系的影响，将董事长与总经理两职分设的样本分成政府干预得分高于中位数样本组、政府干预得分低于中位数样本组、法律环境得分高于中位数样本组、法律环境得分低于中位数样本组，进行分组回归，回归结果无明显的差异，限于篇幅这些结果未予以报告。

表 7　政治关联形式及强度与生产率回归结果

变量	FE_{20}	FE_{21}	FE_{22}	FE_{23}	FE_{24}	FE_{25}
	Productivity	Productivity	Productivity	Productivity	Productivity	Productivity
PC_d	0.006* (0.003)	0.009** (0.004)				
PC_{dBOD}			0.004** (0.002)	0.005** (0.002)		
PC_{dCEO}					-0.003 (0.003)	0.001 (0.002)
PC_d · Gin	0.014*** (0.005)					
PC_d · Legal		0.006 (0.004)				
PC_{dBOD} · Gin			0.008** (0.004)			
PC_{dBOD} · Legal				0.001 (0.003)		
PC_{dCEO} · Gin					0.013*** (0.004)	
PC_{dCEO} · Legal						0.005 (0.004)
样本数量	600	600	600	600	600	600
R^2	0.096	0.090	0.085	0.071	0.080	0.071
Prob > F	0.000		0.000	0.000	0.000	0.000
Prob > chi2		0.000				

政治关联的层级是衡量政治关联强度的另一种重要方式[41]。将董事长与总经理两职分设的样本依据董事长和总经理政治关联的层级进一步划分，当董事长不存在政治关联时记为 $PC_{dBOD}=0$，当董事长的政治关联层级为县级及以下时记为 $PC_{dBOD}=1$，市级时记为 $PC_{dBOD}=2$，省级时记为 $PC_{dBOD}=3$，中央一级时记为 $PC_{dBOD}=4$，对总经理政治关联层级 PC_{dCEO} 也采用类似的赋值方法。将两种类型的政治关联纳入计量方程（7）式中进一步回归，结果见表 7 的 $FE_{(22)}$、FE_{23}、FE_{24} 和 FE_{25}。回归结果表明，在政府干预较为严重的地

区，董事长和总经理政治关联的层级越高，越有助于提高企业生产率。

进一步讨论的结果表明，在政府干预较为严重的地区，政治关联强度对生产率的影响更明显，政治关联的强度越大、层级越高，对于民营企业生产率的促进作用越明显，进一步证实 H4。说明在制度环境相对较差的地区，民营企业与政府建立关系既有助于帮助企业获得发展所需的关键资源，又能够在一定程度上减少政府对企业的随意侵害，对企业有着更为重要的意义[5]。

（二）稳健性检验

为了保证研究结论的稳健性，本文采用如下方法进行检验。首先，使用樊纲等[39]编制的《中国市场化指数——各地区市场化相对进程 2009 年报告》分指数“政府与市场关系”中的“减少政府对企业的干预”指数替代本文使用的“政府与市场关系”分指数，采用同样的处理方法构建政府干预变量，对计量模型进行回归；其次，剔除 2008 年样本进行重新回归。稳健性检验结果显示，主要结论无明显的变化。

六、结论

政治关联效果的研究既有支持改善企业业绩的经验证据，又有加重企业负担的反面证据，研究政治关联与生产率之间的关系无疑能够为考察政治关联效果提供最可靠的直接证据。本文以 2004～2008 年中国制造业民营上市企业数据为样本，以全要素生产率估计企业生产率，在考虑政治关联内生性的情况下实证检验政治关联及其形式、制度环境和企业生产率之间的关系，得到研究结论如下：

第一，政治关联与生产率呈显著的正相关关系。与 Desai 等[3]提供的国际经验相反，在制度环境相对较弱的中国，政治关联对于提高民营企业生产率有现实意义。

第二，制度环境影响政治关联的效果，在政府干预较为严重和法律环境较差的地区，政治关联对于企业生产率的提升效应更为明显，提高政治关联的强度有助于改进企业生产率，寻求与政府的联系是这些地区民营企业的较优选择。

第三，政府干预较为严重的地区，董事长政治关联对于提高企业生产率作用更为明显；考虑制度环境时，总经理政治关联与生产率之间的负相关关系会被弱化，政府干预严重、法治水平较差的地区，总经理政治关联对提高民营企业生产率同样具有积极意义。

政治关联效果考量的关键在于政治关联如何影响企业层面的决策并最终影响企业的生产率和竞争力[19]，本文从影响企业业绩的本质因素生产率视角出发，提供民营企业政治关联效果的直接经验证据，为客观地认识中国民营企业的政商关系提供新的视角。研究结论表明，制度环境影响政治关联及其形式与企业生产率之间的关系，制度环境差的地区，无论是董事长政治关联还是总经理政治关联对民营企业均有现实的积极作用。

未来研究可进一步刻画政治关联的强度，以检验不同类型政治关联的强度对企业生产率的影响，从企业生产率改进的微观层面着手探讨政治关联在提高企业生产率中的真实作用。

参考文献

［1］Krugman，P.. Age of Diminished Expectations：US E conomic Policy in the 1990s［M］. Cambridge，MA：Massachusetts MIT Press.

［2］Faccio，M.. Differences between Politically Connected and Nonconnected Firms：A Cross – Country Analysis.［J］. Financial Management，2010，39（3）.

［3］Desai，R. M.. Costs of Political Influence：Firmevel Evidence from Developing Countries.［D］. Washington DC：Georgetown University，2010.

［4］李维安. 演进中的中国公司治理：从行政型治理到经济型治理［J］. 南开管理评论，2009，12（1）.

［5］Li，H.. Political Connections，Financing and Firm Performance：Evidence from Chinese Private Firms［J］. Journal of Development Economics，2008，87（2）.

［6］Allen，F.. Law，Finance，and Economic Growth in China［J］. Journal of Financial Economics，2005，77（1）.

［7］李维安. 企业政治关系研究脉络梳理与未来展望［J］. 外国经济与管理，2010，32（5）.

［8］Fisman，R.. Estimating the Value of Political Connections［J］. American Economic Review，2001，91（4）.

［9］Li，H.. Role of Managers' Political Networking and Functional Experience in New Venture Performance：Evidence from China's Transition Economy［J］. Strategic Management Journal，2007，28（8）.

［10］孙铮. 市场化程度、政府干预与企业债务期限结构：来自我国上市公司的经验证据［J］. 经济研究，2005，40（5）.

［11］吴文锋. 中国民营上市公司高管的政府背景与公司价值［J］. 经济研究，2008，43（7）.

［12］罗党论. 政治关系、进入壁垒与企业绩效：来自中国民营上市公司的经验证据［J］. 管理世界，2009（5）.

［13］Faccio，M.. Politically Connected Firms［J］. American Economic Review，2006，96（1）.

［14］Claessens，S.. Political Connections and Preferential Access to Finance：The Role of Campaign Contributions［J］. Journal of Financial Economics，2008，88（3）.

［15］潘越. 政治关联与财务困境公司的政府补助：来自中国 ST 公司的经验证据［J］. 南开管理评论，2009，12（5）.

［16］余明桂. 政治联系、寻租与地方政府财政补贴有效性［J］. 经济研究，2010，45（3）.

［17］Fan，J. P. H.. Politically Connected CEOs，Corporate Governance and Post – IPO Performance of China's Newly Partially Privatized Firms［J］. Journal of Financial Economics，2007，84（2）.

［18］游家兴. 政治关联、职位壕沟与高管变更：来自中国财务困境上市公司的经验证据［J］. 金融研究，2010（4）.

［19］Khwaja，A. I.. Do Lenders Favor Politically Connected Firms? Rent – seeking in an emerging financial market［J］. Quarterly Journal of Economics，2005，120（4）.

［20］Francis，B. B.. Political Connections and the Process of Going Public：Evidence from China［J］. Journal of International Money and Finance, 2009, 28 (4).

[21] Restuccia, D.. Policy Distortions and Aggregate Productivity with Heterogeneous Establishments [J]. Review of Economic Dynamics, 2008, 11 (4).

[22] Cull, R.. Institutions, Ownership and Finance: The Determinants of Profit Reinvestment among Chinese firms [J]. Journal of Financial Economics, 2005, 77 (1).

[23] Chen, C. J. P.. Rent-seeking incentives, Corporate Political Connections, and the Control Structure of Private firms: Chinese Evidence [J]. Journal of Corporate Finance, 2011, 17 (2).

[24] Shleifer, A.. Politicians and firms [J]. Quarterly Journal of Economics, 1994, 109 (4).

[25] 梁莱歆. 民营企业政治关联、雇员规模与薪酬成本 [J]. 中国工业经济, 2010 (10).

[26] Hsieh, C. T.. Misallocation and Manufacturing TFP in China and India [J]. Quarterly Journal of Economics, 2009, 124 (4).

[27] 姚洋. 中国工业企业技术效率分析 [J]. 经济研究, 2001, 36 (10).

[28] 方军雄. 所有制、市场化进程与资本配置效率 [J]. 管理世界, 2007 (11).

[29] 刘小玄. 企业生产率增长及来源：创新还是需求拉动 [J]. 经济研究, 2009, 44 (7).

[30] 余明桂. 政治关系、制度环境与民营企业银行贷款 [J]. 管理世界, 2008 (8).

[31] 宋增基. 公司高层更换中董事长与总经理重要性差异研究：来自中国上市公司的经验数据 [J]. 软科学, 2010, 24 (3).

[32] 罗党论. 中国民营上市公司制度环境与绩效问题研究 [J]. 经济研究, 2009, 44 (2).

[33] Goldman, E.. Do politically connected boards affect firm value? [J]. Review of Financial Studies, 2009, 22 (6).

[34] 邓建平. 政治关联能改善民营企业的经营绩效吗 [J]. 中国工业经济, 2009 (2).

[35] Chiang, M. H.. Relationship Between Corporate Governance and Firm Productivity: Evidence from Taiwan's Manufacturing Firms [J]. Corporate Governance: An International Review, 2007, 15 (5).

[36] Tian, G. Y.. Corporate Governance, External Market Discipline and Firm Productivity [J]. Journal of Corporate Finance, 2011, 17 (3).

[37] 邹怿. 终极控制权、现金流权与公司全要素生产率 [J]. 管理科学, 2009, 22 (5).

[38] 李小平. 中国工业行业的全要素生产率测算：基于分行业面板数据的研究 [J]. 管理世界, 2005 (4).

[39] 樊纲. 中国市场化指数——各地区市场化相对进程 2009 年报告 [M]. 北京：经济科学出版社, 2010.

[40] 杜兴强. 政治联系方式与民营上市公司业绩："政府干预"抑或"关系"? [J]. 金融研究, 2009 (11).

[41] 王庆文. 政治关系对公司业绩的影响：基于中国上市公司政治影响力指数的研究 [D]. 成都：西南交通大学, 2008: 744-758.

企业家政治关联、竞争战略选择与企业价值

——基于上市公司动态面板数据的实证研究

李　健　陈传明　孙俊华

【摘　要】基于社会资本互惠交换理论，本文提出企业家对不同层级政治关联的回报形成了企业在竞争战略层面提升企业价值的具体路径差异。在实证研究中，以上市公司动态面板数据对理论假设进行检验，实证结果表明，企业家中央政治关联与地方政治关联都能正向显著影响企业价值，其中差异化战略在企业家中央政治关联与企业价值关系中的中介效应、低成本战略在企业家地方政治关联与企业价值关系中的中介效应得到支持。这表明，在以GDP增长为核心的晋升激励下，地方政府期望的企业发展目标与中央政府可能存在差异，并直接影响了与其存在政治关联的企业家行为。本文结论为产业结构升级和地方官员晋升锦标赛模式改革提供了参考依据。

【关键词】政治关联；互惠回报；竞争战略；企业价值

国内外一系列研究表明，企业家政治关联已经同股权结构、人力资本一样成为企业的重要特性，对企业运营有重要影响。对于转型时期的中国企业而言，越来越多的企业家或者自己争取人大代表、政协委员的政治身份，或者聘请前任或现任政府官员、人大代表、政协委员担任企业董事，以期获得税收优惠、银行贷款、减少政府干预等好处。[1-3]

然而，在一部分学者证实企业家政治关联对企业价值有显著正向影响的同时，[4,5]也有学者发现笼统来看，企业家政治关联对企业价值的影响并不显著，[6]甚至会损害企业价值。[7,8]他们认为可能的原因在于：一方面，企业家与政府关系越紧密，越有可能导致政府过多干预，不仅推荐的董事缺乏经营企业的专业才能，也使得企业承担了过多的社会功能，从而对企业价值产生负面影响；[7]另一方面，随着企业所在行业的成熟度提高、企业管理水平提高、市场机制日趋完善，企业家对政治联系的惯性投资可能超过政治联系所带来的收益，从而造成企业价值下滑。[9]

作者简介：李健，南京师范大学商学院讲师、博士，研究方向为企业战略与组织理论；陈传明，南京大学商学院教授、博士生导师，研究方向为企业战略与组织理论；孙俊华，南京大学教育研究院讲师、博士，研究方向为战略管理与社会网络。

在现有研究基础上，我们认为仍然可能在以下两方面值得进一步探索：第一，我们认为当前对企业家政治关联与企业价值关系研究结论不一致的原因在于，企业家政治关联与企业价值的内在机制缺乏研究，它们之间的关系仍然是一个“黑箱”。通过细分政治关联的维度、探索企业家政治关联与企业价值关系的内在作用机制，可以进一步对企业家政治关联与企业价值关系的研究起到深化和补充作用。第二，当前研究主要聚焦于政治关联的“资本”视角，即企业家政治关联如何给企业带来资源利益从而影响企业价值。然而社会资本理论认为，社会连带运行的基础，是连带双方拥有对方所需的资源进行互动，在此过程中的互惠交换是社会连带发挥“资本”作用的前提，这也是社会连带生产和再生产的基本原则。因此，企业家政治关联在发挥“资本”作用的同时，也必然需要承担对连带对象——政府的回报责任。在现有研究中，已经初现企业家对政府回报探讨的端倪——如具有政治关联的企业家需要承担更多政府摊派下的社会责任、[10]更有可能进行无效率的并购重组以提高当地 GDP、[3]雇用更多的员工减轻当地政府的就业压力。[11]因此，从企业家回报政府角度出发，剖析企业家政治关联与企业价值内在作用机制，具有一定程度的理论视角创新。

本文基于社会资本互惠交换理论提出，企业家政治关联在作为社会资本给企业带来制度性资源的同时，也因为回报中央政府、地方政府对企业经营不同期望，形成了企业在竞争战略层面提升企业价值的具体路径差异。通过 2001 ~ 2008 年上市公司的动态面板数据对理论假设进行实证检验，发现企业家中央政治关联与地方政治关联均对企业价值有正向显著影响，但是两者对提升企业价值的作用路径存在差异：具有中央政治关联的企业家通过差异化战略提升企业价值的中介效应得到证实，而低成本战略则在企业家地方政治关联与企业价值关系中发挥了中介桥梁作用。本文对企业家政治关联与企业价值关系的研究不仅具有理论视角上的创新，基于微观企业运营的分析和结论也对当前我国宏观产业结构升级的实施提供了参考，并对当前地方政府官员晋升锦标赛模式提供了警示证据。

一、理论分析与研究假设

随着社会资本理论在中国本土研究的兴起，企业家政治关联作为社会资本可以帮助企业获取制度性资源，已经成为学术界的共识。然而，无论是个体还是群体层次的社会资本分析，互惠交换都是社会资本分析的基础组成部分。因此，企业家政治关联在获取制度性资源、发挥“资本”作用的同时，企业家需要对连带对象——政府进行互惠回报，对社会连带进行维护。对此，本文使用社会资本互惠交换理论作为本文的理论依据，结合当前中央政府、地方政府对企业经营目标期望的差异，探讨具有不同类型政治关联的企业家在回报政府动机下，实现企业价值内在作用机制的路径。为了检验企业家政治关联和企业价值的因果关系以及它们之间的内在作用机制，我们选择建立中介效应理论模型进行分析。

（一）企业家政治关联对企业价值的影响

在中国经济转型过程中，企业家政治关联提升企业价值的作用主要体现在以下两个方面：

1. 企业家政治关联对企业的保护

在市场机制尚未完全建立时期，缺乏法律保护和政府侵害产权是转型经济国家中企业经营的两大障碍。[2]而企业家与政府建立的社会联系则为企业提供了一种权力庇护，有利于减少政府和执法部门的检查频率和刁难、[4]避免政府部门对企业的乱摊派、乱收费，或者向企业索取贿赂等腐败行为，从而最终有利于企业得到保护或避免麻烦。因此，企业家政治关联有利于降低企业运营成本，从而提高企业价值。

2. 企业家政治关联有利于企业获取制度性资源

与政府关系获得的制度性资源主要表现在企业获得税收、贷款、进入管制行业等方面的利益。在获取贷款方面，国外研究者发现具有政治关联的企业比其他企业获得最多超过45%的银行贷款，[12]相比其他企业可以有50%的利率优惠，[13]也更容易以较少的抵押物获得较多的长期贷款。[14]余明桂和潘红波[2]对中国企业的研究也发现，具有政治联系的企业能够获得更多的银行贷款和更长的贷款期限；在税收方面，具有政治联系的企业在税率方面比没有政治联系的企业更低；[15]在进入管制行业方面，胡旭阳[16]的研究发现，在中国金融业进入受到政府管制的情况下，民营企业家的政治身份通过传递民营企业质量信号，降低了企业进入金融业的壁垒。因此，企业家政治关联可以帮助企业进入资金门槛较高、市场准入限制较多，而盈利空间较大的行业，从而提高企业价值。

因此，在现阶段中国制度建设不完全、政府掌握着众多制度资源的情况下，企业家与中央政府或者地方政府建立的联系都有利于提高企业价值。据此，本文提出以下假设：

假设1：企业家中央政治关联与企业价值正相关。

假设2：企业家地方政治关联与企业价值正相关。

（二）竞争战略选择的中介作用

1. 中介变量的选择

根据富兰克·奈特的定义，企业家是在不确定环境下承担风险的战略决策者。[17]战略选择理论也发现，企业家作为企业战略决策的人格代表，通过对企业内外部环境变化的感知、理解来制定和调整企业的经营战略。[18]因此，我们认为具有政治关联的企业家回报政府的行为及对企业的影响首先表现在企业战略选择上。

相对企业家政治关联与多元化战略的研究，[10,19]企业家政治关联与企业商业层面竞争战略之间的关系，仍然研究较少。因此，本文以商业层面的竞争战略作为中介变量，在剖析企业家政治关联与企业价值内在机制的同时，也拓展了企业家政治关联与企业战略选择关系的研究领域。具体而言，我们选择了Poter[20]的竞争战略作为研究对象，这种战略类型的划分在其诞生之后为众多战略研究者所接受。[21]同时，由于聚焦战略本身不具有竞争优势，[20] 并且纯粹竞争战略类型之间的活动相互排斥，企业只有选择差异化或者低成本某一纯粹竞争战略时才能获得竞争优势。[20,22] 因此在本文中，我们仅研究低成本战略和差异化战略的中介作用。

2. 企业竞争战略选择的中介作用

（1）企业家中央政治关联与企业价值的中介路径分析。差异化战略强调企业通过品牌塑造、技术创新、服务创新等手段，达到提供的产品或服务与竞争对手相区别的目的。[20] 产品或服务的独特性可以建立顾客对其品牌的忠诚，由此产生的低价格敏感性帮助企业避开竞争对手的竞争，为企业带来持久竞争优势。

对于具有中央政治联系的企业家而言，企业更容易选择差异化战略提高企业价值。首先，中国在过去 30 年取得举世瞩目的经济成就的同时，传统的大规模、低成本、高能耗的增长方式也引起了学术界的批评和质疑。作为全国经济发展目标的制定者，党中央在十六届五中全会提出了建设创新型国家的战略目标，力图以企业自主创新能力的提升作为调整我国产业结构、转变增长方式的中心环节。鼓励具有品牌效应、自主知识产品和较强国际竞争力的优势企业进行具有自主知识产权的研发活动，中央政府为此制定了相应的财政政策、税收政策以及政府采购政策对企业进行引导和支持。① 根据社会资本的互惠交换原则，企业家要想长期维持与中央政府的联系，并在政治联系中获取中央政府提供的各项制度性资源，企业家就更有可能在互惠、回报的规范下响应中央政府号召，在微观企业运营决策中加大探索型研发投入和品牌建设，选择差异化战略进行市场竞争。

其次，企业家与中央政府的政治关联更容易在市场机制配置资源功能尚未完全建立的情况下，帮助企业获得必要的信息资源、知识资源和制度性资源实施差异化战略：第一，差异化战略的实施要求企业有足够信息第一时间应对变化的市场条件，需要频繁、迅速地调整它的产品、服务和市场。企业家与中央政府的政治关联有利于帮助企业获得产业内信息（如相关技术标准）、产业外信息（如出口退税率调整），相对于竞争对手具有更广泛的认知结构，对市场变化越能做出快速反应。第二，从学习模式上讲，差异化战略更注重与搜索、创新和实验等活动相关的探索式学习，企业需要从外部获得丰富的异质性知识资源。在中国，当前大部分最优质的知识资源仍然掌握在与中央政府密切关联的部属大学和国字头科研机构手中。企业家中央政治关联有利于企业通过中央政府牵线搭桥，与高校、科研机构建立合作关系从而获取企业相对于竞争对手更强的技术创新能力。第三，差异化战略所强调的技术创新、市场创新，相对于低成本战略强调的工艺流程创新更容易遭到竞争对手的模仿，[23] 因此实施差异化战略的企业产品生命周期更短，需要企业持续对产品技术研发、市场营销进行投资。在当前市场经济体制建设尚不完全的情况下，企业获得资金的渠道仍然主要依靠银行贷款，特别是国有银行的贷款。企业家与中央政府的社会联系，有利于企业获得银行贷款，可以对企业持续技术改造和创新提供充足的财务资源，支持企

---

① 详见“国务院关于实施‘国家中长期科学和技术发展规划纲要（2006～2020 年）’若干配套政策的通知”（国发 2006 年 6 号文件）。

业差异化战略的实施。

基于以上分析，本文认为，具有中央政治关联的企业家更有可能通过回报与其联系的中央政府期望，在提升企业价值路径中选择差异化战略作为中介桥梁，并提出以下假设：

假设 3a：企业家中央政治关联通过差异化战略的中介作用间接正向影响企业价值。

本文以上分析，基于社会资本互惠理论提出了具有中央政治关联的企业有可能通过差异化战略提升企业价值的设想。然而，具有政治关联的企业家从中央政府处获得的信息、技术、资金等资源也有可能在企业购买先进设备、改进生产流程工艺等方面发挥作用。从资源基础理论视角而言，具有中央政治关联的企业所获得的资源也有可能有利于企业低成本战略的实施。因此，低成本战略在资源基础理论视角下也有可能成为企业家中央政治关联与企业价值的中介桥梁之一。为了保证本文社会资本互惠理论所提出假设的可靠性，有必要基于资源基础理论提出以下竞争性假设，并在实证分析中对两种理论下的观点进行检验：

假设 3b：企业家中央政治关联通过低成本战略的中介作用间接正向影响企业价值。

（2）企业家地方政治关联与企业价值中介路径分析。尽管学术界和中央政府正在倡导中国优势企业进行品牌建设、自主研发等活动推动产业升级，但是低成本优势作为产业升级的基础目前仍然是中国产业集群的主要竞争优势。[24]因此，对于现阶段的中国企业而言，低成本战略同样能够提高企业价值。

与具有中央政治关联的企业家不同的是，具有地方政治关联的企业家更倾向选择低成本战略提高企业价值。这是因为，地方政府和中央政府需要的企业互惠回报内容可能存在差异。20 世纪 80 年代以来，通过行政分权和财政分权改革，地方政府获得了更多的经济决策权和财政收益，极大地推动了地方经济增长。然而，随之产生的以 GDP 增长为单一考核指标的地方官员晋升锦标赛模式，使得地方政府官员通过政治干预企业活动来推动自己在官场上晋升成为普遍现象。[25,26]

在地方政府与企业关系中，地方政府在向企业家提供税收、审批、资金资助、政府绿色通道等制度性资源的同时，作为回报需要企业承担对地方经济、市政建设、就业和税收的贡献，[27]因此更容易偏好企业避免风险、扩大规模、稳定发展。在互惠规范下，企业家对地方政府期望的回报在企业运营中表现为：与地方政府有政治联系的企业家通过政治关联获取政策、信息、资金等资源配置后，往往表现为不愿意从事风险高、研发周期长、市场不确定的探索型创新，[28]而更愿意选择回报周期短且规避风险的渐进型创新，[29]通过学习效应在已有知识基础上进行渐进式研发活动，为企业降低成本、提高生产效率实施低成本战略提供了必要的技术支持。企业更容易在地方政府引导下，进行并购重组以提高当地 GDP，[3]通过雇用更多的员工以减轻地方政府的就业压力，[11]这种基于政治回报而非效率的企业规模扩大，也迫使企业需要通过流程改进等手段降低企业运营成本，通过低成本战略实施提高企业价值。在当前地方政府官员晋升锦标赛模式下，地方政府对企业提供的支持有利于企业实施低成本战略，如压低土地转让价格，降低企业土地成本；提供利率更低的贷款降低企业的资金成本；对企业劳动保障和社会福利不健全采取漠视态度以降低企业劳动力成本；忽视中央政府制定的环境保护政策降低企业运营的环境成本等。

基于以上分析，本文认为，具有地方政治关联的企业家更有可能通过回报与其联系的地方政府期望，在提升企业价值路径中选择低成本战略作为中介桥梁，并提出以下假设：

假设 4a：企业家地方政治关联通过低成本战略的中介作用间接正向影响企业价值。

以上假设基于企业回报地方政府增加 GDP、保持就业、避免风险等期望所可能选择低成本战略提升企业价值的观点。尽管与当前学术界对地方政府对待自主创新、科研投入的调查相一致，但是当地方政府在本地产业发展遇到瓶颈和升级压力时，地方政府往往也有足够的动机介入企业的创新活动，如深圳市 2006 年颁布《关于实施自主创新战略建设国家创新型城市的决定》在全国首先提出建设国家创新型城市，到 2010 年带来深圳市专利申请居全国第三的效果。此后，长沙、苏州、大连、杭州等 16 个城市相继开展创新型城市的建设。因此，地方政府也有可能出于产业升级、突出政绩的目的，推动企业创新和走特色发展之路，传导至企业也有可能引导企业走差异化战略道路提升企业价值。考虑到不同地方政府在本地经济发展所处不同阶段对企业的期望差异，本文也进一步提出与 4a 相对的竞争性假设：

假设 4b：企业家地方政治关联通过差异化战略的中介作用间接正向影响企业价值。

二、研究设计

（一）样本选择与数据来源

本文根据 Wind 数据库中的上市公司实际控制人数据库对企业家政治关联进行编码，对于该数据库报告不完全的部分，通过巨潮咨询网和上市公司网站进行补充。研究所使用的财务数据则主要来自于 CSMAR 数据库，采用的数据类型为合并报表数据。在上市公司所有行业分类中，制造业样本数量不仅相对较多，而且制造业上市时间最久，公司年报数据更成熟、更可信，因此本文选择上市公司中的制造业为样本。我们按照以下标准对原始样本进行筛选：①剔除 B 股或 H 股上市公司，这些公司面临境内外双重监管环境，与其他上市公司不同；②剔除 2001～2008 年曾被 ST 和 PT 的样本；③剔除资产负债率超过 100% 的样本；④剔除总资产回报率在（-50%，50%）之外的，被认为是经营异常的样本；⑤剔除企业家简历介绍缺失或者不详细的样本。最终，我们的样本期为 2001～2008 年中国制造业 A 股上市公司，截面企业数量为 592，观测值为 4415 的非平衡面板数据集。

（二）研究方法

1. 模型设定

首先，本研究为企业家政治关联、企业竞争战略与企业价值的中介效应模型，参照

Baron 和 Kenny 的回归方法依次建立三个回归模型，并进一步进行 Sobel 检验以避免依次回归检验所可能发生的第二类错误[30]；其次，考虑到企业发展过程中的路径依赖所产生的惯性，前期的企业价值和企业战略很有可能会影响当期的企业价值和企业战略，为了解决这种相关性，我们需要在解释变量中加入被解释变量的滞后项进行控制，从而形成动态面板数据结构。因此，本文中介效应回归方程为：

$$Value_{i,t} = \alpha_0 + \alpha_1 \times Value_{i,t-1} + \beta \times Political_{i,t} + \gamma \times Control_{i,t} + \mu_i + \varepsilon_{i,t} \quad (1)$$

$$Strategy_{i,t} = \alpha_0 + \alpha_1 \times Strategy_{i,t-1} + \beta \times Political_{i,t} + \gamma \times Control_{i,t} + \mu_i + \varepsilon_{i,t} \quad (2)$$

$$Value_{i,t} = \alpha_0 + \alpha_1 \times Value_{i,t-1} + \beta_0 \times Political_{i,t} + \beta_1 \times Strategy_{i,t} + \gamma \times Control_{i,t} + \mu_i + \varepsilon_{i,t} \quad (3)$$

其中，$Value_{i,t}$代表企业价值作为被解释变量，$Political_{i,t}$代表企业家政治关联作为解释变量，$Strategy_{i,t}$代表企业竞争战略作为中介变量，$Control_{i,t}$代表其他影响企业价值或企业战略的控制变量集合，μ_i 代表个体特质效应，它不随时间发生变化，$\varepsilon_{i,t}$代表随机扰动项。

2. 变量选择和说明

（1）被解释变量——企业价值（Value），采用 Tobin's Q 进行测量。

（2）解释变量——企业家政治关联（Political）。本文主要借鉴巫景飞等[10]对企业家政治联系的分类和测量方法，采用对公开发布的董事长信息进行编码。① 对企业家政治关联的编码所参考的问题如表 1 所示，在该董事长简历中，如果认为董事长符合该条目则编码确认为 1，否则编码为 0，然后逐项相加，编码分值越高说明该董事长政治关联规模越大。并且按照吴文锋[6]等对企业家政治关联进行中央、地方区分的思想，我们分别形成了企业家中央政治关联（Cgsn）和企业家地方政治关联（Lgsn）。

（3）中介变量企业竞争战略（Strategy）。相对于问卷测量企业竞争战略，采用公开的财务指标测量企业竞争战略更能反映企业已经实施或者正在实施的战略。所以，当我们关注战略对企业价值的影响时，采用财务指标测量企业竞争战略更加合理。在国内外学者对企业竞争战略研究的基础上，结合国内上市公司财务指标，我们采用如下方式测量企业竞争战略：第一，差异化战略（Differ）。我们主要采用毛利率和营业费用收入率测量企业差异化战略程度。[23,31]通过对这两个指标做主成分因子分析后，发现这两个指标都归于一个单一因子，且特征向量也类似（因子载荷均为 0.89），于是取这两个指标的平均值作为差异化战略的指标。第二，低成本战略（Lowcost）。本文采用总资产周转率测量低成本战略的资产节约维度，[32]采用销售收入与销售成本的比率测量低成本战略的成本效率维度。[32,33]类似的，在主成分分析后，我们发现这两个指标也都归于一个单一因子，具有相似的特征向量（因子载荷为 0.77），我们同样取这两个指标的平均值作为低成本战略测量的指标。

① 相较于国外研究者对企业家的研究多选择企业 CEO 不同，国内学者的研究发现，对于中国上市公司而言其法人代表都是董事长，董事长是事实上的企业家和最重要的决策者，在企业中拥有更多的决策权力，企业董事长往往是公司管理的实际控制人，因此选取董事长作为履行战略选择职能的“企业家”较为符合中国现实。

（4）其他控制变量。第一，企业规模（Size）。使用公司总资产测量企业规模，控制对企业价值的影响。第二，资本结构（Dtar）。我们用企业资产负债率测量影响企业价值的资本结构。第三，组织冗余（Slack）。我们用流动比率、资产负债率和销售、管理和一般费用对销售收入的比率三个指标对组织冗余进行测量，[34]在主成分分析后取平均值生成组织冗余指标。第四，产品市场竞争（Mcop）。我们选用主营业务销售利润率、存货周转率和应收账款周转率三个指标，[35]取其倒数然后利用主成分分析法将主成分因子特征根大于 1 的前两个主成分因子合成一个指标，该指标越大说明企业所在具体行业中的产品市场竞争越激烈。第五，企业年龄（Yom）。控制企业成立时间对企业价值的影响，计算公式为：企业年龄 = 样本年份 - 企业成立年份。第六，盈利能力（ROE）。选取净资产收益率对影响企业价值的盈利能力进行控制。第七，企业性质（State）。如果企业实际控制人为国有企业、国有机构、开发区、事业单位等则赋值为 1。如果企业实际控制人为民营企业、港澳台公民、外国公民、无国籍人士等则赋值为 0。第八，所在地域（Pom）。我们按照樊纲等编制的《中国市场化指数——各地区市场化相对进程 2009 年度报告》，[36]选择上海、广东、浙江、江苏、福建、北京、天津、山东八个省区为市场化进程发达地区，并编码为 1；① 而其他地区则为不发达地区，编码为 0。第九，年度虚拟变量（Year Dummy）。考虑到我国股票市场高波动性的特点，不同年份市场行情差别较大，可能影响企业价值，因此加入年度虚拟变量以控制年度固定效应。②

表 1　企业家简历内容分析问题汇总表

概念	维度	编码条目
企业家政治关联（Political）	企业家地方政治关联（Lgsn）	是否有地方政府部门工作经验（军队）
		是否在地方政府部门担任过处级以上领导岗位（军队为团职干部以上）
		是否担任过地方“两会”代表、政协委员
		是否获得过以下地方政府颁发的奖项（省市县级劳模、先进个人、优秀企业家等）
	企业家中央政治关联（Cgsn）	是否有中央政府部门工作经验（含军队，如总政等）
		是否在中央政府部门担任过处级以上领导岗位（军队为团职以上）
		是否担任过全国“两会”代表、政协委员
		是否获得过以下中央政府颁发的奖项（全国劳模、先进个人、优秀企业家等）

注：相关测量指标主要来源于巫景飞等的研究。

为防止面板数据中可能存在的非线性关系、非平稳序列等计量问题，我们对以上变量

① 在樊纲等编著的《中国市场化指数——各地区市场化相对进程 2009 年度报告》中，[35]这些地区在市场化指数总得分排名中，稳定处于前十位。

② 为避免多重共线性，年度虚变量个数为样本年数减 1。

除虚拟变量外都采取自然对数形式。因为对数值的变化是相对变化，不仅使结果更容易解释而且使数据分布更接近正态分布。[34]最后，考虑到在中国越是成功的企业，企业家受到政府奖励、获取政治身份的可能性越大，企业价值同样会影响企业存续时间、企业拥有的冗余资源等，因此在进行回归分析时，按照赵文哲和周业安[36]的做法，将相关解释变量作为内生变量处理，使用内生变量的滞后值作为工具变量。

三、估计方法和实证结果

（一）估计方法

由于本文模型中被解释变量企业价值与其滞后变量、其他解释变量之间可能存在相互影响的内生性问题，最小二乘法（OLS）不再能一致和无偏地估计参数，本文选择系统广义矩估计法（SYS－GMM）来估计本文的动态模型。首先，对回归方程进行一阶差分变换以消除个体效应 μ_i；其次，将滞后变量作为差分方程中相应内生变量的工具变量来估计差分方程，从而得到一阶差分广义矩估计量；最后，在一阶差分广义矩估计量基础上进一步使用水平方程的矩条件，将内生变量的一阶差分作为水平方程中相应的水平变量的工具变量。[38]系统 GMM 估计克服了弱工具变量和小样本偏误的影响，提高了估计效率，因此本文下面的估计结果中将报告 SYS－GMM 估计值，所用的软件是 Stata11，根据命令 Xtdpdsys 进行回归。在估计中，为避免滞后期太长导致弱工具变量问题，我们在估计时限定使用二阶滞后值作为相应内生变量的工具变量。①

（二）样本描述性统计

表 2 提供了主要变量的描述性统计分析，从表 2 可以看到，企业家中央政治关联和企业家地方政治关联最小值为 0，最大值为 1.39 和 1.38，说明不同企业间企业家政治关联差异较大。与此同时，企业在差异化战略和低成本战略上的选择也有较大差异，其中差异化战略最小值为 -7.39，最大值为 1.54，而低成本战略最小值为 -0.92，最大值为 1.68。表 2 也给出了其他变量的描述性统计情况。

（三）实证结果

1. 模型总体分析

本文分别报告了企业家中央政治关联与企业价值中介效应回归结果（见表 3）、企业

① 虽然本文原模型仅包括内生变量的当期变量，但在差分方程中则包含内生变量的一阶滞后值，因此需要使用二阶滞后值作为工具变量。

表 2　相关变量描述性统计结果

变量名	均值	标准差	最小值	最大值
企业价值（Value）	0.26	0.33	-0.54	2.33
中央政治关联（Cgsn）	0.36	0.41	0	1.39
地方政治关联（Lgsn）	0.20	0.33	0	1.38
差异化战略（DiVer）	-1.83	0.79	-7.39	1.54
低成本战略（Lowcost）	0.19	0.23	-0.92	1.68
盈利能力（ROE）	-2.85	0.99	-8.11	-0.29
企业年龄（Yom）	2.07	0.50	0	3.14
企业性质（State）	0.76	0.42	0	1
企业所在区域（Pom）	0.46	0.49	0	1
企业规模（Size）	21.33	0.96	18.98	26.02
资本结构（Dtar）	-0.85	0.45	-4.00	-0.01
组织冗余（Slack）	-0.36	0.36	-1.38	2.54
产品市场竞争（Mcop）	-3.13	1.35	-13.07	1.43

家地方政治关联与企业价值中介效应回归结果（见表4）。首先，从整体上来看，由表3、表4可知，前期战略与前期价值作为自变量各自对作为因变量的当期战略、当期价值都具有显著正向影响，由此可见本文选择动态面板模型具有合理性，对企业价值和企业战略的研究应当重视其路径效应；其次，表3和表4回归扰动项的二阶自相关检验（AR（2））表明，扰动项的差分存在一阶自相关，但不存在二阶自相关，① 这表明我们可以使用系统GMM估计法对回归方程进行估计；最后，表3和表4的工具变量有效性检验（Sargan Test）则表明，我们所选择的将二阶滞后值作为内生变量的工具变量是有效的，它们与扰动项不相关。以上检验说明，我们设定的模型以及选择的估计方法是合适的。

下面，我们按照Baron和Kenny检验中介效应的方法报告依次回归结果，并防止该方法可能出现的第二类错误，同时进行Sobel检验[30]。

2. 企业家中央政治关联与企业价值中介效应检验

在表3中，我们按照Baron和Kenny[38]检验中介效应的方法报告依次回归结果。模型（1）报告了只放入其他控制变量的基准模型结果，模型（2）反映了控制主要影响企业价值的控制变量后，企业家中央政治关联对企业价值的影响。实证结果显示，企业家中央政治关联与企业价值的回归系数为0.09，p值为0.001，在1%的显著性水平上显著。这表明，对于中国企业而言，通过增加企业家个体与中央政府的政治联系可以带来企业价值的增加，企业家中央政治关联对企业价值具有正向促进作用，本文提出的假设1得到证实。

模型（3）显示了在控制了影响企业战略的主要变量后，企业家中央政治关联对企业差异化战略的影响。实证结果显示两者之间存在显著正相关，回归系数为0.17，p值为

① GMM估计允许出现一阶序列相关，只要求扰动项不存在二阶序列相关性。

0.002，在1%的显著性水平上显著。企业家中央政治关联与差异化战略的回归结果对中介效应检验模型（模型（4））起到了有力支持。在模型（4）中，对企业价值的回归加入了差异化战略变量。回归结果显示，差异化战略与企业价值显著正相关，回归系数为0.14，p值为0.000，在1%的显著水平上显著。同时，差异化战略这一变量的加入使得企业家中央政治关联对企业价值的正向作用有所降低，回归系数从0.09降低为0.06，p值由0.001上升为0.06，政治关联回归系数的p值仍然显著，为防止依次回归方法可能出现的第二类错误，我们同时进行了Sobel检验，计算出的z值为2.15，p值为0.03，在5%的显著性水平上显著。以上检验结果表明，差异化战略在企业家中央政治关联与企业价值的关系中的中介效应得到证实，中介效应占总效应的比例为0.17×0.14/0.09 = 26.4%。也就是说，企业家中央政治关联与差异化战略正相关，差异化战略与企业价值正相关，企业家中央政治关联通过差异化战略影响了企业价值，假设3a得到了支持。

为检验低成本战略是否在企业家中央政治关联与企业价值之间同样发挥中介效应的竞争性假设，我们对企业家中央政治关联与企业低成本战略关系进行了回归。模型（5）显示，企业家中央政治关联与企业低成本战略显著负相关，回归系数为-0.06，在1%的显著性水平上显著。由此可见，我们所提出的企业家中央政治关联也有可能帮助企业选择低成本战略提高企业价值的竞争性假设3b并不成立。企业家中央政治关联与企业价值的中介效应检验结果表明，对于具有中央政治关联的企业家而言，提高企业价值的路径，在竞争战略层面上主要是通过在企业运营中选择并实施差异化战略进行。

表3　企业家中央政治关联与企业绩效中介效应回归结果

解释变量	被解释变量：$Y_{i,t}-Y_{i,t-1}$				
	企业价值	企业价值	差异化战略	企业价值	低成本战略
	模型（1）	模型（2）	模型（3）	模型（4）	模型（5）
前期价值/前期战略	0.37***	0.59***	0.62***	0.46***	0.85***
	(0.000)	(0.000)	(0.000)	(0.000)	(0.000)
企业规模	-0.07***	-0.06***	-0.11***	-0.06***	-0.03***
	(0.000)	(0.000)	(0.000)	(0.000)	(0.000)
资本结构	0.03	-0.20***	-0.66***	-0.07	-0.07***
	(0.666)	(0.000)	(0.000)	(0.12)	(0.003)
组织冗余	-0.05	-0.26***	-0.66***	-0.17***	-0.10***
	(0.593)	(0.000)	(0.000)	(0.000)	(0.000)
市场竞争	0.002	-0.002	0.03	0.002	0.02***
	(0.982)	(0.798)	(0.143)	(0.813)	(0.000)
盈利能力	0.05***	0.12***	0.14***	0.07***	0.04***
	(0.000)	(0.000)	(0.000)	(0.000)	(0.000)
企业年龄	-0.11**	0.03	0.20**	-0.02	0.07***
	(0.041)	(0.169)	(0.000)	(0.463)	(0.000)

续表

解释变量	被解释变量：$Y_{i,t}-Y_{i,t-1}$				
	企业价值	企业价值	差异化战略	企业价值	低成本战略
	模型（1）	模型（2）	模型（3）	模型（4）	模型（5）
企业性质	0.05 * (0.087)	0.14 *** (0.000)	0.02 (0.558)	0.16 *** (0.000)	0.04 *** (0.000)
所在地区	-0.08 * (0.077)	-0.08 *** (0.001)	0.22 *** (0.000)	-0.04 * (0.052)	0.01 (0.329)
年度变量	yes	yes	yes	yes	yes
中央政治关联		0.09 *** (0.001)	0.17 *** (0.002)	0.06 * (0.06)	-0.06 *** (0.000)
差异化战略				0.14 *** (0.000)	
低成本战略					
AR（1）检验	0.00	0.03	0.002	0.02	0.01
AR（2）检验	0.23	0.57	0.30	0.70	0.67
Sargan Test	0.13	0.75	0.84	0.99	0.97

注：①*、**和***分别表示10%、5%和1%的显著性水平；②括号内为具体p值；③Sargan Test报告了工具变量过度识别检验的p值；④AR（1）和AR（2）检验分别报告了一阶和二阶序列相关检验的p值；⑤年度变量一栏报告了联合显著性检验结果，后同。

3. 企业家地方政治关联与企业价值中介效应检验

表4报告了企业家地方政治关联与企业价值的中介效应检验结果。模型（6）反映了控制主要影响企业价值的控制变量后，企业家地方政治关联对企业价值的影响。实证结果显示，企业家地方政治关联与企业价值的回归系数为0.11，p值为0.000，在1%的显著性水平上显著。这表明，增加企业家个体与地方政府的政治联系也可以带来企业价值的增加，企业家地方政治关联对企业价值具有正向促进作用，本文提出的假设2得到证实。这一实证结果和模型（2）的实证结果共同表明，在中国市场机制尚未完全建立时期，企业家通过各种途径建立政治关联对提升企业价值而言是一种理性行为。模型（7）和模型（8）检验了低成本战略在企业家地方政治关联与企业价值间的中介效应。模型（7）显示，在控制了影响企业战略的主要变量后，企业家地方政治关联对企业低成本战略存在显著正相关，在1%的显著性水平上显著。在模型（7）得以证实的基础上，模型（8）报告了加入低成本战略之后，企业家地方政治关联与企业价值的关系。实证结果显示，低成本战略与企业价值显著正相关，回归系数为0.43，p值为0.000，在1%的水平上显著。同时，随着成本战略变量的加入使得企业家地方政治关联对企业价值的正向作用有所变化，回归系数从0.11降低为0.05，p值有0.000上升为0.001。由于此时企业家地方政治

关联回归系数的 p 值仍然很高，为防止依次回归方法可能出现的第二类错误，我们同样进行了 Sobel 检验，计算出的 z 值为 0.23，p 值为 0.000，在 1% 的显著性水平上显著。

表 4　企业家地方政治关联与企业绩效中介效应回归结果

解释变量	被解释变量：$Y_{i,t}-Y_{i,t-1}$				
	企业价值	低成本战略	企业价值	差异化战略	企业价值
	模型（6）	模型（7）	模型（8）	模型（9）	模型（10）
前期价值/前期战略	0.45*** (0.000)	0.61*** (0.000)	0.26*** (0.000)	0.60*** (0.000)	0.27*** (0.000)
企业规模	-0.07*** (0.000)	-0.07*** (0.000)	0.06*** (0.000)	-0.16*** (0.000)	-0.03*** (0.000)
资本结构	-0.17*** (0.000)	-0.04*** (0.001)	-0.12*** (0.000)	-0.12*** (0.000)	-0.17*** (0.000)
组织冗余	-0.23*** (0.000)	-0.03*** (0.003)	-0.17*** (0.000)	-0.13*** (0.001)	-0.24*** (0.000)
市场竞争	0.03*** (0.000)	0.02*** (0.000)	0.02*** (0.000)	0.11*** (0.000)	0.02*** (0.000)
盈利能力	0.10*** (0.000)	0.10*** (0.000)	0.10*** (0.000)	0.09*** (0.000)	0.06*** (0.000)
企业年龄	-0.05 (0.187)	-0.04* (0.054)	-0.11*** (0.000)	-0.07 (0.206)	-0.07** (0.04)
企业性质	0.12*** (0.000)	-0.02*** (0.000)	0.11*** (0.000)	-0.07*** (0.003)	0.15*** (0.000)
所在地区	0.10*** (0.000)	0.10*** (0.000)	0.04*** (0.012)	0.17*** (0.001)	0.06*** (0.000)
年度变量	yes	yes	yes	yes	yes
地方政治关联	0.11*** (0.000)	0.09*** (0.000)	0.05*** (0.001)	0.21*** (0.000)	0.07*** (0.001)
低成本战略			0.43*** (0.001)		
差异化战略					0.18*** (0.000)
AR（1）检验	0.01	0.009	0.02	0.001	0.02

续表

解释变量	被解释变量：$Y_{i,t}-Y_{i,t-1}$				
	企业价值	低成本战略	企业价值	差异化战略	企业价值
	模型（6）	模型（7）	模型（8）	模型（9）	模型（10）
AR（2）检验	0.75	0.23	0.76	0.49	0.79
Sargan Test	0.59	0.58	0.42	0.71	0.79

以上检验结果表明，低成本战略在企业家地方政治关联与企业价值的关系中的中介效应得到证实，中介效应占总效应的比例为 0.09×0.43/0.11＝35.18%。也就是说，企业家地方政治关联与低成本战略正相关，低成本战略与企业价值正相关，企业家地方政治关联通过低成本战略影响了企业价值。假设 4a 得到了支持。

模型（9）和模型（10）报告了差异化战略是否在企业家地方政治关联与企业价值关系中发挥了中介作用的竞争性假设结果。模型（9）显示，企业家地方政治关联与企业价值显著正相关，回归系数为 0.21，p 值为 0.000，在 1% 的水平上显著。模型（10）报告了加入差异化战略后，企业家地方政治关联与企业价值的关系。实证结果显示，差异化战略与企业价值显著正相关，回归系数为 0.18，在 1% 水平上显著。同时，企业家地方政治关联与企业价值的系数为 0.07，p 值为 0.001。由于加入差异化战略之后，企业家地方政治关联与企业价值回归系数的显著性程度都很高。为防止依次回归方法可能出现的第二类错误，我们同样进行了 Sobel 检验，计算出的 z 值为 0.49，p 值为 0.62，即使在 10% 的水平上也不显著。因此差异化战略在企业家地方政治关联与企业价值关系中的中介效应并没有得到支持，竞争性假设 4b 被拒绝。

企业家地方政治关联与企业价值的中介效应检验结果表明，对于具有地方政治关联的企业家而言，尽管既有可能选择低成本战略，也有可能选择差异化战略，但是，只有低成本战略在企业家地方政治关联与企业价值关系中起到了中介作用，也就是说在竞争战略层面，具有地方政治关联的企业家只有通过在企业运营中选择并实施低成本战略才能提高企业价值。

4. 稳健性分析

我们使用了 ROA（资产收益率）来代替 ROE 表示公司盈利能力，对上述验证的企业家政治关联与企业价值路径进行验证，结论没有变化（见表 5）。罗胜强和姜嬿[39]提出，仅仅从数据的统计关系上推导中介效应模型存在被数据蒙蔽的风险。中介效应模型意味着一个因果链——中介变量由自变量引起，并影响了因变量的变化，而建立因果关系的一个必要条件是原因和结果在时间上有先后次序。① 在本文的估计中，由于将企业家政治关

① 罗胜强、姜嬿在《组织与管理研究的实证方法》[39]一书中对用统计方法推导中介效应模型提出了多次警告，强调了因果关系是中介效应的前提。成熟的理论不仅是因果关系的基础，在研究方法上原因和结果的先后顺序也是因果关系得以证实的必要条件。

联、企业竞争战略作为内生变量用其二阶滞后值作为工具变量进行估计，因此以上模型中的估计系数实际上意味着解释变量过去的历史值对当期被解释变量的影响，因而反映了因果关系。[37]

表5　稳健性检验

解释变量	被解释变量：$Y_{i,t}-Y_{i,t-1}$					
	企业价值	企业价值	差异化战略	低成本战略	企业价值	企业价值
	模型（11）	模型（12）	模型（13）	模型（14）	模型（15）	模型（16）
前期价值/前期战略	0.53*** (0.000)	0.36*** (0.000)	0.60*** (0.000)	0.60*** (0.000)	0.46*** (0.000)	0.24*** (0.000)
企业规模	−0.09*** (0.000)	−0.10*** (0.000)	−0.08*** (0.004)	−0.07*** (0.000)	−0.07*** (0.000)	−0.07*** (0.000)
资本结构	−0.14** (0.039)	−0.01 (0.695)	−0.61*** (0.000)	0.003 (0.797)	−0.12** (0.039)	−0.08*** (0.000)
组织冗余	−0.27*** (0.000)	−0.17*** (0.000)	−0.71*** (0.000)	−0.01 (0.204)	−0.27*** (0.000)	−0.16*** (0.000)
市场竞争	0.01 (0.199)	0.04*** (0.000)	0.04* (0.064)	0.02*** (0.000)	0.01 (0.314)	0.02*** (0.000)
盈利能力	0.15*** (0.000)	0.12*** (0.000)	0.11*** (0.000)	0.06*** (0.000)	0.10*** (0.000)	0.06*** (0.000)
企业年龄	0.01 (0.877)	0.004 (0.907)	0.17** (0.039)	−0.01 (0.712)	−0.02 (0.583)	−0.09*** (0.000)
企业性质	0.15*** (0.000)	0.14*** (0.000)	−0.03 (0.424)	−0.03*** (0.000)	0.15*** (0.000)	0.09*** (0.000)
所在地区	−0.12*** (0.000)	0.09*** (0.000)	0.28*** (0.000)	0.28*** (0.000)	−0.06*** (0.000)	0.05*** (0.000)
年度变量	yes	yes	yes	yes	yes	yes
中央政治关联	0.10*** (0.000)		0.17*** (0.003)		0.04 (0.225)	
地方政治关联		0.14*** (0.000)		0.09*** (0.000)		0.08*** (0.000)
差异化战略					0.12*** (0.000)	
低成本战略						0.41*** (0.000)

续表

解释变量	被解释变量：$Y_{i,t}-Y_{i,t-1}$					
	企业价值	企业价值	差异化战略	低成本战略	企业价值	企业价值
	模型（11）	模型（12）	模型（13）	模型（14）	模型（15）	模型（16）
AR（1）检验	0.04	0.02	0.002	0.01	0.03	0.02
AR（2）检验	0.57	0.86	0.36	0.26	0.69	0.79
Sargan Test	0.84	0.51	0.95	0.79	0.995	0.37

四、分析与讨论

中国市场化改革的目标是建立完善的市场机制，由市场来分配资源。然而，在这一目标尚未达成之际，企业家政治关联对企业获取制度性资源、提升企业价值的作用受到学术界的广泛关注。在这一背景下，本文以企业竞争战略为切入点，结合相关理论对企业家政治关联与企业价值之间的关系及其作用机制进行了探讨，并以上市公司的面板数据对理论假设进行检验。实证结果发现，在企业家政治关联与企业价值的直接作用关系中，企业家中央政治关联与企业地方政治关联都与企业价值显著正相关。这表明，在中国市场机制尚未完全建立时期，政府仍然掌握着众多资源和分配权力。企业家与政府的联系有利于帮助企业克服制度约束、获取制度资源，[2,16]因此企业家中央政治关联、地方政治关联规模越大，越有利于提高企业价值，本文结论也与国内相关研究一致。[4]对企业实践而言，本文这一结论支持了企业家在成立企业之前在政府任职，企业成立之后努力获取人大代表、政协委员身份等政治行为的合理性。

实证结果进一步显示了两种政治关联提升企业价值在竞争战略层面的具体路径：其中，企业家中央政治关联通过差异化战略提升企业价值的中介效应得到证实，而低成本战略则是企业家地方政治关联提升企业价值的中介桥梁。基于社会资本的互惠规范原则，本文的解释是，具有政治关联的企业家回应中央政府、地方政府不同期望的回报差异所致。对于具有中央政治关联的企业家，在企业微观竞争战略决策中选择差异化战略，更有可能因为呼应中央政府对经济转型、企业创新的期望而受到政策嘉奖，从而有利于企业价值的提高。而对于具有地方政治关联的企业家而言，呼应中央政府的期望（在竞争战略层面表现为选择差异化战略），并不能满足与其利益最为相关的地方政府需求从而对企业价值提升并不明显。相反，选择并实施低成本战略，更有可能因为并购重组以提高当地 GDP、雇用更多员工解决当地政府就业压力而得到地方政府全力支持，有利于提高其企业价值。我们认为，中央政府与地方政府对企业经营影响的差异与我国财政分权制度改革紧密相关：一方面，地方政府获得了更多的财权和事权，对地方政府产生了强烈的财政竞争激励；但另一方面，也使得 GDP 增长成为考核地方政府官员政绩的基础指标。出于地方财政利益和官员个人晋升的考虑，地方政府的发展目标及对企业的影响表现出更多的自利行为，如铁本事件反映了地方政府对固定资产重复投资的纵容、[40]宇通客车管理层收购案例反映了地方政府与国有企业高管的合谋。[27]与上述研究相一致，本文也发现在中国目前制度背景下，企业家政治关联在给企业带来制度性优势的同时，也因为中央政府与地方政府在发展目标上的差异，影响到企业提升企业价值的具体路径差异。

本文的研究结论尽管是基于微观企业行为，但对于我国宏观产业结构升级和地方政府官员治理也具有一定政策意义：首先，在实现我国从制造大国向科技强国转变过程中，中央政府在制定鼓励企业研发创新的政策同时，给予企业家更多的参政机会和政治身份，有利于企业家在微观企业运营中回应中央政府期望，从重视生产、降成本向重视研发、重视品牌方向转变，从而最终达到中央政府期望的产业结构升级、转变增长方式的目标，提升我国在世界市场上的竞争力。其次，尽管中央政府制定了各项有利于企业自主研发创新的产业政策，但是在地方具体实施过程中，往往表现为雷声大、雨点小，在地方政府优先发展目标中首先是地方财政收入增长，然后是地方 GDP 增长。地方政府的自利行为，导致与地方政府紧密联系的企业在企业运营上仍然具有传统经济增长方式的低成本、大规模特征。因此，实现中国产业结构升级、经济增长方式的转变，保证中央政府、地方政府对企业行为影响一致，需要改变当前地方政府官员晋升的锦标赛模式，尤其是单一的 GDP 增长指标考核。

本文也存在着一些不足之处：首先，本文使用了社会资本互惠理论对企业回报不同层级政府的行为进行了理论演绎，但是与现有研究对社会资本的作用过程多限于理论演绎相同，受限于资料获取的现实条件，本文也并没有对这关键观点进行变量设计和数据收集，这也是未来研究我们需要进一步完善的问题；其次，根据本文的理论逻辑推导和实证检验结果，我们仅证实了具有中央政治关联的企业在实现企业价值提升过程中，差异化战略作为内在作用机制起到了中间桥梁的作用。而具有地方政治关联的企业在实现企业价值提升过程中，低成本战略作为内在作用机制起到了中间桥梁的作用。但是，在实证结果中所没有得到支持的竞争性假设包括：企业家中央政治关联通过低成本战略提升企业价值、企业家地方政治关联通过差异化战略提升企业价值，本文所基于的社会资本互惠交换理论并不能做出很好的解释。我们也期望本文能够起到抛砖引玉的作用，可以引起其他学者采用其他理论对它们之间的关系进行后续的更为丰富的论述和证明。

参考文献

［1］吴文锋，吴冲锋，刘晓薇．中国上市公司高管的政府背景与税收优惠［J］．管理世界，2009（3）．

［2］余明桂．政治联系、制度环境与民营企业银行贷款［J］．管理世界，2008（8）．

［3］潘红波．政府干预、政治关联与地方国有企业并购［J］．经济研究，2008（4）．

［4］罗党论．民营企业的政治联系与企业价值［J］．管理科学，2008（6）．

［5］雷光勇．政治关联、审计师选择与公司价值［J］．管理世界，2009（7）．

［6］吴文锋，吴冲锋，刘晓薇．中国民营上市公司高管的政府背景与公司价值［J］．经济研究，2008（7）．

［7］Fan，J．．Politically Connected CEOs，Corporate Governance，and Post－IPO Performance of China's Newly Partially Privatized Firms［J］．Journal of Financial Economics，2007，84（2）．

［8］邓建平．政治关联能改善民营企业的经营绩效么［J］．中国工业经济，2009（2）．

［9］龚鹤强．关系认知，关系运作，企业绩效：来自广东省私营中小企业的实证研究［J］．南开管理评论，2007（2）．

［10］巫景飞．高层管理者政治网络与企业多元化战略：社会资本视角——基于我国上市公司面板数据的实证分析［J］．管理世界，2008（8）．

［11］梁莱歆．民营企业政治关联、雇员规模与薪酬成本［J］．中国工业经济，2010（10）．

［12］Tracing the Impact of Bank Liquidity Shocks：Evidence from an Emerging Market［J］．American Economic Review，2008，98（4）：1413－1442.

［13］Khwaja，A. I．．Do Lenders Favor Politically Connected Firms? Rent Seeking in an Emerging Financial Market［J］．Quarterly Journal of Economics，2005，120（4）．

［14］Charumilind，C．．Connected Lending：Thailand before the Financial Crisis［J］．Journal of Business，2006，79（1）．

［15］Faccio，M．．Politically Connected Firms：Can They Squeeze the State?［J］．American Economic Review，2006，96（1）．

［16］胡旭阳．民营企业家的政治身份与民营企业的融资便利——以浙江百强企业为例［J］．管理世界，2006（5）．

［17］李新春．中国国有企业重组的企业家机制［J］．中国社会科学，2001（4）．

［18］Child，J．．Strategic Choice in the Analysis of Action，Structure，Organizations and Environment：Retrospect and Prospect［J］．Organization Studies，1997，18（1）．

［19］胡旭阳．民营企业的政治资源与民营企业多元化投资：以中国民营企业500强为例［J］．中国工业经济，2008（4）．

［20］Poter，M. E．．Competitive Strategy：Techniques for Analyzaing Industries and Competitors［M］．New York：Free Press，1980.

［21］Hunt，C. C．．What Have We Learned about Generic Competitive Strategy? A Meta－analysis［J］．Strategic Management Journal，2000，21（2）．

［22］Thornhill，S．．Strategic Purity：A Multi－Industry Evaluation of Pure vs. Hybrid Business Strategies［J］．Strategic Management Journal，2007，28（5）．

［23］David，J. S．．Performance Effects of Congruence between Product Competitive Strategies and Purchasing Management Design［J］．Management Science，2002，48（7）．

［24］陈佳贵．中国产业集群可持续发展与公共政策选择［J］．中国工业经济，2005（9）．

［25］周黎安．晋升博弈中政府官员的激励与合作——兼论我国地方保护主义和重复建设问题长期存在的原因［J］．经济研究，2004（6）．

［26］周黎安．中国地方官员的晋升锦标赛模式研究［J］．经济研究，2007（7）．

［27］朱红军．中央政府、地方政府和国有企业利益分歧下的多重博弈与管制失效——宇通客车管理层收购案例研究［J］．管理世界，2006（4）．

［28］陈爽英. 民营企业家社会关系资本对研发投资决策影响的实证研究［J］. 管理世界，2010（1）.

［29］张鸿萍. 创业型企业技术创新的战略导向——CEO 社会关系网络与高层管理团队学习视角［D］. 成都：西南交通大学，2006.

［30］刘睿智. 竞争战略、企业绩效与持续竞争优势——来自中国上市公司的经验证据［J］. 科研管理，2008（6）.

［31］Hambrick，D. C.. Some Tests of the Effectiveness and Functional Attributes of Miles and Snow's Strategic Types［J］. Academy of Management Journal，1983，26（1）.

［32］Kotha，S.. Strategy and Environment As Determinants of Performance：Evidence from The Japanese Machine Tool Industry［J］. Strategic Management Journal，1995，16（7）.

［33］蒋春燕. 组织冗余与绩效的关系：中国上市公司的时间序列实证研究［J］. 管理世界，2004（5）.

［34］姜付秀. 产品市场竞争与资本结构动态调整［J］. 经济研究，2008（4）.

［35］樊纲. 中国市场化指数——各地区市场化相对进程 2009 年度报告［M］. 北京：经济科学出版社.

［36］赵文哲. 基于省际面板的财政支出与通货膨胀关系研究［J］. 经济研究，2009（10）.

［37］Blundell，R.. Initial Conditions and Moment Restrictions in Dynamic Panel Data Models［J］. Journal of Econometrics，1998，87（1）.

［38］Baron，R. M.. Moderator - Mediator Variable Distinction in Social Psychological Research：Conceptual，Strategic，and Statistical Consideration［J］. Journal of Personality and Social Psychology，1986，51（6）.

［39］罗胜强. 调节变量和中介变量：组织与管理研究的实证方法［M］. 北京：北京大学出版社，2008：312 - 331.

［40］曾铮. 中央政府和地方政府在固定资产投资上的行为分析——兼评铁本事件［J］. 求实，2004（11）.

The Entrepreneur's Political Connections, Choice of Competitive Strategy and Enterprise Value: An Empirical Study Based on the Dynamic Panel Data of Listed Company

Li Jian　Chen Chuanming　SunJunhua

Abstract: Many scholars have focused attention on the influence of the entrepreneur's political network on the enterprise value, but few researches on the mechanism between them have been made. Based on the theory of mutual return of social capital, this article proposes the path difference of competitive strategy improving the enterprise's value during the process of the entrepreneur reporting back on the different level of political network. In the empirical analysis, this paper uses dynamic panel data of public companies of manufacturing industry from 2001 to 2008 to test the hypotheses, which this paper proposes. The empirical results show that the entrepreneur's political network with central government will influence the enterprise's value positively and this conclusion also exist in the relationship of entrepreneur's political network with local government and the enterprise's value. But further study shows that the entrepreneur's political network with different level of government will influence the entrepreneur to choose different competitive strategies so as to realize the improvement of the enterprise's value. Specifically, the entrepreneur's political network with central government improves the enterprise's value through differentiation strategy and the entrepreneur's political network with local government improves the enterprise's value through cost strategy. We think the conclusions of different political network improving the enterprise's value through different competitive strategy means the affections of promotion stimulation. The core of present promotion stimulation of local officials is the growths of GDP, which cause the target of enterprise development from the local government expectation revolves around the development of local GDP and the target of enterprise development from the central government expectation revolves around the innovation of enterprise. The difference between the expectations from different level of government will influence the related entrepreneur's action directly. The conclusion of this paper provides reference for the upgrading of industrial structure and the reformation of promotion championship mode of local officials.

Key Words: Political Network; Mutual Return; Competitive Strategy; Enterprise Value

变革型领导行为、组织学习倾向与组织惯例更新的关系研究*

王永伟　马　洁　吴湘繁　刘胜春

【摘　要】 组织惯例更新研究是组织惯例研究中的一个重要组成部分。组织惯例更新能够实现组织惯例与组织环境之间的相互匹配，发挥组织惯例的积极效能。本文主要探讨了影响组织惯例更新的两个因素：变革型领导行为和组织学习倾向，认为变革型领导行为和组织学习倾向能够显著影响组织惯例更新。本文以上海、新疆、山东三地区 202 家企业高层管理人员为研究对象，对问卷调查所获得的数据进行层级回归分析，研究结果表明：变革型领导行为和组织学习倾向对组织惯例更新具有显著正向影响；组织学习倾向在变革型领导行为与组织惯例更新之间起着中介作用。本文研究丰富了组织惯例实证研究成果，具有一定的理论意义和实践意义。

【关键词】 变革型领导行为；组织学习倾向；组织惯例更新

一、引言

组织惯例是组织与战略研究领域逐渐兴起的重要研究议题。Nelson 和 Winter（1982）认为组织惯例是"对于一切规则的和可以预测的企业行为方式"，"它类似于基因一样指导着企业的行为和做事方式"。从以往的文献研究来看，组织惯例研究可以分为两大类：一类是组织惯例的静态研究，另一类是组织惯例的动态研究。组织惯例的静态研究主要关

* 本文得到上海财经大学创新基金（基金编号：CXJJ－2011－379），教育部人文社科项目（10YJC630153）的资助。本文感谢上海财经大学 MBA 学院和新疆财经大学 MBA 学院对本文数据收集的支持；感谢上海财经大学王玉教授、吴隆增助理教授对本文提出的建设性意见。

作者简介：王永伟，河南财经政法大学工商管理学院、上海财经大学国际工商管理学院；马洁，新疆财经大学 MBA 教育中心；吴湘繁，上海财经大学国际工商管理学院；刘胜春，云南财经大学商学院。

注于组织惯例“黑箱”，主要探讨了组织惯例的内在结构、特征等，解决组织惯例“是什么”的问题（Simon 和 March，1958；Prahalad 和 Hamel，1990）；组织惯例的动态研究主要关注于组织惯例变革性、稳定性、创新、变异和选择机制，主要解决组织惯例如何变化的问题（Nelson 和 Winter，1982；Zollo 和 Winter，2002；Hillison，2009）。这两类研究是组织惯例研究成果比较集中的领域，随着研究的不断深入，组织惯例的动态研究越来越引起研究者们的兴趣。因此，组织惯例的动态研究具有重要意义：①从理论上来讲，组织惯例的静态研究已相对成熟，而且成果比较丰富，为组织惯例的动态研究提供了丰富的理论基础；②组织惯例的动态研究能够更好地解释组织惯例是如何变化的问题，能够有效解释企业能力形成和战略变迁等组织与战略研究的重要问题，具有重要的实践意义。

组织惯例的动态研究以往主要关注于组织惯例的变革性、变异、创新和选择机制。Feldman 和 Rafaeli（2002）的研究主要探讨了组织惯例的变革，认为组织惯例能够根据环境的变化进行有效变革，而不是稳定不变的。但是在该研究中并没有有效分析组织变革的动力和影响因素是什么；Feldman 和 Pentland（2003）的研究则认为组织惯例是实现组织柔性的主要因素，组织惯例能够为组织带来更多的适应性和效能的增加；Becker（2005）则是通过构建组织惯例前因要素及效能研究模型，探讨了影响组织惯例变化的前惯例因素，并探讨了组织惯例所带来的组织效能的增加。该研究虽然构建了组织惯例的效能及前惯例因素研究模型，但是并没有进行数据验证分析，缺乏实证数据支持；Chassang（2010）对组织惯例形成过程进行研究，发现学习和合作是影响组织惯例变化的两个主要因素；Rerup 和 Feldman（2011）从“试错”机制研究了组织惯例变化的进程，认为“试错”是组织惯例变革和“选择机制”的重要影响因素。以上组织惯例的动态研究发现，虽然组织惯例的动态研究已获得研究者们的广泛关注，但是还存在一些不足之处：①以往的研究成果虽然考虑到了组织惯例的情境特征，即组织惯例能够适应环境变化实现组织变迁，但却没有在组织惯例效能上达成一致结论。即组织惯例既有可能成为组织柔性和竞争力的来源，同时也可能会成为组织发展的阻碍。②组织惯例的动态性研究也忽略了组织惯例的“更新机制”。组织惯例能够对组织内部的惯例进行“搜寻”，组织惯例的“更新机制”也就是组织惯例的优化过程或者自我扬弃过程。③虽然已有不少学者进行了组织惯例的案例研究，但是组织惯例的动态研究缺乏相关实证支持。

因此，本文认为组织惯例的研究重点主要集中于两个方面：①组织惯例的积极效能方面。组织惯例能够为组织带来的积极效能主要体现为两方面，一方面组织可以通过执行其惯例为组织带来稳定性，实现组织控制与协调（Gittell，2002），可以实现在组织内部建立一种“休战”状态（Nelson 和 Winter，1982），有利于组织认知资源的有效利用（Cyert 和 March，1963；March，1988）；减少组织中工作的不确定性（Becker 和 Knudsen，2004）等，这些都是组织惯例能够为组织带来的积极效能。但是另一方面，组织惯例一旦与其执行的环境不相匹配，其效能也就会大打折扣（Grant，1991），甚至有时候会成为组织发展和变革中的阻碍力量，不利于组织的发展与成长。②组织惯例的更新机制。组织惯例本身是没有更新的动力的，因为现有的组织惯例执行者通过执行组织惯例获得好处而不会去主动进行组织惯例更新（Patrick Cohendet 和 Patrick Llerena，2003）。因此，组织惯例的更新机制总是以外力来推动的。组织惯例更新是指当组织惯例的执行环境发生变化时，组织惯例能够主动地进行“搜寻”，进而实现组织惯例与新环境相适应，增强组织惯例效能的过程。同时，组织惯例更新过程也是组织惯例不断“搜寻”和“选择”的过程（Nelson 和 Winter，1982），在这个过程中组织惯例能够实现淘汰不能适应环境变化和效率低下的组织惯例、更新适应环境变化的组织惯例和引入新组织惯例。基于此，本文将从领导和组织两个层面来探讨变革型领导行为和组织学习倾向对组织惯例更新的影响机制。为了能够有效测量组织惯例更新构念，本文结合中国情境下组织惯例的研究内容，开发和构建了组织惯例更新量表，为有效验证本文的理论模型提供支持。本文理论模型如图 1 所示。

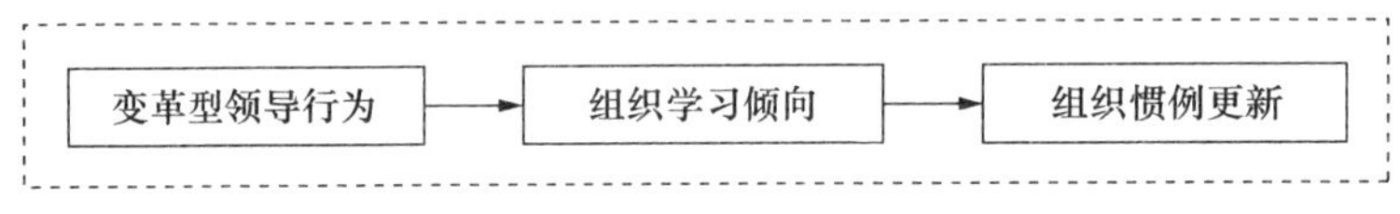

图 1　理论模型

二、研究理论及假设

（一）变革型领导行为与组织惯例更新

变革型领导行为主要是通过四个维度来测量的（Bass 和 Avolio，1990）。①品质魅力。是指领导者具有为追随者创造和展现富有吸引力的愿景，并通过个人魅力和激动人心的言语激发追随者的高层次需求、信任、激情和工作潜能的能力。②鼓舞性激励。是指领导者具有通过增强追随者的自豪感，为其提供克服困难的信息和树立更高的期望，进而激发、引导追随者为了组织利益超越个人利益、为团体的远大目标努力工作的能力。③智力激发。是指领导者具有通过引导员工对现状和假设提出挑战、采用创新视角看待问题，以及用新方法解决问题、激发员工创新、挑战自我、改变信念的能力。④个性化关怀。是指领导者通过支持、鼓励和辅导关注追随者成长，为其创造学习机会和支持性组织氛围，激发他们更高层次潜能的能力。

组织惯例更新是组织惯例为了适应环境变化而主动进行组织惯例更新和创新的过程，通过组织惯例更新实现淘汰不能适应环境变化和效率低下的组织惯例、更新适应环境变化的组织惯例和引入新组织惯例的过程。因此，组织惯例更新包括组织惯例更新过程和组织惯例创新过程。组织惯例更新过程表现为：组织惯例会将变化的环境因素引入组织惯例的遗传和复制过程。在这个过程中，组织惯例通过遗传和环境变化引起的变异，不断地复制组织行为，实现组织惯例的更新。更新后组织惯例既保持了原组织惯例的稳定执行，同时也吸收了环境的变化，我们把这个过程称为组织惯例更新。组织惯例创新过程表现为：当企业外部环境发生变化时，组织惯例吸收的环境变化因素会改变企业原有的组织惯例，进而形成一个或者多个新的组织惯例。此时，企业就要进行组织惯例的搜寻和选择（Nelson 和 Winter，1982），企业通过不断的“试错”过程，实现组织惯例的优胜劣汰，最终会通过“市场选择”选择新的组织惯例作为企业的行为模式，实现组织惯例的创新过程（Nelson 和 Winter，1982）。这个过程有两个非常重要的机制，一个是“试错机制”，另一个是“选择”机制。“试错”机制就是当组织惯例能够成功实现组织目标时就可能增加组织惯例的执行；而当组织惯例不能实现组织目标时就减少组织惯例的执行（Cyert 和 March，1963）。“选择”机制就是企业从众多可选择的组织惯例中采用那些效率较高的组织惯例，而选择的主要依据则是组织以前成功或者失败的经验和历史（Norrander，1986）。因此，企业通过组织惯例的更新实现组织惯例与执行惯例的环境之间动态匹配，最大限度发挥组织惯例效能。

变革型领导行为能够影响组织惯例已经得到了不少学者的研究证明。例如在 Cohendet 等（2000）的研究中，明确指出变革型领导行为可以从多个层面影响组织惯例。首先，变革型领导行为影响组织惯例执行者行为。许多的研究证明变革型领导能够影响员工的工作态度和动机，变革型领导者能够积极关注、理解并试图解决每一个下属的需要，并通过感召力将这些需要提升为更高层次的追求。感觉自己受到关注的下属更有可能为了长远的目标而努力工作以不负领导者的高度期望，这将最终导致工作满意度、承诺等态度变量的改善和提高。例如 Judge 等（2004）和 Walumbwa（2004，2005）的研究都证明了变革型领导行为能够影响组织员工。因此，变革型领导会影响组织惯例的执行者，使组织惯例的执行者有动力或者动机去参与组织惯例的更新过程。其次，变革型领导行为影响组织惯例选择过程。变革型领导的创新思想和创新意识使变革型领导对环境变化具有更强的敏感性，新知识和新技术引入企业，进而形成新的组织惯例适应环境变化，在这个过程中变革型领导行为对环境变化的敏感程度会影响到组织惯例更新过程。最后，变革型领导行为的创新思想和创新意识影响组织惯例创新过程。变革型领导行为会支持和鼓励创新思想和创新行为，并为之制定有效的激励机制激励员工参与创新过程，这也为组织惯例的创新提供了源泉。新技术、新思想的引入会产生更多新的组织惯例，也就为组织惯例的选择提供了基础。因此，变革型领导行为有利于组织惯例更新。

H1：CEO 变革型领导行为对组织惯例更新具有显著正向影响。

（二）变革型领导行为与组织学习倾向

组织学习倾向的中心问题就是组织对待组织学习的基本价值观。该价值观会直接影响组织能否有可能营造学习的氛围，进而形成组织学习的文化。如果一个组织在组织学习价值观上关注很少，或者对待组织学习价值观尚未形成，那么该组织也就很难形成有效的组织学习，组织学习基本不可能发生（Norman，1985；Sackmann，1991）。组织学习倾向也会影响组织对现有知识利用程度的满意度，影响组织对所获取知识的学习、编译和最大化的应用成果（Argyris 和 Schon，1978）。在已有的研究中表明，组织学习承诺、共享愿景、开放心智是影响组织学习倾向的三个重要因素（Day，1991；Tobin，1993）。①学习承诺会增强组织学习倾向，鼓励组织成员积极获取新知识，并进行知识的创新和转移。如果一个组织缺乏组织学习承诺，就很难形成一种学习氛围和文化，组织学习效率也将很低（Norman，1985；Sackmann，1991）。Shaw 和 Perkins（1991）坚持认为，通过学习效率高的公司可以反映出来，公司必须要把组织学习当作一种基本的价值观，是企业获取核心竞争优势的重要途径，并让大家必须了解其原因和影响他们的行动，才能获得更高的学习效率。②心智模式（Mental Models）反映人的世界观和价值观，是人们持有的对世界如何运作的看法。同时，心智模式也会限制我们对思考和行动的认知（Day 和 Nedungadi，1994）。过去成功的或者失败的组织学习都会对现有的组织学习心智模式产生影响，进而影响组织学习的效果，除非开放心智去质疑原有的组织学习假设（Day 和 Nedungadi，1994）。因此，组织只有开放心智才能接受新生的事物，鼓励大家去打破常规，去主动学习新知识和新技能，这样才能营造一个很强的有创新意识的氛围，组织员工才能敢于去发明创造，促进学习效率进而提高组织绩效。③分享愿景与学习承诺和开放心智的不同之处在于，它并不像学习承诺和开放心智那样直接影响组织学习倾向的强度，但是它却是组织学习倾向中非常关键的一个因素。组织成员没有承诺和赞同组织所确定的发展方向，就会没有学习的动力（McKee，1992；Norman，1985；Senge，1990）。此外，如果没有分享愿景，组织中的每个人就可能很少了解组织对员工的期望，也很少了解将会按什么标准来衡量绩效，或者是组织运作是基于何种理论来运作的。在这充满不确定性的外部环境下，即使员工有动力去学习，他们也很难知道去学习什么内容，所以分享愿景将对提高组织学习能力起到方向性的重要作用。

因此，作为组织学习的倡导者变革型领导者能够影响组织学习倾向。变革型领导者能够影响组织学习承诺，改变组织中组织成员对待学习的基本价值观。Avolio（2004）的研究发现变革型领导对组织承诺具有正向影响。变革型领导者通过自身的行为表率，积极参与组织学习，通过构建有效的学习激励机制，营造浓厚的组织学习氛围；同时，变革型领导者由于企业人格魅力和品质感召力会影响和带动下属为了共同的组织愿景而努力奋斗，通过对团队内部施加影响，促进下属之间的信任和合作，与组织成员一起开展组织学习，形成具有凝聚力和向心力的学习团队，增强组织学习倾向。Yang（2007）的研究认为变革型领导行为在促进下属知识共享、组织认同、角色内绩效和组织公民行为等方面具有重要作用。最后，变革型领导者本身就是知识创新者，同时也鼓励下属创新和挑战自我，包括向下属灌输新观念，启发下属发表新见解和鼓励下属采用新手段和方法解决问题，进而增强组织成员在组织学习过程中的主动性，增强组织学习能力，影响组织学习倾向。因此，变革型领导者能够显著正向影响组织学习倾向。

H2：CEO 变革型领导行为对组织学习倾向有显著正向影响。

（三）组织学习倾向与组织惯例更新

组织惯例更新是组织惯例更新和组织惯例创新的过程。组织惯例更新过程离不开组织学习，因为组织惯例本身就是从集体学习开始的。因此，组织学习倾向对组织惯例更新具有正向积极影响。一方面，组织学习倾向较高会在企业内部形成较好的组织学习氛围，因为较高的学习倾向会带来一致的学习承诺，共同愿景分享和开放的心智模式。在这种情况下，企业员工会积极参与组织学习，并不断分享学习经验和知识，有效实现个人学习与集体学习、个人知识与集体知识、显性知识与隐性知识的相互交换，有利于新知识、新技术和操作程序的产生。更多的新知识、技术的运用也就为组织惯例更新带来了更多选择。组织惯例会通过“试错”、“选择”机制（Cyert 和 March，1963）对组织学习成果进行“市场选择”（Norrander，1986），最终实现组织惯例有效更新。另一方面，组织学习倾向较高时，组织成员学习心智更加开放，对组织内部和外部环境变化的敏感性更高，组织成员敢于质疑和挑战原有的组织惯例和学习模式，这也为组织惯例更新提供了动力源泉。

组织惯例创新过程也离不开较高的组织学习倾向。组织惯例创新是组织惯例“搜寻”、“变异”、“选择”过程，组织惯例更新实现了组织惯例的遗传和复制，保持了组织稳定性（Cyert 和 March，1963；Nelson 和 Winter，1982），而组织惯例创新则是实现了组织惯例变革（Feldman 和 Rafaeli，2002；Nelson 和 Winter，1982）。由于市场、环境和技术的动态性，要求企业对新市场、新技术保持较高的敏感性，才能在竞争中处于有利地位。因此，组织学习倾向对组织惯例创新具有正向积极影响。一方面，组织学习倾向较高有利于创新性的组织学习氛围形成，创新性的组织学习氛围有利于新知识和新技术的产生和应用，新知识和新技术的应用有利于组织惯例“搜寻”。另一方面，组织学习倾向高有利于组织学习开放心智，开放心智有利于组织员工主动搜寻新技术、知识，有利于创新知识和技术的引入，有利于组织员工才能的发明创造，促进学习效率进而实现组织惯例创新。

因此，组织学习倾向是影响组织惯例更新的动力源泉。组织学习倾向高有利于提高组织成员学习积极性；有利于良好的学习氛围形成、有效的学习激励机制形成；有利于新技术、知识的学习和引入，更有利于集体学习和个人学习成果之间的转换。进而有利于新知识、技术产生和运用，为组织惯例更新提供了动力源泉。

H3：组织学习倾向对组织惯例更新有显著正向影响。

H4：组织学习倾向在 CEO 变革型领导行为与组织惯例更新的关系中起着中介作用。

三、研究方法

（一）研究对象

本文的数据主要来源于上海、新疆和山东。三个地区具有不同的特点，上海是经济发达地区，市场和技术变化比较快，组织惯例更新就会比较频繁一些；新疆地区是经济欠发达地区，市场和技术环境变化较慢，组织惯例更新就会慢一些；山东的样本则是高科技园区企业，组织惯例更新也会频繁一些。研究对象为公司中层及高层管理人员。其中，上海和新疆的数据主要来源于 MBA 和 EMBA 学员，山东省数据主要来源于日照高科技园区企业。在问卷收集过程中，每家企业的中层或者高层管理人员只填写一份问卷，问卷采取集中发放和收集。本次问卷共发放 300 份，实际收回 246 份，剔除填写信息不完整问卷后共得到实际有效问卷 202 份。本次数据收集实际回收率为 82%，问卷有效率为 67%。在样本结构方面，CEO 以男性居多，占 87.2%，出任工作年限在 10 年以上者占 52.5%；企业数据方面，企业规模在 500 人以上企业占 55% 以上；其中成立 10 年以上的企业占 67.8%，所访谈企业中制造业企业占 62.4%；从样本地区分布来看，上海地区占 29.2%，新疆地区占 54.5%，山东地区占 16.3%。

（二）研究工具

1. 组织惯例更新量表开发

以往的研究中没有组织惯例更新的量表，本文对该测量量表进行开发，开发过程包括如下步骤：①文献回顾。Nelson 和 Winter（1982）将组织惯例定义为“组织内部一切规则的和可以预测的企业行为方式”，“它类似于基因一样指导着企业的行为和做事方式”。王永伟等（2011）的研究将组织惯例的形成过程分为四个阶段：集体学习、组织共识、组织规范、组织行为。通过以往文献的回顾发现，关于组织惯例的测量主要集中于“规则”、“规范”、“行为”、“流程”等测量上。因此，本文在进行企业访谈的时候也主要关注于以上信息进行有效访谈，进行测量问卷的开发。②深度访谈。为了取得较好的访谈效果，本文根据文献回顾梳理的关键词，结合组织惯例的研究成果，邀请了组织惯例研究领域的 2 位知名教授和 5 位管理学博士研究生一起制定了访谈大纲。访谈的内容主要包括以下几个方面：贵公司经营过程中很多的规则和行为是怎么形成的？贵公司是否存在一些效率比较低的规则和做事方式？你们是怎么办的？随着时间的推移、环境的变化，公司的很多规则或者工作方式是否有变化？如果有的话，你们是怎么做的？贵公司是如何引进新知识和新技术的学习的？并如何将学习的结果形成规则和做事方式的？访谈对象主要是公司高层及中层管理者，其中中层管理者 8 人，高层管理者 3 人。通过与访谈人员的沟通发现，虽然管理者没有用组织惯例这一词来概括企业的行为和习惯，但是组织惯例在企业中确实存在。通过对访谈提纲进行归纳和总结发现：组织惯例在企业中发挥着重要作用，并以流程和规则的形式存在；在公司的流程和规则中有些能够得到执行和贯彻而有些则不能；大部分企业能够定期对规则和流程进行更新，并通过培训和学习推广新的流程和规则；为了适应环境和市场的变化，大部分公司都曾经对公司操作流程和规则进行更新；在企业内部也存在着一些“不成文”的规则和流程，但是很难去改变。通过对以上访谈归纳收集的信息进行有效梳理，根据在访谈中出现关键条目提及的频次，共提炼出了 10 个测量组织惯例更新的题项。③评定和修改初始问卷。将提炼的 10 个测量题项请几位专家和博士研究生以及企业访谈的经理进行评价，调整表述使其更容易理解，并对题项的科学性和适合性进行评定，最终形成开发量表进行预测试。

2. 量表与测试及信效度检验

预测试是在接受访谈的高层经理人员中进行的，在综合考虑内容效度以及文字表述和企业实际情况后，将该问卷进行小范围预调研。选择了30位在企业担任中层或者高层管理人员填写本量表，并个别进行跟踪访谈，征求意见。同时我们对样本进行探索性因子分析来检验量表的信度和效度。探索性因子分析遵循以下一些原则：①因子特征值大于1；②各个题项的因子负荷值大于0.5；③不存在交叉负荷的情况；④因子题项数目不能少于3项；⑤因子对方差的总解释度大于60%。根据以上标准，对收集的样本数据进行处理，验证性因子指标 χ^2 值为49.4，自由度为35，TLI值标为0.90，CFI指标为0.92，RMSEA指标为0.12。剔除两个测量题项（因子负荷小于0.5）后，验证性因子指标 χ^2 值为21.75，自由度为20，TLI值标为0.98，CFI指标为0.99，RMSEA指标为0.55。测量问卷的信度为0.91，表明该测量量表具有良好的信度和效度，测量题项详见表1。

3. 自变量和中介变量测量

在变革型领导行为测量上，本文采用Bass和Avolio（1990）的8题项量表来测量变革型领导行为。该量表的Cronbach's α系数为0.90，许多关于CEO变革型领导的研究也均采用了本量表（Waldman等，2001；Yang Ling，Zeki Simsek、Michael和Veiga，2008），这表明量表具有良好的信度。组织学习倾向采用Sinkula等（1997）的11个题项测量量表。量表Cronbach's α系数为0.95，这表明量表具有良好的信度。具体测量题项详见表1。

表1　信度及探索性因子分析结果

	1	2	3
1. 在完成目标的过程中显示出决心	0.153	0.385	0.772
2. 让他/她的高层团队成员感觉愉快	0.246	0.340	0.672
3. 为了企业（或集体）利益，不计较个人得失	0.310	0.216	0.726
4. 表现出很能干、有魄力和自信	0.216	0.312	0.825
5. 向高层团队成员表达对他们高绩效的期望	0.261	0.340	0.691
6. 充满激情地谈论需要完成的任务	0.226	0.303	0.798
7. 给大家描绘鼓舞人心的未来	0.283	0.364	0.736
8. 给大家传达一种使命感	0.250	0.408	0.679
Cronbach's α	0.94		
9. 主管们认为本企业的学习能力对建立我们的竞争优势非常重要	0.139	0.659	0.385
10. 将学习视为改进的主要方法是本企业的基本价值观之一	0.228	0.691	0.386
11. 本企业将员工的学习视为一项投资而不是成本费用	0.287	0.711	0.302
12. 本企业认为学习是企业生存的必要保障	0.251	0.736	0.298

续表

	1	2	3
13. 本企业内部有一个共同的奋斗目标	0.227	0.696	0.402
14. 本企业内部各个层级和部门都认同组织的愿景	0.373	0.643	0.366
15. 本企业所有的员工都努力去实现企业的目标	0.363	0.678	0.367
16. 本企业的员工都觉得他们对企业未来的发展负有责任	0.407	0.638	0.318
17. 本企业经常反思对于顾客的各种假设	0.507	0.617	0.340
18. 本企业经常反思对于市场的各种假设	0.462	0.667	0.314
19. 本企业经常反思对于顾客信息的解释	0.521	0.619	0.308
Cronbach's α	0.95		
20. 企业员工提出的改善组织规范的建议能够很快被采纳	0.725	0.239	0.290
21. 企业鼓励员工参与到组织规范的修订过程中	0.741	0.232	0.203
22. 企业能够定期考察和评估已有组织规范的运作效率	0.773	0.227	0.166
23. 企业能够及时地为员工提供新组织规范的培训和指导	0.712	0.229	0.184
24. 企业员工能够很快地接受并运用新的组织规范	0.722	0.265	0.211
25. 企业会对新组织规范实施后的效果进行定期的评估	0.812	0.249	0.178
26. 企业能够主动进行组织规范的变革以迎接内外部新的挑战	0.701	0.327	0.195
27. 企业鼓励员工定期提交改善组织规范的提案	0.747	0.148	0.227
Cronbach's α	0.92		

4. 控制变量

相关研究表明，企业背景变量（年龄、大小、行业、地区、所有制性质）会影响组织惯例更新过程，因此，本文将这些变量作为控制变量处理。企业规模："0"代表100人以下；"1"代表100~500人；"2"代表500~2000人；"3"代表2000人以上。企业成立时间："0"代表3年以下；"1"代表3~5年；"2"代表5~10年；"3"代表10年以上。企业所有制类型：本文用3个0~1变量表示企业所有制性质，"0"代表私有制企业；"1"代表国有企业；"2"代表外资企业（在回归分析中，我们仅仅放入两个0~1变量，因为第三个0~1变量是多余的）；企业所处行业："0"代表制造业；"1"代表服务业；企业所在区域：本文用3个0~1变量表示企业所在地区，分别代表上海、新疆、山东。以上变量除控制变量外，其余变量均采用五点Likert量表测量。

四、数据分析和结果

（一）同源方差分析

大多数研究者都认识到同源误差是目前行为学研究中的一个潜在问题，这种由测量方法而非构念造成的变异会对研究变量间的相关关系产生严重的影响，甚至会使研究产生错误结论。为使本文研究结论更加可靠，我们利用 Harman 单因素检验就该模型所用的测量指标进行未旋转的因素分析，最终析出 3 个特征根大于 1 的因子，而且所有的因子对结果的解释力都小于 50%（单个因子的最大解释力为 43%）（王国才、刘栋、王希凤，2011）。因此表明本文不存在同源误差问题。

（二）信度和效度分析

在对样本数据进行统计分析之前，本文首先对测量工具的信度与效度进行检验。信度分析是为了评价测量结果的一致性、稳定性及可靠性。本文采用 Likert 五点量表打分，用 Cronbach's α 系数作为检验量表内部一致性的标准。效度分析主要是对量表进行 KMO 和 Bartlett 球形检验，结果显示系数为 0.96，适合进行探索性因子分析。量表信度及探索性因子分析结果见表 1。

验证性因子分析结果显示：χ^2 为 670，自由度为 321，χ^2/df 为 2.1，小于 3；TLI 指标为 0.92，大于 0.9；CFI 指标为 0.92，大于 0.9；RMSEA 指标为 0.07，小于 0.08。验证性因子分析结果显示，该量表具有较好的结构效度。

（三）各主要变量的均值、标准差及变量间相关系数

表 2 总结了本文各变量及控制变量的均值、标准差及相关系数。从表 2 的结果可以发现：变革型领导行为与组织学习倾向和组织惯例更新正向相关（$\beta_1=0.79$，$p<0.01$；$\beta_2=0.60$，$p<0.01$）；组织学习倾向与组织惯例更新正向相关（$\beta=0.72$，$p<0.01$）。

表 2　各变量的均值、标准差和变量间相关系数

变量	1	2	3	4	5	6	7	8	9	10
1. 所有制 1	1									
2. 所有制 2	-0.71**	1								
3. 公司规模	-0.33**	0.14*	1							
4. 公司年限	-0.32**	0.26**	0.47**	1						
5. 行业	-0.06	0.21*	-0.20**	-0.12	1					
6. 地区 1	-0.17*	-0.10	0.23**	0.04	-0.27**	1				
7. 地区 2	-0.12	0.28*	-0.07	0.00	0.30**	-0.75**	1			
8. 变革型领导行为	0.09	-0.09	-0.02	-0.01	-0.11	0.08	-0.28**	1		
9. 组织学习倾向	0.12	-0.10	-0.03	0.03	-0.04	0.02	-0.28**	0.79**	1	
10. 组织惯例更新	0.07	-0.15	0.07	0.06	-0.16*	0.10	-0.30**	0.60**	0.72**	1
均值	0.35	0.49	1.70	2.52	0.62	0.32	0.54	3.98	3.71	3.62
标准差	0.48	0.50	1.17	0.80	0.49	0.47	0.50	0.75	0.72	0.70

注：N=202；**表示 P<0.01，*表示<0.05；a. 所有制性质："所有制 1"代表私有制企业；"所有制 2"代表国有企业。b. 公司规模："0"代表 100 人以下；"1"代表 100~500 人；"2"代表 500~2000 人；"3"代表 2000 人以上。c. 公司年限："0"代表 3 年以下；"1"代表 3~5 年；"2"代表 5~10 年；"3"代表 10 年以上。d. 行业："0"代表制造业；"1"代表服务业。e. 地区："地区 1"代表上海；"地区 2"代表新疆。

（四）多层线性回归结果分析

对于研究假设，本文采用了层级回归的方法加以检验（Hierarchical Regression Modeling，HRM），分析结果详见表3。关于组织学习倾向的中介效应，根据Baron和Kenny的建议，中介效应存在需要满足以下四个条件：①自变量对因变量存在显著影响。在引入控制变量（所有制1、所有制2、公司规模、公司年限、行业和地区1，地区2）的基础上，我们将自变量（变革型领导行为）放入回归方程，分析变革型领导行为对组织惯例更新的影响。②自变量对中介变量存在显著影响。在引入控制变量的基础上，我们将自变量（变革型领导行为）放入回归方程，分析变革型领导行为对组织学习倾向的影响。③中介变量对因变量存在显著影响。在引入控制变量的基础上，我们将中介变量（组织学习倾向）放入回归方程，分析组织学习倾向对组织惯例更新的影响。④中介效应。在引入控制变量和自变量的基础上，我们将中介变量引入回归方程，分析变革型领导行为和组织学习倾向对组织惯例更新的共同影响。自变量与中介变量同时代入回归方程解释因变量时，中介变量的效应显著而自变量的效应消失（完全中介效应）或者减弱（部分中介效应）。回归分析结果见表3。

表3　层级回归结果

	组织惯例更新			组织学习倾向
	模型1	模型2	模型3	模型4
控制变量				
所有制1	-0.09（-0.85）	-0.09（-0.98）	-0.09（-1.19）	0.01（0.14）
所有制2	-0.11（-1.07）	-0.13（-1.47）	-0.12（-1.57）	-0.01（-0.20）
公司规模	0.07（0.88）	0.07（1.00）	0.07（1.16）	0.00（-0.02）
公司年限	0.04（0.47）	0.05（0.74）	0.01（0.09）	0.07（1.36）
行业	-0.07（-0.96）	-0.04（-0.70）	-0.08（-1.54）	0.06（1.33）
地区1	-0.36**（-3.19）	-0.19（-1.96）	-0.06（-0.72）	-0.19（-2.69）
地区2	-0.53**（-4.80）	-0.25（-2.61）	-0.10（-1.20）	-0.23**（-3.14）
自变量				
变革型领导行为		0.54**（9.19）	0.05（0.61）	0.75**（17.07）
中介变量				
组织学习倾向			0.65**（7.77）	
R^2	0.15	0.41	0.55	0.67
ΔR^2	0.15	0.26	0.14	0.52
F	4.9	16.72**	26.14**	47.89**
ΔF	4.9	84.53**	60.39**	291.50**

注：N=202；**表示 $p<0.01$，*表示 $p<0.05$；括号内标注的是t值。

从表3的结果可以发现：变革型领导行为对组织惯例更新具有显著正向影响（模型2：$\beta=0.54$，$p<0.01$），所以假设1得到了数据的支持；变革型领导行为有利于组织学习倾向的提升（模型4：$\beta=0.75$，$p<0.01$），所以假设2得到了数据的支持；组织学习倾向对组织惯例更新具有显著正向影响（模型3：$\beta=0.65$，$p<0.01$），所以假设3得到了数据的支持；当同时加入变革型领导行为和组织学习倾向后，变革型领导行为对组织惯例更新的影响系数变为不显著（模型2：$\beta=0.54$，$p<0.01$，加入中介变量后模型3：$\beta=0.05$），所以假设4得到数据的支持。综合以上分析结果可知：变革型领导行为对组织学习倾向提升和组织惯例更新具有积极作用，其中，组织学习倾向在变革型领导行为和组织惯例更新之间起着中介作用。

五、研究结论、启示及展望

组织惯例更新研究是组织惯例研究中一个重要的组成部分。由于组织惯例本身具有的情境特征和路径依赖性，使得当组织惯例执行的组织环境或者路径发生变化时，组织惯例的效能也就会大打折扣。因此，在考虑到组织环境或者路径变化因素的前提下，组织惯例如果与其执行的组织环境或路径相匹配，组织惯例就能发挥其效能，为组织带来竞争力提升；如果组织惯例与其执行的组织环境或路径不匹配，组织惯例就会成为组织发展的阻碍。因此，组织惯例更新研究就是考虑了组织环境或路径发生变化的情境下，组织惯例如何实现与组织环境相匹配，发挥组织惯例积极效能的研究。所以，探讨影响组织惯例更新的主要因素，对有效管理和引导组织惯例更新具有重要理论意义和实践意义。

（一）研究结论

本文通过对文献梳理，构建了组织惯例更新的影响因素研究框架，并对上海、山东、新疆3个地区的企业数据进行收集，通过运用SPSS17.0和AMOS17.0统计软件对研究数据进行分析和处理，得出如下研究结论：

（1）本文证实了影响组织惯例更新的两个主要因素：变革型领导行为和组织学习倾向。在已有的组织行为研究中，变革型领导行为和组织学习倾向能够影响组织行为的研究已取得了丰富研究成果（Judge等，2004；Walumbwa，2005）。通过本文的研究也发现，变革型领导行为和组织学习倾向也能够显著影响组织惯例更新进程，并通过了实证数据的支持和验证。这一研究结论也得到了王永伟等（2011）和Chassang（2010）的研究证实，认为组织惯例更新也是组织学习的一个过程。因此，在组织惯例更新进程中，变革型领导行为和组织学习倾向是两个非常重要的影响因素。

（2）本文发现，变革型领导行为对组织惯例更新的影响是通过组织学习倾向的中介作用来实现的。变革型领导行为能够显著影响组织学习倾向，在本文中已经得到了数据验证和支持。变革型领导行为对其组织成员的影响是直接的，变革型领导能够通过其领导行为影响组织成员的学习承诺、学习分享、心智模式，进而影响组织成员的行为，进而能够有效影响在组织惯例更新进程中组织成员的行为，影响组织惯例更新。因此，在本文中，我们认为组织学习倾向在变革型领导行为和组织惯例更新之间起着完全中介的作用，这一研究结论也得到了实证数据的支持和验证，在将组织学习倾向变量放入后，变革型领导行为对组织惯例更新的影响系数由显著变成不显著。

（二）实践启示

本文通过对组织惯例更新的影响因素研究发现，变革型领导行为和组织学习倾向对组织惯例更新具有显著正向影响，并且组织学习倾向在变革型领导行为和组织惯例更新之间起着中介作用。该研究成果对管理实践具有一定的指导意义，具体表现如下：

（1）组织惯例类似于组织基因一样指导着组织行为，但是在管理实践中却没有引起足够的重视。管理者们往往关注于组织行为的改善，而忽视了组织行为背后的指导力量——组织惯例。因此，在管理实践中，管理者应该重视组织惯例在组织行为中的重要影响作用，正视组织惯例在组织行为背后的指导力量，应该注重从组织行为的根源来解决组织行为中的各种问题。因此，组织惯例应该在管理实践中引起管理者们的高度重视。

（2）管理者应该积极引导和管理组织惯例更新进程。管理者重视组织惯例在组织行为中的重要作用，就应该在管理实践中积极引导和管理组织惯例，为组织惯例实现顺利更新做好各种准备。因为，由于组织惯例本身的惰性，组织惯例执行者没有动力去推动组织惯例进行更新，实现与组织环境相适应，这就需要来自于组织外部的力量推动组织惯例更新。因此，这就要求管理者应该参与到组织惯例更新进程中来，作为组织惯例更新的主要推动者来积极引导和管理组织惯例更新，实现组织惯例与组织环境的相互匹配，最大限度发挥组织惯例积极效能。

（3）通过改变领导行为方式和培育组织学习倾向来实现组织惯例更新。本文认为：变革型领导行为和组织学习倾向显著影响组织惯例更新，其中组织学习倾向在变革型领导行为与组织惯例更新之间起着中介作用。这为管理者积极引导和管理组织惯例更新提供了理论指导，具有一定的实践意义。一方面，管理者可以通过改变领导行为方式来实现对组织惯例更新的影响；另一方面，管理者还要积极参与到组织学习当中去，培育浓厚的组织学习倾向，提升组织学习效果，进而来影响组织惯例更新。所以，管理者可以通过改变领导行为方式和培育组织学习倾向来实现对组织惯例更新的影响。

（三）研究展望及不足

本文通过对组织惯例更新的研究主要获得了两个方面的认知：①本文关于组织惯例的研究主要探讨了组织惯例更新的积极效能，并从领导、组织两个层面探讨了变革型领导行为方式和组织学习倾向对组织惯例更新的影响，从而为组织惯例更新研究提供了理论和实证研究支持；②本文的研究丰富了组织惯例的研究成果，并通过严谨的研究设计，开发了组织惯例更新量表，为以后探讨组织惯例效能提供了科学的测量工具。虽然本文研究的重点是变革型领导行为方式、组织学习倾向对组织惯例更新的影响，但是通过对一些控制变量的研究也发现了较为有意义的结果，这也为今后的可持续性研究提供了帮助。

当然，本文不可避免存在一些局限性：①影响组织惯例更新的因素是多方面的，本文仅仅从领导和组织层面的变革型领导行为方式和组织学习倾向两个因素探讨了对组织惯例更新的影响是不够全面的。但这也是组织惯例更新研究的初步研究，在今后的研究中将会进一步深入研究，不断揭示影响组织惯例更新的要素。②组织惯例更新的过程中离不开一定的情境要素，鉴于本文是组织惯例更新的首次研究，并没有探讨情境要素的调节效应。这也是我们下一步的研究方向，将会探讨组织惯例更新过程中情境要素的调节效应。③鉴于资金和人员配置有限，在样本的地区选择和问卷收集存在一定的不足之处。本文仅仅收取了上海、新疆和山东 3 个地区的数据，但是在这 3 个地区内问卷的发放是随机的，因此也具有一定的代表性；在问卷收集过程中，问卷的填制对象是公司的高层管理人员，但是并没有根据构念不同选择不同的填制对象，这也是问卷收集过程中不严谨之处。在今后的研究中，将会通过更广泛的调查和严谨的研究设计，进一步验证本文的研究发现。

参考文献

[1] Argyris and Schon. On Organizational Learning [M]. Reading: Addison - Wesley, 1978: 16 - 25.

[2] B. J., Avolio. B. M. Bass and D. I. Jung. Reexamining the Components of Transformational and Transactional Leadership Using the Multifactor Leadership [J]. Journal of Occupational and Organizational Psychology, 1999, 72 (4), 441 - 462.

[3] Avolio B. J. Transformational Leadership and Organizational Commitment: Mediating Role of Psychological Empowerment and Moderating Role of Structural Distance [J]. Journal of Organizational Behavior, 2004, 25 (8): 951 - 968.

[4] B. M. Bass and B. J. Avolio. Transformational Leadership Development: Manual for the Multifactor Leadership Questionnaire [J]. Consulting Psychologists Press Palo Alto, CA, 1990.

[5] MC Becker. Applying Organizational Routines in Understanding Organizational Change [J]. Industrial and Corporate Change, 2005, 14 (5): 775.

[6] MC Becker and T Knudsen. The Role of Entrepreneurship in Economic and Technological Development: The Contribution of Schumpeter to Understanding Entrepreneurship, 2004: 14 - 16.

[7] Cohendet, P. and P. Llerena. Routines and Incentives: The Role of Communities in the Firm [J]. Industrial and Corporate Change, 2003, 12 (2): 271 - 297.

[8] Cohendet, P. and W. E. Steinmueller. The Codification of Knowledge: A Conceptual and Empirical Exploration [J]. Industrial and Corporate Change, 2000, 9 (2): 195 - 209.

[9] Cyert, R. M. and J. G. March. A Behavioral Theory of the Firm [M]. Blackwell: Oxford, 1963.

[10] Chassang. Building Routines: Learning, Cooperation and the Dynamics of Incomplete Relational Contracts [J]. The American Economic Review, 2010, 100 (1): 448 - 465.

[11] Day. Integrating Formal and Functional Approaches to Language Teaching in French Immersion: An Experimental Study [J]. Language Learning, 1991, 41 (1): 25 - 58.

[12] Day and Nedungadi. Managerial Representations of Competitive Advantage [J] . The Journal of Marketing, 1994: 31 -44.

[13] Feldman and Rafaeli. Organizational Routines as Sources of Connections and Understandings [J] . Journal of Management Studies, 2002, 39 (3): 309 -331.

[14] Feldman and Pentland. Reconceptualizing Organizational Routines as a Source of Flexibility and Change [J] . Administrative Science Quarterly, 2003: 94 -118.

[15] Gittell, J. H. Coordinating Mechanisms in Care Provider Groups: Relational Coordination as a Mediator and Input Uncertainty as a Moderator of Performance Effects [J] . Management Science, 2002: 1408 -1426.

[16] Grant. The Resourced - based Theory of Competitive Advantage: Implications for Strategy Formulation [J] . Califoria Management Review, 1991 , 33: 114 -135.

[17] Hillison. New NATO Members: Security Consumers or Producers? [J] . Strategic Studies Institute, 2009.

[18] Hodgson, G. M. and T. Knudsen. The Firm as an Interactor: Firms as Vehicles for Habits and Routines [J] . Journal of Evolutionary Economics, 2004, 14 (3): 281 -307.

[19] Judge, T. A. and R. F. Piccolo. Transformational and Transactional Leadership: A Meta - analytic Test of Their Relative Validity [J] . Journal of Applied Psychology, 2004, 89 (5): 755.

[20] J G March. A Chronicle of Speculations about Organizational Decision - making in Organizations [M] . Basil Blackwell: Oxford, 1988: 1 -24.

[21] McKee. An Organizational Learning Approach to Product Innovation [J] . Journal of Product Innovation Management, 1992, 9 (3): 232 -245.

[22] Nelson and Winter. An Evolutionary Theory of Economic Change [M] . Belknap Press of Harvard University Press: Cambridge, MA, 1982.

[23] Narduzzo and Warglien. Talking about Routines in the Field, the Nature and Dynamics of Organizational Capabilities [M] . Oxford University Press: Oxford, 2000: 27 -50.

[24] Norman, Richard. Developing Capabilities for Organizational Learning [M] . Johannes M. Pennings, San Francisco: Jossey - Bass, 1985.

[25] Norrander. Selective Participation: Presidential Primary Voters as a Subset of General Election Voters [J] . American Politics Research, 1986, 14 (1 -2): 35 -53.

[26] Patrick Cohendet and Patrick Llerena. Routinesand Incentives: The Role of Communities in the Firm [J] . Industrialand Corporate Change, 2003, 12 (2): 271 -297.

[27] B T Pentland. Towards an Ecology of Inter - organizational Routines: A Conceptual Framework for the Analysis of Net - enabled Organizations [C] . Hawaii International Conference on System Sciences, 2004.

[28] Pentland, Harem and Hillison. Comparing Organizational Routines as Recurrent Patterns of Action [J] . Organization Studies, 2010, 31 (7): 917.

[29] Prahalad and Hamel. The Core Competence of the Corporation [J] . Harvard Business Review, 1990, 68 (3): 79 -91.

[30] Rerup and Feldman. Routines as a Source of Change in Organizational Schemata: The Role of Trial - and - error Learning [J] . The Academy of Management Journal (AMJ), 2011, 54 (3): 577 -610.

[31] Sackmann. Cultural Knowledge in Organizations: Exploring the Collective Mind [M] . SAGE Publica-

tions, Inc., 1991.

[32] Senge. The Art and Practice of the Learning Organization [J]. The New Paradigm in Business: Emerging Strategies for Leadership and Organizational Change, 1990: 126 – 138.

[33] Shaw, R. B. and D. N. Perkins. Teaching Organizations to Learn [J]. Organization Development Journal, 1991.

[34] Sherer and Spillane. Constancy and Change in Work Practice in Schools: The Role of Organizational Routines [J]. Teachers College Record, 2011, 113 (3): 611 – 657.

[35] Sinkula J. M., W. E. Baker and Noordewier. A Framework for Market – based Organizational Learning: Linking Values, Knowledge and Behavior [J]. Journal of the Academy of Marketing Science, 1997, 25 (4): 305 – 318.

[36] Simon and March, J. Organizations [M]. Oxford: Blackwell, 1958.

[37] Spillane, Parise and Sherer. Organizational Routines as Coupling Mechanisms [J]. American Educational Research Journal, 2011, 48 (3): 586.

[38] Tobin. Constructivism as a Referent for Teaching and Learning [J]. The Practice of Constructivism in Science Education, 1993: 3 – 21.

[39] Waldman D. A., Ramirez G. G., House R. J. & Puranam P. Does Leadership Matter? CEO Leadership Attributes and Profitability Underconditions of Perceived Environmental Uncertainty [J]. Academy of Management Journal, 2001, 44: 134 – 143.

[40] Walumbwa. The Role of Collective Efficacy in the Relations Between Transformational Leadership and Work Outcomes [J]. Journal of Occupational and Organizational Psychology, 2004, 77 (4): 515 – 530.

[41] Walumbwa. Transformational Leadership, Organizational Commitment and Job Satisfaction: A Comparative Study of Kenyan and Us Financial Firms [J]. Human Resource Development Quarterly, 2005, 16 (2): 235 – 256.

[42] Yang. Knowledge Sharing: Investigating Appropriate Leadership Roles and Collaborative Culture [J]. Tourism Management, 2007, 28 (2): 530 – 543.

[43] Yang Ling, Zeki Simsek, Michael and Veiga. The Impact of Transformational Ceos on the Performance of Small – to Medium – sized Firms: Does Organizational Context Matter? [J]. Journal of Applied Psychology, 2008, 93 (4): 923.

[44] Zollo and Winter. Deliberate Learning and the Evolution of Dynamic Capabilities [J]. Organization Science, 2002: 339 – 351.

[45] 陈永霞等. 变革型领导，心理授权与员工的组织承诺：中国情境下的实证研究 [J]. 管理世界，2006 (1).

[46] 李超平，田宝，时勘. 变革型领导与员工工作态度：心理授权的中介作用 [J]. 心理学报，2006 (2).

[47] 王永伟，马洁. 基于组织惯例、行业惯例视角的企业技术创新选择研究 [J]. 南开管理评论，2011 (3).

[48] 王国才，刘栋，王希凤. 营销渠道中双边专用性投资对合作创新绩效影响的实证研究 [J]. 南开管理评论，2011 (6).

组织结构变革中的路径依赖与路径创造机制研究*

——以联想集团为例

李海东　林志扬

【摘　要】经典的路径依赖理论因具有较强的历史决定论倾向，因而无法解释重大的技术和制度变革以及新路径的产生，这些问题推动着研究者将研究视角转向了路径创造和路径突破。战略行为具有路径依赖的特征，根据“战略决定结构、结构跟随战略”的思想，组织结构系统内生地蕴含着路径依赖特性。从组织结构模式演进的角度对组织中的路径依赖形成机制和路径创造机制进行研究，并讨论了组织结构变革中的路径依赖和路径创造对组织运行的双重影响。以联想集团为例，探讨了联想集团组织结构模式选择演化历程中的路径依赖和路径创造。

【关键词】路径依赖；组织结构变革；路径创造；自我增强机制；联想集团

组织作为一个开放性系统，不断地与外部环境进行物质、能量和信息的交换。为了维持组织的生存和发展，它需要与外部环境的变化保持一致性。企业组织也正是在与环境相互作用的过程中，与环境协同进化，并导致自身的结构、行为和功能发生相应的变化。在管理实践中，组织自身常常面临着这样一种矛盾：一方面，外部环境的快速变化往往要求组织快速作出反应，以把握转瞬即逝的机遇，或者将可能影响组织生存发展的威胁降到最低；另一方面，为了使组织运行保持较高的可靠性、有序性和稳定性，往往会遵循既有的战略运作模式和组织惯例。尽管有多种力量驱动着组织变革，但是组织本身常常会表现出结构惰性和战略刚性的特征[1]。

路径依赖作为一个在技术变迁、制度变迁等领域中得到普遍运用的、有价值的概念，有助于理解组织结构惰性和战略刚性的产生原因。通过对相关文献的梳理发现，与组织惰性和历史印记相关的诸多研究都借用路径依赖来研究组织刚性和组织黏性等问题。由于组

* 基金项目：教育部人文社会科学研究规划基金资助项目（11YJA630057、10YJC63003）；中央高校基本科研业务费专项资金资助项目（2011221017）；高等学校博士学科点专项科研基金资助项目（20110121120027）。

作者简介：李海东，景德镇陶瓷学院工商管理学院；林志扬，厦门大学管理学院。

织管理领域中的路径依赖与技术变迁、制度经济学等领域中的不完全相同，因此，不能机械地套用经典的路径依赖理论分析框架。在制度持久性和组织刚性的研究方面，学者们进行了大量的研究，但仅有少量的研究是基于路径依赖理论分析框架进行的。尽管这些研究在一定程度上揭示了路径依赖的某些关键特征并得出了一些有价值的结论，但在路径依赖的内在形成机制方面却未能给予清晰的阐述。例如，路径依赖潜在的内在形成机制是什么。在什么样的情形下，组织成员的行为模式会陷入锁定状态？使组织结构模式陷入路径依赖的驱动性力量是什么？当组织结构模式进入锁定状态时，如何充分发挥路径依赖的积极作用或规避其消极作用？这些问题都需要较为深入的探讨。鉴于此，本文将整合技术变迁、制度经济学、社会学等领域的路径依赖和路径创造理论，将其引入到组织结构变革研究中来，深入研究组织结构变革中的路径依赖形成与路径创造机制，以加深对组织结构变革的认识，为进一步研究打下基础。

一、路径依赖、路径创造与组织结构变革

（一）路径依赖

路径依赖作为一个在社会经济生活中普遍存在的现象，不同学科领域的学者对其内涵进行了不同的界定。在经济学领域，学者们将路径依赖界定为：事物发展的未来走向受制于其发展的历史，它类似于物理学中的“惯性”，一旦进入某一路径，无论是好是坏都可能对这种路径产生依赖[2]。在社会学领域，Page[3]认为，路径依赖是围绕特定制度而建立起来的行为惯例、社会联系和认知结构。Heffernan[4]基于行为规则从组织内部行事的角度对组织中存在的路径依赖进行了界定，认为组织层面的路径依赖是由技术、制度框架和所采用的规则导致。惯例化的行动限制了个体的行动自由，从而使其按照既定规则和惯例行事，最终形成了路径依赖。

路径依赖意味着事物在其发展过程中，由于收益递增效应的存在，事物演进的最终状态可能会锁定在某一种占据优势地位的、起支配作用的模式上，这种模式不太可能被其他模式替代或者很难发生逆转。路径依赖理论强调过去事件对未来行动的重要性，更为准确地说，过去能够塑造未来[5]。先前时点上发生的偶然性事件往往能够决定整个事件序列的演变轨迹和基本特征，显著的历史印迹特征极大地限制了选择范围。尽管路径依赖理论强调“历史至关重要”[6]，注重历史事件发生时点先后顺序的重要性和敏感性，但是该理论还是过于抽象[7]。在本质上，路径依赖的内涵要远丰富于过去依赖[8]。简单地将路径依赖解释为历史在作用和左右着事物的发展轨迹，将无助于更为准确地把握路径依赖形成的内在机理。此外，路径依赖理论还存在着一大缺陷，即路径依赖只强调初始条件或早期因素对后续技术和制度变迁轨迹的决定性影响，因而带有过强的历史决定论倾向。路径依

赖理论对路径形成的整个过程的观察视角来自于外部，关注的焦点主要是那些比较明显的、不可避免的自我增强机制，而将嵌入在路径中的、能够采取战略性行动的行为主体排除在外。这些行为主体对路径的演进历程具有非常重要的影响，不仅能够决定路径的演进方向，而且还能够引起路径的中断。由此，照搬路径依赖理论，将无法合理并有说服力地解释重大技术和制度转变以及新路径的产生[9]，所以，在将其他学科领域中的路径依赖理论运用到组织管理领域中来研究组织结构惰性和战略惰性时，就不能机械地套用路径依赖理论。早期的路径依赖理论文献具有一定的决定论倾向，并且认为路径突破的实现和路径的偏离只有依靠外部冲击才会实现[10]，忽视了路径中行为主体的能动性作用，这些局限性推动着学者超越单纯历史视角，将研究的焦点转向了路径创造[11]、路径依赖解锁或路径突破[12]。

（二）路径创造

路径创造思想最早的研究——创造性破坏理论认为，企业家的意志力对新发展路径的创造具有决定性作用。在组织管理研究中，最先对路径创造进行系统性研究的是 Garud 等[11]。他们对路径依赖概念和路径创造概念进行了区分，路径依赖概念体现的思想是对行为主体的战略行动产生了一定的限制和约束，使其战略行动集中在利用而非探索方面，进而使组织内既有路径不断得到固化和稳定；路径创造概念体现的思想是在不忽略现有结构性和制度性特征的情形下，强调行为主体的能动性作用。路径创造的内涵是指在一个复杂过程中，经济主体（如企业家）遵照制度程序和社会认知行事，其中，历史作为原始材料对其行为是有影响的但不是决定性的。“有意识地偏离”是路径创造理论的核心内容。“有意识地偏离”意味着企业家能够清晰地认识到何种情形应遵循，何种情形应偏离。企业家可以“有意识地偏离”组织中已存在的组织结构、战略方案以及制度体制，采取其他一些能够帮助组织适应环境、提高组织运营效率的方案。此外，路径创造并不意味着企业家能够做出不受限制的战略选择，相反，企业家是嵌入与其共同创造并有意偏离的组织结构之中。“有意识地偏离”意味着企业家不仅拥有使其从所嵌入的现存结构之中挣脱出来的能力，而且拥有动员集体力量的能力，尽管在路径创造努力过程中可能会遇到抵制和惰性。

在 Garud 等[11]提出路径创造理论之后，其他学者对该理论的研究进行了拓展。例如，Pham[13]认为，路径创造过程遵循着 5 条准则，即技术决定准则、有意识偏离准则、实时影响准则、相互认可和依存准则以及最小误解准则。Schienstock[14]认为，路径创造的过程包括 5 个相互作用的模块：①与新技术—组织范式相关联的“新机会窗口”；②具有前景的新业务和新市场；③来自于外部的社会—经济因素的压力；④关键的变革性事件；⑤人们改变事物的意志。Sydow 等[12]也指出，企业家在路径突破或创造过程中起着关键性作用。当组织内出现战略刚性或组织生存面临威胁时，企业决策者一定会投入时间和精力去学习和搜寻更多可能的路径干预方案，以摆脱路径依赖或实现路径解锁。

（三）组织结构变革

组织结构是影响组织运行效率的关键因素，它决定了组织中的正式报告关系，确定了将个体组合成部门、部门再组合成整个组织的方式，包含了确保跨部门沟通、协作与力量整合的制度设计[15]。组织结构模式的选择受到多种权变因素的影响，如环境、战略、组织规模和技术等。战略管理理论认为，战略行为是路径依赖的[16]，企业以往的投资和现有的惯例（即其“历史”）约束了企业将来的行为[17]。资源观[18]和动态能力观[17]认为，组织是由各种资源构成的有机体，并且这些能够给组织带来竞争优势的资源是组织经过长期历史积累的结果。持有资源观的学者指出，尽管这些资源能够给组织带来长久的竞争优势，但是也会产生阻碍企业在动态变化环境中进行资源整合的刚性[19]。持有动态能力观的学者进一步强调，即使企业能够适应环境变化，对其既有资源进行整合和重新配置以保持其竞争优势，但它们沿着历史轨迹所形成的动态能力同样很少会突破其能力发展路径[17]。根据“战略决定结构、结构跟随战略”的思想，组织结构的演进也可能会表现出路径依赖性。有实证研究表明，在某些具体条件下形成的组织结构和组织战略的核心特征具有非常强的稳定性，即使是在它们所处的社会经济环境发生剧烈变化的情况下。例如，Carney 等[20]对 Asean 家族企业集团所进行的案例研究表明，组织结构和战略框架具有非常强的持久性和连续性；Burgelman[21]对因特尔公司的核心战略和核心能力进行了研究，结果表明因特尔公司的核心战略和核心能力的演化具有锁定的特征。此外，根据组织结构进化理论，组织结构会随着组织规模的不断扩大而变得日趋复杂。这种复杂性不仅体现在组织内各种职能部门间形成的业务联系网络，也体现于组织结构安排的超稳定性。

二、组织结构变革中的路径依赖形成机制分析

路径依赖形成的核心机制是自我增强机制。在技术发展和扩散领域，学者们进行了大量的理论和实证研究来论证自我增强机制发挥作用的内在机理。例如，David[22]认为，QWERTY 键盘之所以能够在市场上占据支配性地位，不是由于该类型键盘技术最好，使用起来最具效率，而是由于技术相关性、投资准不可逆性、正向网络外部性和规模经济等自我增强机制的作用，使键盘技术锁定在次优解决方案上，限制了其他更优技术方案的选择行为。在技术扩散和制度经济学领域中，学者们确定了 6 种类型的自我增强机制，即规模经济、网络外部性、学习效应、适应性预期、协调效应和互补性[2]。这种自我增强机制或报酬递增机制的共同作用导致了技术和制度领域中路径依赖的形成。技术扩散和制度变迁领域中的路径依赖机制主要包括以下几个方面的内容：①给定条件或者初始条件（随机偶然性事件）。②启动机制（正反馈机制随着给定条件的成立而启动）。③状态形成，表现为以下特征：可能会出现多种可能性结局，出现多重均衡状态；导致锁定，报酬

递增机制会阻止它受到外部因素的干扰或被其他方案替代；可能是非效率的技术或制度选择；技术或制度的变迁路径敏感地取决于技术或制度的初始状态，它表现出了前后连贯、相互依赖的特点；退出锁定，通过行为者的干预和一致性行动实现路径替代或路径创造。

在组织管理研究领域中，除了前面列举的 6 种类型的自我增强机制会发挥作用之外，还包括情感反应、认知偏见以及政治过程等能够引起正反馈循环的因素[23]，因此，对组织路径依赖形成的研究就需要将这些情境因素考虑进来。正如 Brunninge 等[24]所指出的，认知方面的局限性是导致路径依赖形成的一个重要因素。最先对组织路径依赖的形成机理进行比较深入的、具有开创性研究的是 Sydow 等[12]。他们提出的组织路径形成的三阶段理论是一个很好的路径依赖形成分析框架（见图 1）。该理论分析框架以一种比较严谨的逻辑方式解释了路径依赖形成过程中的内隐动力机制[25]。本文将借鉴 Sydow 等[12]的研究，重点探讨组织结构变革路径依赖的形成机制。

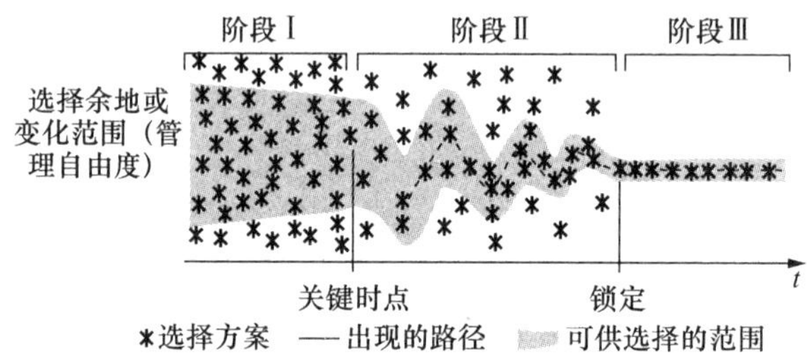

图 1　组织路径依赖的形成过程

结构惰性在组织结构演进过程中是普遍存在的，组织结构变革路径依赖的形成过程也遵循着 Sydow 等提出的 3 个阶段：

（1）形成前阶段（阶段Ⅰ）最突出的特点就是组织有着广泛的选择范围，可供选择的方案也很多。以组织结构变革为例，组织可供选择的结构类型、结构模式和战略模式有多种，但组织结构模式和类型的选择并不是完全自由和不受任何约束的，其可供选择的范围仍然会受到过去历史的限制[26]，如组织自身所积累的资源、技术水平和知识储备等。特别地，在阶段Ⅰ，组织的具体选择是无法依据先前发生的事件或者初始条件而准确预测的。一旦做出某一项具体决策，即选定了组织今后发展的结构模式和发展战略，不论其决策制定依据为何，这种选择行为都会演变成为经济学上所指的“小事件”，更为准确地讲，就是关键性事件。这里的“小事件”（即经济学领域中所指的初始条件或早期因素）是后期组织结构路径演进的一个先决条件，而组织结构路径演进方向的浮现则是起始于某一个关键时点。在关键时点上，促进路径演进的自我增强机制被触发。自我增强机制能够促使先前做出的选择行为产生收益递增效应，进而限制了组织后期可供选择的范围。

（2）形成阶段（阶段Ⅱ）组织结构特征的各种因素开始发挥作用。这些因素之间形成了促进组织结构路径依赖形成的自我增强机制和正反馈机制，进一步促进了组织结构惰

性的生成（见图2）。组织结构惰性理论指出，结构惰性的强度受到组织规模、组织年龄、组织复杂性和组织结构透明性等因素的正向影响[27]。例如，组织规模越大，组织就越强调可预测性、正式规则和控制系统。而规则和规范作为组织内最基本的协调工具，不仅能够有效地降低组织内各种单元体（个体、团队和组织）之间的协调成本，而且能够通过组织成员之间的互动对其成员的行为做出预期。组织结构越复杂，组织结构惰性的强度越高，对组织结构变革的抵制作用越大。在第1个负反馈回路中，随着结构惰性的增强，组织成功进行结构变革的可能性降低。在第2个负反馈和第3个正反馈回路中，当组织表现未能达到期望或绩效目标时，组织内会发生变异。实际绩效与预期绩效之间的差异触发了组织进行探索性学习和探究问题的过程。当这种机制在组织中发生时，组织变革的压力就会增加，而变革压力又推动组织作出变革努力。积极的正反馈机制和自我增强机制会使组织内产生某一个具体的、深入到组织管理实践中的行动模式，该行动模式在组织管理实践中不断得到复制、继承和执行，最终转化为组织惯例或组织能力[28]。

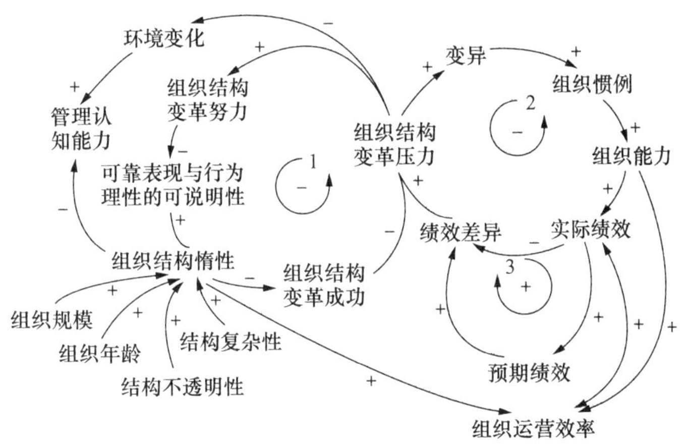

图2　组织结构变革的系统动力学模型

在此需要说明的是，在这一阶段，尽管组织内存在着某些较为强大的力量可以对路径演进过程进行某种程度的干预，但初始选择行为在一系列正反馈机制和自我增强机制的作用下，使得路径演进的方向和轨迹超出了个体行为者的控制[22]，某种力量占据了主导地位并使路径演进过程进入了一种不可逆的僵化状态。

（3）锁定阶段（阶段Ⅲ）在自我增强机制和正反馈机制的持续驱动下，组织结构模式演进的路径最终进入了不可能或者是难以摆脱的锁定阶段。在该阶段，某一特定类型的组织结构模式逐渐固定下来并最终演变成为主导模式，同时该模式还获得了准决定性特征。组织结构模式演进进入锁定状态最为显著的特征之一就是行为者无法在较优替代性方案出现的情形下进行转换，即使组织先前做出的选择在本质上可能是低效的。

三、组织结构变革中的路径创造机制分析

路径依赖理论指出，系统演化一旦进入锁定状态，就会有一定的惯性，很难摆脱。这种锁定最终使组织陷入创新停滞状态，不利于组织环境适应能力的提高，最终可能会使组织走向衰败。在这方面具有代表性的例子就是荷兰壳牌石油公司。20 世纪 70 年代中期，荷兰壳牌石油公司将集团的主要业务活动发展成独立的业务，并为每项业务制定发展战略，但允许营业公司保留日常决策权。1978 年，集团公司将地区组织职责进一步扩展至包括区内所有集团的业务。集团为激励各经营公司经理们的主动性，授予集团内部约 260 个重要经营公司几乎完全的自主权。依赖分权管理，集团在全球市场取得了良好发展，分权理念亦因此根植于公司。但是在 20 世纪 90 年代，石油价格大幅下降时，集团依然对其经营自主权的分散坚信不疑，导致价值理念的僵化，未能使公司迅速在全球经营中降低成本而开展合理的经营，以致其市场份额一度剧减。由此，对于组织而言，成功常常孕育成行为惯性，行为惯性则容易导致失败。在这种情形下，组织就需要积极地进行路径突破或路径创造，以发展新的路径。这恰好符合 Nelson 等[29]曾经提出的论点，当环境迅速变化时，为了求得生存，组织必须“不学习”先前的成功规则和惯例，转而向几乎相反的方面学习。

由于组织情境具有复杂性和不确定性特征，组织结构变革路径演进进入锁定阶段后，组织最终选择的结构模式并不意味着一定是完全排他的、具有独占性特征的解决方案。由于组织行为者具有能动性，其在路径依赖形成的锁定阶段并不是完全不能作出选择，仍然有一定的选择空间，只是在这一阶段，行为者可供选择的方案范围非常狭窄，受到非常大的约束，如图 3 中阶段Ⅲ狭窄的阴影部分。换言之，锁定状态并不完全是刚性的，这也就为路径演进进入阶段Ⅳ——路径突破提供了条件。新路径的生成并不是原来路径的突然中断，其原因在于，从旧的路径向新的路径转化需要一定的时间。在新旧路径交替期间，新的技术——组织范式逐渐凸显，并且开始新一轮的路径依赖轮回。

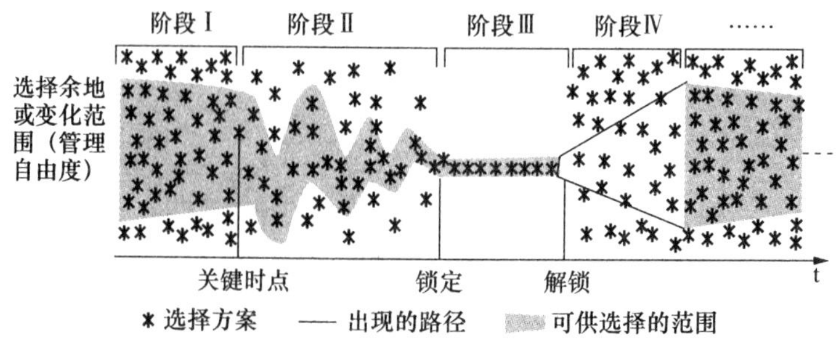

图 3　组织结构变革中的路径突破

组织结构锁定在单一路径最终会导致衰退或失败，而危机的出现往往又意味着新的发展机遇。要消除组织结构路径依赖的消极作用，领导者就需要在路径突破或创造方面充分发挥“创造改变”的能力，即不按照现行制度、惯例的轨迹运动，甚至是彻底地变革现行制度和组织惯例。换言之，组织路径依赖的突破需要变革者的创新。只有通过创新才可以逃离现有组织结构安排的约束。创新者是组织路径突破的关键行为人，他们对现有的结构、制度积极地做出响应，全身心地投入到路径创造之中，并努力将各种变革阻力的影响降到最低。由此，变革领导者对组织所遵循的既有路径的挑战和突破起着至关重要的作用。此外，由于组织结构变革中的路径创造是一个较为复杂的过程，涉及不同的利益群体和权力主体，所以路径创造不能简单地视为一个理性的决策制定过程。路径创造是一个不断试错的过程，所以最好将路径创造理解为组织内变革推动者集体创造性地整合各种资源和进行集体学习的结果。

对组织内已形成的组织结构模式进行变革（无论是显性的还是隐性的）都可以看作是一个程度上的问题。仅仅对组织结构的某些部分作出调整是不够的，一项变革活动只有在充分地偏离组织结构既有的发展路径时才能被界定为路径创造，即路径突破型变革。路径突破型变革打破了组织内部已经形成的平衡，对现行组织结构的基础带来了挑战，甚至会导致现存组织结构的剧烈变革和瓦解。由此，组织结构演进的路径突破型变革并不能保证一定会带来积极的变革效果。以一种明显的方式偏离组织惯例或组织既有发展路径是有风险的，尽管潜在收益可能是巨大的，但同时也存在着很大的失败风险。

根据 Hannan 等[27]的观点，当组织能够可靠运行，并且组织行为活动方式具有可说明性时，具有一定惰性或路径依赖的组织在激烈的竞争中反而能够获得更多的生存机会[30]。为了使组织能够在竞争激烈的市场中生存和保持高绩效，保证利益相关者所关注的可靠性和可说明性，将组织活动惯例化和制度化是非常必要的[12]。组织运行的可靠性意味着组织拥有在承诺的时间和质量水平上不断提供产品和服务的能力。在一个充满不确定性的环境中，相对于效率而言，组织的各种利益相关者，如潜在的投资者、客户等，会更加看重组织运行的可靠性。可说明性意味着组织能够记录资源是如何被使用以及在一定产出后的组织决策、规则和行动。组织的可靠性和可说明性有赖于组织结构保持高度的可复制性，即保证组织结构模式具有一定的可持续性，同时组织现有结构路径的延续性也反映出现有的组织结构模式创造了新的价值，并且使组织中更为广泛的利益相关者受益。然而，组织结构的路径突破型变革却有可能使组织的可靠性和可说明性受到一定程度的损害，威胁到组织在稳定情形下对专业知识、已有权利关系和资源分配的固定方式。从这个角度来看，组织应该以效益观来进行组织结构变革的路径突破和创造，而不能盲目地进行。

此外，组织结构的路径突破型变革并不是凭空产生的。因为“创新从来都不是完全新颖的，它们总是在其他维度上曾经有所预示”[31]。组织既有的发展路径或组织惯例不能简单地将其视为对行为的“约束”，而应被看作人们合作时曾经有效的做事方式。一种社会技术、制度或惯例就像通过沼泽地所铺设的道路。如果说道路的铺设是对通行的约束，那么这种说法从根本上就没有抓住要害。没有道路，通行是不可能的，至少是更加艰难的。由此，路径突破和创造也必须在一定的路径基础上进行，两者应当是一种共生演化的关系[32]。这样的路径创造或路径突破并不是完全否定先前的路径选择对后续路径产生的重要影响，而是将行为主体在路径创造过程中的选择活动纳入了理论分析框架。在这样的路径依赖和路径创造分析框架中，路径的演进轨迹不再仅仅受制于历史惯性的约束，还同时受到行为主体理性选择的重要影响。由此，路径依赖理论的历史决定论在一定程度上得以克服，组织结构模式演进路径的不确定性和多样性成为组织结构进化过程中符合理论逻辑的必然特征。

四、联想集团组织结构变革中的路径依赖与路径创造分析

（一）联想集团简介

联想集团是一家全球领先的 PC 企业，拥有近 2 万名员工。2009～2010 年，联想集团的营业额达 166 亿美元，占全球 PC 市场份额的 8.8%。目前，联想集团在北京、日本和美国三大研发基地建立了全球性的研发架构，拥有近 2000 名一流研发人才、2000 多项专利，并且开创了诸多世界第一。联想集团在 2009 年和 2010 年连续两年入选《商业周刊》全球创新 50 强。

联想集团顺应企业不同发展阶段对创新的要求，通过突破惯性思维实现价值转移与路径创造，进行持续的、适时的组织结构变革，重新设计企业全新的运作模式，最终实现了企业的不断成长和超越。

（二）联想组织结构再造：路径依赖与路径创造①

联想集团作为我国 PC 市场上的领军企业，在其成长和发展的道路上，通过战略和组织结构的持续变革，不断探索和寻求自我突破，取得了辉煌的业绩。鉴于联想集团 20 多年的成功变革和创新发展，以之为案例剖析组织结构变革过程中路径依赖的形成与突破将给我国的企业和组织以更多有益启示。

通过对联想集团资料的收集、整理和分析，总结了其组织结构变革中路径依赖形成与突破的过程（见表 1）。通过对联想集团组织结构模式演进过程的分析可知，其组织结构的发展是一个螺旋式上升的过程，各个职能部门在结构演进过程中得到不断细化。在联想集团组织结构变革过程中，路径依赖的形成与突破贯穿于组织结构变革始终。

---

① 对于联想集团背景资料的介绍与分析，本文主要参考了以下几本具有代表性的专著：凌志军．联想风云［M］．中信出版社，2004；迟宇宙．联想局［M］．北京：中国广播电视出版社，2004；李建立．联想再造［M］．中国发展出版社，2004；李国刚，许明华．联想并购以后［M］．北京：北京大学出版社，2010；张小平．再联想——联想国家化十年［M］．北京：机械工业出版社，2012。

表 1 联想集团组织结构变革中的路径依赖与路径创造

	1978～1984 年	1988～1993 年	1994～1998 年	1999～2000 年	2001～2003 年	2004 年至今
产业背景	IT 市场发展潜力巨大；大部分电脑公司从事电脑贸易	PC 市场高速发展；市场经济环境繁荣；经济体制改革处于关键期	进口 PC 等关税降低；跨国公司大举进入；计算机行业竞争白热化	先进的互联网技术带来了信息产业革命	互联网泡沫破裂；IT 行业发展处于高峰期	PC 市场需求放缓；市场竞争激烈；国际市场潜力巨大
里程碑事件	李勤加盟；倪光南担任总工程师；研制出“联想汉卡”，形成一套功能齐全的“联想式汉字系统”	香港联想电脑公司成立；推出“联想 286 微机”；孙宏斌事件和公司制度化建设	香港联想公开上市；进行组织结构重建，成立微机事业部，推出 E 系列中国第一款经济型电脑；联想集团控股公司成立	联想综合门户网站“FM365”发布；正式实施 ERP	分为联想电脑和神州数码；实施数起较大规模的并购行动；组织结构的扁平化改革	“归核化”战略变革；收购 IBM 的个人电脑事业部；全球组织整合；“杨柳配”的回归
战略选择	由“战略缺位”过渡到定位 IT 行业，以“技术+贸易”方式实现“技工贸”一体化	进军海外市场，持续走“技工贸”发展道路	以市场为导向，走“贸工技”的发展道路	由硬件生产商向互联网服务供应商转变的战略	以“客户为中心”重组建立五大业务群组，全面实施多元化战略	进行“归核化”和“专注化”战略变革，全面推进全球化战略
管理认知	选择性注意	有意识地偏移	认知转移	开放	开放	开放
生命周期	创业阶段	聚合阶段	规范化阶段	精细阶段	再发展阶段	新生阶段
结构模式	“平底快船”	“大船结构”	“舰队结构”	“陆基联合舰队结构”	“航母联合舰队结构”	“超级航母联合舰队结构”
结构类型	直线职能型	直线职能型	事业部型	事业部型	矩阵制	立体多维矩阵制
结构特征	随机分工、简单科层、高度集权、职能交叉重叠	集中指挥，分工协作	事业部+职能管理，以“协调控制下的分权运营模式”运作	集团资源得到有效整合，各业务系统的专业化管理得到加强	每个业务群的客户群统一，领导统一；集团资源有效共享	将纵横交错的部门、事业部划分有机地结合为一体
路径演化特点	路径收敛→路径依赖→突破路径依赖→重新定向路径→路径创造					

注：结构模式的命名主要借鉴了文献[35]中对联想集团组织结构变革案例的研究。

1. “平底快船”模式到“大船结构”模式①

在路径开始的形成前阶段，联想集团的战略选择空间是非常开放的。1984 年 10 月，联想刚刚成立时，其前身为“中国科学院计算技术研究所新技术发展公司”，规模很小，企业员工只有 11 人。1985 年初，公司设置了简单的组织结构，包括技术开发部、工程部、经营部和一个办公室。公司由总经理直接指挥，权力高度集中；员工一人身兼多职，部门之间的分工还不明晰，职能交叉重叠，只要市场需要，什么事情都做，这就是联想自称的“平底快船”的组织管理模式。总体来看，这种管理模式对规模很小，处于创业阶段的联想十分有效。创业之初，联想的核心管理层还没有形成明确的发展战略，公司的核心经营业务也不清晰。此时，公司的创业者还处于摸索阶段，他们所面临的第一个关键性问题就是“公司的第一桶金从哪里来”，即如何解决公司的资金积累问题。尽管公司的未来发展宗旨是脱离中国科学院计算所的体系而另辟蹊径，但是当时公司最重要的资源还是在中国科学院计算所的传统机制中。在柳传志的坚持下，公司最终选择了依托中国科学院计算所来发展业务和募集经营资金，而没有选择独立运营（如建立董事会）的发展轨道。正如柳传志在公司总结大会上所宣称的：“公司不设董事会，在所领导直接关怀和领导下开展工作，这就保证了公司的一切行动纳入全所统一发展轨道。”公司后来的原始资金积累、快速发展和良好业绩有力地证明了这项选择的正确性。例如，中国科学院购买 500 台 IBM 的计算机，把计算机的验收、维修和培训业务交给公司，公司获取服务费 70 万元。

在路径形成阶段，联想集团采用的组织结构模式是“大船结构”模式。从管理学角度来看，这种组织结构模式就是直线职能制结构，主要特点是“集中指挥，分工协作”。权力的高度集中使公司贴近于市场并能够快速做出反应和变革。然而，这完全取决于企业所有者或创建者的个性——如果他拒绝或者无法适应市场变化，不能进行适时的变革，并突破企业原有的发展路径，那么这个组织很快就会消失。此时，联想集团创业者经过一番深入思考之后，认识到公司后续发展的瓶颈在于如何发挥自身的技术和人才优势。鉴于此，柳传志对总工程师倪光南寄予了厚望，并给予其充分的自主权。在倪光南的带领下，联想集团的产品研发迈上了一个新台阶。由此，联想集团走上了“技工贸”的发展道路。由于在“技工贸”的发展模式下，公司需要在技术研发方面投入大量资金，因此，积累充裕的研发资金就显得尤为重要。

为了有效支撑“技工贸”发展战略，联想集团在 1988 年制定了三步走的“海外拓展计划”：第一步是在边境以外的地方创办一家贸易公司，积累公司后续发展所需的资金和经验；第二步是将公司业务由贸易领域延伸到生产领域，大规模地进入个人计算机的整合行业；第三步是进入香港股票市场，成为一家上市公司。通过代理 AST 微机获得的丰厚利润不仅弥补了自制板卡的亏损，而且还有充裕的资金用于研发公司未来发展的主导产品——联想 286 微机，这为日后的联想 286 微机取代 AST 微机创造了有利条件。为了让联想微机成为中国名牌，在市场上逐渐取代 AST 微机，联想将其着力点聚焦于联想微机的

① 这个阶段反映了联想集团的结构类型由初期不完善的直线职能制向规范的、完善的直线职能制转变。

生产、采购和销售。在市场销售环节，联想微机和汉卡的销售主要是业务部和企业部负责。其中，业务部负责全国的销售，而企业部负责全国17家独资分公司，其本质也是负责全国的销售。由此可知，业务部与企业部的职能相似，这就造成了部门之间责任和利益的重叠，冲突在所难免。为了协调和处理好各部门的利益与冲突，柳传志妥善地解决了业务部与企业部之间的人事纠葛问题，并提出了“大船结构”和“斯巴达克方阵”的思想，即强调组织有序运作的统一原则与合作原则。

然而，“技工贸”发展道路在给联想带来成功的同时，也造成了消极影响。例如，公司的研发中心一直沉浸在技术至上的气氛中，耗费的资金超过利润的40%，但公司的技术成果转化为产品的成功率很低。研发的新产品之所以难以盈利，其原因在于公司在市场开拓能力方面有所欠缺。正如柳传志所言，“不把销售渠道理顺，再好的技术也是不行的”。也就是说，技术上的成功并不能带来市场上的成功。

此时，可以说联想集团已经进入了锁定阶段。作为企业经营管理者，柳传志开始考虑联想成长面临的更现实的问题，即不能单纯为了所谓“技术”而危及企业的生存。经过“倪柳之争”，柳传志带领着联想集团由科研型队伍向经营型队伍转变，走上了“贸工技”之路。联想集团成功地实现了路径突破，进入了路径解锁阶段，组织结构模式也得到了进一步完善，进入了“大船结构”模式。联想集团后来的快速发展证明了“贸工技”这条道路是唯一正确的选择，尽管“贸工技”之路在很长一段时间内饱受诟病，甚至被视为“没有技术”的制造企业。

2. “大船结构”模式到“舰队结构”模式[①]

1994年，我国降低了进口PC等的关税，国外的世界一流计算机企业大举进入中国，国内市场竞争更加激烈，产品更新速度加快。此时联想集团的内部运营也出现了一些因协调困难而导致的“大企业病”，例如，各销售大区之间的客户争夺；生产制造各职能部门之间的各成体系和难以协调，内部滋生出不顾整体利益的本位主义和分散主义等。在这种情况下，联想集团对公司的组织结构进行了激进式变革，成立微机事业部。原来涉及PC的20多个部门被压缩为销售、市场、技术、综合、生产制造5个部门，员工队伍也进行了大幅精简，由300多人的队伍精简到125人。在该阶段，除了重大决策权、合理监督权和高层人事权之外，其他权力都下放到事业部。这在某种程度上意味着联想集团已经建立起比较完善的事业部制，并且按照这种组织结构模式对公司的运营进行管理。事业部制作为一种“协调控制下的分权运营模式”，既能够保证各事业部在经营管理方面拥有充分的自主权，又实现了权力的高度集中。变革后的事业部制使联想集团从根本上改变了公司权力分散、各自为政、机构臃肿的局面，既实现了统一指挥的原则，又保证了公司整体运作的步调统一性。需要指出的是，这种模式也容易造成组织结构重叠，管理人员膨胀的现

---

① 这个阶段反映了联想集团的结构类型由直线职能制向事业部制过渡。在结构模式上，“舰队结构”和“陆基联合舰队结构”的组织结构类型均是“事业部型”，特别是在1999~2000年期间，联想对“事业部型”组织结构仅仅是进行了微调，并未发生特别显著的、对公司运营起到实质影响的变化，因此，本文在阐述过程中，将这“舰队结构”和“陆基联合舰队结构”进行了合并，简称为“舰队结构”。

象。例如，到 2001 年，联想集团的员工总数（不含工人）大约是 4000 人，而管理者（经理级别以上）的数量约为 710 人，比例高达 17.8%。

集权和分权相结合的"舰队结构"模式是联想组织结构发展的第三个阶段。这种模式在释放各条"小船"的同时，又用统一的财务将其"捆绑"成一支"舰队"，有效地解决了"大船"笨重的问题，实现了生产力的又一次解放。联想集团进入了连续 4 年销售量和利润保持高速增长的高峰期，为其以后的持续发展奠定了坚实的基础。

3. "航母联合舰队结构"模式到"超级航母联合舰队结构"模式[①]

新的竞争环境和新的业务模式需要一个更具弹性和更扁平化的组织结构。2000 年以后，联想集团正式实施 ERP，大力推进公司的信息化建设。联想集团的组织结构由原来的事业部制过渡到"业务群 + 职能 + 区域"的矩阵式组织架构。同时，联想集团的管理层也大幅精简，由原来的 11 级压缩至 5 级。联想集团的信息化建设与组织结构的扁平化变革使两者之间发挥了协同作用，一方面推动了流程再造，使各职能部门分工更加明确，提高了组织整体的运作效率；另一方面也有效地推动了联想集团向"高科技的、服务的和国际化的"未来形象转型。由于联想集团的战略取向是"做大做强"，这就表明其不仅追求公司的快速成长、上市和扩张，而且还追求直接的利润，这可以从联想集团 2001 年以后所实施的一系列大规模的战略并购和开展的相关多元化战略得知。其中最为引人注目的是，联想集团与 IBM 进行战略合作，2004 年 12 月联想集团以 12.5 亿美元收购了 IBM 个人电脑事业部，其中收购的业务包括 IBM 全球台式及笔记本电脑的全部业务。这次战略收购使得联想集团迅速成长为一家真正的跨国公司。

2005 年，联想集团在实现国际化之后，其组织架构一直是国际化企业通用的组织设计方法，即采用了"三维矩阵结构"。在此期间，联想集团为了建立起统一的业务模式和业务流程，将联想国际与联想中国进行整合，成立了 3 个全新的组织：全球产品集团、全球供应链组织和五大区域。由此，公司的组织结构模式正式过渡到"立体多维矩阵制"。这种组织结构模式的最大优点就是保证了联想集团既能够实现组织运行的快速、高效、灵活和专业化，又兼顾了全球不同市场的特点。在接下来的几年里，联想集团对"立体多维矩阵制"进行了一些微调，比如，销售系统和供应链的全球整合、2 个新业务集团的成立（针对成熟市场和新兴市场）等。总体而言，组织结构的创新性设计是联想集团实现全球化运营的重要保障，其对组织结构的一系列微调主要是为了使公司的职能单位能够与公司的战略方向以及市场特性更加匹配、更好地服务客户。

（三）联想集团案例简要分析

由于未来存在着极大的不确定性，要在较早的阶段就确定企业可行的战略是极其困难

① "陆基联合舰队结构"模式在联想由"事业部制"向"矩阵制"转变过程中，仅仅起到了承上启下的作用，是联想转向"矩阵制"组织结构模式的一个准备阶段。因此，文章对"陆基联合舰队结构"到"航母联合舰队结构"没有详细展开，只是对准备阶段进行了简要阐述。

的。随着市场的演进，产业的游戏规则和参与者的特征才能逐渐显现出来，这时企业构建和保持灵活的组织能力就非常重要[17]。要消除组织结构中的路径依赖，实现组织结构的路径突破，就需要组织对其结构、控制机制和资源分配等进行适时调整，即通过对现存惯例进行适当修改以提高组织环境适应能力。从联想集团的组织结构模式演进历程来看，与其说是联想集团认识到改变战略的需要，不如说是适时实施组织结构变革的强大的执行能力。

联想集团组织结构变革是外生变量（如快速变化的市场环境、市场战略的调整、产品生命周期的缩短、公司业务范围的扩大等）与内生变量（如管理认知、流程设计的系统化和科学化要求、经营业绩提升的压力、部门或业务单位的协调、产品研发的灵活性等）综合作用的结果。分析联想集团组织结构模式的演变历程可知，内生变量的作用和影响不亚于外生变量。根据 Greiner[33] 的企业生命周期理论，联想集团在创业和聚合阶段采用了直线职能制，在规范化和精细阶段采用了事业部制，在再发展阶段采用了矩阵制，而在新生阶段则采用了立体多维矩阵制结构。从联想集团组织结构模式演进的路线来看，其组织结构由低级到高级、由简单到复杂的演进反映了行业环境对公司本身发展的要求。组织结构在较长一段时间内保持稳定性，是路径依赖的一种表现；组织结构模式的变迁则反映了组织对其发展路径的创造或突破。

在创业阶段，联想集团组织结构路径依赖的现象既可以从技术机会的角度来进行解析，也可以从企业领导人的管理认知方面来分析。一般而言，某项产业活动能够发展的范围和速度部分取决于它的技术机会[17]。对于联想集团所在的信息产业，技术机会对于企业的长远发展的重要性不言而喻。从组织层面来分析，技术机会是受到企业组织结构影响的。对于最初主要从事计算机技术研发工作的联想集团而言，由于自身在技术和研发人才方面具有显著优势，特别是在依托中国科学院计算所的资源、第一流的计算机专家倪光南担任总工程师的情况下，联想集团走研发这条路是非常有吸引力的，因此，联想集团原有的资源分配方案就不会发生太大的改变。联想集团已有研发活动相关的技术机会的深度和广度影响着它对当前应该进行的研发活动的数量和水平的态度。从管理者认知来看，倪光南加盟联想集团在一定程度上意味着公司将今后的发展重点定位在产品研发方面，而非市场。产品研发路径经过一系列自我增强机制的作用，如技术相关性、投资准不可逆性、学习效应、规模经济、互补效应等，在整个组织内获得了合法性，并不断地持续下去。

企业过去的经历决定了它所能够发现的选择方案，最终产品研发路径进入了锁定阶段，其他更具效率的资源分配方案在组织内得不到实践机会。市场销售业绩下滑就是这种路径依赖所带来的最明显的后果。这种资源分配模式严重地影响着联想集团的未来发展。企业的大部分资源都投向了研发部门，而销售部门却成为了企业成长的短板。这时联想集团实现组织结构路径的突破就成为管理者首先要解决的难题，然而，路径依赖的摆脱和新路径的创造往往需要组织内具有强大变革力量的管理者，通过实施突破型变革才能使组织走上良性发展道路。由案例资料可知，在联想集团组织结构演进历程中，高管团队在路径创造方面发挥了重要作用。联想集团的组织结构变革反映了行为主体在路径创造过程中的能动作用。如果组织不能根据内外环境的变化来实现路径创造或突破，依然维持其原有的组织架构，那么组织就极有可能陷入停滞不前的境地。

（四）联想集团组织结构变革的启示

联想集团在组织结构变革的过程中，很好地把握了组织结构路径依赖与路径突破的“度”，既实现了特定组织结构模式在运行过程中的动态性，又使组织自身的有效性在结构模式的动态变化中得以增强。联想集团通过借助与原有组织结构模式截然不同乃至反方向的组织结构变革措施，使原有组织结构模式中存在的不良性能迅速地得到改变，突破了路径依赖的锁定状态，成功地实现了路径突破。在此需要指出的是，组织结构变革不是一步到位的，而是渐进地趋向于变革领导者所偏向的结构模式，是一个受到“惯例—适应”影响而经历的“变异、选择和保留”的过程[29]。这样，组织在由一种结构模式过渡到另一种结构模式的过程中，企业基本上就实现了动态性并增强了有效性，从而促进了组织协调力、适应力和创新能力的提升[34]。总体而言，随着企业规模和业务的不断扩张，企业必须有效地实现路径突破和路径创造，对企业组织结构的设计必须做到与时俱进、不断创新，企业才能持续成长。

组织在变革过程中面临的真正问题可能并不是企业的管理者未能意识到变革的需要，而更可能是许多管理层不能够将其认知转化为有效的行动。确定变革的内容并不是变革的困难所在，关键在于如何变革。组织结构变革失败的原因多种多样，但通过对绝大多数组织结构变革失败的特征进行分析，可以发现这些组织主要是把过多的时间和精力用于研究变革的“内容”，而在组织变革最困难的地方——如何有效实施变革，即变革的“过程”中投入的时间和精力却非常少。现有的组织变革理论指出，一个变革方案若要获得成功需要具备如下要素：①组织最高管理层的支持；②持续和一致的沟通；③各层级员工的全面参与；④普遍认同的愿景；⑤认识到变革的需要；⑥管理组织中的政治性网络。如果将研究重点放在组织变革中的结构变革，这些关键成功要素同样适用。行为主体只要加强信息交流，形成一致性行动，路径替代就可能发生。可见，一致性行动是十分重要的。

五、结论、不足与未来研究方向

（一）结论

本文通过对组织管理情境下的路径依赖形成及其突破机制进行深入分析，探究其内在的机理，并以较为深入的案例研究进行论证，是对路径依赖理论研究的一个有益补充，这也是与以往路径依赖理论研究的不同之处。以往的研究主要是以一种相对宽松的、未进行适当修正的方式直接借鉴路径依赖的概念及其相关理论，比如 Bruggeman[36] 对组织路径依赖的研究和 Hollingsworth[37] 对一些领先的研发组织的研究。

通过对路径依赖和路径创造理论进行较为深入的分析，本文发现传统的路径依赖理论有着比较明显的历史决定论倾向，其过度强调组织的历史对现在的约束和影响。同时，在新路径的生成方面，传统的路径依赖理论认为路径的偏离主要是外部冲击所产生的结果，却忽视了行为主体在路径生成过程中所发挥的能动性作用。与路径依赖理论形成鲜明对比的是，路径创造和路径突破理论则强调了行为主体对现有路径依赖的破解，更多地关注行为主体如何通过发挥自身的能动性来实现组织的持续发展。由此可见，路径创造和路径突破是站在未来的角度来审视组织当前所选择的路径。由此，路径创造和路径突破对指导组织管理实践具有更大的实际应用价值，而这也正是本文的核心内容。

在对联想集团组织结构变革中的路径依赖和路径创造的分析中发现，其很好地实现了现有发展路径的维持与新路径的创造之间张力的平衡。特别是联想集团的高管团队在组织结构模式转换过程中很好地把握了路径创造和路径突破的基本准则。从组织动态发展的视角来看，组织可能会根据内外环境的变化在不同的历史阶段选择不同的组织结构模式，即每种组织结构模式都有其存在的合理性。由于收益递增机制的存在，使得某种组织结构模式能够在组织内得到不断自我强化。行为主体通过发挥自身在路径创造和路径突破方面的能动性，是能够实现内生性路径创新的。联想集团组织结构模式演进过程中的路径依赖与路径创造，进一步论证了两者之间是互生演化的关系。此外，对于任何类型的组织而言，都需要在生命周期的不同阶段，根据环境的变化进行相应的组织结构变革，才能使自身的发展得到延续。组织结构变革中的路径创造反映了组织对其所处技术、制度环境的主动适应和成功变革。各种组织结构模式的变迁是行为主体追求创新目标、为实现创新目标而持续奋斗的结果，而不是偶然事件的产物。

（二）不足与未来研究方向

本文从时间和历史两个方面来分析组织结构演进过程中的路径依赖和路径创造现象，可以发现组织系统对某一类型组织结构模式的选择依赖于其初始条件以及组织中行为主体对既有的路径所进行的有意的偏离和新路径的创造。为了更好地理解路径依赖和路径创造理论，有必要探讨在路径创造的早期阶段，组织中到底有哪些因素会影响到行为主体提出可供选择的路径方案。这些潜在的影响因素可能包括行为主体的一些个体特征（如搜寻能力、个体的人格特征、知识和经验的丰富程度、抱负水平等），也可能包括物质资源（如资金、信息等）。因为这些因素会影响到行为主体提出的路径方案的数量，梳理好这些变量之间的关系有助于对路径创造的早期阶段进行解释和预测。换言之，研究人员不仅要关注组织中路径依赖和路径创造的既有状态，还要关注路径依赖和路径创造在组织中是如何发生的，这方面的问题需要在未来的研究中给予重点关注。此外，本文的另一个主要局限之处在于单案例研究，以计算机行业的联想集团为例，得出了一些有益的管理启示，但由于不同行业、不同所有制以及处于不同发展阶段的组织具有非常显著的差异，可能会呈现出不同的路径演进特征，因此，未来的研究可以采用多案例研究设计，以便为本文的理论分析提供更有说服力的验证。当然，未来的研究还需要深入探讨各种自我增强机制之间的相互作用，将它们视为一个相互联系的整体，而不是单独地探讨每一种机制的单独作用。

参考文献

[1] Reger R K, Gustafson L T, Demaire S M, et al. Reframing the Organization: Why Implementing Total Quality Management is Easier Said than Done [J]. Academy of Management Review, 1994, 19 (3): 565 -584.

[2] North D C. Institutions, Institutional Change and Economic Performance [M]. Cambrige: Cambridge University, 1990.

[3] Page S E. Path Dependence [J]. Quarterly Journal of Political Science, 2006, 1 (1): 87 -115.

[4] Heffernan G M. Path Dependence, Behavioral Rules, and the Role of Entrepreneurship in Economic Change: The Case of the Automobile Industry [J]. The Review of Austrian Economics, 2003, 16 (1): 45 -62.

[5] Ebbinghaus B. Can Path Dependence Explain Institutional Change? Two Approaches Applied to Welfare State Reform [C] //MAGNUSSEN L, OTTOSSON J. The Evolution of Path Dependence. Edgar Elgar: Cheltenham, 2009: 191 -212.

[6] Mahohey J. Path Dependence in Historical Sociology [J]. Theory and Society, 2000, 29 (4): 507 -548.

[7] Booth C, Rowlinson M. Management and Organization Theory: Prospects [J]. Management &Organization History, 2006, 15 (1): 5 -30.

[8] Antonelli C. The Economics of Path - Dependence in Industrial Organization [J]. International Journal of Industrial Organization, 1999, 15 (6): 643 -675.

[9] Schneiberg M. What's on the Path? Path Dependence, Organizational Diversity and the Problem of Institutional Change in the US Economy, 1900 ~ 1950 [J]. Socio - Economic Review, 2007, 5 (1): 47 -80.

[10] Arthur W B. Increasing Returns and Path Dependency in the Economy [M]. Ann Arbor: University of Michigan Press, 1994.

[11] Garud R, Karn E P. Path Dependence and Creation [M]. London: Lawrence Erlbaum Associates, 2001: 1 -38.

[12] Sydow J, Schrey GG G, Koch J. Organizational Path Dependence: Opening the Black Box [J]. Academy of Management Review, 2009, 34 (4): 689 -709.

[13] Pham X T. Five Principles of Path Creation [J]. Oeconomicus, 2007, 8 (1): 5 -17.

[14] Schienstock G. Path Dependency and Path Creation: Continuity vs. Fundamental Change in National Economies [J]. Journal of Futures Studies, 2011, 15 (4): 63 -76.

[15] 达夫特·R L. 组织理论与设计 [M]. 王凤彬，张秀萍，刘松博等译. 北京：清华大学出版社，2008.

[16] Mintzberg H. Patterns in Strategy Formation [J]. Management Science, 1978, 24 (9): 934 -948.

[17] Teece D J, Pisano G, Shuen A. Dynamic Capabilities and Strategic Management [J]. Strategic Management Journal, 1997, 18 (7): 509 -533.

[18] Barney J B. Firm Resources and Sustained Competitive Advantage [J]. Journal of Management, 1991, 17 (1): 99 -120.

[19] Leonard - Barton D. Core Capabilities and Core Rigidities: A Paradox in Managing New Product Development [J]. Strategic Management Journal, 1992, 13 (1): 111 - 125.

[20] Carney M, Gedajlovic E. The Coevolution of Institutional Environments and Organizational Strategies: The Rise of Family Business Groups in the ASEAN Region [J]. Organization Studies, 2002, 23 (1): 1 - 29.

[21] Burgelman R A. Strategy as Vector and the Inertia of Coevolutionary Lock - in [J]. Administrative Science Quarterly, 2002, 47 (2): 325 - 357.

[22] David P A. Clio and the Economics of QWERTY [J]. American Economic Review, 1985, 75 (2): 332 - 337.

[23] Huff A S, Huff J O. When Firms Change Direction [M]. Oxford: Oxford University Press, 2000.

[24] Brunninge O, Melin L. Continuity in Change - Path Dependence and Transformation in Two Swedish Multinationals [C] //SCHREYYGG G, SYDOW J. The Hidden Dynamics of Path Dependence. Institutions and Organizations. Basingstoke: Palgrave Macmillan, 2009: 94 - 109.

[25] Schrey GG G, Sydow J. The Hidden Dynamics of Path Dependence [M]. London: Palgrave - Macmillan, 2010.

[26] Child E G J. Strategic Choice in the Analysis of Action, Structure, Organizations and Environment: Retrospect and Prospect [J]. Organization Studies, 1997, 18 (1): 43 - 76.

[27] Hannan M T, Freeman J. Structural Inertia and Organizational Change [J]. American Sociological Review, 1984, 49 (2): 149 - 164.

[28] Vergne J P, Durand R. The Path of Most Persistence: An Evolutionary Perspective on Path Dependence and Dynamic Capabilities [J]. Organization Studies, 2011, 32 (3): 365 - 382.

[29] Nelson R R, Winter S G. An Evolutionary Theory of Economic Change [M]. Cambridge, MA: Harvard University Press, 1982.

[30] Hannan M T, Plos L, Carroll G R. The Evolution of Inertia [J]. Industrial and Corporate Change, 2004, 13 (1): 213 - 242.

[31] 梅特卡夫·J S. 演化经济学与创造性毁灭 [M]. 冯健译. 北京：中国人民大学出版社，2007.

[32] 曹玮瑄，马骏. 资源型区域的创新——从路径依赖到路径创造 [J]. 中国软科学，2007 (7)：152 - 157.

[33] Greiner L E. Evolution and Revolution as Organizations Grow: A Company's Past Has Clues for Management that are Critical to Future Success [J]. Family Business Review, 1997, 10 (4): 397 - 409.

[34] Nickerson J A, Zenger T R. Being Efficiently Fickle: A Dynamic Theory of Organizational Choice [J]. Organization Science, 2002, 13 (5): 547 - 566.

[35] 徐炜. 企业组织结构——21 世纪新环境下的演进与发展 [M]. 北京：经济管理出版社，2008.

[36] Bruggeman D. Nasa: A Path Dependent Organization [J]. Technology in Society, 2002, 24 (4): 415 - 431.

[37] Hollingsworth R. A Path - Dependent Perspective on Institutional and Organizational Factors Shaping Major Scientific Discoveries [C] // Hagej, Meeus M. Innovation, Science, and Institutional Change [M]. New York: Oxford University Press, 2006: 423 - 442.

Mechanism of Path Dependence and Path Creation in Organizational Structure Change: The Case of Lenovo Group

Li Haidong Lin Zhiyang

Abstract: Due to the strong tendency of historical determinism, the classical path dependence theory can not explain the significant technical and institutional change and the generation of a new path. These issues promote the researchers to switch the research perspective and pay more attention to the path creation and path breaking. Strategic action has an attribute of path dependence, and according to the contention that strategy determines structure and structure follows strategy, the article illustrates that path dependence is embedded in organizational structure system. From the perspective of the organizational structure model evolution, the mechanism of path dependence formation and path creationis discussed. At the same time, the dual impact of path dependence and path creation in organizational structure change on organizational operation is also discussed. Finally, the article takes Lenovo Group of China modern IT industry as an example to illustrates path dependence and path creation in the evolution process of Lenovo Group's organizational structure model.

Key Words: Path Dependence; Organizational Structure Change; Path Creation; Self - reinforcing Mechanism; Lenovo Group

红色战略还是灰色战略
——针对我国制度转型中企业战略迷失的实证研究

刘海建

【摘　要】 我国制造业公司目前陷入了战略迷失：在重视市场的红色战略和利用正式制度漏洞来寻租的灰色战略两者之间应该选择哪一个？基于我国的制度转型情境，我们采用战略均衡三角理论，通过我国制造业所有上市公司2000~2010年15620个公司的数据，研究了近十年制度转型过程中企业战略迷失问题的形成以及作用机制。研究表明，政府不正确的、过度的干预，不仅会影响企业行为的获利回报，而且会导致企业战略行为选择的错位。同时指出，在战略均衡的三角中，制度观视角比产业观、资源观视角更能够解释我国企业的战略行为，且与后两者属于不同维度。本文加深了人们对我国企业关系型战略、战略与商务模式匹配、政府角色等问题的理解。

【关键词】 灰色战略；战略迷失；商业模式；制度转型

一、引言

自2001年我国加入WTO以来，随着国内市场竞争越来越激烈，制造业企业在国内不得不综合使用市场战略与非市场战略两只“手”来参与市场角逐。而对应该更偏重哪一种战略这个问题，企业一直在徘徊从而陷入了战略迷失。在理论上，很多学者强调了我国转型经济背景下关系型战略的作用（ParkL和uo，2001），但也有一些学者认为过于强调关系型战略会令我国企业陷入恶性竞争的循环（杨其静，2011）。那么，如何看待关系型战略在企业竞争中的角色？企业如何摆脱战略迷失的困境？这都是需要深入思考的问题。

战略三角均衡理论认为，产业观与资源观视角皆基于西方成熟的制度环境而言。而在转型经济中，制度观视角更具有针对性（Peng等，2009）。Park和Luo（2001）、Peng和

作者简介：刘海建，南京大学商学院。

Luo（2000）企业关系战略的观点被视为转型经济中的一种特有现象。基本观点是，政企纵向关系和与商业伙伴的横向关系能够促进企业绩效。在我国本土，产业观和资源观战略被跨国公司广泛采用，因其传统性而被称为红色战略；而制度观往往是以隐讳的形式体现出来，"Guanxi"（关系）在中国是一个不可回避的问题，往往被看作对于正式制度缺失的一种替代（Xin 和 Pearce，1996）。因其不可观察性，我们称之为灰色战略。国内也有学者笼统称之为市场战略与非市场战略（田志龙等，2005）。"鱼与熊掌不能兼得"，然而企业在进行战略选择时，却往往会重复类似的战略迷失行为。Porter（1980，1985）称之为"夹在中间"困境，即一个企业不能既着眼于低成本领先又兼顾差异化，否则会失去竞争力，在成本上竞争不过低成本领先战略的企业，在差异认知上又难以和追求差异化战略的企业相比。我们认为，在转型经济背景下，类似"夹在中间"困境又有了新的表现。传统的该类困境主要指商业层次战略——红色战略之间的战略定位迷失，Porter（1980，1985）对此已有论述，而制度转型情境中还存在另一种夹在中间：红色战略与灰色战略之间的迷失，而且，红色战略之间的战略迷失不过是竞争武器选择的决策判断失误，但红色战略与灰色战略之间的迷失是企业的一种盲动、一种明知道是失误但往往心存侥幸的一种系统性战略失误。所以，后者比前者所带来的负面效果更严重。

现实中任何一个企业的资源都是有限的，而基于制度观、产业观和资源观的战略意味着企业不同的资源投入，故这又是相互替代的。当企业不成熟时，战略之间的替代很可能会导致战略定位迷失，这种迷失如何形成？此外，Peng 等（2009）的战略"三角"真的很均衡吗？当删除了 ST、*ST 的公司之后，我们得到制造业上市公司 2000 ~ 2010 年 15620 个公司的数据来进行研究，还结合了地区、制度环境因素，以使结论更稳健。

二、理论与假设

（一）战略三角均衡理论的提出与解释

如表 1 所示，根据 Peng 等（2009）的战略三角平衡理论（Tripod Legs），任何战略都可以包含三个"角"：前两个角是基于产业观和资源观的竞争，即企业在对内外部环境分析的基础上，可在一般市场选择低成本领先或者差异化战略。而两种战略执行的关键，并不在于终端产品制定的价格是高是低——如果仅仅基于终端产品而言，则是一个逻辑错误；竞争战略的核心在于战略能否跟商业模式相匹配。如果是低成本领先，企业必须具有控制成本的能力，否则，企业越实行低成本战略就越亏损。如果是差异化战略，企业需要通过提高顾客的期望价值从而使得顾客愿意付高价而获利。很多企业是通过加大研发力度来获得这一优势的。

表1　不同战略竞争方式的分类

	红色战略1：广告战略	红色战略2：研发战略	灰色战略
Peng的分类	产业观	资源观	制度观
强调	市场规模、产品的物美价廉	产品的差异化程度	非市场纽带
目标	成本控制	顾客价值感知	利用不完善制度来获利
代表人物	Porter、Caves	Barney	Peng、Luo

注：参见Peng等（2009）。

在转型经济中，企业经常通过非正式的关系型战略来获得利润，这是战略的第三个“角”：制度观。Park和Luo（2001）认为，企业通过与政府官员、地方行业协会等管制机构之间的关系而增强了纵向联系，而通过与竞争者、供应商、销售商、合作伙伴的关系而增强了企业之间的横向联系。特别是前者，尤其具有转型经济国家的特色。我国企业在实施这类战略时，会通过行贿、增加与官员的私人交往等方式来实现。但在企业的正式财务报表中，没有任何一个企业会公开披露这一信息。我国企业经历了战略变迁，最早的企业强调广告轰炸，从理论上来说，这与产业观是符合的。在成长期的市场，五种竞争作用力还不是很强，还有相当大的超额盈利空间。通过广告轰炸，企业能迅速打开产品知名度。从20世纪90年代起，伴随着核心竞争力等概念在中国的日益流行，企业越来越强调以研发为导向的能力建设。此外，随着国内竞争变得越来越激烈，企业特别强调以社会网络为基础的、以关系为表现形式的灰色战略。这样企业可以获得很多好处，如低税收、国家补贴、银行贷款、低廉的土地等。当产品盈利空间越来越小的时候，这些好处能够为企业带来相当大的竞争优势。这里把红色战略分为广告战略和研发战略两种形式，以与基于制度不完善的灰色战略相区别。在此提出：

假设1a～1c：在转型经济的制度背景下，企业利用以增强企业核心技术为导向的研发战略（假设1a）、以扩大市场规模为导向的广告战略（假设1b）、利用制度不完善而实行的灰色战略（假设1c）都能帮助企业获得价值回报。

（二）企业战略定位迷失现象

在实践中，企业经常困惑这样一个问题：到底应该重点实施何种战略？红色战略还是灰色战略？红色战略到底强调低成本还是差异化？这里首先需要解决的一个问题是这些战略能否兼得？第一种观点认为，企业战略之间是相互补充的关系。在中国，企业既要做研发也要做市场，同时还要兼顾好与政府的关系，这三者缺一不可。第二种观点认为，这三种战略之间是相互替代的关系。企业如果过于重视政府关系，就要少投放资源于研发和市场拓展。而如果企业是一个研发密集型企业或者市场开拓型企业，企业必然更少投放资源于政府，两者不可兼得。对于一个企业来说，资源终归是有限的，企业必须有所取舍（杨其静，2011）。我们更倾向于第二种观点。

中国的制度情境决定了政府在经济中的干预力度仍然相当大。政府更多表现为政绩倾向，主要体现在政府收集资源、调动资源、配置资源。在这种情况下，当企业强调自身研发能力的导向而和政府追求舆论轰动效应的目标相冲突时，企业必须进行取舍。如果企业强调研发能力，就要强调研发人员的激励机制、学习氛围以及对于研发错误的容忍。这些措施无疑与以短期目标导向、强调政府导向的灰色战略相背离。此外，即使企业实行红色战略，例如，企业同时注重研发与市场扩张，也不可兼得。战略意味着定位（Porter, 1996）。如果企业注重市场份额，则往往产品定价比较低，企业必须具有足够的成本控制能力；如果企业注重产品毛利率（销售价格 - 销售成本），产品定价会比较高，则企业必须强调在消费者心目中建立强大的品牌形象，而这又会提高成本。如果两者都强调，就会陷入波特所说的“夹在中间”困境，使企业无所适从。

假设 2a ~ 2c：在转型经济的制度背景下，企业的红色战略——包括研发战略（假设 2b）与广告战略（假设 2c）和灰色战略是相互替代的，即红色战略与灰色战略同时侧重对企业价值有负向的交互效应。即使是同样实行红色战略，研发导向的战略与市场导向的广告战略也是不能同时侧重的（假设 2a）。

（三）制度转型中不同竞争武器的选择与效果

Peng（2003）在制度转型与战略选择关系的论述中，提出了关系型战略有其局限性。其认为在市场化改革初期制度不完善时，关系型战略对绩效有正向作用；随着制度日益完善，关系型战略将面临越来越高的成本，边际收益将下降，取而代之的是市场化战略。而且，强调关系的非市场战略对强调市场化的红色战略具有比较明显的“挤出”效应，关系型战略实际上即灰色战略。当政府干预比较浅时，企业愿意向红色战略发力，例如，更多把资源投放在研发环节精心研究市场的状况，根据产品生命周期制定恰当的企业战略。如果产品是大众化的而且客户是一般性消费者，企业就要实行广告战略，可以教育潜在的消费者知晓企业产品的优势，激发消费者的潜在需求，迅速扩大市场规模来降低企业成本。而如果客户需求是个性化的，企业需要增大研发投入来促进企业绩效。反之，如果政府干预比较强，企业从红色战略中获利的可能性下降，企业的行为将日益短期化，更注重眼前利益，更强调依靠寻租的灰色战略从市场获得竞争优势。Teece（1986）认为，如果制度不完善，例如对于知识产权保护不力，则对于强调研发创新的企业是一种打击。没有任何企业愿意从事创新，因为创新具有成本，而收益又不能全归企业所有，很大程度上要和拷贝者分享。基于此提出：

假设 3a ~ 3c：政府干预越浅，即市场经济的要素发育越完善，企业从红色战略——研发战略（假设 3a）；广告战略（假设 3b）中获利越多；相反，从灰色战略中获利越少（假设 3c）。

（四）制度转型与战略迷失

战略是有机会成本的。如果实施了某种战略，则意味着企业必然不能享受另外一种战略的利益。在现实的战略实施过程中，企业必须做好权衡利弊的取舍。综上所述，红色战略包括两种类型的战略形式：强调市场的广告战略与强调核心技术的研发战略。我们认为这两者之间的战略定位迷失是战略的内部替代效应。而传统的红色战略与灰色战略之间的替代效应是市场战略与非市场战略之间的外部替代效应。

如果市场化程度更完善，企业可能更集中精力于寻求一种战略模式来培育、加强其核心能力。战略之间的替代主要表现为研发和广告战略之间的替代，而灰色战略与红色战略之间的替代反而不太重要。当灰色战略与红色战略产生冲突时，企业必然选择红色战略，此时灰色战略的收益远小于红色战略的收益。如果外部制度环境恶化，则情况恰恰相反，企业可能别无选择而更集中精力于寻租战略，而非研发和市场拓展战略。故提出：

假设 4a ~ 4c：政府干预越浅，即市场经济的要素发育越完善，红色战略内部——研发战略与广告战略的替代效应更大（假设 4a）；灰色战略与红色战略——研发战略（假设 4b）；广告战略（假设 4c）之间的替代效应越小。

那么，以上三种替代效应从绝对值来看，何者更大呢？我们认为，如果制度环境恶化，企业会花费更少精力来对不同红色战略之间进行权衡，此时任何一种红色战略都不能使企业获得竞争优势，利益趋向会促使企业把主要精力投入在强调寻租的灰色战略和强调市场的红色战略之间。鉴于目前的市场化程度不是很完善，这里提出：

假设 5：当政府干预力度越大时，从绝对值来看，红色战略与灰色战略之间的替代效应要大于红色战略内部研发战略与广告战略之间的替代效应。

三、数据、测量与模型

（一）数据收集

我们针对深沪两市 2000 ~ 2010 年制造业的上市公司收集了变量资料。原因有两点：①制造业一直在国民经济占据控制地位，近年围绕制造业产业升级问题一直是焦点。②制造业是企业研发、广告、强调与政府的关系等活动非常频繁的行业。根据樊刚和王小鲁等（2011）对各省份的政府干预指数测量，我们能够测量制度转型的程度。

（二）变量的测量

（1）自变量。这里涉及三个自变量：内部能力导向的研发战略（resr）可以用企业研发投入与销售总额的比值来测量。外部市场导向的广告战略（salefee）我们用企业营销费用对营业收入的比值来测量。灰色战略（exexpd）用营业外支出对营业收入的比值来测量。出于稳健性考虑，我们还选择了其他变量来代表灰色战略，例如分别用企业投资过程、运营过程或者是融资过程中的其他支出与营业收入的比值来代表灰色战略。最后所得的回归分析结果与营业外支出的结果基本一致。故我们主要用营业外支出与营业收入的比值来表示灰色战略投入。

（2）因变量。我们用 ROA（资产收益率指标）来代表企业的价值回报。除了 ROA 指标外，我们还采用了销售额的增长率、托宾 Q 指标来代表绩效。在这些指标中，托宾 Q 的结果最差，而销售额的增长率所得到的结果与 ROA 基本一致。我们仅列出了 ROA 的结果。

（3）其他变量。政府干预是市场失灵时的应对措施，这里作为我国各地区市场化发育程度的代理变量。政府干预越小，则表示市场化程度越高。政府干预变量（inv）取自于樊刚等（2011）。在表 2 中，经济发达地区，如广东、江苏、浙江的政府干预度很小，而西藏的政府干预度很大。需要指出的是，因为是逆向赋值，广东、江苏、浙江该数值反而非常大，西藏、新疆、宁夏等地区该数值反而非常小，西藏甚至是负数。我们还引进一系列控制变量：总资产（asset）、董事长与总经理是否两职合一（dual）、董事长是否更换（sucsdirector）、高管持有的股份比例（ratiotmt）、控制人类型（controler，1 = 自然人控制，0 = 非自然人控制）。具体的变量测量及定义见表 3。

表 2　政府干预指数

西部	均值	标准差	频数	东部	均值	标准差	频数
甘肃	6. 349	0. 562	134	北京	8. 352	0. 996	666
广西	8. 398	0. 551	168	福建	8. 923	1. 184	316
贵州	6. 315	0. 447	120	广东	9. 333	1. 230	1167
内蒙古	5. 705	1. 277	133	海南	7. 769	0. 859	160
宁夏	5. 716	1. 148	85	河北	7. 946	0. 866	262
青海	4. 656	0. 858	72	江苏	9. 486	1. 099	647
陕西	6. 793	0. 825	203	山东	7. 854	0. 943	573
四川	8. 138	1. 212	460	上海	9. 030	1. 075	1099
西藏	-0. 361	0. 734	63	天津	7. 488	1. 276	195
新疆	5. 510	1. 022	196	浙江	9. 208	0. 922	639
云南	7. 095	0. 615	159	总体	8. 823	1. 236	5724
重庆	8. 063	0. 747	215				
总体	6. 793	1. 938	2008				

回归模型：

$$ROA = \beta_0 + \beta_1 \times ROA\_1 + \beta_2 \times asset + \beta_3 \times dual + \beta_4 \times sucsdirector + \beta_5 \times ratiotmt + \beta_6 \times ratiofirstshar + \beta_7 \times controler + \beta_8 \times resr\_1 + \beta_9 \times salefee\_1 + \beta_{10} \times exexpd\_1 + \beta_{11} \times inv\_1 + \beta_{12} \times resr\_1 \times inv\_1 + \beta_{13} \times salefee\_1 \times inv\_1 + \beta_{14} \times exexpd\_1 \times inv\_1 + \beta_{15} \times resr\_1 \times walefee\_1 + \beta_{16} \times resr\_1 \times exexpd\_1 + \beta_{17} \times salefee\_1 \times exexpd\_1 + \beta_{18} \times resr\_1 \times salefee\_1 \times inv\_1 + \beta_{19} \times resr\_1 \times exexpd\_1 \times inv\_1 + \beta_{20} \times salefee\_1 \times exexpd\_1 \times inv\_1 + \mu$$

在回归模型中，为了防止内生性问题，我们引入了变量 ROA 的滞后一期的值。此外，三个最重要的自变量：研发投入（resr_ 1）、广告投入（salefee_ 1）、营业外支出（exexpd_ 1）我们都采用了滞后一期的值。为了检验战略定位迷失，我们用三种战略定位的两两交互模型来说明替代效应。如果交互系数是显著的，则战略之间存在替代行为，说明企业同时执行两种战略会使企业陷入尴尬境地，存在明显的战略定位迷失现象。基于此，模型中还包含了研发支出、销售费用支出、营业外支出、政府干预的 6 个二重交互变量和 3 个三重交互变量。

四、分析结果

（一）基本统计信息

我们收集了公司年度数据。因为有些公司从 2007 年才开始披露研发投入信息，所以数据并非单年公司数的简单倍数。我们共得到了 15620 条公司年数据。基于描述性统计信息，我们发现了几个值：我国制造业总资产回报率平均仅为 2%；ROA 与研发投入、销售费用显著正相关，而与营业外支出显著负相关，其中与研发投入的相关性最强；此外，最大的相关系数是运营费用和总资产之间的相关系数 0. 52。

表 3　变量名、定义与测量

变量名	定义	测量
ROA	总资产回报率	税后净利润/总资产
asset	企业总资产	对企业实际总资产取对数
dual	是否两职合一	1 = 是，0 = 否
sucsdirector	是否董事长更替	1 = 是，0 = 否
ratiotmt	高管股份	高管团队拥有的股份比例
ratiofirsshar	第一股东股份	第一大股东所拥有股份比例
controler	是否自然人控制	1 = 是，0 = 否
resr	红色战略 1：研发战略	研发投入对营业收入比值
salefee	红色战略 2：销售战略	营销费用对营业收入比值
exexpd	灰色战略	营业外支出对营业收入比值
inv	政府干预	来自樊刚等（2011）

考虑到 2000 ~ 2006 年上市公司信息不是很完善，我们在 2007 ~ 2010 年对三个变量和

ROA 进行简单回归，发现除了 2008 年外，销售费用回报都大于其他回报，进一步表明了我国经济持续增长时期的性质。在市场成长期，企业向广告上投入资金是必要的，前提是企业要控制财务风险，而研发投入的回报最低或者次低，表明了我国知识产权保护确实存在一定问题。而营业外支出，即灰色战略在最近两年来的回报有所降低，表明了我国市场经济的进程。研究结果支持了 Peng（2003）的结论：企业关系的回报会降低。但在 2008 年营业外支出的回报都大于其他两个支出，这是唯一的例外。我们估计，这是由于汶川大地震的原因，企业加大了公益性捐赠，这部分被列入了营业外支出。这大大提高了我国企业的灰色回报，当然这是在未控制有关变量的情况下获得的，需要进一步进行检验。

（二）回归分析结果

（1）假设 1a～1c、假设 2a～2c 的检验。假设 1a～1c 考察了三种战略的回报问题。假设2a～2c是关于三种战略的两两替代问题。在控制有关变量的基础上，我们把研发投入、广告投入、营业外支出作为自变量，以 ROA 为因变量进行回归，见表 4 模型（1），目的是验证假设 1a～1c。然后，把以上三种类型战略的两两交互作用进一步代入上述模型，分别见模型（2）～模型（4），目的是检验假设 2a～2c。

在表 4 的模型（1）中，三个自变量对 ROA 的作用分别为 0.008、0.012、0.006，且都在 0.01 的水平上显著，说明企业在以上三个方面每投入 1%，则 ROA 将分别提高 0.8%、1.2%、0.6%；且在模型（2）～（4）中，这些关系依然不变，从而强烈支持了假设 1a～1c。此外，以上三个自变量的两两交互都负向影响了 ROA，说明红色战略中研发战略与广告战略之间、红色战略与灰色战略之间都存在两两替代关系，从而支持了假设 2a～2c。

（2）假设 3a～3c、假设 4a～4c、假设 5。假设 3a～3c 是检验政府干预对于三种战略获利能力的影响，预测政府干预越浅，市场化程度越高，企业从红色战略中获利能力越强，从灰色战略中获利能力越弱。为了检验假设 3a～3c，我们在研发投入、广告投入与营业外支出的基础上，把政府干预变量（inv_ 1）引入回归模型。最后我们把政府干预变量与三个自变量的交互作用代入回归模型。检验假设 3a～3c 的模型是（3）～（5）中 resr_ 1 × inv_ 1、salefee_ 1 × inv_ 1、exexpd_ 1 × inv_ 1 的系数。详细结果见表 5。

假设 3a 表示政府干预越浅，企业从研发中获利越多。在模型（3）中 resr_ 1 × inv_ 1 的系数未通过 0.05 的显著性检验，但在模型（4）中通过了显著性检验，因为政府干预是逆向赋值，故 $\beta = 0.018$ 是正数，P 值 < 0.05，该假设得到了部分支持。而模型（3）和模型（5）中检验假设 3b 的系数虽然是正数，但都没有通过 0.05 的显著性水平检验，但假设 3c 得到了强烈的支持。exexpd_ 1 × inv_ 1 的系数符号与显著性均符合预测。同样考虑到政府干预的逆向赋值，在模型（4）中，$\beta = -0.026$，P 值 < 0.05；在模型（5）中，$\beta = -0.053$，P 值 < 0.01。

表 4　因变量 ROA 对于三种战略及其两两交互的回归模型

变量名	(1)	(2)	(3)	(4)
ROA_ 1	0.042 (0.029)	0.044 (0.029)	0.045 (0.029)	0.042 (0.029)
asset	-0.027*** (0.004)	-0.0267*** (0.004)	-0.023*** (0.004)	-0.026*** (0.004)
dual	-0.003 (0.004)	-0.003 (0.004)	-0.002 (0.004)	-0.003 (0.004)
sucsdirector	-0.008 (0.008)	-0.008 (0.008)	-0.008 (0.008)	-0.008 (0.008)
ratiotmt	0.033* (0.019)	0.032* (0.019)	0.030 (0.019)	0.033* (0.019)
ratiofirsshar	0.033* (0.012)	0.033* (0.020)	0.034* (0.019)	0.034* (0.020)
controler	-0.000 (0.000)	-0.000 (0.000)	-0.000 (0.000)	-0.000 (0.000)
resr_ 1	0.008*** (0.002)	0.043** (0.017)	0.069*** (0.013)	0.009*** (0.002)
salefee_ 1	0.012*** (0.003)	0.043*** (0.016)	0.012*** (0.003)	0.038*** (0.014)
exexpd_ 1	0.006*** (0.002)	0.007*** (0.002)	0.071*** (0.014)	0.037** (0.017)
resr_ 1 × salefee_ 1		-0.002** (0.001)		
resr_ 1 × exexpd_ 1			-0.004*** (0.001)	
salefee_ 1 × exexpd_ 1				-0.002* (0.001)
Constant	0.201*** (0.057)	-0.376 (0.287)	-0.845*** (0.227)	-0.284 (0.267)
Observations	1292	1292	1292	1292
R - squared	0.062	0.065	0.079	0.065

注：①为了节省篇幅，包含控制变量的基准模型被省略。②括号内是标准误，*** 表示 P<0.01，** 表示 P<0.05，* 表示 P<0.1。

假设 4a ~ 4c 是检验政府干预对于三种战略两两替代效应的影响，分别预测政府干预越小，即市场化程度越高，则红色战略内部之间的替代将更大，而红色战略与灰色战略之间的替代更小。我们在检验假设 4a ~ 4c 时，主要观察 resr_ 1 × salefee_ 1 × inv_ 1、resr_ 1 × exexpd_ 1 × inv_ 1、salefee_ 1 × exexpd_ 1 × inv_ 1 三个交互变量的回归系数，见模型（3）~（5）。

假设 4a 预测市场化程度越高，研发战略与广告战略之间替代效应越大。在模型（3）中，resr_ 1 × salefee_ 1 × inv_ 1 的系数是负数但不显著，假设 4a 未获得显著性支持。假设 4b 用模型（4）检验，观察 exexpd_ 1 × resr_ 1 × inv_ 1 的系数。该系数并未通过显著性检验，$\beta = -0.009$，P 值 >0.1。假设 4c 用模型（5）检验，观察 salefee_ 1 × exexpd_ 1 × inv_ 1 的系数。该假设获得了强烈支持。在模型（5）中，$\beta = 0.038$，P 值 <0.01。同时，exexpd_ 1 × salefee_ 1 的系数是负数，而 salefee_ 1 × exexpd_ 1 × inv_ 1 的系数是正数，表示市场化程度越高，salefee_ 1 × exexpd_ 1 的总系数将变得更小（0.049 − 0.038 = 0.011 <0.05），与我们的预期相符。

表 5 制度转型与战略替代效应

变量名	(1)	(2)	(3)	(4)	(5)
ROA_ 1	0.041	−0.361***	−0.342***	−0.291***	−0.231***
	(0.029)	(0.085)	(0.085)	(0.084)	(0.084)
asset	−0.027***	−0.040***	−0.039***	−0.035***	−0.037***
	(0.004)	(0.009)	(0.009)	(0.009)	(0.009)
dual	−0.003	0.003	0.004	0.007	0.000
	(0.004)	(0.009)	(0.009)	(0.009)	(0.009)
Sucsdirector	−0.008	−0.006	−0.009	0.001	−0.007
	(0.008)	(0.017)	(0.017)	(0.016)	(0.016)
Ratiotmt	0.033*	0.077	0.075	0.054	0.073
	(0.019)	(0.055)	(0.055)	(0.054)	(0.053)
Ratiofirsshar	0.033*	0.063	0.060	0.065	0.059
	(0.020)	(0.043)	(0.043)	(0.042)	(0.042)
Controller	−0.000	0.009	0.010	0.010	0.020
	(0.000)	(0.009)	(0.009)	(0.009)	(0.009)
resr_ 1	0.014***	0.015**	0.012	0.004	0.012*.
	(0.003)	(0.007)	(0.011)	(0.009)	(0.007)
salefee_ 1	0.020***	0.017	0.008	0.015	0.010
	(0.005)	(0.011)	(0.015)	(0.011)	(0.016)
exexpd_ 1	0.013***	0.030***	0.031***	0.038***	0.074***
	(0.004)	(0.008)	(0.008)	(0.012)	(0.011)

续表

变量名	(1)	(2)	(3)	(4)	(5)
inv_ 1		-0.015 (0.009)	-0.014 (0.014)	-0.013 (0.020)	-0.041*** (0.011)
resr_ 1 × salefee_ 1			-0.001 (0.009)		
resr_ 1 × exexpd_ 1				-0.025*** (0.008)	
salefee_ 1 × exexpd_ 1					-0.049*** (0.011)
resr_ 1 × inv_ 1			0.009 (0.011)	0.018** (0.008)	
salefee_ 1 × inv_ 1			0.011 (0.014)		0.020 (0.015)
exexpd_ 1 × inv_ 1				-0.026** (0.010)	-0.053*** (0.010)
resr_ 1 × salefee_ 1 × inv_ 1			-0.011 (0.011)		
resr_ 1 × exexpd_ 1 × inv_ 1				0.009 (0.008)	
salefee_ 1 × exexpd_ 1 × inv_ 1					0.038*** (0.011)
Constant	0.622*** (0.084)	0.888*** (0.195)	0.876*** (0.196)	0.764*** (0.195)	0.839*** (0.189)
Observations	1292	483	483	483	483
R - squared	0.062	0.107	0.115	0.156	0.179

注：政府干预在樊刚等（2011）的编码中是逆向赋值，值越大表示市场化程度越高。例如：resr_ 1 × inv_ 1 系数是正数，表示自由化程度促进了研发投入的收益。Inv_ 1 × salefee_ 1 × exexpd_ 1 的系数是正数，表示 salefee_ 1 × exexpd_ 1 的替代效应被抵消。对于广东省来说，该替代效应变小。对于西藏来说，该替代效应变大。

假设 5 意味着，如果考虑政府干预的作用，以上三种战略的两两替代大小比较。如果说假设 4a ~ 4c 主要强调替代效应的方向，而假设 5 则强调替代效应大小的比较。红色战略与灰色战略之间会有替代效应，称为第一种替代效应。而红色战略的两种表现形式——广告战略和研发战略也会有替代效应，称为第二种替代效应。当政府干预越强，即市场化程度越低，前者会大于后者。从大小来看，第一种替代效应 = [(-0.025 + 0.009) + (-0.049 + 0.038)]/2 = -0.014，第二种替代效应 = -0.001 - 0.011 = -0.012。从绝对数字看两者相差不大，但从显著性来看，第一种替代效应中广告战略与灰色战略之间的替代效应非常显著。在模型（5）中，β=0.038，P值<0.01。说明在市场化程度较低时，第一种替代效应相当显著，同时第二种替代效应不显著。假设5获得支持。

以广东与西藏为例，政府干预指数分别是9.333、-0.361。根据模型，西藏红色战略与灰色战略之间替代效应=[(-0.025+0.009×(-0.361))+(-0.049+0.038×(-0.361))]/2=-0.045。红色战略之间(研发战略VS广告战略)的替代效应=-0.001-0.011×(-0.361)=0.003。表明企业红色战略与灰色战略之间的替代效应非常明显为-0.045,远超红色战略之间的替代效应0.003（这里仅仅比较绝对值）。在广东，企业红色战略与灰色战略之间替代效应=[(-0.025+0.009×(9.333))+(-0.049+0.038×(9.333))]/2=0.182，红色战略之间(研发战略VS广告战略)的替代效应=-0.001-0.011×(9.333)=-0.104。红色战略之间的替代效应为-0.104，比西藏该数值0.003明显更高（也仅仅比较绝对值）。这说明广东主要是研发与广告战略的替代，而西藏则主要是灰色战略与红色战略之间的替代。对于广东企业来说，红色战略与灰色战略的替代效应要远远小于红色战略之间内部的替代效应。企业需要更关注市场竞争，而非面对政府关系的寻租竞争，西藏却恰恰相反，当面对红色战略与灰色战略的选择时，企业出于盈利的考虑更容易考虑灰色战略，而非强调市场竞争的红色战略（见图1）。

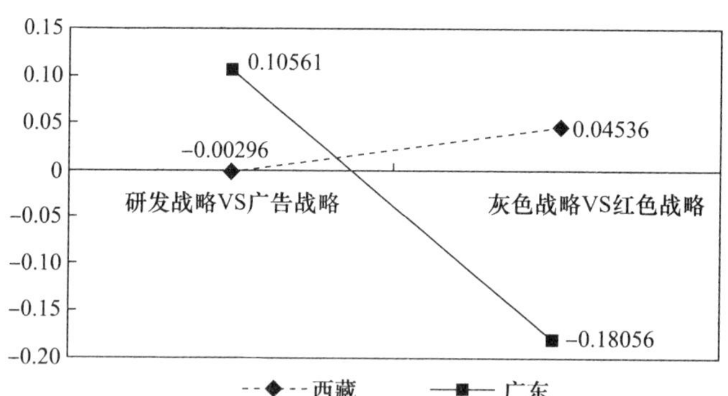

图1　西藏和广东两省企业不同战略之间的替代关系

注：这里对战略之间替代效应的实际计算结果取相反数，与正文不同。

五、进一步分析：中国各地区的制度差异

出于稳健性考虑，我们还用地区变量以进一步检验上述关系。根据国家统计局地域划分，东部地区10省（市）包括北京、天津、河北、上海、江苏、浙江、福建、山东、广

东和海南。而西部地区包括内蒙古、广西、重庆、四川、贵州、云南、西藏、陕西、甘肃、青海、宁夏和新疆。而东北3省、中部6省包括山西、安徽、江西、河南、湖北和湖南的上市公司未考虑在内。我们之所以仅仅采用了东部和西部的数据，是为了尽可能增大研究的系统变化。

（1）各地区企业的竞争战略武器比较。对于不同地区企业来说，以上三种类型战略的重视程度不同。与西部地区比较，东部地区的企业如果实行研发战略，专利与技术秘密会尽可能得到保护。同时该地区消费者的受教育程度比较高，能接触到更完善的信息，广告战略也比较有效。相反，西部地区的企业实行研发与广告战略可能是无效的。除法制不完善、市场上屡见不鲜的赝品、假冒伪劣不能得到遏制外，企业间的恶性竞争也更为严重。西部地区缺乏人才，企业不能实行研发战略来获利，而且消费观念还很不成熟。而土地、税收是企业可以看得见的好处。由于国家政策向西部地区倾斜，所以很多企业的命运更多取决于国家政策。故提出：假设6a~6c：相比西部地区，东部地区企业的红色战略效用——研发战略（假设6a）；广告战略（假设6b）更大，而灰色战略的效用更小（假设6c）。

（2）战略替代效应在各地区的表现。东部地区的企业更多是战略管理中能力观与产业观的替代。研发战略与广告战略如果同时实行，则会导致 Porter（1980，1985）所说的企业战略“夹在中间”困境，故企业必须在两种红色战略中二选一。此时，如果红色战略与灰色战略并行，说明企业“不务正业”，则会大大削弱企业绩效。在西部地区，更多是传统战略观与制度战略观的取舍。在西部地区，企业无论采用红色战略的哪一种，其作用都是有限的。企业更多是利用国家政策的倾斜，而实施灰色战略。故灰色战略与红色战略之间的替代作用更大。故提出假设7a~7c：相比西部地区，东部地区企业的红色战略内部（研发战略与广告战略之间）的替代效应更大（假设7a），红色战略——研发战略（假设7b）；广告战略（假设7c）与灰色战略之间的外部替代效应更小。

（3）为了检验这里的假设，我们对我国制造业上市公司分东部地区（包括广东、浙江、山东、江苏、北京、上海、福建等10个省市）、西部地区（主要包括西藏、新疆、宁夏、青海、甘肃等6个地区）分别进行回归。我们首先把三个战略变量分别代入东部地区的方程，然后把三个变量的两两交互代入。

计算完毕后再对西部地区的企业重复这一回归分析过程。最后比较东部和西部地区回归分析结果的异同，具体结果见表6：

表6中，模型（1）~（4）是东部地区、模型（5）~（8）是西部地区的回归分析结果。假设6a~6c 是关于灰色战略与红色战略效应的比较。我们看模型（1）、模型（5）。在这两个模型中，研发战略与广告战略对 ROA 的影响在东部地区非常显著，但到了西部地区已经不再显著。而灰色战略在西部地区非常显著。有力地证实了假设6a~6c。假设7a~7c 预测，相比西部地区，东部地区红色战略内部替代效应更大，红色战略与灰色战略之间的外部替代效应更小。我们看模型（2）~（4）、模型（6）~（8），在这些模型中，在东部地区，resr_ 1 × salefee_ 1 的系数通过了显著性检验（$\beta = -0.004$，P值 <0.01），但西部地区该系数不显著。resr_ 1 × exexpd_ 1 在东西部地区都显著，但在绝

对值大小上东部不如西部。salefee_ 1×exexpd_ 1 的系数在西部地区是显著的，但在东部地区不显著。这说明在东部地区，红色战略内部替代效应大于红色战略与灰色战略之间替代效应；西部地区则相反，证实了假设 7a ~ 7c。进一步说明，东部地区的企业更多是在研发战略与广告战略两种方式中选择，而西部更多是在红色战略与灰色战略中进行选择。研究结论与前面假设 3a ~ 3c、假设 4a ~ 4c、假设 5 的结论在逻辑上完全一致。

六、讨论与建议

（一）讨论

（1）关系型战略是否依然有效？很多文献讨论了关系型战略在中国的适用性问题。Peng（2003）、Peng 和 Luo（2000）、Park 和 Luo（2001）、Xin 和 Pearce（1996）等国外华人学者的一个核心观点：在目前战略转型阶段，关系型战略填补了正式制度缺失的空白，因此能够带来正向的企业绩效。然而，很多人认为，关系是一种特有的文化现象，与制度完善程度无关。Li 等（2008）认为，中国背景下关系型战略能够起到一种有效的人际关系润滑剂作用，能使中国背景的企业有效抵御环境不确定的风险，但并非附属于中国不完善的制度环境。哪一个观点更有效？我们的研究更支持了第一种观点。以关系型战略为代表的灰色战略对强调市场竞争的红色战略具有明显的“挤出”效应。该战略会使企业陷入战略定位迷失，在激烈的市场竞争中无所适从。

表 6　不同地区制度情境下企业战略的回报与替代效应回归分析结果

变量名	(1)	(2)	(3)	(4)	(5)	(6)	(7)	(8)
ROA_ 1	0.454***	0.459***	0.461***	0.457***	-0.257***	-0.257***	-0.255***	-0.266***
	(0.040)	(0.039)	(0.039)	(0.040)	(0.069)	(0.070)	(0.069)	(0.069)
asset	-0.018***	-0.016***	-0.014***	-0.017***	-0.060***	-0.060***	-0.053**	-0.050**
	(0.004)	(0.004)	(0.004)	(0.004)	(0.020)	(0.021)	(0.021)	(0.021)
dual	-0.002	-0.002	-0.001	-0.002	0.009	0.009	0.010	0.002
	(0.003)	(0.003)	(0.003)	(0.003)	(0.024)	(0.024)	(0.024)	(0.024)
sucsdirector	-0.001	-0.001	-0.000	-0.000	-0.008	-0.008	-0.018	-0.010
	(0.008)	(0.008)	(0.008)	(0.008)	(0.037)	(0.037)	(0.038)	(0.036)
ratiotmt	0.028	0.027	0.027	0.028	-0.000	-0.000	0.004	0.012
	(0.018)	(0.018)	(0.018)	(0.018)	(0.165)	(0.166)	(0.165)	(0.164)

续表

变量名	(1)	(2)	(3)	(4)	(5)	(6)	(7)	(8)
ratiofirsshar	0.031*	0.032*	0.033*	0.031*	0.081	0.081	0.077	0.084
	(0.018)	(0.018)	(0.018)	(0.018)	(0.095)	(0.095)	(0.094)	(0.094)
controler	0.001	0.001	0.001	0.001	-0.001	-0.001	-0.001	-0.001
	(0.001)	(0.001)	(0.001)	(0.001)	(0.001)	(0.001)	(0.001)	(0.001)
resr_ 1	0.006***	0.073***	0.064***	0.006***	0.007	0.009	0.103*	0.010
	(0.002)	(0.016)	(0.012)	(0.002)	(0.008)	(0.071)	(0.057)	(0.008)
salefee_ 1	0.011***	0.073***	0.011***	0.032**	0.012	0.014	0.017	0.122**
	(0.003)	(0.015)	(0.003)	(0.013)	(0.015)	(0.063)	(0.015)	(0.061)
exexpd_ 1	0.009	0.001	0.064***	0.025	0.024***	0.024***	0.123**	0.154**
	(0.002)	(0.002)	(0.014)	(0.015)	(0.008)	(0.008)	(0.058)	(0.070)
resr_ 1 × salefee_ 1		-0.004***				-0.000		
		(0.001)				(0.004)		
resr_ 1 × exexpd_ 1			-0.004***				-0.007*	
			(0.001)				(0.004)	
salefee_ 1 × exexpd_ 1				-0.001				-0.007*
				(0.001)				(0.004)
Constant	0.096*	-1.049***	-0.917***	-0.291	0.597**	0.561	-1.074	-1.522
	(0.056)	(0.271)	(0.222)	(0.250)	(0.252)	(1.177)	(1.011)	(1.166)
Observations	784	784	784	784	191	191	191	191
R - squared	0.234	0.252	0.256	0.237	0.131	0.131	0.145	0.147

（2）企业应该如何选择战略定位？“鱼，我所欲也；熊掌，亦我所欲也。二者不可兼得，舍鱼而取熊掌者也”，引申到企业中，企业必须选择自己的定位，战略在于取舍，这也是 Porter 在 1996 年讨论“何谓企业战略”的经典论文提到的一个核心观点。战略的关键不在于企业选择做什么，而是在于选择不做什么。本文对这一核心观点提出了一个有力的经验证据。在最近的经济危机期间，很多企业把资源大多投放到房地产、股市、民间金融借贷市场。在这种背景下，企业实际上是面临战略替代的问题：应该把资源投放到实体经济还是虚拟经济。我们的研究证实，这是一种两难选择，但肯定的是：试图两者兼顾是徒劳的，企业只能偏重一个。在三种导向的战略替代中，不仅存在 Porter（1980，1985）所说的一般商业意义上“夹在中间”——广告战略与研发战略的相互取代，而且存在面向制度的灰色战略与面向市场的红色战略之间的取代。

（3）战略三角平衡理论中的“三角”均衡吗？Peng 等（2009）在传统战略理论产业观与资源观的基础上，认为还存在制度观，并认为即使在正式制度成熟的西方，制度观依然起作用。例如美国的一系列军火公司通过对美国的“院外活动集团”游说进行牟利、

Google、Facebook 通过对美国华府政要施加压力而影响国会对隐私法律的制定（胡国泰，2012）。在 Peng 等（2009）的模型中，“三角”是并列的、一维的、均衡的。研究表明，该模型中的“三角”并非均衡。产业观与资源观两者是传统成熟经济视角中企业的常用武器，而制度观更多是制度不完善时企业的竞争武器。在成熟经济中，企业主要是市场战略不同竞争方式的选择，即基于产业观和资源观这两种视角对竞争武器进行权衡。而在非成熟经济中，企业要做的权衡不仅包括这种选择，更多在于企业市场战略与非市场战略之间的权衡取舍，并且这种考虑超过了市场战略不同竞争方式的考虑。基于此，我们认为转型经济中的战略三角实际上并不均衡。

研究证实，三者并不是一维的，而是二维的。在 Peng 等（2009）的模型中，这三种战略的选择应该基于两个维度来进行选择：第一个维度是制度情境，第二个维度是竞争武器。而且，制度观战略明显相比其他两者更是“头重脚轻”，制度观的作用更强。Peng 等（2009）的模型试图把三者看作并列关系，并在一个维度上来思考企业的战略选择问题，这需要进一步商榷。对此我们的修正模型见图 2。

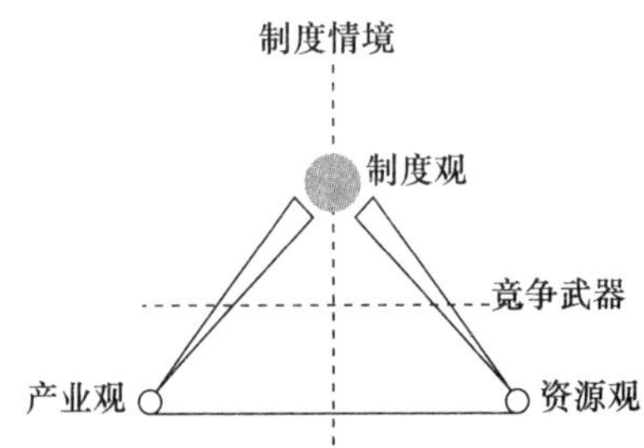

图 2　战略三角理论的修正模型

（二）政策建议

（1）企业战略与商业模式需要匹配。自改革开放以来，企业竞争方式经历了一系列的发展轨迹。最初是市场与政府干预并存的双轨制，企业只需要从政府那里低价拿到原材料，然后转手在商业市场上卖出，就能赚到无风险利润。其次是承包制，由于信息不对称，承包制不能解决“负盈不负亏”的问题，最终由于机制上的缺陷而面临“瓶颈”。再次是销售导向，很多企业曾经一度依靠营销而获得市场成功。而现在到了战略导向时代战略导向的关键在于战略与商业模式的匹配。企业首先必须明确战略定位，明白不应该做什么，而不是做什么。当明确了战略定位后，商务模式的选择，包括目标市场、竞争方式、营销渠道、研发方式就有了相应依据。当两者匹配时，企业绩效获得最佳。

（2）对于政府的建议：政府角色错位会导致企业行为扭曲。这可能会使企业过多注重官商关系，而忽视了自身竞争能力的培养。这些结论都进一步说明了我国要加速市场化进程建设的重要性。随着我国市场化程度的日益加深，政府必须要遵循“有所为有所不为”的原则。我国的国情比较复杂，东部地区市场经济发育要素要明显好于西部地区，市场发育呈现明显的阶梯状分布。再加上复杂的文化、民族、社会等因素的考虑，政府当然在西部地区相当长时间内还要发挥作用，但是在市场要素发育非常完善的地区，政府要适当坚持“退出”的原则，让“看不见的手”机制更有效地发挥作用。

当然本文也存在一系列局限：一是制度情境的测量。本文主要聚焦于政府干预。而制度环境不仅包含政府角色，还包括企业的道德舆论等规范环境、价值观等认知环境、产权保护等法制环境（Di Maggio 、Powell，1983）。制度情境的定义非常广泛，使得我们不可能在一个研究中全面兼顾。二是营业外支出是否能有效测量企业的灰色战略，还有待进一步检验。

参考文献

［1］ Park，S. H. Guanxi and Organizational Dynamics：Organizational Networking in Chinese Firms［J］. Strategic Management Journal，2001，22（5）.

［2］ Peng，M. W. Institution－based View as a Third Leg for a Strategy Tripod［J］. Academy of Management Perspectives，2009，23（4）.

［3］ Peng，M. W. Managerial Ties and Firm Performance in a Transition Economy：The Nature of a Micro－macro Link［J］. Academy of Management Journal，2000，43（3）.

［4］ Xin，K. Guanxi：Connections as Substitutes for Formal Institutional Support［J］. Academy of Management Journal，1996，39（6）.

［5］ Porter，M. Competitive Strategy：Techniques for Analyzing Industries and Competitions［M］. New York：Free Press.

［6］ Porter，M. Competitive Advantage［M］. New York：Free Press，1990.

［7］ Porter，M. What Is Strategy［J］. Harvard Business Review. 1996，74（6）.

［8］ Peng，M. Institutional Transitions and Strategic Choices［J］. Academy of Management Review，2003，28（2）.

［9］ Teece，D. J. Profiting from Technological Innovation：Implications for Integration，Collaboration，Licensing and Public Policy［J］. Research Policy，1986（15）.

［10］ Li，J. J. Do Managerial Ties in China Always Produce Value? Competition，Uncertainty，and Domestic vs Foreign Firms［J］. Strategic Management Journal，2008，29（4）.

［11］ DiMaggio，P. J. Iron Cage Revisited：Institutional Isomorphism and Collective Rationality in Organizational Fields［J］. American Sociological Review，1983，48（2）.

［12］ 杨其静. 企业成长：政治关联还是能力建设［J］. 经济研究，2011（10）.

［13］ 田志龙. 中国企业非市场策略与行为研究［J］. 中国工业经济，2005（9）.

［14］ 樊刚等. 中国市场化指数——各地区市场化相对进程 2011 年报告［M］. 北京：经济科学出版社，2011.

［15］ 陈冬华. 国有企业中的薪酬管制与在职消费［J］. 经济研究，2005（2）.

［16］ 胡国泰. 谷歌脸谱投巨资“游说政府”［EB/OL］. http：//finance. huanqiu. com/view 2012－04/2668804.

战略与结构匹配的影响因素
——以我国台湾地区企业集团为例

冯米　路江涌　林道谧

【摘　要】随着我国市场经济的成熟，越来越多的企业开始向集团化和多元化方向发展。以往研究发现多元化战略和组织结构匹配的企业通常能够获得较好绩效，但较少探讨企业多元化战略与组织结构匹配程度的影响因素。本文以我国台湾地区1973~1998年间100家最大的企业集团为样本，探讨影响企业集团多元化战略和组织结构匹配的因素。研究表明，行业集中度、金融市场制度以及所有权结构对企业集团的战略与结构匹配有显著影响：市场竞争越激烈、企业集团上市子公司越多、外国投资者所有权和政府投资者所有权所占比例越高，企业集团战略与结构的匹配程度就越高。本文的研究结果对我国企业集团未来的发展有重要的借鉴意义。

【关键词】企业集团；多元化；控制匹配

一、引言

企业集团在我国已经成为一种极为常见的企业形式。国家统计局的调查显示，截至2008年底，国内企业集团共计2971家，拥有成员企业33135家，年末资产总计突破40万亿元，实现营业收入271871亿元。在美国《财富》杂志公布的2009年度世界500强企业排行榜中，中国内地企业有38家上榜，其中企业集团公司为28家[①]。

然而，我国企业集团在不断发展的同时，也面临着重要的公司治理问题，例如因企业扩张速度过快造成管理效率低的问题。企业集团在多元化扩张过程中，有的采用了分散的组织结构，有的则采取高度集权的组织结构。现有学术研究主要侧重多元化和组织结构匹

作者简介：本文作者均来自北京大学光华管理学院。

① 2009年8月19日《中国信息报》，《中国企业集团经营规模进一步扩大》。

配对绩效的影响。例如，学术界普遍认同 Chandler（1969，1990）的论断：即组织结构与战略应该互相匹配，多元化的企业应该采用多部门组织结构，而这种匹配会带来更高的组织绩效。国内学者对多元化和绩效之间关系的研究也表明，多元化本身对绩效没有显著影响（朱江，1999；金晓斌、陈代云、路颖、联蒙珂，2002）；而当引入组织结构变量后，多元化与组织结构的交互作用对绩效有显著影响（金天、余鹏翼，2005；肖星、王琨，2006；薛有志、周杰，2007；王力军、童盼，2008）。既然战略和结构的匹配会带来较高的组织绩效，为什么在新兴经济体中，一部分多元化企业仍然保留着高度集权的组织结构呢？现有文献极少关注战略与结构匹配程度的决定因素。

本文在总结提炼新兴经济体典型特征的基础上，提出了技术—经济、制度环境，以及权力和政治构成 3 个视角组成的综合分析框架，并以此解释了集团企业战略与结构匹配程度的差异。技术—经济视角侧重企业技术负责性和规模化经营的要求，反映了企业在加速采用新技术和应对企业多元化规模扩张时面临的调整组织结构的挑战。制度环境视角从企业组织结构“合法性”角度分析组织出于得到社会的认可、接受与信任的考虑，采用符合商业规范的、与企业战略相匹配的组织结构，以向利益相关者和潜在投资者传递“合法性”的信息。权力和政治视角包括内部所有权、机构投资者所有权和政府等其他所有权。我们认为，所有权结构所代表的权力结构，是影响战略与结构匹配的重要影响因素。我们提出的综合性研究框架研究是对目前主流的战略结构学说的重要补充，只有更深刻更完整地理解新兴经济体的相应特征如何成为战略结构匹配的制约条件，才能有针对性地实事求是地提出帮助企业提升治理水平的理论指导。

我国内地企业集团发展的历史较短，系统性数据相对缺乏，制约了相关研究的深入展开。相比之下，我国台湾地区企业集团经历了近 40 年的发展和从全面管制到逐渐开放的制度变迁，为我们观察企业集团的演变提供了一个适当的研究机会。首先，台湾地区从文化角度看和内地地区相同，关于台湾地区企业集团的研究能够控制由于文化差异造成的企业集团结构的差异，因此关于台湾地区企业集团的研究比关于其他国家企业集团的研究对内地企业集团更有借鉴意义。其次，台湾地区企业集团经历了近 40 年的发展和从全面管制到逐渐开放的制度变迁，内地的企业集团也经历了 30 年的经济开放和经济体制改革，也面临着企业集团发展如何适应和应对体制变化的挑战，因此关于制度变迁如何影响台湾地区企业集团的研究对内地企业集团有直接借鉴意义。最后，现阶段内地的企业集团主要可分为两类，国有企业集团和民营企业集团。国有企业集团面临相对较多的内部和外部制度约束，理解制度因素对其战略和结构是否匹配的约束有现实意义。对于非国有企业集团而言，虽然集团面临的内部约束较少，但在集团外部，仍然面临宏观制度约束，因此，理解制度因素对其战略和结构是否匹配的约束也有现实意义。本文探讨影响台湾地区企业集团多元化战略和组织结构匹配的因素，对我国内地企业集团未来的发展有重要的借鉴意义。

接下来，我们首先对相关文献进行回顾并提出理论假说；其次对研究方法进行描述并报告实证结果；最后，我们得出研究结论和政策含义。

二、文献和假设

（一）战略与结构匹配和组织绩效

公司的战略与结构匹配，长期以来都是管理研究的热点论题。在 Chandler 的影响下，大多数战略管理学者都基本认同公司战略和组织结构的关系会影响到组织绩效。Chandler（1969）和 Williamson（1975）是主张战略决定结构的代表人物。他们认为，企业首先进行多元化扩张，随后才是从职能结构向多部门结构变革。Rumelt（1974）所领导的大规模经验研究继承了这一思想，并以其规范的"战略—结构—绩效"范式（SSP）成为了这一领域的代表。与战略学派相对立的是组织学派（Fredrickson，1986）。他们指出，企业现有组织结构对战略施加了重要的约束力，组织结构不仅建立了管理活动的框架，也限制了信息在组织间的流动。此外，因为组织结构约束了信息和资源流通，也限制了可用的战略选项，所以组织结构很可能会影响战略决策的过程和结果。尽管学术上对战略与结构的相互影响关系存在分歧，但一个基本的共识是：战略和结构之间应该相互匹配。

对于战略结构匹配和企业绩效的具体关系，很多学者从企业发展的历史脉络出发，将 M 型组织在商业领域的扩张过程本身视为对 Chandler 及 Rumelt 理论的支持（Suzuki，1980；Hoskisson、Hill 和 Kim、1993；Whittington 和 Mayer，2000；Greenwood 等，2005）。即这一过程体现了竞争市场基本的优胜劣汰法则。但也有学者认为仅仅观察战略或者结构中的一项并不足以充分解释企业的绩效，而是需要直接衡量战略结构匹配对绩效的影响（Miller，1996；Wasserman，2008）。他们认为抛开匹配，多元化或者 M 型组织本身并不带来企业效率的提升（Hambrick，2003）。无论持何种观点，以上研究都从不同的侧面印证了战略与结构匹配的重要性，并且通过大量的经验研究建立了战略结构匹配与企业绩效的联系。

在本文中，战略与结构匹配被定义为多元化战略和组织结构的匹配。具体而言，它衡量了多元化战略和组织集权化（一个关键的组织结构的维度）之间的匹配程度。比如，分权的多部门组织结构（M - Form）和多元化战略相匹配；而集权的职能组织结构（Functional - Form）与专业化战略相匹配。

（二）战略与结构匹配的影响因素

现有研究表明，在成熟的市场经济条件下，战略与结构的匹配会给公司带来较高的收益（Chandler，1992）。然而，在新兴经济体中，我们经常观察到很多企业没有遵循战略与结构匹配原则。是什么因素影响了企业对多元化—控制匹配的选择呢？

根据战略与结构匹配的论点，多部门组织结构是与多元化战略相匹配的。一方面，

Chandler（1969）和 Williamson（1975）提出了基于技术—经济理论的解释，认为多部门的组织结构与职能型的组织结构相比，前者更能提高多元化企业的管理效率，从而提高企业绩效。此外，尽管多部门的企业结构能给多元化企业带来更高的效率，组织社会学家们（Fligstein，1985）认为，组织所赖以生存的社会关系比经济效率更能解释企业采取多部门组织结构行为。两个主要的流派分别是制度学派和权力与政治学派，其中制度学派关注合法化过程，而权力和政治学派则关注组织内部和外部的权力结构。制度学者们的研究表明，多部门组织结构的流行提高了它的合法性，而权力和政治学派认为，对组织结构变迁的研究不能脱离对掌握关键决定权的利益集团的分析（Child，1997）。因此，我们从技术—经济、制度，以及权力和政治视角分别分析多元化—控制匹配的影响因素。

1. 技术—经济视角

技术—经济视角强调用效率来解释多部门组织结构的出现，认为多部门组织结构有助于多元化企业管理任务的实施，而这种对分散控制的需求主要来自于日益增加的业务量和管理上的复杂性。Chandler（1969）对杜邦和通用汽车的研究验证了这种变迁的趋势。Williamson（1975）认为，与多部门组织结构相比，传统的职能型组织结构已经无法有效地控制多元化企业的大规模和复杂性所带来的交易费用。

在新兴经济体中情况也是类似的。新兴经济体中的很多企业经历了从集权化经营到分散经营的转变：在企业发展的早期，决策权掌控在创业者及其家族手中；但随着企业的成长和产品线的增加，创业者不得不越来越多地依赖职业经理人来管理子公司。

在新兴经济体中，战略与组织结构的匹配并非显而易见，仍然有相当数量的企业在大举多元化的同时保留了集权化的组织结构。根据 Chandler（1969）和 Willamson（1975）的研究，多元化企业基于市场压力和提高效率的原因采取多部门结构。但并不是所有的企业都面临相同的压力，竞争压力的缺乏会导致管理的低效率。在新兴经济体，垄断通常是限制竞争的结果，某些行业由于政策或法律上的进入壁垒，形成了天生的垄断。行业集中度越高，企业所面临的竞争压力越小，提高效率的压力也会减弱，因此采取与战略相匹配的组织结构的动机则不如在竞争激烈的市场中的企业那么强烈。我们假设，在新兴经济体中，行业集中度与多元化—控制匹配是负相关的。在集中度低的行业中的企业比集中度高的行业中的企业更倾向于建立多元化—控制匹配。因此，我们假设：

假设 1：市场竞争的激烈程度会影响企业的多元化—控制匹配。在新兴经济体中，行业集中度越高，企业的多元化—控制匹配程度越低。

2. 制度视角

和关注效率的技术—经济视角不同，制度学派认为，效率不一定是企业选择组织结构的标准，在决定组织结构的问题上，“合法性”（Iegitimacy）常常比效率更重要。合法性是指“组织如果想要在它们的社会环境中生存下来并且兴旺发达，除了需要物质资源和技术信息之外，还需要得到社会的认可、接受与信任”（Scott 等，2000）。Selznick（1957）把制度化看作一个灌输价值观的过程，在这个过程中，企业为了自我维护，其组织结构会逐步调整以符合外界的规范。Clark 和 Soulsby（1999）也提到，“采取结构化的形式源于组织需要被社会看作理性化和合法化运营的企业，因为社会中存在着普遍和具体的、能被称作‘理性组织’的管理期望”。由于合法性保证了生存，企业很可能基于合法化而不是效率的考虑，采取社会认同的组织结构形式。

战略与结构匹配具备合法化的社会规范的特征，这从发达国家多元化企业采用多部门结构的趋势得到了体现。多元化和多部门组织结构匹配的合法性是基于几十年的组织领域研究、商业教育以及实践所获得的。而这种匹配的合法性并不只局限于西方国家，大众媒体、对外直接投资和国际贸易把这种合法化的战略与结构匹配也传播到了新兴经济体。因此，在新兴经济体中，对发达国家成熟商业模式的模仿给“高度多元化—低控制”和“低程度多元化—高控制”这两种匹配赋予了合法性。

尽管采取与战略相匹配的结构能获得合法性，仍然有很多企业没有采取匹配的组织结构，因为不同的企业受到不同程度的社会关注，对合法性的敏感度也会有所不同。因为上市企业有义务公开其企业组织，向利益相关者和潜在投资者传递一种信息：企业的战略和结构符合商业规范，而这是企业获得好的绩效回报的前提。所以，上市公司对合法性的约束更为敏感，因为它们对合法性的违反会导致更直接的股价损失。因此，我们假设：

假设2：制度化的约束会影响多元化—控制匹配的程度。企业集团的上市子公司数目越多，其多元化—控制匹配的程度越高。

3. 权力和政治视角

前文讨论了经济和社会制度对战略与结构匹配的影响，而另一个重要的社会影响因素就是组织内的权力和政治。权力和政治视角集中研究权力、利益和价值联盟如何影响组织；组织是由代表不同利益的竞争集团组成的，目的在于影响和采用组织结构以加强其支配权力。

Freeman（1984）把利益相关者定义为“任何能够影响或者被组织目标达成所影响的个人和团体”。在企业所有的利益相关者中，大股东是有直接影响力的团体，能够影响组织的重大战略决策。新兴经济体的家族企业中创业者们倾向于把企业看作他们的家族财产，通过保持高份额的家族所有权来保证对企业的控制，而这种集权化的家族控制不仅背离了战略与结构匹配的原则，降低了管理效率，也违背了其他股东的利益。大股东为了保护家族利益和保护自己的利益，会运用权力影响企业的组织结构。因此，所有权结构所代表的权力结构，是影响战略与结构匹配的重要影响因素。在新兴经济体中，家族和家族集团、机构投资者、政府以及外国跨国公司，是企业重要的利益相关者。接下来，我们从家族和家族集团、机构投资者、政府以及外国跨国公司的所有权结构对多元化战略与组织结构匹配的影响展开论述。

（1）内部所有权。内部所有权包括家族及其集团的下属公司的所有权，代表家族利益。正如前文所述，家族会把企业看作私人财产，因此不愿意为了达到经济效率而放弃控制权。尽管随着企业规模的扩大和多元化，对职业经理人的需求与日俱增，家族仍然不愿意失去控制权。为了控制企业集团，家族会通过高度集权的管理结构来保持对业务的控制（La Porta、Lopez－de－Silanes 和 Shleifer，1999）。韩国的财阀、我国台湾地区的企业集团、我国内地的家族企业，以及拉丁美洲的企业集团都体现了这个特点。由于企业的内部集团所有权比重越高，企业就越可能把家族控制作为第一目标，因此战略与结构匹配所能带来的效率就会被相对忽略①。此外，当企业多元化程度低时，内部所有权所需的控制权不会影响企业的匹配程度，但是当企业多元化程度高时，结构上的高控制就会降低企业战略与结构的匹配程度。因此我们认为，内部所有权的比例越高，企业越倾向于采用集权化的组织结构。由于样本中大部分企业集团都采用了多元化战略，我们假设内部集团所有权的比例越高，企业多元化—控制匹配的程度就越低。故提出：

假设3：内部集团所有权和多元化—控制匹配负相关。内部集团所有权所占比例越高，企业多元化—控制匹配程度越低。

（2）机构投资者所有权。尽管内部所有权在集团企业中占据绝大部分控制权，家族仍然无可避免地受到外部所有者的制约，尤其是银行、保险公司以及投资信托公司等大股东。由委托—代理理论可知，当股权非常集中的时候，大机构投资者股东就会有动机和能力保证组织运行的效率。一方面，机构投资者的财富和被投资企业的绩效是密切相关的，因此机构投资者有动机对企业进行监管。另一方面，和个人投资者不同，机构投资者有足够的能力监督和约束管理者。实证研究的证据表明，机构投资者所有权对企业的研发投入、财务绩效、政策制定以及业务重组都有积极的影响（Bethel 和 Liebeskind，1993）。

具体到新兴经济体，机构投资者的影响来自于两个机制。一方面，机构投资者会约束企业的过度多元化；另一方面，由于机构投资者的主要目标是被投资企业的效率最大化，机构投资者不会牺牲企业效率来换取控制、继承、稳定或是政治利益，而是把企业效率作为第一目标。Hamilton（1997）的研究表明，投机性的多元化在台湾地区企业集团中非常普遍。集团通过在相同或不同的产品线建立新公司，来扩张业务的规模和范围。结果是，台湾地区企业集团通常都由一定数量的中小型子公司组成。而机构投资者会阻止这种不顾长期利益、追求短期利益的行为。基于以上推理，我们认为，机构投资者所有权会提高企业的战略—结构匹配程度，即：

假设4：机构投资者所有权对多元化—控制匹配有积极影响。机构投资者所有权所占的比例越高，多元化—控制的匹配程度就越高。

（3）政府和外国合作者所有权。政府和外国合作者对企业发挥的影响与机构投资者相似。政府会比私人投资者更多地考虑长远利益，包括社会福利和对创新的促进。同样地，外国合作者也更愿意对具有西方现代管理结构的企业进行投资。从外国合作者的角度

① 关于家族企业控制和企业绩效之间可能存在一种悖论，即过多的控制会降低企业经营绩效，而欠佳的绩效最终会损害大股东即家族的利益。我们认为这种悖论是真实存在的。如果家族控制是唯一的考量，那么我们不会看到台湾地区企业集团在过去数十年的组织结构变迁，家族控制只会越来越强而非逐渐减弱。然而，我们认为这一悖论会随制度环境的变化而改变。当市场的力量相对薄弱，制度尚未健全的时候，家族无法信赖外来者即职业经理人来掌控企业的核心位置，利益的天平倾向维持控制。而当市场的力量逐步强大，制度日趋完善的时候，家族无须控制企业也能实现利益。这一过程解释了为什么在欧美成熟的市场经济体内的大型企业依然普遍存在家族股份而很少看到家族控制。该视角具有重要的研究意义，但限于侧重和篇幅不在本文的重点讨论范围内。

看，家族集权化的控制意味着低效率的配置。因此，我们假设，政府和外国合作者所有权会有利于战略—结构的匹配。故提出：

假设5：政府所有权对多元化—控制匹配程度有积极的影响。政府所有权所占的比例越高，多元化—控制的匹配程度就越高。

假设6：外国合作者所有权对多元化—控制匹配程度有积极的影响。外国合作者所有权所占的比例越高，多元化—控制的匹配程度就越高。

三、研究设计

（一）研究样本

本文的样本是1973～1998年我国台湾地区100家最大的企业集团①。26年的时间跨度使我们能够看到台湾地区企业集团战略与结构匹配的历史趋势。因为战略与结构的改变f是需要时间的，因此，我们选择了4年的时间间隔。样本包括在1973年、1977年、1981年、1986年、1990年、1994年和1998年台湾地区销售额最高的100家集团，共697家（1986年有97个集团）。

本文的数据来源是华证信（CCIS）颁布的“台湾企业集团”（BGT）目录。BGT目录收录了台湾地区优秀的企业集团的信息，包括资产、销售额、员工、资产负债、集团年龄、高管团队的背景以及集团内企业之间的关系。这个目录是迄今为止关于台湾地区企业集团最为详尽和可靠的信息来源，并且被以往的研究广泛应用（Chung，2001）。作为补充，我们还参考了另外两个数据来源——“台湾500家最大的企业”和“台湾标准产业分类代码”来计算行业集中度和多元化指标。

（二）测量

1. 因变量

多元化战略：我们依照Khanna和Palepu（2000）的方法，根据集团内每个公司的产品信息来衡量集团多元化的构念，并且采用熵公式来计算：

$$DT = \sum_{i=1}^{n} p_i \ln\left(\frac{1}{p_i}\right),$$

其中，P_i表示企业集团的行业细分i的销售额占企业集团总销售额的百分比。

组织控制：我们采用赫芬达尔指数（Herfindahl，1950）来衡量企业集团管理结构中

① 样本截止到1998年的原因是1998年前后台湾地区政坛发生了重大变化，而本文关注在1998年前相对稳定的政治环境中台湾地区企业集团战略与结构匹配的影响因素。

的协调和控制，赫芬达尔指数计算如下：

$$H = \sum_{i=1}^{n} (GSM_i)^2$$

其中，GSM_i 表示管理者 i 所管理的成员公司销售额的总和占集团总销售额的百分比。

多元化—控制匹配：我们运用了一个新的衡量方法——“匹配”，目的在于衡量企业集团中多元化战略和控制集权化之间的匹配程度。“匹配”测量的是：战略和结构之间的关系在多大程度上符合 Chandler（1969）所建议的最优匹配。低匹配度意味着战略—控制关系和最优情况相距甚远，而高匹配度意味着和 Chandler 提出的最优情况类似。匹配度的计算包括以下 3 步。

（1）对多元化和控制进行标准化。

$$N(DT_i) = \frac{DT_i - Min(DT)}{Max(DT) - Min(DT)}$$

其中，DT_i 表示企业集团 i 的多元化程度，Min（DT）表示整个样本中企业集团多元化程度的最小值，Max（DT）表示样本中企业集团多元化程度的最大值。

$$N(H_i) = \frac{H_i - Min(H)}{Max(H) - Min(H)}$$

其中，H_i 表示集团 i 的控制集权化的程度，Min（H）表示整个样本中控制集权化的最小值，Max（H）表示样本中控制集权化的最大值。

（2）定义最佳匹配。我们假设标准化转换之后的多元化和控制之间的匹配是完全负相关关系，用函数表示为：$DT + H = 1$。在这种情况下，任何 DT 和 H 相加不等于 1 的情况都会被认为背离最优匹配。

表 1　战略和组织结构匹配的 4 种情况

情况	多元化（熵）	控制（赫芬达尔指数）	匹配	含义
1	1	0	1	高度多元化和松散的控制→匹配度高
2	0	1	1	集中战略和集权化的控制→匹配度高
3	1	1	0	高度多元化和集权化的控制→匹配度低
4	0	0	0	集中战略和松散的控制→匹配度低

（3）匹配度的公式。$D_i = 1 - |DT_i + H_i - 1|$，$D_i$ 表示集团 i 匹配度的值。表 1 描述了匹配度的四种极端情况。以情况 1 为例，熵为“1”意味着多元化程度高，而控制为“0”意味着企业分散经营的程度高。根据公式，匹配度的值计算结果为“1”，表示战略和结构较为相称。换言之，匹配度越高，多元化和控制之间就越匹配。

2. 自变量

行业集中度：我们用行业前四大企业集中度（依据两位数的标准产业分类定义）来测量行业集中度。在集中度高的行业里的企业，会比集中度低的行业里的企业获得更多垄断力量。文献中关于产业组织的研究已经证明了行业集中度和企业利润之间的正相关关系（Amato 和 Wilder，1988）。对于行业集中度的测量我们只能获得台湾地区企业 1982 年以后的数据。

制度约束：制度约束由企业集团内的上市公司数量来衡量。由于上市公司通常是一个企业集团的核心企业，制度约束不仅会影响上市公司本身，还会影响整个企业集团。因此，含有上市公司的企业集团会比没有上市公司的企业集团更加关注多元化战略和控制之间是否匹配，以便达到市场期待的标准。

所有权：BGT 目录提供了一个企业集团内所有子公司的大股东的信息。首先，我们对每个子公司的 6 种股东类型进行编码：家族、下属公司、机构投资者、外国投资者、政府和其他。集团层次的所有权结构就是所有子公司的信息的集合。其次，我们用每种股东的资产总数除以整个企业集团的资产总数，得出每种股东的所有权比例。我们把家族和下属公司所有权合并成为内部所有权，因为家族及其下属公司代表着相同的利益和价值。但是，我们也把家族和下属公司分开作了分析，分析的结果和合并在一起分析是一致的。

3. 控制变量

首先，我们控制集团规模，来检测规模是否会带来内在的优势。大企业通常被认为得益于规模经济和范围经济，较容易获得资本，以及在市场上处于更具竞争力的地位。而相反地，组织生态学认为，大企业会受到结构惯性的阻碍，尤其在不稳定的环境下。组织惯性会阻碍公司行为的改变，从而限制公司的发展前景。当然，没有组织能够完全摆脱结构惯性的作用，但公司规模越大，历史越长，组织惯例和既定规则对结构惯性的固化作用就越大。因此，本文控制集团规模，并以集团内所有成员公司的年销售额作为测量。进一步地，我们用 1996 年台湾地区的消费者价格指数来调整各年的“集团规模”，使跨年份的对比更有意义。

其次，我们还控制集团年龄、负债/资产比率以及行业类型。较长的集团年龄会拖延组织的战略和结构变革，是结构惯性的另一个标志。然而，在新兴经济体，资历也意味着更广泛的外部网络和更好的防御风险的能力，负债/资产比率则反映了集团的财务能力。我们还在回归模型中引入了 12 个行业类型变量，以控制不同行业的不同特征所带来的差异，这 12 个类型变量分别是：农业、食品业、纺织业、林业、化学制品业、非金属制造业、金属制造业、机械电子、建筑业、零售业、金融业以及服务业。

（三）计量模型

在分析多元化—控制匹配的影响因素的时候，我们在自变量和因变量之间控制了 4 年的延迟时间，因为战略与结构匹配的调整需要较长的时间。多元化—控制匹配的影响因素模型具体如下：

$$\text{Alignment}_{it+4} = a_i + \beta_1 \text{Alignment}_{it} + \beta_2 \text{GroupAge}_{it} + \beta_3 \text{Size}_{it} + \beta_4 \text{Leverage}_{it} + \beta_5 \text{Industry Dummy}_{it} + \beta_6 (\text{Market Concentration}_{it} / \text{Listed Firms}_{it} / \text{Ownership}_{it}) + \varepsilon_{it}$$

由于数据同时包含了横截面和纵向的历史信息，我们采用固定效应的横截面时间序列模型来控制无法观测的差异。固定效应估计在本文中显然优于随机效应，主要基于以下两点原因：首先，本文的样本不是随机抽样，而随机效应模型更适用于对所有效应做出无条件的或边际的推理。而且，样本中的个体差异如何影响绩效正是本文的重点。其次，固定效应模型的一个重要好处就是，它不需要假设个体效应都独立于解释变量。Hsiao（2003）提出，如果个体的效应和解释变量相关，则应该选择固定效应模型；反之则选择随机效应模型。我们用 Hausman 检验（Hausman，1978）来考察每个回归模型，检验重要的个体效应 α_i 是否与解释变量 x_i 相关。结果是，每个模型都在 0.01 的显著水平上拒绝零假设。这为我们使用固定效应模型提供了支持。

（四）计量分析结果

表 2 描述了主要变量的均值、标准差和相关性分析，表 3 显示了这些变量的变化趋势。大于或等于 0.9 的相关系数意味着高度共线性，而表 2 的相关矩阵显示，绝大部分变量间的相关系数都不高于 0.4。作为表 2 的补充，表 3 描述了台湾地区企业集团在每个时期的战略、结构和其他组织特征的发展趋势。表 3 中数据多元化—控制匹配度在长时间内保持稳定，并且与多元化和控制的联合变动相一致。这证明了，我们关于匹配度的测量是可信的。

表 2　主要变量的均值、标准差和相关性分析

	平均值	标准差	1	2	3	4	5	6	7	8	9	10	11	12
1. 集团年龄	29.28	11.05	1.00											
2. 集团销售额	9.21	1.27	0.37***	1.00										
3. 负债/资产比率	0.03	0.04	-0.02	0.03	1.00									
4. 企业集团多元化程度	0.73	0.46	0.24***	0.28***	-0.02	1.00								
5. 组织控制	0.52	0.25	-0.13***	-0.34***	0.06	-0.44***	1.00							
6. 多元化—控制匹配度	0.78	0.18	0.17***	0.13***	0.04	0.35***	0.16***	1.00						
7. 行业集中度	0.23	0.16	-0.11**	-0.24***	0.07	-0.01	0.16***	0.14***	1.00					
8. 上市子公司数量	0.86	1.03	0.26***	0.60***	-0.03	0.30***	-0.30***	0.13***	-0.12***	1.00				
9. 内部所有权	31.65	20.97	-0.10**	-0.24***	-0.08*	0.13***	-0.01	-0.04	0.09*	-0.22***	1.00			

续表

	平均值	标准差	1	2	3	4	5	6	7	8	9	10	11	12
10. 机构投资者所有权	5.75	7.14	-0.20***	-0.07	0.04	-0.04	0.07	0.00	0.00	-0.11**	-0.05	1.00		
11. 外国投资者所有权	4.37	8.61	0.08	0.14***	-0.05	0.05	-0.08	0.09**	0.01	0.05	-0.14***	-0.01	1.00	
12. 政府投资者所有权	0.52	2.89	0.03	0.11**	-0.04	-0.02	0.02	0.05	-0.02	0.01	-0.07	-0.01	0.02	1.00
观察数目			496	497	497	495	494	497	443	496	438	438	438	438

注：*、**、***分别表示在10%、5%和1%统计水平上显著。

表3 主要变量在各年份的均值和标准差

年份	1973	1977	1981	1986	1990	1994	1998
1. 集团年龄	17.82 (8.30)	20.10 (9.15)	23.22 (8.73)	27.15 (9.48)	29.58 (9.92)	32.37 (11.22)	33.95 (12.28)
2. 集团销售额	8.14 (0.85)	8.06 (0.98)	8.32 (0.99)	8.67 (1.08)	9.05 (1.22)	9.64 (1.05)	10.35 (0.92)
3. 负债/资产比率	0.03 (0.02)	0.03 (0.02)	0.03 (0.01)	0.03 (0.02)	0.03 (0.07)	0.03 (0.02)	0.03 (0.02)
4. 企业集团多元化程度	0.74 (0.47)	0.60 (0.44)	0.69 (0.45)	0.68 (0.46)	0.79 (0.42)	0.74 (0.45)	0.76 (0.49)
5. 组织控制	—	0.59 (0.27)	0.59 (0.25)	0.52 (0.27)	0.58 (0.23)	0.48 (0.25)	0.45 (0.25)
6. 多元化—控制匹配度	—	0.81 (0.18)	0.79 (0.15)	0.73 (0.24)	0.81 (0.16)	0.78 (0.18)	0.78 (0.17)
7. 行业集中度	—	—	0.28 (0.16)	0.27 (0.14)	0.27 (0.15)	0.26 (0.12)	0.05 (0.08)
8. 上市子公司数量	0.34 (0.71)	0.43 (0.79)	0.52 (0.83)	0.53 (0.93)	0.77 (0.87)	1.15 (1.07)	1.31 (1.16)
9. 内部所有权	—	—	33.83 (21.40)	34.45 (22.56)	35.53 (22.10)	31.82 (20.49)	24.11 (16.82)
10. 机构投资者所有权	—	—	5.37 (7.17)	5.56 (6.93)	6.13 (7.12)	5.96 (6.05)	5.57 (8.29)
11. 外国投资者所有权	—	—	0.39 (1.95)	0.33 (1.78)	0.26 (1.57)	0.38 (1.61)	1.15 (5.16)
12. 政府投资者所有权	—	—	4.03 (7.83)	4.44 (9.32)	4.26 (8.80)	4.88 (8.98)	4.14 (8.09)
观察数目	100	100	100	97	100	100	100

表 4 显示了各影响因素对企业集团多元化—控制匹配度的回归结果。模型 1 是只包含控制变量的基础模型；模型 2、模型 3 和模型 4 分别是基于效率视角、制度视角和权力政治视角的影响因素对匹配度的回归；模型 5 是包含所有影响因素的全模型。

假设 1 运用技术—经济视角，预测行业集中度对多元化—控制匹配度有负向的影响。如模型 2 的结果所示，行业集中度与多元化—控制匹配度显著负相关。假设 1 得到验证，行业集中度越高，多元化—控制的匹配程度就越低。而且，从模型 1 到模型 2，R^2 有显著提高，意味着效率是重要的影响因素。

表 4　多元化—控制匹配度回归模型结果

多元化—控制 匹配度（t+4）	模型 1 控制变量 （1981～1994）	模型 2 效率视角 （1981～1994）	模型 3 制度视角 （1981～1994）	模型 4 权力政治视角（1981～1994）	模型 5 全模型 （1981～1994）
多元化—控制匹配度	-0.254*** （0.000）	-0.329*** （0.000）	-0.264*** （0.000）	-0.406*** （0.000）	-0.476*** （0.000）
集团年龄	0.003* （0.085）	0.004* （0.064）	0.003 （0.121）	0.005** （0.028）	0.005** （0.021）
销售额（指数分布）	-0.044** （0.036）	-0.056** （0.047）	-0.049** （0.023）	-0.060** （0.022）	-0.096*** （0.001）
负债/资产比率	-0.050 （0.828）	-0.005 （0.982）	-0.038 （0.869）	-0.033 （0.880）	0.007 （0.975）
行业	（包括）	（包括）	（包括）	（包括）	（包括）
行业集中度		-0.129* （0.091）			-0.140** （0.049）
上市子公司数量			0.024 （0.239）		0.050** （0.044）
内部集团所有权				0.002 （0.176）	0.003 （0.120）
机构投资者所有权				-0.001 （0.747）	-0.002 （0.760）
外国投资者所有权				0.015*** （0.000）	0.016*** （0.000）
政府投资者所有权				0.069 （0.139）	0.094** （0.043）
R^2	0.14	0.22	0.15	0.29	0.37
观察数目	353	248	353	263	240

注：*、**、***分别表示在 10%、5% 和 1% 统计水平上显著。

假设 2 运用制度理论的视角，预测企业集团内上市子公司越多，企业集团所受到的金融市场制度影响越大，则战略与结构匹配度越高。然而，该假设只得到了部分支持。企业集团内上市子公司数目对匹配度的影响只在全模型中显著，而在模型 3 中不显著。一个非常值得注意的问题是上市公司往往独立性较强，因此源于上市公司的统计结论不一定反映了制度原因，而是独立性的体现。一方面，我们认为这一解释或许说明了为什么我们的假设在这一问题上只获得了部分支持。另一方面，我们也可以将上市公司独立性理解为新兴经济体制环境的一种特定表现，即上市公司因其市场示范效用需要传递更强的合法性，并或多或少免于落后制度的制约。在这一机制下，上市公司的多寡可以看作是基于市场逻辑的合法性对目标企业影响的强弱。

模型 4 显示了权力和政治视角的回归结果。结果显示，只有外国投资者所有权对企业集团的多元化—控制匹配有显著的正向影响，假设 5 得到验证；假设 6 预测政府投资者所有权有利于多元化—控制匹配度，只在全模型中得到了验证，在单个模型中不显著；本地机构投资者和内部集团所有权对多元化—控制匹配没有显著影响，假设 3 和假设 4 没有得到验证。

模型 5 是最完整的全模型。从模型 5 可以看到效率、制度和权力政治对企业集团多元化—控制匹配的影响。全模型比只有控制变量的模型多解释了 23% 的匹配度的差异，比基础模型有显著的提高。

四、研究结论和含义

本文基于技术—经济视角、制度理论视角以及权力和政治视角探讨了台湾地区企业集团多元化战略与组织结构匹配的影响因素。研究证明，产品市场中的行业集中度、制度环境中的金融市场以及权力视角中的所有权结构，都在一定程度上影响企业集团的多元化—控制匹配。

第一，企业的多元化—控制匹配受到行业集中度的影响。在新兴经济体，垄断通常是限制竞争的结果，因此在行业集中度高的环境下，企业面临的竞争相对较少，企业即使在战略与结构不匹配的情况下也仍然有可能实现不错的业绩；但在行业集中度低的环境下，企业面临更加激烈的竞争，能否通过多元化—控制匹配达到效率对企业而言更加重要。因此，给定其他因素不变，行业集中度越低，企业的多元化—控制匹配程度越高。

第二，制度因素对多元化—控制匹配程度的影响只得到了部分验证。一方面，企业集团内更多的上市子公司面临更多的金融市场监管，促使企业集团提高多元化—控制的匹配程度。另一方面，需要注意的是，样本期间台湾地区的金融市场刚刚开始放松管制，与西方成熟的金融市场相比仍然处于不发达阶段。据描述性分析结果显示，台湾地区资本市场和银行系统在监管私营企业部门方面并未发挥应有的作用。在台湾地区，私营企业通过非正式渠道向家族、朋友和个人联营公司融资的行为非常普遍。所谓的“路边市场”（Curb Market）贡献了制造业投资总资本的 30%（Hamilton，1997）。资本在多大程度上属于私人还是国家，以及在多大程度上由自由金融市场或银行系统提供，对于组织战略的选择有重要的作用。成熟市场的缺失、信用中介机构的缺乏以及银行系统的不活跃，极有可能减弱了台湾地区的制度力量对企业集团战略与结构匹配的作用。因此，理论上制度环境会影响战略与结构的匹配度，但在不成熟的市场环境下，制度对战略与结构匹配的作用有可能会被削弱。

第三，在权力和政治因素中，只有外国投资者对多元化—控制匹配有显著的正向影响。我们认为，在很多新兴经济体经济中，外国企业是核心技术、管理技能以及市场渠道的主要提供者。由于家族企业的发展在很大程度上依赖于外国企业所提供的支持，因此外国投资者在与家族讨论企业战略与结构的时候，能够拥有更多的话语权。

第四，政府投资者对多元化—匹配的影响只得到了部分验证。一方面，政府机构比私人投资者更愿意考虑企业的有效运行和社会福利，因而对多元化—战略匹配发挥监督作用。但另一方面，台湾的地区政府曾经出于政治考虑，把强大的企业资本视为政府控制力的潜在威胁。综合这两方面因素，政府投资和战略与结构匹配的关系比较模糊。

第五，家族所有权对匹配度的影响效果不明显，这可能来自两个原因：一是内部集团所有权的份额高并不一定意味着家族的控制权高。二是家族的权力还可以通过子公司之间的交叉持股得到扩大，而不一定需要通过管理的集权化来实现家族对企业的控制。家族可以通过控制董事会和战略层的决策来实施对企业集团的控制，而管理层的控制可以适当地分权。但理论上，家族是台湾地区企业集团中最有控制力的利益集团，并且倾向于维护其对企业集团的绝对控制力。

第六，本地机构投资者（如银行、共同基金等）在台湾地区企业集团发展的历史中并没有发挥重要的作用（Hamilton，1997）。即使在 20 世纪 90 年代，制度环境越发成熟并且在经济活动中开始发挥作用时，本地机构投资者的影响仍然非常有限。我们的研究结果支持了 Ghemawat 和 Khanna（1998）所提出的两阶段制度变革理论：自由竞争和放松管制是制度变革的第一阶段；而建立有效的市场制度则是制度变革的第二阶段。尽管放松对市场的管制以及解除对市场竞争的约束可以很迅速，要建立健全的市场机制却需要长期的努力。

基于对台湾地区企业集团的研究结果，我们对中国内地的企业集团发展提出以下三点建议：首先，伴随着改革开放的大潮，国内市场已经逐步放松了对市场的管制。原先受到保护的企业面临着来自各方面的激烈竞争。在这个过程中，优胜劣汰不可避免，但市场的竞争最终将有利于企业效率的提高。因此，企业应该重视构建适当的组织结构以配合多元化战略，应对不断增加的市场竞争要求。

其次，尽管在本文中，金融市场对企业多元化—控制匹配的监督作用只得到了部分验证，但这很可能是由新兴经济体本身制度环境的不成熟所致。在其他条件一定的情况下，成熟的金融市场会对企业行为发挥监督作用，因此，完善金融证券市场、保护股东利益，对企业集团提高战略与结构匹配度有重要的作用。

最后，所有权结构对企业集团的多元化—控制匹配度有一定的影响。尽管本文只验证了外国投资者和政府投资者对多元化—控制匹配的促进作用，我们仍然认为，一个合理的所有权结构能促进企业集团的战略与结构匹配，从而提高企业绩效。对于家族内部集团而言，对企业集团的控制权确实很重要，但维持一个合理的所有权结构，能够让企业集团在效率、合法性等各个方面都达到更优效果。

参考文献

[1] 中国企业集团经营规模进一步扩大 [N]．中国信息报，2009-08-19.

[2] 金天．股权结构、多元化经营与公司价值 [J]．南开管理评论，2005，8（6）.

[3] 金晓斌．公司特质、市场激励与上市公司多元化经营 [J]．经济研究，2002（9）.

[4] 王力军．民营上市公司控制类型、多元化经营与企业绩效 [J]．南开管理评论，2008，11（5）.

[5] 肖星．关于集团模式多元化经营的实证研究 [J]．管理世界，2006（9）.

[6] 薛有志．产品多元化、国际化与公司绩效 [J]．南开管理评论，2007，10（3）.

[7] 朱江．我国上市公司的多元化战略和经营业绩 [J]．经济研究，1999（11）.

[8] Amato，L.. Market Concentration，Efficiency and Antitrust Policy：Demsetz Revisited [J]. Quarterly Journal of Business and Economics，1988，27.

[9] Bethel，J. E.. Effects of Ownership Structure on Corporate Restructuring [J]. Strategic Management Journal，1993（14）.

[10] Chandler，A. D.. Strategy and Structure：Chapters in the History of Industrial Enterprise [M]. MIT Press，1969.

[11] Chandler，A. D.. Scale and Scope [M]. Harvard University Press，1990.

[12] Chandler，A. D.. Organizational Capabilities and the Economic History of the Industrial Enterprise [M]. Journal of Economic Perspective，1992（6）.

[13] Child，J.. Strategic Choice in the Analysis of Action，Structure，Organizations and Environment：Retrospect and Prospect [J]. Organization Studies，1997，18.

[14] Chung，C. N.. Markets，Culture and Institutions：The Emergence of Large Business Groups in Taiwan，1950s～1970s [J]. Journal of Management Studies，2001，38.

[15] Clark，E.. Adoption of the Multi-Divisional Form in Large Czech Enterprises：The Role of Economic，Institutional，and Strategic Choice Factors [J]. Journal of Management Studies，1999，36.

[16] Fligstein，N.. Spread of the Multidivisional Form Among Large Firms，1919～1979 [J]. American Sociological Review，1985，50.

[17] Fredrickson，J. W.. Strategic Decision Process and Organizational Structure [J]. Academy of Management Journal，1986，11.

[18] Freeman，R. E.. Strategic Management：A Stakeholder Approach [M]. Boston：Pitman Publishing Inc，1984.

[19] Ghemawat，P.. Nature of Diversified Business Groups：A Research Design and Two Case Studies [J]. Journal of Industrial Economics，1998，46.

[20] Greenwood, R.. Reputation, Diversification, and Organizational Explanations of Performance in Professional Service Firms [J]. Organization Science, 2005, 16 (6).

[21] Hambrick, D. C.. Foreword to the Classic Edition: Organizational Strategy, Structure and Process: Stanford Business Classics, 2003.

[22] Hamilton, G. G.. Organization and Market Processes in Taiwan's Capitalist Economy: Economic Organization of East Asian Capitalism: Sage, 1997.

[23] Hausman, J. A.. Specification Tests in Econometrics [J]. Econometrica, 1978, 46.

[24] Herfindahl, O. C.. Concentration in the Steel Industry [D]. Ph. D. Thesis: Columbia University, 1950.

[25] Hoskisson, R. E.. Multidivisional Structure: Organizational Fossil or Source of Value? [J]. Journal of Management, 1993, 19 (2).

[26] Hsiao, C.. Analysis of Panel Data [M]. Cambridge University Press, 2003.

[27] Khanna, T.. Future of Business Groups in Emerging Markets: Long - Run Evidence from Chile [J]. Academy of Management Journal, 2000, 43.

[28] La Porta, R.. Corporate Ownership Around the World [J]. Journal of Finance, 1999, 54.

[29] Miller, D.. Configurations Revisited [J]. Strategic Management Journal, 1996, 17.

[30] Rumelt, R. P.. Strategy, Structure, and Economic Performance [M]. Baston: Harvard University Press, 1974.

[31] Scott, W. R.. Institutional Change and Healthcare Organizations: From Professional Dominance to Managed Care [M]. University of Chicago Press, 2000.

[32] Selznick, P.. Leadership in Administration [M]. Harper and Row, 1957.

[33] Suzuki, Y.. Strategy and Structure of Top 100 Japanese Industrial Enterprises, 1950 ~ 1970 [J]. Strategic Management Journal, 1980, 1.

[34] Wasserman, N.. Revisiting the Strategy, Structure and Performance Paradigm: The Case of Venture Capital [J]. Organization Science, 2008, 19 (2).

[35] Whittington, R.. European Corporation [M]. Oxford University Press, 2000.

[36] Williamson, O.. Markets and Hierarchies: Analysis and Antitrust Implication [M]. Free Press, 1975.

私营企业主可观察经历、战略导向及其匹配对绩效的影响研究*

秦令华　井润田　王国锋

【摘　要】作为私营企业战略方向舵手的企业主，其个人和职业经历对企业的战略决策和发展至关重要。本文从高层梯队理论出发，考察了私营企业主的个体可观察经历对企业战略导向的影响作用，并进一步检验了企业主可观察经历的重要组成部分——职能背景与企业战略导向之间的匹配对企业绩效的影响作用。对2006年全国私营企业调查数据的实证研究结果显示，在控制组织层变量后，企业主的年龄、教育水平、职能背景对私营企业的战略导向有显著影响，其中有专业技术职能背景的私营企业主倾向于采取探索型战略，有供销职能背景的企业主倾向于采取防御型战略。此外，企业主的教育水平、供销职能背景以及探索型战略导向有利于企业成长；而具有管理或专业技术职能背景的企业主采取探索型战略有利于盈利水平的提高。

【关键词】管理者可观察经历；战略导向；匹配；组织绩效

私营企业是我国国民经济中的一支生力军。它起步晚，基础差，但发展速度快。经过30多年的发展、完善，目前已形成相当大的规模，成为推动我国经济持续、快速、健康发展的重要力量。根据第八次全国私营企业抽样调查数据分析综合报告，[1]2008年上半年，全国登记的私营企业（含分支机构）为6238702户。私营企业具有顽强的生命力，极善于寻找生存空间，捕捉市场机会，根据外部环境的特征和变化来确定自身的发展方向和发展方式。陕西博新巨汽车服务公司及其董事长刘希民就是其中一个例子。[2]刘希民原在大型国营军工企业任工程处主任，下海后从事石化工程研究开发，创建了钢材公司，靠经营钢材生意企业发展到亿万元以上资产规模。完成了资本的原始积累后如何进一步发展？刘希民认为要靠投资，投资能否获得好的收益主要在于投资决策。在进行大量市场调

*　本文受教育部人文社会科学研究青年基金项目（10XJC630004）资助。

作者简介：秦令华，电子科技大学经济与管理学院博士研究生，研究方向为组织行为与战略管理；井润田，电子科技大学经济与管理学院副院长、教授、博士生导师、博士，研究方向为高层管理团队、跨文化管理、组织与领导；王国锋，电子科技大学经济与管理学院讲师、博士，研究方向为组织行为与跨文化管理。

查后，他决定投资汽车服务行业。做出决定后，他迅速联系韩国SK集团，以实力获得了陕西省独家代理权。新产品的推广和市场网络的建设往往需要大笔投入。但刘希民通过对加盟企业免去加盟费、提供前期免费铺货等一系列经济支持，不仅克服了前期投入所带来的风险，还在原有基础上达到了近两亿元的资产规模，并最终创办陕西博新巨汽车服务公司。

可见，私营企业要在残酷的市场竞争中存活和发展，机会与资源很重要，但同时企业主自身特质对企业的战略决策和发展也极为重要，这与私营企业多数是典型的企业主控制型企业密不可分。[3,4]因此，私营企业主研究成为私营企业研究的一个重要组成部分，学者们从社会学、经济学、心理学和管理学等各个角度研究企业主及其对私营企业的影响作用。[5-14]与此同时，私营企业的战略管理问题也开始逐渐受到理论界的关注，[15-19]但对企业核心的业务层战略的研究还较少。Miles和Snow[20]基于企业在适应环境时遇到的三类基本战略问题——企业家创新问题（Entrepreneurial Problem）、工程问题（Engineering Problem）和经营管理问题（Administrative Problem），将企业业务层战略分为不同导向。Miles和Snow的战略分类法特别强调高层管理者对企业总体设想和方向的影响。对大多数为中小规模的私营企业而言，战略管理职能主要由企业主自己来承担。根据《1993～2006中国私营企业大型调查》[21]一书，私营企业的决策机制是以“企业主”为中心，并且出现了重大决策和日常管理均由企业主亲自抓的现象。Hambrick和Mason[22,23]的战略领导理论也指出，高层管理人员可以观察到的经历（Observable Experiences）、价值观和个性特征会影响他们对所面临情况的解释，进而影响企业的战略决策。管理者与组织战略之间的匹配又将最终决定组织绩效。[24,25]

现有关于高层管理者与企业战略导向之间关系的研究一般认为企业战略导向随管理者可观察到的经历而不同。[26-31]但大多数研究是在发达经济的少数几个行业中进行，且样本企业的规模都较大，例如上市公司等。此外，我国私营企业主在经济体制改革过程中获得的工作经历具有相对特殊性，其所经历过的职能背景与发达经济研究中的职能背景并不完全相同。因此，直接将对发达经济的研究结果应用于我国管理实践必然存在不足。另外，关于管理者与组织战略之间的匹配对组织绩效的影响研究，Thomas和Ramaswamy[25]从美国财富500强企业中选择了三个行业进行研究，但这一研究主要针对高层管理团队，且行业范围较窄，研究结论是否可进一步推广用于我国私营企业有待进一步研究。因此，本文拟使用2006年“全国私营企业调查”多行业数据研究：①作为私营企业战略方向舵手的私营企业主，其个体经历对企业战略导向的影响作用；②私营企业主职能背景与企业战略导向之间的匹配将对企业绩效产生何种影响。

一、理论回顾与假设提出

（一）战略导向：Miles 和 Snow 分类法

战略导向是一个企业与其所处的特殊环境之间的匹配。业务层战略与企业相对于竞争对手而言在行业中所处的位置相关。每个企业都必须制订和实施业务层战略。那些在行业内定位准确的企业通常能更好地应付各种竞争力量。学者提出了业务层战略的不同分类法，其中 Miles 和 Snow[20] 的分类法得到了较为广泛的应用。依据产品与市场的变动率和组织对外界环境的响应速度，Miles 和 Snow 对教科书出版、电子、食物加工和卫生保健行业进行了探索型的实地研究，将组织战略划分为四种类型：探索型（Prospector）、防御型（Defender）、分析型（Analyzer）和反应型（Reactor）。这四种类型每一类都是情境因素、结构因素和战略因素的独特组合。从探索型到防御型，这实际上是一个连续体，而探索型和防御型就是连续体的两极，[32] 这两极能更显著地体现不同战略导向的特征，因此本文将选择探索型和防御型进行研究。其中，探索型企业致力于发现和挖掘新产品和新市场机会，是一类能够提供创新产品和服务富于冒险精神的企业。它们的核心技能是市场能力和研发能力，可能拥有较多的技术类型和较长的产品线。防御型企业总是想在一个产品或市场比较独立的区域内维持它们相对稳定的地位，是一类规避风险的企业。它们往往采用高效生产、严格控制等连续可靠的手段，努力寻求保护自己的市场地位。

企业能否形成合适的战略并实施对其能否有效适应环境至关重要，而高层管理者对战略的形成（Formulation）和实施（Implementation）都起重要作用。[33] 因此，本文将主要关注两个内容：①私营企业主可观察经历对战略形成中战略导向选择的影响作用；②战略实施中私营企业主职能背景与战略导向的匹配对企业绩效的影响作用。

（二）私营企业主可观察经历与企业战略导向

Finkelstein 等[34] 认为，战略决策者通过有限的视野（决策者会看什么和听什么）—选择性感知（实际上看到和听到了什么）—解释（对所听到的和所看到的赋予什么意义）这个信息过滤过程对现实进行解释和理解，而这个过滤过程又由决策者的“倾向”（Orientation）所影响。决策者的“倾向”则是他们解释战略情境和决定行为方式的基础，由个体的心理学特征和能够观察到的经历组成。个体的心理学特征包括价值观、认知模型和个性特征等，可观察经历包括年龄/任期、正式教育和职能背景等。可观察经历由于容易测量和较为可靠[35] 得到了大量研究，其中高层管理团队对企业战略决策的影响研究尤其受到国内学者的关注。[36-40] 而私营企业的决策机制是以企业主为中心，[21] 企业规模越小，权力越集中，管理者的特征对组织战略和结构及其绩效的影响就更重要。[41] 因此，对规模普遍较小的私营企业而言，企业主个体可观察经历对企业战略决策的影响很值得关注。

1. 年龄

研究一般认为，年轻的高管更富于创新和冒险，而年老的高管更倾向于保守和规避风险。[42-44]此外，高管的年龄与其对公司成长的关注负相关。[45] Hambrick 和 Mason[22]基于学习理论，认为年老的管理者在捕捉新思路和学习新行为时会有更多的困难。Bantel 和 Jackson[46]则从认知资源等心理学方面解释年龄与创新之间的关系。刘运国和刘雯[47]对我国上市公司的研究也支持了高管年龄与企业 R&D 支出之间存在较强的反向关系。Thomas 等[24]对电子计算机设备行业的研究结论，高层管理者的年龄与企业的战略导向有显著的关系。而 Li 和 Tang[48]对我国企业家调查数据制造业的研究却发现，CEO 年龄越大的企业越倾向于采取冒险的行为。鉴于以上分析，我们推测年龄非常大的企业主可能因为其拥有的丰富经验而像非常年轻的企业主一样采取风险较大的战略；反过来，年龄适中的企业主最可能采取规避风险的战略。因此，提出以下假设：

假设 1：私营企业主的年龄与探索型战略呈 U 型关系，即年龄非常小和非常大的企业主倾向于采取探索型战略，年龄适中的企业主倾向于采取防御型战略。

2. 教育水平

关于教育水平，Finkelstein 等[34]归纳为，教育水平会影响高层管理者的价值观、认知风格、认知内容和对创新的接受程度等个体心理学因素，比如对创新的接受程度、认知复杂度、对模糊的容忍力等，[45,49,50]从而对战略决策和企业绩效产生影响。根据这一推理，实证研究也显示，越具创新性的组织其 CEO 或高层管理团队的受教育水平越高。[46,51-53] Thomas 等[24]对电子计算机设备行业的研究也发现了高层管理者的教育水平与企业的探索型战略之间的显著关系。因此，我们提出以下假设：

假设 2：私营企业主的教育水平越高，越倾向于选择探索型战略；反之，教育水平越低，越倾向于选择防御型战略。

3. 职能背景

通常认为，高层管理者透过其职能背景来观察企业问题并依赖其在相关职能背景中获得的专业知识找出解决之道。[54] Finkelstein 等[34]归纳了职能背景、心理倾向和战略决策之间关系的作用机制，认为高管的职能背景会对价值观、认知风格、认知内容和结构等个体心理学因素产生影响，从而影响最终的战略决策和企业绩效。Miles 和 Snow 的战略分类法在高管职能背景与企业战略导向之间关系的研究中也得到了较为普遍的应用。Hambrick 和 Mason[22]把职能背景分为输出型（Output）和流量型（Throughput）。输出型职能主要关注企业的成长和对新机遇的搜寻，负责监控调整产品和市场，如营销、销售和研发等；而流量型职能主要关注成本和控制，强调提高输入输出这一转化过程的效率，如生产、会计和一般行政等。Chaganti 和 Sambharya[30]对三个大型烟草公司的研究发现，探索型公司相比防御型拥有更多具有研发背景的高管，而防御型公司拥有更多具有金融背景的高管。Thomas 等[24,25]发现，探索型企业的高管其职能背景主要为输出型包括营销以及产品研发与管理，而防御型企业的高管职能背景主要为流量型，包括金融、流程和制造。CEO 或

高管团队在输出职能方面的经历与研发投入的显著关系也得以支持。[36,55]

我国私营企业主在经济体制改革过程中所经历过的职能背景具有其相对特殊性。根据中华全国工商业联合会的私营企业大型调查，[8]企业主在开办私营企业前的工作经历较为复杂，有干部、个体户、军人、国有集体企业管理人员、供销人员、专业技术人员及其他一般工作人员和农民。依据以往理论和实证研究，专业技术人员的技术灵活性使得这类企业主能对产品和市场领域的变化做出迅速反应，因此倾向于采取探索型战略。文芳和胡玉明[53]对我国上市公司的研究也发现，高管的技术职业经历对公司 R&D 投资强度有显著的正向影响。现有研究一般把销售和营销视为输出型职能，而我国的供销人员既要采购、供应原材料，又要宣传、推销产品。供销工作的直接目的是要促进企业生产和消费，提高企业的经济效益。除供应和销售外，工作的一项重点就是紧密配合、紧密联动，努力降本增效。因此，与西方的销售和营销职能有所不同，供销职能更注重提高输入输出这一过程的效率，表现出流量型职能严格控制和保持稳定及效率的特征，因而可能更倾向于选择防御型战略。

而关于管理职能，需指出的是现有研究常把管理经历视为中性的经历，即同时注重输出和流量功能，[56]因此一般不考虑管理职能与企业战略导向之间的关系。但私营企业主从党政机关、事业单位和国有集体企业获得的管理经历却引起了我国学者的较多关注。一方面，这些管理人员可以积累更多的物质和人力资本。石秀印[57]认为，他们可以通过承包经营积累起较多货币，获得企业生产经营所需要的特定资源，如生产知识、管理能力、经营方法等，从而掌握技术资源的诀窍，受到商业气氛的熏陶，陶冶企业家精神与理念。而企业家精神的重要特质就包括产品市场创新、冒险行为等。[58]另一方面，企业主可以从这些经历中获取更多的社会资本。是否在上级领导机关、政府部门或国有企事业单位任过职是衡量企业主社会资本的一个重要指标。[59-62]李路路[7]指出，中国混合经济体制的存在有利于那些过去在旧体制中曾占有较大权力的私营企业主。他认为，由于市场体制有待完善以及各种社会资源的匮乏，那些在原有计划经济体制中直接掌握资源分配权力的企业主可以利用这种地位及其与体制内的联系，在资源、信息、市场交换和企业管理等多方面占有优势。而企业主拥有的社会资本越丰富，越倾向于采取风险性高的战略，如选择不相关多元化和通过并购来实施多元化战略。[63]因此，具有管理职能背景的企业主可能更倾向于选择冒险的探索型战略。基于以上分析，本文提出：

假设 3a：具有管理职能背景的企业主倾向于选择探索型战略；

假设 3b：具有专业技术职能背景的企业主倾向于选择探索型战略；

假设 3c：具有供销职能背景的企业主倾向于选择防御型战略。

（三）职能背景与战略导向之间的匹配对绩效的影响作用

关于管理者对组织战略和绩效的影响研究，Thomas 和 Ramaswamy[24,25]认为，已有研究表现为两个独立进行的支流：一类是管理者特征与组织战略导向之间关系的研究。这类研究隐含地认为，管理者特征应与战略导向相匹配，原因就是两者的匹配有利于组织对环境的适应，最终提高组织绩效，但却未对最终结果变量如绩效进行衡量。另一类是管理者特征和组织绩效之间关系的研究。这类研究不考虑管理者特征对组织绩效产生影响的中间机制如组织战略的重要作用。但直接对管理者职能背景与组织绩效两者之间关系进行的研究并不多，即使有相关研究也考虑了可能的调节因素，如 Hofer[64] 指出，高管团队职能背景与企业绩效之间的关系较多地受到行业环境的影响。张建君和李宏伟[17] 对 2002 年私营企业调查数据的研究结果也发现，担任过企业负责人的企业主，对企业的财政绩效并没有影响。

关于战略导向对绩效的影响研究，一般采取权变观点。战略研究的权变观点认为，没有哪一种战略具有普遍优越性，而应考虑具体的环境和组织情境。[65-67] 企业的战略是否适当并有效可以从该战略是否是企业与其所面对的环境或组织权变因素之间的良好匹配（Fitor Alignment）来衡量。Venkatraman[68] 对匹配的概念及其衡量方法进行了综述和梳理。根据匹配所涉及的变量个数和是否有衡量标准（如有效性、绩效等）将匹配的观点分为六类：调节或交互、中介或干预（同时考虑直接和间接效应）、两个相关变量之间的相配（Match）、多变量的有机整体（Gestalts）、与理想模式的偏差程度（Profile Deviation）、多变量的内部一致性程度或协同变异（Covariation）。当研究涉及两个变量之间的匹配并用绩效作为匹配的衡量标准时，较多地使用调节或中介的方法。此外，调节/交互观点较好地反映了战略分类研究中的一个隐含概念——等效性。当从不同的最初状态出发通过不同的路径最终达到相同的状态时，这一情况称之为等效性。[69] 等效性观点认为，不同的战略都可能对组织绩效产生积极影响。企业整体绩效更依赖于企业实施所选定战略的有效性，而不仅仅是所选的特定战略。因此，组织规划者在构造组织以实现高绩效的过程中具有相当程度的战略选择性或灵活性。

Miles 和 Snow[20] 在对战略导向进行分类的同时也指出，战略导向与企业能力之间存在清晰的关系，但对战略导向与绩效之间的关系并未探究，而是认为探索型、防御型和分析型三种典型类型只要得到良好的实施就都能提高绩效。实证研究证实，在特定环境下，这三种典型类型的绩效没有明显差异，但探索型战略更有利于企业总收入的增长。[70,71] 一般来说，尽管匹配有时可能是偶然或运气的结果，管理者却仍需要表现出高度的整合能力，这种管理者能力是重要而稀缺的组织技能。因此，战略实施与管理者密不可分。除了有少数研究考察管理者心理特征与组织战略的匹配对绩效的作用外，较少有学者考察管理者可观察经历与组织战略导向之间的匹配对最终绩效的影响作用。Thomas 和 Ramaswamy[24,25] 认为，管理者特征影响组织的战略导向，而这两者之间的匹配最终应该对组织绩效产生影响。一个组织若能在管理者独特能力与组织战略导向之间进行良好匹配，将有利于组织确立目标，使资源得到最优分配、获取优势并适应外部环境的变化，最终提升绩效。Thomas 和 Ramaswamy[24] 首先对电子计算机设备行业进行了考察。为了衡量管理者与战略之间的匹配程度，他们使用了与理想模式的偏离程度[68] 这一方法。先将不同战略导向的企业进行分组（探索组和防御组）并按照绩效进行排序，然后求出各组绩效最高的 10% 的企业其 CEO 年龄、公司任期、职位任期、教育水平和职能背景（职能背景用每组占多数的类型即输出型或流量型来表示）的标准化平均值，以此作为各组的理想型，最后用阿基米德距离计算每个企业 CEO 与理想型 CEO 在所有特征上的距离综合值。在之后的研究中，Thomas 和 Ramaswamy[25]将样本扩展为电子、化工和石油加工行业中的财富 500 强企业，对匹配的衡量也发生了变化。他们从任期、年龄、教育水平、内部还是外部提拔以及职能背景五个方面来判断管理者与战略之间的匹配，认为 CEO 只要在其中四个方面达到要求就实现了匹配，比如探索型企业的 CEO 至少应该具有以下五个特点中的四个：具有输出型职能背景、从外部提拔、年龄或任期小于样本均值、教育水平高于样本均值。Thomas 和 Ramaswamy[24,25]两篇论文的研究结果可归纳为：能在管理者可观察经历和组织战略导向之间取得良好匹配的企业其绩效越高。但由于他们在衡量匹配时，是综合了 CEO 的职能背景和其他因素如年龄、教育水平、任期等来考虑的，因此很难说清楚到底是职能背景还是其他因素与战略导向的匹配对绩效产生了影响。Beal 和 Yasai - Ardekani[72]在对 101 个制造业小企业的研究中则采用在回归方程中加入职能背景与竞争战略交互变量的方式来检验匹配对绩效的影响。结果发现，管理者职能背景与 Porter[73]的一般竞争战略之间的匹配有利于绩效的提高，即 CEO 拥有研发经历的企业若强调创新差异化战略企业绩效会更好，CEO 拥有营销经历的企业若强调营销差异化战略企业绩效会更好。

基于以上分析，本文将匹配看成是两个变量的共同作用，即交互作用。也就是说，私营企业主可观察经历会影响其价值观、知识、技能和行为等因素；不同的战略实施对企业主的价值观、知识、技能和行为要求不同，并且一般来说，即使管理者的能力再强，也不太可能对所选择的任何战略都能成功实施；因此，当企业主的价值观、知识、技能和行为与实施特定战略的要求相匹配时，组织绩效才会提高。鉴于我国私营企业主职能背景的相对特殊性，我们预期具有专业技术背景的企业主其技术灵活性有利于提高探索型企业对市场变化的反应速度，对绩效有正向影响；而具有供销背景的企业主对成本—效率的关注对采取防御型战略企业的绩效有正向影响。关于管理经历与企业战略之间的匹配，张建君和李宏伟[17]发现，担任过企业负责人的企业主采取多元化战略能够改善企业绩效。而从事过党政机关和国有企事业管理人员的企业主拥有的丰富资本尤其是社会资本将有助于探索型战略的实施。在我国经济转型过程中，由于政治制度和法律制度的不完善，导致政府对关键资源的控制过强，对企业决策和经营干预过多，市场交易的相关法律缺失或执行效率低，社会资本常常被视为一种替代性的非正式机制，用来替代可靠的政府和既定的法律规则。[74,75]社会资本有利于私营企业降低交易成本和不确定性、获取关键资源、增强竞争能力，例如获得更多的银行贷款和更长的贷款期限，[76]而社会资本价值的发挥又受到企业主对企业活动的战略性安排的影响。[77]对探索型企业来说，企业主要对所处环境中发生的各种状况和事件进行不断监测，才能准确定位并开发新的产品和市场以实现企业成长。这就势必要求企业主保持广泛和灵活的能力以应对环境中的市场和经济制度变化，才能克服相关成本和风险，降低不确定性，并获取所需资源。因此，探索型企业对社会资本的需求就更大。实证研究也发现，强调市场导向型战略（如差异化战略、探索型战略）的企业更可能使用关系网络；[78]而管理者的社会资本对采取差异化战略的企业来说，对组织绩效的正向影响更大。[79]由此提出：

假设4a：具有管理职能背景的企业主采取探索型战略能改善企业绩效；

假设4b：具有专业技术职能背景的企业主采取探索型战略能改善企业绩效；

假设4c：具有供销职能背景的企业主采取防御型战略能改善企业绩效。

二、研究方法

（一）样本

本文研究样本来自中共中央统战部、中华全国工商业联合会、国家工商行政管理总局、中国民（私）营经济研究会于2006年3月组织的"全国私营企业调查"。调查由各地工商联和工商局具体执行，工商联在全国31个省市自治区按0.55%的比例进行多阶段抽样，即按照社会经济发展水平抽取县和（县级）市，再按城乡与行业分布随机抽取被调查企业；工商局则在15个省、市、自治区的常年观测点实施调查。[21]问卷的所有问题都由私营企业主本人根据2005年的情况进行回答。由于研究的是企业业务层战略，因此删除从事主要行业多于一个的样本。生成所需变量后，删除缺失值和企业数过小（小于10）的行业，获得15个行业的数据。所涉及的行业主要有农林牧渔、制造业、建筑业、交通运输、信息服务、批发零售、住宿餐饮等。行业的企业数最小值为11，最大值为779，行业平均企业数约为107个。

（二）变量测量

1. 战略导向

Thomas等[24]在他们的研究中使用了营销密集度和研发密集度两个客观指标来衡量战略导向。这两个指标反映了战略成功实施的一系列资源分配方式，并主要是管理者选择行为的结果。[80]营销密集度由广告费用/总销售额而得，而研发密集度由研发费用/总销售额而得。根据Thomas等[24]所采取的处理方式，对两个指标进行相加然后分行业进行排序，采用中位数分割法，每个行业得分最高的1/4企业为探索型，编码为1；最低的1/4企业为防御型，编码为0。

2. 私营企业主可观察经历

企业主年龄由被调查年份减去出生日期得到。问卷将教育水平处理为1到6的分类变量，数字增大表示教育水平的增加。这六类分别是"小学"、"初中"、"高中或中专"、"大专"、"大学"、"研究生"。关于私营企业主的职能背景，中国私营企业抽样调查数据并没有采取直接提问的方式进行调查，而是询问企业主在开办私营企业前的主要工作经历。私营企业主开业前的主要职业构成有以下几类：第一，农民、工人、服务人员和企业普通职员；第二，村干部以及各级国家干部；第三，国有集体企业负责人、承租人、承包人；第四，国有集体企业供销人员、专业技术人员；第五，个体户、军人及其他。本文从中提取出三种职能背景：管理人员、专业技术人员和供销人员。其中管理人员涵盖较广，包括党政机关和事业单位科级以上干部，国有集体企业负责人、承租人、承包人和村干部。

方差分析、分组分析以及加入调节项的回归分析是调节/匹配[68]观的常用分析方式，本文对企业主职能背景与战略导向之间的匹配，采用交叉变量来表示。

3. 企业绩效

鉴于企业成长对多数为中小型规模的私营企业的重要性，[17]用销售额的对数来衡量私营企业的成长情况。此外，根据以往研究[24,25]结合所使用的数据，用销售利润率（ROS）来衡量企业的收益水平。销售额反映了企业把握竞争时机或扩展潜在市场机会的显性成果，销售利润率则表明企业对总体资源的专业化运营能力。

4. 控制变量

在战略导向对管理者可观察经历的回归中，控制变量包括企业年龄、企业规模（员工总数取对数）、前一年的销售利润率，以及行业虚拟变量。在企业绩效对管理者和战略导向匹配的回归中，控制变量包括企业年龄、企业规模、前一年的企业绩效，以及行业虚拟变量。

三、数据分析与研究结果

本文使用计量统计软件Stata对数据进行分析，首先用逻辑回归检验私营企业主个体可观察经历对企业战略导向的影响作用，其次检验职能背景与战略导向的交叉变量对企业绩效的影响。一般来说，交叉变量的系数显著就说明交互作用存在。[81]变量的描述性统计与相关系数见表1，私营企业战略导向对企业主个体可观察经历的逻辑回归结果见表2，私营企业绩效对企业主职能背景—战略导向匹配的回归结果见表3，由于行业较多，未列出。为了更好地理解企业主职能背景与战略导向之间的匹配对企业销售额和销售利润率的影响，分别绘制管理、专业技术和供销经历与战略导向的交互对Log销售额和ROS的作用图。

表1　变量的描述性统计与相关系数

	Mean	S. D.	1	2	3	4	5	6	7	8	9	10	11
1. 战略导向	0.542	0.498											

续表

	Mean	S. D.	1	2	3	4	5	6	7	8	9	10	11
2. 前一年ROS	0.079	0.158	0.063**										
3. 前一年销售额	6.306	1.941	0.000	-0.211									
4. 企业年龄	7.602	4.239	0.085***	0.001	0.180***								
5. 企业规模	3.955	1.513	0.179***	-0.105***	0.689***	0.220***							
6. 年龄	45.375	8.216	-0.038	-0.056**	0.152***	0.213***	0.137***						
7. 教育水平	3.480	1.039	0.148***	0.012	0.216***	-0.021	0.205***	-0.144***					
8. 管理人员	0.350	0.478	0.009	-0.065	0.156***	-0.038	0.115***	0.281***	0.073***				
9. 专业技术人员	0.125	0.330	0.090***	-0.012	0.054**	0.073***	0.079***	0.031	0.191***	-0.067***			
10. 供销人员	0.153	0.360	-0.045	0.018	0.020	-0.001	-0.033	0.026	-0.016	-0.022	-0.039		
11. ROS	0.088	0.333	0.039	0.453***	-0.137***	-0.003	-0.067	-0.063**	0.017	-0.024	0.030	-0.004	
12. 销售额	3.240	1.849	0.122***	0.151***	0.712***	0.182***	0.611***	0.108***	0.223***	0.073***	0.059**	0.024	0.052**

注：***表示0.01水平上显著，**表示0.05水平上显著，*表示0.1水平上显著。

表2　战略导向对企业主可观察经历的Logit回归结果

Variables	模型1	模型2
前一年的销售利润率	1.347***	1.340***
企业年龄	0.014	0.023*
企业规模	0.681***	0.668***
企业规模2	-0.054***	-0.056***
年龄		-0.144**
年龄2		0.001**

续表

Variables	模型 1	模型 2
教育水平		0.224***
管理人员		0.039
专业技术人员		0.397**
供销人员		-0.306*
Constant	-2.265***	1.77
Observations	1598	1598
LRchi2（18）	171.79***	213.84***
Pseudo R^2	0.078	0.097
Loglikelihood	-1016.13	-995.105

注：＊＊＊表示 0.01 水平上显著，＊＊表示 0.05 水平上显著，＊表示 0.1 水平上显著。

由表 1 可知，管理经历与战略导向之间的关系不显著，专业技术经历与战略导向正相关，供销经历与战略导向负相关，但三者与战略导向的相关系数都较低（分别为 0.009，0.090，-0.045）。如表 2 所示，年龄非常小或非常大、教育水平越高的私营企业主，越倾向于采取探索型战略，支持假设 1 和假设 2。职能背景中，管理经历对战略导向没有显著作用，拥有专业技术经历的企业主倾向于采取探索型战略，拥有供销经历的企业主倾向于采取防御型战略。假设 3a 没有得到支持，假设 3b、3c 得到支持。进一步检验假设 4，如表 3 模型 1 所示，企业主的教育水平、供销经历以及探索型战略导向对企业的销售额有显著影响，而管理经历对销售额有负向影响；加入职能背景与两类战略导向的交叉变量（模型 2 和模型 3）后发现，交叉变量不显著。职能背景与战略导向之间的匹配对企业的销售额没有显著影响（见图 2 和图 3），但不具备管理经历的企业主采取探索型战略却会显著提高企业的销售额（图 1）。再看以销售利润率为因变量的情况，模型 4 显示专业技术经历有利于销售利润率的提高；加入交叉变量（模型 5）后，私营主个体可观察经历和企业战略导向对销售利润率都没有显著影响，而交叉变量对销售利润率有显著影响：具有管理或专业技术经历的企业主采取探索型战略将更有利于提高私营企业的销售利润率（见图 4 和图 5），但供销经历与防御型战略的匹配对企业的销售利润率没有显著影响（见模型 6 和图 6）。因此，假设 4a、假设 4b 得到部分支持，假设 4c 没有得到支持。考虑到本文使用的是横截面数据，各个行业的企业数本身差异较大，因此可能存在异方差性。利用 Breusch - Pagan 拉格朗日乘数和 White 异方差检验，发现模型 1、模型 2、模型 3、模型 6 的 Breusch - Pagan 检验显著，White 检验不显著，模型 4 和模型 5 的两种检验都显著。使用了加权最小二乘法进行进一步验证，发现回归结果在显著性个数方面的差异并不大，显著性程度有所增强。

表 3 企业绩效对企业主—战略匹配的 OLS 回归结果

Variables	Log 销售额			销售利润率		
	模型 1	模型 2	模型 3	模型 4	模型 5	模型 6
前一年企业绩效[a]	0.576 ***	0.574 ***	0.572 ***	0.966 ***	0.965 ***	0.961 ***
企业年龄	0.0174 **	0.0171 **	0.0186 **	0.000961	0.000851	0.000931
企业规模	0.172 ***	0.174 ***	0.178 ***	0.000985	0.00193	0.00106
年龄	0.000204	-0.00208	-0.00371	-0.00137	-9.54E-05	-0.00034
教育水平	0.0881 **	0.025	0.0182	-0.00288	0.000134	-0.00124
管理人员	-0.155 **	-0.0637		0.0197	-0.0124	
专业技术人员	-0.0496	-0.0225		0.0436 **	-0.0108	
供销人员	0.174 *	0.175		-0.00891		-0.0159
探索型战略	0.292 ***	-0.21		0.00759	0.099	
管理人员×探索型战略	-0.166			0.0570 *		
专业技术人员×探索型战略	-0.0454			0.0868 *		
防御型战略	0.0222					-0.0486
供销人员×防御型战略	0.13		0.00963			
Constant	-1.215 ***	-0.867	-0.920 *	0.0398	-0.017	0.0466
Observations	1459	1459	1459	1598	1598	1598
R - squared	0.557	0.557	0.556	0.219	0.222	0.217
Adj R - squared	0.550	0.5489	0.5488	0.208	0.2093	0.2048
F	78.4 ***	69.23 ***	74.88	19.19 ***	17.26	18.14

注：＊＊＊表示 0.01 水平上显著，＊＊表示 0.05 水平上显著，＊表示 0.1 水平上显著；a：对模型 1 ~ 模型 3，前一年企业绩效用前一年 Log 销售额来衡量；对模型 4 ~ 模型 6，前一年企业绩效用前一年 ROS 来衡量。

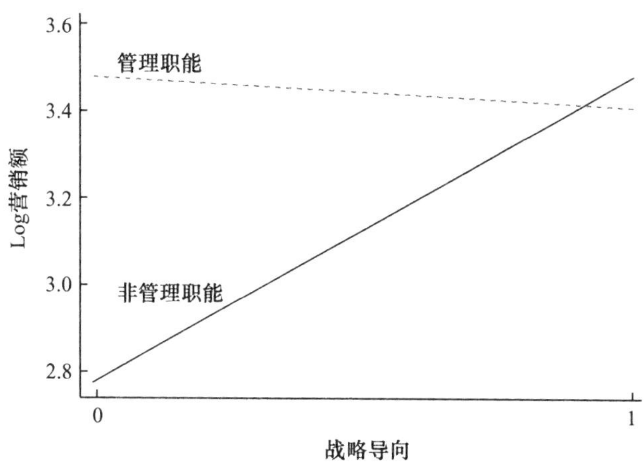

图 1 管理职能与战略导向的交互对营销额的作用

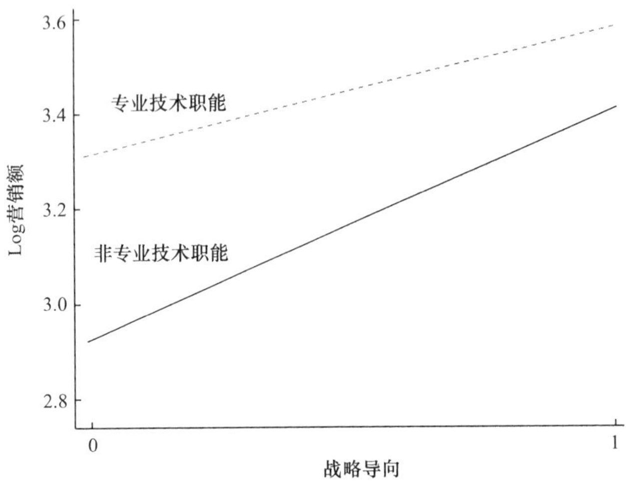

图 2　专业技术职能与战略导向的交互对销售额的作用

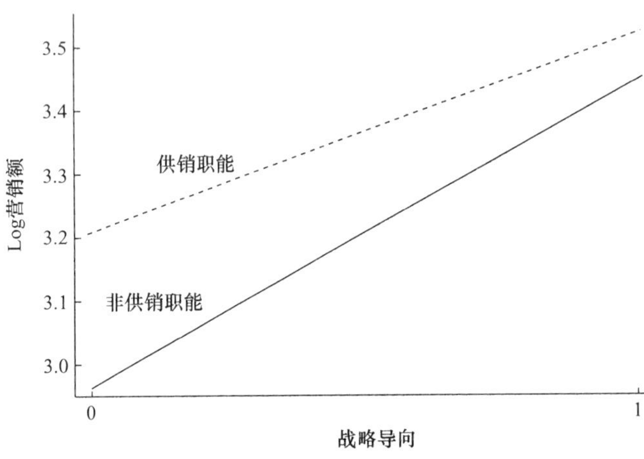

图 3　供销职能与战略导向的交互对销售额的作用

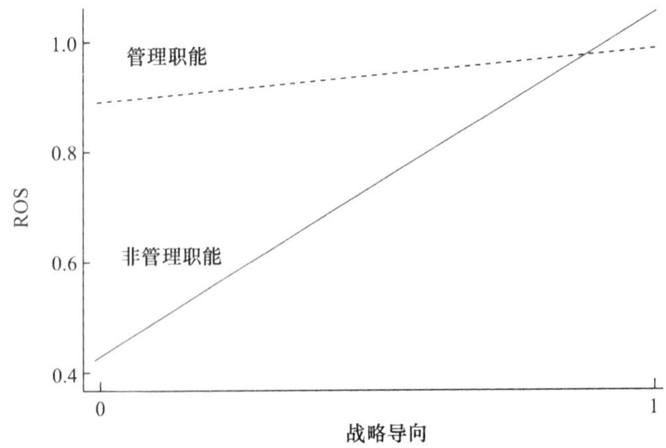

图 4　管理职能与战略导向的交互对 **ROS** 的作用

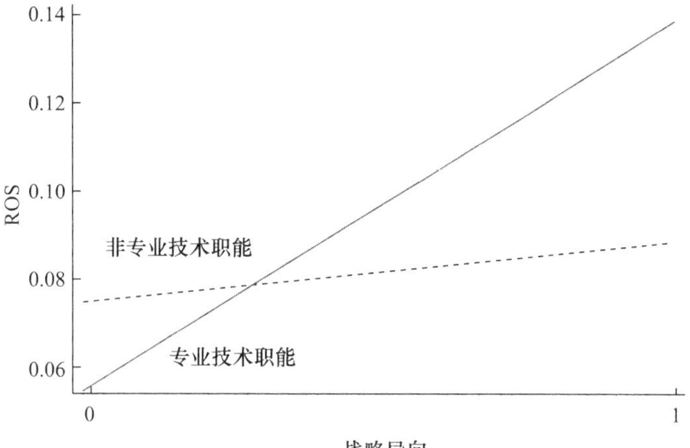

图 5　专业技术职能与战略导向的交互对 ROS 的作用

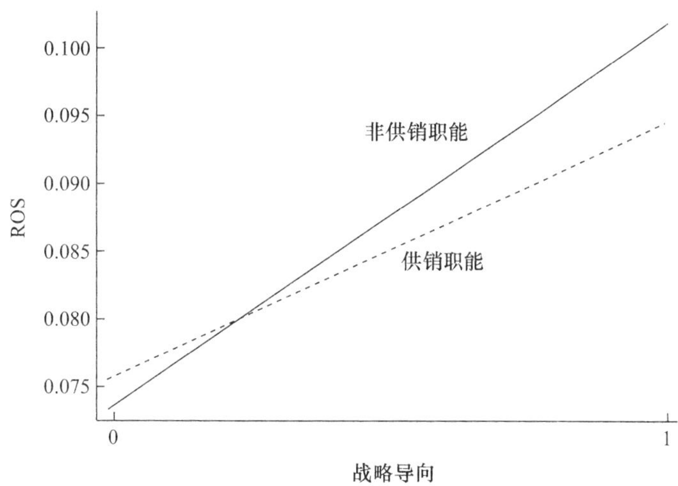

图 6　供销职能与战略导向的交互对 ROS 的作用

注：战略导向取 0 为防御型，取 1 为探索型。

四、结论与讨论

我国私营企业之所以能迅速成长并在中国经济中扮演重要角色，与私营企业相对灵活的决策经营机制是分不开的。这种灵活机制的核心就是企业主的决定性作用。本文从战略领导理论出发，考察了私营企业主的个体可观察经历对企业战略导向的影响作用，并进一步将企业主的职能背景与企业战略导向相结合，分析了两者之间的匹配如何对企业最终绩效产生影响。

（一）企业主可观察经历与企业战略导向

结果显示，企业主年龄与探索型战略呈U型关系，年龄较轻的企业主具有的创新和冒险精神使其更倾向于采取探索型战略，年龄较大的企业主也由于所拥有的丰富经验倾向于采取探索型战略，而年龄适中的企业主最不可能采取探索型战略。教育水平越高、有专业技术人员经历的私营企业主，越倾向于采取探索型战略，有供销人员经历的企业主倾向于采取防御型战略。与预期不一致的是，党政机关、事业单位的干部和国有集体企业的管理经历对私营企业的战略导向没有显著作用。这一结果与我们的假设不一致，但与将管理经历看成中性经历的观点相符；[56]另外，由于传统计划经济体制的特殊性，来自不同部门和单位的管理经验，带来的管理观念可能不尽相同。将管理经历进一步细分并进行分析发现，党政机关、事业单位科级以上干部、村干部对战略导向有负向作用，而国有集体企业中的负责人和承租承包人对战略导向有正向作用，但是两者的作用都不显著。进一步使用2004年全国私营企业数据进行验证发现，干部、机关企事业负责人、国有集体企业承租承包人倾向于采取探索型战略。不过需注意的是，2004年和2006年对单位性质的划分存在较大不同，2004年的分类为党政机关国有企事业单位和城乡集体企事业单位，而2006年的分类则为党政机关事业单位和国有集体企业。Tan[82]的研究显示，不同类型的企业都各自存在制度上的优势和劣势，面对不同的外部任务和制度环境，管理者的决策将不同。具体来说，当感知到的环境不确定性增强时，国有企业管理者会采取防御型战略，私营企业主会采取探索型战略，而集体企业的管理者会采取分析型战略。随着越来越多的机关干部和经营管理人员进入私营企业主行列并成为构成主体，这些具备管理经历的私营企业主一方面具有企业家精神，另一方面又有在党政机关、事业单位和国有集体企业工作的经历，各种因素均可能会影响企业的战略决策。因此，结合不同单位所有制和不同职能背景进行进一步研究也许能更好地充实现有研究，并为私营企业主在战略决策实践中提供详细参考。

（二）企业主可观察经历、战略及匹配与企业绩效

关于企业主可观察经历和战略导向对私营企业销售额即企业成长情况的影响，企业主的教育水平、供销经历以及探索型战略导向有利于企业成长，而管理经历对企业成长有负向影响。这可能正如同石秀印[57]所分析的，私营企业主从原机关事业单位和国有企事业单位的管理经历中获取的物质资源只限于开办企业的时候，离开原单位和岗位后就难以继续获得，最终企业发展规模较小，成长十分有限。而那些不具备管理经历的企业主相对来说更关注企业的成长，这种企业主也可通过探索型战略的实施更大地促进企业的成长，但这些企业主采取探索型战略却对盈利水平没有任何影响。关于职能背景与战略导向的匹配对盈利水平的影响方面，拥有管理经历和专业技术经历的企业主若采取探索型战略有利于盈利水平的提高。由此可见，虽然拥有管理经历的企业主采取探索型战略的可能性并不比

拥有其他职业经历的企业主高，但如果他们采取探索型战略的话，他们从原来的工作经历中获取的优势资源将有助于探索型战略的实施，并最终提高企业盈利能力。拥有专业技术经历的企业主既倾向于采取探索型战略，也更能从这一战略中获利。而拥有供销经历的企业主倾向于采取防御型战略，供销经历也有利于企业的成长，但这些企业主即使采取防御型战略对企业的盈利能力并没有显著影响。

从结果来看，私营企业主的个体可观察经历和企业的战略导向本身对企业的成长有一定影响，但对企业的盈利水平没有显著影响，只有职能背景与战略导向的交叉变量对盈利水平有影响。张建君和李宏伟[17]在使用2004年私营企业调查数据研究管理背景与多元化战略之间的匹配对销售利润率的影响时也发现，管理背景和多元化战略本身对销售利润率的作用不显著，两者的交叉项对销售利润率的影响在10%的置信水平上达到显著。这也从一定程度上表明，只有当私营企业主的价值观、知识、技能、行为与实施特定战略的工作要求相互匹配时，组织绩效才会提高。也就是说，战略导向对绩效的影响实际上在很大程度上取决于实施特定战略的企业主。另外，在我国当前市场和制度环境不断发生变化的背景下，管理者可观察经历对企业绩效的影响可能更多地通过管理者对企业战略制定和战略实施行动的作用而表现出来。

一个有趣的发现是，不具备管理经历的企业主更关注企业的成长，并可通过探索型战略的实施实现更大的成长，但这些企业主采取探索型战略对盈利水平没有影响。对非管理经历进行进一步细分并回归分析发现，在开办私营企业前主要经历为务农的企业主，更倾向于采用防御型战略，但务农经历与防御型战略的交叉变量对企业绩效没有显著影响，相反，具备管理经历的企业主采取探索型战略有利于盈利水平的提高。事实上，企业成长速度的快慢决定着企业的生死存亡和对机遇的把握度，因此销售额的增长是私营企业尤其是在创业阶段追求的重要目标，而一个行业内的探索者也更容易经历销售额的增长。[20]心理学研究将私营企业主的创业动机划分为“获得经济利益”和“实现自身价值”[83]两大类。以农民、工人、服务人员等非管理人员为主体的私营企业主往往是迫于生活压力和为了改善经济条件进行创业，而那些在传统经济体制中占有优势地位具备管理经历的企业主则多是为了追求和实现自我价值而创业。在经营认知上，由经济利益驱动的企业主容易因曾经的成功形成对相关经验的全盘肯定，从而坚持以往的方式如单纯追求销售额的快速增长，导致灵活性强但规范经营意识较弱。[84]随着企业的进一步发展和高成本时代的来临，很多企业的销售额上升了，利润率的上升却没有同步跟上甚至出现下降的趋势。一些私营企业在度过高速发展的成长期后，在销售额上升、规模扩大的同时，企业管理幅度和管理层级不断增加，但系统管理能力却没有与之匹配。而当前大部分中小型的私营企业还未能顺利完成深化企业制度和管理方式的变革，因此企业主本身的管理能力就显得尤其重要。可能这也从一个角度解释了为什么具备管理经历的企业主采取探索型战略更有利于企业盈利水平提高。

另一个值得关注的地方是，具有供销经历的企业主采取防御型战略对企业绩效没有显著影响。出现这一结果的原因可能是本文没有考虑环境因素对战略导向与绩效之间关系的影响。研究显示，当感知到的市场环境不确定性增大时，私营企业采取探索型战略有利于盈利能力的提高；[82]在环境波动性和制度支持越高的情况下，企业采取产品创新战略也将获得更高的绩效水平。[85]可能的情况是，在环境不确定性非常高的情况下，私营企业主受到以往工作经历的影响而采取防御型战略可能并不适用；而随着环境不确定性的降低，防御型战略可能会逐步显示出其适用性。

（三）研究意义、局限及未来研究方向

本文结合我国经济体制改革的特殊性，初步分析了我国私营企业主职能背景对企业战略和绩效的作用。在理论方面，一方面进一步丰富了战略领导理论在中国情境下的推论和应用。具体地，针对我国私营企业主在经济体制改革过程中获得的工作经历的特殊性和多元性，对中国情境下高层管理者一般管理、专业技术和供销职能背景对企业战略决策的影响作了分析和讨论。另一方面，充实了管理者—战略匹配的权变观点，将现有研究扩展到转型中国的多个行业的私营企业。将管理者特征、战略和绩效三者同时纳入一个框架中，有利于从整体上理解和解释管理者对组织结果的影响过程，也显示出战略制订与战略实施结合的重要性。管理者对战略管理过程的影响不仅表现在战略制定上，还表现在实施过程中管理者资源与战略行为的匹配上。本文对企业如何采取竞争行为具有一定的实践意义。战略成功不仅取决于企业自身的行为，而且还受到企业对竞争对手行为预期的重要影响。[86]本文研究结论有助于私营企业通过企业主的特征，对竞争对手的行为和反应进行预测，从而在动态竞争中获取更具优势的市场地位。

同时，本文也存在一些不足。在管理者—战略匹配与绩效之间的关系研究中，战略这一变量存在内生性。对此，一些研究的处理方法是一次只研究一个问题，或者研究管理者—战略之间的关系，或者研究管理者—战略匹配与绩效之间的关系。但也有较多研究[17,24,25]仍然将两个问题结合起来，本文也采取这种方法，其好处是有利于理解管理者特征在战略形成和实施这两个阶段中的作用，将战略形成和实施结合起来也有利于理论的综合。但同时需看到本文的研究结果中，管理者—战略匹配对企业销售利润率有显著影响，但对企业成长并无显著影响，管理背景、专业技术背景以及战略导向本身对销售利润率的影响也不显著。因此，管理者—战略匹配对绩效有正向影响这一推论的适用性及其限制条件还值得进一步研究。一方面，如果能够获取其他数据进行验证性研究将会更好；另一方面，在我国当前市场环境不断变化制度环境不稳定的情况下，结合环境因素，分别考察管理者、管理者—战略匹配对企业绩效的不同方面的影响会是将来值得研究的方向。此外，由于使用二手数据，本文存在一定的不足，比如对战略导向和企业绩效的衡量使用了客观指标，如果能够结合企业主的主观衡量数据将进一步提高变量的可靠性。另外，由于有些行业的样本数过小，因此本文将企业数小于 10 的行业进行了删除。已有对多个行业中的企业进行战略分类的研究显示，有些行业的样本数确实非常少，造成行业间样本数差异较大，如 Snow 和 Hrebiniak[70]对四个行业 247 个样本的划分结果显示，最少的半导体行业只有三个防御型企业，而最多的航空运输业有 36 个防御型企业；李宜静[87]在对我国

160 个中小企业的战略导向研究中，各行业企业分布为 2 个到 92 个不等，行业样本数差异也较大。对于这一问题，研究一般是通过增加行业控制变量来处理。因此，本文也控制了行业变量，并删除了样本数过少的行业。不过，将样本数少于 10 个的行业进行删除不得不说是一种比较主观的处理方法。值得进一步研究的地方还有，企业主在开办私营企业之前各种具有我国特色的工作经历，如军人、个体户和农民等，而根据这些具有特殊性的工作经历选择合适的理论进行理解和解释也许是更重要的挑战。此外，若能获取纵向数据进行分析将有助于因果关系的验证，并进一步探讨管理者匹配如何随着时间的推移而发生变化。

参考文献

[1] 第八次全国私营企业抽样调查数据分析综合报告 [DB/OL]. http://www.china.com.cn/economic/txt/2009-03/26/content_17504790.htm, 2009-03-26.

[2] 穷书生与亿万富翁的故事——民营企业家刘希民的创业历程. http://www.sxbxj.com/news.aspx?xid=4&yId=6&newId=16, 2010-12-16.

[3] 李新春. 经理人市场失灵与家族企业治理 [J]. 管理世界, 2003 (4): 87-95.

[4] 王国锋, 井润田, 冯天丽. 授权的影响因素: 基于私营企业主的分析 [J]. 预测, 2007, 26 (5): 24-30.

[5] 李路路. 社会资本与私营企业家——中国社会结构转型的特殊动力 [J]. 社会学研究, 1995 (6): 46-58.

[6] 李路路. 社会结构变迁中的私营企业家——论"体制资本"与私营企业的发展 [J]. 社会学研究, 1996 (2): 93-104.

[7] 李路路. 私营企业主的个人背景与企业"成功" [J]. 中国社会科学, 1997 (2): 134-146.

[8] 袁诚, 陆挺. 外商直接投资与管理知识溢出效应: 来自中国民营企业家的证据 [J]. 经济研究, 2005 (3): 69-79.

[9] 刘剑雄. 企业家人力资本与中国私营企业制度选择和创新 [J]. 经济研究, 2008 (6): 107-118.

[10] 陈传锋, 叶贤, 俞柏灵. 民营企业家的心理演变探析 [J]. 心理科学, 2008 (5): 1265-1268.

[11] 刘平青, 杨馥榕. 私营企业主创业行为的心理学解释及验证 [J]. 科研管理, 2008 (29): 100-109.

[12] 陈爽英, 井润田, 龙小宁, 邵云飞. 民营企业家社会关系资本对研发投资决策影响的实证研究 [J]. 管理世界, 2010 (1): 88-97.

[13] 龚鹤强, 林健. 关系认知、关系运作和企业绩效——来自广东省私营中小企业的实证研究 [J]. 南开管理评论, 2007, 10 (2): 45-53.

[14] 叶广宇, 万庆良, 陈静玲. 政治资源、商业模式与民营企业总部选址 [J]. 南开管理评论, 2010, 13 (4): 62-70.

[15] 赵曙明. 入世与私营企业的发展战略 [J]. 南京社会科学, 2002 (7): 1-8.

[16] 林健, 龚鹤强. 战略关系: 区域文化和制度下的私营企业战略理解 [J]. 经济经纬, 2005 (2): 99-101.

[17] 张建君，李宏伟．私营企业的企业家背景、多元化战略与企业业绩［J］．南开管理评论，2007，10（5）：12－25.

［18］李芳英．企业家社会资本对战略决策绩效的影响——基于浙江省私营企业的研究［D］．浙江工业大学硕士学位论文，2008.

［19］项国鹏，王进领．企业家战略能力构成的实证分析：以浙江民营企业为例［J］．科学学与科学技术管理，2009（10）：191－194.

［20］Miles R. E.，Snow C. C.．Organization Strategy，Structure，and Process［M］．New York（NY）：McGraw－Hill，1978.

［21］中华全国工商业联合会．1993～2006中国私营企业大型调查［M］．北京：中华工商联合出版社，2007.

［22］Hambrick D. C，Mason P. A.．Upper Echelons：The Organization as a Reflection of its Top Managers［J］．The Academy of Management Review，1984，9（2）：193－206.

［23］Hambrick D. C.，Finkelstein S.．Managerial Discretion：A Bridge between Polar Views of Organizations［J］．Research in Organizational Behavior，1987（9）：369－406.

［24］Thomas A. S.，Litschert R. J.，Ramaswamy K.．The Performance Impact of Strategy Manager Coalignment：An Empirical Examination［J］．Strategic Management Journal，1991，12（7）：509－522.

［25］Thomas A. S.，Ramaswamy K.．Matching Managers to Strategy：Further Tests of the Miles and Snow Typology［J］．British Journal of Management，1996（7）：247－261.

［26］Kerr J.．Assigning Managers on the Basis of Lifecycle［J］．Journal of Business Strategy，1982，2（4）：58－65.

［27］Leontiades M.．Choosing the Right Manager to Fit Strategy［J］．Journal of Business Strategy，1982，（3）：58－69.

［28］Gupta A. K.，Gobindarajan V. Business Unit Strategy，Managerial Characteristics，and Business Unit Effectiveness at Strategy Implementation［J］．Academy of Management Journal，1984，27（1）：25－41.

［29］Wissema J. G.，Van Der Pol H. W.，Messer M.．Strategic Management Archetypes［J］．Strategic Management Journal，1980（1）：37－47.

［30］Chaganti R.，Sambharya R.．Strategic Orientation and Characteristics of Upper Management［J］．Strategic Management Journal（1986－1998），1987，8（4）：393－401.

［31］Slater S. F.．The Influence of Managerial Style on Business Unit Performance［J］．Journal of Management，1989（15）：441－455.

［32］Doty D. H.，Glick W. H.，Huber G. P.．Fit，Equifinality，and Organizational Effectiveness：A Test of Two Congurational Theories［J］．Academy of Management Journal，1993，36（6）：1196－1250.

［33］Gupta A. K.．Contingency Linkages between Strategy and General Manager Characteristics：A Conceptual Examination［J］．Academy of Management Review，1984，9（3）：399－412.

［34］Finkelstein S.，Hambrick D. C.，Cannella Jr. A. A.．Strategic Leadership：Theory and Research on Executives，Top Management Teams，and Boards［M］．New York：Oxford University Press，2009：83－120.

［35］Pfeffer J.．Organizational Demography［M］．In Research in Organizational Behavior，Edited by Lawrence L C and Barry M S，1983，299－357. Greenwich，CT：JAI Press.

［36］韦小柯．高层管理团队特征与企业R&D投入关系研究［J］．科学学研究，2006（24）：553－

557.

[37] 白云涛，郭菊娥，席酉民．高层管理团队奉献偏好异质性对战略投资决策影响效应的实验研究［J］．南开管理评论，2007，10（2）：25－35.

[38] 张鸿萍．高层管理团队视角下的成长型企业创新战略研究［J］．经济体制改革，2007（1）：81－84.

[39] 古家军，胡蓓．企业高层管理团队特征异质性对战略决策的影响：基于中国民营企业的实证研究［J］．管理工程学报，2008，3（22）：30－35.

[40] 薛有志，李国栋．国际化战略实施与高层管理团队构成实证研究［J］．管理学报，2009，6（11）：1478－1485.

[41] Miller D., De Vries M. F. R. K., Toulouse J. M.. Top Executive Locus of Control and its Relationship to Strategy Making, Structure and Environment [J]. Academy of Management Journal, 1982 (25): 237－253.

[42] Stevens J. M., Beyer J. M., Trice H. M.. Assessing Personal Role, and Organizational Predictors of Managerial Commitment [J]. Academy of Management Journal, 1978 (18): 74－81.

[43] Vroom V., Pahl B.. Relationship between Age and Risk－Taking among Managers [J]. Journal of Applied Psychology, 1991 (55): 399－405.

[44] Hart P., Mellons J.. Management Youth and Company Growth: A Correlation? [J]. Management Decision, 1970, 4 (2): 50－53.

[45] Rogers E. M., Shoemaker F. F.. Communications of Innovation [J]. New York: Free Press, 1971.

[46] Bantel K. A., Jackson S. E.. Top Management and Innovations in Banking: Does the Composition of the Top Team Make a Difference? [J]. Strategic Management Journal, 1989 (10): 107－124.

[47] 刘运国，刘雯．我国上市公司的高管任期与R&D支出［J］．管理世界，2007（1）：128－136.

[48] Li J. T., Tang Y.. CEO Hubris and Firm Risk Taking in China: The Moderating Role of Managerial Discretion [J]. Academy of Management Journal, 2010, 53 (1): 45－68.

[49] Becker M. H.. Sociometric Location and Innovativeness: Reformulation and Extension of the Diffusion Model [J]. American Sociological Review, 1970 (35): 267－304.

[50] Wally S., Baum J.. Personal and Structural Determinants of the Pace of Strategic Decision Making [J]. Academy of Management Journal, 1994 (37): 932－956.

[51] Kimberly J. R., Evanisko M. J.. Organizational Innovation: The Influence of Individual, Organizational, and Contextual Factors on Hospital Adoption of Technological and Administrative Innovations [J]. Academy of Management Journal (pre－1986), 1981, 24 (4): 689－713.

[52] 柴俊武，万迪昉．企业规模与R&D投入强度关系的实证分析［J］．科学学研究，2003，21（1）：58－62.

[53] 文芳，胡玉明．中国上市公司高管个人特征与R&D投资［J］．管理评论，2009，21（11）：84－91.

[54] Dearborn D. E. Witt C., Simon H. A.. Selective Perception: A Note on the Departmental Affiliations of Executives [J]. Sociometry, 1958 (21): 144－150.

[55] Barker V. L., Mueller G. C.. CEO Characteristics and Firm R&D Spending [J]. Management Science, 2002 (48): 782－801.

[56] Simerly R. L.. An Empirical Examination of the Relationship between Management and Corporate So-

cial Performance [J] . International Journal of Management, 2003, 20 (3): 353 – 359.

[57] 石秀印. 中国企业家成功的社会网络基础 [J]. 管理世界, 1998 (6): 187 – 208.

[58] Miller D.. The Correlates of Entrepreneurship in Three Types of Firms [J] . Management Science, 1983 (2): 770 – 791.

[59] 边燕杰, 丘海雄. 企业的社会资本及其功效 [J]. 中国社会科学, 2000 (2): 87 – 99.

[60] 周小虎. 企业家社会资本及其对企业绩效的作用 [J]. 安徽师范大学学报 (人文社会科学版), 2002, 30 (1): 1 – 6.

[61] 石军伟, 胡立君, 付海艳. 企业社会资本的功效结构: 基于中国上市公司的实证研究 [J]. 中国工业经济, 2007 (2): 84 – 93.

[62] 潘红波, 余明桂. 政治关系、控股股东利益输送与民营企业绩效 [J]. 南开管理评论, 2010, 13 (4): 14 – 27.

[63] 孙俊华, 陈传明. 企业家社会资本与多元化战略: 一个多视角的分析 [J]. 科学学与科学技术管理, 2009 (8): 176 – 181.

[64] Hofer, C. W.. Toward a Contingency Theory of Business Strategy [J] . Academy of Management Journal, 1975 (18): 784 – 810.

[65] Harrigan, K. R.. Research Methodologies for Contingency Approaches to Business Strategy [J] . Academy of Management Review, 1983 (8): 398 – 405.

[66] Ginsberg A., Venkatraman N.. Contingency Perspectives on Organizational Strategy: A Critical Review of the Empirical Research [J] . Academy of Management Review, 1985 (5): 25 – 39.

[67] Norburn D., Birley S.. The Top Management Team and Corporate Performance [J] . Strategic Management Journal, 1988, 9 (3): 225 – 237.

[68] Venkatraman N.. The Concept of Fit in Strategy Research: Toward Verbal and Statistical Correspondence [J] . Academy of Management Review, 1989, 14 (3): 423 – 444.

[69] Katz D., Kahn R. L.. The Social Psychology of Organizations [M] . New York, NY: Wiley, 1978.

[70] Snow C. C., Hrebiniak L. G.. Strategy, Distinctive Competence, and Organizational Performance [M] . Administrative Science Quarterly, 1980 (25): 317 – 336.

[71] Parnell J. A., Wright P.. Generic Strategy and Performance: An Empirical Test of the Miles and Snow Typology [J] . British Journal of Management, 1993 (4): 29 – 36.

[72] Beal R. M., Yasai – Ardekani M.. Performance Implications of Aligning CEO Functional Experiences with Competitive Strategies [J] . Journal of Management, 2000, 26 (4): 733 – 762.

[73] Porter M. E.. Competitive Strategy [M] . New York: The Free Press, 1980.

[74] Xin K. R., Pearce J. L.. Guanxi: Connections as Substitutes for Formal Institutional Support [J] . Academy of Management Journal, 1996, 39 (6): 1641 – 1658.

[75] Peng M. W., Heath P. S.. The Growth of the Firm in Planned Economies in Transition: Institutions, Organizations, and Strategic Choice [J] . Academy of Management Review, 1996, 21 (2): 492 – 528.

[76] 余明桂, 潘红波. 政治关系、制度环境与民营企业银行贷款 [J]. 管理世界, 2008, (8): 9 – 21.

[77] Burt R. S.. The Contingent Value of Social Capital [J] . Administrative Science Quarterly, 1997 (42): 339 – 365.

[78] Park S. H., Luo Y.. Guanxi and Organizational Dynamics: Organizational Networking in Chinese

Firms [J] . Strategic Management Journal, 2001, 22 (5): 455 - 477.

[79] Acquaah M.. Managerial Social Capital, Strategic Orientation, and Organizational Performance in an Emerging Economy [J] . Strategic Management Journal, 2007 (28): 1235 - 1255.

[80] Child J.. Organization Structure, Environments and Performance: The Role of Strategic Choice [J] . Sociology, 1972 (6): 13 - 27.

[81] 罗胜强，姜嬿. 调节变量和中介变量：组织与管理研究的实证方法 [M] //. 陈晓萍，徐淑英，樊景立编，北京：北京大学出版社，2008：321.

[82] Tan J.. Impact of Ownership Type on Environment - Strategy Linkage and Performance: Evidence from a Transitional Economy [J] . Journal of Management Studies, 2002, 39 (3): 333 - 354.

[83] 叶贤，严建雯，邢学亮. 民营企业家创业倾向的影响因素研究 [J] . 心理研究，2008，1 (6)：45 - 50.

[84] 张衍阁. 120 家中国私营企业成长调查 [DB/OL] . http://finance.sina.com.cn/leadership/crz/20070219/13353350279.shtml, 2007 - 02 - 19.

[85] Li H., Atuahene - Gima K.. Product Innovation Strategy and the Performance of New Technology Ventures in China [J] . Academy of Management Journal, 2001, 44 (6): 1123 - 1134.

[86] Hitt M. A., Ireland R. D., Hoskisson R. E.. Strategic Management: Competitiveness and Globalization [J] . Mason, OH: Thomson Higher Education, 2007.

[87] 李宜静. 战略导向对企业创新能力和绩效的作用——基于中小企业的实证研究 [J] . 中大管理研究，2010，5 (2)：98 - 119.

Performance Implications of Aligning Private Entrepreneur's Functional Experiences with Strategic Orientation

Qin Linghua Jing Runtian Wang Guofeng

Abstract: Private sector has experienced a high rate of growth in China. As the importance of private enterprises increases rapidly in our national economy, the strategic process management of these enterprises starts to attract the attention of both scholars and managers alike. However, little is known about how private entrepreneurs address the business level strategy question although every firm must form and use a competitive strategy to describe how it intends to compete in a product market. According to upper – echelons theory, executives' demographic backgrounds, which are reflective of their experiences, have great impact on their interpretations of the situations they face which, in turn, affect their strategic choices and behavior. Further, since entrepreneurs influence the strategic direction of the firm, a co – alignment between entrepreneurs' characteristics and organizational strategy is necessary. And this entrepreneur – strategy match should have performance implications. Using Chinese Private Enterprise Survey data in 2006, this paper examines the impact of private entrepreneur's observable experiences on competitive strategy as well as the influence of the co – alignment between entrepreneur's functional backgrounds and strategic orientation on organizational performance. The Miles and Snow typology has been used because of its extensive application in strategy literature. Given the specificity of Chinese private entrepreneur's working experiences, three kinds of functional backgrounds are covered in the paper, i. e. , managerial, professional and technical, supply and marketing. Results indicate that entrepreneur's age, education, professional and technical as well as supply and marketing experiences have significant impacts on strategic orientation, i. e. , prospective or defensive. Further, it is found that entrepreneur's educational achievement, managerial, supply and marketing experiences, and strategic orientation have significant impacts on firm growth but have no significant impacts on firm profitability. Superior profitability, i. e. return on sales results in conditions where entrepreneur's functional experiences (i. e. , managerial, supply and marketing) are congruent with the requirements of particular strategic orientation. Overall, these results confirm the theoretical model of manager – strategy fit. Further theoretical and managerial implications are also discussed.

Key Words: Observable Experiences of Private Enterprises; Strategic Orientation; Co - alignment; Organizational Performance

协同创新与后发企业动态能力的演化
——吉利汽车 1997 ~ 2011 年纵向案例研究

冉 龙 陈晓玲

【摘 要】 基于对吉利汽车的纵向案例研究，分析了系统创新与后发企业的动态能力的演化过程。通过对协同创新的具体实践案例的分析，揭示了后发企业应对外部不确定的环境，抓住机会，提升动态能力，实现竞争优势的规律。本文旨在对协同创新、动态能力与技术追赶相关理论和实践做出贡献。

【关键词】 协同创新；动态能力；案例研究；后发企业；技术追赶；吉利

在全球化、信息化不断深入的今天，企业面临着完全不同的时代机遇和威胁。信息化使得知识的获取、转移和创造变得容易，全球化使得各种机会不再受到空间的限制。回答中国企业该如何抓住这些机遇以实现追赶这一问题，对国家有着非常重大的现实意义。为建立创新型国家，在 2020 年步入中等创新国家之列，实现从中国制造到中国创造的第二次飞跃的目标，需要中国企业抓住时代机遇，通过不断的创新来实现追赶。

但是中国国内的创新仍旧表现得非常封闭。Chesbrough 首次提出了开放式创新的概念，他指出在开放式创新中，企业不应该像传统的完全依靠内部研发的做法那样只从企业内部寻找创意，而应该并且能够利用企业外部和内部两方面的创意，并使之市场化[1]。开放式创新的理念打开了企业捕捉机会的思路，这对于后发国家通过利用企业外部甚至全球的资源，实现快速的追赶提供了方向。但是由于开放式创新的核心是创意产生和利用的多样化，这仅仅是企业进行创新的一个环节，它并未回答企业如何通过开放式创新最终实现竞争优势的问题。

相比而言，协同创新的视角则更为具体化一些，对企业具体的实践给出了指引。陈劲认为相对于开放式创新，协同创新是一项更为复杂的创新组织方式，其关键是形成以大学、企业、研究机构为核心要素，以政府、金融机构、中介组织、创新平台、非营利性组织等为辅助要素的多元主体协同互动的网络创新模式，通过知识创造主体和技术创新主体

作者简介：本文作者均来自浙江大学管理学院。

间的深入合作和资源整合，产生 1 +1 +1 >3 的非线性效应[2]。因此本文着重关注企业如何通过协同创新实现技术追赶。

以往关于技术追赶的文献，过于注重技术能力的构建，而对企业对市场机会的捕获、对多方资源的整合关注不够。事实上，由于早期的后发企业学习和追赶发生在韩国、新加坡、中国台湾等地区，大多数追赶主题的研究都是针对这些地区[3-5]。而中国面临着跟这些小型新兴经济体完全不同的市场机会和资源状况，也就决定了其在追赶上会存在很大差异。少量研究是针对中国的技术追赶的，但也仅仅关注了实现追赶背后的某些个别因素，例如 Mu 和 Lee 强调了电信行业基于中国国内细分市场的“市场换技术”政策的关键影响[6]，Xie 和 Wu 也仅仅分析了国内市场和政府逐步放开的政策对追赶的积极作用[7]。而事实上，许多行业并没有从国家相关政策中收益很多。例如本文所关注的汽车行业，在早期，国家主要给出了针对中外合资企业的支持政策，而对吉利汽车、奇瑞汽车这样的民营企业不仅没有政策支持，甚至连“准生证”都是迟迟才放开。

为了实现追赶，以吉利为代表的民营企业通过协同创新，不断提高企业核心能力，做出了卓越的成绩。而在企业的发展过程中，它们表现出应对不断变化的环境的竞争力。随着全球化的加剧，企业面临的环境不确定性不断上升，这对企业的动态能力提出了很高的要求。动态能力是企业为了应对快速变化的环境，整合、建立和重新配置内部和外部能力的能力[8]。对于处于技术追赶中的企业而言，由于存在先天的技术劣势，机会捕捉的能力非常关键。通过机会识别并进行相关的资源部署，企业逐步提高技术能力，最终实现技术追赶。因此，本文基于吉利汽车的案例分析，探讨了企业协同创新与动态能力的演化机制。

一、相关研究现状

（一）协同创新

关于协同创新的研究，往往借用协同学中对协同内涵的界定，将协同创新定义为共同工作，其核心观点为各种分散的作用在联合中使总效果优于单独的效果之和。这一定义由于过于含糊，导致国内外关于协同创新的研究关注的层面很分散，有的是关注企业内部，有的是关注企业与企业外部的互动。例如郑刚、梁欣如关注企业内部各职能之间的协同[9]。Miles 等关注企业与企业外部角色的协同[10]。考虑到追赶中国家的资源相对匮乏，技术上存在先天劣势，要应对不断变化的环境，则必须通过捕捉机会、整合各方资源来获得竞争力。而跨企业边界的协同创新能极大地发挥对资源的整合以实现追赶。本文采纳了 Miles 等对协同创新的定义，将协同创新定义为“通过共享创意、知识、技术专长和机会，实现跨企业（甚至产业）边界的创新”[10]。以往关于对协作创新的研究不够深入，对协作创新的机制和演变规律缺少研究，本文旨在通过对吉利汽车纵向案例的深入分析，对协同创新的动态演变规律做出一些贡献。

（二）动态能力

资源观理论（RBV）认为企业的竞争优势来源于有价值的、稀缺的、不可模仿的、不可替代的资源。它重点关注企业内部组织，对以往的关注产业结构和战略定位的战略思想形成了很好的补充。但由于存在同义反复之嫌[11]，且忽视了资源产生过程的动态性[12]，动态能力获得广泛关注。动态能力观延伸了资源观，将资源观所关注的核心“资源”具体化为知识和能力，且考虑了能力的动态性。

Teece 等首次提出动态能力的框架，把动态能力定义为为了应对快速变化的环境，企业整合、建立和重新配置内部和外部能力的能力[8]。他们认为企业的竞争优势在于由它特定的资产地位和可获得路径所形成的管理和组织流程。针对传统动态能力观点“动态能力是学习惯例的惯例，是企业所特定的详细的、分解的惯例，其结果是可预测的，会给企业带来持续的竞争优势”，Eisenhardt 和 Martin 给出了新的定义，他们认为动态能力是具体的组织和战略流程，可用来改变企业的资源基础[13]。这些具体的可识别的流程，例如产品开发，战略制定、联盟等。动态能力不完全是企业特定的，还存在一些共性。而这些构成惯例的动态能力是详细的、分解的，还是简单的、经验的，取决于环境的动态性。Teece 将动态能力分解为三种能力：①意识到并具体化机会和威胁的能力；②抓住机会的能力；③通过增强、组合、保护、必要时重新配置企业的有形和无形资产来维持竞争力的能力[14]。Barreto 在对以往的动态能力文献进行回顾后，给出了如下定义：动态能力是指企业的识别机会和威胁，系统地解决问题，做出及时的市场导向的决策，并改变它的资源基础的潜能[15]。本文针对追赶情境的特征，将动态能力定义为企业三方面的能力：①识别机会的能力；②资源整合的能力；③技术学习能力。

（三）协同创新与动态能力的共同演化

对于处于技术追赶中的企业而言，由于存在技术劣势，就需要企业对来自动态变化的环境中的机会有敏锐的捕捉能力。而且由于追赶中国家的资源相对匮乏，通过协同创新整合多方资源对实现企业的竞争力非常关键。对于小企业而言，通过协同创新可撬动多方资源，加速对新创意的商业化，快速进入一个市场，并尽快达成一定的规模。对于大企业而言，协同创新可以缓解大企业病的问题（如刚性文化），对外部的创意和机会保持一定开放性[16]。随着环境的不断变化，企业需要不断更新自己的能力，协同创新有助于企业构建动态能力，以应对环境的不确定性。

二、研究方法

本文采用单案例纵向研究方法，这种方法有利于充分了解案例的背景，从而保证案例研究的深度[17]。通过选择有代表性的典型案例，得出有助于加深对于同类事件的理解的结论[18]。考虑到获得案例数据的典型性、便利性和可获取性，本文选择吉利汽车作为案例研究样本。关于案例的典型性，吉利作为中国第一家汽车民营企业，通过不断的努力实现了从零到现在的国际化的汽车领头企业，其成长路径能够代表汽车产业民营企业的野蛮生长路径。关于便利性和可获得性，一方面吉利是一家浙江的汽车企业，对于作者去开展调研非常方便；另一方面由于吉利的成长过程获得了广泛的关注，导致公开资料非常丰富。本文主要采用了文献资料、档案记录、人员访谈三种不同的数据收集方法，通过多样化的信息和资料来源的相互补充和交叉验证，很好地提高了数据的信度和效度。

三、案例分析

按照吉利发展的关键事件和转折点，本文将吉利划分为三个阶段。第一阶段为1997~2001年，在此期间企业冒着不合法的风险进入汽车行业，并积累基本的技术能力，最终于2001年底拿到了轿车“准生证”。第二阶段为2002~2006年，在“造老百姓买得起的好车”的目标下，通过协同创新，逐渐突破了技术能力的瓶颈，实现了低成本的竞争优势。2007年吉利明确提出战略转型：从“造老百姓买得起的好车”转型为“造最安全、最环保、最节能的好车”，把企业的核心竞争力从成本优势转向技术优势。

（一）1997~2001年：起步阶段

1997年吉利通过收购四川德阳一个濒临破产的国有汽车工厂而进入汽车行业。1998年，基于临海建立的一条简陋的生产线，吉利通过改制夏利的一款车型Charade（丰田公司下属的大发汽车制造商对中国技术转移的产物），制造出了第一批“豪情”车，经历许多波折后“豪情”车终于进入了市场。这背后是吉利与供应商和政府的协同创新，与吉利自身动态能力共同作用的结果。

机会识别。吉利刚进入汽车行业时，这家公司仅有生产轻型客车的牌照，而不能生产轿车。但吉利老总李书福很早就觉察到了市场上对经济型轿车的强烈需求，于是提出了“造老百姓买得起的好车”的口号。于是，即便在缺乏“准生证”的情况下，吉利仍旧开始了汽车的制造。这一提早进入汽车行业的做法，让吉利更早地完成了初始技术的积累，为它后面的发展奠定了基础。

与政府的协同创新，抓住机会。20 世纪 90 年代国家对轿车的生产实施严格的控制，未被列入政府的产品目录清单上的都属于不合法的。为了让吉利轿车生产合法化，吉利与当地政府有着紧密的协作，例如，吉利积极将自己包装成一个无须借助政府财力支持、愿意独立承担产业探索失败代价的民族工业捍卫者；台州市政府和浙江省政府也先后去中央为吉利争取支持[19]。终于，在 2001 年底，中国进入 WTO 的前几天，四款车型陆续登上原国家经济贸易委员会发布的中国汽车生产企业产品第六期、第七期产品公告，使吉利集团成为中国首家获得轿车生产资格的民营企业。

整合供应链资源。吉利在毫无技术优势、市场前景也不明朗的情况下进入轿车市场，与其早期从事摩托车生产所积累的资源不无关系。当吉利进入轿车市场时，它原先在摩托车生产上积累的零部件供应商也表现出跟着进入轿车市场的意愿。但是由于私营汽车厂前景不明朗，这些零部件厂商也很犹豫。在这种情况下，吉利对许多零部件厂商中进行了资本投资，帮助它们跟随吉利进入汽车产业[20]。吉利与这些零部件供应商协同时，表现出很强的领导力。例如，当这些零部件供应商的产品达到吉利的质量管理体系的要求后，吉利会去考察其生产车间。如果吉利提出生产设备升级的要求，零部件厂商会去购买相应的生产设备，以提高产品质量[20]。吉利与这些零部件厂商还表现出“父子配套”的特征[19]，即配套企业与吉利基本上都存在血缘、朋友或同学关系。它们为吉利提供稳定的、及时响应的、低于市场行情价格的零部件。

吉利开发的第一款车型“豪情”基本上采用了夏利原有的内饰和底盘，主要在车身上做了变动。因此，其关键核心零部件如发动机，基本上从夏利的供应商那里购买，例如天津丰田汽车发电机公司。从价值上算，这部分零部件占到了所有零部件的 60%。而在非核心部件上，吉利主要通过与自身培养的供应商的协同创新大大降低成本，来支持其低价战略。这部分低价的外购零部件，占了所有零部件价值的 10%，主要包括电控开关、顶盖、喇叭、地毯等[20]。

汽车架构知识的学习。在进入汽车行业之前，吉利所拥有的相关经验仅仅是生产摩托车的经验。当时，在生产设备上，依靠来自摩托车生产的厂房；在人力资源上，算上总经理李书福也只有四个技术工程师；在研发资源上，连最基本的资料都非常缺乏，更不用提数模化设计平台。但是对“奔驰”、“红旗”等车型进行反向工程后，吉利初步建立了轿车整车制造所需的底盘系统知识、整车零部件体系数据等技术知识。通过对汽车架构知识的积累，加上对供应链资源的充分整合，最终保证了吉利的低成本竞争优势。

（二）2002 ~ 2006 年：扩张阶段

通过与国际技术中介的合作，加上自建研究院、改造生产设备等自身努力，吉利从 2002 年开始逐渐实现了关键零部件的自主制造。而变速箱、发动机等关键零部件的自产，极大地控制了汽车成本，为吉利的低成本市场扩张战略打好了基础。在这一阶段，吉利还自建了汽车研究院，与供应商的关系进一步升级，并从政府那里获得了正面的支持。这些因素也在一定程度上促进了吉利从协同创新中受益。但本文聚焦在协同创新对动态能力的影响，所以未给予重点分析。

与技术中介的协同创新和动态能力。技术中介对创新的重要性正逐渐受到关注[21]。由于技术中介同时服务于众多的同类企业，他们自身会积累大量的技术知识，而且会将他处积累的知识用到新客户这里，产生知识溢出。吉利汽车与国内外技术中介协作，一方面可以借助外力，整合技术中介的资源，提高自己的产品品质；另一方面也可以享受这种技术溢出，从中学习其研发技能，实现了自身研发能力的快速提升。2002 年 12 月，吉利集团与曾为法拉利和奔驰设计过车型的意大利汽车项目集团正式签约，就设计具有世界一流水平的家用轿车系列达成战略合作协议。不同于以往国内合资公司直接拿国外成熟车型的做法，意方将专门为吉利设计一款时尚新颖的全新轿车，且吉利拥有全部知识产权。同年，吉利集团与韩国大宇国际也签订全面技术合作协议，大宇将协助吉利完成近两年即将上市的一系列新车型的设计、开发与制造，具体表现为对新车型的外型冲压模具和有关检具零部件的开发与设计、焊接线和有关零部件的设计、同步工程活动及有关事项等。2003 年 6 月 18 日，吉利集团与欧洲著名车身设计公司德国吕克公司达成技术合作协议。2006 年上市的金刚（LG－1）是吉利与北京汽车设计公司华冠和台湾模具厂商福臻合作开发的车型，外方主要负责造型设计，其他底盘、动力总成布置设计、电气设计等都是由吉利汽车研究院完成的。

与研究机构协同创新和动态能力。2005 年，吉利汽车控股有限公司与香港的工业支援机构香港生产力促进局（生产力局）达成合作，在香港合作开发一款新型轿车体系，并同步带动有关零部件开发项目。对于吉利而言，这一合作可以减少投入研发的费用，大量使用并借鉴香港生产力促进局的人才、设备以及经验，以较低的成本熟悉右舵车的情况。2007 年，当吉利计划将只可使用柴油的伦敦出租车 TX4 引入香港时，也是与香港生产力促进局合作，共同研发可使用石油气或汽油的 TX4 发动机及燃料供应系统。

（三）2007～2010 年：战略转型阶段

2007 年 5 月，吉利明确提出了战略转型，从“造老百姓买得起的好车”转型为“造最安全、最环保、最节能的好车”。从 2007 年下半年开始，吉利在老产品还存在不少市场空间的情况下，用附加值高的“新三样”产品（远景、金刚、自由舰）替代附加值低的“老三样”产品（豪情、美日、优利欧）。

与高校协作创新，整合资源。通过与高校合作，促进高校的智力资源流向企业，与吉利的生产制造技术相结合，产生技术的新组合。除了从高校获得技术外，还可以通过交流了解到技术前沿和最新动态。2007 年吉利控股集团和同济大学共同建立了“吉利—同济汽车工程研究院”，总投资 5000 万元，其中吉利出资 3000 万元，合作期长达 20 年。合作研究院的成立，有助于吉利在人才培养、产品设计、关键零部件开发与整车试验及开发等相关领域与同济大学展开合作，整合高校资源，提升吉利汽车品牌的自主研发实力和竞争力。

SKD、KD，抓住海外市场机会。2007年开始，吉利在俄罗斯、乌克兰、印度尼西亚等国家建厂CKD（散装件）、SKD（半散装件）生产销售，改变了以往以整车出口为主的单一贸易形式，它绕开部分国家对中国整车出口所设的贸易壁垒，更好地抓住海外市场机会。以在印度尼西亚落户的自由舰CKD组装项目为例，吉利的合作方是IGC的子公司印度尼西亚PTIGC公司。IGC有限公司主要在马来西亚和印度尼西亚等国从事汽车销售、汽车零部件生产和组装业务，其子公司PTIGC公司将全权负责组装厂生产汽车在当地的销售。这一合作，有利于吉利进一步进军东南亚和进入全球右舵汽车市场。为加速进军海外市场的步伐，吉利制定了到2015年产销达到200万辆的目标，其中2/3靠出口。

此外，吉利熊猫以“CKD+地产化”的形式走进中国台湾市场后，经过其合作伙伴裕隆汽车的修改，衍生出吉利熊猫电动车“酷比”，并先后在越南、菲律宾、中国台湾等地上市，并返销内地。虽然酷比的知识产权被划归于裕隆旗下，但吉利可凭借其内地经销商的身份进一步了解国内的电动车这一新市场。

合资，整合资源，抓住新市场机会。2006年底，吉利集团董事长李书福代表吉利汽车和上海华普（属于吉利集团）与英国锰铜控股公司正式签署合资生产名牌出租车的协议，并计划吉利汽车与英国锰铜控股组建新合资公司，在上海生产TX4伦敦出租车。久负盛名的TX4于1948年投产，其车厢空间宽大、油耗低、机械系统使用寿命长，安全性和技术的领先性为世界所公认。与英国锰铜控股的合作，对吉利有三大好处：①抓住国内外出租车市场。英国品牌，中国制造，保证品质的同时降低了成本，可以国内销售，也可返销英国和其他国际市场。②技术学习。吉利可以零距离接触和吸收到世界汽车工业的前沿技术，整合到自身的技术体系中去。③积累吉利的国际化、全球化运作的经验，为后续的收购奠定了基础。

海外收购，提升核心技术。2009年3月，吉利汽车收购澳大利亚自动变速器（DSI）公司。DSI是一家集研发、制造、销售为一体的自动变速器专业公司，已有80多年历史，拥有雄厚的技术积累和产业经验，一批世界级的优秀工程师，以及年产18万台自动变速器的生产能力。其产品覆盖了四速和六速前后驱动及全驱动大扭矩自动变速器，正在研发的有世界先进水平的八速前后驱动自动变速器、DCT双离合变速器及CVT无级变速器。要实现“造最安全、最环保、最节能的好车”的战略转型，没有核心技术是不能让人信服的。吉利是我国第一个造出自动变速器的企业，但吉利的自动变速器属于中档、小扭矩、小排量类型的，而DSI生产的变速器，可以与吉利目前生产的自动变速器形成互补，为吉利汽车提升产品品质和信誉提供支撑。而且，通过利用DSI拥有的优秀人力资源和多年积累下来的技术经验，吉利汽车技术水平和综合实力必将大大提升。此外，吉利控股于2010年8月完成的对美国福特汽车公司旗下的沃尔沃轿车公司全部股权的收购，也为吉利带来了大量的学习机会，将有助于吉利核心技术的提升。

四、讨论与结论

通过对一个中国民营汽车企业的纵向案例研究，本文展示了企业的协同创新促进动态能力提升的演化过程。在吉利起步阶段，李书福很早就觉察到了轿车市场的巨大潜在需求，并在没有“准生证”的情况下开始了初始的技术积累。并通过与当地政府的协同创新，取得了轿车生产资格。此外，通过对供应链资源的充分整合，大大降低了汽车生产的成本。吉利在这一阶段表现出来的动态能力，与进入汽车行业前的积累有关，但更离不开与政府、供应商的协同创新。在扩张阶段，为维持低成本的竞争优势，需要实现核心部件的自产化。与技术中介和研究机构的协同创新，大大提升了企业的技术能力。在战略转型阶段，通过与高校合作、SKD、KD、合资和并购等方式的协作创新，吉利表现出了超强的动态能力，逐步转型为“造最安全、最环保、最节能的好车”。吉利不仅抓住了国际市场，初步试水新能源汽车市场，且充分整合高校、核心部件生产企业、同行高端市场竞争者的资源，实现技术学习，提升了竞争优势。

本文贡献于以下研究领域：①协同创新研究。以往关于协同创新的研究不仅研究层次分散，而且研究内容太过宽泛。本文有助于理解协同创新的具体实现过程，以及对追赶企业的意义。②动态能力研究。在企业的成长过程中，核心能力是不断变化的，尤其是在中国这样经历制度转型的国家，企业面临的环境是不断变化的。纵向案例的深入分析，有助于我们理解动态能力的演变。③技术学习和追赶的研究。以往技术追赶的研究忽视了政策、市场之外的许多因素，而协同创新的视角有助于扩大企业实现技术追赶的思路。但是本文也存在一些局限。单案例研究的优势在于追逐企业发展提高研究深度，但是也存在外部概化能力低的问题。而考察不同产业、不同地区的经验，将有助于检验本文的适应范围。

参考文献

[1] Chesbrough H. Open Innovation: The New Imperative for Creating and Profiting from Technology [M]. Boston, MA, Harvard Business School Press, 2003.

[2] 陈劲. 协同创新与国家科研能力建设 [J]. 科学学研究，2011，29（12）：2-3.

[3] Lee K., Lim C. Technological Regimes, Catching - up and Leapfrogging: Findings from the Korean Industries [J]. Research Policy, 2001, 30 (3): 459-483.

[4] Hobday M. East Asian Latecomer Firms: Learning the Technology of Electronics [J]. World Development, 1995, 23 (7): 1171-1193.

[5] Chen L. C. Learning through Informal Local and Global Linkages: the Case of Taiwan's Machine Tool Industry [J]. Research Policy, 2009, 38 (3): 527-535.

[6] Mu Q., Lee K. Knowledge Diffusion, Market Segmentation and Technological Catch - up: The Case of

the Telecommunication Industry in China [J]. Research Policy, 2005, 34 (6): 759 - 783.

[7] Xie W., Wu G. Differences between Learning Processesin Small Tigers and Large Dragons: Learning Processes of Two Colour TV (CTV) Firms within China [J]. Research Policy, 2003, 32: 1463 - 1479.

[8] Teece D. J., Pisano G., Shuen A. Dynamic Capabilities and Strategic Management [J]. Strategic Management Journal, 1997, 18 (7): 509 - 533.

[9] 郑刚，梁欣如．全面协同：创新致胜之道——技术与非技术要素全面协同机制研究 [J]. 科学学研究（增刊），2006 (8): 268 - 273.

[10] Miles R. E., Miles G, Snow C C. Collaborative Entrepreneurship: How Communities of Networked Firms Use Continuous, Innovation to Create Economic Wealth [M]. Stanford, C. A., Stanford University Press, 2005.

[11] Priem R., John B. Is the Resource - based "View" a Useful Perspective for Strategic Management Research? [J]. Academy of Management Review, 2001, 26 (1): 22 - 40.

[12] Foss N. J. Resource and Strategy: Problems, Open Issues, and Ways Ahead [A]. Foss N J. Resources, Firmsand Strategies [C]. Oxford University Press, 1997: 345 - 365.

[13] Eisenhardt K. E., Martin J. A. Dynamic Capabilities: What are They? [J] Strategic Management Journal, 2000 (21): 1105 - 1121.

[14] Teece D. J. Explicating Dynamic Capabilities: The Nature and Microfoundations of Sustainable Enterprise Performance [J]. Strategic Management Journal, 2007 (28): 1319 - 1350.

[15] Barreto I. Dynamic Capabilities: A Review of Past Research and an Agenda for the Future [J]. Journal of Management, 2010 (36): 256.

[16] JrKetchen D., Ireland R. D., and Snow C. C. Strategic Entrepreneurship, Collaborative Innovation, and Wealth Creation [J]. Strategic Entrepreneurship Journal, 2007 (1): 371 - 385.

[17] Dyer W. G. Jr., Wilkins A. L. Better Stories, not Better Constructs, to Generate Better Theory: A Rejoinder to Eisenhardt [J]. Academy of Management Review, 1991, 16 (3): 613 - 619.

[18] Yin R. K. Case Study Research: Design and Methods (3rd ed.) [M]. CA: Sage, Thousand Oaks, 2003.

[19] 江诗松，恭丽敏，魏江．转型经济背景下后发企业的能力追赶：一个共演模型——以吉利集团为例 [J]. 管理世界，2011 (4): 122 - 137.

[20] Wang H. Innovation in Product Architecture: A Study of the Chinese Automobile Industry [J]. Asia Pacific Journal of Management, 2008 (25): 509 - 535.

[21] Zhang Y., Li H. Innovation Search of New Ventures in Atechnology Cluster: The Role of Ties with Service Intermediaries [J]. Strategic Management Journal, 2010, 31 (1): 88 - 109.

Collaborative Innovation and Dynamic Capability of Late – comer Company: Case of Geely from 1997 to 2011

Ran Long　Chen Xiaoling

Abstract: By selecting a Chinese leading private enterprise in the automobile industry, Geely, as the research subject of this case study, the present study investigates in depth its collaboration innovation process and dynamic capabilities building during 1997 ~ 2010. To cope with the dynamic business environment, to seize the external opportunity, and thus to achieve competitive advantages, Chinese enterprises can carry out collaboration innovation to build their dynamic capability. This study aims to contribute to the research on collaboration innovation, dynamic capability and technology catching – up.

Key Words: Collaboration Innovation; Dynamic Capability; Case Study; Later – comer; Technology Catching – up; Geely

第十一章 2012年战略管理学科动态

本报告对2012年国内外与战略管理学科相关的重要会议进行梳理，统计结果显示，全年共召开相关会议14次。其中，国外会议主要包括美国管理学年会（AOM）、战略管理学年会（SMS）、欧洲管理学年会（EURAM）、“创新与创业”国际学术会议（AIE）、拉丁美洲管理协会年会（BALAS）、亚洲管理学会年会（AAM）、东亚管理学会国际联盟学术大会、欧洲地中海管理学会年会（EuroMed）、英国管理学会会议（BAM）；国内会议组要包括第五届（2012）中国管理研究国际学会年会、2012年战略管理国际会议、第十六届世界管理论坛暨东方管理论坛、2012年中国年度管理大会、第六届中国企业管理案例与质性研究论坛。

当前，全球众多行业的竞争正在发生本质上的变化，而且变化速度在不断加快。由于货物、服务、人员、技术和观念超越地理界线自由流通，传统的管理思维模式已经不太可能引领一家公司获得战略竞争力，全新的管理思维模式注重灵活、速度、创新、全面，以及由不断变化着的环境条件产生的挑战。战略管理学科在这种大背景下迎来了极大的繁荣与飞速的发展，越来越多的学术交流会议开始举办。综观2012年国内外召开与战略管理学科相关14次重要会议，会议无论是在组织规模上还是在具体内容上都具有较强的规模性和极高的专业性，与会专家和学者人数众多，提交的论文数量多且专业性强，内容和主题既包括理论研究，又包括实践研究。现将主要会议的具体内容和主要观点综述如下：

第一节 2012年美国管理学年会

第72届美国管理学（Academy of Management）年会于2012年8月3~7日在美国马萨诸塞州波士顿市举行，AOM会议是世界上最知名和规模最大、影响范围广泛的管理学国际学术会议，也是各国管理学者重要的国际学术交流平台。本次大会的主题是：非正式经济，会议指出基于非正式经济制度的组织经营和扩张已经成为当今世界的一个重要方面，非正式经济是指至少部分在管理机构的监察、征税和监管之外的商业活动。本届年会共接收了6672篇相关论文，458篇研讨会意见书以及375份专业发展工作坊提案，吸引了全球85个国家或地区的9000多名管理学领域的专家学者参加。本届年会针对“非正式经济”的主题指出，几十年来管理学者研究的问题，几乎完全集中在正式的经济组织和个人，然而非正式经济的规模和范围是值得关注的，非正式经济带来了重大的挑战，但也可能是个人和政策层面的机遇。关于非正式经济，有一系列有趣值得探讨的问题：①非正式经济中如何组织招聘、培训、补偿和留住工人？这些做法和正式经济中人力资源管理的做法有哪些不同？②在何种程度上能将我们对于如领导、激励、谈判、公正、多样性和公平等概念知识推广到非正式经济中？③谁是非正式经济组织有关系的利益相关者？这些关系是由那些主要的非正式经济组织管理的吗？④在非正式经济制度环境中，战略管理实践是怎样的？在非正式经济组织中，竞争优势的意义是什么等一系列问题。

本次年会相关的分会议内容包含以下内容：

（1）冲突管理（Conflict Management）。这个分会再一次提供了讨论关于这个主题前沿研究的论文、研讨会意见书和工作坊提案的工作坊。通过这个分会希望学者能够加入到有趣的会议中进行跨文化的沟通。研讨会则主要讨论了组织中的层级、道德行为、身份、权力、伦理等内容对组织的影响。

（2）批判管理研究（Critical Management Studies）。CMS 的团队提出了一个令人振奋的创新计划，包括主题演讲、研讨会和会议的文件，涵盖了许多不同的理论、政治、研究和教学问题。这个分会包含了三个主题演讲以及论文和意见书研讨，积极讨论关于这个主题的相关内容。

（3）创业（Entrepreneurship）。创业在中西方社会中都扮演了很重要的角色。2012 年以“非正式经济”为主题产生了很多高质量论文、研讨会意见书和工作坊提案，这些论文中不仅包含了创业分部的内容，也包含了那些对创业领域感兴趣的研究者成果。创业分部组织了与 2012 年会议主题相关的会议来帮助定义和研究创业在非正式经济活动的起初阶段发挥的作用。

（4）管理与组织认知（Managerial and Organizational Cognition）。2012 年，管理与组织认知分部有很多高质量的专业发展工作坊提案、会议论文和专题研讨会意见，对相关问题的研究提供实用性的意见和反馈：组织研究中的内容分析等。

（5）组织管理理论（Organizational and Management Theory）。组织管理理论分部有很多高质量的专业发展工作坊提案、会议论文和专题研讨会意见。主要涉及了社会性企业混合组织发展研究和组织理论在资本主义危机时代两个大的主题。

第二节　2012 年战略管理学会年会

第 32 届战略管理学会（Strategic Management Society）年会于 2012 年 10 月 6 ~ 9 日在捷克布拉格举行。该年会关注战略管理过程的发展和传播，也注重促进世界范围内的交流沟通。本届年会吸引了全球 49 个国家或地区的 1000 多名管理学领域的专家学者参加，其中亚洲参会人员占比 8%，欧洲和北美的人数占据绝对优势，达到 80% 以上。本届会议围绕以下几个主题：制度变化与战略、转变与可持续性、理解商业模式转变以及普通管理学的研究方向；同时设置了 107 个论文讨论分会、8 个工作坊以及 45 个共同小组会议（Common Ground Sessions）。此外，讨论小组涉及竞争战略、公司战略、全球化战略、战略过程、知识与创新、战略实践、企业家精神与战略、战略人力资本、利益相关者战略、合作战略、战略领导和治理以及教学方面 12 个模块。其中，主要的分会内容整理如下：

（1）竞争战略分会：来自纽约大学的 Christina Fang 和明尼苏达大学的 Martin Ganco 担任此分会的负责人，分会的主题是战略和组织理论计算方法的前沿（New Frontiers in the Computational Approaches to Strategy and Organization）。通过理论计算方法（Computational Approaches）构建理论在战略和组织领域已经确立了很好的地位，理论计算方法似乎占据了正式严格的分析方法和实证的理论构建。此次分会上讨论了在理论计算研究领域的最新进展和挑战。在小组当中，参与者集中讨论特定的建模方法或应用背景，例如 NK 模型、组织学习、组织和行业动态。

（2）公司战略分会：来自明尼苏达大学的 Aseem Kaul 担任负责人，分会的主题是能力与公司战略（Capabilities and Corporate Strategy）。此分会探讨了企业能力和企业战略之间的关系，专注于整合这两个观点的研究。关键问题讨论包括：公司战略在获取和传递能力中发挥的作用是什么，公司能力如何影响公司水平和垂直的边界选择，公司能力如何影响公司的收购、成功剥离和重组活动。

（3）全球化战略与战略实践分会：来自东芬兰大学的 Hanna Lehtimaki 和来自阿尔托大学的 Elizabeth Rose 主持本分会，分会的主题是战略实施：全球性挑战（Strategy Implementation：Global Challenges）。此分会包含了学者和高级经理，讨论了全球北京下的战略实施的框架和实践，整合了管理的宏观（全球战略）和微观（战略实践）视角。

（4）战略过程分会：来自美国雪城大学的 Catherine Maritan 和来自鹿特丹大学的 Taco Reus 担任负责人，分会的主题是转型中的战略过程（Strategic Processes in Transition）。“战略转型”的会议主题表明战略是在变化，在变化的环境中，战略过程也在发生着变化。金融危机、新兴市场、气候变化等挑战者传统的战略流程，并不断产生新的影响因素。本次分会专注于这些环境变化如何影响战略变化和革新的过程，并考虑理解战略转型过程。

（5）合作战略分会：来自加拿大皇后大学的 Tina Dacin 主持分会，分会主题为合作战略的跨学科视角（Interdisciplinary Perspectives on Cooperative Strategies）。对联盟与合作的研究包含了不同的理论观点：经济、社会学和心理学。分会的学者主要讨论了：这些学科的基本假设是什么？他们如何研究合作策略的？我们可以整合多个研究联盟的视角吗？未来合作战略研究剩下的空白和方向是什么？

第三节 2012 年"创新与创业"国际学术会议

第五届"创新与创业"国际学术会议（Annual Conference of the Academy of Innovation and Entrepreneurship，AIE）于2012 年6 月8 ~10 日在澳门召开。源于20 世纪中叶的新一轮科技革命，不仅带来了前所未有的物质财富，而且把创新与创业这一理念推到了前所未有的高度，创新与创业活动日益成为科学技术转化为现实生产力的桥梁。在创新与创业成为世界各国经济发展驱动力的当今时代，鼓励创新与创业，已成为各国竞相实施的国家战略，"创新与创业"国际学术会议为积极推动国际创新与创业研究以及学术交流提供了交流平台。"创新与创业"国际学术会议由英国牛津大学和中国清华大学共同主办，此次会议为国内外的创新与创业研究学者提供一个高水平的开放交流平台，以促进相互间的交流和讨论最新的研究成果。本次 AIE 年会上，来自英国牛津大学的 Robert Peterson 进行主题发言和报告，分会包含以下内容：

创新管理分会由来自中国清华大学的 Li Jizhen 主持，通过6 篇相关论文深入探讨了技术创新、创新战略、制度环境和机会认知对于创新的影响。

创业管理分会由来自中国清华大学的 Wang Yi 主持，主要讨论的主题包含：转型经济下公司创业与绩效关系、创新（专利）与创业之间的联系以及创业企业家自身的特性问题等。

创业环境与政策分会由来自香港的 Andy C. L. Yeung 主持，此分会在创业与社会和政府的关系、正式和非正式环境与政策对于创业的影响等主题上进行了有益讨论。

新企业创立分会由来自美国的 Nardia Haigh 负责，分会上讨论了新企业创立过程中利用并购、合作、协同等策略来获得技术、资金等资源的方式，强调了管理能力在新企业创立过程中的重要作用。

此外，本次年会还包含了一场 PDW，基于 GEM 的研究方法，观察中国大陆和港澳地区的创业态势、创业环境、创业政策和创业群体特征等。

第四节 第五届（2012）中国管理研究国际学会年会

中国管理研究国际学会（IACMR）成立于2002 年，每两年举办一次年会，其使命是推进全球管理知识的发展，推动国际管理领域内教育和专业标准的发展。伴随中国经济的快速发展，同时正在经历的根本性变革，中国管理研究已经成为公认的重要学术研究领域，IACMR 团结了各位学者的力量，致力于为从事中国管理向管理研究的学者提供思想

和经验交流的论坛、增进全球范围内管理研究者的国际合作、促进中国境内管理研究能力的发展以及促进中国管理相关研究的能力的发展。现有的中国管理研究大多依赖于在西方情境中开发出来的既有问题、理论、构念和方法，IACMR 认为应该针对中国企业特有的重要问题进行探索性研究。第五届（2012）中国管理研究国际学会（IACMR）年会于 2012 年 6 月 20 ~ 24 日在香港理工大学举行，本次年会的主题是“建造厚德载物，永续发展的华人企业”。本次年会共收到来自 32 个国家 252 所大学的 382 篇英文投稿，127 所大学和机构的 260 篇中文投稿以及 16 篇研讨会建议书；同时吸引了 19 个国家和地区的 680 多名学者参与本次年会，其中来自 72 所中国大陆大学的学者占比 57%，其他学者分别来自 118 所大学。本次年会的会议程序包含了 38 个论文会议，51 次圆桌会议，10 个专题讨论会，6 个主题发言，15 个专业发展工作坊和 5 次核心成员会议。

本次年会包含众多的论文分会议，现将与战略管理相关的论文会议内容整理如下：

“社会资本与新企业绩效”圆桌会议由来自香港理工大学的 Wouter Stam 负责主持，包含 4 篇相关论文——青年企业海外华人社会资本的区位效应、我国农产品中小企业的关系满意度研究、创新导向与新创企业绩效：企业家社会资本的调节作用、内部和外部网络对中国在日创业的影响。

“战略联盟和机构”圆桌会议由来自美国德州科技大学的 Jun Xia 主持，就战略联盟问题结合中国管理情境，通过相关的论文主要讨论了合资式联盟（市场和非市场交易行为对于合资企业绩效的影响）、国际联盟（国际联盟管理中的可信承诺与争端解决：制度环境的调节效应）、技术联盟（核心企业和合作伙伴之间技术联盟的合作竞争博弈）以及组织异质性与制度变迁等内容。

来自美国斯坦福大学的 Mie Augier 主持“战略过程与公司能力”论文会议，分会主要讨论了战略过程中的创造性认知与中国传统阴阳理论的融合，中层管理在组织双元性的知识流入中体现怎样的作用以及中国企业背景下动态能力、环境动态性、可持续发展优势的相关问题。

“创新管理”圆桌会议由南京大学的赵曙明主持，深入探讨了 3 篇主题相关论文：《技术引进、市场与后发企业创新“歧”途：东方汽轮机纵向案例研究》、《组织结构对研发团队创新绩效的影响：知识吸收能力的中介作用》、《集群效应、资源投入与企业创新行为：来自汽配行业 500 强资料的经验分析》。

“企业社会资本：中国情境中的研究挑战与对策”专题讨论会由南开大学的任兵和中南财经政法大学的石军伟共同主持，讨论了社会资本与战略变革（企业家效能、社会资本与战略变革）、集群视角（集群视角下社会资本对创新与创业效率的影响）、组织惯例（组织惯例与企业社会资本的动态管理策略）的相关问题，同时深入讨论社会网络在企业中的作用（制度转型中企业间网络起作用吗？识别制度与企业层面的权变机制、战略人力资源管理实践、高管网路与企业绩效）。

第五节 第六届（2012）中国企业管理案例与质性研究论坛

第六届中国企业管理案例与质性研究论坛于2012年11月9~11日在中国人民大学逸夫会议中心隆重召开，此论坛由中国人民大学商学院和《管理世界》杂志联合主办。本届论坛以“中国企业管理创新与可持续发展”为主题，涵盖主题报告、专题报告、分论坛和圆桌讨论等多种形式。来自清华大学、北京大学、复旦大学、中欧国际工商学院、中山大学、新加坡国立大学等海内外112所院校的400多名专家、学者参加了这一年度盛会。来自美国亚利桑那州立大学的徐淑英教授、来自南京大学 & 美国罗格斯大学（Rutgers University）的陈昭全教授、来自 Boston College 的 Michael G. Pratt 教授和来自 Royal Holloway University of London 的 Chris Smith 教授应邀为大会作了主题报告。

在本次论坛中工作坊具有重要的作用，为学者提供了良好的机会，主要内容整理如下：

（1）Pratt 教授汇报的题目是“Designing and Publishing Qualitative Case Studies”，从研究起步、基本设计、数据收集、数据分析等阶段介绍了案例研究的各阶段。他指出，研究开始阶段需要明确研究问题的类型、理论在研究中所起的作用以及分析单元；在研究设计阶段则要衡量时间、资源、数据获取可能性、案例选择等问题；而在数据收集，研究者要事先准备访谈问题，收集多种形式的数据，如访谈、视频、公司文档、直接观察等；在最难的数据分析阶段，Pratt 教授强调了数据和理论之间反复迭代过程。最后 Pratt 教授强调大多数文章的初稿存在理论和数据不匹配的问题，研究者们应该通过请他人从头到尾阅读、检查研究方法、展示证据充足的数据等方法润色文章，提高文章发表的概率。

（2）陈昭全教授介绍了内容分析的具体过程、原则以及策略。陈教授建议首先要收集足够的数据，还要考虑文章是要进行理论构建还是理论检验，因为理论检验的量化程度要高于理论构建。陈教授认为有6个迭代的序贯分析步骤：确定文本单元、确定基本的内容单元、将内容单元进行分类、分别对各个类别进行频率统计、检验类别的模式意义、将模式与研究和理论挂钩。此外，陈教授强调内容分析要清晰定义编码单元、类别要充分涵盖所有内容且类别之间互斥、独立编码和评分者间信度（Inter-rater Reliability）。最后，陈教授分享了内容分析的多条策略，包括计数统计、聚类、拆分、寻找模式、记录变量之间的关系、构造概念/理论一致性、三角验证等。

（3）Chris Smith 教授以“Critical Realism and Multiple Case Studies”为题，结合日本跨国公司在英国的人力资源和工作组织方面的案例研究为例，探讨了批判实在论对案例研究的影响。Smith 教授指出批判实在论在多案例研究方面，特别是在相同背景下的相关案例中寻找机制背后的关系时，能够引导研究者重新划定情境和案例的边界。此外，Smith

结合其收集数据的过程，强调了批判实在论对数据的收集和解读也有一定启示，尤其是在抽离和分析参与者的描述时。最后，Smith 教授提醒大家应该保持以批判的视角看待行动者的描述，因为这种描述既有特定的优势，也有一定的局限性。

此外，本次论坛中设置了 11 个分论坛和圆桌会议，主要分会的内容包含以下三方面：

（1）战略管理分论坛通过 4 篇论文分别讨论了利用质性研究的方法探讨战略新兴产业转型、跨国战略并购、商业平台价值提升、知识情境与知识提升等相关问题；此外在战略管理分论坛二中，网络嵌入、组织学习与资源承诺的协同演进、基于资源演化的跨国公司在华合资企业控制权的动态配置、供应链管理等方面的研究也为战略管理研究提供了新的视角。

（2）组织与人力资源分论坛包含了以下研究——“时间累积下导师—学徒互动模型机理研究：基于国有企业新型导师制视角”、“团队领导者心智模式与其 TMT 成员进退关系——来自楚汉相争中刘邦集团和项羽集团的比较案例研究”、“动态能力如何影响组织操作常规”、“The Dynamic Structure of Familiness in Human Resource Management System：A Longitudinal Case Study” 4 篇研究，其中 TMT 理论和动态能力与战略研究有着紧密的关系。

（3）创业与创新分论坛从组织学习与创业能力、企业自主创新能力演化路径及驱动因素、创业经历和期望落差等方面分析了质性研究在创业与创新中的应用。

第十二章　2012 年战略管理学科新书选介

第一节

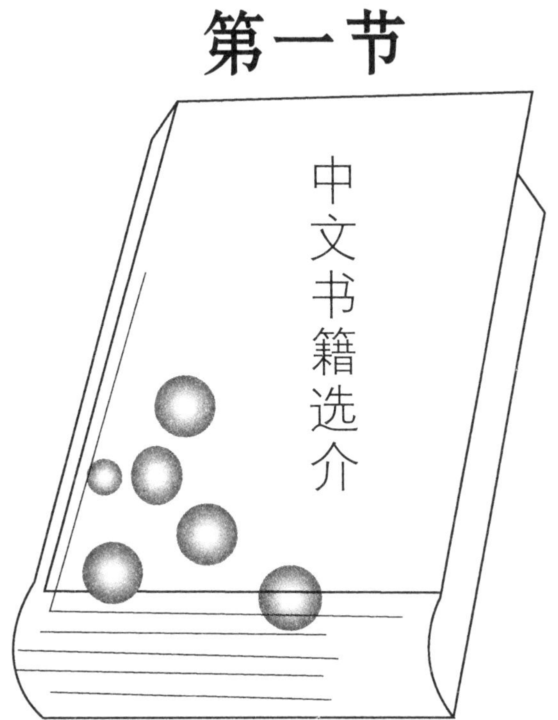

书名： 西方战略思想史
作者： 钮先钟
出版社： 广西师范大学出版社
出版时间： 2012 年 2 月 1 日

《西方战略思想史》以时间为序，历述从古希腊到“二战”结束西方世界战略思想的发展和演变过程，重点介绍西方历史中最负盛名的战略大师的思想，包括修昔底德、柏拉图、马基雅弗利、拿破仑、约米尼、克劳塞维茨、俾斯麦、戴布流克、马汉、柯白、富勒、李德哈特、杜黑等；不仅详论陆权理论，也具体阐述了海权和空权思想。书中对于各位战略名家的中心理念，其思想与时代背景的互动关系，以及对世局和后人所造成的影响，都作了详尽深入的剖析和精妙的点评，并常与中国历史中相应人物、思想相互比照分析，鉴古论今，发人深省，是进入西方战略思想殿堂的重要参考书籍。

全书分为六大篇，第一篇是古代：西方战略思想的萌芽期，主要分析了希腊和罗马；第二篇是中古时代：西方战略思想的停滞期，主要分析了拜占庭和中世纪；第三篇是启蒙时代：西方战略思想的复兴期，主要分析了马基雅弗利、17 世纪和 18 世纪；第四篇是近代（上）：西方战略思想的全盛期（一）（19 世纪前期），主要分析了拿破仑、约米尼和克劳塞维茨；第五篇是近代（中）：西方战略思想的全盛期（二）（19 世纪后期），主要分析了普德学派、法国学派、文人战略家和海洋与战略；第六篇是近代（下）：西方战略思想的全盛期（三）（20 世纪），主要分析了第一次世界大战后的德国、近代英国两大师、战后海权思想、空权思想的兴起、美国和俄国。

书名： 好战略，坏战略
作者： 理查德·鲁梅尔特
出版社： 中信出版社
出版时间： 2012 年 10 月 9 日

《好战略，坏战略》运用最热门的企业案例与最熟悉的热点事件，深入浅出地分析好战略与坏战略的区别，并给出具体制定方案。1997 年乔布斯如何成功让苹果公司起死回生？沃尔玛店面的分散经营到集中统一管理，如何决定了它日后的成功？这些都是好战略在起作用。这些案例的分析深入浅出，包含了 IBM、星巴克、宝马、戴尔等诸多企业这几年的成败，非常具有可读性与参考价值。

全书主要分为三个部分，第一部分是好战略与坏战略的差异，主要分析了好战略可遇不可求、好战略之转换视角创造优势、坏战略防不胜防、为什么坏战略普遍存在？好战略的核心。第二部分是战略的力量之源，主要分析了发挥杠杆作用、制定近似目标、强化链条—环节系、运用设计的思维、寻找焦点战略、保证有效的增长、发挥竞争优势、秉持动态的视角、利用惯性、综合运用多种有利因素。第三部分是像战略家一样思考，主要分析了战略的科学含义、塑造战略思维与判断能力和保持冷静的头脑。

书名：“走出去”战略与中国跨国公司崛起——迈向经济强国的必由之路
作者：卢进勇
出版社：首都经济贸易大学出版社
出版时间：2012 年 11 月 1 日

《“走出去”战略与中国跨国公司崛起——迈向经济强国的必由之路》主要内容包括“走出去”战略的提出和实施、中国企业对外直接投资的发展、中国跨国公司的崛起、中国跨国公司理论、中国跨国公司的成长战略、中国跨国公司成长的产业基础等。

全书分为十三大章节，第一章“走出去”战略的提出和实施，主要分析了“走出去”战略的含义、主体和方式、“走出去”战略的提出与实施过程、实施“走出去”战略的必要性和作用、加快实施“走出去”战略的政策措施建议；第二章中国企业对外直接投资的发展，主要讲述了中国对外直接投资的发展阶段、特点与条件，中国对外直接投资的发展对本国和东道国经济的贡献、中国对外直接投资的宏观管理政策与促进服务体系、中国对外投资企业的当地化经营、中国对外直接投资发展的主要战略思路；第三章中国跨国公司的崛起，主要分析了中国跨国公司的发展状况、中国跨国公司的特征分析、加快发展中国跨国公司的必要性、发展中国跨国公司面临的机遇和挑战、借鉴国外发展模式加快中国跨国公司的发展；第四章中国跨国公司理论，主要分析了主流跨国公司理论及其缺陷、全球化条件下的跨国公司新理论、后发展型是中国跨国公司的理论基础、国家特定优势论、企业“走出去”的制度促进论；第五章是中国跨国公司的成长战略，主要分析了战略思维框架、利基战略、嵌入战略、承接战略、抢先战略、3L 路径战略；第六章中国跨国公司成长的产业基础，主要分析了中国跨国公司成长的产业分类、中国对外直接投资与跨国公司的产业分析、中国跨国公司成长的“优势产业论”、中国跨国公司成长与产业发展关系的实证分析、主要结论与政策建议；第七章中国跨国公司的国际竞争力，主要分析跨国公司国际竞争力的内涵和理论渊源、中国跨国公司竞争力主要评价指标、中国跨国公司竞争力现状、中国跨国公司的竞争优势和不足、如何提升中国跨国公司的国际竞争力；第八章中国金融业跨国公司，中资银行的海外发展概述、中国跨国银行海外并购投资及发展模式、中国金融业海外发展的几点建议等；第九章中外跨国公司比较分析，主要讲述中国最大 100 家跨国公司与发展中国家（地区）最大 100 家非金融类跨国公司比较、中国 500 强与世界 500 强比较等；第十章中国跨国公司对经济增长的作用，主要讲述跨国公司与经济增长的理论分析、中国跨国公司对中国经济增长的影响；第十一章中国跨国公司与世界经济强国；第十二章中国跨国公司的风险防控与合规经营；第十三章中国跨国公司案例分析，主要分析海尔集团、华为公司、中国石油、中铝公司等。

书名：国家发展战略研究丛书：互联网发展战略
作者：汪玉凯，高新民
出版社：海南出版社
出版时间：2012 年 11 月 1 日

《国家发展战略研究丛书：互联网发展战略》所涵盖领域较宽，几乎涉及互联网发展的诸多方面。其内在逻辑是：前三章，包括互联网发展及其影响、网络发展战略国际比较以及国际互联网治理比较，带有总论性质，主要从互联网本身的发展以及战略、治理等角度，进行论证和分析，力求对互联网发展的一般规律进行一些探讨和论述；从第四章中国互联网发展及其面临的主要问题开始，到后面的网络政治发展战略、网络经济发展战略、网络社会发展战略、网络文化发展战略以及网络政府发展战略，共六章，集中对中国互联网的发展及其战略从不同的角度进行分析和探讨，力求对我国互联网发展的整体状况、战略前景等进行分析和论证，探求其中的问题和规律。最后三章包括网络资源战略、互联网技术和标准战略、网络与信息安全战略，则是从互联网发展的技术和社会发展结合的角度，对其进行深入探讨，力求有所发现，并为我国互联网的健康发展提供技术支撑。

全书分为十二大章节，第一章节是互联网发展及其影响，主要分析信息网络技术发展历程、互联网改变世界、制定中国互联网发展战略；第二章网络发展战略国际比较，分为网络发展战略国际综述、各国网络发展战略比较；第三章国际互联网治理比较，分为国际互联网治理模式、各国治理互联网的理念、各国互联网治理的主要做法、各国互联网治理的主要特点、各国对于互联网管理；第四章中国互联网发展及其面临的主要问题，分为中国互联网的发展普及与产业成长、中国互联网的网络发展与技术创新、中国互联网的管理体系等；第五章网络政治发展战略，包括网络政治发展概述、网络政治对当代中国政治发展的影响等；第六章网络经济发展战略，包括网络经济理论研究、全球网络经济发展现状和趋势、中国网络经济发展状况、中国网络经济发展战略建议；第七章网络社会发展战略，包括网络社会的产生与衍化、网络社会问题浅析、网络社会的发展战略构想；第八章网络文化发展战略，包括制定网络文化发展战略的重要性和紧迫性、美国等主要发达国家网络文化发展战略等；第九章网络政府发展战略，包括全球网络政府发展的基本特征、我国政府网站发展现状、全面提升政府网上服务能力的战略路径；第十章网络资源战略，主要分析网站资源、域名资源、IP 地址资源；第十一章互联网技术和标准战略；第十二章网络与信息安全战略。

书名：平台战略：正在席卷全球的商业模式革命
作者：陈威如，余卓轩
出版社：中信出版社
出版时间：2013 年 1 月 1 日

陈威如教授与余卓轩先生合著的《平台战略》是一本必读的经典之作。书中以系统化方式探讨平台商业模式的概念，指引企业如何通过建构“平台生态圈”而制胜。它结合了充分详尽的研究、引人入胜的案例，来阐明平台模式的动态及运作方式。针对这个主题，书中对理论及实践层面均有深刻见解。

迄今，平台商业模式已显示出赢家绝对通吃的超级威力和创造性的破坏本质。特别是当下这个基于云端的移动互联网时代，有雄心的企业在制定战略时，必论平台，但能做成平台的却是凤毛麟角；商业分析和报道通篇都在讨论平台，却也是看热闹的多，看出门道的少。陈威如、余卓轩两位先生的《平台战略》一书是少有的透过平台热闹看出诸多门道，把庞大繁杂的生态系统说清楚，找出平台滥局不确定性背后的商业逻辑的财经图书。如果你通读全书，你还会发现，这本书如同《数字化生存》、《长尾理论》等让我们豁然开朗的优秀财经宝典一样，都能及时洞察商业世界中分水岭式的革命性脉动，提炼超前的理念，还能深入地进行系统分析和实证研究，提供有实战操作价值的策略方法。

在互联网和移动技术高速发展的背景下，不少公司借由平台概念取得了巨大成功。但平台需要具备什么特征？是否具有双方交易或互动就是一个平台？是否有通用的平台成功法则？平台是否可以成为企业竞争战略？学界过去一直没有围绕平台概念进行系统的讨论，而陈教授通过多年的研究和总结，在严谨的分析框架下，利用通俗的语言，首次全面归纳介绍平台的组成要素、机制设计、成长过程和平台竞争，并结合平台概念对很多实际案例进行剖析、点评。

第二节

外文书籍选介

书名：七个战略问题
作者：罗伯特·西蒙斯（Robert Simons）
出版社：中国人民大学出版社
出版时间：2013年3月1日

《七个战略问题》一书围绕着七个问题展开，主要包括：谁是你的主要客户？你如何在核心价值中为股东、员工和客户优先排序？你正在追踪哪些关键业绩指标？你已经设定了哪些战略边界？如何形成创新性张力？你的员工如何承诺互相帮助？哪些战略不确定性让你夜不能寐？

树立客户需求的意识。在考虑如何正确分配资源时，你还需要问问自己和身边员工下面这个问题：每个人是否都知道客户的需求？仅仅市场部的人或一些高管知道是不够的，你必须经常提醒每个人——在企业的各个方面做到真正理解并回应客户需求的重要性。

全书主要分为七大章节，第一章主要讲谁是你的主要顾客，找出谁不是你的顾客，试图取悦其他相关方，寻找顾客偏好，树立客户需求的意识，为顾客组织企业架构，控制员工资源，向顾客分配资源；第二章主要讲公司的核心价值观把谁放在首位——股东、员工还是顾客，三个选择，核心价值观应指导决策，对其他利益相关者的责任，践行你的核心价值观，核心价值观的优先排序；第三章主要讲追踪哪些关键业绩指标，从一张清单到一个理论，识别哪些才是真正关键的指标，关注失败指标的数量，财务业绩指标，设立责任制，追踪业绩目标；第四章主要讲如何划定战略边界，负面思考的力量，保护你的声誉，要规避的机会，把文字转化为行动，控制战略风险；第五章主要讲如何营造创新压力，来自市场的创新压力，制造压力，取得成功，在业务单元之间分享创新，保持简单，激发创新；第六章主要讲员工的互助承诺如何，激励理论，为成功创造共同责任、补偿和承诺、建立承诺；第七章主要讲战略上的哪些不确定因素让你夜不能寐，传递出你的优先工作信号，交互式控制系统，选择哪个系统进行交互使用，简化一切，自上而下提问：自下而上学习，适应变化。

书名：战略：应对复杂新世界的导航仪
作者：弗雷德蒙德·马利克
出版社：机械工业出版社
出版时间：2013 年 3 月 1 日

《战略：应对复杂新世界的导航仪》一书首先谈到了 21 世纪巨变的动态形势，其内在的危机风险和机遇潜力，以及新大陆诞生的痛楚。其次是战略导航效果惊人的控制论体系和战略地图，以及从已有商业经营和未知商业领域中通过实践而得到的数据，通过这些革新的新大陆得以开发。最后，书中展示了一些在巨变的洋流中恒久不变的范例以及从中总结出的经济学动态及其所需的战略。此外，还提到了一些革命性的新方法，它们使划时代的战略变革能有的放矢。通过这些方法可以使企业的增长和规模通过全新的方式得以轻松管理和壮大，而这些方法正是作用在传统方法毫无希望、不起作用之处。这些方法近乎魔法般的效力来自控制论沟通程序，它们以迄今为止不可想象的规模不仅增强了集体智慧，而且创造了社会能量。利用创新的系统设计工具将产生管理智慧，可以胸有成竹地掌控超级复杂的系统。“超高速的超大系统的超级变化”将会存在于一个新的世界中并有辉煌的未来。

全书分为六大部分，第一部分是应对 21 世纪巨变的战略，主要分析了在无法预知未来时应该用什么战略、21 世纪的巨变、论新式运作的战略、当人们不知道该知道的事——战略失误中的雷区。第二部分是战略在整体管理系统中占主控地位，主要分析了将企业运作起来、以企业政策和商业使命指引方向。第三部分是通过可靠导航在任何形势下驾驭复杂状况，主要分析了改革战略导航、通过控制论导航进行可靠操纵、正确的与经济形势无关战略——战略地图。第四部分是跟随变迁。当今商业的成功因素，主要分析了盲人摸象的终结：PIMS——正确战略的高阶训练；战略的核心知识；认知的聚宝盆；冲破战略障碍——三个 PIMS 先驱模型。第五部分是领先于变迁：新型商务的成功因素，主要分析了在变革的大潮中恒定不变；为 21 世纪巨变而革新——为成功做好规划；即便未知领域也可掌握——PIMS 启动战略；实施启动战略；有效革新的原则。第六部分是管理方法的改革：不受限于时间和空间的战略方法论，主要分析了陡峭攀岩；通往正确战略的最直接路径、通过超级协同整合进行变革、超级协同整合的虚拟工具、如同巨人也学跳舞——超高级协同整合。

书名： 上接战略下接绩效：培训就该这样搞
作者： 田俊国
出版社： 北京联合出版公司
出版时间： 2013 年 3 月 1 日

《上接战略下接绩效：培训就该这样搞》内容简介：业务部门任务完不成，就抱怨培训不够。培训部门忙前忙后组织培训，业务人员又不积极参与。一到年底总结，培训部就成为受气包……企业培训陷入恶性循环。培训到底该怎么做？用友大学校长田俊国先生认为，应该做"上接战略、下接绩效"的培训。先把准业务部门的脉，搜集一线案例，根据实际需求研发培训课。把建构主义作为培训的主导思想，用五星教学法打造精彩培训课堂，推广行动学习，使培训成为一种工作方式。聘用业务骨干和高级管理者当讲师，保证了培训紧贴业务。真正做到从实践中来到实践中去。这种培训受到了用友集团的好评，很多业务部门的业绩也得到了提升。用友大学的培训实践证明，企业大学是非常有效的培训组织，必将成为企业培训的发展趋势。

全书分为八大章节，第一章是做上接战略下接绩效的培训，主要分析了培训如何上接战略、如何让培训出绩效、对员工进行系统性的培养；第二章是精品课需要精雕细琢，主要讲述了精品课是这样开发出来的、什么才是精品课、精品课需要持续打磨；第三章是建构主义，给人力量，主要分析了驯兽、砌墙、浇花，你选哪一种？不一样的教学主张、建构主义，爱你没商量和三招教你成为建构主义讲师；第四章是五星教学，让课堂更精彩，主要分析了理论先行，实践才有根基、"五星"课堂如何设计、五星教学需要大胆实践；第五章是行动学习，让培训成为一种工作方式，主要分析了行动学习在用友、行动学习普及的方法与步骤、行动学习的传奇经历、行动学习是解决实际问题的好方法；第六章是好讲师是"拍砖"拍出来的，主要分析了专职讲师培养的"三驾马车"、专业讲师培养三阶段、让管理者当讲师、讲师的六项精进；第七章是云时代企业培训如何落地，主要分析了云时代企业培训的调整、云时代企业的五项修炼；第八章是在路上——用友大学回顾与展望，主要分析了快节奏的筹建、五年的成长历程、几点经验分享、做世界级企业大学、未来价值拓展、用友大学的修齐治平。

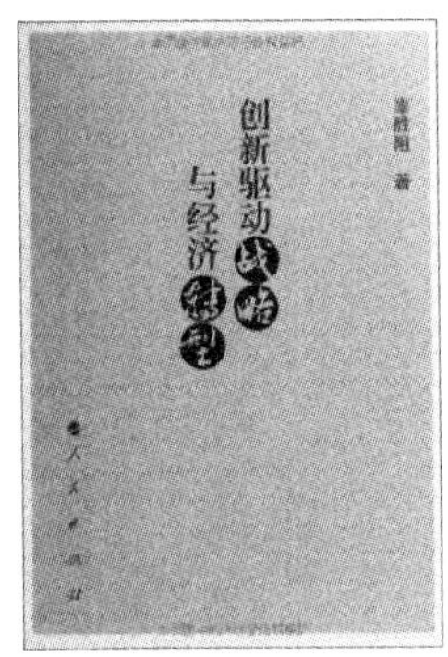

书名： 创新驱动战略与经济转型
作者： 辜胜阻
出版社： 人民出版社
出版时间： 2013 年 3 月 1 日

《创新驱动战略与经济转型》一书从创新战略、经济转型、金融改革、城镇化与社会发展等方面对我国发展方式转变和打造创新驱动新动力问题展开了详细的论述，探讨了如何借助市场和政府调控“两只手”的合力来推动中国经济发展走向创新驱动、内生增长的道路。在创新战略方面，就我国国家创新体系构建、自主创新战略实施进行了系统研究，并结合中国国情对创新型国家建设的政策设计、国家自主创新示范区功能定位与制度安排等现实问题进行了深入分析。在经济转型方面，针对中国经济发展中存在的消费不足内需不旺、产业结构不合理、实体经济发展困难、就业结构性矛盾突出等问题，从收入分配改革与居民消费提升、发展战略性新兴产业和现代服务、缓解小微企业困境巩固实体经济基础等方面提供了相关政策建议。在金融改革方面，针对企业融资难和民间资本投资难这一“金融怪圈”进行了深入剖析，并从引导民间金融阳光化、规范化、合法化等方面提出了推进我国金融改革的战略思路。在城镇化与社会发展方面，在系统总结改革开放以来中国特色城镇化发展特点的基础上提出了城镇化是我国最大潜在内需和持久动力的论断，客观剖析了我国城镇化发展过程的失衡现象，提出城镇化与工业化、信息化和农村现代化同步协调发展的战略。

全书分为四大部分，第一部分是创新战略篇，第二部分是经济转型篇，第三部分是金融改革篇，第四部分是城镇化与社会发展篇，接下来分别进行介绍。创新战略篇：国家创新体系要汇集政府和民间两股力量、创新型国家建设中的制度创新与企业技术创新、支持创新型国家建设的财税政策体系研究、国家创新示范区的功能定位与制度安排、发展循环经济需要“创新驱动”等；经济转型篇：经济转型的必然性和动力机制、推动经济转型的战略思路、以“用工荒”为契机推动经济转型升级、分配制度改革是经济转型的关键、跨越“中等收入陷阱”的路径选择、让绿色经济成为稳增长与调结构的引擎等；金融改革篇：科技型企业发展的多层次金融支持体系构建、重构与企业生态相匹配的金融体系、让股权激励为企业自主创新插上腾飞翅膀、当前 VC/PE 的行业深度调整的方向、拓宽民间投资渠道推动民营企业健康发展、规范民间信贷和民企融资难需标本兼治、立法赋予民间金融合法地位等；城镇化与社会发展篇：城镇化是最大潜在内需与持久动力、反思当前城镇化发展中的五种偏向、城镇化要从“要素驱动”走向“创新驱动”、以城乡共同繁荣为目标大力推进城镇化、智慧城市建设的理论思考与战略选择、城镇化进程中农村留守儿童的问题及对策、完善租房市场构建多层次住房体系、缓解“大城市病”需实施均衡的城镇化战略、高速城镇化和过快老龄化考验中国社会、应对老龄化要划定政府与家庭责任边界等。

书名：文化战略：以创新的意识形态构建独特的文化品牌

作者：道格拉斯·霍尔特（Douglas B. Holt），道格拉斯·卡梅隆（Douglas Cameron）

出版社：商务印书馆

出版时间：2013 年 7 月 1 日

《蓝海战略》之类的当今最具影响力的品牌战略著作认为，创新在于产品功能的突破。然而，《文化战略：以创新的意识形态构建独特的文化品牌》作者通过对万宝路、星巴克等数百个品牌案例的分析，以及与相关品牌管理者和消费者的访谈，发现了功能主义创新模式的缺陷，那就是忽略了社会和历史变迁产生的意识形态机遇。作者花费八年的时间，运用“实验”的方法，创立了足以弥补主流创新模式欠缺的“文化战略”理论，并将此理论反复应用于品牌推广实践，成功重塑了多个垂死挣扎的品牌，也成功地让数家新设小企业迅速成长为品牌价值达数亿美元的大企业。在实践的基础上，作者确立了文化创新模式以及适用于文化创新的组织形式。这是一部具有里程碑意义的品牌战略的宝典。

本书的作者在第一章节中首先对蓝海战略进行了重思，全书一共包括三大部分，第一部分是文化创新理论，主要分析了耐克的再造美国梦、杰克·丹尼尔的神话化公司与复活拓荒男性气概、本杰瑞的激发意识形态爆发点，开启可持续商业神话、星巴克的滴漏文化资本、巴塔哥尼亚的社会企业如何跨越文化鸿沟、维他命水的用神话打造“更佳捕鼠器”、万宝路的文化密码的威力、文化创新理论；第二部分是文化战略模式的应用，主要分析了净蓝验孕的新技术的品牌营销、肥胎啤酒：跨越文化鸿沟、导火线音乐电视的以文化柔术挑战领军者、自由职业者工会：社会创新的品牌营销；第三部分是文化创新的组织，主要分析了品牌官僚体制与“似科学”营销的兴起、隐蔽的文化工作室——李维斯 501s 在欧洲、公开的文化工作室——ESPN。

书名： 战略的智慧：哈佛最受欢迎的战略课
作者： 约翰·R. 韦尔斯（John R. Wells）
出版社： 机械工业出版社
出版时间： 2013 年 8 月 1 日

《战略的智慧：哈佛最受欢迎的战略课》内容简介：全球众多管理者、战略实战家和学者一致推荐，值得全球商业领袖深刻思考！在变化的世界里，只有聪明的公司才能存活下来。杰克·韦尔奇说过："我深信，如果公司内部变革的速度赶不上公司外部变革的速度，失败就是不可避免的，唯一的问题是关门大吉的时间。"问题是：公司为什么不能做出变革呢？约翰·R. 韦尔斯在研究中发现了阻碍变革的三种惰性（Inertia）。一是战略惰性，即不能根据形势调整战略，不能发现并执行新的战略，与战略惰性相关是结构惰性，而这两种惰性的根源是人的惰性。那些最成功的公司对待既有战略的态度永远是三个字：不满意。它们不断地自我改进，追求更高的客户满意度、降低成本、增加利润。它们始终不断地在提高自己的竞争力。当心！下一个倒下的可能就是你！

全书主要分为三大部分：第一部分是聪明的战略，主要分析的是何谓战略——公司永续经营之道；初级战略智慧——低战略智商，战略盲目，战略失忆症；竞争战略——战略否认，除了改变别无出路；中级战略智慧——告别战略无能，在战略智商的阶梯上前进；高级战略智慧——从不满足于现状。第二部分是智能的结构，主要分析的是为什么需要智能的结构——公司结构不仅仅是一张简单的组织结构图；智能的资产管理——增加资产灵活性的途径；正式架构——操纵组织结构迷宫；非正式架构——利用社会力量；走向智能型结构——让智能型结构更上一层楼。第三部分是敏锐的头脑，主要分析的是公司为什么需要敏锐的头脑——揭秘人类与生俱来的惰性；探秘充满矛盾的思维本质——为什么我们如此渴望变化却又惧怕改变；有人，才有可能——如何找到合适的人才，并使之乐意为了公司的战略改变而努力改变自我；满足人性的基本需求——缓解改变带来的痛苦；利用人们永不满足的需求——完成共同成长。

书名：战略思维
作者：陈东升
出版社：中国财经政济出版社
出版时间：2013 年 8 月 1 日

《战略思维》讲述了从东京街头的一个梦想，到 5000 亿资产的金融航母，要历经多少筚路蓝缕、拼搏坚守？从一家小小的营业部，到 4000 余家机构遍布全国 31 个省市。要直面多少困境与挑战、奋起与超越？从单一的寿险公司，到涵盖全寿险产业链的大型综合保险金融服务集团，要体会多少痛苦蜕变、辉煌崛起？这是一本过程的书，记录泰康人寿 17 年三个发展阶段真实的市场布局；这是一本探索的书，凝结一个青年经济学者创办管理企业的心智谋划；这是一本面向未来的书，描摹中国寿险行业"从摇篮到天堂"的远景蓝图。在这里，能够读到一家企业与时代的共生共荣。在这里，能够读到一位企业家运筹帷幄、布局千里的宏观视野。在这里，能够读到一个行业从理论到实践的风云跌宕、变革壮大。时代如潮，企业浮沉，企业家就是造梦者、是布道者、是精神领袖。

书名：逆势增长：低增长时代企业的八大制胜战略

作者：菲利普·科特勒（Philip Kotler），米尔顿·科特勒（Milton Kotler）

出版社：机械工业出版社

出版时间：2013 年 8 月 1 日

《逆势增长：低增长时代企业的八大制胜战略》内容简介：美国、欧盟和其他发达国家都在经历长期的经济低速增长，这些国家或地区的经济萎靡程度甚至达到了就业人口增长率远超就业机会提供率的地步。面对如此痛苦的局面，企业要想成功赢得有限顾客的青睐只能依靠富有创意的营销战略。《逆势增长：低增长时代企业的八大制胜战略》讨论的是帮助企业走出经济寒冬的有效方式。书中详细介绍了可在未来 10 年为企业带来新发展机遇的九大趋势，其中包括财富在全球的重新分配、城市化、全球绿色经济的加速发展、社会价值观的快速变化等。你可以通过以下八种增长战略了解企业是否已经准备好实现突破：

通过扩大市场份额实现增长：超越竞争对手，有效提高市场份额。

通过开发忠诚的客户和利益相关方实现增长：拓展“粉丝”，开发忠诚的供应链伙伴。

通过开发强势品牌实现增长：设计和展现强势品牌，宣传企业的战略和行动。

通过创新产品、服务和体验实现增长：开发创新文化，构思新的产品和体验。

通过国际化经营实现增长：寻找并进入具有高增长率的国际宏观和微观市场。

通过合并、收购、联盟和合资实现增长：在合并、收购、联盟和合资活动中寻找机遇。

通过建立良好的社会责任声誉实现增长：改善企业的社会形象，赢得公众和利益相关方更大的尊重和支持。

通过与政府和非政府组织合作实现增长：为各国政府和非政府组织提供所需的产品和服务。

虽然面对大萧条以来最严重的经济衰退，但增长机遇仍比比皆是。只要掌握书中所述的成功营销战略，你就能赢得令竞争对手艳羡的增长率。

第十三章　2012年战略管理学科文献索引

本报告的文献索引包括中文期刊索引和英文期刊索引两个部分。其中，中文期刊索引源自国家自然科学基金委员会管理科学部认定的管理类30种重要期刊。英文期刊索引源自上海交通大学认定的20种重要期刊。

第一节　中文期刊索引

管理科学学报

[1] 蔡强，曾勇，夏晖．基于社会福利的专利研发投资策略评价 [J]. 管理科学学报，2012 (2)：1-14.

[2] 赵丹，王宗军，张洪辉．产品异质性、成本差异与不完全议价能力企业技术许可 [J]. 管理科学学报，2012 (2)：15-27.

[3] 郝颖，李晓欧，刘星．终极控制、资本投向与配置绩效 [J]. 管理科学学报，2012 (3)：83-96.

[4] 冉戎，郝颖，刘星．控股股东利益动机、成长期权与投资时机决策 [J]. 管理科学学报，2012 (7)：86-94.

[5] 肖作平，廖理．终极控制股东、法律环境与融资结构选择 [J]. 管理科学学报，2012 (9)：84-96.

[6] 吴晓晖，Qi Zeng. 资本自由化、内部资本配置与代理成本 [J]. 管理科学学报，2012 (10)：59-74.

[7] 吕魁，胡汉辉，王旭辉．考虑范围经济与转换成本的混合捆绑竞争 [J]. 管理科学学报，2012 (12)：10-24.

管理世界

[1] 徐二明，徐凯．资源互补对机会主义和战略联盟绩效的影响研究［J］．管理世界，2012（1）．

[2] Nandini Rajagopalan，Abdul M. A. Rasheed，Deepak K. Datta，苗莉．战略决策过程：批判性回顾与未来研究展望［J］．管理世界，2012（1）：157-169.

[3] 柴小青．WEF 国际竞争力评价中需要商榷的几个问题［J］．管理世界，2012（1）：184-185.

[4] 冯米，路江涌，林道谧．战略与结构匹配的影响因素——以我国台湾地区企业集团为例［J］．管理世界，2012（2）．

[5] 唐跃军，宋渊洋，金立印，左晶晶．控股股东卷入、两权偏离与营销战略风格——基于第二类代理问题和终极控制权理论的视角［J］．管理世界，2012（2）：82-95.

[6] 姜付秀，黄继承，李丰也，任梦杰．谁选择了财务经历的 CEO？［J］．管理世界，2012（2）：96-104.

[7] 张霞，毛基业．国内企业管理案例研究的进展回顾与改进步骤——中国企业管理案例与理论构建研究论坛（2011）综述［J］．管理世界，2012（2）：105-111.

[8] 周江华，仝允桓，李纪珍．基于金字塔底层（BoP）市场的破坏性创新——针对山寨手机行业的案例研究［J］．管理世界，2012（2）：112-130.

[9] 郑晓明，丁玲，欧阳桃花．双元能力促进企业服务敏捷性——海底捞公司发展历程案例研究［J］．管理世界，2012（2）．

[10] Thomas Hutzschenreuter，Ingo Kleindienst，韵江，马文甲．战略过程研究：我们已经研究的和尚需探索的［J］．管理世界，2012（2）．

[11] 邱力生，王文军，任晓怡．论“圈式缘聚”理论在管理学的作用［J］．管理世界，2012（2）：183-185.

[12] 王凤彬，陈建勋，杨阳．探索式与利用式技术创新及其平衡的效应分析［J］．管理世界，2012（3）．

[13] 汪涛，周玲，周南，牟宇鹏，谢志鹏．来源国形象是如何形成的？——基于美、印消费者评价和合理性理论视角的扎根研究［J］．管理世界，2012（3）：113-126.

[14] 李浩．社会资本视角下的网络知识管理框架及进展研究［J］．管理世界，2012（3）：158-169.

[15] 王欢，汤谷良．“借道”MBO：路径创新还是制度缺失？——基于双汇 MBO 的探索性案例研究［J］．管理世界，2012（4）．

[16] 祝继高，王春飞．大股东能有效控制管理层吗？——基于国美电器控制权争夺的案例研究［J］．管理世界，2012（4）．

［17］陈凌，王河森．中国家族企业的历史发展与现代转型——第七届“创业与家族企业成长”国际研讨会侧记［J］. 管理世界，2012（4）：153－158.

［18］闫国庆，李肖钢，李秋正．传统商业企业向商贸供应链公司转型分析——基于宁波阿凡达商贸供应链集成运营模式的案例研究［J］. 管理世界，2012（4）：181－182.

［19］李燕萍，涂乙冬．组织公民行为的价值取向研究［J］. 管理世界，2012（5）.

［20］柳剑平，程时雄．社会资本的双重特性及其对国家创新体系构建的作用机理［J］. 管理世界，2012（5）：172－173.

［21］孟凡良．中央企业经营者道德风险行为监管概念模型［J］. 管理世界，2012（6）：1－7.

［22］徐淑英，李兰，王辉，彭泗清，郝大海，韩岫岚，张宏宇，王云峰．企业家对人性的看法、管理实践及与综合绩效的关系——2012·中国企业家成长与发展专题调查报告［J］. 管理世界，2012（6）.

［23］刘志成，吴能全．中国企业家行为过程研究——来自近代中国企业家的考察［J］. 管理世界，2012（6）：109－123.

［24］王世权，王丹，武立东．母子公司关系网络影响子公司创业的内在机理——基于海信集团的案例研究［J］. 管理世界，2012（6）.

［25］于春玲，李飞，薛镭，陈浩．中国情境下成功品牌延伸影响因素的案例研究［J］. 管理世界，2012（6）：147－162.

［26］曹勇，赵莉，张阳，罗楚郡．高新技术企业专利管理与技术创新绩效关联的实证研究［J］. 管理世界，2012（6）：182－183.

［27］张英奎，姚水洪，李心．提升企业“软实力”的内涵与机理分析［J］. 管理世界，2012（6）：184－185.

［28］杜运周，张玉利，任兵．展现还是隐藏竞争优势：新企业竞争者导向与绩效 U 型关系及组织合法性的中介作用［J］. 管理世界，2012（7）：96－107.

［29］颜士梅．创业型并购不同阶段的知识员工整合风险及其成因——基于 ASA 模型的多案例分析［J］. 管理世界，2012（7）.

［30］王福胜，宋海旭．终极控制人、多元化战略与现金持有水平［J］. 管理世界，2012（7）.

［31］王春和，郭笑欣．中国传统“和谐文化”与家族企业和谐治理［J］. 管理世界，2012（7）：182－183.

［32］简泽，段永瑞．企业异质性、竞争与全要素生产率的收敛［J］. 管理世界，2012（8）：15－29.

［33］赵向阳，李海，Andreas Rauch. 创业活动的国家（地区）差异：文化与国家（地区）经济发展水平的交互作用［J］. 管理世界，2012（8）.

［34］高勇强，陈亚静，张云均．“红领巾”还是“绿领巾”：民营企业慈善捐赠动机研究［J］. 管理世界，2012（8）.

［35］于天远，吴能全．组织文化变革路径与政商关系——基于珠三角民营高科技企业的多案例研究［J］．管理世界，2012（8）．

［36］吕福新．主体与生态——浙商的严峻挑战与创造机遇［J］．管理世界，2012（8）：161－164．

［37］王永伟，马洁，吴湘繁，刘胜春．变革型领导行为、组织学习倾向与组织惯例更新的关系研究［J］．管理世界，2012（9）：110－119．

［38］孔伟杰．制造业企业转型升级影响因素研究——基于浙江省制造业企业大样本问卷调查的实证研究［J］．管理世界，2012（9）：120－131．

［39］夏立军，郭建展，陆铭．企业家的"政由己出"——民营IPO公司创始人管理、市场环境与公司业绩［J］．管理世界，2012（9）．

［40］连燕玲，贺小刚，张远飞，周兵．危机冲击、大股东"管家角色"与企业绩效——基于中国上市公司的实证分析［J］．管理世界，2012（9）：142－155．

［41］唐健雄，李允尧，黄健柏，王昶．组织学习对企业战略转型能力的影响研究［J］．管理世界，2012（9）：182－183．

［42］吕源，彭长桂．话语分析：开拓管理研究新视野［J］．管理世界，2012（10）：157－171．

［43］唐兵，田留文，曹锦周．企业并购如何创造价值——基于东航和上航并购重组案例研究［J］．管理世界，2012（11）．

［44］方军雄．高管超额薪酬与公司治理决策［J］．管理世界，2012（11）：144－155．

［45］高闯，郭斌，赵晶．上市公司终极股东双重控制链的生成及其演化机制——基于组织惯例演化视角的分析框架［J］．管理世界，2012（11）：156－169．

［46］李保民，胡迟．新时期的企业发展呼唤管理提升［J］．管理世界，2012（12）：1－6．

［47］肖欣荣，刘健，赵海健．机构投资者行为的传染——基于投资者网络视角［J］．管理世界，2012（12）：35－45．

［48］魏炜，朱武祥，林桂平．基于利益相关者交易结构的商业模式理论［J］．管理世界，2012（12）：125－131．

［49］沈毅．体制转型背景下的本土组织领导模式变迁——以某国有改制企业的组织"关系"实践为例［J］．管理世界，2012（12）．

［50］王化成，曾雪云．专业化企业集团的内部资本市场与价值创造效应——基于中国三峡集团的案例研究［J］．管理世界，2012（12）．

中国软科学

［1］黄珺，周春娜．股权结构、管理层行为对环境信息披露影响的实证研究——来

自沪市重污染行业的经验证据［J］. 中国软科学，2012（1）：133－143.

［2］师伟，蒲勇健. 基于行为博弈理论的社会纠纷化解机制思考［J］. 中国软科学，2012（1）：183－192.

［3］林学军. 战略性新兴产业的发展与形成模式研究［J］. 中国软科学，2012（2）：26－34.

［4］刘铁，王九云. 区域战略性新兴产业选择过度趋同问题分析［J］. 中国软科学，2012（2）：115－127.

［5］张古鹏，陈向东. 基于发明专利条件寿命期的中外企业专利战略比较研究［J］. 中国软科学，2012（3）：1－11.

［6］何安华，孔祥智，王舒婷. 市场壁垒、制度性激励与合作社成长——红顺农民专业合作社案例研究［J］. 中国软科学，2012（3）：60－68.

［7］刘倩，王遥. 新兴市场国家 FDI、出口贸易与碳排放关联关系的实证研究［J］. 中国软科学，2012（4）：97－105.

［8］孙健，卢闯. 高管权力、股权激励强度与市场反应［J］. 中国软科学，2012（4）：135－142.

［9］何建洪. 创新型企业的形成路径：基于技术能力和创新战略作用的实证分析［J］. 中国软科学，2012（4）：143－152.

［10］李长云. 创新商业模式的机理与实现路径［J］. 中国软科学，2012（4）：167－176.

［11］陆立军，于斌斌. 传统产业与战略性新兴产业的融合演化及政府行为：理论与实证［J］. 中国软科学，2012（5）：28－39.

［12］胡树华，李增辉，牟仁艳，汪秀婷，李荣. 产业"三力"评价模型与应用［J］. 中国软科学，2012（5）：40－47.

［13］刘秀玲. 中国出口企业技术创新异质性研究——来自上市公司的经验证据［J］. 中国软科学，2012（5）：103－113.

［14］王宏起，徐玉莲. 科技创新与科技金融协同度模型及其应用研究［J］. 中国软科学，2012（6）：129－138.

［15］陆立军，赵永刚. 网络拓展、品牌嵌入与专业市场适应性——基于义乌"中国小商品城"的实证分析［J］. 中国软科学，2012（7）：115－125.

［16］王辉，吴荣斌，李顺才. 基于知识学习视角的科研机构知识创新绩效差异性研究［J］. 中国软科学，2012（9）：98－105.

［17］刘苹，张运婷，孙宁云. 前导性战略导向、人力资本投资与人力资本的关系研究［J］. 中国软科学，2012（9）：135－145.

［18］周中胜，何德旭，李正. 制度环境与企业社会责任履行：来自中国上市公司的经验证据［J］. 中国软科学，2012（10）：59－68.

［19］赵凤，王铁男，张良. 多元化战略对企业绩效影响的实证研究［J］. 中国软科

学，2012（11）：111－122.

［20］李志强，赵卫军．企业技术创新与商业模式创新的协同研究［J］．中国软科学，2012（10）：117－124.

［21］刘洁．基于协同演化的企业营销战略对策［J］．中国软科学，2012（11）：147－160.

中国管理科学

［1］潘安成，李笑男．基于情感反应的组织即兴成因机理研究［J］．中国管理科学，2012（4）：185－192.

［2］吴价宝，张帅兵，蒋娇．组织中团队间学习环境、学习模式与团队间学习绩效关系研究［J］．中国管理科学，2012（S1）：36－42.

［3］杨湘浩，刘云．企业隐性知识共享激励机制研究［J］．中国管理科学，2012（S1）：80－83.

［4］古志辉，李竑．行政联系、政府干预与企业决策：一个概念模型［J］．中国管理科学，2012（S1）：257－262.

［5］曾进．多元化战略的风险暴露及其测度［J］．中国管理科学，2012（S1）：263－269.

［6］许海峰，陈国宏．基于资源与能力观的企业竞争优势提升路径选择及趋势分析［J］．中国管理科学，2012（S1）：274－278.

［7］陈洪涛，潘素昆．外商直接投资对中国产业安全的影响研究——基于溢出效应视角［J］．中国管理科学，2012（S1）：300－303.

［8］赵欣娜，雷明．外商直接投资引进效率机制研究——基于数据包络框架下的中国省际面板数据［J］．中国管理科学，2012（S1）：433－438.

［9］陈艺萍，张信东．所有权、资本结构与公司效率［J］．中国管理科学，2012（S1）：459－467.

［10］王益民，梁萌．政治关联、治理机制对战略双元的影响——基于中国上市公司数据的实证研究［J］．中国管理科学，2012（S1）：468－474.

［11］郭毅夫．商业模式转型影响因素的实证研究［J］．中国管理科学，2012（S2）：594－599.

［12］向阳，曹勇．知识治理、知识共享与员工创新行为：基于认知视角的研究［J］．中国管理科学，2012（S2）：600－607.

［13］党兴华，张巍．网络嵌入性、企业知识能力与知识权力［J］．中国管理科学，2012（S2）：615－620.

［14］胡笑旋，任明晖．面向企业战略制定的鲁棒决策方法［J］．中国管理科学，2012（S2）：659－663.

[15] 杨浩，刘佳伟. 中国企业国际化进程中人力资源管理的影响因素研究 [J]. 中国管理科学，2012 (S2)：664 - 669.

[16] 刘冰，蔺璇. 团队伦理气氛对团队效能的影响研究——以团队沟通为中介变量 [J]. 中国管理科学，2012 (S2)：740 - 746.

[17] 殷红，肖龙阶. 股权结构、负债与公司价值——基于战略性新兴产业上市公司的数据分析 [J]. 中国管理科学，2012 (S2)：840 - 847.

会计研究

[1] 黄志忠. 基于资源配置的公司治理策略分析——以 2006 ~ 2010 年上市的公司为例 [J]. 会计研究，2012 (1)：36 - 42.

[2] 陆宇建，蒋玥. 制度变革、盈余持续性与市场定价行为研究 [J]. 会计研究，2012 (1)：58 - 67.

[3] 孙蔓莉，王竹君，蒋艳霞. 代理问题、公司治理模式与业绩自利性归因倾向——基于美、中、日三国的数据比较 [J]. 会计研究，2012 (1)：68 - 74.

[4] 雷光勇，王文，金鑫. 公司治理质量、投资者信心与股票收益 [J]. 会计研究，2012 (2)：79 - 86.

[5] 支晓强，戴璐. 组织间业绩评价的理论发展与平衡计分卡的改进：基于战略联盟情景 [J]. 会计研究，2012 (4)：79 - 86.

[6] 胡亚权，周宏. 高管薪酬、公司成长性水平与相对业绩评价——来自中国上市公司的经验证据 [J]. 会计研究，2012 (5)：22 - 28.

[7] 黄珺，黄妮. 过度投资、债务结构与治理效应——来自中国房地产上市公司的经验证据 [J]. 会计研究，2012 (9)：67 - 72.

[8] 戴天婧，张茹，汤谷良. 财务战略驱动企业盈利模式——美国苹果公司轻资产模式案例研究 [J]. 会计研究，2012 (11)：23 - 32.

管理评论

[1] 张晓燕. 跨国公司子公司自主性活动研究——从有限理性角度的分析 [J]. 管理评论，2012 (1)：26 - 31 + 66.

[2] 赵振宇，刘善存. 制度因素对我国国际储备的惯性影响 [J]. 管理评论，2012 (1)：39 - 44.

[3] 梅德强，龙勇. 高新技术企业创业能力、创新类型与融资方式关系研究 [J]. 管理评论，2012 (1)：67 - 74.

[4] 张小波，傅强. 进入中国的 FDI 的行为变迁对国际收支的影响研究 [J]. 管理评论，2012 (2)：88 - 96 + 107.

[5] 潘雄锋，史晓辉. 基于专利指标的中国区域创新趋同的时空演变特征分析[J]. 管理评论，2012 (2)：116 - 121.

[6] 邓春平，毛基业. 控制，吸收能力与知识转移——基于离岸 IT 服务外包业的实证研究 [J]. 管理评论，2012 (2)：131 - 139 + 176.

[7] 曲如杰，孙军保，杨中，司国栋，时勘. 领导对员工创新影响的综述 [J]. 管理评论，2012 (2)：146 - 153.

[8] 殷雄，吴泗宗，Philippe L，顾明毅. 企业执行力的概念模型及其度量方法——基于中国核电企业的实证研究 [J]. 管理评论，2012 (2)：154 - 162.

[9] 张敬伟，王迎军. 双重视角下的竞争优势：内涵、代表性研究与基本分析单位 [J]. 管理评论，2012 (2)：163 - 170.

[10] 胡望斌，张玉利. 新企业创业导向的测量与功效：基于中国经验的实证研究 [J]. 管理评论，2012 (3)：40 - 48 + 57.

[11] 杨德锋，杨建华，楼润平，姚卿. 利益相关者、管理认知对企业环境保护战略选择的影响——基于我国上市公司的实证研究 [J]. 管理评论，2012 (3)：140 - 149.

[12] 蔡昊雯，史会斌，李垣. 程序公平和分配公平对联盟承诺的影响：基于中国医院联盟的实证研究 [J]. 管理评论，2012 (3)：157 - 163 + 170.

[13] 纪杰，龙勇. 飞行频率、拥挤成本和互补型航空联盟：中枢轮辐网络机场拥挤分析 [J]. 管理评论，2012 (3)：164 - 170.

[14] 代光伦，邓建平，曾勇. 金融发展、政府控制与融资约束 [J]. 管理评论，2012 (5)：21 - 29.

[15] 陈得文，苗建军. 中国区域集聚效率及其因素决定 [J]. 管理评论，2012 (5)：36 - 43.

[16] 余玮，郑颖. 国有上市公司民营化绩效研究 [J]. 管理评论，2012 (5)：44 - 52.

[17] 陈建林. 上市家族企业管理模式对代理成本的影响——代理理论和利他主义理论的争论和整合 [J]. 管理评论，2012 (5)：53 - 59.

[18] 乔蓓，宋合义，卫刚. 基于消费者感知的企业信誉重构影响因素实证研究 [J]. 管理评论，2012 (5)：110 - 117.

[19] 高素英，赵曙明，张艳丽. 战略人力资本与企业竞争优势关系研究 [J]. 管理评论，2012 (5)：118 - 126.

[20] 文鹏，包玲玲，陈诚. 基于社会交换理论的绩效评估导向对知识共享影响研究 [J]. 管理评论，2012 (5)：127 - 136.

[21] 徐细雄，刘星. 金融契约、控制权配置与企业过度投资 [J]. 管理评论，2012 (6)：20 - 26.

[22] 杨晔，邵同尧. 基于面板数据的风险投资与区域创新因果关系研究 [J]. 管理评论，2012 (6)：27 - 33.

[23] 张艳辉，李宗伟，陈滇. 社会网络与企业技术创新绩效的关系研究：以苏州电

子信息产业为例 [J]. 管理评论，2012 (6)：42 -49.

[24] 邹燕. 创新型城市评价指标体系与国内重点城市创新能力结构研究 [J]. 管理评论，2012 (6)：50 -57.

[25] 陈信康，兰斓. 基于消费者体验的产品创意维度构成及测量 [J]. 管理评论，2012 (6)：66 -73 +113.

[26] 谭佳音，李波. 品牌竞争与渠道竞争共存时销售渠道选择策略 [J]. 管理评论，2012 (6)：74 -82.

[27] 张剑，张微，Edward L. Deci. 心理需要的满足与工作满意度：哪一个能够更好地预测工作绩效？[J]. 管理评论，2012 (6)：98 -104 +132.

[28] 徐尚昆. 中国企业文化概念范畴的本土构建 [J]. 管理评论，2012 (6)：124 -132.

[29] 王志标. 文化创意产品供给目标冲突和协调 [J]. 管理评论，2012 (7)：24 -33.

[30] 肖继辉，彭文平. 基金经理特征与投资能力、投资风格的关系 [J]. 管理评论，2012 (7)：40 -48.

[31] 李国鑫，李一军，李兵，叶强. 我国电子商务用户网上购物行为的影响因素及其演变：基于2006年与2009年数据的实证研究 [J]. 管理评论，2012 (7)：56 -62.

[32] 张永军，廖建桥，赵君. 国外反生产行为研究回顾与展望 [J]. 管理评论，2012 (7)：82 -90.

[33] 邢周凌. 高绩效人力资源管理系统与企业绩效研究——以中国创业板上市公司为例 [J]. 管理评论，2012 (7)：91 -98.

[34] 洪志生，苏强，霍佳震. 服务质量管理研究的回顾与现状探析 [J]. 管理评论，2012 (7)：152 -163.

[35] 江旭. 联盟信任与伙伴机会主义的关系研究——来自我国医院间联盟的证据 [J]. 管理评论，2012 (8)：51 -57 +87.

[36] 贺灵，单汨源，邱建华. 创新网络要素及其协同对科技创新绩效的影响研究 [J]. 管理评论，2012 (8)：58 -68.

[37] 范群林，邵云飞，唐小我. 冗余资源视角下的企业多阶段自主创新决策行为研究 [J]. 管理评论，2012 (8)：69 -78.

[38] 李红，吕本富，申爱华. SNS网站竞争生存及商业模式创新的关键因素实证研究 [J]. 管理评论，2012 (8)：79 -87.

[39] 吴晓云，张峰. 服务企业跨国营销活动的集中和协调策略：基于产品相关和非产品相关营销活动的划分研究 [J]. 管理评论，2012 (8)：88 -95 +106.

[40] 韩煜东，刘伟. 消费者采用3G移动通讯的影响因素研究——对重庆移动通讯市场的实证研究 [J]. 管理评论，2012 (8)：118 -127.

[41] 杨伟，刘益，王龙伟，刘婷. 国外企业不道德行为研究述评 [J]. 管理评论，2012 (8)：145 -153 +159.

[42] 刘鲁宁，冯玉强，陆振华，王长林，韩晶莹. 渐进式ERP实施战略的选择动机

及影响机制：探索性案例研究 [J]. 管理评论，2012（8）：160－169.

[43] 王明喜，王明荣，谢海滨，汪寿阳. 博弈视角下我国铁矿石进口价格谈判的长短期均衡 [J]. 管理评论，2012（9）：11－18.

[44] 彭建平. IT应用对企业绩效的影响：直接作用还是间接作用？[J]. 管理评论，2012（9）：111－118＋169.

[45] 谢延浩，孙剑平，申瑜. 薪酬参照体的效应研究：基于多表征的路径模型与相对重要性 [J]. 管理评论，2012（9）：130－142.

[46] 钱先航，曹廷求. 强制性与自主性治理：法律、公司特征的交互效应 [J]. 管理评论，2012（9）：143－151.

[47] 岳万勇，赵正佳. 不确定需求下跨国供应链数量折扣模型 [J]. 管理评论，2012（9）：164－169.

[48] 时勘，高利苹，黄旭，沙跃家. 领导授权行为对员工沉默的影响：信任的调节作用分析 [J]. 管理评论，2012（10）：94－101.

[49] 周杰，薛有志. 基于归核化战略实施保障的公司治理优化研究——来自董事会结构的经验证据 [J]. 管理评论，2012（10）：125－132.

[50] 朱庆华. 基于资源基础观的政府法规推动企业绿色采购实现机理研究 [J]. 管理评论，2012（10）：143－149.

[51] 杨婷，李随成. 战略采购对企业技术能力的影响研究：网络关系视角的分析 [J]. 管理评论，2012（10）：150－156.

[52] 王吉林，张春辉. 供应链中的创新模式选择与策略研究 [J]. 管理评论，2012（10）：157－165＋176.

[53] 潘雄锋，李良玉，杨越. 我国能源效率区域差异的时空格局动态演化研究 [J]. 管理评论，2012（11）：13－19.

[54] 刘明明，肖洪钧，张健东. 企业文化要素如何影响绩效？——来自国内建筑企业的实证分析 [J]. 管理评论，2012（11）：129－138.

[55] 刘计含，王建琼. 企业社会责任与资本约束——来自中国上市公司的证据 [J]. 管理评论，2012（11）：151－157.

[56] 杨宇谦，吴建南，白波. 资源禀赋与公共品供给——合作视角下的实验研究 [J]. 管理评论，2012（11）：158－169.

[57] 龙勇，郑景丽，吴海春. 战略联盟中交易成本、联盟能力对效率边界影响的实证研究 [J]. 管理评论，2012（12）：107－114＋145.

[58] 冯旭南，李心愉. 公司经营绩效影响高管变更吗——来自地方国有上市公司的证据和启示 [J]. 管理评论，2012（12）：166－173.

[59] 谢慧娟. 社会资本、组织学习对物流服务企业动态能力的影响研究 [J]. 管理评论，2012（10）.

管理科学

[1] 王福胜，王摄琰. CEO 变更与企业价值关系的实证模型 [J]. 管理科学，2012 (1)：15 - 24.

[2] 刘婷，刘益. 交易专项投资对伙伴机会主义行为影响的实证研究 [J]. 管理科学，2012 (1)：66 - 75.

[3] 李维安，徐业坤. 政治关联形式、制度环境与民营企业生产率 [J]. 管理科学，2012 (2)：1 - 12.

[4] 黄玮强，庄新田，姚爽. 基于创新合作网络的产业集群知识扩散研究 [J]. 管理科学，2012 (2)：13 - 23.

[5] 朱其权，龙立荣. 甄选程序公平感的来源及其负面溢出效应 [J]. 管理科学，2012 (2)：33 - 40.

[6] 王晓晖，喻广华，高静. 中国企业环境、健康和安全管理者胜任力模型研究 [J]. 管理科学，2012 (3)：1 - 9.

[7] 杨春鹏，闫伟. 单向与双向情绪下风险资产的认知价格及其投资策略 [J]. 管理科学，2012 (3)：78 - 90.

[8] 杜运周，张玉利. 互动导向与新企业绩效：组织合法性中介作用 [J]. 管理科学，2012 (4)：22 - 30.

[9] 苏坤. 金字塔内部结构、制度环境与公司资本结构 [J]. 管理科学，2012 (5)：10 - 21.

[10] 石光. 技术互补性、产品可替代性与企业研发合作 [J]. 管理科学，2012 (5)：22 - 29.

[11] 叶飞，薛运普. 关系承诺对信息共享与运营绩效的影响研究 [J]. 管理科学，2012 (5)：41 - 51.

[12] 肖仁桥，钱丽，陈忠卫. 中国高技术产业创新效率及其影响因素研究 [J]. 管理科学，2012 (5)：85 - 98.

[13] 周建，李小青. 董事会认知异质性对企业创新战略影响的实证研究 [J]. 管理科学，2012 (6)：1 - 12.

[14] 杨兴全，曾春华. 市场化进程、多元化经营与公司现金持有 [J]. 管理科学，2012 (6)：43 - 54.

[15] 李留闯，田高良，马勇，李彬. 连锁董事和股价同步性波动：基于网络视角的考察 [J]. 管理科学，2012 (6)：86 - 100.

科学学研究

[1] 马虎兆，张慧颖，王辉. 新技术革命是中国走出“危机”最佳手段吗？——关于中国未来经济发展与新技术革命关系的初步思考 [J]. 科学学研究，2012 (1)：36 - 43.

[2] 许振亮，郭晓川. 50年来国际技术创新研究前沿的演进历程——基于科学知识图谱视角 [J]. 科学学研究，2012（1）：44－59＋80.

[3] 汤二子，王瑞东，刘海洋. 研发对企业盈利决定机制的研究——基于异质性生产率角度的分析 [J]. 科学学研究，2012（1）：124－133.

[4] 鞠芳辉，谢子远，谢敏. 产业集群促进创新的边界条件解析 [J]. 科学学研究，2012（1）：134－144.

[5] 叶伟巍，朱凌. 面向创新的网络众包模式特征及实现路径研究 [J]. 科学学研究，2012（1）：145－151.

[6] 陈劲，阳银娟. 协同创新的理论基础与内涵 [J]. 科学学研究，2012（2）：161－164.

[7] 何郁冰. 产学研协同创新的理论模式 [J]. 科学学研究，2012（2）：165－174.

[8] 高伟，缪协兴，吕涛，张磊. 基于区际产业联动的协同创新过程研究 [J]. 科学学研究，2012（2）：175－185＋212.

[9] 鲁若愚，张鹏，张红琪. 产学研合作创新模式研究——基于广东省部合作创新实践的研究 [J]. 科学学研究，2012（2）：186－193＋224.

[10] 陈元志. 宝钢的协同创新研究 [J]. 科学学研究，2012（2）：194－200.

[11] 冉龙，陈晓玲. 协同创新与后发企业动态能力的演化——吉利汽车1997－2011年纵向案例研究 [J]. 科学学研究，2012（2）：201～206.

[12] 蒋石梅，张爱国，孟宪礼，张旭军. 产业集群产学研协同创新机制——基于保定市新能源及输变电产业集群的案例研究 [J]. 科学学研究，2012（2）：207－212.

[13] 张西征，刘志远，王静. 企业规模与R&D投入关系研究——基于企业盈利能力的分析 [J]. 科学学研究，2012（2）：265－274.

[14] 胡海青，张旻，张宝建，张道宏. 网络交互模式与创业支持类型——基于中国孵化产业的实证分析 [J]. 科学学研究，2012（2）：275－283.

[15] 李雯，夏清华. 学术型企业家对大学衍生企业绩效的影响机理——基于全国"211工程"大学衍生企业的实证研究 [J]. 科学学研究，2012（2）：284－293.

[16] 张慧颖，王辉. 产品复杂性与主体互动模式对创新绩效的影响研究 [J]. 科学学研究，2012（2）：294－300.

[17] 盛亚，李玮. 强弱齐美尔连接对企业技术创新的影响研究 [J]. 科学学研究，2012（2）：301－311.

[18] 陈宁，常鹤. 企业创新决策与成长路径——基于资源学派视角的实证研究 [J]. 科学学研究，2012（3）：458－465＋379.

[19] 詹也，吴晓波. 企业联盟组合配置战略与组织创新的关系研究——基于我国汽车行业的多案例研究 [J]. 科学学研究，2012（3）：466－473.

[20] 谢申祥，王孝松. 异质产品竞争条件下的跨国并购与技术授权 [J]. 科学学研究，2012（4）：550－556.

［21］段海艳．连锁董事、组织冗余与企业创新绩效关系研究［J］．科学学研究，2012（4）：631－640.

［22］谭蓉娟．战略性新兴产业竞争力维度结构与测度——低碳经济背景下广东省数据的实证研究［J］．科学学研究，2012（5）：673－681.

［23］余江，陈凯华．中国战略性新兴产业的技术创新现状与挑战——基于专利文献计量的角度［J］．科学学研究，2012（5）：682－695.

［24］李晶晶，杨震宁．技术战略联盟，知识产权保护与创新——一个跨案例研究［J］．科学学研究，2012（5）：696－705.

［25］崔淼，苏敬勤．中国企业管理创新的驱动力——兼与西方企业的比较［J］．科学学研究，2012（5）：755－765.

［26］曾萍，邬绮虹．女性高管参与对企业技术创新的影响——基于创业板企业的实证研究［J］．科学学研究，2012（5）：773－781.

［27］龙静，黄勋敬，余志杨．政府支持行为对中小企业创新绩效的影响——服务性中介机构的作用［J］．科学学研究，2012（5）：782－788＋790－792.

［28］温珂，苏宏宇，宋琦．基于过程管理的科研机构合作创新能力理论研究［J］．科学学研究，2012（5）：793－800.

［29］曹霞，刘国巍，付向梅，李博．基于网络视角的知识整合过程机理及仿真［J］．科学学研究，2012（6）：886－894.

［30］关涛，薛求知．中国本土跨国企业组织结构优化设计框架［J］．科学学研究，2012（6）：877－885.

［31］陈爽英，井润田，廖开容．社会资本、公司治理对研发投资强度影响——基于中国民营企业的实证［J］．科学学研究，2012（6）：916－922.

［32］王飞绒，陈文兵．领导风格与企业创新绩效关系的实证研究——基于组织学习的中介作用［J］．科学学研究，2012（6）：943－949＋908.

［33］吴爱华，苏敬勤．人力资本专用性、创新能力与新产品开发绩效——基于技术创新类型的实证分析［J］．科学学研究，2012（6）：950－960.

［34］邹波，于渤，卜琳华．面向企业技术创新的校企知识转移作用机理——基于370家企业的实证研究［J］．科学学研究，2012（7）：1048－1055.

［35］戴维奇，林巧，魏江．公司创业是如何推动集群企业升级的？——刻意学习的介作用［J］．科学学研究，2012（7）：1071－1081.

［36］谢洪明，程聪．企业创业导向促进创业绩效提升了吗？——一项 Meta 分析的检验［J］．科学学研究，2012（7）：1082－1091.

［37］康志勇．中国企业自主创新存在本土市场效应吗？［J］．科学学研究，2012（7）：1092－1100＋1030.

［38］汪丽，茅宁，龙静．管理者决策偏好、环境不确定性与创新强度——基于中国企业的实证研究［J］．科学学研究，2012（7）：1101－1109＋1118.

[39] 顾国爱，魏法杰，单伟．企业研发经费对专利能力影响的分类研究——基于2010年创新型企业的实证分析 [J]．科学学研究，2012（8）：1181－1186.

[40] 朱秀梅，韩蓉，陈海涛．战略导向的构成及相互作用关系实证研究 [J]．科学学研究，2012（8）：1211－1220.

[41] 彭华涛，王敏．创业企业社会网络演化的试错机理——基于群体案例研究 [J]．科学学研究，2012（8）：1228－1236.

[42] 许庆瑞，陈力田，吴志岩．战略可调性提升产品创新能力的机理——内外权变因素的影响 [J]．科学学研究，2012（8）：1253－1262.

[43] 戴万亮，张慧颖，金彦龙．内部社会资本对产品创新的影响——知识螺旋的中介效应 [J]．科学学研究，2012（8）：1263－1271.

[44] 于茂荐，孙元欣．专用性投资对企业绩效影响研究——产业技术投入的调节效应 [J]．科学学研究，2012（9）：1363－1369＋1353.

[45] 张军，张素平，许庆瑞．企业动态能力构建的组织机制研究——基于知识共享与集体解释视角的案例研究 [J]．科学学研究，2012（9）：1405－1415.

[46] 吕萍．企业所有权、内外部知识网络选择和创新绩效——基于中国ICT产业的实证研究 [J]．科学学研究，2012（9）：1428－1439.

[47] 姚瑶，左斌．产业位势与社会资本耦合——怎样给高创业导向企业带来成功？[J]．科学学研究，2012（10）：1527－1536.

[48] 陈晓红，王艳，关勇军．财务冗余、制度环境与中小企业研发投资 [J]．科学学研究，2012（10）：1537－1545.

[49] 赵付春．企业微创新特性和能力提升策略研究 [J]．科学学研究，2012（10）：1579－1583.

[50] 谢洪明，应郭丽，陈盈，程宣梅．知识流出——连接外部环境与企业管理创新的桥梁 [J]．科学学研究，2012（11）：1698－1706.

[51] 陈艳莹，杨文璐．知识型员工创业进入与在位企业的研发激励——来自中国高技术产业的证据 [J]．科学学研究，2012（11）：1707－1714＋1734.

[52] 陈守明，唐滨琪．高管认知与企业创新投入——管理自由度的调节作用 [J]．科学学研究，2012（11）：1723－1734.

[53] 陈晓红，马鸿烈．中小企业技术创新对成长性影响——科技型企业不同于非科技型企业？[J]．科学学研究，2012（11）：1749－1760.

[54] 朱桂龙．产学研与企业自主创新能力提升 [J]．科学学研究，2012（12）：1763－1764.

[55] 孙忠娟，谢伟．中国企业技术并购的经营业绩研究 [J]．科学学研究，2012（12）：1824－1829＋1835.

[56] 胡赛全，詹正茂，刘霞，李飞．什么决定企业产品创新：外部环境还是核心能力？[J]．科学学研究，2012（12）：1891－1899.

[57] 林海芬，苏敬勤．动态能力对管理创新过程效力影响实证研究 [J]. 科学学研究，2012 (12): 1900 - 1909.

[58] 陈宁，常鹤．企业合作创新策略与资源配置模式研究 [J]. 科学学研究，2012 (12): 1910 - 1918.

中国工业经济

[1] 戴天婧，汤谷良，彭家钧．企业动态能力提升、组织结构倒置与新型管理控制系统嵌入——基于海尔集团自主经营体探索型案例研究 [J]. 中国工业经济，2012 (2): 128 - 138.

[2] 张丹宁，唐晓华．网络组织视角下产业集群社会责任建设研究 [J]. 中国工业经济，2012 (3): 82 - 94.

[3] 王竹泉，杜媛．利益相关者视角的企业形成逻辑与企业边界分析 [J]. 中国工业经济，2012 (3): 108 - 120.

[4] 金碚．全球竞争新格局与中国产业发展趋势 [J]. 中国工业经济，2012 (5): 5 - 17 + 121.

[5] 汪旭晖．跨国零售企业母子公司知识转移机制——以沃尔玛为例 [J]. 中国工业经济，2012 (5): 135 - 147.

[6] 洪银兴．科技创新中的企业家及其创新行为——兼论企业为主体的技术创新体系 [J]. 中国工业经济，2012 (6): 83 - 93.

[7] 姜卫韬．中小企业自主创新能力提升策略研究——基于企业家社会资本的视角 [J]. 中国工业经济，2012 (6): 107 - 119.

[8] 程愚，孙建国，宋文文，岑希．商业模式、营运效应与企业绩效——对生产技术创新和经营方法创新有效性的实证研究 [J]. 中国工业经济，2012 (7): 83 - 95.

[9] 王海花，谢富纪．企业外部知识网络能力的结构测量——基于结构洞理论的研究 [J]. 中国工业经济，2012 (7): 134 - 146.

[10] 刘海建．红色战略还是灰色战略——针对我国制度转型中企业战略迷失的实证研究 [J]. 中国工业经济，2012 (7): 147 - 159.

[11] 朱锐，吴金明．再制造的行为模式：不完全竞争性与协同共生——基于产业组织理论视角的分析 [J]. 中国工业经济，2012 (8): 69 - 81.

[12] 庄晋财，沙开庆，程李梅，孙华平．创业成长中双重网络嵌入的演化规律研究——以正泰集团和温氏集团为例 [J]. 中国工业经济，2012 (8): 122 - 134.

[13] 丁志国，赵宣凯，苏治．中国经济增长的核心动力——基于资源配置效率的产业升级方向与路径选择 [J]. 中国工业经济，2012 (9): 18 - 30.

[14] 郝云宏．公司治理内在逻辑关系冲突：董事会行为的视角 [J]. 中国工业经济，2012 (9): 96 - 108.

[15] 雷海民，梁巧转，李家军．公司政治治理影响企业的运营效率吗——基于中国

上市公司的非参数检验 [J]. 中国工业经济，2012 (9)：109 - 121.

[16] 谢琳，李孔岳，周影辉. 政治资本、人力资本与行政垄断行业进入——基于中国私营企业调查的实证研究 [J]. 中国工业经济，2012 (9)：122 - 134.

[17] 徐宁，徐向艺. 控制权激励双重性与技术创新动态能力——基于高科技上市公司面板数据的实证分析 [J]. 中国工业经济，2012 (10)：109 - 121.

[18] 赵增耀，夏斌. 市场潜能、地理溢出与工业集聚——基于非线性空间门槛效应的经验分析 [J]. 中国工业经济，2012 (11)：71 - 83.

[19] 李雪灵，张惺，刘钊，陈丹. 制度环境与寻租活动：源于世界银行数据的实证研究 [J]. 中国工业经济，2012 (11)：84 - 96.

[20] 吕鸿江，程明，李晋. 商业模式结构复杂性的维度及测量研究 [J]. 中国工业经济，2012 (11)：110 - 122.

[21] 施建军，张文红，杨静，孟源. 绿色创新战略中的利益相关者管理——基于江苏紫荆花公司的案例研究 [J]. 中国工业经济，2012 (11)：123 - 134.

管理学报

[1] 程发新，黄玉娟，梅强. 代工模式下的竞争优先权与企业绩效关系研究 [J]. 管理学报，2012 (1)：45 - 49.

[2] 董保宝. 网络结构与竞争优势关系研究——基于动态能力中介效应的视角 [J]. 管理学报，2012 (1)：50 - 56.

[3] 蓝海林，宋铁波，曾萍. 情境理论化：基于中国企业战略管理实践的探讨 [J]. 管理学报，2012 (1)：12 - 16.

[4] 吴粒，袁知柱. 管理控制中管理者的行为特征分类及管理业绩的关系研究 [J]. 管理学报，2012 (1)：64 - 70.

[5] 刁玉柱，白景坤. 商业模式创新的机理分析：一个系统思考框架 [J]. 管理学报，2012 (1)：71 - 81.

[6] 买忆媛，徐承志. 工作经验对社会企业创业资源整合的影响 [J]. 管理学报，2012 (1)：82 - 88.

[7] 李京勋，鱼文英，石庆华. 管理者关系特性对海外子公司知识获取及公司绩效的影响研究 [J]. 管理学报，2012 (1)：115 - 123.

[8] 欧阳桃花，丁玲，黄江明. 汽车模具制造能力演化路径与能力构筑竞争：北京比亚迪模具案例 [J]. 管理学报，2012 (2)：157 - 164.

[9] 乐琦，蓝海林. 并购后控制与并购绩效的关系研究：基于合法性的调节效应 [J]. 管理学报，2012 (2)：225 - 232.

[10] 李强，揭筱纹. 基于商业生态系统的企业战略新模型研究 [J]. 管理学报，2012 (2)：233 - 237.

[11] 夏清华，李雯. 知识特性、大学资源禀赋与衍生企业的创生机会 [J]. 管理学

报，2012（2）：238－243.

［12］冯薇，银路．基于创新过程的现代生物技术企业知识产权策略研究［J］．管理学报，2012（2）：250－257.

［13］柴亚军，王志刚．股权分置改革后IPO抑价与大股东的减持行为研究［J］．管理学报，2012（2）：309－314.

［14］张光磊，刘善仕．企业能力与组织结构对自主创新的影响——基于中国国有企业的实证研究［J］．管理学报，2012（3）：408－414.

［15］张玉明，张鲁秀．企业自主创新多元资金支持模型构建及实证检验［J］．管理学报，2012（3）：415－420.

［16］眭文娟，谭劲松，张慧玉．企业社会责任行为中的战略管理视角理论综述［J］．管理学报，2012（3）：345－355.

［17］刘明霞．跨国公司逆向知识转移研究述评［J］．管理学报，2012（3）：356－363.

［18］叶广宇，蓝海林，李铁瑛．中国企业横向整合管理模式研究及其理论模型［J］．管理学报，2012（4）：499－505.

［19］陈爽英，井润田，邵云飞．开放式创新条件下企业创新资源获取机制的拓展——基于Teece理论框架的改进［J］．管理学报，2012（4）：542－547.

［20］向希尧，蔡虹．基于专利引用的社会网络分析在知识管理研究中的应用［J］．管理学报，2012（4）：562－569.

［21］王梅，王文平．基于超网络视角的产业集群升级研究［J］．管理学报，2012（4）：570－577.

［22］张青敏，胡斌，刘婉．信息传播及其生命周期对移动商务价值链运行的影响研究［J］．管理学报，2012（4）：578－586.

［23］戴国斌．基于“知行合一”的管理者战略素质理论模型与实证研究［J］．管理学报，2012（5）：650－657.

［24］徐岩，胡斌．战略联盟竞合行为的随机突变分析与仿真［J］．管理学报，2012（5）：678－684.

［25］李磊，尚玉钒，席酉民，王亚刚．变革型领导与下属工作绩效及组织承诺：心理资本的中介作用［J］．管理学报，2012（5）：685－691.

［26］李冬伟，李建良．基于企业生命周期的智力资本对企业价值影响研究［J］．管理学报，2012（5）：706－714.

［27］杜运周，张玉利．顾客授权与新企业合法性关系实证研究［J］．管理学报，2012（5）：735－741.

［28］简兆权，郑雪云，占孙福．组织学习与技术转移绩效的关系研究［J］．管理学报，2012（5）：758－766.

［29］曾武．动态寡头市场博弈条件下企业创新能力的产品创新及工艺创新选择［J］．管理学报，2012（5）：772－776.

[30] 刘倩，赵西萍，周密，赵欣. 认知社会网络：社会网络研究领域的新视角 [J]. 管理学报，2012 (5)：777－784.

[31] 周建波. 中国管理环境：暧昧文化因子、管理真实形态与情境嵌入机理 [J]. 管理学报，2012 (6)：785－791＋817.

[32] 宋丽红，李新春，张书军. 从家族企业到企业家族：基于分家的多案例研究 [J]. 管理学报，2012 (6)：800－808.

[33] 代吉林，李新春. 家族逻辑、企业逻辑与家族企业成长——S 公司案例研究 [J]. 管理学报，2012 (6)：809－817.

[34] 晁罡，程鹏，张水英. 基于员工视角的企业社会责任对工作投入影响的实证研究 [J]. 管理学报，2012 (6)：831－836.

[35] 郁培丽，田海峰，杨雪. 产业结构对创业人员活动影响的理论与实证探究 [J]. 管理学报，2012 (6)：837－842.

[36] 董楠楠，钟昌标，熊伟清. 互信程度、公共产品建设及虚拟组织建设对集群内创新企业数量的影响 [J]. 管理学报，2012 (6)：870－873.

[37] 武建龙，王宏起，陶微微. 高校专利技术产业化路径选择研究 [J]. 管理学报，2012 (6)：884－889.

[38] 邓建平，饶妙，曾勇. 市场化环境、企业家政治特征与企业政治关联 [J]. 管理学报，2012 (6)：936－942.

[39] 周嘉南，黄登仕. 经理行为偏差与企业绩效激励指标的确定 [J]. 管理学报，2012 (7)：986－989.

[40] 周霞，景保峰，欧凌峰. 创新人才胜任力模型实证研究 [J]. 管理学报，2012 (7)：1065－1070.

[41] 沙彦飞. 基于企业生命周期的企业家社会责任及精神耦合研究 [J]. 管理学报，2012 (7)：1078－1083.

[42] 赵曙明. 中国民营企业继任者选择与管理研究 [J]. 管理学报，2012 (8)：1111－1117.

[43] 曹春辉，席酉民，张晓军，韩巍. 社会化经历与本土文化对领导特质形成的影响研究 [J]. 管理学报，2012 (8)：1118－1125＋1153.

[44] 李海东，林志扬. 组织结构变革中的路径依赖与路径创造机制研究——以联想集团为例 [J]. 管理学报，2012 (8)：1135－1146.

[45] 高艳慧，万迪昉，郭海星. 基于监管、学习和声誉的联盟稳定性：实验研究 [J]. 管理学报，2012 (8)：1154－1161.

[46] 姜劲，孙延明. 社会资本、组织学习与企业升级的关系研究——基于珠三角代工企业的实证分析 [J]. 管理学报，2012 (8)：1162－1169.

[47] 原欣伟，伊景冰，王建仁，李建勋. 基于正式结构与非正式网络的企业内部知识共享优化方法 [J]. 管理学报，2012 (8)：1196－1202.

［48］邓卫华，易明，王伟军．虚拟社区中基于 Tag 的知识协同机制——基于豆瓣网社区的案例研究［J］. 管理学报，2012（8）：1203－1210.

［49］陶文杰，金占明．企业社会责任信息披露、媒体关注度与企业财务绩效关系研究［J］. 管理学报，2012（8）：1225－1232.

［50］李永波．企业环境战略的形成机制：基于微观动力视角的分析框架［J］. 管理学报，2012（8）：1233－1238.

［51］王国猛，赵曙明，郑全全．西方团队心理授权模型评价与展望［J］. 管理学报，2012（8）：1244－1250.

［52］王兰，龙勇．以企业能力为中介的联盟类型与技术创新方式关系实证研究［J］. 管理学报，2012（9）：1284－1291.

［53］杨京京，蓝海林，何爱．实物期权视角下政治关联与民营企业的成长价值［J］. 管理学报，2012（9）：1292－1297.

［54］吴瀚，姚小涛．以基于内部互动的社会资本视角再看高层管理团队［J］. 管理学报，2012（9）：1300－1306.

［55］李婧，贺小刚．高层管理团队中家族权威与创新能力研究：以家族上市公司为视角［J］. 管理学报，2012（9）：1314－1322.

［56］杨建君，刘华芳，吴春鹏．大股东对经理人信任、控制机制与企业新产品开发绩效的实证研究［J］. 管理学报，2012（9）：1330－1337.

［57］杜荣，曹卓琳，付桃红，厉敏．软件外包中社会资本对知识共享的影响研究［J］. 管理学报，2012（9）：1338－1342.

［58］刘凤朝，马荣康．跨国公司在华专利活动的技术溢出效应［J］. 管理学报，2012（9）：1343－1348.

［59］巩见刚，董小英．信息化中高层支持的维度表现以及影响因素分析——一个本土案例研究［J］. 管理学报，2012（9）：1349－1355.

［60］张毅，宋鹏，庞继芳．金融危机、竞争战略与财务绩效——基于中国物流上市公司的研究［J］. 管理学报，2012（9）：1388－1396.

［61］刘智强，李超，刘芬．网络嵌入与个体创造性：关系描述、研究述评及拓展建议［J］. 管理学报，2012（9）：1397－1404.

［62］孙继伟．化解管理理论与实践脱节的两种模式：串联型关联与并联型关联［J］. 管理学报，2012（10）：1418－1421＋1429.

［63］章迪诚，张星伍．人文视野下的中西方管理思想比较［J］. 管理学报，2012（10）：1422－1429.

［64］彭伟，符正平．高新技术企业联盟导向、创业导向与企业绩效关系的实证研究［J］. 管理学报，2012（10）：1441－1448.

［65］张旭辉，叶勇，李明．次大股东对过度投资影响研究——基于中国上市公司的经验证据［J］. 管理学报，2012（10）：1449－1456.

[66] 徐世勇，欧阳侃．基于参照认知理论视角的领导公平与信息公平对组织报复行为的影响研究 [J]. 管理学报，2012 (10)：1457 - 1463.

[67] 吕晓俊，徐向茹，孙亦沁．基层公务员的情绪劳动、组织公正和工作压力的关系研究——以上海市若干行政区为例 [J]. 管理学报，2012 (10)：1464 - 1469.

[68] 祝学华，霍国庆．我国科技外交人员社会资本与工作绩效的实证研究 [J]. 管理学报，2012 (10)：1470 - 1474.

[69] 黄玮强，庄新田，姚爽．集群创新合作网络的自组织演化模型及其仿真研究 [J]. 管理学报，2012 (10)：1475 - 1483.

[70] 易朝辉．组织创业气氛、创业导向与创业企业绩效研究 [J]. 管理学报，2012 (10)：1484 - 1489.

[71] 李志宏，赖文娣，白雪．高校科研团队隐性知识共享的系统动力学分析 [J]. 管理学报，2012 (10)：1495 - 1504.

[72] 陈全，张玲玲，石勇．基于领域知识的个性化推荐模型及其应用研究 [J]. 管理学报，2012 (10)：1505 - 1509.

[73] 张晗．基于不同所有权企业的知识转化创新与绩效比较研究 [J]. 管理学报，2012 (10)：1510 - 1514.

[74] 浦徐进，曹文彬．基于空间双边垄断的"农超对接"供应链合作机制研究 [J]. 管理学报，2012 (10)：1543 - 1547.

[75] 乔明哲，陈忠卫，杜运周，陈德棉．国外公司创业投资中组织间学习研究述评 [J]. 管理学报，2012 (10)：1554 - 1561.

[76] 刘汉进，方阳．基于内部资源整合的企业共享服务述评 [J]. 管理学报，2012 (10)：1562 - 1568.

[77] 曾萍，邓腾智．政治关联与企业绩效关系的 Meta 分析 [J]. 管理学报，2012 (11)：1600 - 1608.

[78] 杨静，施建军．社会网络视角下企业绿色战略利益相关者识别研究 [J]. 管理学报，2012 (11)：1609 - 1615.

[79] 丛龙峰，杨斌．论战略人力资源管理对战略形成的影响 [J]. 管理学报，2012 (11)：1616 - 1626.

[80] 马卫华，刘佳，樊霞．产学研合作对学术团队核心能力影响及作用机理研究 [J]. 管理学报，2012 (11)：1627 - 1633.

[81] 陈悦明，葛玉辉，宋志强．高层管理团队断层与企业战略决策的关系研究 [J]. 管理学报，2012 (11)：1634 - 1642.

[82] 苏敬勤，林海芬．认知偏差视角的管理创新引进机制实证研究 [J]. 管理学报，2012 (11)：1653 - 1660.

[83] 尹珏林．中国企业履责动因机制实证研究 [J]. 管理学报，2012 (11)：1679 - 1688.

[84] 王昱，刘作仪．管理数据挖掘研究的基金资助进展分析 [J]. 管理学报，2012

（11）：1674－1678.

［85］武立东，王凯，黄海昕．组织外部环境不确定性的研究述评［J］．管理学报，2012（11）：1712－1717.

［86］路红，凌文辁，方俐洛．破坏性领导：国外负面领导研究综述［J］．管理学报，2012（11）：1718－1724.

［87］齐善鸿，邢宝学，张党珠．企业家道德发展阶段模型多案例探索研究［J］．管理学报，2012（12）：1744－1751.

［88］万青，陈万明．知识共享路径选择策略与员工创新绩效关系研究［J］．管理学报，2012（12）：1786－1791.

［89］孙新波，刘博．基于结构方程模型的知识联盟激励协同序参量关系研究［J］．管理学报，2012（12）：1826－1831.

［90］曾德明，禹献云，陈艳丽．基于多 Agent 的创新网络隐性知识转移过程建模与仿真［J］．管理学报，2012（12）：1832－1837.

科学学与科学技术管理

［1］张翀，龚艳萍．标准化技术许可中技术后进者的研发策略研究［J］．科学学与科学技术管理，2012（1）：17－24.

［2］孙彪，刘玉，刘益．不确定性、知识整合机制与创新绩效的关系研究——基于技术创新联盟的特定情境［J］．科学学与科学技术管理，2012（1）：51－59.

［3］孙新波，张波，罗能．基于生命周期理论的知识联盟激励协同成熟度研究［J］．科学学与科学技术管理，2012（1）：60－68.

［4］高展军，王龙伟，陈锋．市场导向与联盟控制对知识获取的影响研究［J］．科学学与科学技术管理，2012（1）：69－76.

［5］陈通，吴勇．信任视角下研发外包知识转移策略［J］．科学学与科学技术管理，2012（1）：77－82.

［6］柳卸林，高伟，吕萍，程鹏．从光伏产业看中国战略性新兴产业的发展模式［J］．科学学与科学技术管理，2012（1）：116－125.

［7］苏敬勤，刘静．多元化战略影响因素的三棱锥模型——基于制造企业的多案例研究［J］．科学学与科学技术管理，2012（1）：148－155.

［8］刘云，叶选挺，樊威．开放式创新下的产业创新国际化模式初探［J］．科学学与科学技术管理，2012（2）：5－10.

［9］吴晓园，丛林．企业技术创新策略与政府 R&D 补贴——基于不完美信息的动态博弈模型［J］．科学学与科学技术管理，2012（2）：56－62.

［10］赵一鸣，黎苑楚，董红杰．基于创新联盟的产业创新体系研究［J］．科学学与科学技术管理，2012（2）：115－121.

［11］谢恩，黄缘缘，赵锐．战略联盟控制机制对于联盟价值创造效率的影响研究

[J]. 科学学与科学技术管理，2012（2）：138－145.

[12] 罗彪，王猛. 一种联动可调的行为化战略控制系统构建方法研究 [J]. 科学学与科学技术管理，2012（3）：11－17＋38.

[13] 彭伟，符正平. 联盟网络对企业创新绩效的影响——基于珠三角企业的实证研究 [J]. 科学学与科学技术管理，2012（3）：108－115.

[14] 高旭东. 国际化与中国本土企业“以弱胜强”的创新战略 [J]. 科学学与科学技术管理，2012（4）：44－53.

[15] 李文元，向雅丽，顾桂芳. 创新中介在开放式创新过程中的功能研究——以InnoCentive为例 [J]. 科学学与科学技术管理，2012（4）：54－59.

[16] 邬爱其，方仙成. 国外创新搜寻模式研究述评 [J]. 科学学与科学技术管理，2012（4）：67－74.

[17] 疏礼兵，胡赤弟. 面向业务流程的现代制造企业流程知识创新与管理策略研究 [J]. 科学学与科学技术管理，2012（4）：75－79.

[18] 宋铁波，钟槟. 合法性作为目标还是工具？产业发展过程中企业竞合战略的制度解释 [J]. 科学学与科学技术管理，2012（4）：89－95.

[19] 陈戈，徐宗玲. 代工企业战略升级的阶段性框架——基于管理者认知与动态能力的视角 [J]. 科学学与科学技术管理，2012（4）：96－104.

[20] 喻登科，涂国平，陈华. 战略性新兴产业集群协同发展的路径与模式研究 [J]. 科学学与科学技术管理，2012（4）：114－120.

[21] 危怀安，刘薛，姚远. 我国联合型SKL自主创新的SWOT分析 [J]. 科学学与科学技术管理，2012（5）：22－28.

[22] 刘志迎，李芹芹. 产业链上下游链合创新联盟的博弈分析 [J]. 科学学与科学技术管理，2012（6）：36－41.

[23] 陈力田. 环境动态性、战略协调柔性和企业产品创新能力关系的实证研究 [J]. 科学学与科学技术管理，2012（6）：60－70.

[24] 吕鸿江，刘洪，王士红. 转型经济背景下民营企业战略选择的本土化研究 [J]. 科学学与科学技术管理，2012（6）：107－114.

[25] 佟瑞，李从东. 平衡记分卡理念下的产业技术路线图战略执行力研究 [J]. 科学学与科学技术管理，2012（6）：115－121.

[26] 周茜，胡玉明，陈晓敏. 行业特征、知识产权风险与企业R&D投资 [J]. 科学学与科学技术管理，2012（6）：122－129.

[27] 戴维奇. 组织冗余、公司创业与成长：解析不同冗余的异质影响 [J]. 科学学与科学技术管理，2012（6），：156－164.

[28] 曹智，霍宝锋，赵先德. 供应链整合模式与绩效：全球视角 [J]. 科学学与科学技术管理，2012（7）：44－52.

[29] 宋之杰，孙其龙. 创新成功时间不确定条件下企业研发竞合模式分析 [J]. 科

学学与科学技术管理，2012（7）：118－125.

［30］蔡继荣．联盟伙伴特征、可置信承诺与战略联盟的稳定性［J］．科学学与科学技术管理，2012（7）：133－142.

［31］孙启梦，余璐．战略创业国外研究进展述评［J］．科学学与科学技术管理，2012（7）：143－151.

［32］李先江．服务业绿色创业导向、低碳创新和组织绩效间关系研究［J］．科学学与科学技术管理，2012（8）：36－43.

［33］王庆喜，王巧娜．外商群体投资区位选择的因素研究——基于企业微观数据的分析［J］．科学学与科学技术管理，2012（8）：112－116.

［34］王斌，张俊芳．光伏企业商业模式分析：以赛维为例［J］．科学学与科学技术管理，2012（8）：130－137.

［35］张笑楠，仲秋雁．有限理性下软件外包企业技术发展策略的演化博弈分析［J］．科学学与科学技术管理，2012（8）：138－143.

［36］陈建林．"渐进式变革"还是"激进式变革"？——宗申集团与黄河集团管理模式变革的比较研究［J］．科学学与科学技术管理，2012（8）：144－151.

［37］陆杉．基于关系资本和知识学习的供应链协同度评价研究［J］．科学学与科学技术管理，2012（8）：152－158.

［38］巫英，向刚．基于属性测度的创新型企业战略风险评价研究［J］．科学学与科学技术管理，2012（8）：159－164.

［39］陈志军，谢明磊．外部环境、管控程度与子公司绩效［J］．科学学与科学技术管理，2012（9）：91－97.

［40］臧金娟，李垣，魏泽龙．双元模式选择对企业绩效的影响——基于跨层视角的分析［J］．科学学与科学技术管理，2012（9）：105－112.

［41］支丽平，王恒山．高新技术企业间专利协同管理模式研究［J］．科学学与科学技术管理，2012（9）：113－121.

［42］陈德辉，王续琨．组织创造力的模型建构与实证分析［J］．科学学与科学技术管理，2012（9）：128－134.

［43］陈东灵，陈福添．知识外包提供商选择的信号博弈分析——以国内威客网知识流程外包模式为例［J］．科学学与科学技术管理，2012（10）：40－48.

［44］杨震宁，陈昊．中国科技园区政策、资源禀赋和招商服务的地理与功能差异研究［J］．科学学与科学技术管理，2012（10）：80－88.

［45］樊霞，赵丹萍．技术属性对中小企业技术获取策略选择影响的实证研究［J］．科学学与科学技术管理，2012（10）：129－136.

［46］巩见刚，董小英．技术优势、环境竞争性与信息技术吸收——基于高层支持的中介作用检验［J］．科学学与科学技术管理，2012（11）：12－18.

［47］周海炜，姜骞．IT外包接包企业知识管理对外包成功的影响研究——知识黏滞

性的调节作用［J］. 科学学与科学技术管理，2012（11）：71－78.

［48］胡玲．跨国公司在华子公司的战略地位、自主权及其绩效研究［J］. 科学学与科学技术管理，2012（11）：134－142.

［49］王永伟，马洁，吴湘繁，刘胜春．新技术导入、组织惯例更新、企业竞争力研究——基于诺基亚、苹果案例对比研究［J］. 科学学与科学技术管理，2012（11）：150－159.

［50］冯锋，李天放．皖江城市带支柱产业创新效率与协同共生研究——以首个国家级产业承接示范区为例［J］. 科学学与科学技术管理，2012（12）：55－61.

［51］尹珏林．组织新颖性、创业导向与公司伦理管理——一个调节效应模型及启示［J］. 科学学与科学技术管理，2012（12）：97－107.

南开管理评论

［1］孙亮，刘春．派自己人监督：上级股东与公司的代理成本［J］. 南开管理评论，2012（1）：4－12.

［2］陆瑶，朱玉杰，胡晓元．机构投资者持股与上市公司违规行为的实证研究［J］. 南开管理评论，2012（1）：13－23.

［3］醋卫华，李培功．媒体监督公司治理的实证研究［J］. 南开管理评论，2012（1）：33－42.

［4］孙锐，陈国权．企业跨部门心理安全、知识分享与组织绩效间关系的实证研究［J］. 南开管理评论，2012（1）：67－74＋83.

［5］王福胜，王摄琰．CEO 网络嵌入性与企业价值［J］. 南开管理评论，2012（1）：75－83.

［6］杨清香，俞麟，宋丽．内部控制信息披露与市场反应研究——来自中国沪市上市公司的经验证据［J］. 南开管理评论，2012（1）：123－130.

［7］卫武，张鹏程，刘明霞．不同主体层次中组织的知识转化二维结构：前因变量与企业绩效的影响［J］. 南开管理评论，2012（2）：108－120.

［8］龚丽敏，江诗松，魏江．产业集群创新平台的治理模式与战略定位：基于浙江两个产业集群的比较案例研究［J］. 南开管理评论，2012（2）：59－69.

［9］刘新民，王垒．上市公司高管更替模式对企业绩效的影响［J］. 南开管理评论，2012（2）：101－107＋127.

［10］傅晓，李忆，司有和．家长式领导对创新的影响：一个整合模型［J］. 南开管理评论，2012（2）：121－127.

［11］马晨，张俊瑞．管理层持股、领导权结构与财务重述［J］. 南开管理评论，2012（2）：143－150＋160.

［12］郭锐，陶岚，汪涛，周南．民族品牌跨国并购后的品牌战略研究——弱势品牌视角［J］. 南开管理评论，2012（3）：42－50.

［13］于斌斌．家族企业接班人的胜任—绩效建模——基于越商代际传承的实证分析

[J]. 南开管理评论，2012（3）：61－71.

［14］王琴. 网络治理的权力基础：一个跨案例研究［J]. 南开管理评论，2012（3）：91－100.

［15］张徽燕，李端凤，姚秦. 中国情境下高绩效工作系统与企业绩效关系的元分析［J]. 南开管理评论，2012（3）：139－149.

［16］李维安. 非营利组织发展：治理改革是关键［J]. 南开管理评论，2012（4）：1.

［17］孙轶，武常岐. 企业并购中的风险控制：专业咨询机构的作用［J]. 南开管理评论，2012（4）：4－14+65.

［18］耿紫珍，刘新梅，杨晨辉. 战略导向、外部知识获取对组织创造力的影响［J]. 南开管理评论，2012（4）：15－27.

［19］程聪，谢洪明. 集群企业社会网络嵌入与关系绩效研究：基于关系张力的视角［J]. 南开管理评论，2012（4）：28－35.

［20］秦令华，井润田，王国锋. 私营企业主可观察经历、战略导向及其匹配对绩效的影响研究［J]. 南开管理评论，2012（4）：36－47.

［21］李绍龙，龙立荣，贺伟. 高管团队薪酬差异与企业绩效关系研究：行业特征的跨层调节作用［J]. 南开管理评论，2012（4）：55－65.

［22］李延喜，陈克兢，姚宏，刘伶. 基于地区差异视角的外部治理环境与盈余管理关系研究——兼论公司治理的替代保护作用［J]. 南开管理评论，2012（4）：89－100.

［23］杨付，张丽华. 团队成员认知风格对创新行为的影响：团队心理安全感和工作单位结构的调节作用［J]. 南开管理评论，2012（5）：13－25.

［24］胡泓，顾琴轩，陈继祥. 变革型领导对组织创造力和创新影响研究述评［J]. 南开管理评论，2012（5）：26－35.

［25］薛有志，郭勇峰. C2C电子商务卖家的竞争战略研究：基于淘宝网的分析［J]. 南开管理评论，2012（5）：129－140.

［26］朱沆，张威，何轩，林蔚然. 家族、市场化与创业企业关系网络的交易成本［J]. 南开管理评论，2012（5）：152－160.

［27］李诗，洪涛，吴超鹏. 上市公司专利对公司价值的影响——基于知识产权保护视角［J]. 南开管理评论，2012（6）：4－13+24.

［28］吴川，张黎，郑毓煌，杜晓梦. 调节聚焦对品牌延伸的影响：母品牌类型、母品牌与延伸产品匹配类型的调节作用［J]. 南开管理评论，2012（6）：51－61.

［29］庄贵军. 基于渠道组织形式的渠道治理策略选择：渠道治理的一个新视角［J]. 南开管理评论，2012（6）：72－84.

［30］刘宁，贾俊生. 研发团队多元性、知识分享与创新绩效关系的实证研究［J]. 南开管理评论，2012（6）：85－92+103.

［31］毛基业，苏芳. 组织连接破裂与应对措施：供应商视角的案例研究［J]. 南开

管理评论，2012（6）：111－122.

［32］李健，陈传明，孙俊华．企业家政治关联、竞争战略选择与企业价值——基于上市公司动态面板数据的实证研究［J］．南开管理评论，2012（6）：147－157.

管理工程学报

［1］刘星，代彬，郝颖．高管权力与公司治理效率——基于国有上市公司高管变更的视角［J］．管理工程学报，2012（1）：1－12.

［2］陈璐，杨百寅，井润田．家长式领导对高管团队有效性的影响机制研究：以团队凝聚力为中介变量［J］．管理工程学报，2012（1）：13－19＋34.

［3］卫武，刘明霞．不同主体层次中组织知识转化的影响因素研究［J］．管理工程学报，2012（1）：20－26.

［4］龙勇，姜寿成．基于知识创造和知识溢出的 R&D 联盟的动态模型［J］．管理工程学报，2012（1）：35－41.

［5］刘强，苏秦．供应链视角下的多方并购框架［J］．管理工程学报，2012（1）：162－169.

［6］孙锐，张文勤，陈许亚．R&D 员工领导创新期望、内部动机与创新行为研究［J］．管理工程学报，2012（2）：12－20＋11.

［7］张宗益，郑志丹．融资约束与代理成本对上市公司非效率投资的影响——基于双边随机边界模型的实证度量［J］．管理工程学报，2012（2）：119－126.

［8］乐琦．并购后高管变更、合法性与并购绩效——基于制度理论的视角［J］．管理工程学报，2012（3）：15－21.

［9］刘春玲，黎继子，罗细飞．跨国企业嵌入集群下链与链竞争动态网络模型分析［J］．管理工程学报，2012（3）：64－73.

［10］蒋弘，刘星．股权制衡、并购信息披露质量与主并公司价值——基于中国上市公司的模型与实证研究［J］．管理工程学报，2012（4）：17－25＋126.

［11］徐光伟，刘星．公司治理环境、资产配置偏好与利益侵占［J］．管理工程学报，2012（4）：32－38＋31.

［12］朱承亮，师萍，安立仁．人力资本及其结构与研发创新效率——基于 SFA 模型的检验［J］．管理工程学报，2012（4）：58－64.

科研管理

［1］汤临佳，池仁勇．产业集群结构、适应能力与升级路径研究［J］．科研管理，2012（1）：1－9.

［2］林海芬，苏敬勤．管理创新效力提升机制：组织双元性视角［J］．科研管理，2012（2）：1－10.

［3］陆建芳，戴炳鑫．企业技术中心技术创新资源配置效率评价［J］．科研管理，

2012（1）：19－26.

［4］周青，陈畴镛．专利联盟提升企业自主创新能力的作用方式与政策建议［J］.科研管理，2012（1）：41－46＋55.

［5］王士红．组织动机感知、损失感知及知识共享意愿［J］.科研管理，2012（1）：56－63.

［6］秦剑．高绩效工作实践系统、知识扩散与突破性创新［J］.科研管理，2012（1）：71－78.

［7］李贞，杨洪涛．吸收能力、关系学习及知识整合对企业创新绩效的影响研究——来自科技型中小企业的实证研究［J］.科研管理，2012（1）：79－89.

［8］戴维奇，魏江，余纯国．过往绩效与公司风险投资：高管政治网络的调节效应［J］.科研管理，2012（1）：138－146.

［9］潘文安．关系强度、知识整合能力与供应链知识效率转移研究［J］.科研管理，2012（1）：147－153＋160.

［10］郑登攀，党兴华．网络嵌入性对企业选择合作技术创新伙伴的影响［J］.科研管理，2012（1）：154－160.

［11］王飞．生物医药创新网络演化机理研究——以上海张江为例［J］.科研管理，2012（2）：48－54.

［12］谢洪明，张霞蓉，程聪，陈盈．网络关系强度、企业学习能力对技术创新的影响研究［J］.科研管理，2012（2）：55－62.

［13］张奇，金鑫，陈劲，吴刚．虚拟研发背景下的企业分布式创新研究进展及启示［J］.科研管理，2012（2）：63－69.

［14］唐春．基于区分国内外创新的专利制度设计研究［J］.科研管理，2012（2）：70－78.

［15］赵岑，张帏，姜彦福．基于与大企业联盟的技术创业企业成长机制［J］.科研管理，2012（2）：97－106.

［16］董保宝，葛宝山．新创企业资源整合过程与动态能力关系研究［J］.科研管理，2012（2）：107－114.

［17］张雪，张庆普．知识创造视角下客户协同产品创新投入产出研究［J］.科研管理，2012（2）：122－129＋155.

［18］蒋天颖，程聪．企业知识转移生态学模型［J］.科研管理，2012（2）：130－138.

［19］卢亚丽．信息共享与共同决策协调策略比较分析［J］.科研管理，2012（2）：139－146.

［20］宋华，王岚．企业间关系行为对创新柔性的影响研究［J］.科研管理，2012（3）：1－10＋17.

［21］王珊珊，王宏起．面向产业技术创新联盟的科技计划项目管理研究［J］.科研管理，2012（3）：11－17.

[22] 白璇，李永强，赵冬阳．企业家社会资本的两面性：一项整合研究［J］．科研管理，2012（3）：27－35．

［23］王海花，彭正龙，蒋旭灿．开放式创新模式下创新资源共享的影响因素［J］．科研管理，2012（3）：49－55．

［24］蒋天颖，雷剑．学习导向、知识管理能力对竞争优势的作用机制［J］．科研管理，2012（3）：56－64．

［25］吴丙山，赵骅，罗军．高新技术企业中知识分享微观机制研究［J］．科研管理，2012（3）：65－71．

［26］权圣容，吴贵生，格佛海．不确定环境下多元化战略对企业绩效的影响——以韩国企业集团为例［J］．科研管理，2012（3）：89－95＋112．

［27］谢晔，霍国庆．科研组织纵向一体化与科研战略绩效关系研究［J］．科研管理，2012（3）：96－104．

［28］范宏博．中国风险投资业绩影响因素研究［J］．科研管理，2012（3）：128－135．

［29］买生，匡海波，张笑楠．基于科学发展观的企业社会责任评价模型及实证［J］．科研管理，2012（3）：148－154．

［30］海本禄，聂鸣．国际化、创新与企业绩效：基于湖北省的实证研究［J］．科研管理，2012（4）：1－9．

［31］王军，秦学志．新兴服务业生态网络中骨干企业创新采纳机理——一个探索性案例研究［J］．科研管理，2012（4）：16－27．

［32］刘霞，陈建军．产业集群成长的组织间学习效应研究［J］．科研管理，2012（4）：28－35．

［33］侍文庚，蒋天颖．社会资本、知识管理能力和核心能力关系研究［J］．科研管理，2012（4）：62－72．

［34］胡玲，金占明．战略管理知识特征对在华子公司绩效的影响研究［J］．科研管理，2012（4）：93－101．

［35］蔡珍红．知识位势、隐性知识分享与科研团队激励［J］．科研管理，2012（4）：108－115．

［36］杨桂菊．中小代工企业研发联盟构建与治理的实证研究［J］．科研管理，2012（4）：155－162．

［37］余浩，陈劲．战略导向、互博意愿与产品创新绩效关系研究［J］．科研管理，2012（5）：1－7．

［38］姜劲，孙延明．代工企业外部社会资本、研发参与和企业升级［J］．科研管理，2012（5）：47－55．

［39］杨燕，高山行．企业知识内化对合作中技术转移的影响研究［J］．科研管理，2012（5）：70－78．

［40］关涛．知识特性对跨国公司选择知识转移工具的影响［J］．科研管理，2012

(5): 79 -85 +94.

[41] 魏江，刘洋，应瑛．商业模式内涵与研究框架建构 [J]. 科研管理，2012 (5): 107 -114.

[42] 于斌斌，陆立军．产业集群共性技术供给机理研究——以绍兴纺织产业集群为例 [J]. 科研管理，2012 (5): 132 -138.

[43] 陈劲，金鑫，张奇．企业分布式创新知识共享机制研究 [J]. 科研管理，2012 (6): 1 -7.

[44] 刘立，王博，潘雄锋．能力演化与科技创业企业成长——光洋科技公司案例分析 [J]. 科研管理，2012 (6): 16 -23.

[45] 张生太，梁娟．组织政治技能、组织信任对隐性知识共享的影响研究 [J]. 科研管理，2012 (6): 31 -39.

[46] 黄烨菁．跨国服务外包中的知识转移——以软件外包为对象 [J]. 科研管理，2012 (6): 40 -47.

[47] 王雪原，王宏起．基于资源观的 R&D 联盟伙伴组合选择方法研究 [J]. 科研管理，2012 (6): 48 -55.

[48] 许士春，何正霞，龙如银．环境规制对企业绿色技术创新的影响 [J]. 科研管理，2012 (6): 67 -74.

[49] 陈国权，王晓辉，李倩，雷家骕．组织授权对组织学习能力和战略柔性影响研究 [J]. 科研管理，2012 (6): 128 -136.

[50] 邬爱其，李生校．外部创新搜寻战略与新创集群企业产品创新 [J]. 科研管理，2012 (7): 1 -7.

[51] 韵江，马文甲，陈丽．开放度与网络能力对创新绩效的交互影响研究 [J]. 科研管理，2012 (7): 8 -15.

[52] 王婷．互联网服务业的内涵和创新模式研究 [J]. 科研管理，2012 (7): 24 -32 +105.

[53] 罗倩，李东，蔡玫．商业模式对高新技术企业业绩的影响——对 Zott 模型的改进研究 [J]. 科研管理，2012 (7): 40 -47.

[54] 洪勇，康宇航．基于专利引文的企业间技术溢出可视化研究 [J]. 科研管理，2012 (7): 81 -87.

[55] 蒋樟生，郝云宏．知识转移视角技术创新联盟稳定性的博弈分析 [J]. 科研管理，2012 (7): 88 -97.

[56] 张玉明，段升森．中小企业成长能力评价体系研究 [J]. 科研管理，2012 (7): 98 -105.

[57] 葛笑春．企业协同 NPOs 获取竞争优势的实证研究 [J]. 科研管理，2012 (7): 129 -136.

[58] 龚丽敏，江诗松．产业集群龙头企业的成长演化：商业模式视角 [J]. 科研管

理，2012（7）：137－145.

［59］冯宗宪，张哲，Michael Song. 企业产品创新国际比较研究［J］. 科研管理，2012（8）：1－8＋15.

［60］叶伟巍，高树昱，王飞绒. 创业领导力与技术创业绩效关系研究——基于浙江省的实证［J］. 科研管理，2012（8）：9－15.

［61］杨燕，高山行. 联盟稳定性、伙伴知识保护与中心企业的知识获取［J］. 科研管理，2012（8）：80－89.

［62］陈劲，吴波. 开放式创新下企业开放度与外部关键资源获取［J］. 科研管理，2012（9）：10－21＋106.

［63］曹勇，苏凤娇. 高技术产业技术创新投入对创新绩效影响的实证研究——基于全产业及其下属五大行业面板数据的比较分析［J］. 科研管理，2012（9）：22－31.

［64］谢洪明，陈盈，程聪. 网络强度和企业管理创新：社会资本的影响［J］. 科研管理，2012（9）：32－39.

［65］汤建影. 技术特征对企业技术获取方式的影响——基于中小民营企业的实证研究［J］. 科研管理，2012（9）：40－46.

［66］陈晓红，王思颖. 组织冗余与公司绩效关系研究——治理制度的调节作用［J］. 科研管理，2012（9）：78－86.

［67］李桦. 战略柔性与企业绩效：组织双元性的中介作用［J］. 科研管理，2012（9）：87－94.

［68］朱亚丽，孙元，狄瑞波. 网络特性、知识缄默性对企业间知识转移效果的影响：基于网络特性调节效应的实证分析［J］. 科研管理，2012（9）：107－115.

［69］许晖，郭净. 价值链升级过程中东软集团核心能力演进［J］. 科研管理，2012（9）：116－122.

［70］曲婉，穆荣平，李铭禄. 基于服务创新的制造企业服务转型影响因素研究［J］. 科研管理，2012（10）：64－71.

［71］林萍. 企业资源、动态能力对创新作用的实证研究［J］. 科研管理，2012（10）：72－79.

［72］党兴华，董建卫，杨敏利. 风险投资机构网络位置影响成功退出的机理［J］. 科研管理，2012（10）：129－137.

［73］周文光，黄瑞华. 创新绩效、R&D 资本存量与吸收能力的增长路径［J］. 科研管理，2012（11）：24－31.

［74］杨林，杨倩. 高管团队结构差异性与企业并购关系实证研究［J］. 科研管理，2012（11）：57－67.

［75］刘彦文，郭杰. 管理者过度自信对企业融资次序的影响研究［J］. 科研管理，2012（11）：84－88.

［76］易朝辉. 网络嵌入、创业导向与新创企业绩效关系研究［J］. 科研管理，2012

(11)：105－115.

［77］程聪，谢洪明．企业外部环境、绿色经营策略与竞争优势关系研究：以环境效益为调节变量［J］. 科研管理，2012（11）：129－136.

［78］李庆华，王文平．短期竞争优势研究综述［J］. 科研管理，2012（11）：152－160.

［79］魏江，郑小勇．文化嵌入与集群企业创新网络演化的关联机制［J］. 科研管理，2012（12）：10－22.

［80］许德惠，李刚，孙林岩，赵丽．环境不确定性、供应链整合与企业绩效关系的实证研究［J］. 科研管理，2012（12）：40－49.

［81］于东平，段万春．区域软环境、企业家能力与中小企业绩效［J］. 科研管理，2012（12）：68－77.

［82］彭伟，符正平．高新技术企业创业导向、联盟能力与联盟绩效关系研究［J］. 科研管理，2012（12）：78－85.

第二节　英文期刊索引

英文期刊索引源自以下期刊

序号	刊名	中文名
一、顶尖（A级）英文期刊		
1	Academy of Management Journal	管理科学学报
2	Academy of Management Review	管理学会评论
3	Administrative Science Quarterly	管理科学季刊
4	American Journal of Sociology	美国社会科学杂志
5	American Sociological Review	美国社会学评论
6	Journal of Applied Psychology	应用心理学杂志
7	Journal of International Business Studies	国际商业研究杂志
8	Organization Science	组织科学
9	Research in Organizational Behavior	组织行为研究
10	Strategic Management Journal	战略管理杂志
二、一流（A－/B－）英文期刊		
1	Human Relations	人际关系
2	Human Resource Management	人力资源管理
3	International Journal of Human Resource Management	国际人力资源管理杂志
4	Journal of Cross－cultural Psychology	交叉文化心理学杂志
5	Journal of Organizational Behavior	组织行为学
6	Journal of Management	管理学报
7	Journal of Management Studies	管理研究杂志
8	Management and Organization Review	组织管理评论
9	Organizational Behavior and Human Decision Processes	组织行为与人类决策过程
10	Organization Studies	组织研究

Academy of Management Journal

[1] Hallen B L, Eisenhardt K M. Catalyzing Strategies and Efficient Tie Formation: How Entrepreneurial Firms Obtain Investment Ties [J]. Academy of Management Journal, 2012, 55 (1): 35－70.

[2] Mantere S, Schildt H A, Sillince J A A. Reversal of Strategic Change [J]. Academy of Management Journal, 2012, 55 (1): 172 - 196.

[3] Bednar M K. Watchdog or Lapdog? A Behavioral View of the Media as A Corporate Governance Mechanism [J]. Academy of Management Journal, 2012, 55 (1): 131 - 150.

[4] Battilana J, Casciaro T. Change Agents, Networks, and Institutions: A Contingency Theory of Organizational Change [J]. Academy of Management Journal, 2012, 55 (2): 381 - 398.

[5] Summers J K, Humphrey S E, Ferris G R. Team Member Change, Flux in Coordination, and Performance: Effects of Strategic Core Roles, Information Transfer, and Cognitive Ability [J]. Academy of Management Journal, 2012, 55 (2): 314 - 338.

[6] Cable D M, Kay V S. Striving for Self - verification During Organizational Entry [J]. Academy of Management Journal, 2012, 55 (2): 360 - 380.

[7] Kozhikode R K, Li J. Political Pluralism, Public Policies, and Organizational Choices: Banking Branch Expansion in India, 1948 ~ 2003 [J]. Academy of Management journal, 2012, 55 (2): 339 - 359.

[8] Heimeriks K H, Schijven M, Gates S. Manifestations of Higher - order Routines: The Underlying Mechanisms of Deliberate Learning in the Context of Post Acquisition Integration [J]. Academy of Management Journal, 2012, 55 (3): 703 - 726.

[9] Reuer J J, Tong T W, Wu C W. A Signaling Theory of Acquisition Premiums: Evidence from IPO Targets [J]. Academy of Management Journal, 2012, 55 (3): 667 - 683.

[10] Shin J, Taylor M S, Seo M G. Resources for Change: The Relationships of Organizational Inducements and Psychological Resilience to Employees' Attitudes and Behaviors toward Organizational Change [J]. Academy of Management Journal, 2012, 55 (3): 727 - 748.

[11] Owens B P, Hekman D R. Modeling how to Grow: An Inductive Examination of Humble Leader Behaviors, Contingencies, and Outcomes [J]. Academy of Management Journal, 2012, 55 (4): 787 - 818.

[12] Chrisman J J, Patel P C. Variations in R&D Investments of Family and Nonfamily Firms: Behavioral Agency and Myopic Loss Aversion Perspectives [J]. Academy of Management Journal, 2012, 55 (4): 976 - 997.

[13] Mair J, Martí I, Ventresca M J. Building Inclusive Markets in Rural Bangladesh: How Intermediaries Work Institutional Voids [J]. Academy of Management Journal, 2012, 55 (4): 819 - 850.

[14] Smets M, Morris T I M, Greenwood R. From Practice to Field: A Multilevel Model of Practice - driven Institutional Change [J]. Academy of Management Journal, 2012, 55 (4): 877 - 904.

[15] Stigliani I, Ravasi D. Organizing Thoughts and Connecting Brains: Material Practices

and the Transition from Individual to Group - level Prospective Sensemaking [J]. Academy of Management Journal, 2012, 55 (5): 1232 - 1259.

[16] Cowen A P. An Expanded Model of Status Dynamics: The Effects of Status Transfer and Interfirm Coordination [J]. Academy of Management Journal, 2012, 55 (5): 1169 - 1186.

[17] Galunic C, Ertug G, Gargiulo M. The Positive Externalities of Social Capital: Benefiting from Senior Brokers [J]. Academy of Management Journal, 2012, 55 (5): 1213 - 1231.

[18] Baer M. Putting Creativity to Work: The Implementation of Creative Ideas in Organizations [J]. Academy of Management Journal, 2012, 55 (5): 1102 - 1119.

[19] Crilly D, Zollo M, Hansen M T. Faking it or Muddling Through? Understanding Decoupling in Response to Stakeholder Pressures [J]. Academy of Management Journal, 2012, 55 (6): 1429 - 1448.

[20] Durand R, Jourdan J. Jules or Jim: Alternative Conformity to Minority Logics [J]. Academy of Management Journal, 2012, 55 (6): 1295 - 1315.

[21] Lamin A. The Business Group as an Information Resource: An Investigation of Business Group Affiliation in the Indian Software Services Industry [J]. Academy of Management Journal, 2012, 11 (2) .

Academy of Management Review

[1] Venkataraman S, Sarasvathy S D, Dew N, et al. Reflections on the 2010 AMR Decade award: Whither the Promise? Moving forward with Entrepreneurship as a Science of the Artificial [J]. Academy of Management Review, 2012, 37 (1): 21 -33.

[2] Kivleniece I, Quelin B V. Creating and Capturing Value in Public - private Ties: A Private Actor' s Perspective [J]. Academy of Management Review, 2012, 37 (2): 272 -299.

[3] Voronov M, Vince R. Integrating Emotions into the Analysis of Institutional Work [J]. Academy of Management Review, 2012, 37 (1): 58 -81.

[4] Hernandez M. Toward an Understanding of the Psychology of Stewardship [J]. Academy of Management Review, 2012, 37 (2): 172 - 193.

[5] Donaldson T. The Epistemic Fault Line in Corporate Governance [J]. Academy of Management Review, 2012, 37 (2): 256 -271.

[6] Grimes M G, McMullen J S, Vogus T J, et al. Studying the Origins of Social Entrepreneurship: Compassion and the Role of Embedded Agency [J]. Academy of Management Review, 2013, 38 (3): 460 -463.

[7] Campbell B A, Coff R, Kryscynski D. Rethinking Sustained Competitive Advantage from Human Capital [J]. Academy of Management Review, 2012, 37 (3): 376 -395.

[8] Oldroyd J B, Morris S S. Catching Falling Stars: A Human Resource Response to Social Capital' s Detrimental Effect of Information Overload on Star Employees [J]. Academy of

Management Review, 2012, 37 (3): 396 -418.

[9] Miller T L, Grimes M G, McMullen J S, et al. Venturing for others with Heart and Head: How Compassion Encourages Social Entrepreneurship [J]. Academy of Management Review, 2012, 37 (4): 616 -640.

[10] Gittell J H, Douglass A. The Relational Bureaucratic Form: Embedding Reciprocal Relationships into Roles [J]. Academy of Management Review, 2012: amr. 10.0438.

Journal of International Business Studies

[1] Shi Y, Magnan M, Kim J B. Do Countries Matter for Voluntary Disclosure & Quest; Evidence from Cross - listed Firms in the US [J]. Journal of International Business Studies, 2012, 43 (2): 143 - 165.

[2] Jordan S J. Time - varying Risk and Long - term Reversals: A Re - examination of the International Evidence [J]. Journal of International Business Studies, 2012, 43 (2): 123 - 142.

[3] Oetzel J, Getz K. Why and how Might Firms Respond Strategically to Violent Conflict & Quest [J]. Journal of International Business Studies, 2012, 43 (2): 166 - 186.

[4] Pinkse J, Kolk A. Multinational Enterprises and Climate Change: Exploring Institutional Failures and Embeddedness [J]. Journal of International Business Studies, 2012, 43 (3): 332 -341.

[5] Dellestrand H, Kappen P. The Effects of Spatial and Contextual Factors on Headquarters Resource Allocation to MNE Subsidiaries [J]. Journal of International Business Studies, 2012, 43 (3): 219 -243.

[6] Eapen A. Social Structure and Technology Spillovers from Foreign to Domestic Firms [J]. Journal of International Business Studies, 2012, 43 (3): 244 -263.

[7] Lam S K, Ahearne M, Schillewaert N. A Multinational Examination of the Symbolic - Instrumental Framework of Consumer - brand Identification [J]. Journal of International Business Studies, 2012, 43 (3): 306 -331.

[8] Cui L, Jiang F. State Ownership Effect on Firms' FDI Ownership Decisions under Institutional Pressure: A Study of Chinese Outward - investing Firms [J]. Journal of International Business Studies, 2012, 43 (3): 264 -284.

[9] Salomon R, Wu Z. Institutional Distance and Local Isomorphism Strategy [J]. Journal of International Business Studies, 2012, 43 (4): 343 -367.

[10] van Essen M, Heugens P P, Otten J, et al. An Institution - based View of Executive Compensation: A Multilevel Meta - analytic Test [J]. Journal of International Business Studies, 2012, 43 (4): 396 -423.

[11] Bruning N S, Sonpar K, Wang X. Host - country National Networks and Expatriate Effectiveness: A Mixed - methods Study [J]. Journal of International Business Studies, 2012,

43 (4): 444 -450.

[12] Maekelburger B, Schwens C, Kabst R. Asset Specificity and Foreign Market Entry Mode Choice of Small and Medium - sized Enterprises: The Moderating Influence of Knowledge Safeguards and Institutional Safeguards [J]. Journal of International Business Studies, 2012, 43 (5): 458 -476.

[13] Luo Y, Wang S L, Zheng Q, et al. Task Attributes and Process Integration in Business Process Offshoring: A Perspective of Service Providers from India and China [J]. Journal of International Business Studies, 2012, 43 (5): 498 -524.

[14] Tröster C, van Knippenberg D. Leader Openness, Nationality Dissimilarity, and Voice in Multinational Management Teams [J]. Journal of International Business Studies, 2012, 43 (6): 591 -613.

[15] Prashantham S, Floyd S W. Routine Microprocesses and Capability Learning in International New Ventures [J]. Journal of International Business Studies, 2012, 43 (6): 544 -562.

[16] Cumming D, Knill A. Disclosure, Venture Capital and Entrepreneurial Spawning [J]. Journal of International Business Studies, 2012, 43 (6): 563 -590.

[17] Zhou K Z, Xu D. How Foreign Firms Curtail Local Supplier Opportunism in China: Detailed Contracts, Centralized Control, and Relational Governance [J]. Journal of International Business Studies, 2012, 43 (7): 677 -692.

[18] Mata J, Freitas E. Foreignness and Exit over the Life Cycle of Firms [J]. Journal of International Business Studies, 2012, 43 (7): 615 -630.

[19] Tippmann E, Scott P S, Mangematin V. Problem Solving in MNCs: How Local and Global Solutions are (and are not) Created [J]. Journal of International Business Studies, 2012, 43 (8): 746 -771.

[20] Peltokorpi V, Vaara E. Language Policies and Practices in Wholly Owned Foreign Subsidiaries: A Recontextualization Perspective [J]. Journal of International Business Studies, 2012, 43 (9): 808 -833.

[21] Laursen K, Masciarelli F, Prencipe A. Trapped or Spurred by the Home Region&Quest; The Effects of Potential Social Capital on Involvement in Foreign Markets for Goods and Technology [J]. Journal of International Business Studies, 2012, 43 (9): 783 -807.

Strategic Management Journal

[1] Campbell B A, Ganco M, Franco A M, et al. Who Leaves, Where to, and Why Worry? Employee Mobility, Entrepreneurship and Effects on Source Firm Performance [J]. Strategic Management Journal, 2012, 33 (1): 65 -87.

[2] Zhu F, Iansiti M. Entry into Platform - based Markets [J]. Strategic Management Journal, 2012, 33 (1): 88 -106.

[3] Park H D, Steensma H K. When Does Corporate Venture Capital Add Value for New Ventures? [J]. Strategic Management Journal, 2012, 33 (1): 1 -22.

[4] Bettis R A. The Search for Asterisks: Compromised Statistical Tests and Flawed Theories [J]. Strategic Management Journal, 2012, 33 (1): 108 -113.

[5] Fabrizio K R, Thomas L G. The Impact of Local Demand on Innovation in a Global Industry [J]. Strategic Management Journal, 2012, 33 (1): 42 -64.

[6] Souder D, Simsek Z, Johnson S G. The Differing Effects of Agent and Founder CEOs on the Firm' s Market Expansion [J]. Strategic Management Journal, 2012, 33 (1): 23 -41.

[7] Bettis R, Mitchell W, Zajac E. Prospectives Section of Strategic Management Journal [J]. Strategic Management Journal, 2012, 33 (1): 107.

[8] Kim K H, Tsai W. Social Comparison Among Competing Firms [J]. Strategic Management Journal, 2012, 33 (2): 115 -136.

[9] Weigelt C, Sarkar M B. Performance Implications of Outsourcing for Technological Innovations: Managing the Efficiency and Adaptability Trade - off [J]. Strategic Management Journal, 2012, 33 (2): 189 -216.

[10] Ethiraj S K, Ramasubbu N, Krishnan M S. Does Complexity Deter Customer - focus? [J]. Strategic Management Journal, 2012, 33 (2): 137 -161.

[11] Chari M D R, David P. Sustaining Superior Performance in an Emerging Economy: An Empirical Test in the Indian Context [J]. Strategic Management Journal, 2012, 33 (2): 217 -229.

[12] Ronda - Pupo G A, Guerras - Martin LÁ. Dynamics of the Evolution of the Strategy Concept 1962 ~ 2008: A Co - word Analysis [J]. Strategic Management Journal, 2012, 33 (2): 162 -188.

[13] McGee J, Thomas H. Strategic Groups: Theory, Research and Taxonomy [J]. Strategic Management Journal, 1986, 7 (2): 141 -160.

[14] Eggers J P. All Experience is not Created Equal: Learning, Adapting, and Focusing in Product Portfolio Management [J]. Strategic Management Journal, 2012, 33 (3): 315 -335.

[15] Ramchander S, Schwebach R G, Staking K I M. The Informational Relevance of Corporate Social Responsibility: Evidence from DS400 Index Reconstitutions [J]. Strategic Management Journal, 2012, 33 (3): 303 -314.

[16] Chen P L, Williams C, Agarwal R. Growing Pains: Pre - entry Experience and the Challenge of Transition to Incumbency [J]. Strategic Management Journal, 2012, 33 (3): 252 - 276.

[17] Arora A, Nandkumar A. Insecure Advantage? Markets for Technology and the Value of Resources for Entrepreneurial Ventures [J]. Strategic Management Journal, 2012, 33 (3): 231 - 251.

[18] Valentini G. Measuring the Effect of M&A on Patenting Quantity and Quality [J]. Strategic Management Journal, 2012, 33 (3): 336 -346.

[19] Fern M J, Cardinal L B, O'Neill H M. The Genesis of Strategy in New Ventures: Escaping the Constraints of Founder and Team Knowledge [J]. Strategic Management Journal, 2012, 33 (4): 427 -447.

[20] Matusik S F, Fitza M A. Diversification in the Venture Capital Industry: Leveraging Knowledge under Uncertainty [J]. Strategic Management Journal, 2012, 33 (4): 407 -426.

[21] Shinkle G A, Kriauciunas A P. The Impact of Current and Founding Institutions on Strength of Competitive Aspirations in Transition Economies [J]. Strategic Management Journal, 2012, 33 (4): 448 -458.

[22] Henderson A D, Raynor M E, Ahmed M. How Long must a Firm be Great to Rule out Chance? Benchmarking Sustained Superior Performance without being Fooled by Randomness [J]. Strategic Management Journal, 2012, 33 (4): 387 -406.

[23] Perryman A A, Combs J G. Who should Own it? An Agency - based Explanation for Multi - outlet Ownership and Co - location in Plural Form Franchising [J]. Strategic Management Journal, 2012, 33 (4): 368 -386.

[24] Kaul A. Technology and Corporate Scope: Firm and Rival Innovation as Antecedents of Corporate Transactions [J]. Strategic Management Journal, 2012, 33 (4): 347 -367.

[25] Mishina Y, Block E S, Mannor M J. The Path Dependence of Organizational Reputation: how social judgment influences assessments of capability and character [J]. Strategic Management Journal, 2012, 33 (5): 459 -477.

[26] Lechner C, Floyd S W. Group influence activities and the performance of strategic initiatives [J]. Strategic Management Journal, 2012, 33 (5): 478 -495.

[27] Souder D, Bromiley P. Explaining temporal orientation: Evidence from the durability of firms' capital investments [J]. Strategic Management Journal, 2012, 33 (5): 550 -569.

[28] Lovallo D, Clarke C, Camerer C. Robust analogizing and the outside view: Two empirical tests of case - based decision making [J]. Strategic Management Journal, 2012, 33 (5): 496 -512.

[29] Lichtenthaler U, Ernst H. RETRACTED: Integrated knowledge exploitation: The complementarity of product development and technology licensing [J]. Strategic Management Journal, 2012, 33 (5): 513 -534.

[30] Van de Vrande V. Balancing your technology - sourcing portfolio: How sourcing mode diversity enhances innovative performance [J]. Strategic Management Journal, 2013, 34 (5): 610 -621.

[31] Guler I, Nerkar A. The impact of global and local cohesion on innovation in the pharmaceutical industry [J]. Strategic Management Journal, 2012, 33 (5): 535 -549.

[32] Karim S, Williams C. Structural knowledge: How executive experience with structural composition affects intrafirm mobility and unit reconfiguration [J]. Strategic Management Journal, 2012, 33 (6): 681 -709.

[33] Agarwal R, Anand J, Bercovitz J, et al. Spillovers across organizational architectures: The role of prior resource allocation and communication in post - acquisition coordination outcomes [J]. Strategic Management Journal, 2012, 33 (6): 710 -733.

[34] Turner K L, Makhija M V. The role of individuals in the information processing perspective [J]. Strategic Management Journal, 2012, 33 (6): 661 -680.

[35] Joseph J, Ocasio W. Architecture, attention, and adaptation in the multibusiness firm: General Electric from 1951 to 2001 [J]. Strategic Management Journal, 2012, 33 (6): 633 -660.

[36] Csaszar F A. Organizational structure as a determinant of performance: Evidence from mutual funds [J]. Strategic Management Journal, 2012, 33 (6): 611 -632.

[37] Gulati R, Puranam P, Tushman M. Meta - organization design: Rethinking design in interorganizational and community contexts [J]. Strategic Management Journal, 2012, 33 (6): 571 -586.

[38] Soda G, Zaheer A. A network perspective on organizational architecture: Performance effects of the interplay of formal and informal organization [J]. Strategic Management Journal, 2012, 33 (6): 751 -771.

[39] Quigley T J, Hambrick D C. When the former CEO stays on as board chair: Effects on successor discretion, strategic change, and performance [J]. Strategic Management Journal, 2012, 33 (7): 834 -859.

[40] Fortune A, Mitchell W. Unpacking firm exit at the firm and industry levels: The adaptation and selection of firm capabilities [J]. Strategic Management Journal, 2012, 33 (7): 794 -819.

[41] Wassmer U, Dussauge P. Network resource stocks and flows: How do alliance portfolios affect the value of new alliance formations? [J]. Strategic Management Journal, 2012, 33 (7): 871 -883.

[42] Connelly B L, Miller T, Devers C E. Under a cloud of suspicion: Trust, distrust, and their interactive effect in interorganizational contracting [J]. Strategic Management Journal, 2012, 33 (7): 820 -833.

[43] Pacheco - de - Almeida G, Zemsky P B. Some like it free: Innovators' strategic use of disclosure to slow down competition [J]. Strategic Management Journal, 2012, 33 (7): 773 -793.

[44] Moore C B, Bell R G, Filatotchev I, et al. Foreign IPO capital market choice: Understanding the institutional fit of corporate governance [J]. Strategic Management Journal, 2012, 33 (8): 914 -937.

[45] Blettner D P, Chaddad F R, Bettis R A. The CEO performance effect: Statistical issues and a complex fit perspective [J]. Strategic Management Journal, 2012, 33 (8): 986 -999.

[46] Walls J L, Berrone P, Phan P H. Corporate governance and environmental performance: Is there really a link? [J]. Strategic Management Journal, 2012, 33 (8): 885 -913.

[47] Leone M I, Reichstein T. Licensing - in fosters rapid invention! The effect of the grant - back clause and technological unfamiliarity [J]. Strategic Management Journal, 2012, 33 (8): 965 -985.

[48] Mollick E. People and process, suits and innovators: The role of individuals in firm performance [J]. Strategic Management Journal, 2012, 33 (9): 1001 - 1015.

[49] Dezsö C L, Ross D G. Does female representation in top management improve firm performance? A panel data investigation [J]. Strategic Management Journal, 2012, 33 (9): 1072 - 1089.

[50] Zhou K Z, Li C B. How knowledge affects radical innovation: Knowledge base, market knowledge acquisition, and internal knowledge sharing [J]. Strategic Management Journal, 2012, 33 (9): 1090 - 1102.

[51] Haleblian J J, McNamara G, Kolev K, et al. Exploring firm characteristics that differentiate leaders from followers in industry merger waves: A competitive dynamics perspective [J]. Strategic Management Journal, 2012, 33 (9): 1037 - 1052.

[52] Macher J T, Boerner C. Technological development at the boundaries of the firm: A knowledge - based examination in drug development [J]. Strategic Management Journal, 2012, 33 (9): 1016 - 1036.

[53] Berchicci L, Dowell G, King A A. Environmental capabilities and corporate strategy: Exploring acquisitions among US manufacturing firms [J]. Strategic Management Journal, 2012, 33 (9): 1053 - 1071.

[54] Montiel I, Husted B W, Christmann P. Using private management standard certification to reduce information asymmetries in corrupt environments [J]. Strategic Management Journal, 2012, 33 (9): 1103 - 1113.

[55] Mahoney J T, Qian L. Market frictions as building blocks of an organizational economics approach to strategic management [J]. Strategic Management Journal, 2013, 34 (9): 1019 - 1041.

[56] Acquaah M. Social networking relationships, firm - specific managerial experience and firm performance in a transition economy: A comparative analysis of family owned and nonfamily firms [J]. Strategic Management Journal, 2012, 33 (10): 1215 - 1228.

[57] Crilly D, Sloan P. Enterprise logic: explaining corporate attention to stakeholders from the "inside - out" [J]. Strategic Management Journal, 2012, 33 (10): 1174 - 1193.

[58] Schildt H, Keil T, Maula M. The temporal effects of relative and firm - level absorp-

tive capacity on interorganizational learning [J]. Strategic Management Journal, 2012, 33 (10): 1154 - 1173.

[59] Wang T, Bansal P. Social responsibility in new ventures: Profiting from a long - term orientation [J]. Strategic Management Journal, 2012, 33 (10): 1135 - 1153.

[60] Larkin I, Pierce L, Gino F. The psychological costs of pay - for - performance: Implications for the strategic compensation of employees [J]. Strategic Management Journal, 2012, 33 (10): 1194 - 1214.

[61] Diestre L, Rajagopalan N. Are all "sharks" dangerous? New biotechnology ventures and partner selection in R&D alliances [J]. Strategic Management Journal, 2012, 33 (10): 1115 - 1134.

[62] Barnett M L, Salomon R M. Does it pay to be really good? Addressing the shape of the relationship between social and financial performance [J]. Strategic Management Journal, 2012, 33 (11): 1304 - 1320.

[63] Jansen J J P, Simsek Z, Cao Q. Ambidexterity and performance in multiunit contexts: Cross - level moderating effects of structural and resource attributes [J]. Strategic Management Journal, 2012, 33 (11): 1286 - 1303.

[64] Schijven M, Hitt M A. The vicarious wisdom of crowds: Toward a behavioral perspective on investor reactions to acquisition announcements [J]. Strategic Management Journal, 2012, 33 (11): 1247 - 1268.

[65] Lichtenthaler U, Ernst H. Integrated knowledge exploitation: The complementarity of product development and technology licensing [J]. Strategic Management Journal, 2012, 33 (11): 1341.

[66] Lee S H, Song S. Host country uncertainty, intra - MNC production shifts, and subsidiary performance [J]. Strategic Management Journal, 2012, 33 (11): 1331 - 1340.

[67] Zatzick C D, Moliterno T P, Fang T. Strategic (MIS) FIT: The implementation of TQM in manufacturing organizations [J]. Strategic Management Journal, 2012, 33 (11): 1321 - 1330.

[68] Campbell J T, Campbell T C, Sirmon D G, et al. Shareholder influence over director nomination via proxy access: Implications for agency conflict and stakeholder value [J]. Strategic Management Journal, 2012, 33 (12): 1431 - 1451.

[69] Jacobides M G, Winter S G, Kassberger S M. The dynamics of wealth, profit, and sustainable advantage [J]. Strategic Management Journal, 2012, 33 (12): 1384 - 1410.

[70] Carnahan S, Agarwal R, Campbell B A. Heterogeneity in turnover: The effect of relative compensation dispersion of firms on the mobility and entrepreneurship of extreme performers [J]. Strategic Management Journal, 2012, 33 (12): 1411 - 1430.

[71] Chng D H M, Rodgers M S, Shih E, et al. When does incentive compensation moti-

vate managerial behaviors? An experimental investigation of the fit between incentive compensation, executive core self - evaluation, and firm performance [J]. Strategic Management Journal, 2012, 33 (12): 1342 - 1632.

[72] Lavie D, Haunschild P R, Khanna P. Organizational differences, relational mechanisms, and alliance performance [J]. Strategic Management Journal, 2012, 33 (13): 1453 - 1479.

[73] Muehlfeld K, Rao Sahib P, Van Witteloostuijn A. A contextual theory of organizational learning from failures and successes: A study of acquisition completion in the global newspaper industry, 1981 ~ 2008 [J]. Strategic Management Journal, 2012, 33 (8): 938 - 964.

[74] Mihalache O R, Jansen J J J P, Van Den Bosch F A J, et al. Offshoring and firm innovation: The moderating role of top management team attributes [J]. Strategic Management Journal, 2012, 33 (13): 1480 - 1498.

[75] Fernhaber S A, Patel P C. How do young firms manage product portfolio complexity? The role of absorptive capacity and ambidexterity [J]. Strategic Management Journal, 2012, 33 (13): 1516 - 1539.

[76] Fisch J H, Zschoche M. The role of operational flexibility in the expansion of international production networks [J]. Strategic Management Journal, 2012, 33 (13): 1540 - 1556.

[77] Brush T H, Dangol R, O' Brien J P. Customer capabilities, switching costs, and bank performance [J]. Strategic Management Journal, 2012, 33 (13): 1499 - 1515.

Administrative Science Quarterly

[1] Aalto H. The compliance of budgeting and forecasting methods with organization design [J]. Administrative Science Quarterly, 2012, 41 (1): 61 - 89.

[2] Goldstein N J, Cialdini R B. Reciprocity by Proxy: A Novel Influence Strategy for Stimulating Cooperation [J]. Administrative Science Quarterly, 2011, 56 (3): 441 - 473.

[3] Lacey R. Claudia Bird Schoonhoven and Frank Dobbin, eds. : Research in the Sociology of Organizations, vol. 28 [J]. Administrative Science Quarterly, 2012, 57 (1): 171 - 172.

[4] Kaplan S. Cyrus Mody: Instrumental Community: Probe Microscopy and the Path to Nanotechnology [J]. Administrative Science Quarterly, 2012, 57 (2): 348 - 352.

[5] Weick K E. David A. Hofmann and Michael Frese, eds. : Errors in Organizations [J]. Administrative Science Quarterly, 2012, 57 (1): 159 - 161.

[6] Carlos W C. Jane C. Banaszak - Holl, Sandra R. Levitsky, and Mayer N. Zald, eds. : Social Movements and the Transformation of American Health Care [J]. Administrative Science Quarterly, 2012, 57 (2): 366 - 368.

[7] Kleinbaum A M. Organizational misfits and the origins of brokerage in intrafirm networks [J]. Administrative Science Quarterly, 2012, 57 (3): 407 - 452.

[8] Rider C I. How Employees' Prior Affiliations Constrain Organizational Network Change

a Study of US Venture Capital and Private Equity [J]. Administrative Science Quarterly, 2012, 57 (3): 453 -483.

[9] Kacperczyk A J. Opportunity structures in established firms entrepreneurship versus intrapreneurship in mutual funds [J]. Administrative Science Quarterly, 2012, 57 (3): 484 -521.

[10] Yue L Q, Luo J, Ingram P L. Power over finance: Private institutions, elite control, and endogenous market disorder [J]. Administrative Science Quarterly, Forthcoming, 2012.

Journal of Applied Psychology

[1] Sturman M C, Shao L, Katz J H. The effect of culture on the curvilinear relationship between performance and turnover [J]. Journal of Applied Psychology, 2012, 97 (1): 46.

[2] Schultze T, Pfeiffer F, Schulz - Hardt S. Biased information processing in the escalation paradigm: Information search and information evaluation as potential mediators of escalating commitment [J]. Journal of Applied Psychology, 2012, 97 (1): 16.

[3] Colquitt J A, Le Pine J A, Piccolo R F, et al. Explaining the justice - performance relationship: Trust as exchange deepener or trust as uncertainty reducer? [J]. Journal of Applied Psychology, 2012, 97 (1): 1.

[4] Bezrukova K, Thatcher S, Jehn K A, et al. The effects of alignments: Examining group faultlines, organizational cultures, and performance [J]. Journal of Applied Psychology, 2012, 97 (1): 77.

[5] Lian H, Ferris D L, Brown D J. Does power distance exacerbate or mitigate the effects of abusive supervision? It depends on the outcome [J]. Journal of Applied Psychology, 2012, 97 (1): 107.

[6] Keller R T. Predicting the performance and innovativeness of scientists and engineers [J]. Journal of Applied Psychology, 2012, 97 (1): 225.

[7] De Wit F R C, Greer L L, Jehn K A. A meta - analysis of the relationships between diversity, conflict, and team performance [J]. Journal of Applied Psychology, 2012, 92 (2): 360 -390.

[8] Peretz H, Fried Y. A cross culture examination of performance appraisal and organizational performance [J]. Journal of Applied Psychology, 2012, 97 (2): 448 -459.

[9] De Wit F R C, Greer L L, Jehn K A. The paradox of intragroup conflict: A meta - analysis [J]. Journal of Applied Psychology, 2012, 97 (2): 360.

[10] Rico R, Sánchez - Manzanares M, Antino M, et al. Bridging team faultlines by combining task role assignment and goal structure strategies [J]. Journal of Applied Psychology, 2012, 97 (2): 407.

[11] Dimotakis N, Davison R B, Hollenbeck J R. Team structure and regulatory focus: The impact of regulatory fit on team dynamic [J]. Journal of Applied Psychology, 2012, 97

(2): 421.

[12] Stewart G L, Courtright S H, Barrick M R. Peer – based control in self – managing teams: Linking rat ional and normative influence with individual and group performance [J]. Journal of Applied Psychology, 2012, 97 (2): 435.

[13] O'Boyle Jr E H, Forsyth D R, Banks G C, et al. A meta – analysis of the dark triad and work behavior: A social exchange perspective [J]. Journal of Applied Psychology, 2012, 97 (3): 557.

[14] Whitman D S, Caleo S, Carpenter N C, et al. Fairness at the collective level: A meta – analytic examination of the consequences and boundary conditions of organizational justice climate [J]. Journal of Applied Psychology, 2012, 97 (4): 776.

[15] Davison R B, Hollenbeck J R, Barnes C M, et al. Coordinated action in multiteam systems [J]. Journal of Applied Psychology, 2012, 97 (4): 808.

[16] Krasikova D V, LeBreton J M. Just the two of us: Misalignment of theory and methods in examining dyadic phenomena [J]. Journal of Applied Psychology, 2012, 97 (4): 739.

[17] Fisher D M, Bell S T, Dierdorff E C, et al. Facet personality and surface – level diversity as team mental model antecedents: Implications for implicit coordination [J]. Journal of Applied Psychology, 2012, 97 (4): 825.

[18] Fan J, Gao D, Carroll S A, et al. Testing the efficacy of a new procedure for reducing faking on personality tests within selection contexts [J]. Journal of Applied Psychology, 2012, 97 (4): 866.

[19] Biron M, Bamberger P. Aversive workplace conditions and absenteeism: Taking referent group norms and supervisor support into account [J]. Journal of Applied Psychology, 2012, 97 (4): 901.

[20] Netemeyer R G, Heilman C M, Maxham III J G. Identification with the retail organization and customer – perceived employee similarity: Effects on customer spending [J]. Journal of Applied Psychology, 2012, 97 (5): 1049.

[21] Dragoni L, Kuenzi M. Better understanding work unit goal orientation: Its emergence and impact under different types of work unit structure [J]. Journal of Applied Psychology, 2012, 97 (5): 1032.

[22] Hoever I J, Van Knippenberg D, van Ginkel W P, et al. Fostering team creativity: Perspective taking as key to unlocking diversity's potential [J]. Journal of Applied Psychology, 2012, 97 (5): 982.

[23] Lambert L S, Tepper B J, Carr J C, et al. Forgotten but not gone: An examination of fit between leader consideration and initiating structure needed and received [J]. Journal of Applied Psychology, 2012, 97 (5): 913.

[24] Lang J W B, Zettler I, Ewen C, et al. Implicit motives, explicit traits, and task and

contextual performance at work [J]. Journal of Applied Psychology, 2012, 97 (6): 1201.

[25] Melwani S, Mueller J S, Overbeck J R. Looking down: The influence of contempt and compassion on emergent leadership categorizations [J]. Journal of Applied Psychology, 2012, 97 (6): 1171.

[26] Mueller K, Hattrup K, Spiess S O, et al. The effects of corporate social responsibility on employees' affective commitment: A cross – cultural investigation [J]. Journal of Applied Psychology, 2012, 97 (6): 1186.

[27] Gajendran R S, Joshi A. Innovation in globally distributed teams: The role of LMX, communication frequency, and member influence on team decisions [J]. Journal of Applied Psychology, 2012, 97 (6): 1252.

[28] Messersmith J G, Patel P C, Lepak D P, et al. Unlocking the black box: Exploring the link between high – performance work systems and performance [J]. Journal of Applied Psychology, 2011, 96 (6): 1105.

[29] Chi N W, Grandey A A, Diamond J A, et al. Want a tip? Service performance as a function of emotion regulation and extraversion [J]. Journal of Applied Psychology, 2011, 96 (6): 1337.

[30] Lang J W B, Zettler I, Ewen C, et al. Implicit motives, explicit traits, and task and contextual performance at work [J]. Journal of Applied Psychology, 2012, 97 (6): 1201.

Research in Organizational Behavior

[1] Westphal J D, Park S H. Unintended agency: Impression management support as a trigger of institutional change in corporate governance [J]. Research in Organizational Behavior, 2012, 32: 23 – 46.

Human Relations

[1] Weick K E. Organized sensemaking: A commentary on processes of interpretive work [J]. Human Relations, 2012, 65 (1): 141 – 153.

[2] Kotrba L M, Gillespie M A, Schmidt A M, et al. Do consistent corporate cultures have better business performance? Exploring the interaction effects [J]. Human Relations, 2012, 65 (2): 241 – 262.

[3] Sewell G, Barker J R, Nyberg D. Working under intensive surveillance: When does "measuring everything that moves" become intolerable? [J]. Human Relations, 2012, 65 (2): 189 – 215.

[4] Alvesson M, Spicer A. Critical leadership studies: The case for critical performativity [J]. Human Relations, 2012, 65 (3): 367 – 390.

[5] Jones R, Corner J. Seeing the forest and the trees: A complex adaptive systems lens for

mentoring [J]. Human Relations, 2012, 65 (3): 391 -411.

[6] Yu K H. Formal organizations and identity groups in social movements [J]. Human Relations, 2012, 65 (6): 753 -776.

[7] Forest J, Mageau G A, Crevier - Braud L, et al. Harmonious passion as an explanation of the relation between signature strengths' use and well - being at work: Test of an intervention program [J]. Human Relations, 2012, 65 (9): 1233 -1252.

[8] Bakker A B, Tims M, Derks D. Proactive personality and job performance: The role of job crafting and work engagement [J]. Human Relations, 2012, 65 (10): 1359 -1378.

[9] Zhang Y, Hou L W. The romance of working together: Benefits of gender diversity on group performance in China [J]. Human Relations, 2012, 65 (11): 1487 -1508.

[10] Biron M, van Veldhoven M. Emotional labour in service work: Psychological flexibility and emotion regulation [J]. Human Relations, 2012, 65 (10): 1259 -1282.

[11] Wright C, Nyberg D. Working with passion: Emotionology, corporate environmentalism and climate change [J]. Human Relations, 2012, 65 (12): 1561 -1587.

Human Resource Management

[1] Segers J, Inceoglu I. Exploring supportive and developmental career management through business strategies and coaching [J]. Human Resource Management, 2012, 51 (1): 99 -120.

[2] Wang J, Verma A. Explaining organizational responsiveness to work - life balance issues: The role of business strategy and high - performance work systems [J]. Human Resource Management, 2012, 51 (3): 407 -432.

[3] Klaas B S, Semadeni M, Klimchak M, et al. High - performance work system implementation in small and medium enterprises: A knowledge - creation perspective [J]. Human Resource Management, 2012, 51 (4): 487 -510.

[4] Virick M, Greer C R. Gender diversity in leadership succession: Preparing for the future [J]. Human Resource Management, 2012, 51 (4): 575 -600.

[5] Kang S C, Snell S A, Swart J. Options - based HRM, intellectual capital, and exploratory and exploitative learning in law firms' practice groups [J]. Human Resource Management, 2012, 51 (4): 461 -485.

[6] Dysvik A, Kuvaas B. Perceived supervisor support climate, perceived investment in employee development climate, and business - unit performance [J]. Human Resource Management, 2012, 51 (5): 651 -664.

[7] DuBois C L Z, Dubois D A. Strategic HRM as social design for environmental sustainability in organization [J]. Human Resource Management, 2012, 51 (6): 799 -826.

American Sociological Review

[1] Lim A, Tsutsui K. Globalization and commitment in corporate social responsibility cross - national analyses of institutional and political - economy effects [J]. American Sociological Review, 2012, 77 (1): 69 -98.

[2] Collins R. C - Escalation and D - Escalation A Theory of the Time - Dynamics of Conflict [J]. American Sociological Review, 2012, 77 (1): 1 -20.

[3] Kim H, Pfaff S. Structure and Dynamics of Religious Insurgency Students and the Spread of the Reformation [J]. American Sociological Review, 2012, 77 (2): 188 -215.

[4] Rosenfeld M J, Thomas R J. Searching for a mate the rise of the internet as a social intermediary [J]. American Sociological Review, 2012, 77 (4): 523 -547.

[5] Vasi I B, King B G. Social movements, risk perceptions, and economic outcomes the effect of primary and secondary stakeholder activism on firms' perceived environmental risk and financial performance [J]. American Sociological Review, 2012, 77 (4): 573 -596.

[6] McLaughlin H, Uggen C, Blackstone A. Sexual harassment, workplace authority, and the paradox of power [J]. American Sociological Review, 2012, 77 (4): 625 -647.

[7] Shibayama S, Walsh J P, Baba Y. Academic Entrepreneurship and Exchange of Scientific Resources: Material Transfer in Life and Materials Sciences in Japanese Universities [J]. American Sociological Review, 2012, 77 (5): 804 -830.

[8] Bail C A. The fringe effect civil society organizations and the evolution of media discourse about Islam since the September 11th attacks [J]. American Sociological Review, 2012, 77 (6): 855 -879.

[9] Rivera L A. Hiring as cultural matching the case of elite professional service firms [J]. American Sociological Review, 2012, 77 (6): 999 -1022.

American Journal of Sociology

[1] Wang D J, Soule S A. Social movement organizational collaboration: Networks of learning and the diffusion of protest tactics, 1960 ~ 1995 [J]. American Journal of Sociology, 2012, 117 (6): 1674 -1722.

[2] Jorgenson A K, Clark B. Are the Economy and the Environment Decoupling? A Comparative International Study, 1960 ~2005 [J]. American Journal of Sociology, 2012, 118 (1): 1 -44.

[3] Reay M J. The Flexible Unity of Economics [J]. American Journal of Sociology, 2012, 118 (1): 45 -87.

[4] Perry B L, Pescosolido B A. Social network dynamics and biographical disruption: the case of "first - timers" with mental illness [J]. American Journal of Sociology, 2012, 118

(1): 134 - 175.

[5] Wright R A, Boudet H S. To Act or Not to Act: Context, Capability, and Community Response to Environmental Risk [J]. American Journal of Sociology, 2012, 118 (3): 728 - 777.

[6] Steinman E. Settler Colonial Power and the American Indian Sovereignty Movement: Forms of Domination, Strategies of Transformation [J]. American Journal of Sociology, 2012, 117 (4): 1073 - 1130.

[7] Moon D. Who Am I and Who Are We? Conflicting Narratives of Collective Selfhood in Stigmatized Groups [J]. American Journal of Sociology, 2012, 117 (5): 1336 - 1379.

International Journal of Human Resource Management

[1] Gomes E, Angwin D, Peter E, et al. HRM practices throughout the mergers and acquisition (M&A) process: A study of domestic deals in the Nigerian banking industry [J]. The International Journal of Human Resource Management, 2012, 23 (14): 2874 - 2900.

[2] Hodges J, Martin G. Can leadership identity reconstruction help resolve the integration - responsiveness problem in multinational enterprises? A case study of leadership branding [J]. International Journal of Human Resource Management, 2012, 23 (18): 3794 - 3812.

[3] Gilman M W, Raby S O. National Context as a Predictor of High Performance Work Systems in SMEs: A British - French Comparative Analysis [J]. International Journal of Human Resource Management, 2012.

Journal of Organizational Behavior

[1] Connelly C E, Zweig D, Webster J, et al. Knowledge hiding in organizations [J]. Journal of Organizational Behavior, 2012, 33 (1): 64 - 88.

[2] Sliter M, Sliter K, Jex S. The employee as a punching bag: The effect of multiple sources of incivility on employee withdrawal behavior and sales performance [J]. Journal of Organizational Behavior, 2012, 33 (1): 121 - 139.

[3] King E B, Dawson J F, Kravitz D A, et al. A multilevel study of the relationships between diversity training, ethnic discrimination and satisfaction in organizations [J]. Journal of Organizational Behavior, 2012, 33 (1): 5 - 20.

[4] Ng T W H, Feldman D C. Employee voice behavior: A meta - analytic test of the conservation of resources framework [J]. Journal of Organizational Behavior, 2012, 33 (2): 216 - 234.

[5] Judge T A, Kammeyer - Mueller J D. General and specific measures in organizational behavior research: Considerations, examples, and recommendations for researchers [J]. Journal of Organizational Behavior, 2012, 33 (2): 161 - 174.

[6] Chen G. Evaluating the core: Critical assessment of core self - evaluations theory [J]. Journal of Organizational Behavior, 2012, 33 (2): 153 -160.

[7] Higgins M C, Weiner J, Young L. Implementation teams: A new lever for organizational change [J]. Journal of Organizational Behavior, 2012, 33 (3): 366 -388.

[8] Cheng C Y, Chua R Y J, Morris M W, et al. Finding the right mix: How the composition of self - managing multicultural teams' cultural value orientation influences performance over time [J]. Journal of Organizational Behavior, 2012, 33 (3): 389 -411.

[9] Derous E, Ryan A M, Nguyen H H D. Multiple categorization in resume screening: Examining effects on hiring discrimination against Arab applicants in field and lab settings [J]. Journal of Organizational Behavior, 2012, 33 (4): 544 -570.

[10] Xu E, Huang X, Lam C K, et al. Abusive supervision and work behaviors: The mediating role of LMX [J]. Journal of Organizational Behavior, 2012, 33 (4): 531 -543.

[11] Cole M S, Bruch H, Vogel B. Energy at work: A measurement validation and linkage to unit effectiveness [J]. Journal of Organizational Behavior, 2012, 33 (4): 445 -467.

[12] Tsai W C, Chi N W, Grandey A A, et al. Positive group affective tone and team creativity: Negative group affective tone and team trust as boundary conditions [J]. Journal of Organizational Behavior, 2012, 33 (5): 638 -656.

[13] Troth A C, Jordan P J, Lawrence S A, et al. A multilevel model of emotional skills, communication performance, and task performance in teams [J]. Journal of Organizational Behavior, 2012, 33 (5): 700 -722.

[14] Chen D J Q, Lim V K G. Strength in adversity: The influence of psychological capital on job search [J]. Journal of Organizational Behavior, 2012, 33 (6): 811 -839.

[15] Taylor S G, Bedeian A G, Kluemper D H. Linking workplace incivility to citizenship performance: The combined effects of affective commitment and conscientiousness [J]. Journal of Organizational Behavior, 2012, 33 (7): 878 -893.

[16] Young G J, Beckman H, Baker E. Financial incentives, professional values and performance: A study of pay - for - performance in a professional organization [J]. Journal of Organizational Behavior, 2012, 33 (7): 964 -983.

[17] Wagner J A, Humphrey S E, Meyer C J, et al. Individualism - collectivism and team member performance: Another look [J]. Journal of Organizational Behavior, 2012, 33 (7): 946 -963.

[18] Fisher C D, To M L. Using experience sampling methodology in organizational behavior [J]. Journal of Organizational Behavior, 2012, 33 (7): 865 -877.

[19] Shoss M K, Witt L A, Vera D. When does adaptive performance lead to higher task performance? [J]. Journal of Organizational Behavior, 2012, 33 (7): 910 -924.

[20] Kovjanic S, Schuh S C, Jonas K, et al. How do transformational leaders foster posi-

tive employee outcomes? A self – determination – based analysis of employees' needs as mediating links [J]. Journal of Organizational Behavior, 2012, 33 (8): 1031 –1052.

[21] Johnson M D, Morgeson F K P, Hekman D R. Cognitive and affective identification: Exploring the links between different forms of social identification and personality with work attitudes and behavior [J]. Journal of Organizational Behavior, 2012, 33 (8): 1142 –1167.

[22] Olsen J E, Martins L L. Understanding organizational diversity management programs: A theoretical framework and directions for future research [J]. Journal of Organizational Behavior, 2012, 33 (8): 1168 –1187.

Journal of Management

[1] Abraha D. Leadership Vacuum and its Destructive Impact on the Cultural Dimension of Nation Building: The Illustration of the so called "Peoples' Front for Democracy and Justice (PFDJ)" Central Office in Eritrea [J]. Journal of Management, 2012, 13 (1): 91.

[2] Bandura A. On the functional properties of perceived self – efficacy revisited [J]. Journal of Management, 2012, 38 (1): 9 –44.

[3] Menz M. Functional Top Management Team Members A Review, Synthesis, and Research Agenda [J]. Journal of Management, 2012, 38 (1): 45 –80.

[4] Boyd B K, Haynes K T, Hitt M A, et al. Contingency Hypotheses in Strategic Management Research Use, Disuse, or Misuse? [J]. Journal of Management, 2012, 38 (1): 278 –313.

[5] Sengul M, Gimeno J, Dial J. Strategic delegation a review, theoretical integration, and research agenda [J]. Journal of Management, 2012, 38 (1): 375 –414.

[6] Priem R L, Li S, Carr J C. Insights and new directions from demand – side approaches to technology innovation, entrepreneurship, and strategic management research [J]. Journal of Management, 2012, 38 (1): 346 –374.

[7] Ferris D L, Johnson R E, Rosen C C, et al. Core self – evaluations a review and evaluation of the literature [J]. Journal of Management, 2012, 38 (1): 81 –128.

[8] Flores L G, Zheng W, Rau D, et al. Organizational learning subprocess identification, construct validation, and an empirical test of cultural antecedents [J]. Journal of Management, 2012, 38 (2): 640 –667.

[9] Kim N, Min S. Impact of industry incumbency and product newness on pioneer leadtime [J]. Journal of Management, 2012, 38 (2): 695 –718.

[10] Hempel P S, Zhang Z X, Han Y. Team empowerment and the organizational context decentralization and the contrasting effects of formalization [J]. Journal of Management, 2012, 38 (2): 475 –501.

[11] Lanzolla G, Suarez F F. Closing the technology adoption – use divide the role of contiguous user bandwagon [J]. Journal of Management, 2012, 38 (3): 836 –859.

[12] Fugate M, Prussia G E, Kinicki A J. Managing employee withdrawal during organizational change the role of threat appraisal [J]. Journal of Management, 2012, 38 (3): 890 -914.

[13] Phelps C, Heidl R, Wadhwa A. Knowledge, networks, and knowledge networks a review and research agenda [J]. Journal of Management, 2012, 38 (4): 1115 -1166.

[14] Carpenter M A, Li M, Jiang H. Social network research in organizational contexts a systematic review of methodological issues and choices [J]. Journal of Management, 2012, 38 (4): 1328 -1361.

[15] Montag T, Maertz C P, Baer M. A critical analysis of the workplace creativity criterion space [J]. Journal of Management, 2012, 38 (4): 1362 -1386.

[16] Somaya D. Patent strategy and management an integrative review and research agenda [J]. Journal of Management, 2012, 38 (4): 1084 -1114.

[17] Hmieleski K M, Cole M S, Baron R A. Shared authentic leadership and new venture performance [J]. Journal of Management, 2012, 38 (5): 1476 -1499.

[18] Gruber M, MacMillan I C, Thompson J D. From minds to markets how human capital endowments shape market opportunity identification of technology start - ups [J]. Journal of Management, 2012, 38 (5): 1421 -1449.

[19] Walter J, Kellermanns F W, Lechner C. Decision making within and between organizations rationality, politics, and alliance performance [J]. Journal of Management, 2012, 38 (5): 1582 -1610.

[20] Dulebohn J H, Bommer W H, Liden R C, et al. A meta - analysis of antecedents and consequences of leader - member exchange integrating the past with an eye toward the future [J]. Journal of Management, 2012, 38 (6): 1715 -1759.

[21] González - Benito J, Aguinis H, Boyd B K, et al. Coming to consensus on strategic consensus a mediated moderation model of consensus and performance [J]. Journal of Management, 2012, 38 (6): 1685 -1714.

[22] Demirkan I, Demirkan S. Network characteristics and patenting in biotechnology, 1990 ~2006 [J]. Journal of Management, 2012, 38 (6): 1892 -1927.

[23] Grossman E B, Yli - Renko H, Janakiraman R. Resource search, interpersonal similarity, and network tie valuation in nascent entrepreneurs' emerging networks [J]. Journal of Management, 2012, 38 (6): 1760 -1787.

Journal of Management Studies

[1] Vaccaro I G, Jansen J J P, Van Den Bosch F A J, et al. Management innovation and leadership: The moderating role of organizational size [J]. Journal of Management Studies, 2012, 49 (1): 28 -51.

[2] Vaara E, Sarala R, Stahl G K, et al. The impact of organizational and national cultural

differences on social conflict and knowledge transfer in international acquisitions [J]. Journal of Management Studies, 2012, 49 (1): 1 -27.

[3] Von Krogh G, Nonaka I, Rechsteiner L. Leadership in organizational knowledge creation: A review and framework [J]. Journal of Management Studies, 2012, 49 (1): 240 -277.

[4] Bock A J, Opsahl T, George G, et al. The effects of culture and structure on strategic flexibility during business model innovation [J]. Journal of Management Studies, 2012, 49 (2): 279 -305.

[5] Barreto I. Solving the entrepreneurial puzzle: The role of entrepreneurial interpretation in opportunity formation and related processes [J]. Journal of Management Studies, 2012, 49 (2): 356 -380.

[6] Hsiao R L, Tsai D H, Lee C F. Collaborative knowing: The adaptive nature of cross - boundary spanning [J]. Journal of Management Studies, 2012, 49 (3): 463 -491.

[7] Galema R, Lensink R, Mersland R. Do powerful CEOs determine microfinance performance? [J]. Journal of Management Studies, 2012, 49 (4): 718 -742.

[8] Halme M, Lindeman S, Linna P. Innovation for inclusive business: Intrapreneurial bricolage in multinational corporations [J]. Journal of Management Studies, 2012, 49 (4): 743 -784.

[9] Bradley S W, McMullen J S, Artz K, et al. Capital is not enough: Innovation in developing economies [J]. Journal of Management Studies, 2012, 49 (4): 684 -717.

[10] George G, Mc Gahan A M, Prabhu J. Innovation for inclusive growth: Towards a theoretical framework and a research agenda [J]. Journal of Management Studies, 2012, 49 (4): 661 -683.

[11] Fu X. Foreign direct investment and managerial knowledge spillovers through the diffusion of management practices [J]. Journal of Management Studies, 2012, 49 (5): 970 -999.

[12] Reiche B S. Knowledge benefits of social capital upon repatriation: A longitudinal study of international assignees [J]. Journal of Management Studies, 2012, 49 (6): 1052 -1077.

[13] Ehrnrooth M, Björkman I. An integrative HRM process theorization: Beyond signalling effects and mutual gains [J]. Journal of Management Studies, 2012, 49 (6): 1109 -1135.

[14] Sminia H, De Rond M. Context and action in the transformation of strategy scholarship [J]. Journal of Management Studies, 2012, 49 (7): 1329 -1349.

[15] Tang Z, Hull C E, Rothenberg S. How corporate social responsibility engagement strategy moderates the CSR - financial performance relationship [J]. Journal of Management Studies, 2012, 49 (7): 1274 -1303.

[16] Clark K D, Maggitti P G. TMT potency and strategic decision - making in high Technology firms [J]. Journal of Management Studies, 2012, 49 (7): 1168 -1193.

[17] Wang H, Wong K F E. The effect of managerial bias on employees' specific human capital investments [J]. Journal of Management Studies, 2012, 49 (8): 1435 -1458.

[18] Teece D J. Dynamic capabilities: Routines versus entrepreneurial action [J]. Journal of Management Studies, 2012, 49 (8): 1395 - 1401.

[19] Pentland B T, Feldman M S, Becker M C, et al. Dynamics of organizational routines: A generative model [J]. Journal of Management Studies, 2012, 49 (8): 1484 - 1508.

[20] Argote L, Ren Y. Transactive memory systems: A microfoundation of dynamic capabilities [J]. Journal of Management Studies, 2012, 49 (8): 1375 - 1382.

[21] Miller K D, Pentland B T, Choi S. Dynamics of performing and remembering organizational routines [J]. Journal of Management Studies, 2012, 49 (8): 1536 - 1558.

[22] Turner S F, Fern M J. Examining the stability and variability of routine performances: The effects of experience and context change [J]. Journal of Management Studies, 2012, 49 (8): 1407 - 1434.

[23] Paruchuri S, Eisenman M. Microfoundations of firm R&D capabilities: A study of inventor networks in a merger [J]. Journal of Management Studies, 2012, 49 (8): 1509 - 1535.

Management and Organization Review

[1] Ma D. A relational view of organizational restructuring: The case of transitional China [J]. Management and Organization Review, 2012, 8 (1): 51 - 75.

[2] Augier M, March J G, Rhee M, et al. Management and organization review special issue on "ambiguity and decision making in Chinese organizations and Thought" [J]. Management and Organization Review, 2012, 8 (1): 247 - 248.

[3] Li S, Xia J, Long C X, et al. Control modes and outcomes of transformed state - owned enterprises in China: An empirical test [J]. Management and Organization Review, 2012, 8 (2): 283 - 309.

Organization Science

[1] Leyerer P S. The role of organizational culture in developing an entrepreneurial oriented [J]. Organization Science, 2012, 12 (1): 54 - 74.

[2] Bendersky C, Hays N A. Status conflict in groups [J]. Organization Science, 2010, 21 (2): 323 - 340.

[3] Cornelissen J P. Sensemaking under pressure: The influence of professional Roles and social accountability on the creation of sense [J]. Organization Science, 2012, 23 (1): 118 - 137.

[4] Okhmatovskiy I, David R J. Setting your Own standards: Internal corporate governance codes as a response to institutional pressure [J]. Organization Science, 2012, 23 (1): 155 - 176.

[5] Brandenburger A, Vinokurova N. Comment on "Toward a behavioral theory of strategy" [J]. Organization Science, 2012, 23 (1): 286 - 287.

[6] Laursen K, Masciarelli F, Prencipe A. Regions matter: How localized social capital af-

fects innovation and external knowledge acquisition [J]. Organization Science, 2012, 23 (1): 177 -193.

[7] Winter S G. Purpose and progress in the theory of strategy: Comments on Gavetti [J]. Organization Science, 2012, 23 (1): 288 -297.

[8] Leonardi P M, Gerber E M. How Managers Use Multiple Media: Discrepant Events, Power, and Timing in Redundant Communication [J]. Organization Science, 2012, 23 (1): 98 -117.

[9] Chen G, Hambrick D C. CEO Replacement in Turnaround Situations: Executive (Mis) Fit and Its Performance Implications [J]. Organization Science, 2012, 23 (1): 225 -243.

[10] Rahmandad H. Impact of growth opportunities and competition on firm - level capability development trade - offs [J]. Organization Science, 2012, 23 (1): 138 -154.

[11] Gavetti G. Toward a behavioral theory of strategy [J]. Organization Science, 2012, 23 (1): 267 -285.

[12] Laursen K, Masciarelli F, Prencipe A. Regions matter: How localized social capital affects innovation and external knowledge acquisition [J]. Organization Science, 2012, 23 (1): 177 -193.

[13] Turner S F, Rindova V. A balancing act: How organizations pursue consistency in routine Functioning in the face of ongoing change [J]. Organization Science, 2012, 23 (1): 24 -46.

[14] Lamin A, Zaheer S. Wall Street vs. Main Street: Firm strategies for defending legitimacy and their Impact on Different Stakeholders [J]. Organization Science, 2012, 23 (1): 47 -66.

[15] Sonenshein S, Dholakia U. Explaining employee Engagement with strategic change implementation: A meaning - making approach [J]. Organization Science, 2012, 23 (1): 1 -23.

[16] Schulte M, Klein K J. The coevolution of network ties and perceptions of team psychological safety [J]. Organization Science, 2012, 23 (2): 564 -581.

[17] Ahuja G, Soda G, Zaheer A. The genesis and dynamics of organizational networks [J]. Organization Science, 2012, 23 (2): 434 -448.

[18] Bendersky C, Shah N P. The cost of status enhancement: Performance effects of individuals' status mobility in task groups [J]. Organization Science, 2010, 21 (2): 308 -322.

[19] Mariotti F, Delbridge R. Overcoming network overload and redundancy in interorganizational networks: The roles of potential and latent ties [J]. Organization Science, 2012, 23 (2): 511 -528.

[20] Sillince J, Jarzabkowski P, Shaw D. Shaping strategic action through the rhetorical construction and exploitation of ambiguity [J]. Organization Science, 2012, 23 (3): 630 -650.

[21] Lavie D, Drori I. Collaborating for knowledge creation and application: The case of

nanotechnology research programs [J]. Organization Science, 2011, 23 (3): 704 -724.

[22] Zellweger T M, Kellermanns F W, Chrisman J J, et al. Family control and family firm valuation by family CEOs: The importance of intentions for transgenerational control [J]. Organization Science, 2012, 23 (3): 851 -868.

[23] Nicolini D, Mengis J, Swan J. Understanding the role of objects in cross - disciplinary collaboration [J]. Organization Science, 2012, 23 (3): 612 -629.

[24] Cabigiosu A, Camuffo A. Beyond the "mirroring" hypothesis: Product modularity and interorganizational relations in the air conditioning industry [J]. Organization Science, 2012 (3): 686 -703.

[25] Winter S G, Szulanski G, Ringov D, et al. Reproducing knowledge: Inaccurate replication and failure in franchise organizations [J]. Organization Science, 2012, 23 (3): 672 -685.

[26] Bartel C A, Wiesenfeld B M. Knowing where you stand: Physical isolation, perceived respect, and organizational identification among virtual employees [J]. Organization Science, 2012, 23 (3): 743 -757.

[27] Vough H. Not all identifications are created equal: Exploring employee accounts for workgroup, organizational, and professional identification [J]. Organization Science, 2012, 23 (3): 778 -800.

[28] Fiol C M, Romanelli E. Before identity: The emergence of new organizational forms [J]. Organization Science, 2012, 23 (3): 597 -611.

[29] Groleau C, Demers C, Lalancette M, et al. From hand drawings to computer visuals: Confronting situated and institutionalized practices in an architecture firm [J]. Organization Science, 2012, 23 (3): 651 -671.

[30] Hill N S, Seo M G, Kang J H, et al. Building employee commitment to change across organizational levels: The Influence of hierarchical distance and direct managers' transformational leadership [J]. Organization Science, 2012, 23 (3): 758 -777.

[31] Courpasson D, Dany F, Clegg S. Resisters at work: Generating productive resistance in the workplace [J]. Organization Science, 2012, 23 (3): 801 -819.

[32] Fiss P C, Davis G F. How golden parachutes unfolded: Diffusion and variation of a controversial practice [J]. Organization Science, 2012, 23 (4): 1077 -1099.

[33] Tortoriello M, Reagans R, McEvily B. Bridging the knowledge gap: The influence of strong ties, network cohesion, and network range on the transfer of knowledge between organizational units [J]. Organization Science, 2012, 23 (4): 1024 -1039.

[34] Volberda H W, van der Weerdt N, Verwaal E, et al. Contingency fit, institutional fit, and firm performance: A metafit approach to organization - environment relationships [J]. Organization Science, 2012, 23 (4): 1040 -1054.

[35] Li D, Eden L, Hitt M A, et al. Governance in multilateral R&D alliances [J]. Organization Science, 2012, 23 (4): 1191 -1210.

[36] Jarzabkowski P A, Feldman M S. Toward a Theory of coordinating: Creating coordinating mechanisms in practice [J]. Organization Science, 2012, 23 (4): 907 -927.

[37] Barreto I. A behavioral theory of market expansion based on the opportunity prospects rule [J]. Organization Science, 2012, 23 (4): 1008 -1023.

[38] Reuer J J, Ragozzino R. The choice between joint ventures and acquisitions: Insights from signaling theory [J]. Organization Science, 2012, 23 (4): 1175 -1190.

[39] Majchrzak A, Faraj S. Transcending knowledge differences in cross - functional teams [J]. Organization Science, 2012, 23 (4): 951 -970.

[40] Yoo Y, Boland Jr R J, Lyytinen K, et al. Organizing for innovation in the digitized world [J]. Organization Science, 2012, 23 (5): 1398 -1408.

[41] Argyres N S, Felin T, Foss N, et al. Organizational economics of capability and heterogeneity [J]. Organization Science, 2012, 23 (5): 1213 -1226.

[42] Garicano L, Wu Y. Knowledge, communication, and organizational capabilities [J]. Organization science, 2012, 23 (5): 1382 -1397.

[43] Austin R D, Devin L, Sullivan E E. Accidental innovation: Supporting valuable unpredictability in the creative process [J]. Organization Science, 2012, 23 (5): 1505 -1522.

[44] Boudreau K J. Let a thousand flowers bloom? An early look at large numbers of software app developers and patterns of innovation [J]. Organization Science, 2012, 23 (5): 1409 -1427.

[45] Jacobides M G, Winter S G. Capabilities: Structure, agency, and Evolution [J]. Organization Science, 2012, 23 (5): 1365 -1381.

[46] Kapoor R, Adner R. What firms make vs. what they know: How firms' production and knowledge boundaries Affect competitive advantage in the Face of Technological Change [J]. Organization Science, 2012, 23 (5): 1227 -1248.

[47] Lo D, Frias K M, Ghosh M. Price formats for branded components in industrial markets: An integration of transaction cost economics and the resource - based view [J]. Organization Science, 2012, 23 (5): 1282 -1297.

[48] Lee J, Berente N. Digital innovation and the division of innovative labor: Digital controls in the automotive industry [J]. Organization Science, 2012, 23 (5): 1428 -1447.

[49] Dougherty D, Dunne D D. Digital science and knowledge boundaries in complex innovation [J]. Organization Science, 2012, 23 (5): 1467 -1484.

[50] Fabrizio K R. Institutions, capabilities, and contracts: Make or buy in the electric utility industry [J]. Organization Science, 2012, 23 (5): 1264 -1281.

[51] Mayer K J, Somaya D, Williamson I O. Firm - specific, industry - specific, and occupational human capital and the sourcing of knowledge work [J]. Organization Science, 2012,

23 (5): 1311 - 1329.

[52] Kellogg K C. Making the cut: Using status - based countertactics to block social movement implementation and microinstitutional change in surgery [J]. Organization Science, 2012, 23 (6): 1546 - 1570.

[53] Yin X, Wu J, Tsai W. When unconnected others connect: Does degree of brokerage persist after the formation of a multipartner alliance? [J]. Organization Science, 2012, 23 (6): 1682 - 1699.

[54] Anand G, Gray J, Siemsen E. Decay, shock, and renewal: Operational routines and process entropy in the pharmaceutical industry [J]. Organization Science, 2012, 23 (6): 1700 - 1716.

[55] Hogarth R M, Karelaia N. Entrepreneurial success and failure: Confidence and fallible judgment [J]. Organization Science, 2012, 23 (6): 1733 - 1747.

[56] Argyres N S, Zenger T R. Capabilities, transaction costs, and firm boundaries [J]. Organization Science, 2012, 23 (6): 1643 - 1657.

[57] Levine S S, Prietula M J. How knowledge transfer impacts performance: A multi - level model of benefits and liabilities [J]. Organization Science, 2011, 23 (6): 1748 - 1766.

[58] Siegel J I, Licht A N, Schwartz S H. Egalitarianism, cultural distances, and foreign direct investment: A new approach [J]. Organization Science, 2012, 23: 1 - 21.

Organizational Behavior and Human Decision Processes

[1] Tost L P, Gino F, Larrick R P. Power, competitiveness, and advice taking: Why the powerful don't listen [J]. Organizational Behavior and Human Decision Processes, 2012, 117 (1): 53 - 65.

[2] Ames D R, Weber E U, Zou X. Mind - reading in strategic interaction: The impact of perceived similarity on projection and stereotyping [J]. Organizational Behavior and Human Decision Processes, 2012, 117 (1): 96 - 110.

[3] Russell C J, Van Sell M. A closer look at decisions to quit [J]. Organizational Behavior and Human Decision Processes, 2012, 117 (1): 125 - 137.

[4] Fast N J, Sivanathan N, Mayer N D, et al. Power and overconfident decision - making [J]. Organizational Behavior and Human Decision Processes, 2012, 117 (2): 249 - 260.

[5] Miles E W, Clenney E F. Extremely difficult negotiator goals: Do they follow the predictions of goal - setting theory? [J]. Organizational Behavior and Human Decision Processes, 2012, 118 (2): 108 - 115.

[6] Fishbach A, Choi J. When thinking about goals undermines goal pursuit [J]. Organizational Behavior and Human Decision Processes, 2012, 118 (2): 99 - 107.

[7] Young D L, Goodie A S, Hall D B, et al. Decision making under time pressure, mod-

eled in a prospect theory framework [J]. Organizational Behavior and Human Decision Processes, 2012, 118 (2): 179 - 188.

[8] Hsee C K, Shen L, Zhang S, et al. Fate or fight: Exploring the hedonic costs of competition [J]. Organizational Behavior and Human Decision Processes, 2012, 119 (2): 177 - 186.

[9] Beck J W, Schmidt A M. Taken out of context? Cross - level effects of between - person self - efficacy and difficulty on the within - person relationship of self - efficacy with resource allocation and performance [J]. Organizational Behavior and Human Decision Processes, 2012, 119 (2): 195 - 208.

Organization Studies

[1] Labatut J, Aggeri F, Girard N. Discipline and change: How technologies and organizational routines interact in new practice creation [J]. Organization Studies, 2012, 33 (1): 39 - 69.

[2] Riad S, Vaara E, Zhang N. The intertextual production of international relations in mergers and acquisitions [J]. Organization Studies, 2012, 33 (1): 121 - 148.

[3] Sinha P N, Inkson K, Barker J R. Committed to a failing strategy: Celebrity CEO, intermediaries, media and stakeholders in a co - created drama [J]. Organization Studies, 2012, 33 (2): 223 - 245.

[4] Malsch B, Tremblay M S, Gendron Y. Sense - making in compensation committees: A cultural theory perspective [J]. Organization Studies, 2012, 33 (3): 389 - 421.

[5] Moore G. Virtue in business: Alliance boots and an empirical exploration of MacIntyre's conceptual framework [J]. Organization Studies, 2012, 33 (3): 363 - 387.

[6] Boussebaa M, Morgan G, Sturdy A. Constructing global firms? National, transnational and neocolonial effects in international management consultancies [J]. Organization Studies, 2012, 33 (4): 465 - 486.

[7] Van den Ende J, Van de Kaa G, den Uijl S, et al. The paradox of standard flexibility: The effects of co - evolution between standard and interorganizational network [J]. Organization Studies, 2012, 33 (5 - 6): 705 - 736.

[8] Sydow J, Windeler A, Schubert C, et al. Organizing R&D consortia for path creation and extension: The case of semiconductor manufacturing technologies [J]. Organization Studies, 2012, 33 (7): 907 - 936.

[9] Collins - Dogrul J. Tertius iungens brokerage and transnational intersectoral cooperation [J]. Organization Studies, 2012, 33 (8): 989 - 1014.

[10] Gabriel Y. Organizations in a state of darkness: Towards a theory of organizational miasma [J]. Organization Studies, 2012, 33 (9): 1137 - 1152.

[11] Shi W S, Prescott J E. Rhythm and entrainment of acquisition and alliance initiatives and firm performance: A temporal perspective [J]. Organization Studies, 2012, 33 (10): 1281 -

1310.

［12］ Mitchell R K. Book Review：Stakeholder Theory：Impact and Prospects ［J］. Organization Studies，2012，33 （10）：1407 –1411.

［13］ Wittneben B B F，Okereke C，Banerjee S B，et al. Climate change and the emergence of new organizational landscapes ［J］. Organization Studies，2012，33 （11）：1431 –1450.

后　记

一部著作的完成需要许多人的默默贡献，闪耀着的是集体的智慧，其中铭刻着许多艰辛的付出，凝结着许多辛勤的劳动和汗水。

本书在编写过程中，借鉴和参考了大量的文献和作品，从中得到了不少启发，也汲取了其中的智慧菁华，谨向各位专家、学者表示崇高的敬意——因为有了大家的努力，才有了本书的诞生。凡被本书选用的材料，我们都将按相关规定向原作者支付稿费，但因为有的作者通信地址不详或者变更，尚未取得联系。敬请您见到本书后及时函告您的详细信息，我们会尽快办理相关事宜。

由于编写时间仓促以及编者水平有限，书中不足之处在所难免，诚请广大读者指正，特驰惠意。